HEYNE BÜCHER

Suzanne White

NEUE ASTROLOGIE

Die 144 west-östlichen Tierkreiszeichen

WILHELM HEYNE VERLAG
MÜNCHEN

HEYNE RATGEBER
08/9186

Titel der Originalausgabe:
THE NEW ASTROLOGY
erschienen bei St. Martin's Press, New York

Aus dem Amerikanischen übertragen und bearbeitet von
Ursula Fassbender

Printed in Germany 1988
Umschlaggestaltung: Atelier Ingrid Schütz, München
Druck und Bindung: Presse-Druck Augsburg

ISBN 3-453-03113-X

Inhaltsverzeichnis

Einführung

Warum ich?

Vor einigen Jahren zog ich von Paris nach Long Island um. Ich war achtunddreißig Jahre alt. Ich hatte mich lange genug – ja vielleicht schon zu lange – in Paris aufgehalten. Meine Töchter sprachen bereits mit französischem Akzent. Ich vermißte die Milkshakes und Hinterhöfe Amerikas. Man erzählte mir, daß die vier Orte auf Long Island, die mit »-hampton« enden, die Gegend für Schriftsteller sei, die im Augenblick »in« ist. Durch meinen Fleiß und mit einer gehörigen Portion Glück ist es mir mittlerweile gelungen, einige erfolgreiche Bücher zu veröffentlichen. »Noblesse oblige« – Adel verpflichtet. Ich zog also direkt in die Gegend der »-hamptons«, wo die »großen« Schriftsteller leben. Ich glaubte ernsthaft, ich sei am Ziel. Meine Töchter waren fröhlich und ausgeglichen. Ihr französischer Akzent verschwand über Nacht. An jeder Straßenecke gab es Milkshakes zu kaufen. Bis jetzt hatte ich zwar noch keinen Bestseller geschrieben, aber das hatte Zeit. Ich hatte mich nämlich gerade Hals über Kopf in einen faszinierenden Profi-Tennisspieler verliebt!

Es war Juni. Die endlosen Sandstrände auf Long Island und die Häuser auf den Dünen erschienen einladend und versprachen einen Sommer voll goldbrauner Körper und dem Chic der Städter, die sich hier tummeln würden. Mein neues Haus war eine originalgetreue Nachbildung eines malerischen Häuschens aus der Pionierzeit des siebzehnten Jahrhunderts. All meine Träume verwirklichten sich in diesem heimeligen Landhaus. Zwei offene Feuerstellen, eine nagelneue Küche, ein Arbeitszimmer für mich und je ein hübsches Zimmer unter dem Dach für die beiden hübschesten Mädchen der Stadt. Daisy und Autumn White. Natürlich gab es auch eine Veranda hinter dem Haus.

Ich glaubte wirklich, daß ich es nach all den schweren Jahren, in denen ich versucht hatte, als Schriftstellerin bekannt zu werden, geschafft hatte. Mein Leben war so vollkommen, daß ich kaum bemerkt hatte, wie mager ich geworden war. In den letzten Monaten war ich regelmäßig joggen, hatte viele Möbel hin und her gerückt und Bilder und Gardinen aufgehängt. Ich glaube, es schien mir fast normal, daß ich dabei abnahm. »Man kann nie zu dünn oder zu reich sein«, sagte ich zu meinem kraftstrotzenden neuen Freund. Ich war mir meiner selbst so sicher, . . . bis zu dem Tag, an dem ich in meiner schönen neuen Badewanne lag und plötzlich einen daumennagelgroßen Knoten in meiner rechten Brust entdeckte. Von diesem Tag an war der wundervolle Juni-Sonnenschein wie weggefegt. Das Fest war zweifellos vorüber.

Es stellte sich heraus, daß der Knoten in meiner Brust bösartig war. Ich hatte Brustkrebs. Zu diesem Zeitpunkt war ich nicht bereit, mir irgendwelche weisen Ratschläge erteilen zu lassen, wie zum Beispiel, ich solle meinen Beruf wechseln. Bei Brustkrebs konsultiert man keinen Astrologen. So kam ich ins Krankenhaus, wo mir meine rechte Brust entfernt wurde. Danach mußte ich mich einer zwölfmonatigen Chemotherapie unterziehen, die meine Kräfte völlig aufzehrte. Ich verlor mein hübsches Haus und meinen Tennisprofi. Auch meine Töchter mußte ich für einige Monate entbehren. Sie kamen in ein weit entferntes Internat, weil ich zu krank war, sie zu versorgen.

Am Ende dieses Martyriums war ich körperlich und seelisch zermürbt. Ich war am Nullpunkt angekommen und fühlte mich geschlagen. Überall zeigten sich Nebenwirkungen der giftigen Medikamente. Ich bekam Arthritis und meine wunderschönen festen schwarzen Haare waren mir ausgefallen. Über ein Jahr lang konnte ich mich nur von Zucker und Kohlenhydraten ernähren, weshalb ich fünfzig Pfund zugenommen hatte. Alle meine Zähne waren locker. Ich wußte nun, was es heißt, sich alt zu fühlen.

Doch sobald ich nicht mehr mit beiden Armen an Infusionsschläuchen hing, holte ich meine Töchter und kaufte Flugzeugtickets nach Paris, von wo ich vier Jahre zuvor voller naivem Enthusiasmus aufgebrochen war. Am Flugplatz in Paris nahmen wir ein Taxi. Unterwegs ließ ich halten, um den Löwen in Denfert-Rochereau zu küssen. Meine Töchter verschlangen selig »pains au chocolat«.

Was hat dies alles nun mit der »Neuen Astrologie« zu tun? Nun, wenn man sehr krank ist, hat man viel Zeit, über den Tod nachzudenken. Früher oder später erkennt man, daß einem die Zeit aus den Händen gleitet. Wenn ich nur noch ein paar Monate zu leben gehabt hätte, war es nicht einzusehen, daß ich sie verschwendete, indem ich mich mit der Vorstellung herumplagte, von Würmern zerfressen zu werden oder mir über meine Urne oder meinen Grabstein Gedanken zu machen.

Ich zermürbte mich dennoch damit. Ich hatte Angst und machte mir Sorgen, daß ich womöglich nicht mehr erleben würde, wie meine Kinder erwachsen werden. Ich hatte meinen Schwung verloren, meine Kraft war erloschen, und meine Träume waren an der harten Wahrheit zerbrochen. Die Ärzte versicherten mir, daß ich mit etwas Glück und viel Geduld wieder gesund werden könnte. Ich hatte getan, was ich konnte, um mich gegen die gefährliche Krankheit zu wehren. Ich war auf dem Weg der Besserung.

Doch mein Herz war zerbrochen. Ich hatte alles verloren, was ich mir aufgebaut hatte. Auch wenn mich der Krebs nicht umgebracht hatte, so hatte er doch mein Leben zerstört. Was sollte ich nun machen? »Nun, da du jetzt wohl nicht mehr auf die Titelseite des ›Playboy‹ kommen wirst, ist es besser, du schreibst ein neues Buch«, sagte meine beste Freundin Kathryn zu mir, die im Zeichen des Löwe/Affen geboren ist.

»Aber ich muß die ganze Zeit weinen«, jammerte ich ihr vor.

»Wenn du aufhörst zu weinen, wirst du ein neues Buch schreiben«, antwortete sie mir ganz unverblümt.

So fing ich langsam und unter großem Schmerz damit an, meinen Marathon im Weinen aufzugeben. Da meine Freundin Kathryn schon immer mein bester Ratgeber und Helfer bei der Lösung von Problemen gewesen war, vertraute ich darauf, daß sie recht hatte. Wenn ich zu weinen aufhörte, könnte ich ein neues Buch schreiben. Glücklicherweise kam mir zu diesem Zeitpunkt ein außergewöhnliches Ereignis zu Hilfe. Ich hatte überhaupt nicht damit gerechnet. Dieses Wunder geschah in Form von »Fan-Post«. Als ich aus den USA nach Frankreich zurückgekehrt war, stellte ich fest, daß mein erstes Buch »Chinesische Astrologie«, das in der Zwischenzeit ins Französische übersetzt worden war, wegging wie »warme Semmeln«. Mein Verleger hatte ganze Stapel von Leserbriefen für mich gesammelt. Je mehr Bücher verkauft wurden, um so mehr Post flatterte uns ins Haus.

Natürlich wollten einige meiner Leser nur wissen, ob sie nun den Ehepartner ihres besten Freundes oder ihrer besten Freundin heiraten sollten. Doch die meisten wollten noch mehr über sich und ihre Tierkreiszeichen wissen sowie die ihres Ehepartners, ihrer Kinder, Verwandten, Haustiere, Chefs und Freunde. »Ich bin Stier und 1928 geboren. Warum habe ich so viele Probleme mit meinem Schwiegersohn, der Zwilling Jahrgang 1952 ist?«

Oft antwortete ich auf diese Zuschriften folgendermaßen: »Sehr geehrte Frau . . ., Sie und ihr Schwiegersohn sind beide ein Drache. Drachen wollen immer im Mittelpunkt stehen. Darüber hinaus sind Sie als Stier sehr besitzergreifend und nicht so flexibel. Ihr Schwiegersohn, der Zwilling ist, scheint ihnen intellektuell überlegen. Sie finden seine Wechselhaftigkeit unerträglich. Ihn wiederum bringt Ihre Schwerfälligkeit in Rage. Die Harmonie zwischen Stier und Zwilling – vor allem, wenn beide Drache sind – ist nie besonders stark. Mein Vorschlag wäre, daß einer von Ihnen beiden auszieht.« So habe ich dank meiner Leserzuschriften ständig über die »Neue Astrologie« geschrieben. Und ganz allmählich, und fast ohne es zu bemerken, hörte ich auf zu weinen. Es war nun Zeit, ein neues Buch zu schreiben.

Was ist »Neue Astrologie«?

Die neue Astrologie verbindet die Tierkreiszeichen der westlichen Astrologie mit denen der chinesischen Astrologie. Daraus entsteht ein neues Tierkreiszeichen. Wenn Sie 1949 geboren und Schütze sind, dann sind sie Schütze/Ochse. Man nimmt ganz einfach das Tierkreiszeichen, unter dem man geboren ist, und kombiniert es mit dem chinesischen Tierkreiszeichen, das zu dem Geburtsjahr gehört. Dies ergibt das neue astrologische Tierkreiszeichen.

Jeder Mensch hat ein duales Wesen. Manche Menschen sind in Geldangelegenheiten geizig und knauserig. Aber zu unserem großen Erstaunen können sie im Gefühlsbereich so großzügig sein und ihre Mitmenschen mit Zuneigung überschütten wie der Nikolaus mit seinen Geschenken. Die Menschen sind kompliziert, so daß sie uns mit ihrem widersprüchlichen Verhalten vor den Kopf stoßen. Oft kennen wir uns mit uns selbst nicht aus, weil wir so ambivalent sind. Warum kümmere ich mich so viel um Jack, obwohl er mir doch eigentlich auf die Nerven geht? Jack hat eine aufreibende Persönlichkeit. Sie wissen das, aber Sie mögen den Jungen trotzdem. Er fasziniert Sie. Warum? Es ist ein Dilemma, aber eines, das lösbar ist.

Um Ihre Zuneigung zu dem schwierigen Menschen und Ihre eigenen undurchschaubaren Wesenszüge zu verstehen, brauchen Sie keinen Psychotherapeuten. Alles, was Sie dafür tun müssen, ist das Buch »Neue Astrologie« zu lesen und die »Neue Astrologie« in Ihrem alltäglichen Leben zu verwenden. Dann haben Sie die Lösung für Ihre Probleme gefunden.

Ich bin sicher, daß viele nun glauben, ich sei verrückt. Wie komme ich dazu, Astrologie mit Wissenschaft oder Religion in Verbindung zu bringen? Was will ich Ihnen hier verkaufen? Welchen Unsinn möchte ich dem Leser andrehen? Bin ich ein Überbleibsel der Hippie-Generation? Ich höre Sie sagen: »Das ganze ist ein Schwindel. Falle nur nicht auf diesen Quatsch herein. Was Suzanne White da schreibt, ist völlig unseriös. Es hat weder den Segen der Kirche, noch ist es staatlich anerkannt.« Nehmt euch in acht, liebe Leser. Eine Hexe ist unter euch, die euren Geist durch Zauberei verwirren will. Astrologie ist nichts als Humbug!

Nun gut, all Ihr Miesmacher! Ihr sollt recht haben! Astrologie ist purer Unsinn. Aber jetzt können wir in aller Ruhe unseren Spaß daran haben.

Wie funktioniert die »Neue Astrologie«?

Die »Neue Astrologie« trägt zum Verständnis der menschlichen Natur im Kosmos bei, indem sie eine Verbindung zwischen östlicher und westlicher Astrologie herstellt.

Die chinesische Zeitrechnung ist anders als die des Westens. Bei uns gibt es die Einteilung in Jahrhunderte, während die Chinesen Perioden von sechzig Jahren kennen. Diese Sechzig-Jahres-Abschnitte wiederum werden in Abschnitte von jeweils zwölf Jahren unterteilt.

Im Westen wird das Jahr nach den zwölf Vollmonden in zwölf Abschnitte unterteilt. Jedem Monat von achtundzwanzig bis dreißig Tagen wird ein Tierkreiszeichen zugeordnet. Jedes Jahr beginnt der Tierzyklus wieder von vorne. Im Osten erhält jedes Jahr in dem Zwölf-Jahresabschnitt eine astrologische Bezeichnung. Der Zyklus der chinesischen Zeichen beginnt jeweils nach zwölf Jahren wieder von neuem.

Den zwölf westlichen Monaten wurden die Namen der astronomischen Sternbilder gegeben: Widder, Stier, Zwillinge, Krebs, Löwe, Jungfrau, Waage, Skorpion, Schütze, Steinbock, Wassermann, Fische. Die zwölf Jahre des Ostens tragen Tiernamen: Ratte, Ochse, Tiger, Katze, Drache, Schlange, Pferd, Ziege, Affe, Hahn, Hund, Schwein. In beiden Fällen bezieht sich das Tierkreiszeichen auf den Charakter der Menschen, die unter seinem Einfluß geboren sind.

Jeder Mensch auf dieser Welt hat also in Wirklichkeit nicht nur ein Tierkreiszeichen, sondern zwei. Das westliche Tierkreiszeichen für den Monat und das östliche Tierkreiszeichen für das Jahr. Dabei ergänzen sich die beiden Zeichen wechselseitig. Zusammen sagen sie mehr über unsere Persönlichkeit aus, als eines der Zeichen alleine es könnte. Wenn jemand im Zeichen Widder und im Jahr des Pferdes geboren ist, dann ist sein neues astrologisches Zeichen Widder/Pferd. Wie Sie sehen werden, ist Widder/Pferd etwas anderes als Widder/Ziege oder Widder/Tiger.

Es gibt 144 neue astrologische Tierkreiszeichen. Jedes ist eine Kombination aus dem westlichen und chinesischen Zeichen. Der Sinn dieser Astrologie liegt darin, das Verständnis der menschlichen Natur zu vertiefen. Mit Hilfe der »Neuen Astrologie« können wir lernen, mit unseren Freunden, Familienangehörigen und unseren Partnern besser zurechtzukommen. Wir können herausfinden, warum wir mit bestimmten Menschen nicht harmonieren. Wir können mehr Wissen über unsere Mitmenschen und über uns selbst erlangen.

Die Elemente

In der westlichen Astrologie gibt es vier Elemente: *Feuer, Luft, Erde* und *Wasser.* Jedes Tierkreiszeichen wird einem Element zugeordnet.

FEUER:	Widder, Löwe, Schütze. Feuerzeichen sind charakteristisch für Bewegung, Besessenheit und Energie.
LUFT:	Zwillinge, Waage, Wassermann. Luftzeichen sind charakteristisch für Aufnahmefähigkeit, Intellekt und Einfallsreichtum.
ERDE:	Stier, Jungfrau, Steinbock. Die Erdzeichen sind charakteristisch für Funktion, praktische Begabung, Solidität.
WASSER:	Krebs, Skorpion, Fische. Die Wasserzeichen sind charakteristisch für Gefühl, Mitgefühl, ausgeprägtes Wahrnehmungsvermögen und Vorstellungskraft.

In der chinesischen Astrologie gibt es fünf Elemente: Metall, Wasser, Holz, Feuer und Erde. Den chinesischen Tierkreiszeichen werden jedoch nur vier Elemente zugeordnet. Die fünf Elemente finden in der chinesischen Astrologie in anderem Zusammenhang Verwendung. Für die »Neue Astrologie« reichen die folgenden Zuordnungen:

METALL:	Positives Metall: Affe, Hund Negatives Metall: Hahn, Schwein
WASSER:	Positives Wasser: Ratte Negatives Wasser: Ochse
HOLZ:	Positives Holz: Tiger, Drache Negatives Holz: Katze
FEUER:	Positives Feuer: Pferd Negatives Feuer: Schlange, Ziege

Die Planeten

Jedes Tierkreiszeichen der westlichen Astrologie wird von einem der zehn Planeten oder Himmelskörper regiert. Dies sind die »Sterne«, in die die Astrologen schauen. Die Planeten beeinflußen den Charakter eines Tierkreiszeichens. Ihre Stellung am Himmel wird dazu verwendet, die Zukunft vorherzusagen.

WIDDER wird von *Mars* regiert: Antriebskraft, Handlung, Tapferkeit.

STIER wird von *Venus* regiert: Verständnis, Eitelkeit, Liebe.

ZWILLINGE wird von *Merkur* regiert: Intellekt, Veränderung, Anpassungsfähigkeit.

KREBS wird vom *Mond* regiert: Empfänglichkeit, Gefühl, Bauchorgane.

LÖWE wird von der *Sonne* regiert: Durchsetzungsvermögen, Willenskraft, Erhabenheit.

JUNGFRAU wird von *Merkur* regiert: Analyse, Aufnahmefähigkeit, Logik.

WAAGE wird von *Venus* regiert: Sozial, Überzeugungskraft, Luxus.

SKORPION wird von *Mars und Pluto* regiert: Mut, Schöpferkraft, Leidenschaft.

SCHÜTZE wird von *Jupiter* regiert: Expansion, Voraussicht, Gerechtigkeitssinn.

STEINBOCK wird von *Saturn* regiert: Einzelgängertum, Starrheit, Ehrgeiz.

WASSERMANN wird von *Saturn und Uranus* regiert: Individualismus, kosmisches Bewußtsein, Verantwortungsgefühl.

FISCHE wird von *Neptun und Jupiter* regiert: Geheimnisvoll, Inspiration, Mitgefühl

Die chinesische Astrologie beschäftigt sich nicht mit den Himmelskörpern. Die chinesischen Astrologen betrachten den Einfluß, den die Natur auf den Charakter hat: Die klimatischen Veränderungen auf der Erde, die Jahreszeiten und den Einfluß des Mondes auf die Erde.

Qualitäten

In der westlichen Astrologie werden drei sogenannte »Qualitäten« verwendet: Kardinal, fix und veränderlich.

KARDINAL: Widder, Krebs, Waage, Steinbock: *Dynamisch, maßgeblich, aktiv, energievoll.*

FIX: Stier, Skorpion, Löwe, Wassermann: *Konkret, begrenzt, zielorientiert, gewissenhaft.*

VERÄNDERLICH: Zwillinge, Jungfrau, Schütze, Fische: *Beweglich, anpassungsfähig, ausgleichend, flexibel.*

Sind Yin und Yang auch Qualitäten?

In der chinesischen Astrologie werden als »Qualitäten« Yin und Yang genannt. Doch Yin und Yang spielen eine viel bedeutendere Rolle als unsere Qualitäten, weil sie die beiden Hauptkräfte der chinesischen Philosophie sind. In der chinesischen Weltanschauung ist alles im Universum entweder Yin oder Yang, gleich ob es sich um Stühle, Tische, Glühbirnen, Cousinen, Tanten, Onkel oder Spülbecken handelt!

In gewisser Weise kann man Yin und Yang mit den in westlichen Sprachen verwendeten Begriffen »maskulin« und »feminin« vergleichen, was sich in diesem Fall aber auch auf Gegenstände und abstrakte Begriffe bezieht. Obwohl dies keinen Sinn zu ergeben scheint, sind französische Tische »weiblich« ebenso ein Baumstamm und ein Schuh. Parks hingegen sind »männlich« ebenso Seen, die Füße, Augen und die Stirn. Der Mund und die Zähne wiederum sind »feminin«. Sorgen sind »maskulin« ebenso wie Klatsch, Lippenstift und Strumpfhosen.

In dieser Zuordnung liegt keine sexuelle Bedeutung. Aus diesem Grund ist es schwierig, sich in den verschiedenen Sprachen zu merken, was nun maskulin und was feminin ist. Sind die Artikel der Substantive in den verschiedenen Sprachen rein willkürlich festgelegt worden? Nun, irgendeinen Ursprung müssen sie wohl haben, aber niemand kann genau sagen, welchen.

In der chinesischen Sprache gibt es keine Artikel. Aber, ohne erklären zu können, warum, fühlen die chinesischen Philosophen genau, wann etwas »Yin« und wann etwas »Yang« ist. Es ist einfach eine gegebene Tatsache. Yin wurzelt in der Sonne. Das Ziel von

Yin ist die Dunkelheit. Yang wurzelt in der Erde, und sein Ziel ist das Licht.

Wie alles in der chinesischen Sprache sind auch die chinesischen Tierkreiszeichen entweder Yin oder Yang.

Ratte – Yin	Pferd – Yang
Ochse – Yin	Ziege – Yang
Tiger – Yang	Affe – Yin
Katze – Yin	Hahn – Yang
Drache – Yang	Hund – Yin
Schlange – Yang	Schwein – Yin

Was bedeutet »Yin und Yang«?

Um ganz ehrlich zu sein, weiß ich auch nicht ganz genau, was Yin und Yang bedeutet. Ich habe eine Menge Bücher über dieses Thema gelesen. Doch für unseren westlichen und logisch denkenden Verstand ist dieses Konzept nicht leicht zu verstehen. Die chinesische Philosophie ist sogar für die Chinesen nur schwer verständlich! Nachfolgend nun eine kurze Definition von Yin und Yang.

Was ist »Yin«?

Die Chinesen sagen, daß Yin-Menschen hauptsächlich daran interessiert sind, was in der Gruppe geschieht. Sie beschäftigen sich mit kollektiven und kommunalen Angelegenheiten. Sie fühlen sich zur Politik hingezogen. Sie haben Selbstvertrauen und vertrauen niemand anderem. Sie sorgen immer nur für ihr eigenes Wohlbefinden und das Wohlergehen der Menschen, die sie lieben oder gerne haben. Sie erfreuen sich einer guten Gesundheit und eines langen Lebens, neigen aber zu Unfällen. Sie lächeln nicht sehr oft, kleiden sich eher konservativ und sind nicht spirituell orientiert. Sie lieben ihre Familie und sind materialistisch eingestellt.

Meiner Ansicht nach bedeutet »Yin«: offen, zivilisiert und am Wohle der anderen interessiert. Yin-Menschen lieben Parties, Feste, Urlaub, Sex und alles, was intensiv ist. Yin ist nicht feminin. Manchmal heißt es, Yin sei subjektiv. Yin bedeutet, in der Welt aktiv, auf andere bezogen und in der Öffentlichkeit engagiert zu sein. Es ist der Gegensatz und die Ergänzung zu »Yang«.

Was bedeutet »Yang«?

Die Chinesen sagen, daß Yang-Menschen Einzelgänger sind. Sie sind individualistisch, meditativ, spirituell, lächeln viel und haben keinen Sinn für Familie oder die Gruppe. Sie haben eine zarte Gesundheit. Sie kleiden sich gerne auffällig, verabscheuen Befehle, lieben die Natur und sind nicht materialistisch eingestellt. Ihr einziges Lebensziel ist ihre Persönlichkeitsentwicklung. Sie sind objektiv und behalten ihre Absichten für sich.

Meiner Ansicht nach ist Yang verschlossen, unsozial und privat. Yang-Menschen lieben Bücher, Musik, Gartenarbeit, lange Spaziergänge und alles, was sie mehr in Verbindung mit sich selbst und der Natur bringt. Yang ist einzelgängerisch, selbstbezogen. Das Gleichgewicht von Yang kommt von innen.

Was bedeutet der Aszendent oder das aufgehende Zeichen?

In der westlichen Astrologie hat jeder Mensch einen Aszendenten. Das Tierkreiszeichen des Aszendenten ist das Zeichen, das zum Zeitpunkt der Geburt eines Menschen gerade am Himmel aufging. Das »aufgehende Zeichen« oder der »Aszendent« beeinflußt das innere Wesen des Menschen. Mit anderen Worten, ein friedliebender Waage-Mensch, dessen Aszendent im Löwen steht, wird erhabener, willensstärker und gutherziger sein als beispielsweise ein Waage-Mensch mit einem eher sadistischen Skorpion-Aszendenten.

Da es in der »Neuen Astrologie« bereits 144 verschiedene Zeichen gibt, kann der Aszendent in diesem Rahmen nicht berücksichtigt werden. Sie können sich ausrechnen, welches Gewicht der Aszendent in diesem Zusammenhang hat. Er ist nicht bedeutender als der Einfluß ihres Schwagers auf ihre Erbanlagen.

Die »Neue Astrologie« ist also eine Verbindung von westlicher und chinesischer Astrologie. Lesen Sie weiter, und Sie werden feststellen, daß es eine gelungene Verbindung ist.

Warum Geburtsdatenlisten?

Wie Sie sehen, liebe ich Astrologie, besonders die »Neue Astrologie«. Ich habe in der Tat eine kindliche Begeisterung für dieses Thema, so daß kaum fünf Minuten vergehen, bis ich den unwiderstehlichen Drang habe, jemanden, den ich gerade neu kennengelernt habe, nach seinem Tierkreiszeichen zu fragen. Gewöhnlich bekomme ich sofort und bereitwillig Antwort darauf. Kein Problem. »Ich bin Wassermann.« Ich setze ein wissendes Lächeln auf und stelle die nächste Frage: »In welchem Jahr sind Sie geboren?« Ich frage immer geradeheraus. Hier bekomme ich verschiedene Antworten.

Manche Menschen wollen ihr wirkliches Alter verbergen. Das ist ganz in Ordnung. Ich muß Ihnen ein wenig behilflich sein und versichere ihnen, daß es mir nicht wichtig ist, wie alt sie sind. Ich schmeichle ihnen mit Allgemeinplätzen wie »jedes Alter hat seine Vorteile«. Ich rühme die Weisheit und Lebenserfahrung, die die Alten der Jugend voraus haben. Dann dauert es nicht mehr lange, bis ich erfahre: »Ich bin im Jahre 1903 geboren.« Nun muß ich meine Aufgabe zu Ende bringen und ausrufen: »Meine Güte, Sie sehen aber noch jung aus für Ihr Alter!« Soviel zu der Erstbefragung dieser Art Menschen.

Auf die Frage nach dem Geburtsdatum erhält man noch eine zweite Art von Antwort. Sie ist unschuldig und etwas naiv. Nehmen wir einmal an, ich begegne einer netten jungen Dame auf einer Party. »Was sind Sie für ein Tierkreiszeichen?« Sie ist sich nicht ganz sicher: »Ich glaube, ich bin Stier.« »Und in welchem Jahr sind Sie geboren?« »Stier«, erwidert sie. »Und das Jahr, in welchem Jahr sind Sie denn geboren?« bohre ich weiter. Sie lächelt und antwortet dann betont: »Ich bin Stier.« Offensichtlich hat die junge Dame nicht besonders viel Ahnung von Astrologie. Deshalb genügt es ihr zu wissen, daß sie Stier ist. Natürlich erfahre ich alles, was ich wissen wollte, wenn ich ihr nun etwas mehr über die »Neue Astrologie« und ihre Anwendungsmöglichkeiten erzähle. Wenn man den Menschen eine Chance gibt, sind sie erstaunlich interessiert an sich.

Das Problem ist, wenn ich jemanden am Strand, im Fahrstuhl oder im Bus kennenlerne und mehr über ihn wissen oder ihm etwas über ihn sagen will, muß ich warten, bis ich nach Hause komme und in zehn oder zwölf dicken Astrologiebüchern nachschlagen muß, um meine Antworten zusammenzutragen. Dies ist keine sehr effektive Methode einer astrologischen Beratung aus dem Stegreif. Ich habe mir schon oft gedacht, es wäre wesentlich besser, ein handliches Astrologiebuch zu haben, das man überallhin mitnehmen kann und das eine Zusammenfassung der dicken Wälzer bei mir zu Hause ist sowie eine Zusammenstellung meiner eigenen Horoskopdeutungen. Für mich ist »Die Neue Astrologie« genau dieses Buch – und noch mehr!

Im Anschluß an dieses Kapitel finden Sie Ihre persönliche Geburtsdatenliste. Damit wird dieses Buch auch zu Ihrem ganz persönlichen tragbaren Handbuch. Tragen Sie Ihre persönlichen Geburtsdaten in die Liste ein, und suchen Sie sich nun ihre Tierkreiszeichen aus den zugehörigen Tabellen auf Seite 25. Lesen Sie nun in dem Kapitel über Ihr Tierkreiszeichen nach, was es über Ihren Charakter, die Liebe, Ihre Familie und Ihren Beruf aussagt. Schauen Sie nach, welche Zeichen der »Neuen Astrologie« zu Ihnen passen. Finden Sie heraus, welche berühmten Persönlichkeiten unter derselben Konstellation wie Sie geboren wurden und was Sie mit ihnen gemeinsam haben. Wenn Sie etwas über den Charakter einer historischen Persönlichkeit oder über ihre Vorfahren erfahren wollen, suchen Sie das entsprechende Tierkreiszeichen der betreffenden Person genauso in der Tabelle auf Seite 25.

Wenden Sie sich nun Ihrer Familie und Ihren Freunden zu. Tragen Sie deren Geburtsdaten ebenfalls in die Geburtsdatenliste ein, und suchen Sie dann in den Tabellen die entsprechenden Zeichenkombinationen heraus. Schlagen Sie das zugehörige Kapitel auf, und lesen Sie nach, was darin über den Charakter etc. der betreffenden Person geschrieben steht.

Bald wird Ihre Liste immer voller sein, und Sie werden einige interessante Feststellungen darüber machen, wer Ihre Freunde sind, welchen Typ Sie sich als Partner suchen, warum Ihre Schwägerin ein solches Ekel ist und in welcher Beziehung Sie selbst zu all diesen Menschen stehen. Schlagen Sie nun nach, zu welchen Zeichen Sie passen.

Die »Neue Astrologie« ist aufschlußreich und macht Spaß. Ihr Buch gehört Ihnen alleine. Sie haben darin die Geburtsdaten all ihrer Bekannten verzeichnet. Nehmen Sie das Buch mit in den Urlaub, ins Büro, auf Geschäftsreisen und sogar zum Picknick. Die »Neue Astrologie« wird Ihnen helfen, den Charakter der Menschen, die Sie kennenlernen, besser beurteilen zu können. Sollen Sie sich auf eine Affäre mit dem Jungen aus Acapulco einlassen oder lieber die Finger davon lassen? Können Sie zu der Blondine in

Ihrem Büro Vertrauen haben? Suchen Sie in diesem Buch nach, welcher Ihrer Bekannten diese Dame ähnelt. Mit Hilfe der »Neuen Astrologie« können Sie die Menschen mit einem Blick erfassen. Sie wissen auf der Stelle, ob sie Ihr Typ sind oder nicht. Die »Neue Astrologie« wird ihr ständiger treuer Begleiter und Führer durch die Schwierigkeiten und Fallen jedes zukünftigen Tages sein. Verleihen Sie dieses Buch niemals an einen Freund, und verreisen Sie nie ohne es!

Ihre persönliche Geburtsdatenliste

Tragen Sie hier alle wichtigen Daten ein:

Name	Tag	Monat	Jahr	Tierkreiszeichen

Tabelle der westlichen Tierkreiszeichen

Widder	:	21. März	–	20. April
Stier	:	21. April	–	21. Mai
Zwillinge	:	22. Mai	–	21. Juni
Krebs	:	22. Juni	–	23. Juli
Löwe	:	24. Juli	–	23. August
Jungfrau	:	24. August	–	23. September
Waage	:	24. September	–	23. Oktober
Skorpion	:	24. Oktober	–	22. November
Schütze	:	23. November	–	21. Dezember
Steinbock	:	22. Dezember	–	20. Januar
Wassermann	:	21. Januar	–	19. Februar
Fische	:	20. Februar	–	20. März

Tabelle der chinesischen Tierkreiszeichen 1900–1999

Ratte	1900	1912	1924	1936	1948	1960	1972	1984	1996
Ochse	1901	1913	1925	1937	1949	1961	1973	1985	1997
Tiger	1902	1914	1926	1938	1950	1962	1974	1986	1998
Katze	1903	1915	1927	1939	1951	1963	1975	1987	1999
Drache	1904	1916	1928	1940	1952	1964	1976	1988	2000
Schlange	1905	1917	1929	1941	1953	1965	1977	1989	2001
Pferd	1906*	1918	1930	1942	1954	1966	1978	1990	2002*
Ziege	1907	1919	1931	1943	1955	1967	1979	1991	2003
Affe	1908	1920	1932	1944	1956	1968	1980	1992	2002
Hahn	1909	1921	1933	1945	1957	1969	1981	1993	2005
Hund	1910	1922	1934	1946	1958	1970	1982	1994	2006
Schwein	1911	1923	1935	1947	1959	1971	1983	1995	2007

* Jahr des Feuer-Pferdes

Der Widder hat den Charakter eines ungestümen Jungen. Er sucht positiv und voll Durchsetzungskraft nach Anerkennung. Er schreckt vor keiner Auseinandersetzung zurück. Auch gibt er sich nicht damit zufrieden, die zweite Geige zu spielen. Wenn man ihm eine Rolle in einem Western anbieten würde, würde er ausnahmslos die Rolle des US-Marshalls mit dem weißen Hut und dem Schimmel spielen wollen. Der Widder ist ein unverbesserlicher und liebenswerter Bursche.

WIDDER

21. März – 20. April

Herrschender Planet: Mars
Element: Feuer
Qualität: Kardinal

Widder ist das erste Zeichen im Tierkreis.

MUT	FREUNDLICHKEIT
SCHWUNG	TALENTIERTHEIT
BEHERZTHEIT	UNTERNEHMENSGEIST
NAIVITÄT	EXZESSIV
PRAHLEREI	SCHEINHEILIGKEIT
EIGENWILLIGKEIT	DOMINANZ

Widder ist das erste Zeichen im Tierkreis. Da es an erster Stelle steht, wird es oft wie das Baby in der übrigen Tierkreisfamilie behandelt. Widder reagieren auf ein Stimulans sehr impulsiv und eigensinnig. Verschlagenheit, Täuschung und Betrug passen nicht zu diesen Menschen. Sie handeln lieber geradlinig und aufrichtig (sich selbst und anderen gegenüber), wobei sie sich sicher fühlen. Die Gefahr ist, daß der Widder etwas zu selbstgefällig ist.

Es ist ein schlechter Tag für den Widder, wenn er feststellt, daß seine beste Freundin im Beruf die Beförderung erhalten hat, um die er sich mit allen konventionellen Mitteln bemüht hat: Endlose Formulare ausfüllen, auf den schnoddrigen Personalchef warten, um ihm ein Gespräch abzuringen, und bei jedem Telefonanruf auf die ersehnten guten Nachrichten hoffen.

»Janet ist befördert worden«, wird der Widder von seinem Arbeitskollegen begrüßt. »Ist das nicht fabelhaft?«

Die schlechte Nachricht ist ein Schlag für den Widder. Ihm ist zum Heulen zumute. Warum hat Janet nichts davon gesagt, daß sie die Stelle haben wollte? Warum hat er die verführerischen neuen Kleider von Janet nicht bemerkt? Natürlich, das war der Grund, warum Janet so viele Überstunden gemacht hat. Der Widder kaut an den Fingernägeln und fragt sich: »Wie konnte ich nur so dumm sein?«

Mach dir nichts daraus, Widder, du bist noch lange nicht dumm, aber manchmal ein wenig blind und naiv. Weil du keine eigenen höheren Ziele verfolgst und über deinen persönlichen Bedürfnissen und Wünschen stehen willst, läßt du dich von den Machenschaften der anderen täuschen.

Ein guter Rat: Steck deine Geradlinigkeit in deine Gesäßtasche und setze dich darauf. Manchmal ist das Leben eben nicht fair. Sei auf der Hut. Ergründe die Details in allem, was geschieht. Lasse Enttäuschungen gleich an dir abprallen. Warte nicht ab, bis der schlechte Film zu Ende ist und aus der Mücke ein Elefant geworden ist.

Alle Widder sind von Geburt an mit Talent gesegnet. Wenn diese Begabung von klein auf entwickelt wird, kann sie zu einer großen Karriere im künstlerischen Bereich führen, in der Musik, Graphik oder im Kunsthandwerk. Das Widder-Kind kann Stunden alleine in einem Raum am Klavier verbringen, nur um einen einzigen Klaviersatz zu perfektionieren. Glauben Sie mir, dieses Kind hat keine Angst vor Konkurrenz oder Popularität. Es wird von jedem gemocht. Es strahlt Vertrauen aus und fühlt sich in Gesellschaft wohl. Das Kind, das hier gerade Mozart übt, ist vielleicht nebenbei auch noch Klassensprecher, Konzertmeister des Schulorchesters und Bühnenmeister. Es ist immer beschäftigt. Der Widder rastet nie. Sein unerschütterliches Motto lautet: »Strebe immer nach neuen Erfolgen.«

Als Folge seines tiefen Selbstgefühls will sich der Widder von anderen nichts vorschreiben lassen. Er ist eine Führernatur und oft der genialste Kopf in einer Gruppe. Originalität ist sein besonderes Kennzeichen. Wenn der Widder irgendwo Chaos sieht, stürzt er sich sofort darauf, um die Dinge wieder in Ordnung zu bringen. Der Widder hat keine Angst vor Führungsaufgaben, und er übt seine Macht in fairer und aufrichtiger Bemühung aus. Widder lassen sich nicht von anderen beeinflußen. Obwohl sie sehr naiv sein können, sind sie aber auch stur und egozentrisch.

Widder-Menschen sind schwatzhaft. Auch hier treibt sie ihre kindliche Aufrichtigkeit. Der Widder ist derjenige unter den Dinner-Gästen, der das Haar in der Suppe findet, noch bevor er sie auf dem Teller hat. Doch er will niemanden damit verletzen. Gewöhnlich müssen Widder auch mit fünfzig noch lernen, sich auf die Zunge zu beißen, bevor sie mit der Wahrheit herausplatzen.

Die Bedeutung der westlichen Tierkreiszeichen

STIER

21. April–21. Mai

Herrschender Planet: Venus
Element: Erde
Qualität: Fix

Stier ist das zweite Zeichen im Tierkreis.

BEGEISTERUNGSFÄHIGKEIT	GEDULD
ZIELSTREBIGKEIT	LOGIK
FLEISS	SENSIBILITÄT
TRÄGHEIT	SCHLEMMEREI
VOREINGENOMMENHEIT	SELBSTZUFRIEDENHEIT
WIDERSPENSTIGKEIT	EIFERSUCHT

Stiere greifen niemals direkt an. Sie schleichen sich an und treffen einen mitten ins Herz. Sie hinterlassen einen unauslöschlichen Eindruck in Ihrer Seele. Stellen Sie sich den Stier als einen langen sinnlichen Kuß vor. Eine zärtliche und doch feste Umarmung. Oder eine Daunendecke in einer kalten Nacht im Gebirge. Stiere lieben die Wärme.

Stier-Menschen eignen sich hervorragend für Führungsposten. Sie lieben Geld und genießen es, wenn sie Unmengen davon verdienen. Wenn ein Stier reich wird, dann hängt er sehr an seinem Geld. Er legt es in sicheren Aktien und Wertpapieren an, baut solide Häuser und bewahrt vielleicht sogar Goldbarren in einer Matratze auf. Sein Schlüsselwort ist »wesentlich«. Stiere haben kein Vertrauen in leichtsinnige oder unüberlegte Handlungen. Leichtsinn ist ihnen fremd.

Viele Stiere arbeiten mit ihren Händen. Auch wenn ein Stier ein Computer-Fachmann ist und eher mit dem Kopf als mit den Händen zu arbeiten scheint, haben neun von zehn Stier-Menschen in ihrer Freizeit ein Hobby oder üben ein Handwerk aus, in dem sie ihrer Neigung nachgehen. Stiere lieben es, schöne Dinge aus natürlichem Material hervorzubringen. In der Tat werden sie von jeglicher Art von Schönheit angezogen. Sie begeistern sich für Musik, geraten beim Anblick von Blumen und einer schönen Landschaft in Verzückung, und Kunst ist ihr Zuhause.

Stiere sind ständig dabei, etwas aufzubauen, seien dies ihre eigenen Workshops oder die Renovierung alter Bauernhöfe oder Kirchen. Sie sind zwar nicht ausschließlich daran interessiert, ihr eigenes Häuschen zu bauen, lieben es aber, mit ihren Händen den Zement zu spüren, auch wenn es nur der Spaß ist, im Sand zu spielen.

Stier-Menschen mögen keine plötzlichen Veränderungen. Sie sind immer dort, wo man sie braucht. Sie passen sich bereitwillig der Routine an und sind deshalb ausgezeichnete Angestellte. Unvorhersehbare und unerwartete Ereignisse, die Flexibilität erfordern, bringen den Stier dazu, sich geradewegs zu verkriechen und sich keinen Millimeter vom Fleck zu rühren. Stiere sind widerspenstig und dazu bestimmt, ihr Revier zu verteidigen. Es ist klüger, einen Stier in Ruhe zu lassen, wenn er schlechte Laune hat. Lassen Sie ihn ruhig mit den Füßen stampfen und sich alleine austoben. Nehmen Sie ein Beruhigungsmittel, oder machen Sie einen Spaziergang. Bald, wenn sich das Unvermeidliche nicht mehr vermeiden läßt, wird der Stier sich aus eigenem Antrieb von der Stelle bewegen, als wäre nichts Unvorhergesehenes geschehen, das ihn aus der Ruhe gebracht hatte.

Stier-Menschen sind sehr sinnlich. Wo immer sich Menschen vergnügen, wird der Stier mit dabei sein. Er liebt es, sich in einem angenehmen Leben zu aalen. Stiere können dem anderen Geschlecht nicht widerstehen. Wenn ein attraktiver Neuankömmling auf der Bildfläche erscheint, können Sie sich darauf verlassen, daß der Stier dafür sorgt, daß er einen Drink bekommt, sich wohl fühlt und schließlich seine Telefonnummer erhält.

Stiere sind amourös und romantisch, ohne flatterhaft oder rührselig zu sein. Sie sind zärtlich und haben nichts gegen eine öffentliche Zurschaustellung ihrer Zuneigung. Liebe und all ihre Ausdrucksformen ziehen den Stier an. Was den Sex angeht, sind sie manchmal untreu, aber sie hängen ihre kleinen Eskapaden niemals an die große Glocke. Gewöhnlich vermeiden sie heikle Abenteuer. Wenn Sie einen Stier-Menschen lieben, verwöhnen Sie ihn!

ZWILLINGE

22. Mai–21. Juni

Herrschender Planet: Merkur
Element: Luft
Qualität: Veränderlich

Zwillinge ist das dritte Zeichen im Tierkreis.

SCHLAGFERTIGKEIT	VIELSEITIGKEIT
SCHARFSINN	DARSTELLUNGSKUNST
FLEXIBILITÄT	GEWANDHEIT
UNGEDULD	SELBSTBETRUG
LEICHTFERTIGKEIT	OBERFLÄCHLICHKEIT
UNBESTÄNDIGKEIT	UNENTSCHLOSSENHEIT

Zwillinge sind unter dem Einfluß des berühmten Planeten Merkur geboren. In der Astrologie symbolisiert Merkur den Intellekt, den Verstand und die Wahrnehmung. Kein anderer hat ein so rasches Denk- und Auffassungsvermögen wie der Zwilling. Er besitzt eine ausgesprochen gute Kontaktfähigkeit und ist immer über alles im Bilde.

Zwillinge sind aktiv bis zum Extrem. Sie haben viel für Witze und dumme Scherze übrig. Normalerweise machen sie jeden Unfug mit. Zu Hause führen sie ständig Parodien vor, tanzen auf den Tischen oder halten ihren neuesten Monolog. Als geborene Schauspieler sind Zwillinge zwar nicht immer die Erfinder ihrer Geschichten, aber sie verstehen sich ausgezeichnet darauf, sie vorzutragen.

Weil das Zeichen Zwillinge eine Doppelnatur verkörpert, leiden die unter seinem Einfluß geborenen Menschen unter der Unfähigkeit, Entscheidungen zu treffen, die ihr Leben verändern, und zu diesen Entscheidungen zu stehen. Sie sind so offen für Veränderungen und sind von allem, was neu ist, so fasziniert, daß sie sich manchmal zu sehr zerreißen. Sie können nicht lange genug bei einer Sache bleiben und können daher vieles nicht erfolgreich zu Ende bringen. Der Zwilling-Mensch braucht unbedingt einen willensstarken Partner oder Elternteil, der ihn buchstäblich dazu zwingt, ein Projekt zu Ende zu führen, bevor er sich anderen zuwendet.

Der Zwilling-Mensch besitzt eine besondere Anziehungskraft und eine magnetische Ausstrahlung, weshalb er häufig in der Politik anzutreffen ist. Mit seiner Beredsamkeit und seinem unschuldigen kindlichen Charme ist er ein Kandidat, der kaum verlieren kann, vorausgesetzt, er kann sich entscheiden, für welche Partei er kandidieren will und ob er auch morgen noch mit den politischen Grundsätzen seiner Partei konform geht.

Zwillinge sind rastlos und können nur schwer stillsitzen. Sie brauchen Veränderung und sind sehr ungeduldig gegenüber starrsinnigen Menschen, die niemals in ihrer Meinung zu schwanken scheinen. Das Problem ist, daß gerade diese starrköpfigen Menschen durch ihre Ausdauer zu Erfolg gelangen. Der Zwilling besitzt keine Ausdauer. In einer Gruppe, in der starre Regeln oder Ideale aufgestellt und eingehalten werden müssen, ist er völlig fehl am Platz. Er erlaubt sich den Luxus der Veränderung und möchte so unabhängig sein, jedem »Auf Wiedersehen« sagen zu können, der ihn zu sehr festzunageln droht. Der Zwilling-Mensch ist kein Einzelgänger. Er braucht Menschen um sich, aber keine, die langweilig sind.

Auch im Gefühlsbereich ist der Zwilling ein Schauspieler. Morgens ist er vielleicht ein trübsinniger Hamlet und nachmittags ein optimistischer Odysseus, der auf seinem Weg zu literarischem Ruhm die rauhe See bezwingt. Was auch immer er macht, er muß der Star der Show sein.

Wenn der Abend kommt und die Lichter angehen, wird Sie der Zwilling mit seiner Ernsthaftigkeit, seinem Interpretationstalent, seiner Beredsamkeit und seiner Fähigkeit, ihr Herz tief zu berühren, in Erstaunen versetzen. Beim nächsten Treffen ist er womöglich verwirrt, verloren und ängstlich. Die Magie der Emotionen – aller Emotionen – steht dem schillernden Wesen des Zwillings sehr nahe.

Da Zwillinge so anpassungsfähig sind, sind sie auch extrem flexibel. Sie können fast jede berufliche Laufbahn einschlagen, solange sie darin die Möglichkeit haben, ihre Darbietungskunst zum Besten zu geben, angefangen von einem Gehirnchirurgen der Spitzenklasse bis zum opernreifen Müllmann.

KREBS

22. Juni – 23. Juli

Herrschender Planet: Mond
Element: Wasser
Qualität: Kardinal

Krebs ist das vierte Zeichen im Tierkreis.

PHANTASIE	LIEBE
EINSICHT	FÜRSORGLICHKEIT
HARTNÄCKIGKEIT	VORSICHT
GEIZ	BESITZERGREIFEND
REIZBARKEIT	LAUNENHAFT
MUTLOSIGKEIT	ÜBEREMPFINDLICH

Emotion ist die Falle für den Krebs-Menschen. Veränderlich wie der Regent dieses Zeichens, der Mond, wechselt die Stimmung des Krebses von einer Minute zur anderen von ausgeglichen, normal und »glücklich« zu tieftraurig und deprimiert. Das Gemüt des Krebses ist oft von Verzweiflung gekennzeichnet.

Krebse sind ausgezeichnete Partner für häusliche Menschen. Das Nest eines Krebs-Menschen ist dort, wo er sich am sichersten und geborgensten fühlt. Sicherheit ist die Hauptbeschäftigung der meisten Krebse. Daher entspricht ihnen am meisten, ein schönes Zuhause mit bequemen Möbeln, Kindern und Hunden und einem Wandsafe zu haben. In dieser Atmosphäre von kuscheligen Kissen und hübschen Vorhängen blüht der Krebs auf. Für den Krebs ist sein Zuhause sein ein und alles.

Krebse sind erfolgreich im Geldverdienen. Sie erreichen Führungspositionen und bekommen viel Verantwortung übertragen. Sie werden kaum einen Krebs finden, der arm, aber glücklich ist. Krebs-Menschen entscheiden sich nur selten dazu, einfach alles hinzuschmeißen und das Leben eines Hippies oder Bohemiens zu führen. Sie brauchen nicht unbedingt ein festes Gesellschaftssystem oder die Zwänge, die einem die Gesellschaft auferlegt, aber von allen Tierkreiszeichen fällt es dem Krebs am leichtesten, in einer verstaubten und veralteten Umgebung zu leben. Der Krebs liebt seinen persönlichen Komfort und sorgt aber auch sehr großzügig für die Bequemlichkeit seiner Familie.

Krebse sind sehr traditionsgebunden. Wo Sie vielleicht ein ultramodernes abstraktes Gemälde über dem Kamin hängen haben, finden Sie beim Krebs ein Portrait seiner strengblickenden Großeltern, das er irgendwo im Speicher gefunden hat, weil es sonst niemand haben wollte. Das Bild der Großeltern steckt bestimmt in einem antiken Rahmen und hat einen Ehrenplatz in seinem Herzen. Er bevorzugt Antiquitäten und hat den sehnlichsten Wunsch, daß sein Sohn Arzt, Rechtsanwalt oder ein absolut zuverlässiger Buchhalter wird.

Wenn Sie einen Krebs zum Freund haben, wissen Sie, was Loyalität und Treue bedeutet. Krebs-Menschen schließen ihre Freundschaften in ihrer Jugend. Gewöhnlich halten sie ein ganzes Leben. Da Krebse sehr kompromißlos sind, sind sie sehr verletzt, wenn die fraglichen Freunde ihre Treue nicht erwidern. Sie werden verzeihen, aber niemals vergessen.

Wenn ich gefragt würde, was die negativste Eigenschaft des Krebses ist, würde ich nicht sagen, seine Launenhaftigkeit und daß er alles an sich reißen will. Vielmehr müßte ich seine Überempfindlichkeit ansprechen. Der Krebs ist sehr leicht anzugreifen und reagiert mißtrauisch auf Kritik, und zwar in einer Art und Weise, wie ein Sechsjähriger auf Windpocken reagiert. Ein einziges Wort der Kritik kann die berühmte seelische Krise des Krebses heraufbeschwören, und der Kritiker wird für lange Zeit auf seiner schwarzen Liste stehen.

Krebse sind auch sehr eifersüchtig. Sie wollen die Menschen besitzen, mit denen sie leben, und noch mehr diejenigen, die sie lieben. Jedoch sind sie trotz dieser Schwäche nicht tyrannisch. Sie leben nicht nach dem Motto: »Ich habe dich gekauft, deshalb gehörst du mir.« Vielmehr lautet ihr Motto schon eher: »Ich liebe dich so sehr und sorge so gut für dich, daß ich nicht glauben kann, daß du diesem unaufrichtigen Menschen Gehör schenken kannst.« Der Krebs ist in diesem Fall nicht nur verärgert, er ist zutiefst verletzt. Wenn ein Krebs liebt, gibt er sein letztes. Es ist ihm praktisch unmöglich, jemanden zu verstehen, der nur einen kleinen Teil von sich zu geben bereit ist.

LÖWE

24. Juli–23. August

Herrschender Planet: Sonne
Element: Feuer
Qualität: Fix

Löwe ist das fünfte Zeichen im Tierkreis.

WÜRDE	MENSCHENLIEBE
KRAFT	WÄRME
LOYALITÄT	SCHUTZ
ARROGANZ	TYRANNISCH
SELBSTZUFRIEDENHEIT	PROMISKUITÄT
EITELKEIT	ANMASSEND

Der Löwe-Mensch besitzt, wie der König der Tiere, eine angeborene Kraft und innere Substanz. Keinem Löwen mangelt es an Mut und Tapferkeit. Löwen sind willensstark und gehören zu dem Tierkreiszeichen, das für Ego und Selbstachtung am charakteristischsten ist. Sie sind bestimmt und handlungsfähig. Immer sind sie von treuen Untertanen umgeben, die sie bewundern und umschmeicheln. Sie sind Herr über ihr eigenes Leben und können streng und unnachgiebig sein.

Die meisten Löwe-Menschen sehen auch ein wenig wie ein Löwe aus. Oft haben sie eine Mähne aus festem lockigem Haar, und die Art, wie sie stehen oder sitzen, zeigt ihre Selbstsicherheit und Würde. Löwen sind königlich. Manchmal erscheinen sie etwas zu selbstsicher und wirken arrogant. In der Tat erkennt man sie an ihrem sonnigen und überlegenen Verhalten.

Löwe-Menschen sind sowohl in Vermögensangelegenheiten als auch in der Verteilung ihrer Zuneigung sehr großzügig. Aufgrund ihrer angeborenen Überlegenheit haben sie das Gefühl, daß sie es sich leisten können zu geben. Sie können so gut wie immer auf die Hilfe Ihrer Löwe-Freunde zählen, wenn Sie sie brauchen. Sie erweisen ihren Freunden ganz selbstverständlich jeden guten

Dienst, aber sie sichern sich bei jedem Gefallen, den sie ihnen tun, auch ihren eigenen Vorteil und können sich den Vorwurf nicht verkneifen: »Ich habe es dir ja gesagt!«

Löwen sind gerne in Gesellschaft. Ihr Familiensinn ist sehr ausgeprägt. Sie lieben es, andere zu unterhalten und bei ihren Gästen »Hof zu halten«, die über ihre Witze lachen und zu ihren ausgefallenen Ideen Beifall klatschen.

Sie werden einen Löwen kaum in einem Beruf finden, der anspruchslos ist und keine Anforderungen stellt. Der Löwe ist glücklich, wenn er eine Burg einnehmen oder einen würdigen Gegner besiegen kann. Der Löwe ist ein Eroberer. Triumph ist sein Schlagwort, Niederlage sein Todfeind.

Nichts ist mitleiderregender als ein geschlagener Löwe. Eine Niederlage paßt nicht zu ihm und verursacht, daß er Magenbeschwerden und Depressionen bekommt. Ich kenne Löwe-Menschen, die immer wieder von einer beruflichen Situation oder von einer Liebesaffäre erzählen, in der sie zutiefst verletzt wurden, weil ihr Gegner nicht mit Kraft, sondern mit Hinterlist kämpfte.

Löwen sind Verschwender. Sie tun sich nicht schwer, Geld zu verdienen, aber genauso leicht fließt es ihnen auch wieder aus den Händen. Wenn sie dann alles bis zum letzten Pfennig für wichtige und lebenswichtige Dinge ausgegeben haben, beklagen sie sich bitterlich. »Wo ist mein vieles schönes Geld hin?« Tatsache ist, daß der Löwe in bezug auf seine Familie und seinen Beruf sehr verantwortungsbewußt ist. Er haßt es, Schulden zu haben, und ist bemüht, jede Schuld sofort zu begleichen, auch wenn er dann kein Bargeld mehr zur Verfügung hat.

Löwe-Menschen sind extrem eitel. Daher ist es nicht erstaunlich, daß sie so manchen Seitensprung machen. In ihnen brennt eine feurige Energie und Zärtlichkeit. Wenn der Löwe zu Hause nicht genug Bewunderung und Verehrung bekommt, sucht er sie sich eben woanders.

Löwe-Freunde sind für jeden ein Gewinn. Ihre Überlegenheit tut wohl. Wenn Sie einem Löwen gefallen wollen, sagen Sie ihm, daß er phantastisch und großartig ist. Und denken Sie bei all seiner Großtuerei und seinem stolzen Gehabe daran: auch der Löwe war einmal ein Kätzchen.

JUNGFRAU

24. August–23. September

Herrschender Planet: Merkur
Element: Erde
Qualität: Veränderlich

Jungfrau ist das sechste Zeichen im Tierkreis.

KLARHEIT	PRAKTISCH
VOREINGENOMMENHEIT	HILFSBEREIT
HÖFLICHKEIT	ANSTAND
PINGELIG	PEDANTERIE
NEGATIVITÄT	VERSCHROBENHEIT
SNOBISMUS	RESERVIERTHEIT

Zeigen Sie mir einen anständigen Bürger, dessen Aufrichtigkeit und Rechtschaffenheit jedes andere Tierkreiszeichen in den Schatten stellt, und Sie haben es mit einem Jungfrau-Menschen zu tun. Kein anderes Zeichen im Tierkreis (außer manchmal Steinbock) besitzt einen so gut entwickelten Sinn dafür, was richtig und in jeder Situation angemessen ist. Die Jungfrau hat einen klaren Verstand und schießt niemals daneben. Sie ist logisch und bewahrt immer einen kühlen Kopf.

Jungfrau-Geborene sind weder hartherzig noch gleichgültig. Sie sind liebevoll und klammern sich sogar ein wenig an die Menschen, die sie lieben. Sie sind sinnlich und liebenswürdig. Das Besondere an ihnen ist ihre Fähigkeit, in emotionsgeladenen Situationen klar und objektiv zu bleiben. Wenn Sie schreiend zu einem Jungfrau-Menschen rennen: »Hilfe, mein Haus brennt, und meine Kinder sind noch drinnen! Tun Sie etwas!«, wird er Sie als erstes fragen: »Wo haben Sie eine Leiter?« Er ist praktisch und steht mit beiden Beinen auf der Erde, weshalb er für die restlichen Hysteriker des Tierkreises fast immer der Ruhepol ist, der genau weiß, was zu machen ist.

Da Jungfrau-Menschen sehr methodisch sind, leben sie am liebsten in einer wohlorganisierten und hübsch eingerichteten Umgebung. Sie sind sehr auf Genauigkeit bedacht und halten gerne alles in Ordnung. Die Jungfrau kann bis ins Extrem pedantisch sein und tut sich sehr schwer, Unordentlichkeit zu tolerieren. Chaos ist ihr zuwider.

Oft zeigt sich, daß Menschen in hohen Positionen in der Industrie unter dem Zeichen Jungfrau geboren sind. In einer Machtstellung jedoch hat die Jungfrau oft Schwierigkeiten, mit Mitarbeitern zurechtzukommen. Es fällt ihr schwer, zum Ausdruck zu bringen, was ihr mißfällt, ohne dabei bissig oder kritisch zu werden. Wenn ein Jungfrau-Chef über seinen Mitarbeiter verärgert ist, weil er sich auf dem letzten Betriebsfest schlecht benommen hat, wird er ihn zu sich zitieren und folgendes zu ihm sagen: »John, du hast dich letzten Freitag wie ein vollkommener Idiot benommen. Dein Verhalten ist pathologisch. Du hast siebzehn Scotch getrunken.« Jungfrauen sind nicht gerade diplomatisch. Doch ihre Scharfsinnigkeit, komplexe Situationen zu analysieren, ist verblüffend, wie obige »Kopfwäsche« beweist.

Jungfrauen sind gute Kunstkenner. Sehr oft sind sie ausgesprochen kreative Menschen. Sie haben einen guten Geschmack und wissen gute Qualität zu beurteilen. Jungfrauen besitzen oft Antiquitäten-Sammlungen oder sammeln Präzisionsinstrumente. Sie wissen, wie man Dinge gut behandelt, und geben geliehene Sachen mit Sicherheit wieder zurück.

Ein Schwachpunkt der Jungfrauen ist ihre Neigung zu gammeln, Drogen zu nehmen und sich auf der Schattenseite des Lebens zu bewegen. Es besteht die Gefahr, daß sie süchtig werden oder sich neben einem Spielkasino ansiedeln. Drogen wirken auf die Jungfrau sehr verführerisch, vielleicht um ihr starres Bewußtsein aufzulockern oder aus einem Bedürfnis heraus, sich zu befreien. Was auch der Grund dafür sein mag, Jungfrauen müssen sich vor ihren selbstzerstörerischen Tendenzen in acht nehmen.

Jungfrau-Menschen können fürchterliche Snobs sein. Sie glauben, daß sie anders sind als der Rest der Menschheit. Sie haben gerne einflußreiche Freunde und neigen dazu, ihre Nase in die Angelegenheiten von »minderwertigen« Menschen zu stecken. Weil Jungfrauen so ordentlich sind, scheint jeder, der nicht genauso genau ist, unter ihrem Niveau zu sein. Da sie etwas zu steif sind, brauchen sie jemanden, der sie aus der Reserve lockt.

WAAGE

24. September–23. Oktober

Herrschender Planet: Venus
Element: Luft
Qualität: Kardinal

Waage ist das siebte Zeichen im Tierkreis.

GERECHTIGKEITSSINN	LIEBENSWÜRDIGKEIT
ÄSTHETIK	HARMONIESTREBEN
CHARME	IDEALISMUS
STREITSUCHT	SELBSTGEFÄLLIGKEIT
MANIPULATION	UNENTSCHLOSSENHEIT
ZAUDERND	GESCHWÄTZIGKEIT

Haben Sie schon jemals einen Menschen getroffen, der alles »schrecklich wundervoll« und »wundervoll schrecklich« findet? Kennen Sie jemanden, der die verborgene Schönheit und Anmut in Menschen entdeckt, mit denen Sie nicht einmal in der Untergrundbahn fahren möchten? Oder kennen Sie jemanden, der immer und überall seine Meinung ändert, je nachdem, wie es dem Augenblick gerade entspricht? Wenn Sie diese Fragen mit »Ja« beantworten können, dann kennen Sie wahrscheinlich einen Waage-Menschen.

Angesichts eines Konflikts zeigt der Waage-Mensch niemals Feigheit. Er geht aber auch nicht mit gezückter Pistole darauf los. Statt dessen versucht er, Verhandlungen in Gang zu bringen. Er will die Angelegenheit in aller Freundschaft regeln. Er wägt zuerst den einen Standpunkt ab, dann den anderen. Die Waage sagt: »Beurteile niemanden vorschnell nur nach seinem Äußeren. Laß dir Zeit.« Tatsächlich kann es sein, daß der Krieg schon längst vorüber ist, wenn die Waage damit fertig ist, die zwei Seiten eines Arguments zum millionsten Male gegeneinander abzuwägen.

Der Waage-Mensch weiß, daß überall im Leben das Böse lauert und daß man ständig in Schwierigkeiten geraten kann. Aber seine

Einstellung ist: »Warum soll man sich mit den schlechten Seiten des Lebens befassen? Ich will lieber losgehen und mir ein hübsches neues Negligé kaufen. Du wirst sehen, dann werden wir uns alle viel besser fühlen.«

Waage-Menschen versuchen immer, im Gleichgewicht zu bleiben. Sie wollen jede Zwietracht besänftigen und jeden Streit beheben. Mittels ihres guten Humors und dem Gefühl für das Angenehme, drängen uns Waage-Menschen in eine Richtung, in der mehr menschliches Verständnis, Schönheit und Aufrichtigkeit herrscht.

Dennoch besitzen Waage-Menschen die Fähigkeit, in einen plötzlichen Wortschwall auszubrechen, obgleich dies ihrem Wesen gar nicht entspricht. Manchmal verlieren diese liebenswürdigen, schönheitsliebenden »Blumenkinder« die Beherrschung. Ihre Wutanfälle sind nicht sehr schwerwiegend, aber sehr eindrucksvoll. Kühlen Sie die Stirn des Erzürnten mit einer Champagner-getränkten Dollar-Note, und Sie werden über seine augenblickliche Gesundung erstaunt sein.

Waage-Menschen lieben den Luxus. Sie umgeben sich mit schönen Dingen und brauchen einen angenehmen und geschmackvollen Lebensrahmen, um sich darin glücklich zu fühlen. Aufgrund ihres übertriebenen Wunsches nach den »schönen Dingen des Lebens« können Waage-Menschen sehr faul werden, wenn man sie zu sehr verwöhnt. Vielleicht ist es ungerecht, die Waage als »Taugenichts« zu bezeichnen, da sie fähig ist, hart zu arbeiten und ihre Aufgabe sehr ernst zu nehmen. Aber in einer charmanten und liebenswürdigen Umgebung blüht die Waage auf. In einer kargen Umgebung jedoch fröstelt sie und sehnt sich danach, in das Land zurückzukehren, wo Milch und Honig fließen.

Ich hatte immer das Gefühl, daß Waage-Menschen zuviel reden. Diese Meinung kann mißverstanden werden. Dennoch habe ich in Gegenwart eines Waage-Menschen immer empfunden, daß er mir seine ganze Lebensgeschichte in allen Farben und Schattierungen bis ins kleinste Detail schildert. Es ist wie in einem Farbfilm im Kino. In mir regt sich in solchen Fällen der Wunsch zu sagen: »Sie brauchen mir wirklich nicht jedes einzelne hartgekochte Ei aufzuzählen, das Sie in ihrem Leben gegessen haben.« Die Waage gehört kaum zu der schweigsamen Sorte Mensch. Sie ist eher ausgeglichen (mit Ausnahme plötzlicher Wutanfälle), aber geschwätzig.

Waage-Menschen sind niemals in Eile, und sie erwarten auch

nicht, daß andere es sind. Meine Mutter, die eine Waage ist, fragte mich einmal: »Warum beeilst du dich beim Abwaschen so?« Ich antwortete ihr kurz und bündig: »Weil ich Abspülen hasse.« »Oh«, sagte sie mit einem Lächeln auf den Lippen, aus dem ich fast eine Blume wachsen sehen konnte, »ich verstehe.« Sie verstand gar nichts. Aber was tut man nicht alles, um den lieben Frieden zu wahren . . .

SKORPION

24. Oktober–22. November

Herrschender Planet: Mars/Pluto
Element: Wasser
Qualität: Fix

Skorpion ist das achte Zeichen im Tierkreis.

HINGABE	INSPIRATION
ÜBERLEGENHEIT	ZÄRTLICHKEIT
ANZIEHUNGSKRAFT	DISZIPLIN
ERBARMUNGSLOS	SADISMUS
FANATISMUS	ARGWOHN
RACHSUCHT	KOMPROMISSLOSIGKEIT

Gestern sah ich zum ersten Mal in meinem Leben einen echten lebenden Skorpion. Er war nicht besonders groß, schwarzbraun und lauerte in der Ecke einer Umkleidekabine in der Tennishalle eines Freundes. Mein Au-pair-Mädchen stand daneben und schlug mit einem dicken Besenstiel auf ihn ein. Ich weiß nicht, wie lange er sich krümmte, bis er endlich tot war. Auf jeden Fall hatte er keine Zeit gehabt, sich selbst mit seinem tödlichen Stachel zu stechen.

Ich hatte mir einen Skorpion immer als ein großes krebsähnliches Untier vorgestellt, eine Mischung aus Eidechse, Nilpferd und Hummer. Diese kleine unbedeutende Kreatur, die so leicht erschlagen werden konnte, erregte mein Mitleid, obwohl ich sicher bin, daß dasselbe Tierchen mein Herz zum Stillstand gebracht hätte, wenn ich es in meinem Bett oder meinem Schuh gefunden hätte.

Warum erzähle ich diese Geschichte? Nun, es ist so, daß Skorpion-Menschen eine große Ähnlichkeit mit diesem echten Skorpion besitzen. Im ersten Augenblick erscheinen sie nett und freundlich und eher unscheinbar. Sie vermitteln den Eindruck, als könnte man sie mit einem Zahnstocher umwerfen. Sie sind sensibel, zurückhaltend, bescheiden und geheimnisvoll. Wenn Sie einen Skorpion auf einer Party oder in der Öffentlichkeit sehen, werden Sie ihn zunächst kaum bemerken. Sie scheinen in keinster Weise bedrohlich zu sein. Aber wenn Sie einen Skorpion in ihrem Bett oder ihrem Schuh finden, werden Sie das niedliche Tierchen kaum mehr übersehen können.

Man sagt, Skorpione seien zerstörerisch. Ich kenne jedoch nicht viele Skorpione, die absolut selbstzerstörerisch sind. In der Tat kenne ich nur positive vorwärtsstrebende Skorpione, mit Ausnahme meiner Cousine, die süchtig auf Schokolade ist und richtiges Essen haßt (aus sehr komplizierten psychologischen Gründen, mit denen ich Sie hier nicht langweilen möchte), und meiner alten Freundin, die mehr trinkt, als für sie gut ist. Und sogar meine zwei eigenen »Selbstzerstörer« sind eher emsige Bienchen, die immer mit irgend etwas beschäftigt sind.

Eine meiner Freundinnen ist eine berühmte Skorpion-Unternehmerin in den USA. Sie hat mittlerweile Millionen verdient, seit sie vor ein paar Jahren ein Geschäft in der Nahrungsmittelbranche gegründet hat. Sie ist einfach unschlagbar. Ein anderer meiner Skorpion-Freunde ist Rechtsanwalt. Jedesmal wenn ich von ihm höre, ist er wieder einmal befördert worden. Mein Bruder ist ebenfalls Skorpion. Mit seinen dreiunddreißig Jahren gehört ihm praktisch die ganze Firma Xerox. Ich kenne Skorpione, die Bildhauer, Photographen und Chefs sind. Sie alle haben eine Führungsposition und wissen, mit Verantwortung umzugehen.

Der Grund, warum ich mich für Skorpione so stark mache, liegt darin, daß ich selbst einer bin. Seit ich weiß, daß ich ein Skorpion bin (und das liegt nun schon ungefähr zwanzig Jahre zurück), habe ich die schrecklichsten Dinge über dieses Zeichen gehört. Manche Menschen behaupten, daß Skorpione grausam sind, andere halten sie für diktatorisch und wieder andere für rachsüchtig. Man sagt, der Skorpion trifft den anderen immer an seiner schwächsten Stelle. Tatsächlich ging es soweit, daß den Menschen die Angst ins Gesicht geschrieben stand, wenn ich ihnen sagte, daß ich unter dem Zeichen Skorpion geboren bin. Von diesem Augenblick an behandelten sie mich mit größter Zurückhaltung, so als wäre ich eine hungrige Boa Constrictor. »Ein Skorpion?« hauchten sie scheu. Seitdem antworte ich auf die Frage nach meinem Tierkreiszeichen: »Ich bin ein friedlicher Skorpion.«

Da Skorpione den Ruf haben, ausgesprochen sexy zu sein, habe ich auch schon erlebt, daß manche Menschen, die unsicher sind, oft betonen: »Ich habe einen Skorpion-Aszendenten«, als Zusatz zu ihrem Tierkreiszeichen. Es klingt so toll, ein Skorpion zu sein. Aber glauben Sie mir, nur weil Skorpione so sexy sind, haben sie auch nicht mehr Spaß als andere. Denken Sie nur an all die Menschen, die zum Schluß hassen oder die Sie hassen. Versuchen Sie sich vorzustellen, welche Verantwortung Sie tragen, wenn Sie das Skorpion-Image einer Sexbombe erfüllen sollen, wenn Sie gerade Kopfschmerzen haben. Ein Skorpion zu sein ist nicht so toll, wie Sie vielleicht glauben. Es ist mühsam.

Skorpione sind wirklich rachsüchtig. Und sie sind auch dominant und egoistisch. Skorpione wollen ergründen, was in den Köpfen der anderen vor sich geht. Sie haben ein Übermaß an Selbstvertrauen. Sie sind bestimmt und impulsiv. Offen gesagt, finde ich Skorpione bewunderungswürdig. Aber ich gebe zu, daß das Ansichtssache ist.

SCHÜTZE

23. November–21. Dezember

Herrschender Planet: Jupiter
Element: Feuer
Qualität: Veränderlich

Schütze ist das neunte Zeichen im Tierkreis.

FRÖHLICHKEIT	HELDENMUT
FREIGIEBIGKEIT	EHRGEFÜHL
EIFER	VERNUNFT
UNVERBLÜMTHEIT	UNSCHLÜSSIGKEIT
SORGLOSIGKEIT	LEICHTSINN
SCHLECHTE MANIEREN	WIDERSPRÜCHLICHKEIT

Das erste, was mir auffällt, wenn ich die Liste meiner Schützen durchgehe, ist, daß sie alle eine erstaunliche Fähigkeit besitzen, für andere zu sorgen. In meinem kurzen Dasein bin ich bei bestimmt hundert Ärzten gewesen, und bestimmt fünfzig von ihnen waren Schütze. Diese Menschen lieben es ganz einfach, anderen zu helfen.

Viele Schützen sind ewige Junggesellen. Ich kenne eine Menge Schütze-Menschen, die entweder noch nie verheiratet waren oder, wenn sie es waren, spätestens nach drei Tagen davongelaufen sind und es nie wieder versucht haben. Der Schütze liebt seine Unabhängigkeit und sucht in allem ein Abenteuer, auch in den banalsten Dingen. Jeden Tag dasselbe Gesicht in derselben Umgebung und dieselben Sachen sagen zu müssen, paßt nicht in seine Vorstellung vom Paradies. Vielmehr ist der Schütze zufrieden, wenn er ein Dach über dem Kopf, einen Hund, genug zu essen (aber nichts übermäßig Teures), eine gute Stellung in der Welt und eine Menge guter Freunde hat, die all seine moralischen und materiellen Gaben zu schätzen wissen.

Schützen planen oft eine Reise oder kehren gerade von einer zurück. Sie reisen gerne und lieben die Bewegung um der Bewegung willen. Oft geraten sie dabei an einen langweiligen Ort: »Vorgestern war ich in Pittsburgh.« »Was wolltest du denn in Pittsburgh?« »Ich war noch nie dort.« Der Schütze brauchte nur Bewegung. Er ist fast ein wenig bewegungssüchtig.

Aus diesem Grund fühlen sich Schütze-Menschen in Berufen am wohlsten, wo sie viel herumkommen oder neue Menschen kennenlernen. Sie brauchen viel Freiraum in Beziehungen. Sie müssen die Freiheit haben, zu kommen und zu gehen, wie es ihnen gerade paßt. Am glücklichsten sind sie, wenn sie etwas über alte Zivilisationen lernen oder eine neue Gesellschaftsordnung ausarbeiten, von der sie das Gefühl haben, daß sie zu ihnen passen könnte.

Schütze-Frauen sind ausgesprochen erfolgsorientiert. Sie wollen die Dinge auf ihre Art erledigen, und es macht ihnen nicht besonders viel aus, wenn sie dabei über Leichen gehen müssen.

Wenn sie einen Rat zu einem ausgefallenen Thema brauchen oder ein bestimmtes Schreibmaschinenfarbband suchen, das nur auf den Philippinen hergestellt wird, fragen Sie einen Schützen. Er wird sich sofort Ihrer Sache annehmen und Ihnen genau das finden, was Sie brauchen. Der Schütze wird Sie dann voller Stolz und kindlichem Enthusiasmus anrufen: »Wie viele dieser ockerfarbenen Farbbänder wolltest du haben?« Sie fragen, er hat es. Dem Schützen entgeht nichts. Er schenkt dem kleinsten Detail Aufmerksamkeit und erinnert sich an jeden Geburtstag, und wenn er sie nicht auswendig weiß, dann hat er sie in einem eigens für diesen Zweck angelegten Notizkalender vermerkt.

Meine Schwägerin ist Schütze. Sie merkt sich nicht nur jeden Geburtstag, sondern weiß auch, wie oft Sie seit letztem Juni dieses gewisse Parfum gekauft haben und ob Sie bretonische Austern mögen. Nicht daß sie ein außergewöhnliches Gedächtnis besäße, obwohl sie sehr klug ist. Sie macht sich wirklich Gedanken um andere Menschen. Wenn sie mich in Paris besucht, nachdem sie mich zehn Monate nicht gesehen hat, begrüßt sie mich folgendermaßen: »Oh, du hast deine Haare schneiden lassen und trägst sie jetzt hinter dem Ohr. Du hast ein Pfund abgenommen und deine Couch verrückt. Du siehst wirklich blendend aus. Wie hast du nur dieses tolle Make-up so gut hingekriegt?« Wenn eine Schütze-Frau jemanden mag, hat sie keine Angst, dies auch zu zeigen.

Da Schütze-Menschen sehr direkt sind, neigen sie manchmal dazu, Bemerkungen fallenzulassen, die sie besser nicht ausgesprochen hätten. »Du hast deine Augen verschönern lassen!« rief ein Freund aus, als er mich am Flughafen Orly traf. Ich wäre fast in

Ohnmacht gefallen. Denn was noch schlimmer war, ich hatte gar nichts an meinen Augen verändert. Er war so betreten, der Ärmste. Eigentlich wollte er mir sagen: »Du siehst phantastisch aus«, so wie es meine diskrete Schwägerin gelernt hat. Aber statt dessen erwähnte er meine Augen, über die ich eigentlich lieber nicht spreche, weil ich immer riesige Säcke darunter habe.

Dennoch haben Schützen die außergewöhnliche Begabung, andere Menschen zu erfreuen. Immer wenn ich traurig bin oder in Selbstmitleid schwelge, rufe ich meine Schütze-Freunde an. Sie plaudern gerne und haben immer eine komische Geschichte auf Lager oder eine Tasse heißen Tee vorbereitet oder eine Flasche von Ihrem Lieblings-Rosé-Wein im Kühlschrank. Sie können Ihrem Schütze-Freund wirklich all Ihre Gefühle anvertrauen, und er wird weder schockiert noch aufgebracht sein. Der Schütze ist die verständnisvolle Seele, die immer guten Willens ist. Suchen Sie sich einen Schützen als Freund, und Sie werden es nicht bereuen.

STEINBOCK

22. Dezember – 20. Januar

Herrschender Planet: Saturn
Element: Erde
Qualität: Kardinal

Steinbock ist das zehnte Zeichen im Tierkreis.

ENTSCHLOSSENHEIT	GROSSZÜGIGKEIT
WEISHEIT	ÜBERLEGENHEIT
EHRGEIZ	ZUVERLÄSSIGKEIT
STARRHEIT	EINSAMKEIT
SCHWERFÄLLIGKEIT	GENUSSUCHT
DÜNKEL	SELBSTZWEIFEL

Das dem Steinbock zugeordnete Tiersymbol ist die Ziege. Aber im Gegensatz zu der abhängigen, kreativen, ländlichen Ziege des chinesischen Horoskops ist der Steinbock eine Bergziege. Er ist ein Streuner und Einzelgänger, ein ehrgeiziger, bedächtiger Erfolgsmensch und eine bewunderungswürdige Persönlichkeit. Es ist wahr, daß Steinböcke sehr dominant und übertrieben selbstbewußt sein können. Aber wenn Sie einen Steinbock mit einer verbissenen Oberlippe näher kennenlernen, werden Sie feststellen, daß sich hinter der harten Schale ein warmherziges und gefühlvolles Wesen verbirgt.

Um mit Steinbock-Menschen zurechtzukommen, muß man ihnen von Anfang an zeigen, daß man genauso stark und selbstbewußt ist wie sie. Sollten Sie sich nicht so stark fühlen und über weniger Willenskraft verfügen, sollten Sie sich lieber einen Menschen aussuchen, der Ihrem Format entspricht. Der Steinbock steht entweder immer an der Spitze, oder er ist gerade auf dem Weg zum Gipfel. Wie ein hoher Nadelbaum widersteht er Kälte und Hitze, Regen und Wind. Steinböcke sind im Winter zu Hause. Sie haben ihren Kopf viel länger oben als andere und wirken dennoch niemals streberhaft.

Im allgemeinen geht der Steinbock mit seinem Körper genauso streng um wie mit seinen hochtrabenden Lebensprinzipien. Er eignet sich gut für Spiele, die körperliche Disziplin erfordern, aber wo anmutige Bewegungen gefragt sind, kann man ihn glatt vergessen. Steinbock-Kinder fallen oft hin. Erwachsene Steinböcke sind ungelenk. Man möchte sie warnen: »Vorsicht, paß auf, wo du hingehst. Mach kleinere Schritte. Geh langsamer. Entspanne dich.« Natürlich ist es für den Steinbock unmöglich, sich zu entspannen. Er ist immer auf dem Sprung und nimmt jede Gelegenheit wahr, etwas zu erreichen. Für einen Steinbock ist sogar atmen eine Herausforderung.

Der Steinbock liebt es, andere zu unterhalten. Er ist ein großzügiger Gastgeber. Oft geben Steinböcke wunderbare Chefs ab. Sie verstehen es auch, höchst komplizierte Mahlzeiten zuzubereiten. Zum Teil kommt ihre Liebe zur guten Küche daher, daß sie ihren Gästen und ihrer Familie gefallen wollen. Aber in den meisten Fällen kommt der angeborene Hang zum Essen ganz einfach aus der reinen Freude am Essen. Steinbock-Kinder haben selten Probleme mit dem Essen. Sie futtern alles mit großem Appetit in sich hinein, was in Reichweite ist.

Der Steinbock hat oft Erfolg, weil er dort bei der Sache bleibt, wo andere alles vermasseln. Aber wehe, wenn er, was Gott verhüte, eine Niederlage einstecken muß – obwohl ihm nicht einmal ein Fehler unterlaufen ist. In diesem Fall gerät sein wohlgeordnetes Weltbild aus den Fugen, und er wird melancholisch. Steinböcke hassen es zu versagen.

Steinbock-Menschen achten sehr darauf, welchen Eindruck sie auf andere machen. Auf vulgäres Benehmen und schlechte Manieren reagieren sie allergisch. Die gesellschaftlichen Pflichten sind entscheidend. Wir anderen würden sagen: »Was kümmert mich die Gesellschaft? Ich bin ein freier Mensch.« Nicht so unser sozial eingestellter Steinbock. Und wenn es nur um den Beifall des Publikums geht, der Steinbock geht konform.

Sie können immer auf die Hilfe des Steinbocks rechnen, wenn Sie in Not sind. Steinböcke sind sehr fürsorglich und immer darum bemüht, Menschen zu helfen, die krank oder in Schwierigkeiten sind. Manchmal wirken sie etwas unnahbar und verschlossen. Aber wenn Sie den Panzer eines Steinbocks durchbrechen können, werden Sie angenehm überrascht sein. Der Kontakt wird anfangs etwas schwer zustande kommen, aber sein Enthusiasmus wird dies bald wieder wettmachen.

ASSERMANN

Januar – 19. Februar

nder Planet: Saturn/Uranus
Element: Luft
Qualität: Fix

t das elfte Zeichen im Tierkreis.

T — TOLERANZ
UNABHÄNGIGKEIT
INDIVIDUALITÄT
UNGEHORSAM
GEDANKENLOSIGKEIT
GRAUSAMKEIT

Mer … nis ist ganz entschieden eine Eigenschaft … ermann-Menschen kümmern sich um die … anderen. Sie sind Samariter, die nachts … Hungersnot und Dürre denken müssen. … nsch, etwas gegen das Unglück ihrer Mi… zu unternehmen. Sie sorgen für die Menschheit.

Da die Wassermänner davon träumen, auszuziehen und anderen zu helfen, sind sie wie auf einem Kreuzzug für das Wohl der Menschheit. Dabei bleibt ihnen nicht mehr viel Zeit für ihr Zuhause. Sie sind weltlich und du-bezogen. Manchmal kommt ihre Familie an letzter Stelle. In ihrem Eifer, die Welt zu retten, vergessen sie oft, Futter für den Hund zu kaufen.

Wassermann-Menschen sind kühle Denker. Bevor sie sich auf ein Projekt einlassen oder eine wichtige Entscheidung treffen, durchdenken sie alles sehr genau. Sie sind mehr für Frieden als für Auseinandersetzungen. Der Grund dafür ist, daß sie sich nicht mit Banalitäten belasten wollen. Deshalb scheuen sie jeden banalen und »irdischen« Unfug wie Wortgefechte oder häuslichen Unfrieden.

Wassermänner brauchen niemanden. Oft leben sie alleine oder in einer lockeren Bindung mit einem Partner, der viel auf Reisen ist. Es fällt ihnen nicht schwer, mehrere Leben gleichzeitig zu führen, da sie die eine Partei nie wissen lassen, was die andere tut. Sie sind angenehme Zeitgenossen und gewöhnlich sehr aufrichtig – auf ihre eigene Weise. Sie können jedoch egoistisch wirken und verhalten sich nach ihrem individuellen Stil. Sie lassen sich ungern etwas vorschreiben. Sie sind nicht diktatorisch, lieben aber die Macht. Dennoch würden sie keine Gewalt gebrauchen, um ans Ziel zu kommen. Sie sind klug und besitzen einen schwer faßbaren Charakter, dem die List zur zweiten Natur geworden ist.

Wassermann-Geborene umgeben sich mit vielen Freunden, und gewöhnlich werden sie von allen Menschen gemocht. Aber in einer etwas befremdlichen Weise scheinen sie mit den irdischen Dingen nicht besonders verbunden zu sein. Sie scheinen immer einen Meter über ihrem eigenen Kopf zu schweben und das Leben aus der Perspektive eines Hubschraubers zu betrachten. Man sagt, Wassermann sei das Zeichen der Verrücktheit oder großer Macht. Die meisten amerikanischen Präsidenten sind unter diesem Zeichen geboren.

Sie können der beste Freund eines Wassermanns sein, Sie werden ihn nur einmal im Jahr zu Gesicht bekommen. Wassermänner haben nicht allzuviel Sehnsucht nach ihren Partnern. Sie sind wirklich sehr exzentrisch.

Wenn Sie einen Wassermann lieben, dann sollten Sie nicht an ihm hängen. Mischen Sie sich nicht in sein Privatleben ein, und stellen Sie vor allem keine Fragen, wenn sich ihr Wassermann nach zweimonatiger Abwesenheit wieder einmal blicken läßt. Sagen Sie nur: »Hallo, wie geht es dir?« Wassermänner verabscheuen es, Rechenschaft ablegen zu müssen.

FISCHE

21. Februar – 21. März

Herrschender Planet: Jupiter/Neptun
Element: Wasser
Qualität: Veränderlich

Fische ist das zwölfte Zeichen im Tierkreis.

VERSTÄNDNIS	ANPASSUNGSFÄHIGKEIT
STARKE VORSTELLUNGSKRAFT	BEWUSSTHEIT
KREATIVITÄT	SPIRITUALITÄT
MANGELNDES SELBSTVERTRAUEN	BLASIERTHEIT
WILLENSSCHWÄCHE	ZORN
ÄNGSTLICHKEIT	UNENTSCHLOSSENHEIT

Als das zwölfte und letzte Zeichen des Tierkreises geben Fische-Menschen angenehme Gefolgsleute ab. Sie tun sich schwer, ihre eigene Richtung zu finden. Sie haben nur wenig Eigeninitiative und fühlen sich in gewisser Weise getrennt von der übrigen Welt. Wenn die Dinge nicht so laufen, wie es sein sollte, verfallen Fische leicht in Selbstmitleid.

Fische sind die Seele der Sensibilität. Nichts entgeht ihnen. Wenn ein Blatt leise zu Boden fällt, klingt das für den Fische so, als ob ein LKW gegen eine Ziegelmauer donnert. Wenn ein Baby in seiner Wiege jammert, hört sich das für den übersensiblen Fisch an wie das Geschrei hunderter hungriger Kinder. Fische sind eben so geboren. Sie sind so überaus sensibel, daß sie sich zu allem Schönen hingezogen fühlen und sich nach allem Kunstvollen sehnen. Fische sind etwas schläfrige, müde, aber unwiderstehliche Schöpfernaturen, von deren Werk wir oft nicht eine einzige Silbe vernehmen. Da Fische nicht machthungrig sind, sind sie in bezug auf Erfolg sehr bescheiden. Ruhm interessiert sie nicht. Wenn sich das Glück einstellt, lassen sie es geschehen. Aber sie laufen dem Ruhm nicht hinterher.

Trotz dieser etwas resignierten Einstellung sind Fische-Menschen sehr stolz. Sie spielen zwar nicht den Gockel und prahlen mit ihren Eroberungen oder Meisterwerken. Sie scheinen aus Watte zu sein. Wenn Sie einen Fisch darum bitten, etwas zur Seite zu rücken, weil er Ihnen die Sicht versperrt, wird er wortlos Ihrem Wunsch entsprechen. Wenn Sie eine neue Art, Schnecken mit dem Löffel zu essen, vorschlagen, wird der Fisch sofort dabei sein und alles tun, was man von ihm erwartet. Sollten Sie es aber wagen, seine tiefsten Überzeugungen anzuzweifeln, seinem Geschmackssinn zu widersprechen oder seine spirituellen Grundsätze anzugreifen, nach denen er lebt, wird er sich vor Ihren erstaunten Augen in einen Haifisch verwandeln. Fische besitzen eine tiefe Integrität ihrer Persönlichkeit.

Leiden ist bei Fischen nichts Ungewöhnliches. Erstens sind sie sehr leicht verletzt. Zweitens sind sie mit übertriebenen Selbstzweifeln beladen. Weltliche Vollkommenheit sprengt den Rahmen der Fische, da sie erfordert, daß man mit beiden Beinen in der harten Realität steht. Dies aber vermeiden die Fische lieber. Rücksichtslose Konkurrenten, die sich als freundliche und warmherzige Kollegen oder Geschäftspartner tarnen, können den ernsthaften Fisch hinters Licht führen und ihn in tiefe Verzweiflung und Verwirrung stürzen. Mit Taktiken oder Strategien kann er nicht besonders gut umgehen. Am liebsten hat er es, wenn alles glattgeht und alles wie von selbst läuft.

Sie können sicher sein, Fische immer dort zu finden, wo Wasser ist. Sie lieben die Stille des Wassers und tun alles dafür, um sich in irgendein Wasser stürzen zu können, sei es ein Fluß, das Meer oder eine Badewanne.

Fische-Menschen nehmen alle Gefühlsbindungen sehr ernst. Ob es sich um eine Liebesbeziehung, eine Freundschaft, eine Eltern-Kind-Beziehung oder eine andere familiäre Bindung handelt, der Fisch wird die Verbindung pflegen. Der Fisch liebt bedingungslos, ändert seine Meinung bereitwillig oder schwimmt ohne Zögern genau in die entgegengesetzte Richtung, nur um dem Menschen, den er liebt, eine Freude zu machen. Wenn Sie in einen Fisch verliebt sind, holen Sie Ihren Schnorchel und Ihre Flossen, und paddeln Sie hinter Ihrem Fisch her bis ans Ende des Ozeans.

Die Bedeutung der chinesischen Tierkreiszeichen

RATTE

1900, 1912, 1924, 1936, 1948, 1960, 1972, 1984, 1996, 2008, 2020, 2032, 2044, 2056, 2068, 2080, 2092

Ratte ist Yin. Ratte ist das erste Zeichen im chinesischen Horoskop.

ANZIEHUNGSKRAFT	SOZIAL
EINFLUSS	INTELLEKTUELLE BEGABUNG
SPARSAMKEIT	CHARISMA
NERVOSITÄT	MACHTHUNGER
WORTSCHWALL	LIST
GEWINNSUCHT	EINMISCHUNG IN FREMDE ANGELEGENHEITEN

Auch in der chinesischen Astrologie herrscht, wie im übrigen Leben, ein Konkurrenzkampf. Der Überlieferung zufolge soll Buddha vor vielen, vielen Jahren alle Tiere zu sich gerufen haben. Es kamen aber nur zwölf. Die Ratte war die erste von ihnen. Um die zwölf Tiere, die seinem Aufruf nachgekommen waren, zu belohnen, schenkte Buddha jedem der zwölf Tiere ein Jahr aus dem chinesischen Kalender. Da die Ratte das Rennen gewonnen hatte, bekam das erste Jahr ihren Namen zugeordnet. Ich weiß nicht, wie die Zuordnung der restlichen Tiere zustande kam, außer daß sie folgende Reihenfolge hat: nach der Ratte kommen Ochse, Tiger, Katze, Drache, Schlange, Pferd, Ziege, Affe, Hahn, Hund und Schwein. Jedes Jahr wird nach einem dieser Tiere benannt.

Wenn ich jemanden darüber aufkläre, daß sein chinesisches Zeichen die Ratte ist, rümpft er meistens angewidert die Nase. Die Menschen wollen keine Ratte sein. Sie wären lieber etwas weniger Widerliches, wie zum Beispiel ein Kolibri oder ein Hamster. Nun, damit müssen wir uns abfinden. Ratten haben in unserer westlichen Zivilisation keinen besonders guten Ruf.

Aber denken Sie mal einen Augenblick an die schlaue ländliche Ratte. Dies ist die kluge und bewundernswerte Landratte, der Sammler, den Buddha ehrte. Diese Ratte ist bis zum heutigen Tag ein erstaunlicher Futterdieb mit einem ausgesprochen guten Sinn für Nistplätze und einer herausragenden Zeugungsfähigkeit. Lassen Sie uns im Zusammenhang mit diesem Buch unser Klischee von der Stadtratte vergessen und uns auf ihre ländlichen Verwandten konzentrieren.

Die Schlüsselbegriffe für Ratte-Menschen sind »Charme« und »Aggressivität«. Sie werden kaum eine Ratte treffen, die nicht attraktiv ist. Noch werden Sie eine Ratte finden, die nicht nach Erfolg strebt, sich von der Masse abheben und sogar Macht über andere gewinnen will. Ratten sind immer in Bewegung. Sie sind mit guten Führungsqualitäten geboren und einem stattlichen Quantum an List. Bei den Ratten heiligt der Zweck oft die Mittel.

In Gesellschaft wirken Ratten gewöhnlich ruhig und angenehm. Sie sind sehr geschwätzig (manchmal bis zum Extrem) und sind angenehme Unterhalter. Aber schauen Sie einmal genauer hin. Die Ratte hat ein Gummiband in der Hand, das sie ständig zwischen zwei Fingern hin- und herschnippen läßt. Die Ratten-Dame spielt ständig am Verschluß ihrer Handtasche herum. Ratten scheinen nämlich nur ruhig. Innerlich sind sie wie ein Reaktor voll überreizter Nerven, der aber niemals – oder zumindest sehr selten – explodiert.

Ratten horten Nahrungsmittel und haben einen gesunden Sinn für Wirtschaftlichkeit. Sie wissen, für was sie ihr Geld ausgeben und welchen Unfug sie sich leisten können. Parties und andere gesellschaftliche Zusammentreffen gefallen der Ratte. Tatsächlich nimmt die Ratte freudig jede Gelegenheit wahr, um Kommunikation zu pflegen. Ratten lieben, nein, sie brauchen die Unterhaltung. Wenn sie Probleme haben, müssen sie sie durchsprechen. Wenn sie deprimiert sind, müssen sie jedem davon erzählen. Wenn sie einen Partner verloren haben, können sie nur von dem Verlust geheilt werden, wenn sie ihr Herz bei anderen ausschütten, bis diesen die Ohren glühen und sich die Ratte ihren ganzen Schmerz von der Seele geredet hat. Wenn Sie einen geschwätzigen Ratte-Freund haben, halten Sie Ihren Walkman bereit, und drehen Sie die Lautstärke auf.

Wenn Sie von einer Ratte geliebt werden, können Sie sich glücklich schätzen. Ratten verteidigen die Menschen, die sie lieben, ohne zu zögern. Außenseiter zählen nicht. Die Ratte möchte von Menschen umgeben sein, die sie lieben und bewundern. Er wird sie mit Geschenken überhäufen und sie verwöhnen, bis sie vor Bewunderung platzen. Kameradschaft ist ihre Vorstellung von Zufriedenheit.

Ratten sind nicht unbedingt hoch-geistig. Ebensowenig sind sie besonders kühne Träumer. Sie sind ganz einfach nett. Sie geben ausgezeichnete Richter ab und eignen sich hervorragend für Führungspositionen. Ratten sind sehr an Politik interessiert. Richard Nixon, Jimmy Carter und Ronald Reagan sind alle unter diesem Zeichen geboren.

Nicht selten mischen sich Ratten gerne in anderer Leute Angelegenheiten ein. Sie haben die Eigenschaft, sich immer mit Freunden und Nachbarn einzulassen. Ratten sind ziemliche Wichtigtuer. Sie engagieren sich nur zu gerne in irgendwelchen organisatorischen Angelegenheiten, in Komitees oder einem Verwaltungsrat. Sie werden sich kaum freiwillig zur Putzkolonne melden. Vielmehr streben sie nach Macht – Macht und Einfluß und nach viel altmodischem Ruhm und Ehre.

OCHSE

1901, 1913, 1925, 1937, 1949, 1961, 1973, 1985, 1997, 2009, 2021, 2033, 2045, 2057, 2069, 2081, 2093

Ochse ist Yin und das zweite Zeichen im chinesischen Horoskop.

INTEGRITÄT	PIONIERGEIST
ZIELSTREBIGKEIT	FLEISS
STABILITÄT	BEREDSAMKEIT
STARRSINN	RESERVIERTHEIT
FANATISMUS	BEFANGENHEIT
SCHUFTEREI	RACHSUCHT

Ochsen sind Arbeitstiere. Wie in der Natur ist auch das Symbol des Ochsen im Horoskop ein Wesen, das hart arbeitet, Erfolge erzielt und nur wenig Geduld mit Menschen hat, die nicht so erfolgreich sind. Ochse-Menschen sind immer sehr begabt. Sie besitzen ein ausgeprägtes Vorstellungsvermögen, neue Systeme und Methoden auszudenken, und können ihre Erfindungen gewöhnlich direkt in die Praxis umsetzen.

Soweit hat es fast den Anschein, als wäre der Ochse vollkommen. Stabil, hart arbeitend, kreativ und praktisch. Was kann sich ein Mensch noch mehr wünschen? Nun, vielleicht ein wenig Flexibilität, Zärtlichkeit und Phantasie. Leider sind dies nicht gerade die Stärken des Ochsen. Wie schon die Bezeichnung sagt, sind Ochsen dick, schwer, langsam und von einer Sturheit, die einen zum Verzweifeln bringen kann.

Aber denken Sie daran, ein Ochse zu sein bedeutet nicht, schwerfällig zu sein. Unter dem starren Äußeren des Ochsen verbirgt sich ein kleiner frecher Gnom, der seine Nase in allen möglichen Unfug steckt, wenn niemand es sieht. Als Ausgleich zu ihrem normalen eintönigen Leben haben Ochsen oft heimliche und leidenschaftliche Liebesaffären. Oder sie verfassen rührselige Liebesgedichte oder lernen heimlich Tango-Tanzen. Auf jeden Fall ist immer ein kleines Zwinkern in dem standfesten Auge des Ochsen, ein Funken Fröhlichkeit.

Die rauhe Schale, die der Ochse nach außen hin zeigt, ist schwer zu durchdringen. Wenn sie einem Ochsen um den Hals fallen, wird seine Tür zur Fröhlichkeit mit lautem Krach zuschlagen. Wenn Sie ihn dazu auffordern, nur so zum Spaß mit Ihnen einen Schaufensterbummel bei Cartier oder Tiffany zu machen, so zu tun, als ob Sie reich wären und sich Diamantringe anzuschauen, wird sich der ernsthafte Ochse dazu veranlaßt fühlen, »nein« zu sagen. Er versteht so dumme Späße nicht. Was, wenn man bei Tiffany seine wahre Identität herausfindet? Der Ochse würde vor Scham im Boden versinken.

Ochsen sind nicht schüchtern. Sie suchen Anerkennung bei ihren Mitmenschen und haben nichts dagegen, wenn sie öffentlichen Beifall erhalten. Im Gegenteil, Ochsen streben nach Erfolg. Durch ihren Fleiß und ihre Ausdauer stellen sie immer wieder unter Beweis, daß sie des Erfolgs auch würdig sind.

Unter den Ochsen gab es ein paar mächtige und gefährliche Führer auf der Welt, zum Beispiel Hitler und Napoleon. Hier haben wir es mit harten Tyrannen zu tun, die keinen Spaß verstehen und nichts anderes können, als sich abzuschuften, sich aufzuspielen und große Reden zu schwingen.

Beredsamkeit ist eine natürliche Begabung aller Ochsen. Es ist seltsam, denn Ochsen reden nicht viel. Aber sogar ohne eine Ausbildung in Rhetorik oder Schauspielunterricht kann ein durchschnittlich begabter Ochse einen Faden spinnen, der so lang ist wie der Mississippi. Er wird Sie auf Ihrem Stuhl festnageln und Ihnen in aller Ausführlichkeit den neuen Zahn seines Babies beschreiben oder die Herzoperation, der sich seine Großmutter im letzten Jahr unterziehen mußte. Viele berühmte Schriftsteller sind unter diesem Zeichen geboren.

Zärtlichkeit ist nicht gerade ein beliebter Zeitvertreib für den Ochsen. Ihre Freundin aus diesem Zeichen ist wahrscheinlich kein besonderer »Schwärmer«. Nein, sie ist eher reserviert. Sie liebt auf ruhige und solide Weise. Sie wird Sie zum Tee einladen und einen Kuchen für Sie backen als Zeichen ihrer Zuneigung. Aber sie wird ihre Zuneigung niemals mit Küssen zum Ausdruck bringen. Ochsen zeigen ihre Gefühle nicht, doch sie lieben mit einer Glut, die in ihrem Herzen brennt, die für Menschen, die unter einem anderen Zeichen geboren sind, kaum vorstellbar ist.

Ochse-Menschen sind nicht übermäßig sexuell. Sie müssen nicht von einem Bett ins andere hüpfen, um sich glücklich oder selbstsicher zu fühlen. Dieses wenig ausgeprägte sexuelle Verlangen kann zu Schwierigkeiten in Beziehungen führen, wenn der andere Partner seine Zuneigung sehr stark zum Ausdruck bringen will und sich aufgrund der Reserviertheit des Ochsen zurückgewiesen fühlt. Die Liebesaffären mit einem Ochsen bedürfen viel Geduld. Wenn Sie einen Ochsen lieben, müssen Sie warten und ihn umwerben und verführen.

TIGER

1902, 1914, 1926, 1938, 1950, 1962, 1974, 1986, 1998, 2010, 2022, 2034, 2046, 2058, 2070, 2082, 2094

Tiger ist Yang und das dritte Zeichen im chinesischen Horoskop.

LEIDENSCHAFT	GLÜCK
MUT	WOHLWOLLEN
ANZIEHUNGSKRAFT	AUTORITÄT
HEFTIGKEIT	PRAHLEREI
HITZKÖPFIGKEIT	ZÜGELLOSIGKEIT
UNGEHORSAM	WANDERVOGEL

Tiger-Menschen sind hitzig und leidenschaftlich. Ihr Urteil ist nicht immer richtig, und sie hassen Regeln, es sei denn, sie selbst haben sie aufgestellt. Tiger haben gewöhnlich mehrere Berufe in ihrem Leben ausgeübt (und manchmal sehr verantwortungsreiche Tätigkeiten). Sie brauchen Veränderung und Bewegung. Sie hassen den Stillstand und fühlen sich von äußeren Zwängen eingeengt. Man erkennt sie oft an ihrem Samtpfoten-Tritt. Tiger haben fließende anmutige Bewegungen, die Arme baumeln locker und die Schultern sind zurückgenommen.

Für den Tiger ist jede Mode Snobismus. Er wäre nicht sonderlich beeindruckt, wenn Yves Saint Laurent in seinem Badezimmer eine Pressekonferenz gäbe. Dennoch sehen sich Tiger gerne in der Rolle des Pioniers oder Trendmachers. Und der Trend des Tigers ist häufig wesentlich avantgardistischer als die aktuelle Mode. Der Tiger sucht das Ungewöhnliche und versucht dann, es als seine eigene Erfindung auszugeben.

Tiger sind zielstrebige Menschen. Sie stürzen sich kopfüber in einen Schwarm Piranhas, um die sogar ein Haifisch einen großen Bogen machen würde. Sie suchen sich die merkwürdigsten Freunde und Partner und nicht selten bleibt er an einem leicht »Verrückten« hängen. Es ist, als würde er sagen: »Komm, du kleines Dummerchen, ich werde mich um dich kümmern. Amüsiere mich ruhig mit deinen kleinen Macken, und wir werden bis an unser Lebensende glücklich miteinander sein.«

Wenn dem Tiger dann ein paar Monate oder Jahre später die Luft ausgeht und er sowohl geistig als auch körperlich Schaden zu nehmen droht, stößt er sich einfach mit seinen Hinterläufen ab und bringt sich mit einem Sprung in Sicherheit – wobei er immer auf den Füßen landet. Beziehungen und Lebensumstände, die einen anderen fast zum Selbstmord treiben würden, lassen den Tiger unberührt, und er kann dabei sogar noch lächeln. Wie schafft er das nur? Man könnte sagen, wenn die Umstände für den Tiger zu unangenehm werden, rettet ihn sein gut entwickelter Selbsterhaltungstrieb, und ein starker Adrenalinstoß verhilft ihm dazu, sich aus dem Staub zu machen.

Der Tiger hat kein Interesse an Geld (Ich erwähne dies, da einige Tiger ausgesprochen wohlhabend sind und in üppigem Luxus leben). Ich meine damit, daß Tiger nicht bewußt mit Geld umgehen. Sie haben gerne genug – sogar viel – Geld. Aber sie bemühen sich nicht besonders, es zu verdienen. Für den Tiger wird immer genug da sein, gleich was er tut, bis er eines Tages nichts mehr hat. Denn wenn Tiger Geld haben, geben sie es auch aus. Und wenn sie kein Geld mehr haben, bekommen sie wieder welches. Das bedeutet nicht, daß Tiger immer fleißig sind. Es bedeutet vielmehr, daß Tiger unwahrscheinlich viel Glück haben.

Tiger sind aufrichtige Menschen. Doch manchmal werden sie durch die Umstände gezwungen, kleinere Verbrechen zu begehen. Sie können weder Autorität noch ungerechte Gesetze tolerieren. Sie hassen Ungerechtigkeit und kämpfen bis zum Äußersten darum, ihre Meinung zu verteidigen. Da Tiger eine natürliche Autorität besitzen, findet man sie oft in einflußreichen Machtpositionen. Aber da sie so mobil sind und Veränderungen lieben, haben viele Tiger mit fünfzig Jahren eine Stellung, die ihrer unwürdig und unter ihrem Niveau ist. Das Geheimnis für den Erfolg des Tigers liegt merkwürdigerweise darin, daß er ein Talent besitzt, solide, ernsthafte und geistreiche Ratgeber und Freunde um sich zu scharen. Wenn er seine Vorgesetzten klug auswählt, wird er immer ein Sieger sein. Er muß lernen, um Rat und Hilfe zu bitten, er muß aus seinen Erfahrungen klug werden und aus seinen Fehlern lernen. Dann und nur dann, wenn der Tiger Bescheidenheit lernt, wird er erfolgreich sein.

KATZE

1903, 1915, 1927, 1939, 1951, 1963, 1975, 1987, 1999, 2011, 2023, 2035, 2047, 2059, 2071, 2083, 2095

Katze ist Yin und das vierte Zeichen im chinesischen Horoskop.

TAKT	VORSICHT
ELEGANZ	LANGES LEBEN
TUGEND	EHRGEIZ
HEIMLICHTUEREI	DILETTANTISMUS
ÜBEREMPFINDLICHKEIT	HYPOCHONDRIE
PEDANTERIE	KOMPLIZIERTHEIT

Als bekannt geworden war, daß ich mich mit chinesischer Astrologie beschäftige, haben mir Leser geschrieben, mich angerufen und praktisch mein Leben bedroht, weil ich das vierte chinesische Zeichen »Katze« nenne anstatt, wie es überliefert ist, »Hase« oder »Kaninchen«. Wenn Sie so wollen, können Sie dieses Zeichen meinetwegen »Nilpferd« nennen, aber was mich betrifft, so heißt es »Katze«. Solange ich mich mit diesem astrologischen Spaß befasse, ist das vierte Zeichen eben die Katze.

Den Katzen-Menschen kann man sofort daran erkennen, daß er überall ein Flair des Feinen erzeugt. Katzen haben nichts für Prahlerei übrig. Ob es sich um einen Koloß in Wolljacke, eine Bauersfrau in Burgund, einen Bankpräsidenten oder eine Ballerina handelt, die Katze steht für guten Geschmack und Chic. Katzen fühlen sich zum Klassischen hingezogen und bevorzugen gediegene Kleidung, Möbel, Autos und sogar Ehepartner. Die Einrichtung von Katzenmenschen strahlt Komfort und Eleganz aus. Samt und warme erdige Farben sowie Beige-Töne sind darin vorherrschend. Sie lieben bequeme Lehnsessel und weiche Ledersofas.

Katzen sind niemals langweilig. Sie haben ein aufrichtiges Interesse an Geschichte, Kunst, Musik, Theater, Tanz, Kochkunst usw. und sind einer freundschaftlichen Diskussion niemals abgeneigt. Obwohl ihr Interesse an den schönen Dingen des Lebens sehr ausgeprägt ist, wird die Katze wahrscheinlich kaum in einer reichverzierten roten Robe zu einer Premiere der Aida erscheinen. Katzen gehen der Menge lieber aus dem Weg. Statt in die Oper zu gehen, bleiben sie gewöhnlich lieber zu Hause und geben sich in einer gepflegten und eleganten Atmosphäre dem Musikgenuß mittels Schallplatte hin.

Katzen scheuen Auseinandersetzungen. Sie ziehen Ruhe und Frieden vor und vermeiden es, in Situationen oder Beziehungen verwickelt zu werden, die unangenehm zu werden drohen. Sie können eine Katze reizen wie Sie wollen, Sie werden kaum eine Reaktion bekommen. Die Katze wird hocherhobenen Hauptes an Ihnen vorbeistolzieren und es sich am Ofen gemütlich machen – alleine.

Traditionen und alte Gebräuche sind für Katzen-Menschen wichtig. Festlichkeiten in Katzen-Familien machen wahren Feiertagen Ehre. Stellen Sie sich eine Familie vor, bei der jeder pikfein angezogen ist. Vater zerteilt den Truthahn, Mutter flambiert die Nachspeise und die Kinder sitzen kerzengerade auf ihren Stühlen und ihre Augen flackern wohlgesittet. Bei einer Katze scheint immer genug Geld im Haus zu sein, und es gibt immer genug zu essen. Gott hat hier seinen Himmel.

Manche Menschen glauben, daß Katzen hochnäsig sind. Das stimmt nicht. Doch sie sind ein wenig distanziert. Katzen machen sich oft einfach aus dem Staub, weshalb sie manchmal unfreundlich wirken. Aber in Wirklichkeit sind Katzen Fremden gegenüber sehr scheu und schätzen keine Neuerungen. Aus diesem Grund sollten Sie sich einer attraktiven Katze niemals an den Hals werfen. Wenn Sie gute Manieren zeigen und eine elegante Erscheinung abgeben, wird sie von selbst auf ihren Schoß klettern und schnurren.

Katzen sind sehr großzügig. Wenn Sie Schwierigkeiten mit einem Kredit haben, können Sie sich auf Ihren Katzen-Freund verlassen. Er wird Ihnen behilflich sein. Katzen verdienen viel Geld und sparen sehr oft. Sie sind sehr vorsichtig mit dem Geldausgeben und verschwenden niemals ihr Vermögen. Darüberhinaus müssen Sie wissen, daß Sie Geld, das Sie von einer Katze leihen, auch wieder zurückzahlen müssen. Katzen achten sehr genau auf Dinge wie Zinsen und Fristen.

Katzen sind weise. Sie sind gute Ratgeber, und auf ihren Rat folgt auch die Tat. Vielleicht scheinen sie ein wenig zu etepetete oder zu gut gekleidet, um sich kopfüber in eine Sache zu stürzen und ihren Teil zu einer Sache beizutragen. Aber beobachten Sie einmal, wie sich eine Katze eine Schürze zum Schutz ihres Modellkleides umbindet, um sich über einen Stapel schmutzigen Geschirrs herzumachen. Katzen sind gesund und durch und durch gute Kumpel. Angesichts einer Ohrfeige oder wenn sie Blut sehen, werden sie ein wenig blaß. Aber denken Sie sich nichts. Wenn eine Katze wieder auf die Füße gefallen ist, erweist sie sich in ihrer anmutigen und starken Weise als einer der besten Führer und Organisatoren der ganzen Menschheit.

DRACHE

1904, 1916, 1928, 1940, 1952, 1964, 1976, 1988, 2000, 2012, 2024, 2036, 2048, 2060, 2072, 2084, 2096

Drache ist Yang und das fünfte Zeichen im chinesischen Horoskop.

KRAFT	ENTHUSIASMUS
ERFOLG	MUT
GUTE GESUNDHEIT	SENTIMENTALITÄT
STARRHEIT	VERBLENDUNG
MISSTRAUEN	AUFSCHNEIDEREI
UNZUFRIEDENHEIT	REDSELIGKEIT

Sie können einem Drachen jederzeit etwas erzählen. Aber sie können ihm nicht viel erzählen. Menschen, die unter dem brillianten Zeichen des unsterblichen und unermüdlichen Drachen geboren sind, sind überaus bemerkenswert. Erstens sind sie selten still und zweitens besitzen sie fast immer eine magnetische Anziehungskraft. Die Drache-Menschen haben etwas an sich, so als wollten sie sagen: »Ich bin majestätisch. Ich regiere über die ganze Menschheit. Ich bin unbesiegbar.«

Drache-Menschen besitzen eine natürliche Autorität. Auch wenn Sie einen Drachen nicht ausstehen können, zwingt er Sie dazu, daß Sie ihm Ihre Aufmerksamkeit zuwenden. Und wenn er Sie erst einmal unter sein Kommando bekommen hat, können Sie vor seiner feurigen Rede nicht mehr die Ohren verschließen. Die Begeisterung des Drachen wirkt ansteckend. Sein großes Herz infiziert Sie mit demselben Virus, den er in sich hat.

In der Tat läßt sich diese wundervolle und ruhmvolle Bestie aus dem Land der Mythen durch nichts entmutigen. Der Drache weiß alles am besten. Und er weiß am meisten. Und er weiß über alles Bescheid, was er für seine Zwecke verwenden kann. Gewöhnlich haben Drachen-Menschen eine Mission oder ein Ziel, das so ehrgeizig ist, daß man meinen könnte, sie wollen damit drei Löwen und einen Gorilla erschrecken. Furchtlos und ohne mit der Wimper zu zucken, stürzt sich der Drache in die Schlacht und gewöhnlich geht er als Sieger daraus hervor.

Der Drache ist unwiderstehlich. Er besitzt nicht einfach nur eine magnetische Anziehungskraft. Nein, er hat vielmehr die Macht, Ihren Geist zu umnebeln und Sie völlig aus der Bahn zu werfen. Er bringt es fertig, daß Sie ihm freudig in die Falle gehen. Drache-Frauen sind im allgemeinen so attraktiv, daß sich alle Blicke auf sie richten, wenn sie einen Raum betreten, selbst wenn sie nicht einmal besonders schön sind. Man kann ihnen fast nicht widerstehen.

Diese großartige Präsenz kommt den Drachen nicht nur in Herzensangelegenheiten zugute. Drachen setzen ihre magische Ausstrahlung auch in beruflichen Dingen ein. Ich möchte nicht behaupten, daß Drachen machthungrig sind. Sie streben nicht mit Absicht danach, Einfluß zu gewinnen und andere zu diesem Zwecke zu erobern. Den Drachen ist ihre Macht bereits in die Wiege gelegt.

Alle Drachen wirken gesund und voll Energie. Sogar scheinbar zurückhaltende Drachen sprühen vor Lebenskraft. Sie sind unermüdlich. Sie gehen von der Arbeit zu einem Treffen, dann wieder zurück in die Arbeit und von dort aus auf eine Party. Dann kommen sie nach Hause, bringen die Kinder zu Bett, um danach auf eine weitere Versammlung zu gehen. Wenn sie schließlich von dort wieder nach Hause kommen, hören sie noch ein wenig Musik und unterhalten sich mit ihrem Ehepartner. Fragen Sie den nächsten vitalen, geschäftigen, lautstarken Menschen, den Sie treffen, nach seinem chinesischen Zeichen, und er wird Ihnen mit großer Wahrscheinlichkeit und in bestimmtem Ton antworten: »Ich bin ein Drache.«

Wenn Sie mit einem Drache-Menschen leben und das Gefühl haben, daß er zu wenig auf Ihre Bedürfnisse eingeht, rate ich Ihnen: Weinen Sie! Das ist genau das Richtige. Schniefen Sie. Schneuzen Sie sich laut, und beobachten Sie dann mit ihren tränennassen Augen, wie der scheinbar unberührbare Drache anfängt, warm zu werden, vor Mitleid überzufließen und sich Ihnen schließlich in einem Anfall von Altruismus zu Füßen wirft. Tränen bringen den stärksten Eispanzer eines Drache-Herzens zum schmelzen. Drachen sind alle furchtbar sentimental.

Was der Drache von den Menschen, mit denen er zusammenlebt, am meisten braucht, ist Nachsicht. Wenn er zu viel Lärm macht und das Baby damit aufweckt, so tut er das nicht mit

Absicht. Es ist ganz einfach so, daß er das Radio anstellen, mit der Zeitung rascheln und nebenbei seine lautstarken Kommentare dazu abgeben muß. Drachen können einfach nichts dafür, wenn sie stören. Sie lieben Parties, Festivals, Ferien, Picknicks, Feuerwerke und Seilbahnen. Schenken Sie Ihrem Drachen Luftschlangen und einen Papierhut, und er wird Sie dafür lieben bis in alle Ewigkeit.

SCHLANGE

1905, 1917, 1929, 1941, 1953, 1965, 1977, 1989, 2001, 2013, 2025, 2037, 2049, 2061, 2073, 2085, 2097

Schlange ist Yang und das sechste Zeichen im chinesischen Horoskop.

INTUITION	KLUGHEIT
ATTRAKTIVITÄT	HELLSICHTIGKEIT
DISKRETION	MITGEFÜHL
HEUCHELEI	HABGIER
EXTRAVAGANZ	ANMASSUNG
FAULHEIT	AUSSCHLIESSLICHKEIT

In unserer jüdisch-christlichen Gesellschaft haben Schlangen kein besonders gutes Ansehen. Schließlich suchte sich der Teufel den Körper der Schlange als Versteck aus, um die arme Eva mit dem Apfel in Versuchung zu führen. Aber in der chinesischen Kultur betrachtet man Schlangen als weise und schön, wohltuend und sinnlich. Der Kommentar meiner Tante zu der Tatsache, daß der freundliche Mann ihrer Nachbarin mit ihrer Friseuse durchgebrannt ist, »diese Schlange«, ist nicht ganz richtig. Schlangen können überaus tugendhaft sein. Außer natürlich, wenn sie lügen.

Schlangen sind immer schön. Auch wenn sie nicht im klassischen Sinne hübsch sind, ist es eine wahre Freude, sie anzuschauen. Schlangen kleiden sich gut und sogar etwas ausgefallen. Sie schminken sich und schmücken sich überall mit Juwelen. Sie haben einen natürlichen Sinn für Eleganz. Sie schwärmen für Accessoires, Schals, Handschuhe, Hüte, Armbanduhren von Cartier, Taschen von Louis Vuitton und – natürlich – Geld.

In China ist das schönste Kompliment für eine Frau, wenn man ihr sagt, daß sie eine »echte Schlange« ist. Und warum auch nicht? Schlangen sind fabelhafte Menschen. Sie sehen nicht nur sensationell aus, sondern sind sogar noch weise.

Wenn Sie eine Schlange um Rat fragen, wird sie sich erst einmal hinsetzen, die Dinge in aller Ruhe abwägen und über alles nachdenken, bevor sie antwortet. Da Schlangen eine angeborene Intuition besitzen, treffen sie meistens ins Schwarze. Oft sind sie wahre Hellseher. Darüber hinaus können sie einem mit einer wahren Frechheit eine Bemerkung hinwerfen, einen Feind in die Flucht schlagen und kommen ungestraft davon.

Warum meinen Sie, sind alle Schlangen reich? Sie scheinen das Geld so einfach aus ihrem seidenen Ärmel zu zaubern und bei genauerem Hinsehen müssen sie für ihren Wohlstand nicht einmal besonders hart arbeiten. Es muß wohl an ihrem Charme und an ihrer Attraktivität liegen, daß das Geld aus den Taschen der anderen in ihre eleganten und dekorativen Geldbörsen fließt, für die die Schlangen so berühmt sind.

Um Ihnen die ganze Wahrheit über Schlangen-Menschen zu sagen und obwohl einige meiner besten Freunde Schlangen sind, muß ich zugeben, daß sie einen schrecklichen Hang zur Faulheit haben. Trägheit ist der einzige wirkliche Feind der Schlangen. Jeden Tag müssen sie mit sich kämpfen, um endlich aus dem Bett zu kommen und aktiv zu werden. Innerlich sind Schlangen sehr ehrgeizig. Aber oft ist ihr Wille schwach. Schlangen-Menschen müssen sich täglich aufs neue zwingen, aus ihrem warmen Bett zu kriechen und sich in die kalte Welt hinaus zu begeben.

Schlangen sind besitzergreifend. Nein, das ist vielleicht das falsche Wort. Sie betrachten ihre Partner als »Lehnsgut«. Man sagt ihnen nach, daß sie sich um ihren Partner schlingen, bis er von ihrer überwältigenden Schönheit und ihrem Charme erdrückt wird. So manchen arglosen Menschen sei geraten, sich besser vor Schlangen zu hüten.

Schlangen sind extravagant und dafür bekannt, daß sie ohne Skrupel enorm teure Dinge kaufen. Teure Kostbarkeiten entsprechen ihnen, und sie geben ihr Geld nicht so gerne für den alltäglichen Kleinkram aus. Mit etwas protzen zu können, macht ihnen Spaß, aber Milch zu kaufen ist ihnen eine Qual. Die Schlange lehnt sich gerne im Sessel zurück und zieht ein Stück Kuchen dem täglichen Brot auf jeden Fall vor.

PFERD

1906, 1918, 1930, 1942, 1954, 1966, 1978, 1990, 2002, 2014, 2026, 2038, 2050, 2062, 2074, 2086, 2098

Pferd ist Yang und das siebte Zeichen im chinesischen Horoskop.

ÜBERZEUGUNGSKRAFT	STIL
AUTONOMIE	GERADLINIGKEIT
POPULARITÄT	TALENTIERTHEIT
SELBSTSUCHT	HAST
SKRUPELLOSIGKEIT	ÄNGSTLICHKEIT
AUFLEHNUNG	PRAGMATISMUS

Pferd-Menschen sind schwierige Kinder, gequälte Erwachsene, die nicht erwachsen werden wollen, und in ihrer Lebensmitte stellen sie sich schließlich als talentierte und sehr außergewöhnliche Leute heraus.

Pferde können es nicht ertragen, wenn man sie im Zaum halten will. Sie müssen sich frei entfalten können und in einer Atmosphäre leben, die ihnen entspricht – und niemand anderem. In ihrem Zuhause sollten überall Vasen mit ihren Lieblingsblumen stehen, und es sollte nur das zu essen geben, was sie am liebsten mögen. Pferde können die Meinung anderer schlecht akzeptieren. Für sie ist es offensichtlich, daß ihre Ansichten die besten sind. Warum, so fragen sie sich, sollte jemand nach einer besseren Lösung suchen?

Pferde verlassen ihr Elternhaus schon sehr früh. Man könnte meinen, daß es am besten für sie wäre, gleich nachdem sie das Elternhaus verlassen haben, zu heiraten, wo sie die Solidität und Stabilität des Familienlebens, die Kinder und die Verantwortung, die sie dadurch tragen, vor ihren selbstzerstörerischen Tendenzen bewahren. Aber Pferde sind grundsätzlich rebellisch und nehmen selten einen weisen Ratschlag an. Sie entscheiden sich daher vielmehr, frei zu sein und ihre eigenen Wege zu gehen. Sie mieten sich eine Wohnung für sich allein in einer Stadt, die fern von ihrem Zuhause ist und wo sie so unabhängig sind, so daß sich weder ihre Eltern noch ihre Geschwister in ihr Privatleben einmischen können.

In jungen Jahren ist der größte Traum des Pferdes, von allen Zwängen und Einschränkungen frei zu sein. Das Problem ist, daß seine Träume oft zu hochtrabend sind. Daher kommt es mit seinem Leben oft nicht besonders gut zurecht.

Pferde-Menschen leben oft in der Vorstellung, sie könnten das Unmögliche wahrmachen. Sie glauben, sie könnten ein Flugzeug mit einer Hand steuern, wenn sie kaum mehr als eine Flugstunde hinter sich haben. Oder warum sollten sie nicht nächsten Freitag nachmittag den Mont Blanc im Affenzahn hinunter wedeln? Können sie denn so gut Ski fahren? Nein, aber es kann ja nicht so schwer sein. Schließlich kann das jeder!

Tatsächlich können Pferde fast jeden Sport oder jedes Handwerk erlernen. Sie haben für alles Talent, angefangen damit, ihr eigenes Haus zu bauen, bis hin zur Zubereitung einer Lachscreme für hundert Personen. Sie haben geschickte Hände und machen auch noch aus den scheußlichsten Garnresten, die von Tante Ethels Pulli übriggeblieben sind, den sie 1943 gestrickt hat, einen Pullover, der eines Königs würdig wäre. Was auch immer sie tun, sie sind niemals unbeholfen. Sie kleiden sich gut und geben sich würdevoll.

Pferde geben lustige Kameraden und gute Freunde ab. Sie sind wie geschaffen für harte Arbeit. Wenn sie den schmerzvollen Prozeß des Erwachsenwerdens hinter sich gebracht haben, sind die meisten Pferde auf dem sicheren Weg zum Erfolg.

Darüber hinaus ist der Pferde-Mensch ein schrecklicher Pragmatiker. Wenn seine Ehe nicht genauso idyllisch verläuft, wie er es sich vorgestellt hat, macht das gar nichts. Er wird das schon hinkriegen. Er wird ein Grundprinzip finden, das ihm hilft, die Lage zu meistern. Pferde sind wie Kavalleristen, praktisch bis ins Extrem – und nur bis zu einem gewissen Punkt idealistisch.

ZIEGE

1907, 1919, 1931, 1943, 1955, 1967, 1979, 1991, 2003, 2015, 2027, 2039, 2051, 2063, 2075, 2087, 2099

Ziege ist Yang und das achte Zeichen des chinesischen Horoskops.

ERFINDUNGSGEIST	ORIGINELL
SENSITIVITÄT	GUTE MANIEREN
AUSDAUER	GESCHMACK
SCHMAROTZER	PESSIMISMUS
MANGEL AN VORAUSSICHT	UNPRAKTISCH
UNPÜNKTLICHKEIT	SORGENVOLL

Ziegen brauchen Sicherheit. Doch die meiste Zeit wissen sie nicht, wie sie sich diese Sicherheit verschaffen können. Sie haben das Gefühl, daß ihnen jederzeit alles zur Verfügung steht, was notwendig ist, um sich angenehm und wohl zu fühlen. Ziege-Menschen sind friedliebend und abhängig. Nach der chinesischen Überlieferung gedeihen sie am besten auf fruchtbaren Wiesen, die hauptsächlich anderen, mehr aktiven Menschen gehören.

Die Ziege lebt in der Gegenwart. Sie ist zu großen Anstrengungen fähig und kann rund um die Uhr arbeiten, Tag für Tag und Nacht für Nacht, bis zum Umfallen. Dann kann es sein, daß die Ziege drei Wochen lang im Bett bleibt. Zeit scheint für Ziegen keine Rolle zu spielen. Jetzt ist jetzt, und es gibt weder Zukunft noch Vergangenheit. Ziegen machen sich um Konsequenzen keine Gedanken. Wenn sie eine Wand bemalen, bemalen sie einfach diese Wand. Und es wird eine sehr hübsche Wandbemalung werden. Aber die Ziegen sehen nicht unbedingt, daß die Wand, die sie gerade streichen, in Zusammenhang mit den angrenzenden Wänden gesehen werden muß. Wenn sie die Wand also blau streichen, paßt diese Farbe nicht unbedingt zu den anderen Wänden. Aber blau ist schön, und jetzt gefällt ihnen diese Wand eben in Blau.

Dennoch können sich Ziegen sehr gut an andere Menschen anpassen. Sie sind praktisch nie alleine. Entweder bleiben sie in einem festen Familienverbund, oder sie gehen aus ihrem Elternhaus heraus sofort eine feste Beziehung ein. Ziegen wollen nicht ohne Bindung sein.

Soweit klingt es fürchterlich, eine Ziege zu sein, nicht wahr? Aber verzweifeln Sie nicht gleich. Ziegen sind nämlich auch ganz wundervolle Menschen. Sie sind enorm kreativ. Sie können fast alles aus dem Stegreif erfinden, und alles, was sie mit ihren Händen machen, gelingt. Sie können bauen, reparieren und sind handwerklich begabter als jeder andere. Ziegen besitzen eine ausgesprochen starke Phantasie. Sie bringen Farbe in das Leben anderer und verbreiten einen unvergleichlichen Charme.

Aus meiner eigenen Erfahrung mit Ziegen (mein Vater und mein Ex-Ehemann) kann ich mit einem gewissen Recht behaupten, daß sie mir, während sie mein Leben verschönerten, den vagen Eindruck vermittelten, ich sei eine Mischung aus Julius Cäsar und Attila, dem Hunnen. Die warmherzigen, gefälligen, unbeschwerten und mußeliebenden Ziegen bringen die schlechtesten Eigenschaften von Menschen ans Licht, die, wie ich, ungeheuer aktiv und diktatorisch sind. Was noch viel schlimmer ist, Ziege-Menschen machen sich nicht besonders viel daraus, wenn man sie beschimpft oder ihnen Bescheid stößt. Es macht nichts, wenn die Küche in Flammen steht. Schreien Sie ruhig. Die Ziege wird das Verbandszeug und den Krankenwagen holen. Aber sie wird sich Ihrer Hysterie niemals anschließen.

Ziegen sind ausgesprochen unpraktisch. Sie können sich mit Regeln und Vorschriften nur schwer anfreunden. Wenn sie, um eine Aufgabe zu erledigen, drei Jahre brauchen, dann brauchen sie eben drei Jahre. Sie wollen nichts von Fristen oder Terminen wissen. Sie können ihre kreativen und hochfliegenden Ziele schließlich nicht wegen solcher Banalitäten wie Arbeit aufgeben.

Muß ich noch extra erwähnen, daß man Ziegen einen Stoß geben muß, damit sie Erfolg haben? Gewöhnlich sind Ziegen so talentiert in dem, was sie tun, daß man sich nur schwer vorstellen kann, warum sie nicht berühmt sind (und manchmal sind sie sehr berühmt). Aber meistens schaffen sie es nicht, sich den Anforderungen der großen schrecklichen Welt zu stellen, die für den Erfolg notwendig sind. Ziegen lieben keine Eile und planen nicht gerne. Sie tun ihre Arbeit lieber bei sich zu Hause, zeigen ihr Werk ein paar auserwählten Freunden und hungern so lange, bis Sie mit den Einkaufstüten in der Tür stehen.

In den seltenen Fällen, wo Ziegen wirklich etwas wollen, wissen sie sehr genau, wie sie ihr Ziel erreichen. Sie können auch schreckliche Feinde sein. Ebenso sind sie schreckliche Träumer und verbringen eine Menge Zeit damit, sich die ausgefallendsten Methoden auszudenken, wie sie ihre Gegner zu Fall bringen könnten.

AFFE

1908, 1920, 1932, 1944, 1956, 1968, 1980, 1992, 2004, 2016, 2028, 2040, 2052, 2064, 2072, 2088, 2100

Affe ist Yin und das neunte Zeichen des chinesischen Horoskops.

IMPROVISATIONSTALENT	FÜHRUNGSNATUR
SCHLAUHEIT	INTELLIGENZ
STABILITÄT	EIFER
TÄUSCHUNG	SELBSTBEZOGENHEIT
TRICKREICH	ALBERNHEIT
GESCHWÄTZIGKEIT	OPPORTUNISMUS

An den Affen ist absolut nichts verkehrt. Sie sind stabile, aufrechte Geschöpfe, die den Weg bahnen, Kinder und Tiere lieben, mit Schwierigkeiten gut umgehen können, und man ist versucht zu sagen: »Sie sehen nichts Böses, sie hören nichts Böses, und sie sagen nichts Böses.« Wenn sie nicht in Versuchung geraten, »ungezogen« zu sein, sind Affen die nettesten Menschen, die Sie sich vorstellen können. Das Problem ist, daß Affen ein wenig kindisch sind und, wie Kinder, allen möglichen Unfug treiben. Und wenn der Affe etwas anstellt, dann gnade Ihnen Gott!

Affen haben einen überwältigenden Charme, mit dem sie jeden außer Gefecht setzen. Aber sie sind einfach liebenswert. Auch wenn sie noch so großspurig und geschwätzig sind, sind sie unwiderstehlich. Sie bringen einen zum Lachen und sind oft sehr informativ. Sie sind nett anzusehen, da sie sich enorm um ihr Aussehen bemühen, und vor allem, sie sind wirklich sympathische Leute. Sie geben treue Freunde, angenehme Nachbarn und ausgezeichnete Angestellte ab. Sie sind von Natur aus gewissenhaft und erledigen ihre Arbeit immer zur vollsten Zufriedenheit, anstatt ihren Namen unter eine schlampige Arbeit zu setzen.

Schauen Sie sich den Gast einmal an, der auf ihrer nächsten Party die meisten Witze reißt. Hat er affenartige Gebärden? Sind seine Bewegungen quirlig und agil? Der Affe geht von einem Publikum zum nächsten und sucht sich die Zuhörer, die ihm am meisten

Beifall spenden. Dann unterhält er seine Zuhörerschaft mit den haarsträubendsten Geschichten über Dinge, die er erlebt hat, oder über exzentrische Leute, die er kennt. Wenn sich seine Zuhörer dann noch nicht den Bauch vor Lachen halten müssen, ist der Affe noch lange nicht am Ende. Er bringt es fertig, sein Hemd auszuziehen und als Clown durch den Raum zu toben. Wenn Sie einem Affen keine Aufmerksamkeit schenken, können Sie sich darauf verlassen, daß er Mittel und Wege findet, Ihre Aufmerksamkeit zu erregen.

Das Bewundernswerteste an Affe-Menschen ist ihre Fähigkeit, Probleme zu lösen. Es gibt kaum ein Dilemma, in dem der Affe nicht die Oberhand gewinnt, die Feinheiten durchschaut, neue und außergewöhnliche Wege findet, das Problem an der Wurzel zu packen und schließlich triumphierend zu lösen.

Affen sind ausgezeichnete Geschäftsleute. Sie können ausgesprochen gut verhandeln und finden immer einen Weg, ihre Gegner mit ihren eigenen Waffen zu schlagen. Affen treiben gerne Sport und sind gewöhnlich sehr fit. Wenn sie Übergewicht haben und eine kleine Speckfalte an ihrer Taille entdecken, sind sie gleich dabei, eine Diät zu machen und Möglichkeiten zu finden, wie sie wieder abnehmen.

Innerlich scheinen Affen immer im Gleichgewicht zu bleiben. Egal wie verrückt sie sich aufführen und wie toll sie es treiben, sie landen immer auf den Füßen. Sie versinken niemals in Selbstzerstörung und haben ein ausgesprochenes Talent, zu sich selbst und zu den Folgen ihrer Torheiten zu stehen und sich zusammenzureißen. In ihrer tiefsten Seele wohnt ein kleiner Beobachter, dessen Aufgabe es ist, den Affen vor Gefahr zu warnen. Wenn er auf diesen Beobachter hört und seinen Rat beherzigt, wird ihm niemals etwas geschehen.

Zum Schluß noch: Wenn Sie einem Affen nahestehen, rate ich Ihnen, lassen Sie ihn tanzen. Er kann ruhig einmal ausbleiben und herumpoussieren, aber er wird immer wieder zu seinem Lieblingsbaum zurückkehren. Affen haben oft viele Kinder und sind außergewöhnliche Eltern, die originelle Erziehungsmethoden haben und ihren Kindern über alle Hürden des Erwachsenwerdens hinweghelfen. Dabei können sie sich ihre eigene Kindheit ins Gedächtnis rufen – und von daher Verständnis aufbringen. Sie sprechen gerne von ihren eigenen Kindheitserfahrungen – leidenschaftlich und endlos.

HAHN

1909, 1921, 1933, 1945, 1957, 1969, 1981, 1993, 2005, 2017, 2029, 2041, 2053, 2065, 2077, 2089

Hahn ist Yang und das zehnte Zeichen im chinesischen Horoskop.

BIEGSAM	KONSERVATIV
ENTHUSIASMUS	CHIC
OFFENHEIT	HUMOR
KECKHEIT	PEDANTERIE
ÜBERHEBLICHKEIT	DIKTATORISCH
BLINDES VERTRAUEN	VERSCHWENDUNG

Zu seinem übertriebenen Stilgefühl kommt beim Hahn noch ein Quäntchen Prahlerei hinzu. Hähne diskutieren gerne darüber, was und wen sie kennen, wo sie ihre Angelruten, Fernrohre und Küchengeräte kaufen. In jedem Fall kommt nur das Geschäft in Frage, das am meisten »à la mode« ist. Hähne gehen immer mit der Mode und sind immer die ersten, die das Neueste vom Neuen besitzen. Tatsächlich sind alle Hähne Dandies und haben das Gefühl, daß die äußere Erscheinung das Wichtigste im Leben ist.

Neben ihrem brennenden Wunsch nach Neuheiten und einer schönen Fassade sind Hähne ziemlich unabhängig. Sie brauchen niemanden um sich, der zu jedem ihrer Schritte Beifall spendet. Hähne sind auf ihre eigene Art stark und keck. Rückschläge erledigen den Hahn niemals. Er wird aus jedem Bankrott wieder auferstehen wie Phönix aus der Asche. Innerhalb von ein paar Stunden können sie von einem gebrochenen Herzen geheilt sein. Hähne sind Raufbolde und wissen, wie man der Verzweiflung widersteht.

Jeder Hahn sollte zumindest einen Sekretär haben. Hähne hassen bürokratische Aufgaben und Papierkram. Sie glauben nicht an Dinge wie Formulare ausfüllen oder schlangestehen, um einen Führerschein zu bekommen oder einen Antrag auf Versicherungsleistung zu stellen.

Hähne haben nichts gegen irgendwelche neue Aktivität, neue Abenteuer, Reisen, Projekte, Käufe oder Pläne. Wenn sie sich eine

Sache in den Kopf gesetzt haben, ob es nun darum geht, Segelfliegen oder Harfe spielen zu lernen, sie nehmen die Sache sofort in Angriff. Hähne lassen sich durch nichts entmutigen. Sie sind Schöpfer und strahlen Energie aus. Sie sind ständig in Bewegung, zu jeder Tat bereit und sich immer all dessen bewußt, was um sie herum vorgeht – und ich meine wirklich alles!

Hähne haben nichts übrig für Autorität. Wenn sie das Kommando haben, geht alles glatt – auf ihre Weise. Wenn nicht, heißt es Vorsicht! Hähne hassen es, zu gehorchen. Hähne sind grundsätzlich aufrichtig. Sie wollen um jeden Preis die Wahrheit sagen.

Hähne sind hilfsbereit. Sie tun alles, um Freunden und sogar Fremden zu helfen. Sie sind witzig und unterhalten die Menschen mit ihren Späßen auf Parties und sogar im Büro. Sie geben anderen Kredit, tragen anderer Leute Pakete, fahren Sie zum Zahnarzt und tragen Ihre Einkaufstaschen mit einem Lächeln.

Das Außergewöhnlichste an den Hähnen ist, daß sie über eine solche Vielzahl von Talenten verfügen. Hähne können praktisch alles, was sie sich in den Kopf gesetzt haben, und sie tun es auch noch gut. Ich gerate immer an Hahn-Geborene, die wissen wie Stepp-Tanz geht oder gerade einen Kampf mit meiner Bank gewonnen haben. Im Alltagsleben sind Hähne vielleicht Rechtsanwälte, Ärzte, Schauspieler oder Müllmänner. Aber nur um am Ball zu bleiben, beschließen sie womöglich, im Herbst ein Klavierkonzert in der Carnegie Hall zu geben.

Eine Vorliebe für kreative Dinge ist für Hähne nicht ungewöhnlich. Aber obwohl er oft fast genial in der Musik, Kunst oder Schriftstellerei ist, schlägt ein Hahn nur selten eine Künstlerlaufbahn ein. Hähne findet man eher in Berufen, die Sicherheit bieten und bei denen sie nicht allzu viel riskieren müssen. Obwohl Hähne nach außen hin sehr extravagant oder fast schon exzentrisch in ihrer Kleidung und ihrem Lebensstil wirken, sind sie tief in ihrem Inneren ausgesprochen konservativ.

HUND

1910, 1922, 1934, 1946, 1958, 1970, 1982, 1994, 2006, 2018, 2030, 2042, 2054, 2066, 2078, 2090

Hund ist Yin und das elfte Zeichen im chinesischen Horoskop.

BESTÄNDIGKEIT	PFLICHTGEFÜHL
HELDENMUT	INTELLIGENZ
ACHTBARKEIT	ANSTAND
UNSICHERHEIT	ZYNISMUS
KRITIKSUCHT	UNSOZIAL
SELBSTGERECHT	TAKTLOS

Menschen, die in einem Jahr des Hundes geboren sind, befinden sich häufig im Zustand verdächtig gesteigerter Wut. Sie glauben, daß sich die böse Welt gegen sie verschworen hat, daß die Erde ein schrecklicher Ort zum Leben ist und daß es ihre Aufgabe ist, die Dinge wieder in Ordnung zu bringen. Hunde sind wahre Kreuzritter. Geben Sie einem Hund einen Grund, für eine Sache einzutreten, und er wird jeden Knochen wieder aus der Erde buddeln, den er in den letzten zehn Jahren vergraben hat, nur damit der Gerechtigkeit genüge getan wird. Hunde sind gründlich, fleißig, vertrauenswürdig, aufrichtig, loyal und hingebungsvoll.

Auch wenn er noch so bärbeißig ist, ist der Hund doch liebenswert, wenn auch ein etwas störrisches Biest. Er läßt sich nicht mit Kleinigkeiten aufhalten, weil er zu sehr damit beschäftigt ist, niet- und nagelfeste Rechtsgründe zu konstruieren für seinen Feldzug gegen den Spielzeughersteller, von dem die Raum-Kapsel stammt, die er seinem Sohn zu Weihnachten geschenkt hat. Die Ausführung ist der reine Schund. Das Plastik ist hundertprozent reines Polyester. Dieser Kunststoff ist giftig und sollte von einem Zweijährigen nicht in den Mund genommen werden. Herr Hund hat das Spielzeug im Labor genau untersuchen lassen. Diesmal ist der Spielzeugfabrikant in großen Schwierigkeiten.

Armer kleiner Hund, du bist ja ganz erschöpft davon, zwanzig Seiten lange zornige Briefe an die Schulleitungen im ganzen Land zu schreiben, in dem du sie vor den Gefahren von Tiefkühlpizza in ihren Cafeterien warnst. Du brauchst so viel Liebe. Du suchst Trost und Verständnis. Du setzt dich vor deinen liebsten Begleiter und legst deinen Wuschelkopf in seinen einladenden Schoß. Deine großen wäßrigen Augen blicken ihn flehentlich an. Du stöhnst: »Warum baut General Motors nicht in alle neuen Autos Sicherheitssitze ein?«

Weil sie ein Michael Kohlhaas des Verbraucherschutzes sind, findet man Hunde oft in Berufen, in denen ein großer Teil ihrer Verantwortung darin liegt, anderen Menschen zu helfen. Sie sind Krankenschwestern, Ärzte, Rechtsanwälte oder Architekten – oder Dichter. Aber normalerweise gibt es unter Hunden keine Politiker oder Kriminellen. Hunde haben für Verbrechen nichts übrig. Sie sind nicht hinter dem schnellen Erfolg her. Alles, was sie wollen, ist ein ruhiges Leben mit einer netten Familie, wo sie die Welt ungestört von allem Schmutz befreien können.

Das Problem ist, daß Hunde so damit beschäftigt sind, andere Menschen zu retten und sich um irgendwelche Angelegenheiten zu kümmern, daß sie oft vergessen, gut zu sich selbst zu sein. Sie vernachlässigen ihre eigenen Interessen und sind dann erstaunt und verletzt, wenn sie erkennen, daß sie von skrupellosen Charakteren übers Ohr gehauen worden sind. Hunden steht ihr Schmerz im Gesicht geschrieben. Sie runzeln völlig baff die Stirn, als wollten sie sagen: »Schlag mich nicht noch einmal. Es tut mir leid. Ich bin ja schon ruhig. Ich werde auch nie mehr Pantoffeln zerkauen.« Es ist wirklich traurig.

Doch mit dieser Haltung eines geschlagenen Hundes kann man sich sehr gut einschmeicheln. Die Menschen fühlen sich zu den Hunden sehr stark hingezogen. Hunde sind nette, freundliche und liebevolle Seelen. Nur eines muß man wissen, sie bekommen häufig Bell-Anfälle. Der angenehmste und friedliebenste Hund fängt plötzlich an zu kläffen. Wie aus dem Nichts fegt er Sie an: »Dein Freund Bill ist ein Kriecher!«

Sie sind völlig verdutzt. Woher kommt diese kränkende Bemerkung. Sie waren der Meinung, Ihr »Hund« mag Bill. Wie kann das sein? »Es tut mir leid«, sagt Ihr Hund entschuldigend. »Ich wollte damit nicht sagen, daß Bill wirklich ein Kriecher ist. Ich meine nur, daß Bill manchmal ein bißchen sonderbar ist.«

Hunde sind im Grunde genommen viel zu nett, um wirklich ekelhaft zu sein. Aber sie sind kritisch und sehr schneidend. Sie denken zuviel nach, gehen zu sehr ins Detail und verabscheuen

Torheiten, weil sie sich davor fürchten. Sie haben Angst vor ihrem eigenen Schatten. Es mangelt ihnen an Vertrauen, und es macht ihnen nichts aus, anderen die Schuld für ihre Fehler in die Schuhe zu schieben.

Es tut mir leid, kleiner Hund, Fehler und auch gute Taten sind immer und nur dir selbst zuzuschreiben. Sie können nicht der Welt die Schuld für Ihre Mißerfolge geben. Seien Sie wieder fröhlich. Sie besitzen viel Charme und ungeheuer viele Fähigkeiten. Sie sind edel, aufrecht, anständig und großzügig. Sie sind ein wunderbarer Partner für alle Menschen, die eine Mission haben oder ihre ganze Zeit darauf verwenden wollen, schöpferisch zu sein. Eigentlich wollte ich schon fragen ... haben Sie heute Abend schon etwas vor?

SCHWEIN

1911, 1923, 1935, 1947, 1959, 1971, 1983, 1995, 2007, 2019, 2031, 2043, 2055, 2067, 2079, 2091

Schwein ist Yin und das zwölfte Zeichen im chinesischen Horoskop.

SKRUPEL	SINNLICHKEIT
GALANTERIE	KULTUR
AUFRICHTIGKEIT	EHRLICHKEIT
LEICHTGLÄUBIGKEIT	MATERIALISTISCH
ZORN	FEINSCHMECKER
ZÖGERN	DICKKÖPFIGKEIT

Schweine können ehrfurchtgebietend sein. Sie sind stark, warm, liebevoll, sinnlich, aufrichtig – und oft reich. Von allen Annehmlichkeiten, die das Leben zu bieten hat, lieben die Schweine den Luxus am meisten. Sie schwelgen in ihrem Komfort, der immer ihren unfehlbaren Geschmack widerspiegelt. Geben Sie einem Schwein eine alte verfallene Hütte, und es wird einen Palast daraus machen.

Da Schweine in ihrer Jugend viele Schicksalsschläge einstecken müssen, suchen sie als Erwachsene Sicherheit, um sich vor den Härten des Lebens zu schützen. Sie streben nach Sicherheit, scheuen nicht vor harter Arbeit zurück und sind, trotz ihrer erstaunlichen Glaubhaftigkeit, ganz schön schlau. Schweine haben ein reines Herz und kennen keine List. Der leiseste Verdacht der Unaufrichtigkeit bringt sie völlig aus der Ruhe. Schweine handeln geradlinig – aber sie handeln.

Schweine sind kultiviert und gebildet. Man sieht sie jeden Tag in einem anderen Museum, einer Ausstellung, einem Konzert oder einem Ballett. Schweine sind Menschen, die Symphonieorchester subventionieren oder einen Fonds gründen, um die örtliche Amateur-Theatergruppe zu unterstützen. Schweine sind philantropisch und bedeutsam – sie sind nicht einfach irgend jemand.

Die meisten Schweine, die ich kenne, essen zuviel. Sie lieben gutes Essen. Sie haben das Verlangen nach allerlei Köstlichkeiten, und in der Not – da sie immer hungrig sind – kann man sie auch einmal dabei ertappen, wie sie verbotenes Zeug in sich hineinstopfen. Bei den Schweinen zählt nicht unbedingt die Qualität dessen, was sie essen, sondern vielmehr die Quantität. Sobald sie mit dem Mittagessen fertig sind, denken sie schon darüber nach, welchen Imbiß sie zum Tee nehmen. Wenn sie auf Diät gesetzt sind, haben sie miserable Laune und träumen ständig vom Essen. Infolgedessen sind viele Menschen, die unter diesem Zeichen geboren sind, sehr rundlich.

Schweine haben nichts für Verbrechen übrig. Missetaten jeder Art machen sie außerordentlich nervös. Wenn Sie einem Schwein von jemandem erzählen, der seine Einkommenssteuer hinterzogen hat, werden sie beobachten, daß er bei dem Gedanken daran ganz blaß wird. Wenn ein Schwein in einen Skandal oder eine Unredlichkeit verwickelt ist – auch wenn es nichts dafür kann –, kann seine ganze heile Welt zusammenbrechen. Schweine ertragen keine Schikane. Ein Strafzettel kann ein Durchschnittsschwein dazu bringen, wochenlang an seiner Tugendhaftigkeit zu zweifeln.

Schweine sind nicht sonderlich beredsam. Sie sind eher wortkarg und ziehen das Landleben dem Leben in der Stadt vor. Obwohl sie in geschäftlichen Dingen oft sehr erfolgreich sind und wissen, wie man sich zur Wehr setzt, wenn es um materiellen Gewinn geht, haben sie in ihrem Privatleben große Schwierigkeiten, »nein« zu sagen. Sie können einen Schwein-Geborenen fast um jeden Gefallen bitten, und er wird Ihnen antworten: »Natürlich. Warum nicht? Ich freue mich, daß ich hundert Personen zu mir zum Abendessen einladen kann, weil dein Kühlschrank kaputt ist.« Schweine sind einfach zu nett. Andere Menschen haben einen großen Vorteil von ihrem freigiebigen Wesen.

Wie nett Schweine auch sein mögen, einen kleinen Fehler haben sie auch. Sie haben die exzessivsten und eindrucksvollsten Wutanfälle, die sie auf dem ganzen Planeten erleben können. Lange Zeit geht alles glatt. Das Schwein nickt mit dem Kopf und sagt zu allem »ja«, und Sie glauben, daß es der angenehmste, intelligenteste und warmherzigste Mensch auf der Welt ist. Dann plötzlich kommt der Augenblick, wo das Schwein durch irgendeine willkürliche Kleinigkeit an seine Grenzen kommt. Was Sie für einen verwundeten Elch halten, der gegen Ihre Wohnzimmerwände rast, ist nur unser Schwein, das gerade einen seiner Anfälle hat. Rennen Sie in die

Küche, öffnen Sie den Kühlschrank und werfen Sie ihm irgend etwas zu essen in den Weg. Essen ist das einzige Mittel, das ich kenne, um ein aufgebrachtes Schwein wieder zu beruhigen.

Die 144 neuen astrologischen Zeichen

WIDDER/RATTE

»Ich bin«
Feuer, Mars, Kardinal.

»Ich regiere«
Wasser positiv, Yin

MUT	FREUNDLICHKEIT	ANZIEHUNGSKRAFT	SOZIAL
SCHWUNG	TALENTIERTHEIT	EINFLUSS	INTELLEKTUELLE BEGABUNG
BEHERZTHEIT	UNTERNEHMUNGSGEIST	SPARSAMKEIT	CHARISMA
NAIVITÄT	EXZESSIV	NERVOSITÄT	MACHTHUNGER
PRAHLEREI	SCHEINHEILIGKEIT	WORTSCHWALL	LIST
EIGENWILLIGKEIT	DOMINANZ	GEWINNSUCHT	EINMISCHUNG

Wer ist der Widder, mit dem ich Sie neulich gesehen habe? Das ist nicht irgendein Widder. Das ist ein Widder/Ratte, der klügste, gerissenste und beredsamste unter den Widdern.

Ratten sind umgänglich. Widder sind leutselig. Wenn Sie die beiden Zeichen kombinieren, ergibt sich eine Steigerung. Verbinden Sie die unvergleichliche Ausstrahlung der Ratte mit der unerschütterlichen Selbstsicherheit des Widders, und sehen Sie selbst, was dabei herauskommt. Dieser Mensch ist die Vitalität in Person.

Im Leben von Widder/Ratte-Menschen gibt es unzählige Pläne und Projekte. In ihren Schreibtischschubladen stapeln sich Pläne, die sie mit geschickter Hand gezeichnet haben. Sie bauen dreidimensionale Modelle von Dörfern, die sie dem Stadtrat vorführen wollen, als Möglichkeit neuer Wohnprojekte. Neben ihrem Bett liegt ein dickes Notizbuch für ihren ersten Roman. In der Küche finden Sie einen Kühlschrank, der randvoll ist mit dem sorgfältig vorbereiteten Essen für die ganze Woche. Dem Widder/Ratte-Menschen kann keiner das Wasser reichen. Versuchen Sie es erst gar nicht.

Sitzen Sie aber auch nicht untätig herum. Widder/Ratten können Faulheit nicht tolerieren. Sie sind freundlich und helfen ihren Lieben bei allen möglichen Unternehmungen. Aber sie werden weder

Zeit noch Geld in Ihren Plan investieren, wenn sie zehn Tage lang nichts anderes tun, als faul auf dem Sofa zu liegen und zuzusehen, wie ihre Zehennägel wachsen.

Widder/Ratten lieben die Herausforderung. Sie haben keine Angst, in ein unbekanntes kaltes Land zu reisen. Es ist ihnen zuzutrauen, daß sie im Amazonas-Becken einen Markt für Luftbefeuchter erschließen. Widder/Ratten sind vertrauenerweckend. Sie sind nicht nur gute Verkäufer. Vielmehr haben sie brillante Einfälle, wie man Käufer in die Falle lockt: aufwendige Geschäftsessen, Geschenke für die Ehefrauen der Mitarbeiter, Champagner, der Ihnen auf Ihr Hotelzimmer geliefert wird, und Trüffel zum Frühstück. Wer könnte dieser Freigiebigkeit widerstehen?

Was jedoch ihre Aufgeschlossenheit betrifft, sind Widder/Ratten eher altmodisch, trotz ihrer Liebenswürdigkeit und ihres Charmes. Dies ist besonders der Fall, wenn es um ein Familienmitglied geht. Sie können es meinetwegen Heuchelei nennen. Widder/Ratten führen selbst ein recht wildes Leben voller Intrigen und Liebesaffären. Von ihrem Ehepartner und ihren Kindern erwarten sie jedoch einen tadellosen Lebenswandel. »Mache es so, wie ich es sage, nicht, wie ich es tue«, ist ihr Motto.

Der Widder/Ratte-Mensch ist sehr nervös. Wenn er ruhig und friedlich wirkt, ist das nur erzwungen und aufgesetzt. In seinem Innern schlummern so einige Neurosen. Das Leben ist nie nur annähernd so schrecklich, wie der Widder/Ratte-Mensch vorgibt. Er ist ungeduldig und sprudelt über vor lauter Tatendrang. Er haßt es, zu spät zu kommen, und verschwendet niemals Zeit.

Widder/Ratten sind machthungrig. Aber sie sind nicht bereit, auf andere Menschen Druck auszuüben. Vielmehr gehören sie zu dem Typ des etwas naiven Monarchen. Die Natur dieser Menschen drängt sie dazu, andere zu regieren. Aber um der Chef zu sein, muß man auch ein gewichtiger Polizist sein können, der anderen Regeln und Vorschriften auferlegt. Ganz allgemein mögen die Untergebenen diejenigen nicht, die sie beherrschen. Widder/Ratten, obwohl sie Gefallen an Führungspositionen finden, können es nicht ertragen, von anderen gehaßt zu werden. Die Einsamkeit des Herrschers würde den Widder/Ratte-Menschen umbringen. Wenn er König wäre, mit wem könnte er sich dann unterhalten?

Widder/Ratten sind immer im Streß. Da sie sich in so viele Pläne und Projekte verzetteln, sind sie manchmal sehr gereizt. Der Widder/Ratte-Mensch ist immer produktiv. Warum lebt die restliche

Menschheit so unbeschwert, unbekümmert und sorgenfrei? Woher nehmen sich die anderen die Erlaubnis, sich am Duft der Rosen zu erfreuen? Dafür hat er keine Zeit. Sein Terminplan ist immer ausgebucht. Für Poesie bleibt ihm nicht einmal eine Viertelstunde. Widder/Ratten sind einfach viel zu beschäftigt damit, beschäftigt zu sein.

Der Widder profitiert davon, in einem Jahr der Ratte geboren zu sein. Die Listigkeit der Ratte verschafft ihm eine bessere Möglichkeit, erfolgreich zu sein. Die Weisheit der Ratte weist den exzessiven Widder ein wenig in seine Schranken. Der Widder/Ratte-Mensch weiß, wie man kämpft. Aber im Gegensatz zu anderen Widdern wird er sich nie zu Raufereien auf der Straße hinreißen lassen oder vulgär werden. Er ist auf mehr aus als nur auf den körperlichen Sieg. Er strebt nach moralischen Triumphen ... und gleichzeitig nach einer Menge Geld.

Liebe

Zu Anfang hat der Widder/Ratte-Mensch kaum Probleme mit der Liebe. In jungen Jahren ist er energiegeladen, attraktiv und gerissen genug, um den anderen leicht zu erobern. Darüber hinaus erlauben sich die Widder/Ratten sehr viel Flexibilität, wenn sie noch sehr jung sind. Daher spielen Parties, Tanzveranstaltungen, Rendezvous und bisweilen auch kleinere Trinkgelage in ihrem jungen Erwachsenenleben eine große Rolle.

Aber wenn die Widder/Ratten älter werden, werden sie von ihrer Arbeit, den Pflichten, Kindern, dem sozialen Status und der Notwendigkeit, zu materiellem Wohlstand zu gelangen, etwas gedämpft. Sie werden abgeklärt, was bedeutet, daß sie, nachdem sie sich vorher ausgetobt haben, nun jede Liebesangelegenheit so ernst nehmen wie eine Naturkatastrophe.

Diese Abkehr vom Spaß an der Liebe im Verhalten erwächst aus dem Bemühen des erwachsenen Widder/Ratte-Menschen, immer das Richtige zu tun. Wo andere Menschen immer lockerer werden, wenn sie in ihren Vierzigern oder Fünfzigern sind, wird der Widder/Ratte-Mensch immer starrer und gerät immer mehr in Panik. Bin ich alt? Bin ich häßlich? Sollte ich abnehmen? Werde ich gefallen? Als Erwachsener ist er in bezug auf die Liebe von Selbstzweifeln geplagt. Aus diesem Grund hören Sie einen verliebten Widder/Ratte-Menschen über Tausende von Meilen dröhnen. Vorsicht vor dem Widder/Ratte in vorgerücktem Alter, wenn er in Sie verliebt ist. Er wird Sie mindestens dreißigmal am Tag anrufen und Ihnen so viele Blumen schicken, daß Sie eines Morgens aufwachen und glauben, Sie lägen bereits in Ihrem Sarg. Rosenbouquets, Körbe mit riesigen Blumensträußen und ganze Wagenladungen Gladiolen. Das ist der Stil, in dem der Widder/Ratte-Mensch liebt.

Passende Partner

Sie sollten sich nach einem Zwillinge/Drachen oder Ochsen umsehen, einem Löwe/Drachen oder Löwe/Ochsen oder sogar nach einem übermütigen Schütze/Affen. Ein Wassermann/Schwein oder sogar Hund wird Sie geistig inspirieren. Lassen Sie die Finger von Krebs/Katzen und Steinbock/Pferden. Sie sind sich in wichtigen Fragen nicht einig – wie zum Beispiel Geld!

Heim und Familie

Wie wundervoll, einen Elternteil zu haben, der unter dem Zeichen Widder/Ratte geboren ist! Er wird sich mit Leib und Seele seinen Kindern verschreiben und alles mitmachen, was die Kinder tun, angefangen bei den ersten Krabbelversuchen bis zum Abschluß ihres Studiums. Die Widder/Ratte-Mutter näht ihren Kindern Kleider und Kostüme für das Schultheater. Sie backt Plätzchen für den Sonntagsbazar in der Schule und übernimmt freiwillig die Regie in der Theatergruppe ihrer Kinder. Der Widder/Ratte-Vater schleppt seine zweijährigen Kinder über Felsen und Bäche, nur um sie mit hinaus in die Natur zu nehmen. Sie zeigen ihnen die Vögel und lehren sie die einzelnen Vogelnamen – um ihnen den Reichtum zu zeigen, den sie eines Tages erben werden. Als Eltern sind Widder/Ratten wunderbar, verantwortungsbewußt und auf liebevolle Weise streng.

Als Geschwister verhalten sie sich jedoch nicht so lobenswert. Sie neigen dazu, ihre Geschwister zu kritisieren, und fühlen sich ihnen überlegen. Es kann passieren, daß sie sich der Erziehung eines Neffen oder einer Nichte annehmen, weil das Kind zu Hause schwierig ist, oder wegen eines Krankheitsfalls oder einer Scheidung deren Eltern. Aber glauben Sie ja nicht, seine Wohltaten seien umsonst. Der Widder/Ratte-Mensch wird Sie niemals vergessen lassen, wie gut er zu Ihnen war.

Widder/Ratte-Kinder sind eine wahre Freude. Sie sind bis ins Extrem energiegeladen, sind aber gewöhnlich nicht ungezogen oder frech. Sie lieben es, an Sportveranstaltungen teilzunehmen oder an Aktivitäten außerhalb der Schule. Sie sind in der Klasse beliebt und sind gute Schüler. Zu Hause muß man sie dazu ermahnen, neben ihren diversen Hobbies auch noch an die Hausaufgaben zu denken. Sie sind künstlerisch begabt. Dieses Talent sollte gefördert werden. Demütigen Sie ein Widder/Ratte-Kind niemals, denn es wird Ihnen niemals verzeihen.

Beruf

Es ist wohl kaum notwendig, Ihnen zu sagen, daß Widder/Ratte überaus ehrgeizig sind. Sie arbeiten gerne – an allem und jedem. Sie sind für ihren Beruf begabt. Sie haben Freude am Planen und Organisieren, Dinge herauszufinden und sogar daran, langweilige Formulare auszufüllen. Der Erfolg klopft bei diesen Menschen an die Tür, anscheinend ohne daß sie sich besonders dafür angestrengt haben. Der Widder/Ratte-Mensch hat kein Interesse daran, in Armut zu leben oder sich seinen Nachbarn oder Mitarbeitern gegenüber unterlegen zu fühlen. Aus diesem Grund ist er von Natur aus ein Erfolgsmensch, zumal er über genug Energie verfügt zu expandieren.

Wenn ich vor der Wahl stünde, jemanden einzustellen, würde ich mir einen Widder/Ratte-Menschen aussuchen. Sie sind nicht nur voller Tatendrang und intelligent, sondern gehen mit jeder Aufgabe, die sie übernehmen, sehr verantwortungsvoll um. Sie könnten sich keinen engagierteren Angestellten suchen. Sie werden jedoch erstaunt sein, welchen Preis sein Engagement hat. Widder/Ratten arbeiten nicht für ein Butterbrot. Sie übernehmen große Aufgaben, und was immer sie tun, ist sein Geld auch wert. Aber wenn Sie einen Verkaufsleiter suchen, der mit einem niedrigen Gehalt zufrieden ist, sollten Sie keinen Widder/Ratte-Geborenen einstellen. Er wird nicht eher aufgeben, bis er genug verdient, was ungefähr eine Million über dem liegt, was für mich oder Sie genug wäre. Widder/Ratten lieben den Luxus und scheuen nicht davor zurück, sich ihn auch zu verschaffen.

Berühmte Widder/Ratten: Marlon Brando, Norbert Schramm, Raymond Barre, Lew Koppelew.

WIDDER/OCHSE

»Ich bin«		*»Ich bewahre«*	
Feuer, Mars, Kardinal		*Wasser negativ, Yin*	
MUT	FREUNDLICHKEIT	INTEGRITÄT	PIONIERGEIST
SCHWUNG	TALENTIERTHEIT	ZIELSTREBIGKEIT	FLEISS
BEHERZTHEIT	UNTERNEHMUNGSGEIST	STABILITÄT	BEREDSAMKEIT
NAIVITÄT	EXZESSIV	STARRSINN	RESERVIERTHEIT
PRAHLEREI	SCHEINHEILIGKEIT	FANATISMUS	BEFANGENHEIT
EIGENWILLIGKEIT	DOMINANZ	SCHUFTEREI	RACHSUCHT

Der mächtige Widder/Ochse-Mensch kann einen mit einem Blick töten. Die Kombination Widder/Ochse ist sehr machtvoll und zum Erfolg bestimmt. Der robuste Widder stürzt sich bereits in zartem Alter voller Lebenskraft und Hoffnung ins Leben. Der solide und fleißige Ochse beflügelt den jungen Widder und bringt ihn dazu, hocherhobenen Hauptes und mit gezücktem Schwert langsam, aber sicher auf ehrgeizige Ziele zuzusteuern. Widder/Ochsen sind geborene Gewinner.

Aber der Widder/Ochse ist so feinsinnig wie ein Zehntonner. Er hat viele Erfolge, aber nur wenig Freunde. Die Menschen hassen den Widder/Ochsen zwar nicht gerade, aber er tut sich schwer, sich mit ihnen zu unterhalten. Er ist schüchtern, reserviert und sogar ein wenig abweisend. Er kann ein guter Erzähler sein, für einen kleinen Plausch mit dem Lebensmittelhändler hat er aber kein Talent. Widder/Ochsen sind schwerfällig. Ihr Ausdruck hängt vielmehr davon ab, ob sie damit ein körperliches Ergebnis erzielen können. Damit meine ich aber keine sportlichen Leistungen. Sie müssen Hand anlegen können, zupacken und mit den Ellbogen kämpfen dürfen und konkrete Probleme bewältigen. Der Widder/Ochse glänzt durch Taten.

Natürlich bleibt dem Widder/Ochsen in unserer zivilisierten Welt wenig Gelegenheit, seine Körperkraft zu demonstrieren. Die Zeiten sind vorbei, als eine häusliche junge Frau gleichzeitig ihr Baby und einen Wassereimer einen steilen Hügel hinaufschleppen mußte und deshalb ihrer zarten prinzeßchenhaften Schwester vorgezogen wurde. Heutzutage schätzt man das Künstliche an den Menschen. Die Frau mit dem hübschesten Make-up hat mehr Glück in der Liebe als das fleißige Aschenputtel, das seiner verwitweten Mutter die Wäsche wäscht. Der moderne Held ist der Typ mit dem schnittigen Sportwagen und dem Lächeln aus der Zahnpasta-Werbung.

Aus diesem Grund ist der Widder/Ochse vom Leben und seiner Oberflächlichkeit enttäuscht. Es geht ihm auf die Nerven, daß heute nur das gefragt ist, was chic und modisch ist. »Wo sind die Werte von gestern geblieben?« fragt sich der verärgerte Widder/Ochse verbittert und schließlich völlig befremdet. »Ich werde aufs Land ziehen, wo keiner meine Adresse kennt. Wer braucht schon diese oberflächliche Pseudowelt?«

Ein paar Beispiele von berühmten Widder/Ochsen werden Ihnen eine Vorstellung davon geben, was es mit diesem Phänomen auf sich hat. Nehmen Sie zum Beispiel Charlie Chaplin (Widder/Ochse 1889). Lesen Sie seine Biographie.

Charlie Chaplin kam aus den ärmsten Verhältnissen – der Londoner Gosse. Er hatte kein Geld, keine Ausbildung, nicht einmal Eltern, die für seine Erziehung sorgten. Aber der tapfere junge Chaplin fand seinen eigenen Weg. Er ging zur Bühne. Er war komisch, aber zu Anfang fand das nicht jeder.

Schließlich ging er nach Hollywood und drehte einige Filme, was ihm den Ruf eines Genies einbrachte. Dann kamen die fünfziger Jahre mit den Hexenverfolgungen, den schwarzen Listen, den abtrünnigen Freunden, die Paranoia und zuletzt der Rückzug in die Schweiz.

Chaplin zog sich aus dem Film und der Gesellschaft zurück. Den Rest seines Lebens verbrachte er mit seiner jungen Frau und seinen vielen Kindern hoch in den Bergen, wo die Luft so glasklar ist, daß die Plastikwelt nicht in sie eindringen kann. Er machte noch ein paar Versuche im Showgeschäft, die aber scheiterten. Er starb in einer Art freiwilligem Exil.

Van Gogh (Widder/Ochse 1853) hatte als junger Maler großen Erfolg in Holland. Dann ging er nach Paris, wo er Seurat und den Kreis der Impressionisten kennenlernte. Aber er war sehr enttäuscht von ihnen. Das Pariser Leben war unerträglich für ihn. Er empfand es als vulgär und nur auf Kommerz ausgerichtet. Van Gogh wurde verdrossen. Er konnte nicht mehr arbeiten. Er zog aufs Land, wurde schließlich verrückt und starb einsam in einem Irrenhaus.

Ich kenne ein Ehepaar um die Fünfzig. Beide sind Widder/Ochsen. Sie haben sich beide aus der Realität zurückgezogen. Der eine steht Tag und Nacht unter Drogen und kann nicht mehr arbeiten. Der andere segelt mit seiner Yacht um die Welt und sucht Frieden, den er nirgends findet.

Liebe

Nicht einmal die vollkommenste Liebe ist so ideal, und keine Treue ist verläßlicher als die des Widder/Ochsen. Widder/Ochsen lieben mit einer ruhigen, festen Leidenschaft. Sie sind ungestüme Liebhaber, die einem Sicherheit bieten.

Romantische und phantasievolle Liebe finden Sie bei dem Widder/Ochsen jedoch kaum. Er hält nicht viel davon, etwas nur zu tun, um Ihnen zu gefallen oder um Ihnen zu schmeicheln. Denken Sie daran, daß Sex für ihn nur von zweitrangiger Bedeutung ist. Erst kommt der Erfolg (oder die Verärgerung, je nachdem, in welchem Stadium sich Ihre Liebe befindet). Honigsüße Poesie findet er, gelinde ausgedrückt, »zum Erbrechen«. Er ist in seinen Liebesbezeugungen gradlinig und macht keine großen Worte. Die einzige Zugabe sind vielleicht ein oder zwei Eiswürfel.

Was den Widder/Ochsen so anziehend macht, ist seine Geselligkeit und Häuslichkeit, seine Gemütlichkeit und Ernsthaftigkeit. Legen Sie eine heiße Wärmflasche in sein Bett, und tupfen sich Vanillieessenz hinter das Ohrläppchen. Vermeiden Sie es, sich aufzuputzen. Um einem Widder/Ochsen zu gefallen, müssen Sie sich nicht aufdonnern. Gehen Sie einfach in den Wald, und sammeln Sie Nüsse und Beeren. Eine Liebesaffäre mit einem Widder/Ochsen erspart Ihnen Ausgaben für Parfum und Friseur. Kaufen Sie ihm zu Weihnachten einen neuen Müllschlucker oder eine neue Pumpe für die Senkgrube, und er wird Ihnen viele problemlose Jahre schenken.

Passende Partner

Ihre besten Partner finden Sie unter Löwe/Hähnen, Ratten und Affen. Jungfrau/Schweine lieben Ihre Solidität. Auch zu Schütze/Drachen und Affen fühlen Sie sich hingezogen. Zwillinge/Schlangen bringen Ihr Herz zum Schmelzen. Aber Jungfrau/Tiger gehen Ihnen auf die Nerven, da sie zu Snobismus neigen. Desgleichen Waage/Katzen und die verklärt-vergeistigten Fische/Ziegen.

Heim und Familie

Zuhause fühlt sich der Widder/Ochse am sichersten. In seinem Zuhause schlägt sein Herz am höchsten und am regelmäßigsten. Im trauten Kreis seiner Familie kann er ruhig schlafen. Alles, was der häuslichen Vollkommenheit entbehrt, kann er unmöglich tolerieren.

Was er ebenfalls nicht duldet, ist, wenn er zu Hause nicht die Hosen anhat. Hier muß er das Sagen haben. Jeder Versuch, mit ihm in Konkurrenz zu treten, bekommt den übrigen Familienmitgliedern schlecht. Wenn Sie nicht auf den Thron verzichten wollen, wird er so lange schmollen, bis Sie ihn anerkennen oder gehen. Wenn Sie das tun, wird er noch ärgerlicher und wird Sie mit üblen Schimpfwörtern bedenken. Aber wenn Sie Ihr schönes Zuhause und die Bequemlichkeit, die Ihnen der Widder/Ochse bietet, nicht aufgeben wollen, servieren Sie ihm eine Woche lang jeden Abend etwas Gutes zu essen. Das wird ihm helfen, sich zu lockern.

Widder/Ochse-Kinder sind talentiert und hartnäckig. Sie unterwerfen sich nicht gerne einer Disziplin, außer sie haben sie sich selbst auferlegt. Die Schule wird ihnen leichtfallen, vorausgesetzt ihre Lehrer haben Verständnis dafür, daß sie so wortkarg sind, und halten ihre Schweigsamkeit nicht für Trotz. Zärtlichkeit ist die beste Waffe gegen den Groll eines Widder/Ochsen. Ebenso Unmengen von Marmeladentoasts. Widder/Ochse-Kinder lieben Süßigkeiten.

Beruf

Der Widder/Ochse hat ein angeborenes Talent, viel Geld zu verdienen. Solange er seine Energie in jungen Jahren auf ein Ziel richtet, wird er niemals Hunger leiden müssen. Aber da Faulheit nicht zu seinem Charakter paßt, wird es ihm schwerfallen, wieder in die Arbeitswelt zurückzukehren, wenn er die Jahre bis dreißig verschwendet. Denn nach seinem dreißigsten Lebensjahr nehmen seine angeborene Vorsicht und Bedachtsamkeit enorme Ausmaße an. Die Leichtgläubigkeit des Widders ist verflogen, und niemand kauft einem »Miesepeter« etwas ab.

Widder/Ochsen sind am besten in Berufen aufgehoben, wo niemand über ihnen steht. Gehorsamsverweigerung ist für sie typisch. Wie kann ein Zehntonner Befehle von einem Dreirad annehmen? Um Erfolg zu haben, sollten Widder/Ochsen ein eigenes Geschäft aufmachen, eine Schule eröffnen oder ein Restaurant oder sogar eine Wäscherei. Harte Arbeit ist für diese Menschen kein Fremdwort. Aber mit anderen harmonisch zusammenzuleben oder in einer Gruppe kooperativ zu sein, liegt ihnen nicht gerade. Widder/Ochsen sind Einzelgänger.

Obwohl Widder/Ochsen von ihrem Wesen her eher zurückgezogen leben, pflegen sie einige sehr enge Freundschaften. Mit Hilfe dieser Freunde können sie vor moralischem und finanziellem Ruin bewahrt werden. Wenn Sie einen Widder/Ochsen kennen, der in Not ist, reichen Sie ihm eine helfende Hand. Widder/Ochsen sind zu schüchtern und zu stolz, um um Hilfe zu bitten. Aber sie werden Ihre hilfreiche Geste niemals vergessen.

Ein Beispiel für einen berühmten Widder/Ochsen ist die hart arbeitende und überaus talentierte Jessica Lange. Sie können sicher sein, daß dieses Mädchen kein Kurzstreckenläufer ist.

Weitere berühmte Widder/Ochsen: Lionel Hampton, Karl Malden.

WIDDER/TIGER

»Ich bin«
Feuer, Mars, Kardinal

»Ich beobachte«
Holz positiv, Yang

MUT	FREUNDLICHKEIT	LEIDENSCHAFT	GLÜCK
SCHWUNG	TALENTIERTHEIT	MUT	WOHLWOLLEN
BEHERZTHEIT	UNTERNEH-	ANZIEHUNGS-	AUTORITÄT
NAIVITÄT	MUNGSGEIST	KRAFT	PRAHLEREI
PRAHLEREI	EXZESSIV	HEFTIGKEIT	ZÜGELLOSIGKEIT
EIGENWILLIG-	SCHEINHEILIGKEIT	HITZKÖPFIGKEIT	WANDERVOGEL-
KEIT	DOMINANZ	UNGEHORSAM	DASEIN

Hier verbindet sich Risikofreudigkeit des Tigers mit dem draufgängerischen Mut des Widders. Es ist immer eine Freude, einen Widder/Tiger zu kennen. Es macht Spaß, mit ihm zusammen zu sein, und es fällt einem leicht, ihn zu mögen. Widder/Tiger sprühen nur so vor Einfällen. Sie verfügen über eine solche Vielfalt an Talenten und Energien, daß sie in ihrer Kreativität fast unschlagbar sind.

Wir wissen, daß Widder sehr ernsthaft sind. Sie gehen an kein Projekt unüberlegt heran. Sie nehmen eine Sache in Angriff und ziehen sie dann konsequent durch. Tiger andererseits greifen häufig etwas an, verlieren dann das Interesse daran, machen kehrt und schleichen sich wieder davon. Daher liegt in dieser Kombination zwar dasselbe Potential, das wir von anderen Widdern erwarten, jedoch mangelt es an Verantwortungsgefühl. Darüber hinaus neigen Widder/Tiger zu rebellischen Ausbrüchen.

Verstehen Sie mich bitte nicht falsch. Tiger sind auch sehr ernsthaft, aber offen gesagt haben sie es nicht gerne, wenn man sie langweilt. Widder können Eintönigkeit vertragen, Tiger nicht. Sie springen, streunen und zerstreuen sich gerne in alle Richtungen.

Widder/Tiger brauchen Aufregung und Abwechslung im Leben. Aber durch den bremsenden Einfluß des Widders sind sie auch der Meinung, daß man nicht zuviel Abenteuer verlangen darf. Daher wird der Tiger etwas zurückhaltender. Diese Ambivalenz macht dem armen Widder/Tiger schwer zu schaffen.

Da der Widder/Tiger extrem begabt ist, gibt es fast nichts, was er nicht kann. Für diesen Menschen ist keine Aufgabe, kein Handwerk, kein Unternehmen zu komplex oder zu schwierig, um es nicht meistern zu können. Widder/Tiger sind nicht nur geschickt, sie sind auch sehr gewissenhaft. Daher stehen ihnen alle Möglichkeiten offen. Außer vielleicht die Politik.

Die Politik erfordert einen mehr ausgeklügelten und strategischen Ansatz, als er dem Widder/Tiger entspricht. Er besitzt einen direkten und geradlinigen Charakter, der an das Gute im Menschen glaubt. Widder/Tiger sind schrecklich enttäuscht von kleinen Ganoven, die in irgendeiner Weise gegen Recht und Ordnung verstoßen. Gesetz ist Gesetz, da gibt es für den Widder/Tiger keine Abkürzungen.

Dieser Mensch fühlt sich am wohlsten, wenn er ein eigenes Geschäft hat oder eine Fabrik leitet, ein Schiff steuert oder sogar Reisegruppen organisiert. Da sich der Widder/Tiger von Natur aus nicht gerne unterordnet, kann er zwar Befehle von Höhergestellten annehmen, aber seiner Seele tut dies nicht besonders gut. Er liebt seine Unabhängigkeit und haßt alles, was ihn fesselt.

Wenn Sie versuchen, einen Widder/Tiger einzuengen, werden Sie staunen, was er für einen Staub aufwirbelt! Er verkauft sein Geschäft, gibt sein Boot weg, den Hund bringt er bei Freunden auf dem Land unter, und fort ist er! Wohin? In die neue Welt oder in die alte? Zur See? Ist er für immer fort? Ich habe Sie gewarnt. Der Widder/Tiger kann Langeweile nicht ertragen. Hierin liegt das Potential seines revolutionären Verhaltens begründet. Im Widder/Tiger verbindet sich soldatische Disziplin mit feuriger Inbrunst und Leidenschaft. Sie sind die wahren Kämpfer im Leben, die leidenschaftlich an die Freiheit und Gerechtigkeit für alle Menschen glauben. Darüber hinaus haben Widder/Tiger nichts dagegen, ihre Ideale mit der Welt zu teilen.

Nehmen Sie Hugh Hefner als Beispiel für einen unerschrockenen Widder/Tiger. Obwohl er wegen der Herausgabe der Zeitschrift »Playboy« heftig kritisiert und verleumdet wurde, gab er seinen Standpunkt niemals auf. Die Auseinandersetzung hielt sein Interesse wach. Der »Playboy« war sein Schiff, und er stand am Ruder. Er umgab sich mit ausgezeichneten Beratern und heuerte dynamische Kapitänleutnants an. Mit seiner magischen Widder/Tiger-Ausstrahlung war dem »Playboy« der Erfolg von Anfang an sicher. Und Sie können sicher sein, daß Hugh Hefner dafür gesorgt hat, daß ihm niemals langweilig wurde.

Liebe

Menschen, die unter der Zeichenkombination Widder/Tiger geboren sind, sind von einer Menge Liebe und Zärtlichkeit umgeben. Wie kann man dem frechen, aber doch weichen, dominanten und starken Widder/Tiger widerstehen? Er ist eine Verbindung aus dem Heiligen und dem Profanen. Ich würde sagen, der Widder/Tiger ist die Verkörperung der Idealfrau, von der mein Vater immer träumte, nämlich die Verbindung von Sonntagsschullehrerin und Prostituierter.

Der Widder/Tiger hat ein sehr bewegtes Liebesleben. Mit Unbeständigkeit ist bei ihm zu rechnen, nicht um der Untreue willen, sondern einfach der Abwechslung wegen, die er braucht. Der Widder/Tiger bleibt nicht bei einem einzigen Partner hängen. Er braucht immer wieder den Reiz des Neuen. Widder/Tiger sind ungehorsam, zügellos und exzessiv. Dies klingt, als ob man von einem Widder/Tiger in einer Beziehung nur das Schlimmste zu befürchten hat. Aber vergessen Sie nicht, dieser Tiger ist auch ein Widder. Und der wiederum ist ein guter Kerl. Welche Unbedachtsamkeit er auch immer begeht, er wird die Angelegenheit mit Diskretion und Takt behandeln.

Wenn Sie einen Widder/Tiger aufrichtig lieben und bei ihm bleiben wollen, müssen Sie lernen, ihn loszulassen. Nur wenn er das Gefühl hat, vollkommen frei zu sein, wird sein Partner für ihn unwiderstehlich. Rufen Sie ihn nicht an. Er wird zwangsläufig Sie anrufen.

Passende Partner

Ihren Schatz finden Sie unter Löwe/Hunden oder Schütze/Drachen oder Pferden. Wassermann/Hunde, Schweine und Drachen bezaubern Sie. Widerstehen Sie Waage/Ochsen, Steinbock/Affen oder ihrem sternenübersäten Schlange-Gegenstück Krebs/Schlange. Diese Menschen sind für Ihren einfachen Geschmack zu launisch und kühl.

Heim und Familie

Sie können sich kein hingebungsvolleres Familienmitglied vorstellen als einen Widder/Tiger. Egal, wie weit er umherschweift, in welche Höhen er klettert oder in welche Tiefen er taucht, an Mutters Geburtstag denkt er immer.

Widder/Tiger geben sehr ernsthafte Eltern ab, die aber ein wenig zu langatmig sind. Sie haben das Gefühl, sie müßten ihren Kindern alles erklären, und meinen, daß die Kinder deshalb ihre Dominanz akzeptieren und niemals widersprechen werden. Doch das funktioniert nicht immer ganz so, wie sie sich das vorstellen. Der Widder/Tiger hat immer den uneingeschränkten Respekt seiner Kinder. Aber insgeheim wünschen sie sich, daß er sich der Regeln und Vorschriften ein bißchen weniger sicher wäre.

Widder/Tiger-Kinder sind eine wahre Freude. Sie machen bei allem mit und sind voll Liebe und Wärme. Die Menschen sind von ihrem Charme bezaubert, so daß sie kaum jemals Schwierigkeiten mit ihren Lehrern und Mitschülern haben. Das Widder/Tiger-Kind ist niedlich und herzig. Und so begabt... Musikstunden, Tennisunterricht, Sprachkurse, Computer-Kurse, es ist einfach an allem interessiert. Und Widder/Tiger-Kinder haben so viel Talent, daß es den Eltern ein wahres Vergnügen bereiten wird, ihnen zu irgendwelchen Aktivitäten Zugang zu verschaffen.

Beruf

Widder/Tiger sind sehr ehrgeizig. Sie wollen neues Terrain erschließen, Dinge vollbringen, Pläne nach ihren Träumen entwerfen und immer ihr Leben und das der Menschen, die sie lieben, verbessern.

Und wie steht es mit dem lieben Geld? Nun, für Widder/Tiger ist Geld nicht so wichtig. Beide Zeichen haben nicht so viel Bezug zu Geld. Damit will ich nicht sagen, daß sie nicht genug Geld besitzen, obwohl der Widder/Tiger wirklich auch ohne Geld auskommen kann. Aber er wird niemals um des Geldes willen seine Gesundheit ruinieren oder sein Familienleben aufs Spiel setzen. Widder/Tiger sind der Ansicht, daß das Geld immer reichen wird, da sie viel Energie und Aktivität besitzen, um genug Geld zu verdienen. Es ist nur so, daß sie sich nicht gerne um ihr Geld streiten, um ihren Anteil kämpfen oder nach dem Geld ihres Nachbarn schielen. Es ist unter der Würde des Widder/Tiger, nach persönlichem Gewinn zu trachten. Ein ehrlich verdienter Tageslohn muß seinen Zweck erfüllen. Wenn er es nicht tut, wird er so lange warten, bis dies der Fall ist. Der Widder/Tiger zieht es vor, seine Integrität zu bewahren. Sein Bankkonto wird schon selber für sich Sorge tragen.

Weitere Beispiele berühmter Widder/Tiger: Alec Guinness, Jerry Brown.

WIDDER/KATZE

»Ich bin«
Feuer, Mars, Kardinal

»Ich ziehe mich zurück«
Holz negativ, Yin

MUT	FREUNDLICHKEIT	TAKT	VORSICHT
SCHWUNG	TALENTIERTHEIT	ELEGANZ	LANGES LEBEN
BEHERZTHEIT	UNTERNEHMUNGSGEIST	TUGEND	EHRGEIZ
NAIVITÄT	EXZESSIV	HEIMLICHTUEREI	DILETTANTISMUS
PRAHLEREI	SCHEINHEILIGKEIT	ÜBEREMPFINDLICHKEIT	HYPOCHONDRIE
EIGENWILLIGKEIT	DOMINANZ	PEDANTERIE	KOMPLIZIERTHEIT

Fürsorglichkeit ist die Spezialität der Widder/Katzen. Menschen, die unter diesem Zeichen geboren sind, kümmern sich nicht nur um alles, was solide, traditionell und wertvoll ist, sondern sie haben auch die angeborene Begabung, sich diese Dinge anzueignen. Der Widder/Katzen-Mensch ist ein wahrer Künstler der Verfeinerung, ein wahrer Quell der Weisheit, ein wahres Bündel an metaphysischer Energie, und er versteht es, die schönen Dinge des Lebens zu bewahren. Widder/Katzen sind Katzen hoch zwei.

Die Tugendhaftigkeit der Katze fügt sich bereitwillig in den heldenhaften Mut des Widders. Der Widder/Katzen-Mensch begibt sich jeden Tag aufs neue auf die Suche nach Frieden und Schönheit. Der Widder gibt ihm Schwung, die Katze Vorsicht, Geschmack und Unabhängigkeit.

Sie werden einen Widder/Katze-Menschen kaum als Leiter ihres Supermarkts finden oder ihn beim Teppichklopfen erwischen. Wenn Sie auf der Suche nach diesem Charakter sind, sollten sie sich besser in einem Kunstmuseum nach ihm umschauen. Der Hang zur Kultur ist bei Widder/Katzen nicht nur ein Hobby. Ihre wahren Ziele sind Feinheit, Schönheit und alles, was zivilisiert ist.

Hierzu gehört auch der materielle Gewinn. Doch der Widder/Katze-Mensch will seinen Wohlstand aus soliden und konventionellen Quellen beziehen. Widder/Katzen sind keine Schlitzohren, die sich nach dem Coup ihres Lebens sehnen, der ihnen die Möglichkeit gibt, sich nach Südamerika abzusetzen und mit einer glutäugigen Senorita Cha-Cha zu tanzen. Vielmehr sind sie ein Vorbild an Beständigkeit. Sie trampeln sich ihren Weg nicht wie ein Stier oder Ochse, sondern bahnen ihn sich graziös, aber klug auf Samtpfoten. Von Zeit zu Zeit, wenn Gefahr droht, machen sie einen Buckel. Dann stehen ihnen die Haare zu Berge. Aber sie werden niemals laut. Widder/Katzen sind keine Rowdies. Tapfer, aber niemals grob oder aggressiv, sind sie ein Beispiel der Zurückhaltung.

Die Eigenschaften der Katze verfeinern die zügellosen Anlagen des Widders und verleihen ihm eine Eleganz, die nicht jeder Widder besitzt. Wie wir wissen, kann der Widder ziemlich ungehobelt sein – taktlos und sogar etwas großspurig. Die Katze verleiht ihm Feinheit, Freundlichkeit und Umsichtigkeit. Was könnte ein schwadronierender junger Krieger noch mehr wollen?

Nicht daß der Widder Tugend bräuchte, aber die Katze ist mit Sicherheit ein Ausbund an Tugendhaftigkeit. Katzen sehen sich in allen menschlichen Angelegenheiten gerne als vertrauenswürdige und faire Menschen. Diese Eigenschaften der Katze passen gut zum Widder, der auch ein solider Bürger ist, wenn auch ein ziemlich lautstarker. Im Wesen der Katze gibt es keine Charakterzüge, an die sich der Widder nicht bereitwillig anpassen könnte.

Komfort ist für Widder/Katzen überaus wichtig. Sie umgeben sich mit Pflanzen, Kissen und Sofas und bringen eine Heiß-Wasser-Versorgung an, die genau auf ihr Badezimmer zugeschnitten ist. Im Haus eines Widder/Katze-Menschen steht immer die neueste Stereoanlage. Vielleicht gibt es kaum andere Luxusgegenstände – ich will nicht behaupten, Widder/Katzen seien reine Materialisten –, aber in ihrer Wohnung stehen immer gemütliche Lehnsessel, wo man sich bequem hineinsetzen und sich dem höchsten Musikgenuß hingeben kann, selbst ausgewählt von unserem Widder-Katzen-Freund.

Essen ist nicht von überaus großer Wichtigkeit für diese Katze. Widder/Katzen lieben zwar die feine Küche, aber wenn sie nur Schinken und Ei oder Cornflakes im Haus haben, sind sie auch damit zufrieden. Gewöhnlich ziehen sie die Speisezimmer anderer Leute vor, anstatt selbst stundenlang am Herd zu stehen oder auf dem Markt einkaufen zu gehen. Statt Zeit auf die Zubereitung von Mahlzeiten zu verschwenden, geht der Widder/Katze-Mensch lieber auf eine interessante neue Ausstellung, unterhält sich mit einem faszinierenden Kunststudenten, kauft eine antike Rarität oder einen Flügel. Als erstes peilt er dabei mit seinen übersensiblen

Augen und Ohren die Lage. Erst dann ist er bereit, sich für irgendeinen Plan zu engagieren.

Widder/Katzen sind sehr begabt. Sie können fast jede Art Tätigkeit verrichten. Ich würde das Zeichen Widder/Katze allerdings nicht unbedingt als »kreativ« bezeichnen. Vielmehr sind diese Menschen in der Lage, aus allem im Leben das Schöne herauszufiltern, es im Komfort ihrer eigenen Wohnung auf Hochglanz zu bringen und es für ihren Hausgebrauch zu verfeinern. Widder/Katzen sind voller Lebendigkeit und geborene Dilettanten.

Liebe

Ich wage es kaum auszusprechen, aber Widder/Katzen sind in der Liebe nicht sehr vertrauenswürdig. Vielmehr sind sie ständig verliebt. Widder in Kombination mit Katze ergibt einen Menschen, der gefühlvoll und unabhängig ist. Keines der beiden Zeichen gehört zum anhänglichen Typ. Oberflächlich scheint es dem Widder/Katze-Menschen eine gute Idee, einen Partner zu haben, mit dem man ein Zuhause gründet, in Urlaub fährt und schließlich gemeinsame Kinder bekommt. Doch wenn sie dies in die Tat umsetzen, vertragen sie es nicht, zu sehr aneinander zu kleben. Erinnern Sie sich noch? Katzen hassen die Auseinandersetzung. Und der Widder tut sich schwer, die Schlachten zu schlagen, von denen er träumt. So bringen Gefühlsausbrüche im gemeinsamen Zusammenleben den Widder/Katzen-Menschen dazu, seine Koffer zu packen. Oder es verläuft umgekehrt. Er bleibt, und Sie gehen.

Doch gibt es Mittel und Wege, mit seiner Zurückhaltung in bezug auf emotionsgeladene Auseinandersetzungen fertig zu werden. Wenn Sie eine Widder/Katzen-Dame lieben und sie zur Frau nehmen wollen, dann wahren Sie Distanz. Seien Sie es, der zuerst auf Abstand geht. »Es tut mir leid, Liebling. Ich kann Dienstag nicht kommen. Ich muß für die ganze Woche nach San Francisco.« Es ist gar nicht nötig, daß Sie wirklich nach San Francisco müssen. Der Widder/Katze-Mensch wird Ihnen Ihre Geschichte schon abkaufen. Er wird Sie nicht einmal anrufen, um zu sehen, ob Sie auch die Wahrheit gesagt haben. Nein, vielmehr ist er hocherfreut, ein bißchen Zeit für sich selbst zu haben und sich in sein Zimmer zurückziehen zu können, um ein Buch zu lesen, ein Gemälde zu studieren, Musik zu hören und vielleicht ein paar schnurrende Kätzchen um sich zu scharen, die sein bequemes Nest schmücken, das er sich gebaut hat.

Passende Partner

Versuchen Sie, mit Löwen in Kontakt zu kommen, die im Jahr des Hundes oder Schweines geboren sind. Zu Schütze/Ziegen und Zwillinge/Schweinen und Ziegen fühlen Sie sich sehr stark hingezogen. Ebenso schmelzen Sie dahin, wenn es sich um einen Wassermann/Schlange oder Schwein handelt, da dieses Zeichen so kultiviert ist. An Ihrer Stelle würde ich die Finger von Krebs/Drachen und Hähnen lassen. Machen Sie einen weiten Bogen um Steinbock/Tiger und Waage/Drachen und Tiger.

Heim und Familie

Der angeborene Individualismus der Widder/Katzen wirkt sich im Familienleben problematisch aus. Widder/Katzen lieben ihr Heim, sind fürsorglich, sensibel und nur leicht verrückt. Aber sie sind im allgemeinen so mit ihrem eigenen Leben beschäftigt und damit, für eigene Bequemlichkeit, Ruhe und ihr Wohlbefinden zu sorgen, daß sie nicht mehr so viel Gefühl aufbringen können, um die Einheit der Familie aufrechtzuerhalten. Damit meine ich nicht, daß Widder/Katzen keine gewissenhaften Eltern oder verantwortungsbewußte Ehepartner abgäben. Das sind sie. Aber sie sind sehr distanziert. Es gibt jedoch mehrere Wege, einem Widder/Katze-Menschen nahezukommen. Widder/Katzen sind fast schon ein wenig zu kühl. Seine Familienangehörigen brauchen sowohl Geduld als auch die Fähigkeit, den Widder/Katze-Menschen zu unterhalten und zu amüsieren. Wenn Sie es schaffen, einen Widder/Katze-Menschen von seinen eigenen Beschäftigungen abzulenken und ihn zu amüsieren, haben Sie ihn für seine ganzen neun Leben gewonnen.

Widder/Katzen-Kinder haben eine sehr angenehme Eigenschaft. Sie besitzen eine angeborene Neugierde. Sie sind begierig darauf, jedes Monument, Museum, jeden Park, jeden Film und jedes Feuerwerk zu besichtigen, und interessieren sich für jedes Thema. Von Geburt an ziehen sie alles an, was schön ist. Machen Sie es diesen Kindern so bequem wie möglich. Geben Sie dem Widder/Katzen-Kind sein eigenes hübsches Zimmer, in dem es sich entfalten kann. Nehmen Sie es viel mit auf Reisen, und geben Sie ihm anspruchsvolle Zeitschriften in die Hand. Sie werden keine Minute bereuen, die Sie mit diesem Bündel an Sensitivität verbringen.

Beruf

Bei den Widder/Katzen gibt es keinen Grund zur Sorge. Sie haben genug Ehrgeiz, um einigen weniger aktiven Zeichen noch etwas davon abgeben zu können.

Aber suchen Sie in diesem Menschen nicht nach dem Kämpfer für die Welt oder dem Anführer-Typ. Widder/Katzen streben nicht nach öffentlichem Beifall. Sie wollen immer mehr wissen, mehr sehen und mehr tun als andere. Sie beschäftigen sich ständig mit dem Neuesten vom Neuen und sammeln Informationen über einen berühmten Maler, um dann das Buch zu diesem Thema zu schreiben, das den Nagel wirklich auf den Kopf trifft. Aber denken Sie daran, Widder/Katzen wollen ihren Erfolg alleine erreichen. Was die Welt anbetrifft, könnte die Katze wohl kaum gleichgültiger sein. Ihr Ziel ist die Sicherheit ohne Konflikt, Komfort ohne Einmischung anderer und ein Bankkonto, das sie ruhig schlafen läßt.

Berühmte Widder/Katzen: Muddy Waters und Arturo Toscannini. Sie sind Künstler, friedliebend, stark, charmant, intelligent und so vorsichtig!

WIDDER/DRACHE

»Ich bin«	*»Ich präsidiere«*
Feuer, Mars, Kardinal	*Holz positiv, Yang*

MUT	FREUNDLICHKEIT	KRAFT	ENTHUSIASMUS
SCHWUNG	TALENTIERHEIT	ERFOLG	MUT
BEHERZTHEIT	UNTERNEH-	GUTE GESUND-	SENTIMENTALITÄT
NAIVITÄT	MUNGSGEIST	HEIT	VERBLENDUNG
PRAHLEREI	EXZESSIV	STARRHEIT	AUFSCHNEIDE-
EIGENWILLIG-	SCHEINHEILIGKEIT	MISSTRAUEN	RISCH
KEIT	DOMINANZ	UNZUFRIEDENHEIT	REDSELIGKEIT

Das Zeichen Widder/Drache ist eine Kombination aus der rohen Widder-Energie und dem Schneid und der List des Drachen. Es ist eine unschlagbare Verbindung. Widder/Drachen brennen nur so darauf, im Leben immer nur an der Spitze zu stehen. Niemand kann die Willenskraft und den Unternehmungsgeist dieser Menschen bremsen.

Die Listigkeit des Drachen färbt den Widder, dem diese Eigenschaften normalerweise wesensfremd sind. Widder/Drachen sind so verschlagen, geschickt und darüber hinaus auch noch so selbstsicher, daß Sie kaum bemerken, wenn Ihr Tafelsilber fehlt. Man hat bei diesen Menschen niemals den Eindruck, daß sie nicht ganz koscher sind. Vielmehr sind sie wahre Gentlemen. Und wenn Sie sie sprechen hören, könnten Sie wirklich meinen, daß sie noch nicht trocken hinter den Ohren sind.

»Hat diese Widder/Drache-Dame wirklich gewartet, bis ihr Mann an die Arbeit gegangen war, um mit der Einrichtung, den Kindern und dem Bankguthaben zu verschwinden? Ist es wirklich wahr, daß sie mit ihrem Liebhaber nach Hongkong gezogen ist?«

»O ja, genau so hat sie es gemacht. Sie hat alles mitgenommen und hat sich aus dem Staub gemacht, ohne eine Adresse zu hinterlassen.«

»Hat sie noch eine einzige Banknote für ihren Ehemann übriggelassen?«

»Nein. Sie hat ihm nur seinen Hund dagelassen, an dem er hängt, einen Dackel, der auf den Namen ›Darling‹ hört.«

»Merkwürdig. Warum meinst du, hat sie gerade den Hund nicht mitgenommen?«

»Nun, sie ist eben sehr sentimental.«

Die untadeligen Widder/Drachen schmelzen nur so dahin, wenn sie mit Traurigkeit konfrontiert werden. Rührselige Geschichten hauen sie glatt um. Sentimentalität ist oft ihr Untergang. Ein Widder/Drache-Chef kann seinen Angestellten hassen wie die Pest. Wenn besagter Angestellter aber weinend zu ihm kommt und um Gehaltserhöhung fleht, wird er nach Tempotaschentüchern schicken und nach einem Füllhalter, um den Scheck zu unterschreiben.

Man kann es einfach nicht anders sagen, aber Widder/Drachen sind unwiderstehlich. Sie verfügen über eine uneingeschränkte Attraktivität. Sie strahlen eine solche Hitze aus, daß selbst der eisigste Gegner dahinschmilzt. Lassen Sie Ihre Frau niemals allein in einem Zimmer mit einem Widder/Drachen, wenn Sie sie unbeschadet nach Hause bringen wollen. Es reicht schon, wenn sie der Ausstrahlung des frechen Widder/Drachen nur fünf Minuten lang ausgesetzt ist, um lauter Sterne in ihren Augen leuchten zu sehen. Und Widder/Drache-Frauen sind so umwerfend, daß sich alle anderen weiblichen Badegäste am liebsten im Sand begraben ließen, wenn diese Dame am Strand aufkreuzt.

Natürlich birgt dieses Zeichen die Gefahr der Arroganz. Soviel Feuer und so wenig Bescheidenheit, gepaart mit gutem Aussehen, Geschmack und Erfolg, ergibt eine wahrhaft explosive Mischung. Widder/Drachen können sehr viel Mißgunst erregen. Ihre unverbesserliche Verschlagenheit macht geradlinigen und charakterstarken Menschen Kopfzerbrechen. Warum, fragen Sie sich, versucht der Widder/Drache immer wieder mit seinen Tricks durchzukommen? Warum sieht er nicht, daß wir ihm längst auf die Schliche gekommen sind?

Die Antwort lautet: »Er weiß es.«

Er weiß, daß der John-Wayne-Charaktertyp seine Tricks längst durchschaut hat. Aber das hält ihn noch lange nicht von dem Versuch ab, ein wenig Spaß auf seine Kosten zu haben. Für den Widder/Drachen ist alles ein Spiel. Er hat eben eine magische Ausstrahlung. Und warum sollte er dies nicht ausnutzen?

Aber unter seinem etwas zweifelhaften äußeren Gebaren ist der Widder/Drache rührend aufrichtig. Er schließt nicht leicht Freundschaft. Er sorgt aufopfernd für die Menschen, die er liebt. Und die Liebe eines Widder/Drachen ist feurig und voller Leidenschaft. Sein Kern ist gut und wohlmeinend. Aber es fällt ihm schwer, seiner eigenen Bewunderungswürdigkeit zu widerstehen. Widder/Drachen baden gerne in ihrem eigenen Glanz, gehen immer aufs ganze und stürzen sich auf alles, was ihnen das Leben zu bieten hat.

Liebe

Da der Widder/Drache in die Liebe verliebt ist, läßt er keine Gelegenheit aus, jemanden zu verführen oder sich verführen zu lassen. Treue? Davon hat er noch nie gehört. Aber das spielt keine Rolle. Ein Schäferstündchen mit einem Widder/Drachen ist so überwältigend, daß ... nun, wen kümmert es, was er den Rest der Woche macht?

Natürlich ist der Widder/Drache sentimental bis ins Extrem. Wenn Sie einen Widder/Drachen lieben und das Gefühl haben, daß er es ein bißchen zu toll treibt, können Sie ihn mit jeder rührseligen Gefühlsduselei zu sich zurückholen. Stellen Sie sich mit gesenktem Haupt an den Eßtisch, und klammern Sie sich so an ihm fest, daß ihre Handgelenke hervortreten, und schluchzen Sie so herzzerreißend wie möglich. Ihr Widder/Drache war vielleicht gerade dabei zu gehen, als er diese schockierenden Laute vernimmt. »Mein Liebling weint!« Er macht auf dem Absatz kehrt, rast die Treppe hinauf, schließt Sie in seine Arme und fragt: »Was kann ich für dich tun?«

Bleib ab und zu einmal zu Hause, Widder/Drache! Bleib zu Hause und lerne, es zu lieben. Beschäftige dich mit deinem Spielzeug, grab den Garten um und genieße die kleinen Freuden des Alltags. Wenn du mit deinem Partner wirklich ein Paar bilden willst, dann mußt du zumindest die eine Hälfte dazu beitragen.

Passende Partner

Eine Menge Spaß haben sie mit Zwillinge/Ratten und Affen. Von Wassermann/Affen, Schütze/Ratten und Löwe/Ratten und Affen sind sie begeistert. Mit Krebs/Hunden und Ochsen, Steinbock/Ochsen und Waage/Hunden vertragen sie sich nicht. Sie sind ihnen zu überlegen, und sie fühlen sich von diesen Zeichen nur provoziert.

Heim und Familie

Die Außenwelt übt eine so starke Anziehung auf Widder/Drachen aus, daß ihr Bedürfnis, für die neueste Ausstellung Wunder zu vollbringen, von jeglicher Häuslichkeit abhält. Ich möchte nicht behaupten, daß Widder/Drachen keine guten Eltern oder Geschwister abgeben. Aber sie sind nicht der Typ, der sich damit zufriedengibt, nur von den übrigen Familienmitgliedern bewundert zu werden. Das wäre zu einfach. Widder/Drachen brauchen Beifall von allen Rängen. Und sie wissen auch, wie man ihn erhält. Dies verringert natürlich die Zeit, die er für die tägliche Plackerei im Haushalt übrighat. Sie werden nicht viele Widder/Drachen finden, die einen vollen Einkaufswagen durch den Supermarkt schieben. Ebensowenig werden Sie einen Widder/Drachen im Münzwaschsalon antreffen. Er liebt seine Familie, aber er ist nicht besonders daran interessiert, sie zu ernähren.

Widder/Drachen neigen dazu, starre Vorschriften für ihre Kinder aufzustellen. »Widersprich nicht. Nimm deine Ellbogen vom Tisch. Hör auf zu grinsen.« Das sind die gängigen Phrasen des Widder/Drachen. Da die äußere Erscheinung überaus wichtig für ihn ist, legt er großen Wert darauf, daß seine Kinder sich gut benehmen.

Widder/Drachen-Kinder sind stürmisch, machen viel Lärm und stellen hohe Ansprüche. Aber sie sind so liebevoll und zärtlich, daß man ihnen kaum böse sein kann. Im allgemeinen sind sie in intellektueller und sozialer Hinsicht früh entwickelt. Sie sind Führernaturen, aber nicht immer die beliebtesten Kinder in der Klasse.

Beruf

Widder/Drachen sind gleichbedeutend mit Ehrgeiz. Das Streben nach einem Ziel macht den größten Teil seines Lebens aus. Als erstes werden Widder/Drachen die beste Ausbildung mit den besten Abschlüssen machen und dann ihre Diplome geschickt dazu nutzen, die Stellung zu finden, die ihrer Brillianz würdig ist.

In jungen Jahren haben Widder/Drachen oft schwierige und aufreibende Ziele, wie zum Beispiel den Kauf einer eingestürzten Mine, die sie wieder in Betrieb nehmen wollen. Oder sie leihen sich eine hohe Geldsumme, um ein abbruchreifes Gebäude zu kaufen und es wieder zu sanieren. Oder sie verlegen Bücher von einem so enormen Umfang, daß sich kaum ein Abnehmer dafür findet. Der Widder/Drache lebt für solche Herausforderungen.

Und wenn sich die Herausforderung nicht von alleine stellt, schafft er sie sich eben selbst.

Diesen Menschen ist der Erfolg sicher, vorausgesetzt, sie halten ihren Stolz und ihre Ausschweifungen im Zaum. Widder/Drachen neigen zu übertriebenem Selbstvertrauen. Wenn sie auf die schiefe Bahn geraten, müssen sie darauf achten, daß sie wieder auf den rechten Weg finden. Gehen Sie zurück ins Büro an Ihren Schreibtisch! Für Sie gilt das Sprichwort: »Ehrlich währt am längsten!«

Berühmte Widder/Drachen: Gregory Peck, Irving Wallace. Man kann leicht verstehen, warum die unter diesem Zeichen geborenen ihre Arroganz bezwingen müssen.

WIDDER/SCHLANGE

»Ich bin«		*»Ich spüre«*	
Feuer, Mars, Kardinal		*Feuer negativ, Yang*	
MUT	FREUNDLICHKEIT	INTUITION	KLUGHEIT
SCHWUNG	TALENTIERTHEIT	ATTRAKTIVES ÄUSSERES	HELLSICHTIGKEIT
BEHERZTHEIT	UNTERNEHMUNGSGEIST	DISKRETION	MITGEFÜHL
NAIVITÄT	EXZESSIV	HEUCHELEI	HABGIER
PRAHLEREI	SCHEINHEILIGKEIT	EXTRAVAGANZ	ANMASSUNG
EIGENWILLIGKEIT	DOMINANZ	FAULHEIT	AUSSCHLIESSLICHKEIT

Die Kombination von Widder und Schlange ist so paradox, daß ich kaum weiß, wo ich beginnen soll. Nun gut. Die Schlange ist das kleine Feuer, der Widder das große. Dieser Charaktertyp ist bestimmt nicht kühl.

»Feuer muß man mit Feuer bekämpfen«, pflegte meine Mutter zu sagen. Falls sie damit recht hat, muß das Zeichen Widder/Schlange ihr Idol sein. Eine Schlange, die im Widder geboren ist, leidet unter diesem Widerspruch. Der Widder ist immer auf Achse und will aktiv sein und Erfahrungen machen. Die Schlange andererseits lehnt sich gerne im Sessel zurück, um nachzudenken, ihrer Intuition nachzugehen und sich dann ein Urteil zu bilden. Je nachdem, welcher Teil in dem Widder/Schlange-Menschen gerade stärker ist, nach dessen Façon lebt er an diesem Tag.

Ist der Widder/Schlange-Mensch schizoid? Nein, so kann man es nicht sagen. Keine Schlange ist wirklich realitätsfremd. Schlangen sind weise. Sie wägen alles zehnmal ab, überschlafen die Sache dann noch einmal, um sich wirklich hundertprozentig sicher zu sein. Die Gründlichkeit eines Widders, der im Jahr der Schlange geboren ist, wird dadurch enorm gesteigert.

Meiner Ansicht nach wird der enorme Ehrgeiz des Widders durch die Trägheit der Schlange im Keim erstickt. Dieser Widder wird sich den kreativen Elementen zuwenden, seine Talente entfalten und nach Wohlstand und Weisheit streben.

Körperlich hat der Widder immer etwas von einem Pfadfinder an sich. Mit Hilfe der eleganten Schlange wird der Widder kokett und zieht das zivilisierte Stadtleben den Wanderstiefeln und dem Rucksack vor. Die Umsicht der Schlange mäßigt seine stolze Selbstgerechtigkeit.

Das Schlimmste, was sich aus der Kombination Widder/Schlange ergeben kann, ist, daß der Widder zu einem Faulpelz wird, der einem eine Menge vorflunkert. Das ist zwar übertrieben, aber Faulheit ist der natürliche Feind der Schlange. Normalerweise ist es nicht leicht, den Widder von seinem Tatendrang abzubringen, aber die alte Schlange ist intuitiv und weiß genau, wie man jemanden überzeugt. Sie bringt es fertig, den Widder in seinem angeborenen Schwung zu bremsen. Der Widder mit seiner Naivität ist unschuldiges Opfer für die listige Schlange. Man kann auch nicht erwarten, daß ein Widder der so attraktiven Schlange widersteht.

Mit Zielstrebigkeit und viel Ermutigung ist es möglich, daß der Widder/Schlange-Mensch ein gesichertes und glückliches Leben führen kann. Er ist mit Sicherheit künstlerisch sehr begabt und wäre gut beraten, wenn er frühzeitig eine Künstlerlaufbahn einschlägt. Dafür sollte er sich einen zuverlässigen Wecker anschaffen und ein Kindermädchen, das ihm Beine macht.

Am Beispiel von Baudelaire, dem französischen Dichter aus dem 19. Jahrhundert (Widder/Schlange 1821), kann man sehr gut erkennen, wie die Widder-Seite seines Wesens tapfer gegen die dunklen Seiten seiner Schlange-Natur ankämpfte. Die Schlange verlieh ihm die Schattenseite seiner Seele und die Verschwiegenheit, um seine anstößigen Gedichte zu schreiben. Aber wenn wir seine Biographie lesen, erkennen wir, daß er ein geachteter Kunst- und Musikkritiker seiner Zeit war und nicht nur ein dekadenter Dichter, der sich über das Böse ausließ.

Liebe

Alle Schlangen haben ein immens starkes Bedürfnis nach Liebe, und Widder/Schlangen machen keine Ausnahme. Was sie in Herzensangelegenheiten von anderen Widdern unterscheidet, ist, daß sie mit den tiefsten Abgründen der menschlichen Seele vertraut sind. Es gibt keinen Trick, den eine Schlange nicht kennt. Schlangen sind nicht nur gute Beobachter, sie sind auch sehr instinktiv. Es ist fast unheimlich. Schlangen fühlen die Dinge in einer Weise, wie es der Widder nur selten kann. Auch hier profitiert der Widder von den Eigenschaften der Schlange. Inbrunst und Fürsorglichkeit sind bei Widder/Schlangen immer vorhanden, was beim Widder sonst nicht der Fall ist. Darüber hinaus wird die ansonsten sehr egozentrische Widder-Persönlichkeit durch die Fähigkeit der Schlange, Liebesbeziehungen aufzubauen und aufrechtzuerhalten, gemäßigt.

Auf der anderen Seite wird der Hang der Schlange, sich allzusehr an den Partner zu klammern, vom unabhängigen Widder in Schach gehalten. Widder/Schlangen sind nicht so übertrieben besitzergreifend wie so viele andere Schlange-Geborene. Und schließlich mäßigt die Aufrichtigkeit des Widders die Tendenz der Schlange zur Untreue. Der Widder macht aus der Promiskuität der Schlange einen Drang nach Verbrüderung. Um so besser für die Schlange, würde ich sagen.

Passende Partner

Eine kluge Wahl treffen Sie mit Zwillinge/Hähnen und Ochsen. Oder Ihr idealer Partner verbirgt sich unter den Schütze/Drachen. Sie könnten sich auch einen Löwe/Drachen oder Schwein suchen, ebenso einen Wassermann/Ochsen oder Hahn. Lassen Sie die Finger von Krebs/Tigern sowie Waage/Schweinen und Schlangen.

Heim und Familie

In diesem Bereich blüht der Widder/Schlange-Mensch richtig auf. Dieses ist eines der besten Zeichen, wenn es um Familienleben, Kindererziehung, Wohnungseinrichtung und Fürsorglichkeit geht.

Stellen Sie sich den fleißigen »Ich bin«-Typ des Widders in Verbindung mit der Intuition der Schlange vor. Diese Kombination ist vollkommen. Widder/Schlangen könnten Unterricht über gelungenes Familienleben geben.

Der Widder erfindet gern Neues und nimmt neue Projekte in Angriff. Schlangen stellen gerne schöne Dinge her, und zwar in Eigenregie (sie holen sich dafür niemand anderen, der ihnen die Arbeit abnimmt). Der Widder verwirklicht sich am liebsten nach außen hin. Die Schlange ist das genaue Gegenteil davon. Für ein intaktes Familienleben ist es oft besser, wenn zwei Menschen gegensätzlich sind, anstatt sich völlig zu gleichen. Der Widder/Schlange-Mensch könnte wahrscheinlich auf die andere Hälfte in einer Partnerschaft verzichten und käme wunderbar alleine zurecht, vorausgesetzt er vergißt nicht, morgens aufzustehen.

Das Widder/Schlange-Kind ist klug und energiegeladen. Aber

seiner Trägheit muß man frühzeitig einen Riegel vorschieben. Erlauben Sie einem Widder/Schlange-Kind nicht, seine ganze Zeit damit zu verbringen, mit einer Taschenlampe unter der Bettdecke zu lesen. Schicken Sie es hinaus an die frische Luft. Stärken Sie die Widder-Hälfte seines Wesens. Die Schlange sorgt schon für sich selbst.

Beruf

Wo eine Schlange ist, ist immer Geld, Schönheit und Eleganz. Widder/Schlangen sind umgänglicher und angenehmer als die meisten anderen Menschen. Es ist ziemlich unwahrscheinilch, daß es ein Widder/Schlangen-Mensch jemals bis zum Verkäufer bringt. Doch er hat einen Hang zum Geschäftemachen. Die reine Intellektbetonung der Schlange wird dadurch etwas aufgeweicht.

Widder/Schlangen müssen so tun, als seien sie sehr beschäftigt. Aber fallen Sie keine Minute darauf herein! Die Geschäftsreise, die er zu machen vorgibt, ist in Wirklichkeit ein Kurzurlaub. Schlangen lassen sich nicht gerne gefangenhalten. Vielmehr nehmen sie andere gefangen. Der aufrichtige Wunsch nach Entspannung und Ruhe durchkreuzt die normale Geschäftigkeit des Widders. Aber das geht nicht lange gut. Der Widder ist zwar etwas naiv und ungestüm, er ist aber auch stark und tapfer. Die Schlange wird sich schwertun, den Widder ohne ernsthafte Folgen zum Nichtstun zu zwingen.

Was auch immer geschieht, Widder/Schlangen haben immer genug Geld – und das bedeutet, mehr Reichtümer als Sie sich je erträumt haben. Daher sind Widder/Schlangen reicher – und verschwenderischer – als andere Widder. Darüber hinaus sind sie übermäßig großzügig und wollen immer gefallen. Widder/Schlangen scheinen allein durch ihre Aura der Überlegenheit an die Spitze zu gelangen. Keine Sorge, den Kaviar zum Feiern haben sie immer im Kühlschrank.

Berühmte Widder/Schlangen: Julie Christie und Aretha Franklin. Mächtig attraktiv, die beiden Damen. Und obendrein noch Kämpfernaturen!

WIDDER/PFERD

»Ich bin«	*»Ich fordere«*
Feuer, Mars, Kardinal	*Feuer positiv, Yang*

MUT	FREUNDLICHKEIT	ÜBERZEUGUNGS-	STIL
SCHWUNG	TALENTIERTHEIT	KRAFT	GERADLINIG-
BEHERZTHEIT	UNTERNEH-	AUTONOMIE	KEIT
NAIVITÄT	MUNGSGEIST	POPULARITÄT	TALENTIERTHEIT
PRAHLEREI	EXZESSIV	SELBSTSUCHT	HAST
EIGENWILLIG-	SCHEINHEILIGKEIT	SKRUPELLOSIGKEIT	ÄNGSTLICHKEIT
KEIT	DOMINANZ	REBELLION	PRAGMATISMUS

Widder/Pferde haben etwas von einem siegreichen Athleten an sich. Sie spielen kein bedeutungsvolles Spiel, sind laufschnell und schlagfertig. Aber sie haben nur wenig Durchhaltevermögen. Dies ist der erste und schwerwiegendste Fehler der Widder/Pferde. Sowohl Widder als auch Pferde sind voller Tatendrang. Beide Zeichen sind egozentrisch und willensstark. Zusammen ergibt dies einen enorm starken Charakter, der dazu bestimmt ist, alles zu fordern, was er will und wann er will.

Zu den positiven Eigenschaften der Widder/Pferde zählen ein freimütiger Enthusiasmus, ein gewisser kindlicher Charme und ein Übermaß an Energie. Diese Menschen haben den Anschein, als könnte sie kein Wässerchen trüben. Sie sind kraftvoll und zielstrebig. Sie sind die ersten, die Ihnen erzählen, wie wundervoll der Tag war, wie schön und wie herrlich die Welt ist, wenn man es versteht, sie mit positiven Augen zu sehen. Widder/Pferde sind sehr um das Gute und die Tugendhaftigkeit im Menschen bemüht. Für edle und hohe Ziele tun sie wirklich alles. Sie lieben die Wahrheit und platzen oft mit mehr heraus, als notwendig wäre. Widder/Pferde sind ausgesprochen praktisch veranlagt. Mit ihren Händen können sie fast alles: Häuser bauen, Zimmer umräumen, Möbel umstellen und Pläne für die Haushaltsführung aufstellen, die sich kein anderer erträumen könnte.

Wenn es darum geht, eine Entscheidung zu treffen, können Sie sicher sein, daß Widder/Pferde sofort dabei sind. Sowohl Widder als auch Pferde neigen dazu, erst zu handeln und dann zu denken. Daher sind sie immer versucht, den Nagel sofort auf den Kopf zu treffen – und weil sie oft zu voreilig handeln, treffen sie eben auch manchmal daneben.

Widder/Pferde sind schlechte Verlierer. Wenn sie eben den Applaus nicht bekommen, nach dem sie sich so sehnen, sind sie dafür bekannt, daß sie ausschlagen und alles tun, den Beifall doch noch zu erlangen. Eine Niederlage bedeutet für diese Menschen ein persönlicher Affront, und sie sind nicht bereit, Rückschläge einfach einzustecken.

Widder sind Kämpfernaturen, die sich auf die größten Hindernisse stürzen, natürlich in der Hoffnung auf Eroberung und letztlich auf die Vernichtung des Feindes. Obwohl der Charakter des Pferdes eher umsichtig ist, hat aber auch dieses Zeichen eine ähnliche Tendenz, mit seinen Gegnern um die Wette zu laufen. Wie Sie sehen, ist der Widder/Pferd-Mensch ein ausgesprochen furchtloser Typ.

Das Problem ist, daß Widder/Pferde in ihrem Innersten nichts anderes sind als ein netter Kerl, der viel lieber in Ruhe und Frieden leben würde, als im Krieg um sein Überleben zu kämpfen. Daher schaffen sie sich irgendwo auf dem Land oder auch in der Stadt eine Oase, wo sie ihre überreizten Nerven wieder beruhigen können.

Versuchen Sie niemals, mit einem Widder/Pferd eine vernünftige Diskussion zu führen. Es wäre eine Verschwendung Ihrer kostbaren Zeit. Widder/Pferde verstehen etwas von Kraft und Macht und (leider) auch von Brutalität. Was ihre eigenen Bedürfnisse und Forderungen angeht, sind sie nicht gerade tiefsinnig. Daher können sie Hinweise auf Ihre Wünsche nicht verstehen. Alles Tiefgründige erreicht sie nicht. Vergessen Sie es deshalb, um den sprichwörtlichen heißen Brei herumzureden. Kommen Sie gleich zur Sache und schwingen Sie die Axt. Wenn Sie ein Widder/Pferd von einer Sache überzeugen wollen, müssen Sie sich sehr eindeutig verhalten.

Vorausgesetzt Widder/Pferde werden nicht vom Pech verfolgt, sind sie sehr angenehme Zeitgenossen. Sie schließen schnell Freundschaft und haben nichts gegen einen »small talk«. Laden Sie einen Widder/Pferd-Menschen zum Picknick ein oder auf Ihr nächstes Schwimmfest. Er gehört zu der Sorte Menschen, die von ihren Freunden wegen ihrer Hilfsbereitschaft und Dienstbarkeit geschätzt werden. Er wird sich um den Grill kümmern, die ganze

Clique vom Bahnhof abholen und alle zum Lachen bringen, weil Ihr Dienstmädchen vergessen hat, die Brötchen für die Hamburger zu kaufen. Widder/Pferde sind ausgesprochen umgänglich und leiden nicht gerade an übermäßiger Tiefsinnigkeit.

Wenn die Party dem Ende zugeht, finden Sie den Widder/Pferd-Menschen völlig erschöpft von einem schrecklich hektischen Tag auf der Couch vor. Er beteiligt sich an jedem Streß und bringt es fertig, auch noch im Bikini Holz zu hacken.

Liebe

Wie jeder weiß, ist Enthusiasmus nicht unbedingt die beste Voraussetzung für wahre und dauerhafte Liebe. Das romantische Faible von Widder/Pferden liegt in ihrer unerschütterlichen Begeisterung. Sie verlieben sich buchstäblich in zwei Sekunden. Was hat sie dazu gebracht, in eine solche Gefühlsaufwallung zu verfallen? Die Haut, die Schultern, die Art, wie seine Angebetete die Hüfte wiegt? Wie wir gehört haben, ist der Widder/Pferd-Mensch nicht übermäßig sentimental. Auch ist Zögern nicht gerade sein Problem. In Herzensangelegenheiten ist er so impulsiv, daß seine Affären nicht von Dauer sind und er viele Enttäuschungen einstecken muß. Die Schultern, von denen er so hingerissen war, waren nur unter dem chicen Modellkleid so faszinierend, die Pfirsichhaut war Make-up und der Hüftschwung? Sie werden es schon erraten haben. Seine Flamme hatte ein wenig zu tief ins Glas geschaut.

Wenn Sie einen Widder/Pferd-Menschen lieben, gehen Sie mit ihm ins Bett. In intimen Situationen entdecken Sie ein völlig neues Wesen in ihm. Erinnern Sie sich: Widder/Pferde sind Sprinter und kommen schnell zur Sache. Ein allzu ausgedehntes Vorspiel liegt ihnen nicht besonders. Aber Widder/Pferde haben sehr geschickte Hände und sind, wenn auch nicht gerade athletisch, agil und haben einen geschmeidigen Körper. Sie sind ausgesprochen sexy.

Passende Partner

Die Gesellschaft von Löwe/Tigern oder Hunden werden sie sicherlich genießen. Hingerissen sind sie auch von Schütze/Ziegen, Zwillinge/Tigern oder Hunden. Die starken, aber vergeistigt-verklärten Wassermann/Ziegen lassen sie beinahe in Ohnmacht fallen. Waage/Ratten und Affen sowie Steinbock/Ratten und Schweine sind dagegen nichts für sie.

Heim und Familie

Die Wohnung des Widder/Pferd-Menschen ist immer praktisch. Die Gardinen und Teppiche sind farblich aufeinander abgestimmt. Die Möbel sind von guter Qualität und Robustheit. Die Einrichtung der Widder/Pferde hat keine überflüssigen Schnörkel und Rüschen. Sie ist bequem und zweckmäßig. Sie haben sehr viel Phantasie, wenden sie aber nur sparsam an.

Widder/Pferde sind sehr dominante Familienmitglieder. Da es ihre Spezialität ist, Dinge anzupacken und nicht lange zu fackeln, können sie es schlecht vertragen, wenn andere langsamere und bedächtigere Methoden vorziehen. Was den Haushalt betrifft, muß alles nach ihrer Vorstellung ablaufen. Es ist nicht gerade geruhsam, mit einem Widder/Pferd-Menschen zu leben. Er besteht darauf, daß alle zur gleichen Zeit am Tisch sitzen, und ist immer in Streß. Gott bewahre, daß Sie je faul in einem Sessel liegen, die Füße hochlegen und die Nase in ein Buch stecken. Der Widder/Pferd-Mensch möchte, daß Sie etwas Produktives tun. Aber bedenken Sie, Sie können seine eindringliche Bitte auch ignorieren. Sein Nörgeln wird ihm nach ein paar Minuten langweilen.

Widder/Pferd-Kinder zeigen schon sehr früh ein Talent für spontane Handlungen. Sie sind anpassungsfähig und sehr charmant, offen und sozial. Alle künstlerischen Neigungen sollten gefördert werden. Widder/Pferd-Kinder brauchen Beschäftigung und müssen schon sehr früh eine Leidenschaft entdecken, um sich in ihrem späteren Leben Langeweile zu ersparen.

Beruf

Der Weg zum Erfolg, den Widder/Pferde wählen, ist nicht immer der, der auch wirklich dorthin führt. Schon sehr früh verspüren Widder/Pferde den Hang zur Kunst. Wenn sie noch jung und unerfahren sind, stellen sie sich als Schauspieler, Sänger oder sogar als Maler vor. Sie zeigen schon früh ein großes Talent auf diesen Gebieten. Aber wenn ihnen später die Anforderungen des Lebens und ihre eigenen Ansprüche klarer geworden sind, schlagen sie wahrscheinlich eine berufliche Laufbahn ein, die mehr Sicherheit garantiert und wo sie ihre Begeisterungsfähigkeit und ihre Fähigkeit, schnelle Entscheidungen zu treffen, einsetzen können. Sie brauchen etwas Solides, auf das sie sich verlassen können.

Widder/Pferde eignen sich besser zum Chef als zum Untergebenen und arbeiten darüber hinaus noch schrecklich unabhängig. Sie können in jedem Bereich arbeiten, wo schnelle Entschlüsse gefaßt werden müssen und wo angenehme Arbeitsbedingungen herrschen. Sie können Programmierer werden oder Journalist. Sie geben gute Piloten ab, ebenso gute Übersetzer oder Polizisten. In der Werbebranche machen sie sich ausgezeichnet. Eine Aufgabe muß schnell erledigt sein, damit sich der Widder/Pferd-Mensch gleich auf die nächste stürzen kann. Daher rate ich vor Berufen ab, die Ausdauer erfordern wie Schriftstellerei oder den Beruf eines Geistlichen. Widder/Pferde brauchen die sofortige Befriedigung. Langatmigkeit ist nicht gerade ihre Stärke.

Berühmte Widder/Pferde: Nikita Chruschtschow, Michael York.

WIDDER/ZIEGE

»Ich bin«
Feuer, Mars, Kardinal

»Ich bin abhängig«
Feuer negativ, Yang

MUT	FREUNDLICHKEIT	ERFINDUNGSGEIST	ORIGINELL
SCHWUNG	TALENTIERTHEIT	SENSITIVITÄT	GUTE MANIEREN
BEHERZTHEIT	UNTERNEHMUNGSGEIST	AUSDAUER	GESCHMACK
NAIVITÄT	EXZESSIV	SCHMAROTZER	PESSIMISMUS
PRAHLEREI	SCHEINHEILIGKEIT	MANGEL AN VORAUSSICHT	UNPÜNKTLICHKEIT
EIGENWILLIGKEIT	DOMINANZ	UNPRAKTISCH	SORGENVOLL

Dieser Charakter braucht »soziale Sicherheit«, um zu überleben. Der Widder/Ziege-Mensch ist ein Freidenker, Exzentriker und Rebell. Aber ohne eine Atmosphäre der völligen Sicherheit und Freiheit von Verpflichtungen, leidet dieser Mensch. Bei ihm kommt Sicherheit an erster Stelle.

Die Ziege hat etwas von einem Bohemien an sich. Sie will immer den einfachen Weg gehen und sucht das Vergnügen. Der Widder ist ein Kämpfer. Er ist unternehmungslustig und willensstark bis zum Extrem. Hierin besteht der widersprüchliche Charakter der Widder/Ziegen. Der sanfte Anteil der Ziegen möchte in der Sonne liegen und von noch grüneren Wiesen und noch glücklicheren Zeiten träumen, während der Widder-Anteil in ihrer Persönlichkeit ständig dazu drängt: »Steh endlich auf! Beeil dich! Mach endlich den Abwasch fertig! Erledige endlich diesen Anruf! Es ist Zeit, einen Kuchen zu backen. Du hast vergessen, diesen wichtigen Brief zu schreiben.« Arme alte faule Ziege, du hast kaum eine Chance im Leben dieser überaus beschäftigten Persönlichkeit. Der Widder gibt immer die kalte Dusche auf das Sonnenöl der Ziege.

Es ist interessant, was im Widder/Ziege-Menschen vorgeht. Sie sind kreativ im Extremen. Sie verstehen es, sich gut zu kleiden und legen großen Wert auf eine gepflegte Erscheinung. Sie sind ausgeglichen und umgänglich. Es ist eine Freude, mit ihnen zusammenzusein. Und sie sind meistens optimistisch.

Ich sage »meistens«, weil das Schlimmste, das einem Widder/Ziege-Menschen zustoßen kann, ist, daß er zusehen muß, wie sein Brunnen austrocknet. Wenn die Sicherheit der Widder/Ziegen von Armut bedroht wird, verfallen sie in abgrundtiefen Pessimismus. Sie werden aus ihrem starken Bedürfnis nach Schönheit und Komfort körperlich krank. Sie sorgen sich mehr um ihr Wohlergehen (und natürlich um das ihres Wohltäters), als um irgendeinen anderen Wert im Leben. Sie sind vom Luxus abhängig.

Der Widder-Anteil dieses Typs macht ihn für äußere Beeinflussung anfällig. Erinnern Sie sich daran: Widder sind naiv und gutgläubig. Ziegen sind zwar etwas skeptischer, aber sie sind nicht besonders fleißig. Deshalb fallen sie leicht schlechten Einflüssen zum Opfer. Was ich damit ausdrücken will, ist, daß man Widder/Ziegen beschützen muß. Sie mögen nicht gerne allein leben und sich dem Lebenskampf um das tägliche Brot stellen oder sich darum kümmern, ob die Diamant-Ohrringe ein Loch in der Haushaltskasse verursachen.

Obwohl Widder/Ziegen aus Sicherheitsgründen von anderen abhängig sind, legen sie ein außergewöhnlich unabhängiges Verhalten an den Tag. Sie haben ein freches Mundwerk, sagen, was sie denken, und es macht ihnen nichts aus, andere zu schockieren, die sie für dümmer halten.

In einer Atmosphäre der Fröhlichkeit und Gleichgültigkeit haben Widder/Ziegen niemals den Wunsch fortzugehen. Aber wenn sie sich in einer kalten, unfreundlichen Umgebung befinden, in der der graue Winter vorherrscht, werden sie alles tun, was in ihrer Macht steht, um ein neues Leben an einem wärmeren und gefühlvolleren Ort zu beginnen. Meistens verlassen Widder/Ziegen ihr Zuhause mit ihrem Partner, ihren Kindern und Haustieren. Sie hassen vielleicht die Umgebung, aber nur selten verlassen sie Kind und Kegel.

Nach außen hin machen Widder/Ziegen den Eindruck unkomplizierter Fröhlichkeit. Lächeln und Händeschütteln, ein kleiner Scherz oder ein nettes Wort haben sie immer parat. Aber lassen Sie sich davon nicht täuschen. Der Widder/Ziegen-Mensch gehört nicht zu dem Durchschnittstyp des vertrauten Freundes. Er besitzt eine komplizierte Seele, die sich nur so sonnig verhält, um den Schein zu wahren und die Menschen nicht falsch zu behandeln. Schauen Sie das nächste Mal genauer hin, wenn Sie einem Widder/Ziege-Menschen begegnen. Hinter seinem strahlenden Lächeln verbirgt sich ein ängstliches Herz, das so überempfindlich ist, daß man es leicht verletzen kann – zu leicht. Es ist besser, einem Widder/Ziege-Menschen keinen Schuß vor den Bug zu verpassen. Sie sind viel verletzlicher, als sie aussehen.

Widder/Ziegen können sehr geschwätzig sein. Sie brauchen Freunde. So sind sie versucht, jedem, mit dem sie sich gerade unterhalten, den Eindruck zu vermitteln, als seien sie sein bester Freund. Sie tratschen viel und plaudern leicht vertrauliche Informationen aus, zum Beispiel wieviel ihr Mann im Monat verdient und wer mit wem schläft.

Liebe

Widder/Ziegen haben einen starken Bezug zur Liebe. Tatsächlich sind sie emotional fast völlig von Liebe abhängig und von der Sicherheit, die ihnen eine Liebesbeziehung gibt. Da sie äußerst besitzergreifend sind, lassen sie ihre Partner nicht gerne aus den Augen. Außer natürlich, wenn der Partner an einem weit entfernten Ort Geld verdienen muß, um es der Ziege nach Hause zu bringen.

Wenn Sie unter diesem Zeichen geboren sind, sollten Sie, bevor Sie heiraten oder einen gemeinsamen Haushalt gründen, sicherstellen, daß Ihr Partner aufrichtig monogam eingestellt ist. Sie sollten auch darauf achten, daß Ihr Partner gleiche Interessen hat wie Sie, nämlich im kreativen Bereich. Widder/Ziegen sind keine geeigneten Partner für Playboys, Wissenschaftler oder Archie-Bunker-Typen. Sie brauchen Verständnis und Fröhlichkeit – nicht ständig Kummer und Sorgen.

Widder/Ziegen sind von einer Leidenschaftlichkeit, der sie sich ausgiebig hingeben wollen. Eine schnelle Nummer liegt ihnen nicht. Sie sehnen sich vielmehr nach einem ausgedehnten Vorspiel, bei dem die Sinnlichkeit in jedem Laut steckt und die Luft nach Moschus duften läßt. Deshalb sollten Sie dafür sorgen, daß der Widder/Ziege-Mensch immer an der Außenseite des Bettes liegt, damit Sie ihn morgens aus dem Bett schieben und wieder auf festen Boden stellen können.

Passende Partner

Liebe auf den ersten Blick empfinden Sie zu Wassermann/Schweinen und Katzen. Auch von Schütze/Katzen und Pferden sind Sie begeistert. Zwilling/Katzen und Löwe/Pferde werden Ihnen gefallen. Von Steinböcken würde ich an Ihrer Stelle die Finger lassen, vor allem von Steinbock/Hunden und Tigern. Mit Krebs und Skorpion/Ochsen sind Sie gestraft. Sie machen sich gegenseitig fertig.

Heim und Familie

Widder/Ziegen blühen auf, wenn sie von ihrer Familie und Freunden umgeben sind, in einem komfortablen Haus in einer freundlichen Nachbarschaft wohnen, in einer Gegend, wo es warm ist, und wenn sie einen geregelten Tagesablauf haben (der vorzugsweise durch den Stundenplan ihrer Kinder oder ihres Partners bestimmt sein sollte). Es ist ein Zuhause, in dem sich der Widder/Ziege-Mensch sicher und geborgen genug fühlt, um sich seinen kreativen Talenten in Ruhe widmen zu können. Widder/Ziegen stricken für ihre ganze Familie Pullover mit den schwierigsten Mustern. Sie legen gerne Blumenbeete an und wenden ihre Phantasie an, indem sie überlegen, wie sie mit ihren preisgekrönten Magnolien am besten angeben können. Widder/Ziegen lieben es, für andere zu leben.

Für das Glück der Widder/Ziegen ist es am besten, wenn sie in einer pikfeinen Umgebung wohnen. Sie kaufen am liebsten in Feinkostläden ein und versorgen ihre Familie immer nur mit dem Feinsten vom Feinen. Sie haben nichts dagegen, ihren chicen Nachbarn gegenüber ein wenig zu protzen.

In dieser Atmosphäre von Luxus und Reichtum kann der Widder/Ziege-Mensch sein bemerkenswertes Talent als Vater oder Mutter entfalten. Wenn Sie an die extreme Dualität seiner Persönlichkeit denken – die Sensibilität der Ziege gegenüber dem lautstarken Temperament des Widders –, können Sie verstehen, warum dieser Mensch so gut mit Kindern umgehen kann. Ist er verständnisvoll? Ja, aber nur bis zu einem gewissen Punkt.

Widder/Ziege-Kinder brauchen das Gefühl von Sicherheit. Unter Scheidungen und Trennungen innerhalb der Familie leiden sie enorm. Sie sind sensibel und vertrauensselig. Wenn es sich vermeiden läßt, ersparen Sie Ihrem Widder/Ziege-Kind einen allzu häufigen Schulwechsel oder häufige Umzüge. Versuchen Sie vielmehr, daß alles beim Alten bleibt, so daß das Widder/Ziege-Kind seine vielfältigen Talente entfalten kann und sein ausgeprägter Intellekt gefördert wird.

Beruf

Persönlicher Gewinn ist nicht unbedingt das dringendste Bedürfnis der unter diesem Zeichen Geborenen. Der durchschnittliche Widder/Ziege-Mensch träumt nicht davon, Millionen zu scheffeln, eine Yacht zu besitzen, auf der dreißig schöne Sklavinnen mit ihren Fächern wedeln. Nein, Widder/Ziegen gehören nicht zu dem Onassis-Typ, der alles an sich reißt und sich über alles hinwegsetzt.

Dagegen sind sie bereit, für den Erfolg des Menschen, den sie lieben, bereitwillig zu sterben. Es gibt zwei Gründe, warum sie sich um den Erfolg ihres Partners bemühen: erstens sind sie davon abhängig, daß der andere ihnen Sicherheit bietet. Zweitens sind sie in der Liebe überaus talentiert. Sie sind glücklich, wenn sie beobachten können, wie ihr Geliebter die Höhen erklimmt, nach denen er sich immer gesehnt hat.

Im Idealfall sollten Widder/Ziegen von ihrem Partner versorgt werden, dem Sie so viel Rückenstärkung und Fürsorge zukommen lassen. Falls dies aus irgendwelchen Gründen unmöglich ist und der Widder/Ziege-Mensch auf eigenen Füßen stehen muß, sollte er sofort zur nächsten Bank gehen, einen hohen Kredit aufnehmen und ein Blumengeschäft eröffnen. Schönheit und Widder/Ziegen geben ein gutes Paar ab. Sie sind gute Dekorateure, Designer und eignen sich am besten für »Glamour-Jobs«.

WIDDER/AFFE

»*Ich bin*«	»*Ich plane*«
Feuer, Mars, Kardinal	*Metall positiv, Yin*

MUT	FREUNDLICHKEIT	SCHLAUHEIT	FÜHRUNGSNATUR
SCHWUNG	TALENTIERTHEIT	STABILITÄT	INTELLIGENZ
BEHERZTHEIT	UNTERNEHMUNGS-	IMPROVISATIONS-	EIFER
NAIVITÄT	GEIST	TALENT	SELBSTBEZOGEN-
PRAHLEREI	EXZESSIV	TÄUSCHUNG	HEIT
EIGENWILLIG-	SCHEINHEILIGKEIT	TRICKREICH	ALBERNHEIT
KEIT	DOMINANZ	GESCHWÄTZIG	OPPORTUNISMUS

Widder/Affen sind Redner durch und durch. Sie gehören zu den feinsten und aufrichtigsten Menschen überhaupt. Wenn Sie jemals einen Widder/Affen gekannt haben, wird Ihnen das, was er gesagt hat, eindringlichst in Erinnerung bleiben. Widder/Affen sind bekannt für ihre Direktheit. Sie können Sie in Grund und Boden reden. Aber sie sind fast nie langweilig dabei.

Intelligent und redselig, wie sie sind, besitzen Widder/Affen auch die Fähigkeit, mit anderen Menschen mitzufühlen. Sie haben ein angeborenes Mitgefühl und sind wirklich um die Menschen besorgt, die sie lieben. In Verbindung mit der Klugheit und Intelligenz der Affen ist der Schwung des Widders hier ungeheuer attraktiv. Manchmal hat man das Gefühl, als könnte man diesen Menschen einfach nicht abstellen. Es scheint, als habe Ihr Widder/Affen-Freund eine eingebaute Radio-Talkshow, die sich nicht abschalten läßt. Diese Geschwätzigkeit kann für den Zuhörer sehr erschöpfend sein. Widder/Affen sind nicht davor gefeit, sich ständig zu wiederholen, nur um eine Sache noch mehr zu betonen. Es kommt der Moment, wo sie am liebsten auf den Knopf drücken würden, der seinen Redefluß endlich stoppt, damit endlich wohltuende Ruhe einkehrt.

Es gibt nur wenig, was beim Widder/Affen nicht zum Erfolg führt. Erfolg ist sein Markenzeichen. Aber Widder/Affen gehören nicht zu dem durchschnittlichen Karrieretyp, den man sich normalerweise vorstellt. Sie kämpfen nicht mit den Ellenbogen und gehen auch nicht über Leichen. Widder/Affen sind auf den Gebieten erfolgreich, die sie sich auswählen, um sich hervorzutun. Sie werden dabei nicht durch Gewinn oder soziale Anerkennung motiviert. Vielmehr wollen sie sich um ihrer selbst willen erfolgreich bewähren. Was andere davon halten, ist unwesentlich.

Widder/Affen haben das zweite Gesicht. Sie können im wahrsten Sinne des Wortes um die Ecke blicken. Diese Zeichenkombination verleiht eine unerreichbare Fähigkeit, die Stärken und Schwächen anderer Menschen zu erkennen. Ihr Röntgenblick ist schärfer als ein Dutzend nagelneuer Rasierklingen. Beobachten Sie sie einmal. Wenn sie jemanden neu kennenlernen, sind sie freundlich und höflich und nicken mit ihren kleinen Affenköpfchen: »Ja, ja, hm, hm, ich verstehe«, während der andere nichts als Blödsinn redet.

Wenn der neue Bekannte dann fort ist und Sie mit Ihrem Widder/Affen wieder alleine sind, wird er sie anblicken und Ihre Einstellung taxieren. Dann wird er zu Ihnen sagen: »Hast du den Typen gesehen, der gerade gegangen ist?« (Und nun kommt das Beste.) Er wird sich vertraulich zu Ihnen hinüberbeugen: »Dieser Mann ist ein Scharlatan. Er hat mir erzählt, daß er in Yale studiert hat. Aber er hat noch nie etwas von Old Eli gehört, und der Name seines Studentenwohnheims war Holiday Inn.«

Es ist schwer, den schlauen Widder/Affen hinters Licht zu führen. Offensichtlich wird die Leichtgläubigkeit des Widders von der Schlauheit des Affen kompensiert. Und das ist gut so, denn ein skeptischer Widder ist ein glücklicher Widder.

Widder/Affen sind auch ausgesprochene Individualisten. Obwohl sie sehr gesellig sind, sind sie zum Alleingang fähig, wenn sie einmal sicher sind, daß sie eine gute Idee haben. Sie können fleißig studieren und erzielen ausgezeichnete Resultate. Sie sind geduldig. Nicht langsam und übertrieben geduldig, aber eben geduldig.

Widder/Affen tun alles, um verführerisch und charmant zu sein. Wenn sie nicht von Natur aus attraktiv sind, machen sie sich in einer Weise auf, von der sie sicher sein können, daß sie ihre Wirkung tut. Sie sind Menschen, die auffallen. Einfach unvergeßlich.

Eine Gefahr, vor der sich Widder/Affen hüten müssen, ist ihr übertriebener Aberglaube. Menschen, die unter diesem Zeichen geboren sind, neigen dazu, emotionelle Probleme eher mystisch zu betrachten als nach einer logischen Lösung zu suchen. Sie müssen lernen, Menschen um Rat zu fragen, die klüger sind und mit beiden Beinen auf der Erde stehen. Widder/Affen sind perfekt darin, gute Ratschläge zu befolgen. Aber sie müssen lernen, sich diese Ratschläge zu holen und keine Angst zu haben, auf einem Gebiet dumm oder ungebildet zu erscheinen. Dieser Mensch kann fast alles annehmen, aber manchmal sucht er am falschen Ort nach Wissen.

Im Wesentlichen sind Widder/Affen ausgeglichen und stabil. Aber ihr Aberglauben läßt ab und zu Zweifel in ihnen auftauchen, die sie aus der Ruhe bringen und mit denen sie nur sinnlos ihre Zeit verschwenden.

Liebe

In Herzensangelegenheiten sind Widder/Affen nicht von Natur aus treu. Sie können jedoch auch lernen, wie man überzeugend und erfolgreich vorgibt, monogam zu sein. Gewöhnlich sind Widder/Affen verheiratet. Das bedeutet aber nicht, daß sie abendelang am Kamin verbringen und ihrem Ehegatten aus der Bibel vorlesen. Vielmehr zieht es sie hinaus in die Welt. Sie plaudern gerne mit jedem, der ihnen gerade über den Weg läuft, und lassen sich genauso gerne von anderen unterhalten. Widder/Affen lieben den Kontakt.

Der Hang zur Untreue, von dem ich gerade gesprochen habe, hält Widder/Affen aber nicht davon ab, dauerhafte Beziehungen zu pflegen, in denen Leidenschaft die treibende Kraft ist. Widder/Affen sind nämlich sogar sehr feurige und engagierte Liebhaber. Sie können ein so starkes Interesse an der Dynamik ihrer Beziehung entwickeln, daß sie gar nicht mehr daran denken, einen anderen Menschen attraktiver zu finden.

Wenn Sie einen Widder/Affen lieben, dürfen Sie nicht langweilig sein. Ständig in der Küche herumzuhängen und Kuchen zu backen läuft hier nicht. Um einen Widder/Affen zu amüsieren, müssen Sie ständig auf Achse sein, reisen und für Unterhaltung sorgen und Parties geben. Der Widder/Affe ist unersättlich, was Gesellschaft angeht. Mieten Sie ein Zirkuszelt und stellen es im Garten auf. Geben Sie jeden Tag eine neue Vorstellung darin, und achten Sie darauf, daß sie immer gut besucht ist. Ein Do-it-yourself-Zirkus könnte den Widder/Affen vielleicht eine Woche lang zufriedenstellen. Aber verlassen Sie sich nicht darauf.

Passende Partner

Suchen Sie sich einen Löwe/Drachen oder Ratte. Die werden Sie unwiderstehlich charmant finden. Sie selbst wiederum fühlen sich zu der Kraft und Macht dieser Menschen hingezogen. Alle Ratten und Drachen lassen Sie alles andere als kalt. Aber besonderes Herzklopfen verursachen Ihnen Zwillinge, Wassermänner und Schützen, die unter diesen beiden Zeichen geboren sind. Lassen Sie die Finger von Steinbock und Krebs/Tigern und Schweinen, und lassen Sie sich nicht von der unwiderstehlichen Waage/Schlange verhexen.

Heim und Familie

Dieser redselige Mensch mit Köpfchen wird der glückliche Mittelpunkt Ihrer Familie sein. Affen neigen dazu, viele Kinder zu haben und unzählige Stunden damit zu verbringen, ihnen Neues zu lernen und zu zeigen. Ein Widder/Affe veranstaltet mit seinen Sprößlingen auch gerne Kissenschlachten und fährt mit ihnen Rollschuh. Seine Begeisterung für Kommunikation ist so groß, daß er fast alles mitmacht, solange auch er mitspielen darf.

Wie ich bereits erwähnt habe, sind Widder ein wenig kindisch. Affen haben einen Hang zum Unfugtreiben. Stellen Sie sich vor, welche Witze ein Widder/Affe am Eßtisch zum Besten gibt, welche Streiche er der Großmutter spielt und wie er unter dem Bett kichert, wo er sich vor Nancy vesteckt hat. Ich kenne einen Widder/Affen, der seinem Vater als Kind einen üblen Streich spielte. Er schloß ein Gerät an die Dusche an, in dem Sahne durch Sauerstoffzufuhr steif wird. Sein Vater gehört zu den Menschen, die um sechs Uhr morgens kaum die Augen aufbekommen und sie erst öffnen, wenn sie unter dem belebenden Wasserstrahl der Dusche stehen. Nun können Sie sich vorstellen, wie dieser Beamtentyp im mittleren Alter unter der Dusche steht, den Hahn aufdreht und statt Wasser Sahne aus der Leitung kommt. Sein ganzer Körper war über und über voll Sahne. Der Widder/Affe war sichtlich stolz auf seinen gelungenen Streich: »Vater hatte es eilig, weil er zum Tennis verabredet war. So ging er aus dem Haus und überall klebte noch Sahne an seinem Körper. Im Sonnenschein auf dem Tennisplatz wurde die Sahne dann auch noch sauer. Das gab einen mords Krawall!«

Das ist typisch für Widder/Affen. Sie lieben den Spaß. Je mehr Spaß sie haben, um so fröhlicher sind sie. Es ist schwer, ein Widder/Affe-Kind aus seinem natürlichen Gleichgewicht zu bringen.

Aber bewahren Sie es vor Aberglauben und übermäßiger Beschäftigung mit dem Mystizismus.

Beruf

Der geistreiche Widder/Affe schreckt vor keinem Do-it-yourself-Projekt und handwerklicher Arbeit zurück. Dieser Mensch wählt aber nicht unbedingt einen handwerklichen Beruf als Lebensaufgabe. Wenn es die Umstände erforderlich machen, kann ein Widder/Affe fast alles.

Die extrovertierte Persönlichkeit der Widder/Affen verursacht, daß sie es in fast allen Berufen weit bringen können. Der Widder/Affe organisiert die gemeinsamen Picknick-Ausflüge und lädt alle zu sich zum Kaffee ein. Die Leute kommen gerne zu ihm nach Hause. Seine Gerissenheit und seine Fähigkeit, sich auf jede Situation einzustellen, können unter seinen Kollegen Eifersucht hervorrufen, obwohl seinem Chef diese Fähigkeiten sehr nützlich sind. Widder/Affen tun gut daran, ab und zu einmal den Mund zu halten, sich nicht für jede Aufgabe freiwillig zu melden und der Versuchung zu widerstehen, den bereitwilligen Angestellten zu spielen. Man beobachtet sie!

Ein nützlicher Charakterzug der Widder/Affen ist ihre Bereitwilligkeit, auch einmal mit dem Rücksitz vorlieb zu nehmen. Es kümmert den klugen und begabten Widder/Affen wenig, das Gehirn einer geschäftlichen Transaktion zu sein, ohne daß sein Name in goldenen Lettern auf seiner Bürotür prangt. Für den Widder/Affen ist es wichtig, daß eine Sache gelingt – nicht, was der Erfolg für einen Außenstehenden bedeutet.

Viele Widder/Affen haben bedeutende und unabhängige Positionen inne, leiten ihre eigene Firma oder ihr eigenes Geschäft. Sie fühlen sich zu einer beruflichen Laufbahn hingezogen, wo Scharfblick zählt – Mode, Psychologie, Unterrichten, Medizin, Wirtschaft. Gleich, was sie tun, es wird ihnen auch gelingen. Widder/Affen sind Naturtalente.

Einige sehr bekannte Widder/Affen: Bette Davis, Joan Crawford, Omar Sharif, Herbert von Karajan.

WIDDER/HAHN

»Ich bin«
Feuer, Mars, Kardinal

»Ich bezwinge«
Metall negativ, Yang

MUT	FREUNDLICHKEIT	BIEGSAM	KONSERVATIV
SCHWUNG	TALENTIERTHEIT	ENTHUSIASMUS	CHIC
BEHERZTHEIT	UNTERNEHMUNGSGEIST	OFFENHEIT	HUMOR
NAIVITÄT	EXZESS	KECKHEIT	PEDANTERIE
PRAHLEREI	SCHEINHEILIGKEIT	ÜBERHEBLICHKEIT	DIKTATORISCH
EIGENWILLIGKEIT	DOMINANZ	BLINDES VERTRAUEN	VERSCHWENDUNG

Wie alle Hähne ist auch der Widder/Hahn wie ein Teekessel, der vor lauter Enthusiasmus kocht. Jede Sekunde im Leben dieses Menschen ist übervoll an Aktivität und Eifer. Widder/Hähne müssen alles zumindest einmal ausprobiert haben. Und wenn ihnen der Test Spaß gemacht hat, möchten sie ihn natürlich gleich noch einmal wiederholen. Dieser Widder ist großzügig, extrovertiert, talentiert, flexibel und neugierig bis ins Extrem.

Sie werden niemals einen faulen Widder/Hahn sehen. Wenn Widder/Hähne längere Zeit still sitzen oder liegen müssen, werden sie krank. Alles Exotische übt eine magische Anziehung auf sie aus. Wenn Sie einen Begleiter suchen, der mit Ihnen zu Fuß durch Sibirien nach China geht, und niemanden finden, weil jeder Angst hat, das Essen könnte ihm dort nicht bekommen, rufen Sie einen Widder/Hahn an. Oder Sie haben die fabelhafte Idee, ein Haus auf einer Insel in einem norwegischen Fjord zu kaufen und haben Angst, daß niemand Sie besuchen wird, weil es dort zu kalt ist, laden Sie einen Widder/Hahn ein. Er wird das nächste Flugzeug nach Oslo nehmen. Und kümmern Sie sich nicht darum, ihn in Oslo vom Flugplatz abzuholen. Er wird zu Ihrer nordischen Hütte trampen und dabei lächeln und Tramperlieder vor sich hinpfeifen.

Widder/Hähne sind auch sehr gesellig. Sie lieben die Gesellschaft anderer und laden ständig Freunde zum Essen oder irgendwelchen Festlichkeiten ein. Sie verschönern alles und leben nur in einer Umgebung, die sie nach ihrem eigenen guten Geschmack positiv verändert haben. Ein Widder/Hahn kann die verschiedensten Stile bevorzugen, angefangen von »High Tech« bis »Rustikal«.

Kleider sind lebenswichtig für Widder/Hähne. Ich würde nicht gerade sagen, daß sie dafür leben, ihren Körper zu bewundern. Die Chinesen sagen, Hähne sind niemals zufrieden mit ihrem Körper. Widder sind nicht sehr körperbewußt, aber von meinen eigenen Widder/Hähnen weiß ich, daß der Einfluß des Hahns in diesem Zeichen dazu führt, daß sie sich in feinstes Leder und Seide hüllen und sich ewig im Spiegel begutachten, nachdem sie sich angekleidet haben. Widder/Hähne sind eitel. Aber sie lassen es sich nicht anmerken. Sie sind nicht so wie die Drachen, die sagen: »Da, schau nur an, wie schön ich bin!« Widder/Hähne tun dies auf subtilere Art. Sie wissen, daß Kleider Leute machen. Beobachten Sie, wie sie ihren Kamm spreizen!

Widder/Hähne lieben den Luxus der Offenheit. Sie machen aus nichts einen Hehl und verabscheuen Heuchelei. Doch da sie in dieser verlogenen Welt leben, täten sie oft besser daran, ein wenig zu schwindeln, als sich den Mund zu verbrennen. Widder/Hähne sprechen immer die volle Wahrheit aus und nichts als die Wahrheit (was unter den meisten Umständen als eine gute Eigenschaft betrachtet wird). Doch oft geraten sie dadurch in solche Schwierigkeiten, daß sie in die Lage kommen, wo sie ihren scharlachroten Kamm aufstellen müssen.

Aber keine Sorge. Wenn ein Widder/Hahn auf ein Hindernis stößt, einen Rückschlag erleidet oder entschieden hat, daß er nun genug von seinen Nachbarn weiß, kann er alles fallenlassen. Dann verkauft er das Haus und das Auto und den letzten Ping-Pong-Ball und zieht in die Südsee. Widder/Hähne ziehen sich gerne zurück. Sie lassen es niemals so weit kommen, daß sie in dauernden Schwierigkeiten sind. In diesem Fall ist für sie die Zeit gekommen, sich aufzumachen und wieder von vorne zu beginnen.

Widder/Hähne grübeln nicht lange. Sie leben im Augenblick und handeln selbstsicher und haben Klasse. Sie haben vor nichts Angst. Armut inspiriert sie dazu, mehr Geld zu verdienen. Feindschaft provoziert ihren Überlebenswillen. Widder/Hähne profitieren von der doppelten Energie dieser beiden Zeichen. Die Feinheit stammt von seiten des Hahns, der Wagemut vom Widder. Dies ergibt eine furchtlose und angenehme Kombination.

Achten Sie auf die Tendenz des Widder/Hahns, sich zu brüsten. Widder/Hähne rühmen sich gerne ihrer Erfolge, zeigen gerne ihre elegante Wohnung her und ihren Körper, erinnern Sie sich? Nun, sie werden Ihnen gerne von ihrer Yacht und ihren vier Geliebten erzählen. Sie müssen sich vor Pedanterie und Dominanz hüten. Und am meisten müssen sich Widder/Hähne vor Drogen- und Alkoholabhängigkeit in acht nehmen. Aber natürlich ist der Widder/Hahn auch derjenige, der es am leichtesten schafft, von einem Tag zum anderen seine Sucht aufzugeben und wieder alleine auf die Beine zu kommen. Hoch erhobenen Hauptes stürzt er sich in den nächsten Kampf. Widder/Hahn ist das Zeichen eines Champions. Ich kann es nur wärmstens empfehlen.

Liebe

Die Stabilität der Widder/Hähne hängt sehr stark davon ab, ob sie ein Betätigungsfeld für die Liebe haben. Einsamkeit ist nicht gerade ihr tiefster Wunsch. Vielmehr basiert ihr Selbstbild auf den Reaktionen anderer Menschen auf ihr Verhalten. Spiegel genügen dem Widder/Hahn nicht, um sich zu betrachten. Das Auge anderer sieht mehr von ihm, als ihm tausend Spiegel zeigen könnten.

Die angeborene Offenheit und Leichtgläubigkeit der Widder/Hähne verursacht, daß sie häufig in Affären verstrickt sind. Liebhaber und Geliebte profitieren von einem Widder/Hahn, was seinen Sinn für Recht, Gerechtigkeit und Wahrheit anbelangt. Er kann traurig sein und sich für Dinge schuldig fühlen, die er gar nicht getan hat, und läßt sich leicht kritisieren. Widder/Hähne können so deprimiert sein, daß man befürchten muß, sie könnten Selbstmord begehen.

Aber interessanterweise hält die Depression eines Widder/Hahns nicht sehr lange an. Mit seiner Fähigkeit, sich zurückzuziehen, und seiner Brillianz eignet er sich nicht gerade dazu, in Schmach und Schande zu versinken, ohne nicht ab und zu wieder Oberwasser zu gewinnen. Widder/Hähne überwinden ihr Tief immer und triumphieren über ihr gebrochenes Herz. Sie leiden nicht ewig. Ihr Motto ist vielmehr: »Wenn die Sache nicht klappt und mir nur Angst macht, werde ich eben gehen.« Deshalb sollten Sie einen Widder/Hahn nicht verspotten und nicht an ihm herumnörgeln. Wenn er Ihnen etwas zu unabhängig erscheint, liegt es vielleicht daran, daß Sie selbst nicht genug Beschäftigung haben. Diese Menschen brauchen ein weites Gebiet, in dem sie herumstreunen können. Hindern Sie sie nicht daran.

Passende Partner

Zwillinge/Schlangen und Ochsen werden Ihr Interesse wecken, aber Ihren idealen Partner finden Sie unter den Löwe/Ochsen oder Schlangen oder auch Wassermann/Schlangen, oder Drachen. Seien Sie vorsichtig mit Krebsen in Form von Katzen. Lassen Sie die Finger von Waage/Schlangen, und hüten Sie sich vor Löwe/Hunden. Letztere sind für Ihren Geschmack zu abhängig. Verlieben Sie sich ja nicht in Steinböcke, vor allem Hunde. Bei Schützen empfinden Sie Sympathie, die auf Gegenseitigkeit beruht.

Heim und Familie

Ich möchte nicht behaupten, daß Widder/Hähne es nicht mögen, eine Familie zu haben. Doch sie lieben die Sicherheit der Besuche bei den Eltern. Weihnachtsfeste gefallen ihnen, obwohl sie sich langweilen, wenn sie nicht der Organisator des Festes sind. Ein Widder/Hahn macht mit seiner Mutter eine Reise nach Venedig, erklärt ihr geduldig alle Sehenswürdigkeiten und teilt mit ihr seine Begeisterung für die exzellente Küche. Widder/Hähne besitzen sehr viel Pflichtgefühl. Im wesentlichen sind sie konservativ und verhalten sich, wie es sich gehört, zumindest in der Öffentlichkeit.

Das Problem ist, daß dieser überaus beschäftigte und talentierte Mensch leider nicht so viel Zeit dafür übrig hat, stundenlang an der Verschönerung der Wiege seines Babies herumzubasteln oder mit den Kindern am Boden herumzukrabbeln. Mit anderen Worten haben es Männer, die unter diesem Zeichen geboren sind, leichter als Frauen. Eine Widder-geborene Hahn-Frau kann zwar ihre Mutterrolle als eines ihrer Talente betrachten, das sie entfalten möchte. Aber Kinder aufzuziehen ist nie die absolute Erfüllung für sie – außer sie ist sehr unzufrieden.

Widder/Hahn-Kinder brauchen viel Zärtlichkeit. Sie sollten schon sehr früh in Kunst unterrichtet werden, und man sollte sie in ihren vielfältigen Interessen fördern. Um ein solider Bürger zu werden, brauchen diese Kinder viel Beifall und Anerkennung von ihren Eltern. Man muß ihnen Disziplin beibringen, darf aber nicht an ihnen herumnörgeln, sonst verlassen sie das Elternhaus, sobald sie achtzehn Jahre alt sind, und lassen sich erst wieder blicken, wenn sie Lust dazu haben.

Beruf

Da Widder/Hähne auf so vielen Gebieten begabt sind, fällt ihnen die Berufswahl nicht leicht. Widder/Hähne können fast alles. Ich kenne einen, der alle nachfolgenden Berufe ausübt: Augenchirurg, Pianist, Steptänzer, Gartenbaukünstler, Zimmermann, Elektriker, Chef, Kalligraph, Schneider. Ich übertreibe nicht. Ein anderer Bekannter von mir, der Widder/Hahn ist, ist ebenfalls Pianist. Darüber hinaus ist er aber auch noch Komponist, Schauspieler, Drehbuchautor, Übersetzer und Synchronisator für Kinofilme. Nun, es ist wahr, der letztgenannte Widder/Hahn betätigt sich immerhin nur auf einem Gebiet, dem Film. Aber nebenbei ist er auch noch professioneller Baseball-Spieler. Ich sagte ja schon, Widder/Hähne können keine Minute stillsitzen.

Rivalität am Arbeitsplatz wird diesem Menschen einigen Kummer bereiten. Hähne machen ihre Kollegen eifersüchtig. Natürlich sind sie so flexibel und begabt, daß jeder, der nur die geringsten Selbstzweifel hegt, neben einem Widder/Hahn in Grund und Boden versinkt. Eine berufliche Karriere auf dem Gebiet der Medizin oder des Rechts, das Showgeschäft oder eine höhere Militärlaufbahn passen zu Widder/Hähnen. Sie werden nicht viele Widder/Hähne im Dienstleistungsbereich finden. Und falls Sie einmal einem Widder/Hahn begegnen, der gerade den Fußboden aufwischt, können Sie sicher sein, daß er gerade eine Methode ausbrütet, mit der er wie eine Rakete die Decke durchschlägt, um sich in eine angesehenere Position zu katapultieren.

Berühmte Widder/Hähne: Peter Ustinov, Simone Signoret.

WIDDER/HUND

»Ich bin«
Feuer, Mars, Kardinal

»Ich sorge mich«
Metall positiv, Yin

MUT	FREUNDLICHKEIT	BESTÄNDIGKEIT	PFLICHTGEFÜHL
SCHWUNG	TALENTIERTHEIT	HELDENMUT	INTELLIGENZ
BEHERZTHEIT	UNTERNEHMUNGSGEIST	ACHTBARKEIT	ANSTAND
NAIVITÄT	EXZESSIV	UNSICHERHEIT	ZYNISMUS
PRAHLEREI	SCHEINHEILIGKEIT	KRITIKSUCHT	UNSOZIAL
EIGENWILLIGKEIT	DOMINANZ	SELBSTGERECHT	TAKTLOSIGKEIT

Nehmen Sie einen liebenswerten, hart arbeitenden, ehrgeizigen Optimisten und fügen Sie ihm eine Prise Herzlichkeit, ein wenig Unruhe und eine Menge Taktlosigkeit hinzu, und Sie haben einen Widder/Hund.

Die Kombination Widder/Hund ist ein eher naiver Geist. Was den Widder angeht, haben wir es mit der ewigen Kämpfernatur zu tun. Der Widder ist ein Pfadfinder, ein Pionier und leichtgläubig wie kaum jemand anderer. Er ist so nett, warum sollte also ein anderer nicht genauso nett sein? Der Hund andererseits ist nervös und skeptisch. Aber auch er glaubt wie der Widder an das Gute im Menschen. Und wenn er sich einmal auf etwas einläßt, macht er die Sache nie mehr rückgängig.

Nun, man kann sich leicht vorstellen, was diese Zeichenkombination ergibt: dynamisches Vertrauen. Talentiertheit verbunden mit einem ausgeprägten Realitätssinn. Der Widder möchte an das Gute und die Wahrheit glauben, aber der mißtrauische Hund hindert ihn daran. Der Hund möchte gegen Windmühlen ankämpfen, aber der fest auf dem Boden der Tatsachen stehende Widder hält ihn zurück. Was geschieht also? Der Widder/Hund bleibt neutral und unabhängig, setzt sein Genie ein und geht mit den Dingen um, die ihm das Leben gegeben hat.

Allen Hunden haftet eine gewisse Schwere an. Wahrscheinlich verbirgt der Widder/Hund seine innere Unruhe besser als alle anderen Hunde. Der Widder ist ein sprudelnder Charakter. Immer wenn sich der Hund zu viele Sorgen zu machen beginnt und in jedem Menschen einen Feind sieht, der es auf seinen Job, seine Frau oder sein Leben abgesehen hat, kommt der überschäumende Widder und sagt: »Komm, kleiner Hund, es ist Zeit für das Mittagessen. Wir werden ausgehen und uns ein schönes großes Sandwich genehmigen.« Handeln ist die Rettung dieser Hunde-Persönlichkeit. Ich kenne keinen Widder/Hund, der faul in seinem satinbezogenen Daunenbett liegt, Bonbons ißt und Groschenromane liest.

Der Widder/Hund kümmert sich nicht so sehr um sein eigenes Wohlergehen, aber er hält es für notwendig, sich immer wieder mit dieser oder jener Situation zu beschäftigen, in der er schlecht behandelt worden ist. Widder/Hunde gehören zu den Menschen, die sich darüber beklagen, daß es anderen besser geht als ihnen. Es macht ihnen nichts aus, daß sie zurückstecken müssen, aber sie erwarten zumindest, daß man bemerkt, wie schlecht es ihnen ergangen ist.

Aufgrund dieser Neigung zum Selbstmitleid nehmen Widder/Hunde es oft mit allen möglichen Schwierigkeiten auf. Sie scheinen fast nach Hindernissen und Problemen zu suchen. Widder/Hunde sind nicht wirklich friedliebend. Sie kämpfen gerne und blühen in Situationen auf, in denen sie sich mit anderen auseinandersetzen müssen. Sie sind auch selbst ein wenig schwierig.

Widder/Hunde suchen in anderen Menschen nach dem Guten, das sie in ihrem eigenen Innern tragen. Dieser Typ sieht jeden Menschen und jede Situation immer von der besten Seite. Er ist fast schon ein wenig zu nett. Aber verdammt erfrischend und wohltuend. Und das Merkwürdige ist, daß seine Suche nach dem Guten im Menschen oft auch noch erfolgreich ist.

Widder/Hunde sind sehr moralisch. Sie sagen anderen gerne, was sie für richtig halten. Manchmal aber wollen andere gar nichts von »richtig« oder »falsch« wissen. Manchmal sind die Menschen wirklich schlecht. Manche Leute fühlen sich so zum Bösen hingezogen, wie sich der Widder/Hund zum Guten hingezogen fühlt. Deshalb, Widder/Hund, solltest du dich nicht mit Gaunern und Gangstern herumschlagen. Sie werden dein Wohlwollen und deine Gutmütigkeit als selbstverständlich betrachten, und ehe du dich versiehst, bist du ruiniert.

Liebe

In seinem Privatleben möchte der Widder/Hund nichts überstürzen. Obwohl die meisten Widder/Hunde nach einiger Zeit mit jemandem zusammenziehen oder schließlich glücklich verheiratet sind, dauert es seine Zeit, bis sie sich dazu entscheiden.

In jungen Jahren übertreiben Widder/Hunde die Notwendigkeit, die Wahrheit, und nichts als die Wahrheit zu sagen. Und da Liebesaffären von Anfang bis Ende mit allen möglichen kleinen Lügen gewürzt sind, ist der Widder/Hund sehr enttäuscht. Er wird seinen unaufrichtigen Partner nicht nur verurteilen, sondern er wird jede Beziehung aufgeben, in der Wahrheit nicht an der Tagesordnung ist.

Wenn sie älter (und klüger) werden, hören Widder/Hunde auf, von anderen dieselbe Aufrichtigkeit zu fordern, zu der sie allein fähig sind. Sie nehmen die dunklen Seiten des Lebens in Kauf und geben ihre kindliche Vorstellung von der Reinheit der Liebe auf.

Widder/Hunde haben etwas von einem Herzensbrecher an sich, ohne daß es ihnen vielleicht bewußt ist. Ihre Impulsivität und schnelle Verliebtheit mag Menschen, die unter weniger »gründlichen« Zeichen geboren sind, als oberflächlich erscheinen. Die weiblichen Vertreter der Widder/Hunde werden oft dafür kritisiert, daß sie ihre Attraktivität so offen zeigen. Es läßt sich nicht leugnen, daß Widder/Hunde ein starkes Bedürfnis nach Aufmerksamkeit haben.

Passende Partner

Zwillinge/Katzen oder Tiger sind eine gute Partie für Sie. Oder versuchen Sie es mit einem großmütigen Löwe/Pferd oder Tiger. Auch Schütze/Katzen und Tiger gefallen Ihnen. Aber diese haben Schwierigkeiten mit Ihrem etwas spartanischen Geschmack. Wassermann/Tiger betören Sie, aber die Beziehung ist nicht von Dauer. Lassen Sie die Finger von Krebs/Hähnen, Drachen und Ziegen. Waage/Ziegen ärgern Sie mit ihrem Getue. Steinbock/Drachen fordern Sie zum Wettkampf heraus, und die Ziegen unter diesem Zeichen bringen Sie an die Grenze ihrer Gutmütigkeit.

Heim und Familie

Der Widder/Hund kennt jeden Winkel seiner Umgebung in- und auswendig, was ihn veranlaßt, darauf zu achten, daß sie auch immer in Ordnung gehalten wird. Solange ausreichend Platz für die anderen Familienmitglieder ist und ein wenig Raum für seine eigenen Sachen, wird er sich nicht beklagen. Widder/Hunde sind keine Luxusgeschöpfe. Sie lieben den Komfort, besitzen aber einen scharfen Durchblick und wissen daher, daß Reichtum einen hohen Preis hat, weil er viele Sorgen mit sich bringt.

Die schlechteste Angewohnheit des Widder/Hunds ist, daß er unabsichtlich verletzende Kommentare abgibt. Aus dem einen oder anderen Grund haben alle Hunde diese dumme Angewohnheit. Aber bei einigen Hunden, vor allem den Widdern, ist sie besonders stark ausgeprägt. Sie sprechen alles aus, was ihnen gerade in den Sinn kommt, ohne vorher zu überlegen. Aber Widder/Hunde sind in ihrem Innern eigentlich sehr gefühlvoll. Aber es passiert ihnen jeden Tag wieder, daß sie einfach mit Dingen herausplatzen wie: »Es muß draußen ziemlich windig sein, so wie dein Haar heute aussieht.« Diese Angewohnheit fordert ihren Tribut von der übrigen Familie. Mein Rat: kleben Sie dem Widder/Hund den Mund zu.

Widder/Hunde sind großzügig und gute Familienväter. Sie fühlen sich sehr schnell schuldig, wenn sie nicht genug Zeit mit den Kindern oder ihrem Ehepartner verbringen.

Ein Widder/Hund-Kind sollte in der Entwicklung seiner Spontaneität unterstützt werden, doch man sollte es davon abbringen, böse Bemerkungen fallenzulassen. Dieses Kind ist überaus liebevoll und kümmert sich fast zu bereitwillig um andere, die seine Gutherzigkeit ausnutzen könnten. Trotz seines natürlichen Hangs zur Panik, sollte das Widder/Hund-Kind die Möglichkeit haben, etwas zu wagen. Sport und Abenteuer sind eine Versuchung für dieses Kind. Es braucht viel Liebe und Zuneigung, ohne erst darum bitten zu müssen.

Beruf

Widder/Hunde sind Organisationstalente. Sie sind gewöhnlich künstlerisch begabt und immer an humanen Angelegenheiten und der Besserung der Menschheit und der Natur interessiert. Dieser Typ läßt sich durch keine Aufgabe wirklich entmutigen – außer durch seinen zeitweiligen Pessimismus.

Der Widder/Hund kann sowohl als Chef als auch als Angestellter großen Erfolg haben. Wenn er nicht wegen einer spitzen Bemerkung über die Frisur seines Chefs gefeuert wird, ist er ein hingebungsvoller Mitarbeiter, auf dessen Loyalität man sich verlassen kann. Als Chefs versetzen Widder/Hunde ihren Angestellten so manchen Schlag vor den Bug, aber da sie ihr Herz am rechten

Fleck tragen, lernen die Angestellten, einfach nicht hinzuhören. In allen beruflichen Angelegenheiten zeigen Widder/Hunde Großmut, sind fair und großzügig. »Laß mich nur den Kaffee bezahlen«, ist eine typische Reaktionsweise des Widder/Hundes.

Ich halte den Widder/Hund für einen sehr unabhängigen Arbeiter. Alleingänge sind bei ihm an der Tagesordnung. Als Berufe würden sich für ihn besonders die folgenden eignen: Besitzer einer Buchhandlung, Filmproduzent, kommerzieller Künstler, Musiker oder Magier.

WIDDER/SCHWEIN

»Ich bin«
Feuer, Mars, Kardinal

»Ich zivilisiere«
Wasser negativ, Yin

MUT	FREUNDLICHKEIT	SKRUPEL	SINNLICHKEIT
SCHWUNG	TALENTIERTHEIT	GALANTERIE	KULTUR
BEHERZTHEIT	UNTERNEH-MUNGSGEIST	AUFRICHTIGKEIT	EHRLICHKEIT
NAIVITÄT	EXZESSIV	LEICHTGLÄUBIG-KEIT	MATERIALISTISCH
PRAHLEREI	SCHEINHEILIGKEIT	ZORN	FEINSCHMECKER
EIGENWILLIG-KEIT	DOMINANZ	ZÖGERN	DICKKÖPFIG-KEIT

Widder in Verbindung mit Schwein verspricht eine Aura von Komfort, überlagert von Unternehmungsgeist. Die unter diesem Zeichen Geborenen werden nicht gerade ein leichtes Leben haben, aber ihre Umgebung, ihre Familie, ihre Freunde und ihre Kollegen profitieren von einer der außergewöhnlichsten Freundschaften, die sie jemals erlebt haben. Widder/Schweine sind die Güte in Person. Sie nehmen Körbe voll Verpflegung mit ins Kino, kaufen Eis für alle und lassen andere ihre Kleider damit vollklekkern. Sie helfen in jedem Komitee aus – einschließlich dem Putzkommando – und scheinen dabei unermüdlich.

Widder/Schweine sind so beliebt, daß sie oft zum Klassensprecher gewählt werden und später zu allen möglichen Vorständen, bis sie zu alt sind, um die Satzungen zu lesen. Jeder vertraut einem Widder/Schwein. Und das mit gutem Grund. Ihre Begabung, ihr Organisationstalent und ihre Freude, anderen einen Gefallen zu tun und andere Menschen zu unterhalten, machen sie zu den feinsten und wahrhaft altruistischsten Seelen überhaupt.

Meine Schwester war Widder/Schwein. Sie starb vor noch nicht allzulanger Zeit mit einundvierzig Jahren eines frühen Todes. Sally war ein Genie. Sie malte die außergewöhnlichsten Bilder, richtete ihr Haus mit unvergleichlich gutem Geschmack ein und schmeichelte ihren Freunden mit allen nur erdenklichen Geschenken, angefangen von Geburtstagsparties, über selbstgemachte Marmelade bis hin zu Oregano-Tomaten-Sauce. Sally war eine fabelhafte

Mutter und eine geduldige, liebevolle und duldsame Ehefrau. Wir alle vermissen sie zutiefst.

Ich könnte ein ganzes Buch über die Karriere von Sally schreiben, wie sie von der einfachen Hausfrau zu einer berühmten abstrakten Malerin avancierte und später Präsidentin der städtischen Kunstgesellschaft und Kuratorin von Kunst- und Gemäldesammlungen wurde, die eines Königs würdig waren. Sally besaß einen brillanten Kunstverstand und war eine ebenso begabte Managerin. Das ist genau das Talent der Widder/Schweine. Und dieses Talent setzen sie mit Frohsinn und Optimismus in die Tat um.

Die Menschen lieben Widder/Schweine. Sie sind niemals eifersüchtig auf sie. Sie wollen ihnen nie ihren Job streitig machen. Und sie wollen ihnen auch niemals ihren Ehemann oder ihre Ehefrau wegschnappen. Die Menschen wollen nur, daß Widder/Schweine sie mögen, sie bemerken und freundlich grüßen und ein wenig von ihrem Widder/Schwein-Sonnenschein auf sie scheinen lassen.

Eine kurze Anekdote kann dies vielleicht am besten verdeutlichen. Die Geschichte ereignete sich im Hause meiner Schwester nach ihrer Beerdigung. Hunderte von Menschen waren zugegen, und wir alle hatten nicht genug Tränen, um unseren Schmerz ausdrücken zu können. Meine Augen waren vor lauter Weinen völlig verschwollen. Aber dennoch mischte ich mich unter die Leute. Jeder Raum war voller Leute, die Tomatensalat und gebratenen Schinken aßen. Alle sprachen nur von Sally.

Keiner kannte mich besonders gut, da ich immer in Paris gelebt hatte. »Wie geht es Ihnen?« begrüßte ich all die fremden Leute, schüttelte ihnen die Hand und stellte mich vor. »Ich bin Sallys Schwester Suzanne.« Warm und mit aufrichtiger Liebe in den Augen schüttelten mir wenigstens dreißig Leute herzlich die Hand und sagten: »Herzliches Beileid. Sally war meine beste Freundin.« Und sie alle glaubten dies auch. Sally konnte einem das Gefühl geben, als sei man für sie der einzige Mensch auf der ganzen Welt. Jeder wollte Sallys Favorit sein.

Charisma ist nicht das richtige Wort dafür. Widder/Schweine haben mehr als Charme oder Anziehungskraft. Sie sind magisch! Sie sind damit geboren und sterben damit. Die Menschen haben im Namen meiner Schwester Fonds gegründet, um Kunststudenten zu fördern. Jedes Jahr werden mehr Gedächtnisfeiern zu ihren Ehren abgehalten. Es ist verblüffend! Sally hätte als Präsident kandidieren können. Und wahrscheinlich hätte sie die Wahl sogar gewonnen!

Doch sogar die besten Menschen haben einen kleinen Fehler. Widder/Schweine haben sogar einen großen. Wenn ein Widder/Schwein einen Rückschlag einstecken muß oder von der egoistischen Verhaltensweise eines anderen hereingelegt worden ist, reagiert er ausgesprochen ärgerlich. Und sein Ärger und seine Wut steigern sich zu einem Anfall blinder Raserei. Es könnte ihn glatt umbringen. Und die Sache bringt ihn auch fast um! Widder/Schwein, nimm dich davor in acht. Wenn du spürst, wie die Welle des Zorns über dich schwappt, unternimm etwas. Mach einen Ausflug oder einen Spaziergang. Nimm ein Beruhigungsmittel, sonst stirbst du vor Wut, wenn du nicht aufpaßt. Ich habe es erlebt.

Liebe

Das Liebesleben der Widder/Schweine wird oft von Enttäuschungen überschattet. Da sich dieser Mensch mit jedem befreundet, den er seit dem Kindergarten kennenlernt, ist es ganz natürlich für ihn, daß er früh heiratet. Im Falle der langsam wachsenden Natur des Schweins, das sich nur allmählich und über lange Zeit hinweg entwickelt, bedeutet eine verfrühte Heirat sicheres Unheil.

Das Problem ist, daß Widder/Schweine so optimistisch daran glauben, daß sie in der Lage sind, mit allem fertigzuwerden. Sie können es wirklich. Sie finden einen Weg, wie sie mit ihrem Ehepartner zurechtkommen. Sie finden eine Möglichkeit, ihre Ehefrau zu halten und mit einer Vielfalt faszinierender Kleider an sich zu binden. Aber in Wahrheit können Widder/Schweine mit brüchigen Beziehungen überhaupt nicht umgehen. Es mangelt ihnen am Feingefühl für die Art Nachsicht, die nötig ist, um die Motive anderer beurteilen zu können. Widder/Schweine geben sich darüber hinaus immer die Schuld, wenn in Liebesangelegenheiten etwas schiefläuft. Und dann kommt die Wut... die mörderische Wut. Aber der untreue Ehemann oder die untreue Gattin stirbt nicht. Widder/Schweine nehmen die Schuld mit ins Grab.

Wenn Sie ein Widder/Schwein lieben und irgendwelche bösen Absichten hegen, lassen Sie davon ab! Widder und Schwein ergeben einen so reizenden Gefährten, der so viel mehr gibt, als er bekommt, daß er von seinen Partnern oft ausgenutzt wird. Widder/Schweine arbeiten hart, nehmen alles in die Hand, bleiben auch angesichts der größten Widerwärtigkeiten noch fröhlich und gehen mit Geld und Zeit sparsam um. Mißbrauchen Sie diesen Menschen ja nicht! Die Welt braucht Leute wie ihn als Vorbild und vor allem, um das Gute im Menschen für immer und ewig zu bewahren.

Passende Partner

Ich würde sagen, Sie können es gefahrlos mit Zwillinge oder Löwe/Drachen oder Katzen versuchen. Sie halten Ihr Interesse wach. Schütze/Katzen sowie Wassermann/Katzen und Drachen geben dauerhafte Partner für Sie ab. An Ihrer Stelle würde ich allen Arten von Schlangen widerstehen, die, was Schweine betrifft, nichts Gutes im Sinn haben. Krebs/Affen, Hunde oder Pferde tun nicht gut für Sie. Auch sollten Sie nicht mit Waage/Hähnen oder Steinbock/Tigern oder Hähnen spielen. Folgen Sie Ihrem Instinkt, und fallen Sie nicht auf die scheinbare Gutherzigkeit der Waage/Tiger herein.

Heim und Familie

Wie talentiert ist doch der Widder/Schwein-Mensch! Die Familie bedeutet ihm einfach alles – und »alles« ist oft sein Untergang. Widder/Schweine lieben ihr Zuhause. Sie verstehen es, auf so originelle Weise für ihr Heim und ihre Familie zu sorgen, daß ihre Kinder, Ehegatten, Eltern, Geschwister, Cousins und Cousinen allesamt von ihnen abhängig werden. Das ist auch ganz natürlich, denn der Widder/Schwein-Mensch ist der Mittelpunkt jeder Gruppe, in der er sich gerade befindet. Das ist nicht zu leugnen und ist unauslöschlich.

Nun, was stimmt bei diesem Bild nicht? Einiges. Widder/Schweine vertragen keine Querschläger. Wenn sie ein Kind haben, das sehr unabhängig ist und aus der Reihe tanzt, verursacht ihnen das so viel Kummer, daß sie davon krank werden. Als Elternteil oder Geschwister hassen sie es, wenn sie die Kontrolle verlieren. Wenn dem Widder/Schwein die Herrschaft über den anderen entgleitet, beginnt er, Rachepläne zu schmieden.

Nehmen wir einmal die Geschichte von Tennessee Williams (Widder/Schwein 1911). Als er starb, hinterließ er seinem Bruder gar nichts. Er vermachte sein ganzes Geld einer Schwester in einer Nervenheilanstalt. Nach deren Tod focht sein Bruder das Testament an und errang einen kleinen Sieg. Das Gericht gestand ihm eine Abfindung zu. Es stellte sich heraus, daß der Grund, warum Tennessee Williams seinem Bruder nichts hinterlassen hatte, darin bestand, daß dieser ihn ein paar Jahre vor seinem Tod in eine Heilanstalt hatte einweisen lassen, um ihn von seiner Alkohol- und

Drogensucht heilen zu lassen. Ein wütendes Widder/Schwein ist das wütendste Tier, das man sich vorstellen kann.

Als Kinder sind Widder/Schweine schon sehr vielversprechend. Gleich, was geschieht, sie glänzen immer, aber am besten ist es, wenn man sie in künstlerischer oder kultureller Hinsicht fördert. Auch als Kinder haben Widder/Schweine schon häufige Wutanfälle. Als wir klein waren, verließ meine Mutter tatsächlich den Bus und ließ meine Schwester alleine weiterfahren, wenn diese einen ihrer berüchtigten Wutausbrüche bekam. Sally konnte einen Bus voll friedlicher Fahrgäste in ein Psychodrama verwandeln. Meine Mutter, Waage und ebenfalls Schwein, wollte damit nichts zu tun haben. Sie packte mich und meinen Bruder an der Hand und sagte zu Sally: »Wenn du dich wieder beruhigt hast, Sally Ann, kannst du nach Hause kommen.« Stunden später kam eine schmollende Sally zur Tür herein. »Ich bin wieder da«, sagte sie nur und ging schnurstracks in ihr Zimmer.

Beruf

Hier blüht der Widder/Schwein-Mensch so richtig auf. Ah, Arbeit! Kreativität, Unternehmung, Management, Geschäft! Sie lieben das! Wenn Widder/Schweine lernen, sich nicht in ihren Abertausenden von Projekten zu verlieren, die sie im Laufe ihres Lebens in Angriff nehmen, können sie erfolgreich Karriere machen.

Chefs und Personalchefs überbieten sich fast mit Stellenangeboten für Widder/Schweine. Diese Menschen strahlen so viel Begabung und Humor aus, daß sich jeder Arbeitgeber um sie reißt. Ich möchte fast wetten, daß Widder/Schweine immer eine Stelle haben werden, egal wie hoch die Arbeitslosenrate auf der Welt ist.

Widder/Schweine sollten immer dafür sorgen, daß sie beruflich mit Kultur und Kunst zu tun haben. Sie gehören zu den Bohemiens unter den materialistischen Schweinen. Nichtsdestoweniger sind Kunstgegenstände und eine schöne Umgebung von größter Wichtigkeit für diese Menschen. Widder/Schweine sind begabte Künstler aller Art, Führungskräfte auf jedem Gebiet – einschließlich im Krieg –, und sie eignen sich hervorragend für Public Relations und die Werbebranche, den Journalismus, und eigentlich für jeden Beruf, der keine übertriebene Unterordnung verlangt. Nicht, daß Widder/Schweine keine Befehle annehmen könnten, aber, gleich in welch untergeordneter Position sie beginnen, sie werden immer die Spitze erreichen. Warum sollten sie also nicht gleich an der Spitze beginnen?

Berühmte Widder/Schweine: Tennessee Williams, Bismarck, Erich von Däniken.

STIER/RATTE

»Ich habe«
Erde, Venus, Fix

»Ich regiere«
Wasser positiv, Yin

ENTHUSIASMUS	GEDULD	ANZIEHUNGS-	SOZIAL
ZIELSTREBIGKEIT	SENSIBILITÄT	KRAFT	INTELLEKTUELLE
TRÄGHEIT	LOGIK	EINFLUSS	BEGABUNG
WIDERSPENSTIG	FLEISS	SPARSAM-	CHARISMA
VOREINGENOM-	SCHLEMMEREI	KEIT	MACHTHUNGER
MENHEIT	EIFERSUCHT	NERVOSITÄT	LIST
SELBSTZUFRIEDEN	WORTSCHWALL	GEWINNSUCHT	EINMISCHUNG

Stiere, die im Zeichen der Ratte geboren sind, profitieren von einem glücklichen Zufall. Ratten sind überaktiv. Der Stier mildert die Nervosität der Ratte ab. Aber der etwas trägen Stier-Persönlichkeit fügt die Ratte Würze hinzu und ein deftiges Maß an Berechnung. Das Zeichen Stier/Ratte ist eine Kombination aus William Shakespeare und Ayatollah Khomeini: zäh, intelligent, mit Nerven wie Drahtseilen und einer natürlichen Überlegenheit.

Was den Stier/Ratte-Menschen im wesentlichen interessiert, ist, seine wohlverdiente Position aufrechtzuerhalten. Dieser Mensch liebt die Macht. Aber er will nicht unbedingt über andere dominieren. Er kann sehr heißblütig sein. Aber er wird nicht von seinem Thron herabsteigen, um sich in eine Liebesaffäre zu stürzen. Sie werden keinen Stier/Ratte-Menschen finden, der gefühlsduselig ist.

Stier/Ratten besitzen eine enorme Anziehungskraft und kennen Tricks, wie wohl kein anderes Zeichen. Sie sind willens- und durchsetzungsstark. Aber anstatt aufs Gaspedal zu treten, um das Rennen zu gewinnen, wird sich der Stier/Ratte-Mensch vielmehr im Sitz zurücklehnen, sein Diktiergerät zur Hand nehmen und messerscharf genau die geniale Taktik entwickeln, die zum Sieg führt, ohne daß man dafür einen Finger krumm machen müßte.

Stier/Ratten sind schreckliche Feinde. Da sie kaum etwas persönlich zu nehmen scheinen und ihre Rachegelüste niemals öffentlich zeigen, weiß man nie ganz genau, was sie denken. Alles, was man weiß, ist, daß sie schnell und effektiv denken.

Stier/Ratten haben auch ein ausgezeichnetes Gedächtnis. Was für einen anderen ein unwichtiges Detail zu sein scheint, ist für den Stier/Ratte-Menschen von überaus großer Bedeutung. Sie erinnern sich auch nach zehn Jahren noch an einen Namen, als hätten sie die betreffende Person gestern zum letztenmal gesehen. Stiere, die im Zeichen Ratte geboren sind, sind wandelnde Datenspeicher.

Stier/Ratten sind absolute Meister und keine Sklaven. Doch wenn es notwendig ist, können sie so tun, als würden sie sich unterwerfen. Dann stehen sie so lange kichernd in der Ecke, bis sie ihr Ziel erreicht haben. Ich möchte nicht ganz so weit gehen, zu sagen, sie wären skrupellos – aber fast.

Stier/Ratten beschützen die Menschen, die sie umsorgen. Den Menschen, denen sie helfen wollen, zeigen sie sich überaus großzügig, obwohl man ihnen nachsagt, daß sie nur denjenigen helfen, die sich selbst helfen können.

Stier/Ratten verhalten sich würdevoll und haben in Gesellschaft ein untadeliges Benehmen. Sie schätzen es, wenn andere gute Manieren haben. Es ist offensichtlich, daß sie diejenigen sind, zu denen sich jeder hingezogen fühlt, der in ihre Nähe kommt. Stier/Ratten machen immer den Eindruck, als wären sie über alles erhaben. Aber wenn man ein wenig tiefer blickt, entdeckt man einen versteckten Schalk in ihnen. Wenn Sie aber nicht zum engsten Kreis der Auserwählten eines Stier/Ratte-Menschen gehören, werden Sie womöglich an seiner verborgenen Verspieltheit niemals Anteil haben.

Liebe

Stier/Ratten lieben mit einer Beständigkeit und Ausdauer, die stark an eine Steinmauer erinnert. Da sie sehr sinnlich sind, schäkern sie gelegentlich auch einmal gerne herum. Aber Flirten ist nicht ihr wirkliches Leben. Was den Stier/Ratte-Menschen wirklich interessiert, ist eine bombensichere, solide und aufrichtige Wirklichkeit.

Wenn Sie diesen Menschen lieben, seien Sie treu. Versuchen Sie keine krummen Geschäfte. Sie können von Zeit zu Zeit ruhig ein wenig amüsant oder leichtsinnig sein. Aber sie dürfen nicht untreu sein.

Stier/Ratten sind so eifersüchtig, so anhänglich, so fest in ihrer Beziehung gebunden und so damit beschäftigt, die Einheit dieser Beziehung aufrechtzuerhalten, daß ihnen jeder kleine Fehltritt einfach unerklärlich erscheint. Wenn Sie sich einen Stier/Ratte-Menschen eingefangen haben, bleiben Sie immer dicht bei Ihrem Zuhause.

Passende Partner

Ich sehe Sie mit einem starken, aber sanften Fisch/Ochsen oder Tiger. Sie kommen aber auch gut mit Krebs, Jungfrau, Steinbock/Affen und Schweinen zurecht. Der Ochse macht Ihnen Konkurrenz, aber das stört Sie nicht, solange er Ihren Machttrip nicht behindert. Pferde passen nicht zu Ratten, aber besonders hüten sollten Sie sich vor Löwe, Skorpion und Wassermann/Pferden. Katzen sind zu kühl, um Sie auf Dauer zu faszinieren. Sie ärgern sich über ihre ewige Reserviertheit. Wassermann/Katzen gehen Ihnen am meisten auf die Nerven; sie sind so unerschütterlich hellsichtig und träge. Und Faulheit können Sie nicht ausstehen.

Heim und Familie

Das Heim eines Stier/Ratte-Menschen wird in erster Linie traditionell sein. Auch wenn die Lampen ultramodern erscheinen und die Sessel der letzte Schrei sind, achten Sie auf die Louis-XV-Kommode an der gegenüberliegenden Wand. Und was befindet sich auf der Marmorplatte dieser Kommode? Kopien von Publikationen, die nur von Spitzenleuten mit gutem Geschmack gelesen werden.

Das Familienleben dreht sich um das Stier/Ratte-Familienmitglied (auch wenn es häufig an der Arbeit ist). Es ist immer der Stier/Ratte-Mensch in der Familie, der entscheidet, wo die Familie den Sommerurlaub verbringt. Es handelt sich dabei nicht um egozentrischen Despotismus, da Stier/Ratten den Menschen, die sie lieben, sehr viel Freiraum lassen, damit sie sich zu ihrem Besten entfalten können. Sagen wir es lieber so: Stier/Ratten haben es lieber mit Profis als mit Amateuren zu tun.

Die Kindheit eines Stier/Ratte-Menschen ist extrem bedeutungsvoll. Als erstes müssen Sie einem Stier/Ratte-Kind erlauben, seine Meinung auszudrücken und seine eigenen Schlüsse zu ziehen. Stier/Ratten sind oft nicht gerade die besten Schüler. Die triviale Schulroutine langweilt sie. Sie ziehen es vor, ihre eigenen Studien zu betreiben auf ihre eigene ausdauernde Weise und frei von irgendwelchen dummen Vorschriften. Offengesagt kennen Stier/Ratte-Kinder die Regeln ganz genau. Aber sie würden lieber ihr eigenes System ausarbeiten, und oft tun sie das auch.

Beruf

Dieser starrköpfigen und intelligenten Persönlichkeit sind nur wenige Berufe verschlossen. Die im Stier geborene Ratte eignet sich für alle Berufe, die starkes Pflichtgefühl erfordern, verbunden mit Machtausübung. Dieser Mensch liebt Geld. Er kann tausend Fakten im Kopf behalten und sich mindestens auf fünf Sachen gleichzeitig konzentrieren. Stier/Ratten gehören zu den Menschen, die vier Telefonhörer gleichzeitig bedienen, nebenbei Dokumente unterschreiben und mit einem Kunden ein Geschäft diskutieren, der ihnen an ihrem Schreibtisch gegenübersitzt. Sie sind dabei nicht einen Augenblick oberflächlich.

Ich würde sagen, daß Stier/Ratten als Angestellte nur den Zeitpunkt abwarten, wo sie zum Chef ernannt werden. Sie sind pragmatisch und ihr gesunder Menschenverstand überwiegt ihren Drang nach Spontaneität. Stier/Ratten sind Chefs, die andere hart anpacken, aber sie werden von ihren Angestellten respektiert und gemocht. Ihre Mitarbeiter sausen um sie herum und reichen ihnen zu, was sie gerade brauchen, und kochen Tee. Die natürliche Überlegenheit dieser Persönlichkeit läßt sich nicht leugnen. Stier/Ratten verhalten sich ihren Angestellten gegenüber stets würdevoll und distanziert. Aber sie haben keine Angst davor, zu lächeln und einmal »danke« zu sagen.

Beispiele berühmter Stier/Ratten: William Shakespeare, Charlotte Brontë, Ayatollah Khomeini, Charles Aznavour.

STIER/OCHSE

»Ich habe«		*»Ich bewahre«*	
Erde, Venus, Fix		*Wasser negativ, Yin*	
ENTHUSIASMUS	GEDULD	INTEGRITÄT	PIONIERGEIST
ZIELSTREBIGKEIT	SENSIBILITÄT	ZIELSTREBIGKEIT	FLEISS
WIDERSPENSTIG	LOGIK	STABILITÄT	BEREDSAMKEIT
VOREINGENOM-	TRÄGHEIT	STARRSINN	RESERVIERTHEIT
MENHEIT	SCHLEMMEREI	FANATISMUS	BEFANGENHEIT
SELBSTZUFRIEDEN	EIFERSUCHT	SCHUFTEREI	RACHSUCHT

Auf den ersten Blick mag es den Anschein haben, als sei der unter dem Zeichen Stier in Kombination mit seinem Seelengefährten Ochse Geborene so schwerfällig und plump, daß er spätestens im Alter von zwei Monaten zum Untergang verurteilt ist. Jedoch ist genau das Gegenteil der Fall. Stiere, die im Jahr des Ochsen geboren sind, sind große und schwere Charaktere, aber sie überdauern.

Der Stier ist natürlich ein wortkarger Mensch. Ochsen sind beredsam und standfest, aber eben einfach langsam. Sie nehmen sich für alles im Leben Zeit und behandeln jede Aufgabe mit enormer Umsicht und Zurückhaltung. Eine Tür zu schließen ist für den Ochsen eine Angelegenheit von außerordentlicher Wichtigkeit. Er nimmt die Klinke in die Hand, drückt sie sanft, aber fest hinunter, schließt die Tür hinter sich völlig geräuschlos und lauscht dann, bis es klick macht, was bedeutet, daß die Tür wirklich ins Schloß eingerastet ist. Die meisten Menschen gehen in der Zeit durch fünf Türen.

Dieser Mensch ist niemals in Eile. Deshalb ist er auch nicht ungeduldig, hitzköpfig oder impulsiv. Stier/Ochsen denken erst einmal über alles nach und nehmen die Sache erst in Angriff, nachdem sie gegessen und ein Nickerchen gemacht haben. Infolgedessen treffen sie oft sehr weise Entscheidungen. Oder zumindest sind ihre

Entscheidungen wohl überlegt – manchmal ist ihre Weisheit ziemlich zweifelhaft.

Im Leben eines Stier/Ochsen ist nur wenig Zeit für Unfug übrig. Die Stier/Ochse-Frau schätzt Poesie und genießt eine Ballett-Aufführung, aber sie ist der Meinung, daß sie sich durch solche Banalitäten nicht die Zeit für ernsthafte Arbeit nehmen lassen sollte. Ich möchte nicht sagen, daß das Zeichen Stier/Ochse langweilig und spießig ist. Das wäre weit gefehlt. Die Sinnlichkeit ist bei allen Stieren sehr stark ausgeprägt. Aber der Stier/Ochse stellt sein Bedürfnis nach Sinnlichkeit, seine Vorliebe für Feinschmeckerkost und seine Sehnsucht nach Leidenschaft zurück, weil es sein höchstes Ziel ist, Ruhm und Respekt zu erlangen. Er strebt nicht nach Macht über andere. Er möchte unter seinen Mitmenschen eine Machtposition innehaben und von ihnen geachtet und bewundert werden. Die Selbst-Befriedigung kann warten.

Ich möchte nicht unbedingt mit einem Stier/Ochsen wegen einer Stellung in Konkurrenzkampf treten. Wenn ich für einen Moment nicht aufpasse und nicht Tag und Nacht an der Vollendung des betreffenden Projekts arbeite, bin ich mit Sicherheit der Verlierer. Stier/Ochsen überdauern jeden in fast jedem Job, der sie einen Schritt näher ans Ziel ihres Machtkampfes zu bringen verspricht. Natürlich gibt es kein »Ziel« als solches. Stier/Ochsen streben so lange vorwärts, bis sie umfallen und aufhören zu atmen.

Dem Stier/Ochse-Menschen macht Kritik nicht besonders viel aus. Es kann sein, daß der Stier/Ochse schlecht gekleidet, ungekämmt und unrasiert ist, weil er eben ein paar Tage lang keine Zeit für diese Dinge hatte. Er war zu beschäftigt damit, eine dringende Angelegenheit zu erledigen. Die Stier/Ochse-Frau vergißt womöglich, sich die Augenbrauen zu zupfen oder die Beine zu rasieren. Auch für sie ist das Ziel das Wichtigste im Leben.

Aber trotz seiner unbekümmerten Einstellung in bezug auf sein Äußeres, ist der Stier/Ochse sowohl attraktiv als auch verführerisch. Die Menschen fühlen sich zu seiner Ernsthaftigkeit und seiner Fähigkeit hingezogen, anderen ein gutes Gefühl zu geben.

Liebe

Wie wir bereits wissen, ist Hartherzigkeit eine ausgeprägte Eigenschaft bei Stier/Ochsen. Wenn sie von einem Geliebten oder ihrem Ehepartner in die Enge getrieben werden, kämpfen diese Menschen garantiert hart und ohne Skrupel. Stier/Ochsen sind zu einer tiefen und ehrlichen Liebe fähig, was ihre Geliebten anbelangt. Aber nehmen Sie sich in acht vor ihrem Hang zur Grausamkeit. Stier/Ochsen sind immer bereit, Ihnen einen Schlag in die Magengrube zu versetzen und Ihnen so lange zuzusetzen, bis Ihr inneres Gleichgewicht zerstört ist. Aber solange Sie diesem sinnlichen Wesen nicht weh tun, werden Sie mit tiefer Zärtlichkeit belohnt.

Wenn Sie einen Stier/Ochsen lieben, geben Sie ihm die Möglichkeit zu glänzen. Geben Sie ihm Raum, seine langsame, aber beständige Überlegenheit zu entfalten, und Sie werden keinen einzigen bewölkten Tag mit ihm erleben. Doch bitten Sie ihn, um Himmels willen, nicht darum, auf Parties den witzigen Unterhalter zu spielen. Wenn ein Stier/Ochse schon eine Vorstellung geben will, wird er Schauspieler und erlangt durch seine darstellerische Leistung zu gegebener Zeit hohe Auszeichnungen. Er braucht nicht Ihren Beifall, sondern die Anerkennung der ganzen Welt.

Passende Partner

Mit Fische oder Krebs/Ratten oder Schlangen wird es Ihnen nie langweilig. Hähne dieser beiden Zeichen gefallen Ihnen ebenfalls; sie sind fleißig, besitzen aber immer noch viel »Herz«. Ich würde Ihnen raten, sich nach Steinbock und Jungfrau/Ratten, Schlangen und Hähnen umzusehen. Sie können zwar sehr stur sein, aber das können Sie auch. Für eine kurze Romanze können Sie es auch einmal mit einem Fisch oder Steinbock/Affen versuchen. Machen Sie einen großen Bogen um Löwe, Wassermann und Skorpion/Tiger oder Ziegen. Sie sind alle zu ungestüm für Sie.

Heim und Familie

Schmuck und Prunk ist nicht überaus wichtig für Stier/Ochsen. Solange nach außen hin alles ganz ordentlich aussieht und alles einigermaßen funktioniert, wird der Stier/Ochse nicht loseilen und neue Möbel und Stoffe kaufen, um seine Umgebung auf Hochglanz zu bringen. Denken Sie daran, sein Ziel ist Erfolg. Seine Umgebung ist nur insofern nützlich, als sie ihm dazu verhilft, sein Ziel zu erreichen. Natürlich wird er nicht in einem Schweinestall hausen. Sein Selbstbild ist nicht gerade von Minderwertigkeitskomplexen beladen, und darüber hinaus liebt er den Komfort. Ein paar tiefe Lehnsessel und ein ausladender Schreibtisch aus Eichenholz, auf dem genug Platz für seine Papiere und Bücher ist, charakterisiert die Wohnung eines Stier/Ochsen am besten.

Mit seiner Familie geht der Stier/Ochse nicht allzu überschwenglich um. Er neigt jedoch dazu, tyrannisch zu sein, und sollte mit Vorsicht behandelt werden. Wenn der Stier/Ochse arbeitet, dürfen die Kinder keinen Krach machen. Stier/Ochsen halten an erdverbundenen Traditionen fest und hoffen, daß auch ihre Sprößlinge oder ihre Geschwister ihre Begeisterung für die Natur und das Natürliche teilen.

In der Kindheit verbringen Stier/Ochsen viel Zeit mit sich selbst. Sie sind zwar nicht vollkommen einsam, fühlen sich aber immer als etwas »Besonderes« und ziehen die Gesellschaft ihrer Busenfreunde der ihrer Eltern und Geschwister vor. Ihr Talent liegt im Bereich der Kunst. Sie können jedoch zu allen schwierigen Aufgaben angeregt werden, da sie die angeborene Kraft besitzen, hohe Ziele ausdauernd zu verfolgen.

Beruf

Jack Nicholson, ein berühmter Schauspieler, aus dem Zeichen Stier/Ochse, sagte kürzlich in einem Interview, daß es so etwas wie das »beste Alter« für Erfolg und Glück nicht gibt. Er ist der Meinung, daß man sich in jedem Alter gut fühlen sollte und daß man Erfolg niemals von Dingen wie »Jugend, Schönheit oder Charme« abhängig machen sollte.

Diese Einstellung ist meiner Ansicht nach typisch für die Stier/Ochse-Persönlichkeit. Gleich, welches Ziel ein Stier/Ochse gerade verfolgt, in Arbeitsangelegenheiten gibt es für ihn keinen gleichwertigen Ersatz für harte Arbeit, Fleiß und Macht.

Das Alter sollte damit nichts zu tun haben, ebensowenig wie nach seinem Arbeitsuchtbekenntnis Banalitäten wie Herkunft, soziale Position oder, Gott behüte, das Geschlecht! Das ist eben die Art des Stier/Ochsen.

Wie können sich Stier/Ochsen ihren Lebensunterhalt verdienen? Antwort: Mit allem, vorausgesetzt, es ist nichts Unbedeutendes. Diese Menschen sollten eine berufliche Laufbahn einschlagen, in der Ausdauer und Antriebskraft einen am weitesten bringen. Sie könnten sich für den Beruf des Athleten, Reporters, Verkäufers, Schauspielers, Musikers oder Forschers entscheiden.

Berühmte Stier/Ochsen: Gary Cooper und Jack Nicholson.

STIER/TIGER

»Ich habe«
Erde, Venus, Fix

»Ich beobachte«
Holz positiv, Yang

ENTHUSIASMUS	GEDULD	LEIDENSCHAFT	GLÜCK
ZIELSTREBIGKEIT	SENSIBILITÄT	MUT	WOHLWOLLEN
WIDERSPENSTIG	LOGIK	ANZIEHUNGSKRAFT	AUTORITÄT
VOREINGENOMMENHEIT	FLEISS	HEFTIGKEIT	PRAHLEREI
SELBSTZUFRIEDENHEIT	TRÄGHEIT	HITZKÖPFIGKEIT	ZÜGELLOSIGKEIT
	SCHLEMMEREI	UNGEHORSAM	WANDERVOGEL
	EIFERSUCHT		

Hier haben wir den Tiger, der mit beiden Beinen auf der Erde steht. Ein Tiger, der standhafter und beständiger ist als andere Tiger, ein Stier, der wachsamer ist als andere Stiere.

Der Verstand des Stier/Tigers ist klar und tadellos geordnet. Nichts, was er aufnimmt, kommt aus ihm wieder heraus, ohne daß er es sorgfältig gespeichert hätte. Diese Kombination ergibt einen Menschen, der zweifellos Köpfchen hat und, obwohl er etwas exzentrisch und ein wenig zu unbeschwert erscheint, immer auf dem laufenden ist, während Sie, lieber Leser, zuschauen, wie das Gras wächst.

Alles in allem, würde ich sagen, ist der Stier/Tiger ein ernsthafter Mensch. An seinem Verhalten mag etwas Offenherziges sein, eine gewisse Beschwingtheit in seinem Gang, aber lassen Sie sich nicht täuschen. Der Tiger, der im Zeichen Stier geboren ist, ist niemals unachtsam. Er ist listig und argwöhnisch. Er ist begabt und genießt es, eine Führungsposition innezuhaben. Stier/Tigern ist es lieber, wenn Sie im Dschungel nicht vor ihnen hergehen.

Stier/Tiger sind niemals hochmütig. Sie können die Königin von England sein (und das ist auch der Fall), aber sie machen nicht viel Getue um sich oder fühlen sich als etwas Besseres. Diese Menschen ziehen die einfachen Annehmlichkeiten im Leben vor.

Tiger, die im Stier geboren sind, lieben die Menge. Sie müssen zwar nicht im Mittelpunkt der Aufmerksamkeit stehen, doch sie beobachten andere gerne bei ihren Vorführungen, ohne sich in ihrem eigenen Ego bedroht zu fühlen. Der Stier/Tiger besitzt eine angeborene Vornehmheit. Dies kommt durch sein Territorium. Stier/Tiger sind bescheidene Menschen, denen es schwerfällt, sich zu produzieren.

Der Stier/Tiger ist gerne mobil. Wenn Sie ihn fragen, ob er mit Ihnen morgen eine Reise machen will, werden die Koffer gepackt sein, noch ehe Sie die Tickets gekauft haben. Stier/Tiger sind in angenehmer und zurückhaltender Weise gesellig und man kann sich überall mit ihnen sehen lassen, da sie ausgezeichnete Manieren haben und gesunden Menschenverstand in Fragen der Höflichkeit beweisen.

Diese Menschen sind aber weit davon entfernt, vollkommen zu sein. Sie neigen zu übertriebenem Individualismus. Das kann ziemlich nervtötend sein. Sie wollen alles auf ihre Weise machen und sehen nicht ein, warum dies nicht gehen sollte. Stier/Tiger gehören zu den Menschen, die einen billigen exotischen Tee dem teuersten Champagner, den man für Geld kaufen kann, vorziehen, nur weil er sie an Lissabon erinnert, wo sie einmal für eine Nacht gestrandet waren. Sie kümmern sich nicht darum, was andere denken. Sie bringen es fertig, zu Ihrer Einladung zum Mittagessen mit einer Packung Eiscreme zu erscheinen und darauf zu bestehen, daß sie statt Suppe und Salat Eis essen möchten.

Stier/Tiger können auch mit sehr wenig Geld auskommen. Ihre Bedürfnisse können sich beschränken auf das Lebensnotwendige. Aber sie haben nichts dagegen, wenn jemand im Jahr eine Million zum Fenster hinauswirft. Meistens ziehen sie es selbst jedoch vor, ihre Ausgaben so niedrig wie möglich zu halten und mit wenig auszukommen. Das ist ein Teil ihrer Exzentrik. Stier/Tiger wollen expansiv sein, ohne daß es sie viel kostet.

Sie werden es nicht bereuen, mit einem Stier/Tiger befreundet zu sein. Man kommt so gut mit ihm aus, weil der Stier/Tiger es für einfacher hält, dem anderen schon zu Anfang zu zeigen, wo seine Grenzen sind, um später keine unangenehme Überraschung zu erleben. Wenn er Ihr brüllendes Kind nicht in ihrem Haus haben will, wird er Ihnen auf freundliche Art mitteilen, daß die kleine Shirley einfach unmöglich ist. Er ist dabei sehr behutsam.

Ein weiterer Charakterzug der Stier/Tiger ist Mut. Diese Menschen haben den Mumm eines Legionärs und den Verstand eines römischen Feldherrn. Wie ein guter vollmundiger Rotwein vertragen sie Reisen gut und passen zu fast alle Unternehmungen, die man sich erträumen kann.

Liebe

Die brennende Leidenschaft, mit der Stier/Tiger geboren sind, macht ihre Liebe zu etwas, das , fast »Apathie« heißen könnte. Wenn Stier/Tiger sich verlieben, lassen sie sich völlig fallen. Sie begegnen jemandem, dem sie alles geben, dem sie überall hin folgen, setzen sich selbstlos und mit ungewöhnlicher Inbrust für ihn ein und verteidigen ihn bis zur letzten Kugel in ihrem Gewehr. Das Problem dabei ist, daß er bei dem kleinsten Wölkchen, das am Liebeshimmel seiner Beziehung aufzieht, in tiefe Depression verfällt, aus der man ihn nur schwer wieder herausholen kann. Wenn die Liebste ihn verlassen hat, geht ein Teil des Stier/Tiger mit ihm.

Wenn Sie einen dieser einzigartigen Menschen lieben, brauchen Sie nicht viel mehr zu tun, als einfach zu sein. Der Stier/Tiger ist der Meinung, daß das Bewundern seine Angelegenheit ist. »Setz du dich ruhig hier hin, und ich hole uns einen Drink.« Stier/Tiger umsorgen andere gerne, auf metaphysische und physische Weise. Ich würde meinen täglichen Speiseplan nicht in ihre Hände legen – Sie könnten dazu verdammt werden, nur Bohnen oder Tomatensuppe zu essen. Stier/Tiger machen sich nicht besonders viel aus einem abwechslungsreichen Speisezettel und Feinschmeckereien. Man muß essen, um zu leben, und nicht leben, um zu essen, ist ihr Motto. Und machen Sie sich keine Sorgen darüber, ob sich Ihr Stier/Tiger wohl fühlt, ob er glücklich ist oder Sorgen hat – er wird es Ihnen von selbst mitteilen. Diese Menschen halten mit ihren Gefühlen nicht hinter dem Berg.

Passende Partner

Krebs, Jungfrau und Steinbock gefallen Ihrer erdbetonten Seite. Am besten sind Sie mit Drachen, Hunden und Pferden dran. Der wäßrige Fisch, der in Drachen- oder Hund-Jahren geboren ist, verspricht ein beglückendes Liebesleben. Auch Skorpione sollten Sie nicht ausschließen, vor allem die Hunde. Ärgern Sie sich jedoch nicht mit Skorpion/Affen oder Schlangen herum, und hüten Sie sich vor Löwe und Wassermann/Schlangen, Ochsen und auch den Affen. Denken Sie in erster Linie an sich selbst. Aber bei der Wahl Ihres Partners sollten Sie daran denken, sich von den hitzköpfigen

Typen fernzuhalten. Suchen Sie Menschen, die weiser sind als Sie selbst.

Heim und Familie

Das Familienleben der Stier/Tiger ist nicht gerade das Paradies. Warum ist es so turbulent, so wechselhaft, so kummerbeladen?

Ich glaube, es hat etwas mit der Hitzköpfigkeit des Tigers und der Sturheit des Stiers zu tun. Stier/Tiger wollen alles auf ihre Art machen, erinnern Sie sich? Wie wir alle wissen, hängt ein glückliches Familienleben von Kompromißbereitschaft, Geben und Nehmen und der Bereitschaft, sich und seine Meinung zu ändern, ab. Keine dieser Eigenschaften gefällt dem Stier/Tiger besonders gut. Er plant sein Heim nach seinen eigenen Vorstellungen. Machen Sie mit, oder verlassen Sie es.

Als Elternteil wird der Stier/Tiger immer versuchen, gerecht zu sein, und er vermeidet Bestrafung, es sei denn, keine andere Lösung erweist sich als erfolgreich. Stier/Tiger nehmen ihre Pflichten sehr ernst und wollen sicherstellen, daß ihre Kinder erfolgreich sind und sich zu benehmen wissen. Aber oft führt sie ihr eigenes ziemlich ungewöhnliches Leben in ferne Länder und an abenteuerliche Orte. Die Kinder bleiben zu Hause und müssen alleine klarkommen. Wie jedermann weiß, kann ein Kind, das auf sich selbst gestellt ist, ein Segen oder ein Fluch sein. Und genau das geschieht mit Stier/Tiger-Kindern: alles oder nichts.

Das Stier/Tiger-Kind ist exzentrisch und voll innerer Antriebskraft. Solange es noch klein und abhängig ist, liebt es den Kreis seiner Familie. Wenn es älter wird, besteht es auf mehr Unabhängigkeit, als man einem Kind normalerweise zugestehen würde. Lassen Sie Ihr Stier/Tiger-Kind ziehen. Es hat Größeres vor, als Sie sich als einfacher Vater oder als einfache Mutter vorstellen können.

Beruf

Die Kreativität dieses Menschen liegt in seiner Individualität. Er denkt nicht gerne in den Vorstellungen anderer. Er möchte seine eigenen Erfahrungen machen, auch wenn es weh tut – und wenn er sich dabei wirklich die Finger verbrennt.

Einen so spleenigen Typen als Angestellten zu haben, ist nicht gerade erholsam. Doch sein Talent kann die paar Probleme leicht aufwiegen, die er Ihnen bereitet, wenn es darum geht, sich an Regeln zu halten oder sich der Routine zu unterwerfen. Wenn er einmal davon überzeugt ist, daß er in besagtem Büro, Restaurant oder Geschäft eine Bestimmung hat, wird er jede Aufgabe mit bemerkenswerter Klugheit und mit Feuereifer erledigen. Natürlich ist der Stier/Tiger lieber der Chef. Er übt gerne sanfte Autorität aus und schiebt auch gerne die Moneten ein, die ihm seine Mitgliedschaft im Management einbringt. Glauben sie nicht, daß sich Stier/Tiger wirklich etwas aus Geld machen. Aber wenn es ihnen schon zufließt, desto besser.

Einige Berufe, die zu Stier/Tigern passen: Missionar, Schriftsteller, Polizist (Interpol), General, politischer Berater, Journalist, Herrscher.

Berühmte Stier/Tiger: Robespierre, Karl Marx, Ho Chi Minh, Elisabeth II.

STIER/KATZE

»Ich habe«
Erde, Venus, Fix

»Ich ziehe mich zurück«
Holz negativ, Yin

BEGEISTERUNGS-FÄHIGKEIT	GEDULD	TAKT	VORSICHT
	SENSIBILITÄT	ELEGANZ	LANGES LEBEN
ZIELSTREBIGKEIT	LOGIK	TUGEND	EHRGEIZ
WIDERSPENSTIG	FLEISS	HEIMLICHTUEREI	DILETTANTISMUS
VOREINGENOM-MENHEIT	TRÄGHEIT	ÜBEREMPFIND-LICHKEIT	HYPOCHONDRIE
	SCHLEMMEREI		KOMPLIZIERT-HEIT
SELBSTZUFRIEDEN	EIFERSUCHT	PEDANTERIE	

Sicherheitsorientiert und verwundbar: das ist eine gewagte Kombination. Die im Stier geborene Katze möchte in allen Lebensbereichen Sicherheit, Versicherungen und Garantien. Der Stier/Katze-Mensch kann nicht ruhig schlafen, wenn seine Miete nicht bezahlt ist und seine Kinder nicht alle neue Schuhe bekommen haben. Stier/Katzen haben beim besten Willen nichts mit einem Bohemien gemeinsam.

Stier/Katzen sind mit einem Übermaß an Phantasie begabt. Sie sind in erster Linie Erfinder, Entdecker, Pioniere und Bahnbrecher in künstlerischer und kreativer Hinsicht. Sie suchen ihr Glück mittels ihrer Vision und Inspiration zu erlangen. Und häufig haben sie damit auch Erfolg.

Stier/Katzen sind seßhaft. Wenn sie erst einmal vor dem Kamin sitzen und die Beine hochgelegt haben, werden Sie sich hart tun, sie dazu zu überreden, mit ins Kino zu gehen oder ein paar hundert Kilometer zu fahren, um ein Bier zu trinken. Stier/Katzen bleiben lieber zu Hause. Sie sind Nesthocker, Schmusekatzen und sorgfältige Sammler.

Die riskanten Geschäfte tauchen gewöhnlich dann im Leben eines Stier/Katze-Menschen auf, wenn er einige seiner hochgeschraubten Ziele erreicht hat. Sie sehen, Erfolg sieht, wie alles andere, äußerlich betrachtet ganz gut aus. Wir hören das Wort »Erfolg« und denken sofort an Komfort, Geld, Popularität. Und das stimmt auch. Aber wie bei allen Dingen im Leben, gibt es auch hier eine Kehrseite der Medaille. Wenn Sie Erfolg haben, gehört Ihnen Ihr Leben nicht mehr länger allein. Wenn Ihre Schallplatten ein Hit geworden sind und Sie anscheinend einen Haufen Geld verdienen, kann es sein, daß der Steuerprüfer zu Ihnen kommt und drei Monate lang in Ihrem Haus bleibt. Sie bekommen Fanpost, in der Sie um eine Haarlocke, einen Ihrer Milchzähne usw. gebeten werden.

Stier/Katzen verabscheuen rücksichtslose Einmischung in ihre Privatsphäre. Sie laden gerne ein paar enge Freunde und Bekannte zum Abendessen ein. Aber sie können es nicht ausstehen, wenn eine Menschenmenge um ihre Badewanne herumsteht, wenn sie gerade ein Bad nehmen. Da Stier/Katzen künstlerisch veranlagt sind und oft den Erfolg in der Öffentlichkeit suchen, haben sie daher ein ziemlich großes Problem.

Bekanntlich geschah oft folgendes mit den erfolgreichen Stier/Katzen: Wenn sie die Früchte des Ruhms erst einmal gekostet haben, ziehen sie sich zufrieden zurück und kehren an ihren Kamin zurück, wo sie dann für immer bleiben. Sie versuchen auch kein Comeback mehr. Sie haben erreicht, was sie wollten, und das genügt ihnen.

Stier/Katzen sind leicht verletzbar. Es fällt ihnen schwer, mit der grausamen Welt fertig zu werden, in der wir leben. Sie haben keine Lust, geheime Strategien auszuarbeiten, wie sie ihr Leben leben können. Geschäftshaie und Gangstertypen kratzen an dem zarten Nervenkostüm des Stier/Katze-Menschen und geben ihm das Gefühl, daß das Leben auf der Erde hoffnungslos gefährlich ist. Es kann sein, daß er sich in einem winzigen Provinznest verkriecht, nur um sich nicht mehr mit den Ellbogen durchs Leben kämpfen zu müssen. Stier/Katze ist ein Zeichen des Friedens und der Liebe.

Wenn Sie einen anmutigen und feinsinnigen Stier und eine sture und sinnliche Katze lieben, wissen Sie, daß dieser Mensch, unkomplizierte Liebesaffären barocken Dramen vorzieht. Stier/Katzen leiden nicht gerne und halten nichts von Selbstmitleid oder Tränenausbrüchen. Sie bevorzugen das Schmeicheln und Schmusen.

Wenn Sie einen Stier/Katze-Menschen lieben, sollten Sie ihn nicht provozieren oder an Kleinigkeiten herumnörgeln. Stier/Katzen kümmern sich um Kleinigkeiten auf ihre Art und dann, wenn sie es für richtig halten. Wenn Sie sich an die Routine Ihrer Stier/Katze anpassen können, gehen Sie mit ihr den Weg, den sie gewählt hat, und Sie werden damit wesentlich glücklicher sein.

Stier/Katzen sind großzügig und expansiv, während sie auf ihrem Weg zum Erfolg sind. Aber glauben Sie ja nicht, das sei ihre wahre Natur. Sie brauchen viel Ruhe, um zuschauen zu können, wie ihre Blumen gedeihen. Mit einem Stier/Katze-Menschen zu leben, ist nicht unbedingt das Paradies. Wenn Sie jemanden suchen, der Ihnen komische Geschichten erzählt, sollten Sie lieber den diensthabenden Moderator im Rundfunk anrufen.

Eine berühmte Stier/Katze ist: Orson Wells

STIER/DRACHE

»Ich habe«		*»Ich präsidiere«*	
Erde, Venus, Fix		*Holz positiv, Yang*	
BEGEISTERUNGS-FÄHIGKEIT	GEDULD	KRAFT	ENTHUSIASMUS
	SENSIBILITÄT	ERFOLG	MUT
ZIELSTREBIGKEIT	LOGIK	GUTE GESUND-HEIT	SENTIMENTALITÄT
WIDERSPENSTIG	FLEISS		VERBLENDUNG
VOREINGENOM-MENHEIT	TRÄGHEIT	STARRHEIT	AUFSCHNEIDE-RISCH
	SCHLEMMEREI	MISSTRAUEN	
SELBSTZUFRIEDEN	EIFERSUCHT	UNZUFRIEDENHEIT	REDSELIGKEIT

Hier kommen Macht und Bissigkeit zusammen und ergeben ein mächtiges Gebäude voll brutaler Energie und exzessiver Schlagfertigkeit. Sie werden wohl niemals erleben, daß jemand behauptet, er würde sich nicht um einen Stier/Drachen scheren. Die Menschen bewundern Stier/Drachen, oder sie verachten sie.

Holz und Erde sind zwei organische Elemente. Einerseits verursacht diese Kombination, daß dieser Mensch über einen guten Realitätssinn verfügt, aber andererseits ist er dumm und sucht selbstsüchtig nach Beachtung. Stier und Drache bilden ein unvergeßliches Paar.

Menschen, die unter diesem Zeichen geboren sind, haben eine feste Meinung. »Ich würde sagen« oder »Ich würde vorschlagen« wird hier ersetzt durch »So ist es« und »Du hast nicht recht« und »Zwei und zwei sind nicht vier«.

Dieser Mensch ist ziemlich kompetent. Schon in jungen Jahren verläßt er das Elternhaus, durchstöbert die Welt und tausend Jobs und verfolgt tausenderlei Ziele. Dann, wenn Sie ihn gerade als Versager und Nichtsnutz aufgegeben haben, kommt er mit sich ins reine, kehrt in seine Heimatstadt zurück, bekommt sofort eine Spitzenposition in einem Geschäft seiner Wahl, und innerhalb von zwei Jahren ist er zum Präsidenten aufgestiegen.

Stier/Drachen sind überheblich. Sie sind Angeber. »Warum sollte ich einen Finger krumm machen, bevor ich mich nicht danach fühle und dazu bereit bin?« Eingebildet? Ja, aber schließlich bekommen diese Menschen auch, was sie wollen. Sie sind von einer solchen Bestimmtheit und einem solchen Eifer (und scheuen sich auch nicht, dies zuzugeben), daß andere gar nicht anders können – sie sind beeindruckt.

Stier/Drachen sind mutig. Wenn Sie einen sehen, werden Sie verstehen, was ich meine. Sie machen Dinge, die sich kein anderer trauen würde, wie zum Beispiel in ein fremdes Land zu eilen, weil dort gerade eine Revolution ausgebrochen ist oder »oben ohne« auf einem Kaffeehaustisch in Saudiarabien zu tanzen, wo sogar die weiblichen Hunde und Katzen einen Schleier tragen müssen. Stier/Drachen sind wagemutig bis ins Extrem.

Es ist nicht ungewöhnlich, daß die Reisen der Stier/Drachen von anderen finanziert werden, der seßhafter ist als sie – wie ein Exmann, die Eltern oder ein alter Freund. Stier/Drachen haben da keine Hemmungen. Solange die Geldquelle sprudelt, kümmert es sie nicht weiter, woher das Geld kommt. Aber wenn sie es dann leid sind, hungernden Beduinen zu helfen, und eine Ruhepause brauchen, geben sie ihren letzten Dinar für ein Telefongespräch nach Hause aus, um sich das Geld für das Rückflugticket zu organisieren.

Im Stier/Drachen verbirgt sich eine Art stille Kraft. Anstatt feuerspeiende Reden zu schwingen wie die meisten Drachen, ist der Stier/Drache oft ruhig. Außer natürlich, er fühlt sich provoziert. Und da er so unerschütterlich feste Ansichten hat, fühlt er sich häufig provoziert. »Was meinen Sie damit?« hört sich doch wie eine harmlose Frage an, oder? Nun, nicht so bei einem Stier/Drachen. Bringen Sie sich in Sicherheit, denn sein Proteststurm könnte Sie hinwegfegen!

Ich gebe zu, daß dies ein wenig entmutigend klingt. Stier/Drachen können wirklich nicht alles wissen. Doch gleich, was man ihnen entgegnet, sie halten an ihrem Glauben fest, daß ihre Meinung die richtige, passendste und beste ist. Stier/Drachen lieben einen anständigen Kampf. Wenn sie die Bastille ihres Verteidigungswalls stürmen, verfechten sie nicht nur ihre geliebten Ideen. Stier/Drachen befinden sich in diesem Moment auch auf einem Kreuzzug für die gute alte Schlägerei. Sie stürzen sich mit mehr Begeisterung in eine Rauferei als jedes andere Zeichen. Dabei haben sie keine blinden Wutanfälle, Magenstüber und »An-den-Haaren-Ziehen« ist jedoch erlaubt.

Liebe

Natürlich ist dieser in einem Drache-Jahr geborene Stier überaus sentimental. Gleich, wie hart und aggressiv er oberflächlich scheint, wenn man ein wenig tiefer gräbt, entdeckt man in seinem Innern eine Weichheit, die etwas von Schwanenfedern an sich hat. Stier/Drachen sind treue Liebhaber, die es ernst meinen. Sie bewundern und umschmeicheln ihren Partner. Wenn sie einmal den Richtigen gefunden haben, lieben sie ihn für sehr sehr lange Zeit. Stier/Drachen sind zu dauerhafter Treue fähig.

Der Drache hat ein starkes Interesse an Liebe und Liebesaffären. Aber ich wage zu behaupten, daß sie in Wirklichkeit mehr an ihrem eigenen Vorwärtskommen in der Welt interessiert sind. Mit anderen Worten, Stier/Drachen sind nicht für außereheliche Verhältnisse bekannt, aber für ihre Eifersucht und für ihr übermäßig starkes Bedürfnis nach Beachtung von ihren Partnern und Geliebten.

Ich kenne eine Stier/Drache-Dame, die ihren Partner wiederholt nächtelang nicht schlafen ließ, um über ihre Beziehung zu diskutieren. Vor kurzem brüstete sie sich mit einem Streich, den sie ihm nach einer nächtlichen Streiterei gespielt hatte: »Um sechs Uhr morgens drehte er sich einfach um und schlief ein. Normalerweise steht er immer um sieben Uhr auf, um zur Arbeit zu gehen.«

»Er muß todmüde gewesen sein«, bemerkte ich. Der arme Kerl brauchte wenigstens eine Stunde Schlaf.

»Weißt du, was ich gemacht habe?« fragte mich die Drache-Dame. »Ich bin in die Küche gegangen und habe einen Strick geholt. Ich habe alle vier Türen in seinem Schlafzimmer an den Klinken zusammengebunden. Dann habe ich ihn im Schlaf am Bett festgebunden.«

Entsetzt fragte ich sie, wie sie einem Menschen, den sie liebt, so etwas Schreckliches antun konnte.

»Ich wollte nur noch etwas länger mit ihm reden. Ich wußte, daß er das Haus sofort verlassen würde, sobald er erst einmal aufgewacht war. Dann bin ich auf das Bett gesprungen und habe ihn wachgerüttelt«, erzählte sie mir mit stolzem Lächeln.

»Und was geschah dann?« Jetzt war ich doch neugierig geworden.

»Er redete mit mir«, erklärte sie, als gäbe es gar keine andere Lösung. »Ich ließ ihn bis halb zwölf nicht zur Arbeit gehen.«

Nun, die beiden sind immer noch zusammen. Erstaunlich, nicht wahr?

Passende Partner

Das Schöne an Drachen ist, daß sie mit einer Unmenge anderer Zeichen zusammenpassen, zähe Stier/Drachen machen da keine Ausnahme. Sie finden Partner unter Krebs, Jungfrau und Steinbock/Ratten und Affen. Die geschmeidige Jungfrau/Schlange kann sie ein ganzes Leben lang in Begeisterung versetzen. Auch mit Fische/Hähnen, Ratten und Affen kommen Sie gut zurecht. Wenn ich an Ihrer Stelle wäre, würde ich Löwe und Skorpion/Ochsen und Hunden den Laufpaß geben. Sie müssen sich ihre Kampfkraft für Ihr eigenes Vorwärtskommen aufsparen. Vermischen Sie bei von Wassermann/Ochsen und Hunden nicht Freundschaft mit Intimität.

Heim und Familie

Trotz seines Hangs zum Globetrotten und seiner Abenteuerlust, sind Stier/Drache gewöhnlich gute Eltern. Seine Familie beschäftigt diesen Drachen sehr, und er möchte von seinen Angehörigen geliebt und verehrt werden, und sie müssen ihm gehorchen. Als Gegenleistung versorgt er sie dafür auch bestens.

Erinnern Sie sich daran, dieser Mensch ist ein Drache. Unter den chinesischen Tierkreiszeichen gehört der Drache zu den insgeheim liebevollsten überhaupt. Gefühlsangelegenheiten berühren diesen Menschen zutiefst. Stier/Drachen werden jeden Schritt, den eines ihrer Kinder tut, persönlich nehmen. Wenn ihr Kind gute Noten nach Hause bringt, klopfen sich Stier/Drachen selbst auf die Schulter und denken: »Mein Kind ist ein Genie.« (Betonung auf »mein«!) Im umgekehrten Fall, wenn das Kind eines Stier/Drachen ein jugendlicher Delinquent ist, der Banken ausraubt, wird er sich elend und persönlich dafür verantwortlich fühlen und nicht mit der Rute sparen.

Das Stier/Drache-Kind ist laut und ungestüm. Sein Bedürfnis nach Aufmerksamkeit kann seine ahnungslosen Eltern schockieren. Dieses Kind muß schon sehr früh zu Aktivitäten angeregt werden, wobei es seine Energie austoben kann. Es muß zu positivem Verhalten erzogen werden. Seine Eltern werden vom vielen Applaudieren oft erschöpft sein. Ein Stier, der im Drache-Jahr geboren ist, ist ein einzigartiges Schauspiel-Talent und wird schon in jungen Jahren sehr exzentrisch sein. Lassen Sie dieses Kind seinem Instinkt folgen. Wenn Sie versuchen, es daran zu hindern, wird es das trotzdem tun. Stier/Drachen sind Erfolgsmenschen. Welchen Beruf auch immer sie ergreifen, sei es Sozialarbeiter, Bildhauer, Lehrer oder Arzt, der Erfolg ist ihnen sicher.

Wie sie zu diesem Erfolg gelangen, ist eine andere Sache. Stier/Drachen können sehr unzufrieden sein. Jede Stufe, die sie mit Leichtigkeit auf der Erfolgsleiter erklimmen, gibt ihnen neuen Anlaß zur Unzufriedenheit: der Luftbefeuchter steht zu weit vom Schreibtisch entfernt. Oder die Sonne scheint zur falschen Tageszeit in ihr Zimmer. Oder ihr Gehalt ist zu niedrig oder die Arbeitsbedingungen sind zu streng. Stier/Drachen sind nicht faul. Kein bißchen. Aber sie blicken auf ihr Berufsleben zurück und erkennen, daß sie große Irrtümer begangen haben. Dann jammern sie über alles. Und sie können richtig quengelig werden, ja sogar unausstehlich. Oder sie machen einem die größten Vorwürfe, ohne mit der Wimper zu zucken. Im Arbeitsbereich kommt niemand wirklich gut mit ihnen aus. Statt dessen versuchen alle, ihm schön zu tun und ihn zu bewundern und zu verehren. Stier/Drachen wollen es so!

Berühmte Stier/Drachen: Salvador Dali, Sigmund Freud, Jean Gabin, Shirley Temple, Yehudi Menuhin. Diese Menschen gehören nicht gerade zu den Unbekümmertsten.

STIER/SCHLANGE

»Ich habe«
Erde, Venus, Fix

»Ich empfinde«
Feuer negativ, Yang

BEGEISTERUNGS-	GEDULD	INTUITION	KLUGHEIT
FÄHIGKEIT	SENSIBILITÄT	ATTRAKTIVES	HELLSICHTIGKEIT
ZIELSTREBIGKEIT	LOGIK	ÄUSSERES	MITGEFÜHL
WIDERSPENSTIG	FLEISS	DISKRETION	HABGIER
VOREINGENOM-	TRÄGHEIT	HEUCHELEI	ANMASSUNG
MENHEIT	SCHLEMMEREI	EXTRAVAGANZ	AUSSCHLIESSLICH-
SELBSTZUFRIEDEN	EIFERSUCHT	FAULHEIT	KEIT

Dies ist die echte Schlange im Gras, die »Natur-Schlange«, wenn Sie so wollen. Da Schlangen oft etwas zimperlich sind, schafft der Stier in diesem Zeichen mit seinem Hang zum Praktischen einen Ausgleich. Diese Schlange besitzt gewöhnlich eine starke Intuition und ist ausgesprochen diskret. Der Stier-Anteil in dieser Persönlichkeit gibt ihr Bodenständigkeit.

Stier/Schlangen haben ein Talent, ihre Besitztümer zu vermehren. Schlangen lieben Geld und kommen oft leichter dazu als andere. Sie lieben auch den Luxus und schwelgen im Komfort. Der Stier ähnelt der Schlange darin, daß er, was er bekommt, auch behält.

Kunst und Schönheit bedeuten den Stier/Schlangen sehr viel. Sie wollen sich nicht nur aktiv an ihrer Schöpfung beteiligen (was sie sehr gut können), vielmehr wollen sie in einer absolut künstlerischen Umgebung leben. Die Liebe zum Luxus hat bei Stier/Schlangen nichts mit dem »Leben in Reichtum und Wohlstand« zu tun, wie beispielsweise beim Schwein. Stier/Schlangen fühlen sich zu wahrer Schönheit hingezogen und neigen weniger zur Prahlerei.

Wie alle Schlange-Geborenen kämpfen auch Stier/Schlangen ihr Leben lang mit ihrem Erzfeind: der Faulheit. Da Stiere oft unter

Trägheit leiden, stur sind und manchmal zuviel essen, können Sie sich vorstellen, welch verheerende Wirkung die Faulheit der Schlange auf den Taillenumfang dieser Menschen hat.

Wie alle Schlangen besitzen Stier/Schlangen eine besondere Schönheit. Schlangen sind immer eine wahre Augenweide. Aber Stier/Schlangen besitzen auch noch Solidität und sind weniger durchsichtig und von weniger kühler Pracht als andere Schlangen.

Dieser Stier ist ein Zauderer. Er wird ein und dieselbe Aufgabe hundertmal in Angriff nehmen und wieder beiseite legen, ehe er sie endlich bis ins Detail vollendet hat. Nicht, daß Stier/Schlangen zögern oder kein Selbstvertrauen besitzen. Aber sie wollen sich für alles Zeit lassen – angefangen bei der Liebe bis hin zum Korbflechten. Sie sind keine Arbeitstiere. Sie haben es lieber, wenn alles glattläuft.

Stiere, die in einem Schlangen-Jahr geboren sind, scheinen aufrichtig. Sie geben einem das Gefühl, als seien sie etwas zu ernsthaft. Aber überraschender Weise haben Stier/Schlangen immense »Blödel-Anfälle«. Ich kenne eine Stier/Schlange-Frau, die die sechs oder acht Gäste einer Dinner-Party mit ihren Blödelein regelmäßig in wahre Lachkrämpfe versetzt. Es ist eine allgemeine Fehleinschätzung, diese Menschen als wenig einladend einzuschätzen.

Heuchelei ist immer ein Problem der Schlangen. Die Logik und echte Geduld des Stiers kann diese schlechte Angewohnheit etwas abmildern, aber von Zeit zu Zeit wird sie immer wieder auftauchen. Schlangen flunkern einem etwas vor – sogar sich selbst. Dies passiert sogar dann, wenn eine Auseinandersetzung unvermeidlich ist. Sie sind glatt in der Lage, sich einzureden, daß das, was passiert, in Wirklichkeit überhaupt nicht geschieht.

Auch Eifersucht kommt hier ins Spiel. Stiere sind sehr eifersüchtig. Schlangen tun sich schwer, treu zu sein. Diese Kombination wirft offensichtlich Probleme auf. Warum bleibe ich bei Jack? Weil Jack mir gehört. Warum betrüge ich Jack? Weil ich gerne verführe. Warum gehe ich dann zu Jack zurück? Weil Jack mir gehört.

Liebe

Als Liebhaber oder Ehepartner ist dieser Mensch so attraktiv, daß sie ihn »bis Zum-geht-nicht-Mehr« verwöhnen möchten. Ich rate Ihnen aber, tun Sie es lieber nicht. Der Stier/Schlange-Mensch sorgt schon selbst dafür, daß es ihm gutgeht. Tatsache ist, daß Stier/Schlangen ein wenig Struktur in ihr Leben bringen müssen, um etwas zu erreichen. Wenn Sie einen Stier/Schlange-Menschen lieben, sollten Sie ihm ein wenig unter die Arme greifen. Bringen Sie etwas Ordnung in seine Küche, hängen Sie die Kleider auf, die überall verstreut herumliegen, und hören Sie auf, ihm Disziplin beibringen zu wollen. Das ist der größte Gefallen, den sie diesem ziemlich nachlässigen und unzuverlässigen Stier tun können.

Als Gegenleistung werden Sie bei dem Stier/Schlange-Menschen in hohem Ansehen stehen. Er wird Ihnen zuhören und Ihnen bei allen Problemen mit einem guten Rat zur Seite stehen, Ihre Bibliothek mit den ausgefallendsten Büchern füllen, kurz, er wird Sie an jedem Tag Ihres Lebens aufs neue verführen.

Passende Partner

Normalerweise passen Sie gut zusammen mit Krebs, Jungfrau, Steinbock und Fisch/Ochsen, Drachen und Hähnen. Sie brauchen Stabilität, fühlen sich aber zu jedem Unfug magnetisch hingezogen. Halten Sie Ausschau nach einem durchsetzungsstarken Löwe/Tiger oder Schwein. Gehen Sie aber keinem Skorpion oder Wassermann/Tiger in die Falle. Bleiben Sie angesichts dieser Zauberer kühl, und behalten Sie einen klaren Kopf, sonst wird es schreckliche Folgen haben.

Heim und Familie

Für diesen Menschen ist seine Umgebung von ganz besonderer Wichtigkeit. Die Stier/Schlange-Dame wird den besten Innenarchitekten engagieren und die Schlafzimmertüren mit chinesischem Lack rot streichen lassen. Der Stier/Schlange-Mann wird auf cremefarbene Ledersofas und englische Lehnsessel bestehen. Sie sind ein Ausbund an Komfort-Liebhabern. Ihr Zuhause hat so viel Stil, daß man sich dort glatt als Niete fühlt.

Sicherheit trägt eine Menge zum Glück dieses Menschen bei. Mit der Gründung einer Familie läßt er sich zwar Zeit (er zaudert), aber wenn er sich einmal dazu entschlossen hat, macht er es sich nicht einfach. Als Eltern sind Stier/Schlangen zuverlässig, sensibel und ebenso gefühlvoll.

Das Stier/Schlange-Kind sollte bemuttert und niemals gedrängt werden. Es wird sehr böse auf jeden Versuch aggressiver Eltern reagieren, die es zu etwas zwingen wollen, das es sich gar nicht ausgesucht hat. Stier/Schlange-Kinder sitzt der Schalk im Nacken, was anderen viel Spaß bereiten kann. Doch seine Eltern finden es nicht immer nur amüsant, einen Clown am Eßtisch zu haben. Ansonsten ist das Stier/Schlange-Kind eher schweigsam, beschäftigt sich viel mit sich selbst, geht alleine spazieren und kann alleine in seinem Zimmer spielen. Dieser kleine Kerl darf nicht hart angefaßt werden.

Beruf

Etwas zu wagen, ist nicht gerade die stärkste Seite dieses Menschen. Er nimmt das Geldverdienen sehr ernst und gehört nicht zu den Leuten, die ihr Geld zum Fenster hinauswerfen. Infolgedessen finden Sie Stier/Schlangen gewöhnlich in absolut sicheren Positionen, wo sie Macht ausüben können und die Pensionierung absehbar ist. Das Talent des Stier/Schlange-Menschen liegt auf intellektuellen Gebieten oder in den klassischen Berufen.

Als Chef ist der Stier/Schlange-Mensch nicht allzu schlimm, da er sich mit Entscheidungen viel Zeit läßt. Stier/Schlangen geben nicht gerne etwas von ihrer Autorität ab. Sie behalten sie gerne selbst und übertragen nur denjenigen besondere Rechte, die sie der Aufgabe würdig erachten. Aber als Angestellte sind sie eine Bereicherung für jeden Arbeitsbereich, vorausgesetzt sie werden gut entlohnt und sie wollen nicht gerade Karriere machen.

Berufe, die zur Stier/Schlange-Persönlichkeit passen: Designer, Künstler, und alle traditionsreichen Berufe wie Bibliothekar, Rechtsanwalt, Arzt, Apotheker, Professor und Schauspieler.

Einige berühmte Stier/Schlangen: Johannes Brahms, Henry Fonda, Audrey Hepburn, Danièle Darrieux.

STIER/PFERD

»Ich habe«
Erde, Venus, Fix

»Ich fordere«
Feuer positiv, Yang

BEGEISTERUNGS-	GEDULD	ÜBERZEUGUNGS-	STIL
FÄHIGKEIT	SENSIBILITÄT	KRAFT	GERADLINIG-
ZIELSTREBIGKEIT	LOGIK	AUTONOMIE	KEIT
WIDERSPENSTIG	FLEISS	BELIEBTHEIT	TALENTIERTHEIT
VOREINGENOM-	TRÄGHEIT	SELBSTSUCHT	HAST
MENHEIT	SCHLEMMEREI	SKURPELLOSIGKEIT	ÄNGSTLICHKEIT
SELBSTZUFRIEDEN	EIFERSUCHT	REBELLION	PRAGMATISMUS

Stier/Pferde sind gierig, über andere zu dominieren. Sie wollen in jedermanns Leben die erste Geige spielen. Das Pferd ist ein Angeber, und wenn es im Geist und im Körper eines arbeitswütigen Stiers beheimatet ist, wird es ihm zeigen, wer der Boß ist, und seinen Reiter gelegentlich auch einmal abwerfen.

Schon früh wird offensichtlich, daß Stier/Pferde sehr talentiert sind. Sie sind musikalische, künstlerische, intellektuelle oder auch sportliche Genies. Es würde mich nicht wundern, wenn unter den Kindern, die im Alter von sechs Jahren internationale Wettkämpfe gewinnen, viele Stier/Pferde wären. Im ersten Lebensabschnitt sind Stier/Pferd-Kinder gehorsam und haben gute Manieren. Sie sind fleißig und ehrgeizig und entsprechen den Wünschen ihrer Eltern. Das Stier/Pferd-Kind übt gehorsam am Klavier.

Aber irgendwann auf dem Weg zum Erwachsenwerden, wenn die ersten Konfrontationen mit anderen Menschen stattfinden, bekommt der geniale Stier/Pferd-Mensch Probleme mit dem sozialen Leben und den Anforderungen einer »normalen« Existenz. Nicht daß die schlauen Stier/Pferde sich je an irgend etwas anpassen könnten. Sie bringen es einfach nicht fertig. Sie sind eben anders als die anderen und unterscheiden sich von ihnen sowohl durch ihre Besonderheit als auch durch ihre Verbitterung darüber, daß sie im Alter von dreizehn Jahren noch nicht für den Nobelpreis vorgeschlagen werden. Stier/Pferde ziehen ihre Befriedigung aus der Größe. Ansonsten sind sie schlecht gelaunt, weil niemand erkennt, wie genial sie in Wirklichkeit sind.

Erwachsenwerden bedeutet für viele Stier/Pferde, von ihrem hohen Roß heruntersteigen zu müssen. Wie schön war es doch, als Mutter und Vater noch jedem Atemzug des Stier/Pferd-Kindes Beifall spendeten und der Oberschullehrer ihm versicherte, daß er noch nie einen so begabten Schüler gehabt hätte. Aber das Erwachsensein ist eine schreckliche Last. Man muß sich in der Welt beweisen, seinen Weg durch Menschen kämpfen, die weit weniger Talent besitzen als man selbst, und die unverdientermaßen auch noch schneller vorwärtskommen.

Ich möchte dir einen guten Rat geben, liebes Stier/Pferd. Es ist wahr, daß du sicherlich mehr Talent besitzt als die meisten Menschen. Du bist ein ganz außergewöhnlicher Mensch. Aber in sozialer Hinsicht bist du einfach zu faul. Du willst dir nicht einmal die kleine Mühe machen, jemanden anzurufen, der vielleicht ein nettes Wort braucht, oder die kranke Großmutter des Bekannten zu besuchen, der mit dir einen wichtigen Vertrag abschließen will. Du möchtest keine Extraleistung erbringen müssen. Das einzige, was du willst, sind Privilegien. Leider muß ich dir deine Illusion nehmen, denn Privilegien erlangt man erst, wenn man den ganzen Weg bis zur Spitze zurückgelegt hat. Wenn du nichts für deinen Erfolg tun willst, wird immer jemand kommen, der weniger talentiert, aber bescheidener ist, und dir den roten Teppich unter den Füßen wegziehen.

Niemand kann behaupten, daß Stier/Pferde keine gewissenhaften Arbeiter sind. Sie sind immer die ersten, die im Büro sind, und die letzten, die es wieder verlassen. Sie sind Materialisten und lieben es, schöne Dinge zu besitzen. Sie zeigen ihren Wohlstand gerne her und kleiden sich farbenfroh, aber doch konservativ. Sie sind absolut nicht langweilig. Es gibt viel, worüber sie sich unterhalten können. Stier/Pferde sind verantwortungsvoll und respektabel. Wenn sie älter werden und ihre Überheblichkeit aufgeben, sich alles leisten zu können, weil sie ein so einmaliges Genie sind, werden sie diskreter und entwickeln bessere Manieren.

Tatsächlich sind Stier/Pferde mit all ihrer angeborenen Brillanz mehr instinkt-betont als intellektuell. Sie können zwar logisch denken, handeln aber lieber nach ihren Vorahnungen. Sie können zwar nachdenken, spielen aber lieber Musik – oder auch Baseball. Diese Menschen brauchen viel Verständnis von ihrer Umgebung – Geduld, Humor und Gleichmut.

Liebe

Wie, werden Sie fragen, kann sich dieser egozentrische und geniale Mensch mit seiner Aufgeblasenheit so weit im Zaum halten, um jemanden lieben zu können? Nun, Tatsache ist, daß die Liebe das einzige Gebiet ist, auf dem sich Stier/Pferde nicht automatisch überlegen fühlen. Stier/Pferde sind ausgesprochen empfänglich für Liebesaffären. Sie sind fähig, alles aufzugeben, nur um die Zuneigung der Menschen zu gewinnen, die ihnen etwas bedeuten. Sie legen ganz besonderen Wert darauf, was andere von ihnen denken. Daher spielt im Liebesleben eines Stier/Pferd-Menschen Diskretion eine große Rolle. Er ist nicht besonders erpicht darauf, seine romantischen Abenteuer in aller Welt herumzuposaunen. Er gehört nicht zu den Menschen, die sich in aller Öffentlichkeit küssen oder Händchenhalten.

Stier/Pferde brauchen einen Partner, der ihren Darbietungen applaudiert. Ich empfehle Ihnen jedoch, sich einen Partner zu suchen, der nicht zu viel leidet oder sich zu sehr aufopfert. Stier/Pferde wollen nicht auf ein Podest gehoben werden. Gewöhnlich hat man ihnen in ihrer Kindheit schon genug gehuldigt.

Fordern Sie Ihren Stier/Pferd-Partner ruhig heraus. Bringen Sie ihn dazu, von seinem Thron herabzusteigen. Schleppen Sie ihn auf Parties mit, und beschäftigen Sie ihn mit einer sozialen Tätigkeit. Sonst entwickelt er sich zu einem Stubenhocker und Misanthrop, der sich unverstanden fühlt und sich ständig beklagt. Stier/Pferde müssen aus der Reserve gelockt werden. Man muß sie zum Lachen bringen – auch über sich selbst.

Passende Partner

Sie passen gut zusammen mit Krebs, Jungfrau und Steinbock/Tigern, Hähnen und Ziegen. Sie fühlen sich ihnen in gewisser Weise überlegen, aber diese Zeichen wissen, wie sie ihrem übersteigerten Selbstbild standhalten können. Auch Fische/Tiger bieten Ihnen Kontra. Deshalb kann es passieren, daß Sie einem Vertreter dieses Zeichens in die Fänge geraten. Aber der Mensch, für den Sie sterben würden, um ihn zu bekommen, ist unter dem Zeichen Fisch/Ziege geboren. Viel Glück! Löwen, Skorpione und Wassermänner, die in Ratten-Jahren geboren sind, werfen Sie nicht gerade um. Bei Löwe/Affen, Wassermann/Ochsen und Schweinen und Skorpion/Schweinen sollten Sie sich rar machen.

Heim und Familie

Für Stier/Pferde gilt das Sprichwort: »My home ist my castle«. Kein anderer Ort als sein Zuhause paßt besser zu seinem Temperament, und nirgendwo anders fühlt er sich wohler. Ich wage zu behaupten, daß sich Stier/Pferde in ihrer privaten Umgebung am besten entfalten können.

Als Eltern lassen sich Stier/Pferde von ihren Kindern leicht aus der Ruhe bringen. Sie mißtrauen ihnen ziemlich. Was wollen diese kleinen Menschlein wirklich von ihnen? Nichts? Liebe? Unmöglich. Das Familienleben ist die beste Möglichkeit für Stier/Pferde zu lernen, nicht alles auf sich zu beziehen.

Das Stier/Pferd-Kind ist schon fast zu gut, um wahr zu sein. Sie werden über seine Fähigkeiten verblüfft sein und den Wunsch haben, es nach Hollywood oder nach Harvard zu schicken. Sein Verhalten ist einfach beispielhaft, und Sie lieben diesen kleinen Goldschatz über alle Maßen. Ein gut gemeinter Rat: Machen Sie es diesem Kind nicht zu schwer, treiben Sie es nicht zu sehr an, und reduzieren Sie Ihren Applaus auf ein Minimum, sonst trägt es die Nase schließlich so hoch, daß es seinen zwischenmenschlichen Kontakten schadet. Fördern Sie seine Talente, aber vergessen Sie nicht, es auf die Realität vorzubereiten.

Beruf

Manchmal sind Stier/Pferde so begabt, daß sie schon sehr früh eine künstlerische Laufbahn einschlagen und später auch bei diesem Beruf bleiben. Wie wir wissen, haben Kinder, die schon sehr jung beruflichen Erfolg haben, Probleme, zwischen dem Abitur und dem Oscar zu wählen. Der kluge Stier/Pferd-Mensch sollte neben seiner künstlerischen Tätigkeit ein Universitätsstudium absolvieren. Als Chef stellt dieser Mensch hohe Anforderungen. Als Angestellter schätzen ihn seine Vorgesetzten wegen der ungeteilten Aufmerksamkeit für Details und seinem ehrlichen Wunsch weiterzukommen.

Stier/Pferde können fast jede künstlerische Laufbahn einschlagen, wenn sie mit dem kräfteraubenden Begleiterscheinungen fertig werden, die der Beruf des Künstlers mit sich bringt. Ansonsten bieten sich Berufe an, die mit Kunst zu tun haben, wie Regieführung, Filmproduktion, Public Relations etc. Und warum nicht die

Jurisprudenz oder Werbung? Alle Gebiete, für die man eine praktische Begabung und Gelassenheit braucht.

Einige berühmte Stier/Pferde: Mike Wallace, Barbra Streisand.

STIER/ZIEGE

»Ich habe«
Erde, Venus, Fix

»Ich bin abhängig«
Feuer negativ, Yang

BEGEISTERUNGS-FÄHIGKEIT	GEDULD	ERFINDUNGSGEIST	ORIGINELL
ZIELSTREBIGKEIT	SENSIBILITÄT	SENSITIVITÄT	GUTE MANIEREN
WIDERSPENSTIG	LOGIK	AUSDAUER	GESCHMACK
VOREINGENOM-MENHEIT	FLEISS	SCHMAROTZER	PESSIMISMUS
SELBSTZUFRIEDEN	TRÄGHEIT	MANGEL AN VOR-AUSSICHT	UNPÜNKTLICH-KEIT
	SCHLEMMEREI	UNPRAKTISCH	SORGENVOLL
	EIFERSUCHT		

Dieser Mensch ist abwechselnd ein wortkarger Kobold, ein fleißiges Lieschen und ein brillanter Träumer. Stier/Ziegen sind oft sehr genial. Und ihre Kreatitivät kann sie in ihrer persönlichen und weltlichen Entwicklung sehr weit bringen, wenn sie richtig gehandhabt wird. Aber ohne die optimalen Wachstumsbedingungen wird der Stier/Ziege-Mensch sein Leben verplempern, indem er alles nur halb zu Ende bringt und seine Träume nur bruchstückhaft verwirklicht.

Im Grunde genommen kämpfen Stier/Ziegen ihr ganzes Leben lang gegen widerstreitende, aber doch in gewisser Weise harmonische Einflüsse an. Der Stier-Charakter ist langsam, aber beständig. Stiere stehen mit beiden Beinen auf der Erde, sind erwerbstüchtig und sinnlich. Der Stier liebt die Ordnung und strebt nach einer Gleichmäßigkeit, die anderen wie Monotonie vorkommen könnte. Aber die Natur der Ziege ist eher wechselhaft und sprunghaft. Ziegen springen in jedes neue Abenteuer hinein.

Stellen Sie sich die behende Bergziege vor, die von feurigem Ehrgeiz beseelt ist, einen Steilhang hinaufzuklettern. Mit sicheren Sprüngen erklimmt sie den Gipfel. Nun kommt der Stier hinzu. Und was macht er mit der leichtfüßigen Ziege? Er bringt sie dazu, sich hinzusetzen und in der Gegend herumzuschauen, ein paar wilde Blumen zu betrachten, die am Boden wachsen, sich in einer

Pfütze zu bewundern und auf dem Gipfel zu campieren, bis er neuen Antrieb verspürt, den nächsten Berg zu bezwingen.

Stier und Ziege können sich gegenseitig ergänzen. Langsamkeit paßt gut zu der Ziege, die sicher zu Fuß ist. Ebenso verhält es sich mit Logik und Erfindungsgeist. Geduld verbindet sich gut mit Ausdauer. Diese Wesensmerkmale vermitteln uns den Eindruck, als handle es sich bei Stier/Ziegen um absolut ausgeglichene und ruhige Menschen. Stier/Ziegen besitzen tatsächlich Gemütsruhe.

Aber hinter den Kulissen finden wir Bestimmtheit im Gegensatz zu einem Mangel an Voraussicht und Willensschwäche als Gegenstück zu Eigensinn. Diese gegensätzlichen Charakterzüge liegen in ständigem Kampf miteinander. Diese Widersprüchlichkeit verunsichert die Seele der Stier/Ziegen natürlich aus materiellen Gründen. Ab und zu sind sie deshalb ängstlich und pessimistisch. Ihre Persönlichkeit nimmt dann Züge an, die an einen Mephisto erinnern.

Wie wirkt sich dies im Alltagsleben der Stier/Ziegen aus? Nun, ich habe schon so einige Erfahrungen mit Stier/Ziegen gemacht. Sie leiden unter erschreckenden Anfällen von Frustration, Selbstzweifeln und sogar Gewalttätigkeit.

Stier/Ziegen fühlen sich stark angezogen zu allem, was schön ist. Sie besitzen mehr untrüglichen guten Geschmack als mancher andere. Normalerweise sind Stier/Ziegen immer damit beschäftigt, etwas zu bauen, zu kreieren, zu erfinden, zu interpretieren oder auszuschmücken. Und wenn sie gerade einmal nicht in einer dieser Aktivitäten engagiert sind, ziehen sie sich aufs Land zurück und brüten ihren nächsten genialen Plan aus.

Dieses Bild gerät nur dann ins Wanken, wenn man den Stier/Ziege-Menschen daran hindert, seine brillanten Einfälle umzusetzen. Finanzielle Angelegenheiten langweilen sowohl den Stier als auch die Ziege. Sie sind meist unfähig, ihre Werke in schnelles Geld umzusetzen. Dazu fehlt ihnen der nötige Antrieb. Außerdem werden sie sehr schnell ärgerlich. Wenn es jemand wagen sollte, etwas an ihrer Darbietung zu bemängeln, lassen sie ihn erst einmal gewähren. Dann kochen sie vor Wut. Aufgeben werden sie bestimmt nicht. Ihre Träume bleiben unversehrt. Aber der Bösewicht wird nicht ungestraft bleiben. Handgreiflichkeiten sind dabei nicht ausgeschlossen.

Stier/Ziegen können nicht über ihre Frustration sprechen. Sie gehören nicht zu den weinerlichen Menschen, die um Mitleid heischen. Darüber hinaus können sie sich nur schwer Gehör verschaffen. So sind sie entweder friedlich oder sie sind irgendwo anders, wo sie in ihren Träumen schwelgen können. Sie leben nach einem eigenen Zeitplan und nach ihrem eigenen Geschmack. Kommen Sie keinem der beiden in die Quere, und der Stier/Ziege-Mensch wird glücklich darüber sein, sein restliches Leben an Ihrer Seite zu verbringen.

Liebe

Wenn Sie den aufgebrachten Stier/Ziege-Menschen von seinen diversen Ex-Männern, Ex-Frauen, Ex-Teilhabern usw. reden hören, könnten Sie den Eindruck gewinnen, daß es sich bei diesen ohne Ausnahme um Diebe und Gauner gehandelt hat. Stier/Ziegen haben ein starkes Bedürfnis, geliebt und umsorgt zu werden. Sie brauchen enorm viel Sicherheit und sind nicht sehr begabt, selbst für ihre Sicherheit zu sorgen. Darüber hinaus brauchen sie Anerkennung. Aber selbst können sie anderen nicht sehr viel Anerkennung schenken. Man muß sie einfach für ihre zeitweise Fröhlichkeit lieben, die sie verbreiten können. In der Liebe zeigen sie wenig Ausdauer. Bei dem kleinsten Vergehen, wie einem vergessenen Geburtstag oder Hochzeitstag, werfen sie das Handtuch. Rosen und Geschenke zum Valentinstag haben große Bedeutung für sie. Aber es kann passieren, daß sie ihre Katze über Nacht im Kühlschrank vergessen. Stier/Ziegen können ernsthafte Partner zur Verzweiflung bringen.

Und doch brauchen Stier/Ziegen Partner, die es ernst meinen. Sie können in keiner Zweierbeziehung leben, in der sie die Hosen anhaben, einkaufen gehen und das Baby baden müssen. Stier/Ziegen können nur eines: schöpferisch sein. Sie haben kein Zeitgefühl, kein Gedächtnis für irgend etwas, was über die Nummer der Kreditkarte ihres Ehegatten hinausgeht, und sie weigern sich standhaft, einen Grund zu sehen, warum sie sich ändern sollten.

Wenn Sie bereit sind, stark und ausdauernd zu sein und den Alltag eines bewundernswerten, aber handgreiflichen und etwas verrückten Künstlers zu bewältigen, dann sollten Sie sich einen Stier/Ziege-Menschen einfangen. Ich bin sicher, daß viele von ihnen vergeudet werden. Stier/Ziegen frönen der Untätigkeit. Ihre Stier/Ziege hängt wahrscheinlich gerade in irgendeiner Kneipe herum und wartet darauf, von Ihnen entdeckt zu werden.

Passende Partner

Sie mögen Fisch/Schweine und Pferde. Jungfrau/Katzen schmeicheln Ihnen, und das kultivierte Jungfrau/Schwein versetzt Sie in Trance. Auch Steinbock und Krebs/Affen und Pferde gefallen Ihnen, aber sie sind sehr gefragt, deshalb müssen Sie sich beeilen. Versuchen Sie es nicht mit Löwe/Ochsen oder Hunden. Gehen Sie auf Abstand bei Skorpion/Tigern und Ochsen und machen Sie, daß Sie davonkommen, wenn Sie einen Wassermann/Hund oder Tiger sehen. Der kosmische »Touch« dieser Zeichen bekommt Ihnen nicht.

Heim und Familie

Die häusliche Situation von Stier/Ziegen hängt davon ab, von wem sie abhängig sind. Wenn die Einheit der Familie gewährleistet ist und die treibende Kraft in der Familie ihm eine fruchtbare und komfortable Umgebung schafft, in der sich der Stier/Ziege-Mensch verwirklichen kann, gibt er einen guten Vater oder eine gute Mutter ab.

Stier/Ziegen spielen gerne, toben gerne mit ihren Kindern herum und zeigen ihnen, wie man die schönen Dinge des Lebens genießt. Sie finden einen Stier/Ziege-Menschen womöglich im Keller, wo er ein neues Spielzeug für das Baby entwirft, oder in der Küche, wo er kleine Napfkuchen backt, auf denen er die Gesichter der einzelnen Familienmitglieder modelliert hat. Natürlich müssen Sie damit rechnen, daß das Spielzeug erst dann fertiggestellt ist, wenn Ihr Baby bereits volljährig ist und der Kuchen trocken geworden ist, bis das letzte Gesicht den letzten Kuchen ziert. Einer muß den Stier/Ziege-Menschen die Kellertreppe hinaufstoßen oder ihn aus der Küche jagen, damit er zum Dessert im Eßzimmer erscheint.

Als Kinder müssen Stier/Ziegen geduldig dazu angehalten werden, ihr Spielzeug aufzuräumen, ihre Hausaufgaben zu machen und erst einmal aufs Thermometer zu schauen, bevor sie nur mit einem T-Shirt bekleidet in die frostige Welt hinausgehen. Das Stier/Ziege-Kind braucht Eltern, die für es sorgen. Natürlich ist es ausgesprochen charmant und geschickt mit seinen Händen. Es braucht Disziplin und eine feste, aber liebevolle Hand, die ihm nicht alles abnimmt, aber langsam das Band löst, das es so fest an sein Zuhause bindet. Wahrscheinlich verbirgt sich in dem Stier/Ziege-Kind ein kleines Genie. Aber es bleibt faul, wenn man es nicht fürsorglich behandelt.

Stier/Ziegen sind Wasser auf die Mühlen aller Mütter dieser Welt.

Aber ich würde mich nicht allzusehr auf ihren beruflichen Orientierungssinn verlassen, der sie womöglich nicht viel weiter bringt als bis vor die Haustür. Es sei denn, ein anderer erkennt ihre Genialität und ist bereit, dafür sein eigenes Leben zu opfern, nur Ihrem Wunderkind zuliebe.

Beruf

Ich kann den Stier/Ziegen nur schwer raten. Ich weiß nämlich auch nicht, wie man ihre Nachlässigkeit ohne Gewaltanwendung ändern könnte. Ich gehöre, wie Sie mittlerweile wissen, zu den dynamischen Menschen. »Wenn du dich nicht danach fühlst, etwas zu tun, tu es trotzdem«, ist mein Motto. Das paßt natürlich nicht besonders zu Stier/Ziegen. Was also hilft in diesem Fall? Vielleicht eine Unmenge an Liebe, Wärme, Zärtlichkeit, Ausdauer, Ermutigung und blindes Vertrauen in das Werk der Stier/Ziege. Ich würde sagen, daß Stier/Ziegen, die den Gipfel, den sie erklimmen wollen, schon im Alter von fünfzehn Jahren erspäht haben und sich schließlich mit ungefähr vierzig Jahren anschicken, ihn in Angriff zu nehmen, noch früh dran sind im Vergleich zu anderen Stier/Ziegen, die ihre Herausforderung noch nicht so zeitig gefunden haben. Stier/Ziegen müssen von Reichtum, Beifall, klugen Ratgebern und Verbündeten umgeben sein, die Nerven haben wie Drahtseile. Jedoch ist diese weise Voraussicht den Stier/Ziegen nicht angeboren. Würde jemand wohl so gut sein und ihnen einen Schubs gegeben, damit sie von der Startlinie wegkommen?

Berühmte Stier/Ziegen: Laurence Olivier, Honoré de Balzac, Rudolf Valentino (Charme, Talent, Komfort und nochmals Talent).

STIER/AFFE

»Ich habe«
Erde, Venus, Fix

»Ich plane«
Metall positiv, Yin

BEGEISTERUNGSFÄHIGKEIT	GEDULD	IMPROVISATIONSTALENT	FÜHRUNGSNATUR
ZIELSTREBIGKEIT	LOGIK	SCHLAUHEIT	INTELLIGENZ
FLEISS	SENSIBILITÄT	STABILITÄT	EIFER
TRÄGHEIT	SCHLEMMEREI	TÄUSCHUNG	SELBSTBEZOGENHEIT
VOREINGENOMMEN	SELBSTZUFRIEDENHEIT	TRICKREICH	ALBERNHEIT
WIDERSPENSTIG	EIFERSUCHT	GESCHWÄTZIG	OPPORTUNISMUS

Hier haben wir es mit einem Affen zu tun, dessen List und Betrügerei sein Leben lang im Zaum gehalten wird. Der Stier macht den geschäftigen und agilen Affen seßhaft. Dies ist eine günstige Zeichenkombination.

Stier/Affen sind im wesentlichen stabil. Ihr inneres Gleichgewicht sticht alle anderen Zeichen aus. Wie jeder andere auch, haben Stier/Affen ihre seelischen Hochs und Tiefs, aber sie unterscheiden sich von anderen Menschen dadurch, daß sie mit einem Trauma besser fertig zu werden scheinen als die meisten anderen. Wenn sie von einem Verlust oder einem tragischen Ereignis betroffen sind, bleiben sie dennoch gelassen. Natürlich sind sie über den Tod eines nahestehenden Menschen bekümmert, vergehen vor Gram um einen Geliebten und können herzzerreißend mit uns schluchzen. Aber sie sind auch die ersten, die ihr Haupt von einem naßgeweinten Kissen erheben, sich festen Fußes auf den Boden stellen und beschließen, daß sie nun für bessere Zeiten sorgen werden.

Ich beschreibe jedoch nicht die Schachtelmännchen-Taktik des Hahnes, der nie allzusehr berührt ist und deshalb immer als erster wieder den Kopf über Wasser hat. Stier/Affen sind immerhin Stiere. Sie können sehr tief empfinden und sind in ihren emotionalen Angelegenheiten stark engagiert. Aber sie sind sensibel. Sie wissen instinktiv, wann sie aufgeben müssen. Sie haben keine Angst davor, sich geschlagen zu geben, wenn sich keine Alternative bietet. Stier/Affen haben Köpfchen.

Affen, die im Stier geboren sind, sind realistisch. Sie geben sich keinen leeren Träumereien nach Dingen hin, die sie niemals erreichen können. Stier/Affen sind gemäßigt, gehen methodisch an alle Aufgaben heran und geben nichts auf schnell erzielte Resultate. Man kann sich immer auf sie verlassen, wenn sie einem versprochen haben, einen Gefallen zu tun, einen zu einem Treffen mitzunehmen oder einen Kredit zu gewähren. Sie antworten immer kategorisch mit »Nein, das geht nicht«, oder lächeln mit »Ja, gerne«. Und sollten sie einmal außer Kontrolle geraten und aus der Rolle fallen, werden sie zu gegebener Zeit anrufen oder schreiben, um sich zu entschuldigen.

Die innere Ausgeglichenheit ist die größte Tugend der unter diesem Zeichen Geborenen. Wenn man sich gut in der Welt fühlt, steht dem Glück tatsächlich nichts mehr im Wege. Stier/Affen zweifeln selten an sich. Natürlich haben sie Augenblicke, wo sie in Panik geraten. Aber Sie werden keinem Stier/Affen begegnen, der jammernd umherläuft und erzählt, wie schlecht es ihm geht. Statt dessen wird er sein Leid dazu benutzen, seine besten Seiten hervorzukehren, indem er anderen Vertrauen gibt, und selten, wenn überhaupt, wird er seinen Kollegen die Schuld für seine eigenen Fehler geben.

Der Stier/Affe ist sich seiner Kraft bewußt. Deshalb kann ihn ein lautstarker Löwe/Drache oder ein schlagkräftiger Widder/Ochse, der sich in Pose setzen möchte, kaum aus der Ruhe bringen. Die Führungsqualitäten von Stier/Affen sind so offensichtlich, daß sie genau wissen, daß ihnen der Thron schließlich überlassen wird.

Stier/Affen sind auch sehr gütig. Sie machen jeden Umweg, um jemandem eine helfende Hand zu reichen oder einen kranken oder verärgerten Freund aufzuheitern. Aber trotz ihrer geistigen Großzügigkeit sind Stier/Affen die Unabhängigkeit in Person. Sie brauchen keine Begleitung für Aktivitäten wie Kino- oder Konzertbesuche, Reisen, Essen gehen, Tanzen usw. Nicht, daß sie Gesellschaft nicht mögen. Aber sie leben so sehr im Einklang mit ihrem eigenen Lebensrhythmus, daß sie keine andere Meinung brauchen, um zu wissen, was ihnen im Leben Spaß macht. Wenn Sie also einen Stier/Affen brauchen, können Sie ihn anrufen und um Hilfe bitten. Aber wenn Sie nicht SOS an den Himmel schreiben, kann es sein, daß er sich gerade auf einer Radtour durch Osteuropa befindet.

Es scheint, als könnten wir an diesem Ausbund an Stabilität keinen Makel finden. Dennoch, die Leute beklagen sich über Stier/Affen. Es heißt, daß sie so viel Selbstvertrauen und Pep besitzen, daß sich andere dagegen wie kleine Würstchen vorkommen. Sein Charakter ist so integer, daß andere im Vergleich dazu das Gefühl haben, im Boden versinken zu müssen. Stier/Affen sind aber auch bescheiden. Deshalb kann man sie ihrer Großartigkeit nicht einmal bezichtigen. Sie sind intelligent und lustig, gute Zuhörer und aufrichtig bis zum Äußersten. Sie sind hingebungsvoll und unkompliziert. Aber versuchen Sie nie, einen Stier/Affen in die Enge zu treiben. Sie werden es kaum schaffen. Erwarten Sie nicht, daß er herumhängt und Trübsal bläst, wenn Sie ihn zurückweisen oder gekränkt haben. Er ist zu sehr eins mit sich selbst, und darin liegt seine unschlagbare Kraft.

Liebe

Wie wir alle wissen, ist Treue ein relativer Begriff. Jeder hat eine andere Vorstellung davon, was es bedeutet, in der Liebe beständig zu sein. Für einen Stier/Affen steht Treue in Beziehungen in direktem Zusammenhang mit Loyalität, Freundschaft und Hingabe. Dieser Mensch ist sehr dazu geeignet, andere zu lieben. Doch er wird sich niemals auf dauerhafte Beziehungen oder eine Ehe einlassen, die seine Autonomie bedroht. Für den Stier/Affen sind gegenseitiger Respekt und Freiheit gleichbedeutend mit Liebe.

Ich habe noch keinen Stier/Affen kennengelernt, den die Leidenschaft für einen anderen Menschen umgebracht hätte. Unfähigkeit ist sein Tod. Wenn er fühlt, daß seine Knie weich werden und sein Magen kribbelt, macht er sich augenblicklich aus dem Staub, am liebsten auf nette Art und ohne verletzende Worte. Der Stier/Affe wünscht eine lebenslange Liebesbeziehung, aber die Zugeständnisse, die eine solche Verbindung mit sich bringt, halten ihn davon ab. Die Aussicht auf endlose langweilige Abende am heimischen Herd lassen ihn davor zurückschrecken, schon mit jungen Jahren zu heiraten. Und wenn er schließlich alt genug ist, um eine Liebesbeziehung zu akzeptieren, hält er sich womöglich für zu alt und in seinem eigenen Lebensstil festgefahren, um sich noch zu binden.

Diesem Charakter haftet etwas von einem ewigen Kind an. Stier/Affen sind charmant, aber flüchtig. Es sind ruhelose Seelen, die sich oft in ihrer Vorstellung in einer liebevollen und geborgenen festen Liebesbeziehung sehen. Aber oft enden sie wie Peter Pan, der von Wendy und den anderen Jungen zurückgelassen wurde und sich nun ganz allein durchs Niemandsland schlagen muß.

Passende Partner

Normalerweise passen Sie gut zusammen mit Krebs, Jungfrau, Steinbock und Fische/Drachen. Drachen und Affen haben großen Respekt voreinander. Sie kommen auch mit Krebs, Jungfrau und Steinbock/Ratten gut zurecht. Für eine Beziehung auf Lebenszeit würde ich mich nach einer Fisch/Ratte umtun. Sie sind lieb und starrköpfig zugleich. Ich sehe nicht, warum Sie es nicht einmal mit einem Skorpion/Tiger versuchen sollten, aber astrologisch gesehen sind diese Verbindungen nicht von Dauer. Die Finger lassen sollten Sie von Skorpion/Schlangen und Wassermann/Drachen. Vergessen Sie Löwe/Ochsen, Tiger und Pferde. Sie sind zu egozentrisch für Sie.

Heim und Familie

Stier/Affen geben fabelhafte Partner ab (wenn es jemals dazu kommt). Sie sind ernsthaft und fürsorglich, amüsant und verspielt. Und natürlich sorgen sie immer für das Wohl ihrer Familie.

Als Geschwister, Tanten und Onkel, Cousins oder Cousinen sind Stier/Affen eine Wucht. Das Element liberaler Bewegungsfreiheit, das in diesen platonischen Familienbeziehungen steckt, entspricht dem Naturell des Stier/Affen. Er wird seinem Neffen das außergewöhnlichste Spielzeug mitbringen und seine Cousins auf Reisen in ferne Länder mitnehmen. Er bietet gerne seine Beteiligung bei Familienprojekten an oder baut einen neuen Swimming-Pool im Garten seiner kleinen Schwester.

Damit sich ein Stier/Affe-Kind gesund entwickeln kann, müssen ihm seine Eltern viel Freiheit gewähren, damit es seine Privatsphäre gestalten kann. Stier/Affen-Kinder gehen viel zu oft ihre eigenen Wege, um einem anhänglichen Vater oder einer klammernden Mutter zu gefallen. Eine erstickende familiäre Atmosphäre verlassen sie bei der erstbesten Gelegenheit. Wenn man sicherstellen will, daß dieses Kind ein glücklicher Erwachsener wird, muß man ihm stets die Wahl lassen und darf es niemals dazu zwingen, daß es gegen übermäßige Autorität ankämpfen muß. Und was auch immer Sie als Eltern dieses begabten Erfolgsmenschen tun, er wird sich bald aufmachen, um sein Glück in der Welt zu suchen.

Beruf

Stier/Affen geben gerne Geld aus. Deshalb wissen sie gewöhnlich auch, wie man es verdient. Wie ich bereits gesagt habe, sind sie fleißig und bereit, in allen Situationen behilflich zu sein. Aber diese Eigenschaft hindert sie nicht an ihrem eigenen beruflichen Fortkommen.

Stier/Affen sind auch sehr umgänglich. Sie machen gerne neue Bekanntschaften, tauschen Ideen aus und lernen neue Methoden. Verkauf und Public Relations sind geeignete Betätigungsfelder für diese Menschen, ebenso Journalismus und Medizin. Das wichtigste bei der Berufswahl ist natürlich, daß die Mobilität gewährleistet ist. Der Stier/Affe kann womöglich ein hervorragender Photograph sein. Sollte er aber gezwungen sein, in einem muffigen Büro zu sitzen und in einem kalten, weißen Studio Baby-Photos zu machen, wird sein Talent verpufft sein, noch bevor er es zur Anwendung bringen konnte. Er haßt es, eingeschränkt zu sein. Aber wenn Sie ihn ins dickste Getümmel der Mode- oder Werbebranche schikken, dann werden sie seinen Photoapparat nur so surren hören.

Stier/Affen brauchen in erster Linie eine gründliche und liberale Ausbildung. Ein fauler Stier/Affe ist nie glücklich. Es gibt nur wenige Gebiete, auf denen er sich nicht erfolgreich betätigen könnte, und er fühlt sich besonders zu denen hingezogen, die seine Neugierde wecken. Wenn er erst einmal über sein Grundwissen auf einem Gebiet verfügt, das ihn interessiert, kann er es selbst weiter vertiefen und braucht lange Zeit keine Unterstützung dabei.

Berühmte Stier/Affen: Leonardo da Vinci, Harry Truman, Jill Clayburgh, Papst Johannes Paul II.

STIER/HAHN

»Ich habe«		*»Ich besiege«*	
Erde, Venus, Fix		*»Metall negativ, Yang*	

BEGEISTERUNGS-	GEDULD	BIEGSAM	KONSERVATIV
FÄHIGKEIT	SENSIBILITÄT	ENTHUSIASMUS	CHIC
ZIELSTREBIGKEIT	LOGIK	OFFENHEIT	HUMOR
WIDERSPENSTIG	FLEISS	KECKHEIT	PEDANTERIE
VOREINGENOM-	TRÄGHEIT	ÜBERHEBLICHKEIT	DIKTATORISCH
MENHEIT	SCHLEMMEREI	BLINDES VER-	VERSCHWEN-
SELBSTZUFRIEDEN	EIFERSUCHT	TRAUEN	DUNG

Stiere, die im Jahr des Hahnes das Licht der Welt erblickten, sind durch große Weisheit und starke Autorität charakterisiert. Sie sind extrem ich-bezogen. Der Stier verleiht diesen Menschen unerschütterliche Zielstrebigkeit und Bestimmtheit. Der Hahn verleiht ihnen Enthusiasmus und blindes Vertrauen. Von Kindheit an zeigen Stier/Hähne eine Tendenz zu dominieren. Damit möchte ich nicht sagen, daß Stier/Hähne politische Führer sind. Das ist nicht der Fall. Sie werden nicht in ein bestimmtes Amt gewählt oder erhalten bei einem Fußballspiel Beifall für ihren Teamgeist. Sie werden auch nicht vor ihren Kindern als der beste Vater oder die beste Mutter auf der ganzen Welt gepriesen. Stier/Hähne sind ganz einfach furchtlos und von Natur aus prominent.

Ihre Überlegenheit bedeutet aber nicht unbedingt, daß sie tyrannisch sind. Stier/Hähne sind nicht daran interessiert, das Leben, die Karriere oder das spirituelle Leben anderer zu beeinflußen nur um des Machtgewinns willen. Doch da sie so überlegen sind, findet man sie häufig in hohen Positionen. Selbst wenn man wollte, könnte man diese Menschen kaum in eine niedrige Position versetzen. Unterordnung macht Stier/Hähne nicht gerade verrückt, neurotisch oder ärgerlich wie einen Stier/Ochsen. Aber Unterwerfung paßt einfach nicht zu ihnen. Unterordnung und Stier/Hahn sind ein unvereinbares Gegensatzpaar, das einfach nicht bestehen kann.

Da Stier/Hähne natürliche Macht besitzen (nicht künstlich erworbene, wohlgemerkt), haben sie viel Mitgefühl. Sie werden bei Stier/Hähnen in Ihrem Bekanntenkreis feststellen, daß sie in heiklen Situationen immer Partei für den Schwächeren ergreifen, der unfairen und autoritären Machenschaften ausgesetzt ist. Stier/Hähne wollen immer Menschen aus der Patsche helfen, die ihrer Meinung nach weniger dazu in der Lage sind, mit diesem komplizierten Leben fertig zu werden. Man kann immer auf den Stier/Hahn zählen, wenn es darum geht, den Schwächeren die Stange zu halten oder sich für die Vorteile einzusetzen, die dafür sprechen, einen Behinderten einzustellen.

Wegen ihres Einsatzes für die Minderbemittelten und Schlechtergestellten verlieren sich Stier/Hähne oft in einem Kampf, den sie im Namen einer anderen nicht so glücklichen Seele austragen. Was als Mitleid oder Wohltätigkeit begonnen hat, kann sich zu wahrer Leidenschaft entwickeln. Wenn er nicht aufpaßt, ist der Stier/Hahn ganz schnell in eine gesunde Liebesaffäre verstrickt. Schwächlinge hegen insgeheim den Wunsch, der Herrscher zu sein. Innerhalb der Grenzen einer Liebesbeziehung oder auch einer Freundschaft kann es passieren, daß der Stier/Hahn plötzlich von dem anderen beherrscht wird. Ich habe einige Stier/Hähne gekannt, deren Willen von einem dieser schwachen und unglücklichen Menschen gebrochen wurde. Die Starken fühlen sich natürlich unwiderstehlich zu den Schwachen hingezogen. Mitgefühl ist ein schönes Gefühl. Aber laß dich ja nicht von den ewigen Heulsusen hereinlegen, Stier/Hahn! Natürlich sollst du Menschen in Not helfen. Aber laß sie nicht in deine Federn kriechen!

In ihrem Lebensstil personifizieren Stier/Hähne all die Eigenschaften, die ich an ländlichen Gegenden am meisten liebe. Erdverbundenheit, Solidität, Reinheit, Sinnlichkeit und Großzügigkeit. Sie sind darin begabt, die Ordnung im Chaos der Natur zu erhalten. Und sie besitzen gerade das richtige Maß an Triebkraft, um ihre Projekte auch in die Tat umzusetzen.

Stier/Hähne haben ein Eß-Problem. Um ehrlich zu sein, ich habe noch nie einen Stier/Hahn getroffen, der mager war. Der Hang zur Gefräßigkeit des Stiers in Verbindung mit der begeisterten Abenteuerlust des Hahns ergibt einen gewissen epikureischen Zug. Stier/Hähne sind gewissenhafte Menschen, daher wissen sie, wie man sich diszipliniert und Diät hält. Aber der Hang zum guten – fast ein wenig zu guten – Leben überwiegt.

Stier/Hähne sind sehr bodenständig. Obgleich es oft anders

scheint (ein gewisses gockelhaftes Auftreten und verrückte Gewohnheiten, sich zu kleiden), sind diese Menschen in ihrem tiefsten Innern unerschütterlich konservativ. Und sie sind oft sehr, sehr intelligent. Für einen Stier/Hahn ist es ganz normal, alle vier Grundschulklassen auf einmal zu machen und mit zwölf Jahren bereits an der Harvard-Universität zu studieren. Stier/Hähne brauchen nicht unbedingt den Smalltalk mit anderen, und es stört sie nicht besonders, wenn sie nicht in eine Gruppe passen. Da sie anderen um Längen voraus sind, haben sie ungezählte Erfolge, die sie auf ihre ganz eigene und unabhängige Weise erreichen.

Die Flatterhaftigkeit der Hähne wird durch den Stier gebremst. Der Stier ist eine Quelle des Gefühls. Gefühle gehen dem Stier/Hahn so tief unter die Haut, daß nicht einmal der robuste Hahn vor gelegentlichen Phasen der Schwermut bewahren kann. Verluste, Trennungen, Scheidungen oder nur Veränderungen treffen ihn tief. Dann steckt er bis über den Hals im Schlamm, heult und brütet vor sich hin. Nur die Zeit kann seine Wunden heilen. Zeit und Liebe – und viel ernsthafte und harte Arbeit.

Liebe

Obwohl Stier/Hähne in der Regel sehr ernsthafte Menschen sind und zu keinen Ausschweifungen neigen, schlägt die Wahl ihrer Partner oft ins Gegenteil um. Hähne, die im Stier geboren sind, wollen unterhalten werden. Ihr Leben ist eh schon ernst genug. Sie haben das Gefühl, daß ihnen ihr Partner etwas mehr Leichtigkeit geben sollte. Sie werden den starken Stier/Hahn oft in Begleitung eines quirligen Partners sehen, der die ganze Zeit plappert und viel lächelt. »Was findet er nur an diesem Luftikus?« könnten Sie sich fragen. Nun, Spaß, Heiterkeit, Freude, Vergnügen, Blödelei, Offenherzigkeit. Alle Elemente, die der ernsten Natur des Stier/Hahns fehlen.

Stier/Hähne sind bis zu einem gewissen Punkt treu. Sie sind aber keine Süßholzraspler, die auf Typen schwören, welche ihnen versprechen, daß sie ohne sie nicht leben könnten und ihnen ewig treu sein werden. Nein. Der Stier/Hahn steht über solchen Schwüren. Aber seine Herzensangelegenheiten gehen sehr tief und sind nicht leicht zu lösen. Seine Leidenschaft ist sehr stark. Wenn sich eine Stier/Hahn-Dame auf einer Geschäftsreise einmal ein wenig auf Abwege begeben hat, wird sie zu ihrem Lebenspartner so verliebt zurückkehren, wie sie ihn am Dienstag verlassen hat, als die das Flugzeug bestieg. Da können Sie sicher sein. Diese Menschen machen keine wirklichen Seitensprünge, wenn sie ihren Partner aufrichtig lieben.

Sollten Sie einen Stier/Hahn lieben, achten Sie darauf, daß Sie ihm nicht zu schwer auf seiner scheinbar unerschütterlichen Seele lasten. Diese Menschen scheinen emotionell stabiler, als sie in Wirklichkeit sind. Wenn eine schwarze Wolke über dem Haupt Ihres Stier/Hahns schwebt und seine Laune sich für eine ganze Woche verdüstert, müssen Sie tapfer sein. Besorgen Sie das leckerste Essen und die besten Getränke, die Sie bekommen können. Sorgen Sie dafür, daß das Abendessen bei Kerzenschein auf dem Tisch steht, wenn Ihr Stier/Hahn nach Hause kommt. Warten Sie, bis er ein winziges bißchen beschwipst ist, und fangen Sie dann an zu reden. Und reden Sie schnell. Fragen Sie, was nicht in Ordnung ist. Bestehen Sie darauf, daß er Ihnen antwortet. Zeigen Sie ihm Ihr Mitgefühl. Seien Sie unterhaltsam. Tragen Sie Ihr Herz auf der Zunge. Stier/Hähne müssen auch weinen. Aber sie geben es nicht gerne zu. Es liegt an Ihnen, Ihrem Stier/Hahn dazu zu verhelfen, daß er seine Gefühle zum Ausdruck bringt. Er wird es Ihnen ewig danken.

Passende Partner

Die stärkste Anziehung empfinden Sie zu Krebs, Jungfrau und Steinbock/Ochsen, Drachen oder Schlangen. Fische/Ochsen oder Schlangen gefallen Ihnen ebenfalls. Verplempern Sie Ihre Zeit nicht mit Löwe/Katzen oder Hähnen. Ihre Eitelkeit gerät mit Ihrer eigenen aneinander. Wassermann und Skorpion/Hunde und Katzen zählen auch nicht gerade zu Ihren Favoriten. Mit ihnen gibt es zuviel Konkurrenzkampf um die Autorität.

Heim und Familie

In allen Angelegenheiten, die mit ernsthaften und tiefgründigen Aufgaben verbunden sind, ist der Stier/Hahn ein As. Das Familienleben mit allen seinen gefühlsmäßigen Banden ist das Höchste für den alten Stier/Hahn. Je mehr Kinder er hat, um so besser. Je mehr Parties, Geburtstage, Feiertage und Hochzeiten Stier/Hähne feiern können, um so glücklicher sind sie. Sie brauchen Unterhaltung und müssen dazu gebracht werden, daß sie Spaß an sich selbst haben. Sie sind das ideale Publikum für alle Arten von familiärem Schabernack.

Auch als Geschwister, Cousins und Cousinen, Onkel und Tanten machen sich Stier/Hähne hervorragend. Da sie sehr pflichtbewußt sind, vergessen Sie niemals, ihre greisen Verwandten anzurufen oder der alten Tante zuliebe Muttertag zu feiern. Sie sind sehr enttäuscht, wenn irgendwelche Familienmitglieder ihre Zuneigung oder Hilfe zurückweisen. Stier/Hähne sind dominante Menschen. Sie kaufen Ihnen ein neues Tafelservice, wenn Sie eines brauchen. Aber wenn Ihnen die Teller nicht gefallen und Sie zeigen es auch noch, werden sie sehr böse. Am nächsten Tag werden Sie das Design des Geschirrs wunderbar finden. Ich möchte nicht unbedingt eine Schwiegermutter haben, die Stier/Hahn ist.

Ich habe eine Nichte, die im Zeichen Stier/Hahn geboren ist, siebenundzwanzig Jahre alt ist und eine gute Position als Managerin eines Warenhauses bekleidet. Gerne erinnere ich mich daran, wie sie als Kind war. Bevor ich eigene Kinder bekam, nahm ich Pamela oft mit ins Theater oder ins Kino. Einmal nahm ich sie mit in eine recht turbulente Aufführung eines Stückes, das »Der Feuervogel« hieß. Der Hauptdarsteller hatte ein buntes Vogelkostüm aus Papier an. An einem Höhepunkt des Stückes stürzte sich der Vogelmensch von der Bühne mitten ins Publikum. Die Kinder waren fürchterlich erschrocken (und ich auch), als diese riesige wildgewordene Kreatur durch das Publikum stolzierte. Ich wandte mich der kleinen Pam zu, um zu sehen, ob sie Angst hatte. Ihr Kindergesichtchen, das von ihren roten Haaren eingerahmt wurde, war blaß. Aber ihre großen dunklen Augen zeigten keinerlei Emotion. Ich beugte mich zu ihr und flüsterte: »Pam, hast du was?« Ich glaubte, ihre Blässe käme von der Angst vor dem wildgewordenen Feuervogel. Ohne ihren Kopf zu mir zu wenden, legte Pam ihren Zeigefinger an die Lippen, schaute unentwegt den Späßen des Vogelmenschen zu und machte nur: »Pssst!« Ganz klar, ich störte sie mit meiner dummen Besorgnis. So sind Stier/Hahn-Kinder, zäh, aber bewundernswert. Ich kann sie nur wärmstens empfehlen.

Beruf

Es gibt nichts, was ein Stier/Hahn nicht kann – außer sich unterzuordnen. Alle Berufe, die Autorität verlangen, entsprechen seinen Bedürfnissen. Stier/Hähne können auch problemlos ihr eigenes Geschäft führen. Jura, Medizin und Pädagogik sind geeignete Tätigkeitsfelder für sie. Der Stier/Hahn ist ein sehr fähiges Köpfchen.

Und Stier/Hähne sind nicht nur begabt, sie wissen auch, wie man seinen Lebensunterhalt verdient. Ich glaube nicht, daß sie sehr reich werden. An Wohlstand liegt ihnen nicht besonders viel.

Sie wollen es bequem haben. Aber sie sind nicht am Geld um des Geldes willen interessiert. Arbeit ist der wahre Freund des Stier/Hahns. Er liebt es, sich bei allem, was er tut, zu profilieren. Niederlagen und Mißerfolge kann er schlecht verkraften und sorgt daher dafür, daß er niemals untergeht. Jedoch kann es passieren, daß er die Kontrolle über die Lage verliert. Und wenn dem so ist, versucht er verzweifelt, wieder Ordnung in das Chaos zu bringen. Seine Anstrengungen sind enorm. Wenn er es aber doch nicht schafft, die Situation wieder in Griff zu bekommen, ist es schrecklich, Zeuge seines Mißerfolgs zu sein. Es ist einfach traurig, rührend und furchtbar schlimm. So etwas dürfte einem Stier/Hahn einfach nicht passieren.

Aber Sie können darauf vertrauen, daß der Stier/Hahn sich wieder nach oben kämpft und neue Wege findet, wieder an die Spitze zu kommen. Nichts kann ihn auf ewig entmutigen. Aber der Kampf nach oben wird lang und hart sein. Wir haben es hier nicht gerade mit einem Schmetterling zu tun.

Ein berühmter Stier/Hahn: Peter Townsend. Stier/Hähne sind wie rohe Diamanten. Natürlich, aber mächtig sensitiv!

STIER/HUND

»Ich habe«		*»Ich sorge mich«*	
Erde, Venus, Fix		*Metall positiv, Yin*	
BEGEISTERUNGS-	GEDULD	BESTÄNDIGKEIT	PFLICHTGEFÜHL
FÄHIGKEIT	SENSIBILITÄT	HELDENMUT	INTELLIGENZ
ZIELSTREBIGKEIT	LOGIK	ACHTBARKEIT	ANSTAND
WIDERSPENSTIG	FLEISS	UNSICHERHEIT	ZYNISMUS
VOREINGENOM-	TRÄGHEIT	KRITIKSUCHT	UNSOZIAL
MENHEIT	SCHLEMMEREI	SELBSTGERECHTIG-	TAKTLOSIG-
SELBSTZUFRIEDEN	EIFERSUCHT	KEIT	KEIT

Hier haben wir eine pflichtbewußte Kombination, die für Darbietungen aller Art begabt und mit ein wenig Schwermut behaftet ist, die leicht in Unzufriedenheit umschlägt. Lassen Sie mich das erklären. Stiere, die in Hunde-Jahren geboren sind, neigen dazu, sich viel zu beklagen. Sie finden an vielem, was das Leben zu bieten hat, einen Fehler. Und sie beschweren sich über das, was das Leben ihnen nicht bietet. Stier/Hunde haben einen ausgeprägten Sinn für Ungerechtigkeit. Sie verstehen nicht, warum es immer den Anschein hat, als bekämen sie die schlechteren Karten. Warum haben andere so viel Glück? Warum scheinen ihnen die Dinge nur so in den Schoß zu fallen? »Warum passieren mir nicht mal so wunderbare Sachen?« grübelt der unzufriedene Stier/Hund.

Stier/Hunde besitzen eine kindliche Unschuld gegenüber der Schlechtigkeit der Welt, die sie liebenswert macht. Sie sind an vielem interessiert und für vieles begabt. Gewöhnlich besitzen sie das Talent, die Menge zu unterhalten, und sie sind bereit, große Verantwortung auf sich zu nehmen. Trotz seines angeborenen Talents für Bestimmtheit und Achtbarkeit, Fleiß und sogar Heldenhaftigkeit, leidet der Stier/Hund unter einem schmerzlichen Mangel an Selbstvertrauen. Von Kindheit an ist er sich seiner selbst niemals ganz sicher. Aus dieser Unsicherheit heraus neigt er dazu, sich lieber zu verkriechen. Doch mit der Zeit, wenn er alt genug ist, sich seiner Aufgabe zu stellen, springt er mitten ins Rampenlicht. Stier/Hunde haben oft das Gefühl, noch nicht bereit zu sein. Dann finden sie tausend Ausreden, warum sie ihre Einmann-Show immer noch hinausschieben. Wenn sie nicht den richtigen Partner finden, der ihnen einen Stoß versetzt, sie genug liebt und umsorgt und auf die Bühne treibt, kann es passieren, daß er sich schließlich als Rentner wiederfindet und sich wundert, was aus seiner Lebensaufgabe geworden ist.

Dieser Mensch macht sich von Natur aus ständig Sorgen. Darüber hinaus ist er ein Perfektionist, der immer möchte, daß alles richtig und glatt läuft. Wenn das nicht der Fall ist, gibt er nicht nur sich selbst die Schuld dafür, sondern auch allen Menschen in seiner Umgebung. »Warum nimmst du die Dinge nicht ernster?« fragt der Stier/Hund seinen leichtfertigen Freund, Partner oder sein leichtfertiges Kind. »Warum siehst du nicht, wie wichtig die Sache ist?« schimpft er.

Wenn der Stier/Hund großen Erfolg hat, neigt er zu Selbstgefälligkeit. Er hat das Gefühl, für seinen Erfolg härter gearbeitet zu haben als andere. Er weiß, daß andere sich ihre Position mit diversen Tricks erschwindelt haben. Aber nicht der Stier/Hund! Niemals! Stier/Hunde sind immer die ersten, die sich für gute Menschen halten, die immer alles richtig machen. Sie kämpfen und bellen und knurren und schwitzen. Wenn sie dann zu Ruhm, Erfolg oder Anerkennung gelangen, bringen sie es fertig, einem zu eröffnen: »Ich verdiene das. Ich arbeite härter als alle anderen, und es wird Zeit, daß endlich jemand mein enormes Talent erkennt.«

Wie Sie sehen, hat es der Stier/Hund nicht gerade leicht im Leben. Wegen seiner Zurückhaltung wird er oft übersehen, mißverstanden oder ist überarbeitet.

Stier/Hunde sind gewissenhafter als die meisten anderen Leute. Und sie sind außerordentlich sensibel. Verbinden Sie diese Sensibilität mit der angeborenen Neigung zu Eifersucht und dazu, Besitz zu ergreifen, und Sie haben einen sehr unwirschen und aufbrausenden Charakter. Stier/Hunde sind unentschuldbar selbstbezogen. Aber glauben Sie ja nicht, daß sie sich nur eine Minute für geringer halten als Albert Schweitzer – fürsorglich, liebevoll, gebend, warmherzig, gütig und nachsichtig.

Stier/Hunde setzen sich für andere Menschen ein und sorgen für die Schwächeren. Sie sind liberal eingestellt und tun sehr viel, um Menschen zu helfen, die weniger glücklich sind. Sie können Situationen meistern, die hoffnungslos erscheinen. Ihre Fähigkeit, zu lieben und andere zu umsorgen, ist sehr, sehr stark.

Im allgemeinen sind diese Menschen großzügig und bereit, ihr letztes Hemd zu verschenken. Unter ihrer rauhen Schale haben sie ein weiches Herz. Stier/Hunde gehören zu der Sorte von Hunden, die knurren, wenn man sie zum ersten Mal sieht, und ehe man sich versieht, springen sie einem auf den Schoß und lecken einem das ganze Gesicht ab. Sie brauchen Ermutigung und eine Menge Applaus.

Liebe

Die zweifelnde Natur des Hundes ergibt im Zusammenhang mit der sturen, besitzergreifenden und feurigen Stier-Persönlichkeit einen konstanten, treuen und hingebungsvollen Liebhaber. Kein Berg ist ihm zu hoch und kein Fluß zu breit, um ihn für den Menschen, den er liebt, zu bezwingen. In Beziehungen hat er immer das Gefühl, daß er derjenige ist, der am meisten gibt.

Was Stier/Hunde manchmal übersehen, ist, daß man über einen enormen Humor verfügen muß, wenn man sie mit derselben Inbrunst lieben soll, mit der sie lieben. Um der Vollzeit-Liebhaber eines bissigen und kritischen Stier/Hunds zu sein, müssen Sie ein Komiker sein, ein Heiliger Bernhard oder ein Clown. Der erfolgreiche Partner eines Stier/Hundes findet an allem etwas Lustiges. Ansonsten wird die häusliche Atmosphäre von seinem Pessimismus verdüstert. Wenn Sie einen Stier/Hund lieben, bringen Sie ihn ständig zum Lachen.

Da Stier/Hunde unter einem so starken Minderwertigkeitsgefühl leiden, brauchen sie manchmal ausgesprochen ausgefallene Arten von Selbstbestätigung und Liebesbezeugungen: »Wenn du mich wirklich liebst, holst du mir jetzt eine Tüte Eiscreme mit Sahne, auch wenn es drei Uhr morgens ist und draußen ein Orkan tobt.« Oder: »Wenn du mich wirklich mögen würdest, würdest du meine Mutter einladen, den Rest ihres Lebens bei uns zu wohnen.« Diese außergewöhnlichen Forderungen sind nichts anderes als ein Schrei nach Liebe. Beantworten Sie sie mit Liebkosungen, wehren Sie ihnen mit Blumen, aber halten Sie sie, um Himmels willen, nicht für real – was auch immer Sie tun –, sonst kann es Ihnen am Ende passieren, daß Sie mit Ihrer Schwiegermutter unter einem Dach leben müssen, was Sie beide sehr bedauern werden.

Passende Partner

Die Liebe blüht zwischen Ihnen und Krebs, Jungfrau, Steinbock und Fische/Katze, Pferden und Tigern. Diese Verbindungen passen zu Ihrem ungestümen und pessimistischen Wesen. Sie müssen aufgeheitert werden, brauchen einen Optimisten und manchmal einen Tritt in den Hintern. Aber nicht von Löwe, Skorpion oder Wassermann/Tigern, Drachen oder Ziegen. Deren Motive sind nicht rein altruistisch. Ihre dagegen sind es fast immer.

Heim und Familie

Der Stier/Hund macht nicht viel Getue um seine Umgebung. Gewöhnlich mag er es, wenn seine Einrichtung praktisch ist, und er bevorzugt warme Farben. Aber ob er nun den neuesten Sessel aus Barcelona in modernem oder antikem Design hat oder nicht, ist nicht von Bedeutung für ihn. Vielmehr geht es ihm darum, alles nach seinem ganz persönlichen Geschmack einzurichten. Es kann sein, daß er in einem Hotelzimmer erst einmal die Möbel umstellt oder Poster an den Wänden eines gemieteten Ferienhauses anbringt. Er braucht eine anheimelnde und geborgene Atmosphäre. Alles, was aus Plastik ist, verabscheut er.

Die Familie steht bei Stier/Hunden hoch im Kurs, obwohl sie oft von Kindheit an eine Quelle bitterer Enttäuschung für ihn ist. Wo ein Bedürfnis nach Hingabe und Pflichterfüllung und ein Drang nach Verläßlichkeit ist, können Sie immer auf diesen treuen Gefährten zählen. Was seine Kinder angeht, ist er fürsorglich und ernsthaft zugleich. Es kann sein, daß er ein wenig streng mit seinen Kindern ist, aber nur, weil er möchte, daß sie einmal glücklicher werden, als er es jemals in seinem Leben war. Der Stier/Hund glaubt fest daran, daß Selbstdisziplin eines der Geheimnisse des Glücks ist. Achten Sie einmal darauf: wenn ein Stier/Hund sich einmal zu einer Ausschweifung hinreißen läßt, ist es furchtbar mitanzusehen, welch schlechtes Gewissen er hat und wie schwer er sich selbst dafür bezichtigt. Er möchte über jeden Vorwurf erhaben sein.

Das Stier/Hund-Kind wird Ihnen zunächst sehr schweigsam erscheinen. Es ist nicht leicht zu erkennen, was in ihm vorgeht, und es braucht eine Menge Aufheiterung. Dieses Kind wird gehorchen und versuchen, den Wünschen seiner Eltern gerecht zu werden. Wenn Sie ein Stier/Hund-Kind haben, finden Sie schon sehr früh heraus, wofür es sich begeistern kann, und bringen Sie es dazu, seine Schüchternheit und sein Zaudern zu überwinden, so daß es später einmal weniger Anlaß hat, sich darüber zu beklagen, daß es etwas versäumt habe. Versuchen Sie, es schon mit jungen Jahren aus seiner pessimistischen Haltung zu befreien.

Beruf

Es gibt nur wenig, was der Stier/Hund nicht kann. Er ist gewöhnlich talentiert und arbeitswillig zugleich. Es kann sein, daß er langsamer zu Erfolg gelangt als andere, aber die Resultate sind die zusätzliche Zeit wert, die er dafür aufgewendet hat. Hunde, die im Stier geboren sind, sind zuverläßlich und legen sehr viel Wert auf den Eindruck, den sie auf Kollegen oder Kunden machen. Da sie ein wenig zu sozial eingestellt sind, müssen sie sich vor geselligen Kollegen in acht nehmen. Stier/Hunde beherrschen ihr Handwerk bis ins Detail und, obwohl sie nicht leicht zu beeinflußen sind, sind sie neuen Ideen gegenüber immer aufgeschlossen und immer bereit, modernere Methoden auszuprobieren.

Als Angestellter ist der Stier/Hund loyal und aufrichtig. Von Zeit zu Zeit argumentiert er ein wenig zu viel und hackt auf Kleinigkeiten herum. Aber im großen und ganzen achten Stier/Hunde immer darauf, daß sie gute Arbeit leisten. Als Chefs genießen Stier/Hunde bei ihren Mitarbeitern einen guten Ruf. Erinnern Sie sich, Stier/Hunde sind faire Menschen, und auch wenn sie manchmal ein wenig schlecht gelaunt sind, gehören sie doch insgesamt zu den freundlichen Zeitgenossen, denen es nichts ausmacht, sich auch an weniger angenehmen Arbeiten zu beteiligen. Wenn sie einen Stier/Hund hereinlegen wollen, denken Sie immer daran, daß sein Biß ebenso fest ist, wie sein Bellen laut ist.

Ich kann mir Stier/Hunde in allen möglichen Berufen vorstellen. Sie können Physiker oder Städteplaner sein, ein Zeitungsgeschäft besitzen oder einen Buchhandel. Auch im Show-Geschäft oder in der Politik kann der Stier/Hund seine Talente zur Entfaltung bringen. Der Beruf des Lehrers bringt ihm große Erfüllung, ebenso Berufe, die mit Landwirtschaft und ökologischen Belangen zu tun haben.

Einige berühmte Stier/Hunde: Lenin, Golda Meïr, Shirley McLaine.

STIER/SCHWEIN

»Ich habe«
Erde, Venus, Fix

»Ich zivilisiere«
Wasser negativ, Yin

BEGEISTERUNGS-	GEDULD	SKRUPEL	SINNLICHKEIT
FÄHIGKEIT	SENSIBILITÄT	GALANTERIE	KULTUR
ZIELSTREBIGKEIT	LOGIK	AUFRICHTIGKEIT	EHRLICHKEIT
WIDERSPENSTIG	FLEISS	LEICHTGLÄUBIG-	MATERIALISTISCH
VOREINGENOM-	TRÄGHEIT	KEIT	FEINSCHMECKER
MENHEIT	SCHLEMMEREI	ZORN	DICKKÖPFIG-
SELBSTZUFRIEDEN	EIFERSUCHT	ZÖGERN	KEIT

Unter den sogenannten »Schönheiten« befindet sich immer ein Stier/Schwein. Obwohl Stiere, die in einem Schwein-Jahr geboren sind, oft sehr rustikal sind, zieht es sie immer in die oberen Gesellschaftsschichten. Materieller Wohlstand aller Art entzückt das opulente Stier/Schwein. Dieser Mensch genießt sowohl Reichtum als auch eine angesehene Position – und, offen gesagt, akzeptiert er niemals weniger, als er sich als wert erachtet (und das ist eine Menge). Er ist ziemlich dominant und muß alles auf seine eigene Weise machen. Er ist kooperativ, aber nur, wenn er das Sagen hat.

Die Aktivitäten eines Stier/Schweins sind unzählbar. Für dieses Kraftbündel ist keine Aufgabe zu schwer. Keine noch so feine Arbeit mit der Nadel, Bürste oder dem Messer ist zu fieselig, um seiner Geschicklichkeit zu widerstehen. Stier/Schwein ist ein »großes« Zeichen, sowohl großzügig als auch liebevoll bis zum Extrem, fleißig und sehr bodenständig.

Der im Schwein geborene Stier hat vielleicht keine leichte Kindheit oder keine harmonische Jugend. Aber wenn er erwachsen wird, zieht er aus, um sich selbst zu finden und Ordnung in sein chaotisches Leben zu bringen. Methodisch, wohlbedacht und mit großer Sorgfalt sucht er sich die Menschen, mit denen er sein Leben teilen will, und nimmt viel auf sich, um es diesen Menschen in einer luxuriösen Umgebung angenehm zu machen und sie inbrünstig und ergeben zu lieben.

Stier/Schweine sind sehr umgängliche Menschen, deren Anmut, trotz der Stämmigkeit des Stiers, eine wahre Augenweide ist. Sie sind auch sehr zäh, aber selten hart oder unfreundlich, grausam oder unfair anderen gegenüber. Sie mögen ihre Mitmenschen wirklich und sind selten, wenn überhaupt einmal, schlecht gelaunt.

Verbinden Sie die Logik und die Geduld des Stiers mit der gewissenhaften Aufrichtigkeit des Schweins, und Sie haben einen wirklich makellosen Charakter. Dieser Mensch teilt seinen Reichtum bereitwillig mit anderen und beteiligt sich an großen und ernsthaften Projekten. Und sein Wort ist Gold wert – ja, mehr als das. Er hält seine Abmachungen ein und wird von schrecklichen Selbstzweifeln und großer Sorge geplagt, wenn er es einmal nicht kann.

Da das Stier/Schwein ein so reines Herz hat und immer bereit ist, auf andere einzugehen, ist er folglich manchmal auch stark beeinflußbar. Das bedeutet, daß er einem Menschen, an den er glaubt, sein vollstes Vertrauen schenkt und ihm absolut treu ist. Wenn dieser »Jemand« unglücklicherweise ein »faules Ei« ist und das arme, gutherzige Stier/Schwein in eine Ungesetzmäßigkeit verwickelt, bedeutet das den moralischen und emotionalen Untergang unseres Helden.

Stier/Schweine sind nicht gerne grob zu anderen Menschen. Aber wehe, wenn man sie zu sehr provoziert ... Meine Freundin Fran Pascal, eine Stier/Schwein-Dame, ist eine blonde Schönheit. Zudem ist sie auch noch Mutter. Es ist typisch, daß sich Fran wörtlich an jeden einzelnen Vorfall (im ganzen zwei) in ihrem Leben erinnern kann, wo sie jemanden grob angeredet hat. »Dieser Kerl hat sich einfach zu viele Bosheiten herausgenommen. Als ich ihn eines Tages im Fahrstuhl getroffen habe, habe ich gewartet, bis die Türen geschlossen waren, und dann habe ich ihm gehörig die Meinung gesagt.« Franny erzählt diese Geschichte immer wieder mit größter Aufrichtigkeit und Lebhaftigkeit. Diese Tat ist für ihr normales sanftes, aber festes Benehmen so ungewöhnlich, daß es ihr fast wie Mutwilligkeit erscheint. Mir, als französisch angehauchtem Skorpion/Tiger, der jedem, der ihm in die Quere kommt, etwas vor den Kopf knallt und ihn anbrüllt, erscheint Frans Fahrstuhl-Erlebnis ehrlich gesagt eher zahm. Aber für ein Stier/Schwein ist allein schon die Tatsache, daß man einem anderen die Meinung sagt, so etwas wie Machtmißbrauch.

Diese Menschen sind machtvoll und undurchdringlich. Sie lieben Gesellschaft und sind immer diejenigen, die einkaufen, kochen und ein so hervorragendes Abendessen zaubern, daß sich andere noch lange an diesen schönen Abend erinnern. Wenn sie arbeiten oder nur nachdenken, braucht man ein Stemmeisen, um die Mauer ihrer Konzentration zu durchbrechen. Diese Fähigkeit, alleine an einer Aufgabe zu knobeln und sie zu meistern, ist das Erfolgsrezept der Stier/Schweine. Alles, was sie machen, ist von Erfolg gekrönt.

Eine andere Bekannte des Stier/Schwein-Zeichens, Elsbeth Juda, ist Malerin. Sie lebt ganz in meiner Nähe auf dem Land. Immer, wenn ich einen Gefährten brauche, dessen Ausdauer und Mut mich auf einen Berg hinauf treiben können, rufe ich Elsbeth an. Nichts kann Elsbeth davon abhalten, jeden Morgen um sieben Uhr fünfundzwanzig Runden im Swimming-Pool ihres Nachbarn zu drehen, ein ausgiebiges Abendmahl für sechs, acht oder zwanzig Personen fast täglich auf den Tisch zu bringen, ihre Gäste ständig zu unterhalten und nebenbei noch daran zu denken, ein Bild zu malen. Nichts kann sie davon abbringen, den Gipfel des Berges zu erklimmen. Elsbeth ist zäh. Oft schwimmt sie um Mitternacht noch eine Runde. Elsbeth ist zweiundsiebzig Jahre alt.

Liebe

Wenn es darum geht, wie man liebt, sind die wahren Qualitäten, die man dazu braucht, Verliebtheit, Zärtlichkeit, Treue und Gefühlstiefe. Stier/Schweine besitzen all diese Eigenschaften. Sie gehören zu den »Alles oder nichts«-Typen, die einen einzigartigen Geschmack für das Erlesenste haben, was Sinnlichkeit bieten kann. Diese Menschen essen mit Vorliebe und sind auch dem Alkohol nicht abgeneigt. Ihr Zuhause ist immer sehr komfortabel und reich geschmückt. Die ganze Einrichtung eignet sich hervorragend für Schäferstündchen. Großzügige Schlafgemächer, die mit Samt drapiert sind, und gedämpftes Licht wirken auf den Geliebten so verführerisch, daß er weiß, er wird aus diesem Zimmer nicht mit heiler Haut herauskommen.

Stier/Schweine lieben Schönheit und Komfort. Sie müssen viel reden und brauchen ein ausgiebiges Vorspiel, schätzen kostspielige Geschenke und elegante Parties. Sie sollten ein Stier/Schwein nicht in eine Hütte oder ein Zelt einladen. Diese Menschen hassen es, ein spartanisches Leben führen zu müssen. Bringen Sie ihn in eine luxuriöse Villa an der französischen Riviera oder in einen ausladenden Palazzo in der Toskana. Laden Sie ihn auf eine große Ranch in Texas ein. Aber verlangen Sie nicht von ihm, daß er Sie liebt, bevor Sie ihm nicht wenigstens eines der obengenannten Dinge bieten können.

Sie müssen auch viel Geduld aufbringen. Stier/Schweine machen alles, aber sie nehmen sich Zeit dazu. Wenn sie gerade eine Klaviersonate spielen, obwohl sie eigentlich zu einer Verabredung müßten, nehmen sie sich die Zeit, zuerst das Stück zu Ende zu spielen. Stier/Schweine sind auch sehr sanft. Sie begeistern sich nicht für übertriebene Verhaltensweisen, wie der des »Ritters in der glänzenden Rüstung«. Bringen Sie einem Stier/Schwein niemals ein Ständchen unter dem Fenster oder schwadronieren vor ihm. Er wird Sie nur auslachen, und Sie werden sein kuscheliges Nest, von dem ich zuvor gesprochen habe, niemals von innen sehen. Seien Sie kühl und intelligent und lustig.

Passende Partner

Suchen sie nach Steinbock oder Krebs/Katzen oder Ziegen, wenn Sie dauerhaftes Glück erstreben. Für ein kleines Techtelmechtel eignet sich die sexy Jungfrau oder Fische/Ziege. Ihre Sensibilität paßt zueinander. Aber wenn Ihre sinnliche Beziehung Zukunft haben soll, dann halten Sie lieber nach Krebs, Jungfrau, Steinbock oder Fische/Katzen oder Drachen Ausschau. Sowohl Katzen als auch Drachen sind zu einer ehrlichen Verbindung mit Ihnen fähig. Verschwenden Sie Ihre Zeit nicht mit Löwe/Schlangen oder Affen. Machen Sie einen Bogen um Skorpion/Tiger, Hähne und Hunde. Was auch immer Sie tun, lassen Sie sich nicht auf Wassermann/Schlangen, Hähne oder Affen ein.

Heim und Familie

Der Ruf nach Verpflichtung ist Musik in den Ohren der Stier/Schweine. Verwandte sind bei ihnen immer gerne gesehen, in ihrem Garten werden oft Familien-Wiedervereinigungen abgehalten, und wenn Cousine Sara heiratet, findet der Empfang gewöhnlich im Haus des Stier/Schwein-Menschen statt. Stier/Schweine rufen regelmäßig ihre alten Eltern an und hören sich stundenlang rührselige Geschichten an – mit einem nachsichtigen Lächeln auf den Lippen.

Als Eltern sind sie ab und zu einmal etwas herrschsüchtig, aber sie sind nicht besonders autoritär. Sie lassen ihren Kindern gerne viel Freiraum, in dem sie sich entfalten und etwas über Kunst und

Kultur lernen können. Stier/Schweine sind selbst künstlerisch veranlagt. Der Gedanke, ihre Kinder könnten von bornierten Lehrern oder langweiligen Vorschriften eingeengt werden, regt sie fürchterlich auf. Sie sind die ersten, die ihre Kinder aus einer dumpfen Atmosphäre befreien, in der sie unglücklich sind.

Stier/Schwein-Kinder sind sehr geistreich. Sie spielen gerne mit anderen Kindern und leihen ihre Fahrräder her. Aber der kleine Stier, der im Schwein-Jahr geboren ist, möchte seine eigenen Wege gehen können. Sie haben selten Wutanfälle, aber wenn, dann ist ihre Wut gewaltig. Dieses Kind braucht eine komfortable und sichere Umgebung, in der es seine künstlerischen Neigungen entfalten kann. Nehmen Sie es mit ins Museum oder Ballett, überschütten Sie es mit Liebe und scheuen Sie nicht davor zurück, auch einmal streng zu sein. Das Stier/Schwein-Kind respektiert Disziplin, solange sie mit aufrichtiger Fürsorge verbunden ist.

Beruf

Diese Menschen eigenen sich für Berufe, die Fleiß, Kraft, Liebe zur Kunst und ein Gefühl für Teamgeist erfordern. Stier/Schweine sind keine Einzelgänger. Sie brauchen Gesellschaft und brauchen das Gefühl, daß sie dazu gehören.

Als Mitarbeiter ist der Stier/Schwein-Mensch ziemlich fordernd. Er ist stur, und wenn er sich etwas in den Kopf gesetzt hat, läßt er sich nicht leicht davon abbringen. Ich bedaure jeden, der versucht, dem Stier/Schwein-Menschen seine Position streitig zu machen, oder ihm Befehle erteilen möchte. Dieser Mensch ist ein Naturtalent darin, andere zu überholen. Führungspositionen eigenen sich für ihn am besten. Aber da er auch sehr sensibel ist, kann er sein Managertalent in künstlerischen Bereichen am besten einsetzen. Der Beruf des Kurators würde zu ihm passen oder des Dekans einer Universität. Natürlich könnte er auch ein Großindustrieller oder sogar Politiker werden. Aber gleich, wo er arbeitet, er besteht auf seinem Erfolg.

Erfolgreiche Stier/Schweine: Fred Astaire, Vladimir Nabokov, Max Frisch, Oliver Cromwell und der Erbauer eines Imperiums, William Randoph Hearst.

ZWILLING/RATTE

»Ich denke«
Luft, Merkur, Veränderlich

»Ich regiere«
Wasser positiv, Yin

SCHLAGFERTIGKEIT	VIELSEITIGKEIT	ANZIEHUNGSKRAFT	SOZIAL
SCHARFSINN	DARSTELLUNGSKUNST	EINFLUSS	INTELLEKTUELLE BEGABUNG
FLEXIBILITÄT	GEWANDTHEIT	SPARSAMKEIT	CHARISMA
UNGEDULD	SELBSTBETRUG	NERVOSITÄT	MACHTHUNGER
LEICHTFERTIGKEIT	OBERFLÄCHLICH	WORTSCHWALL	LIST
UNBESTÄNDIGKEIT	UNENTSCHLOSSEN	GEWINNSUCHT	EINMISCHUNG

Wie eine Rakete flitzt der Zwilling/Ratte-Mensch bei jedem gesellschaftlichen Treffen durch den Raum. Er ist ein wahres Genie? und die Geschichten scheinen ihm nie auszugehen. Er ist charmant, intelligent, vergnügt und bezaubernd. Fang mich, wenn du kannst!

Und Sie können ihn tatsächlich fangen. Aber erst müssen Sie sein geheimes Codewort herausfinden. Der Schlüssel zur wohlgehüteten Privatsphäre der Schütze/Ratten ist das Wort »Ich«. Diese Menschen betrachten die Welt durch einen fast undurchdringlichen Ego-Nebel.

Bei den Zwillingen, die im Ratte-Jahr geboren sind, verbindet sich der flatterhafte Geist des Zwillings mit der übermäßigen Nervosität der Ratte. Beide Zeichen haben einen starken Bewegungsdrang. Stellen Sie sich das einmal vor! Ein düsengetriebener Schmetterling, der die ganze Zeit in Bewegung ist und dabei, Talente zu entfalten, von denen er nicht einmal weiß, daß er sie hat.

Zwilling/Ratten sind großzügige Menschen. Sie geben jedes und alles her. Sie wollen die Menschen zum Lachen oder zum Weinen bringen oder auf jeden Fall, daß sie auf sie reagieren, auf ihre Dynamik antworten und ihre großartigen Begabungen bewundern.

Zwilling/Ratten haben einen angeborenen Tatendrang. Sie haben immer das Gefühl, daß das, was sie geschaffen oder verdient haben, durch etwas anderes ersetzt werden kann. Sie wissen instinktiv, daß es in ihrem Kopf immer eine neue Erfindung gibt, die darauf wartet, in die Welt gesetzt zu werden.

Mit der Ausdauer ist es etwas anderes. Zwilling/Ratten lernen nur dann, an einem Platz zu bleiben oder eine langfristige Aufgabe zu übernehmen, wenn absolut sicher ist, daß die Sache Gewinn bringen wird. Für Geld gibt diese Ratte jede Nacht ihre Vorstellung am gleichen Ort. Aber vergessen Sie nicht, ihm eine Spitzengage dafür zu bieten. Wenn er angemessen entlohnt wird, bleibt dieser Mensch, solange das Programm läuft.

Zwilling/Ratten sind von einer Schrullenhaftigkeit, die den oft etwas düsteren Charakter der Ratte aufhellt. Zwillinge lieben es, sich zu profilieren. Der Zwilling/Ratte-Mensch macht dabei keine Ausnahme, und da er gleichzeitig voller Ratten-Energie und Schwung ist, kann er sehr theatralisch sein. Sein Verkaufstalent ist so enorm, daß er einem Eskimo einen Kühlschrank verkaufen würde.

Wo sich die Zwilling/Ratten im unklaren sind, treffen sie schnell eine Entscheidung. Sie sind sich nie ganz sicher, ob sie dies oder jenes wollen. »Nun, wir werden schon sehen, was passiert, wenn es erst einmal Dienstag ist. Ich rufe dich an. Ich muß erst noch einmal darüber nachdenken. Ich bin mir noch nicht ganz sicher...« usw. usw. Zwilling/Ratten sind ganz einfach kapriziös.

Die Lösung für das Hauptproblem dieses Menschen liegt darin, den richtigen Partner zu finden, der weiß, wie er ihn jeden Morgen auf Trab bringt. Einen netten und soliden Menschen, der sein eigenes Ich zurücknehmen kann und dem Zwilling/Ratte-Mensch sogar erlaubt, daß er sein Ego bisweilen auch einmal ankratzt, und seinen kleinen Liebling dennoch fest an der Kandare hält, wenn es Nacht wird. Zwilling/Ratten sind eine ganz schöne »Nervensäge«. Aber sie sind ihr Geld wert.

Liebe

Unbeständigkeit ist ein Fehler der Zwilling/Ratten. Die Ratte besitzt Talent und hat den Wunsch, in der Welt zu etwas zu kommen. Obwohl Beständigkeit diesem Menschen nicht angeboren ist, kann er sie lernen. Wenn ein Zwilling/Ratte-Mensch die Hilfe seines Partners braucht, um seine Ziele hinsichtlich Macht und Geld zu erreichen, ist die Beziehung wahrscheinlich von Dauer.

Nehmen Sie sich in acht vor den Verführungskünsten der Zwilling/Ratten! Sie sagen fast alles, um einem zu schmeicheln. Und sie wollen sofort die Kontrolle über den anderen haben. Aber ihre Dominanz ist niemals erdrückend. Vielmehr dominieren sie mit ihren komischen Einfällen. Denken Sie, sie möchten an ihrem Geburtstag ins Theater ausgeführt werden? Bewahre, nein. Kann sein, sie möchten lieber Flugstunden nehmen. Diese Unberechenbarkeit kann ihren Partner zur Verzweiflung bringen und schließlich dazu führen, daß er sein Vertrauen verliert.

Wenn Sie einen dieser rastlosen Menschen lieben, geben Sie ihm genug Freiraum, in dem er sich produzieren kann. Gehen Sie einer oder mehreren Aktivitäten außer Haus nach. Gehen Sie zum Kegeln, und lernen Sie, wie man nicht an seinem Partner hängt. Sentimentalität bringt den Zwilling/Ratte-Menschen dazu, Zerstreuung zu suchen. Er hat nichts dagegen, einen liebevollen und bewundernden Vollzeit-Partner zu haben. Aber er haßt es, wenn man sich an ihn anlehnt.

Passende Partner

Ihren Zukünftigen sehe ich unter Widder, Waage oder Wassermann/Drachen oder Affen. Geben Sie sich nicht mit Jungfrau, Skorpion, Schütze oder Fische/Katzen ab. Sie scheinen nicht das gleiche zu denken. Schlagen Sie sich auch Pferde aus dem Kopf, und für eine kleine Ablenkung sollten Sie den soliden Widder/Ochsen bevorzugen. Und warum laden Sie nicht einmal einen Waage/Tiger zum Mittagessen ein?

Heim und Familie

Dieser Mensch lebt in einer komfortablen Umgebung, aber er ist nicht unbedingt derjenige, der sie auch gestaltet hat. Mit großer Sicherheit haben Zwilling/Ratten nicht die Vorhänge aufgehängt oder die Wände selbst gestrichen. Sie sind immer diejenigen, die die Ideen haben.

Zwilling/Ratten sind bei der Erziehung ihrer Kinder sehr stark von ihrem Partner abhängig. Sie gehören nicht zu dem Typ von Menschen, die sich aufopfern und auf Dinge verzichten, nur um ihre Kinder selbst aufzuziehen. Der Beitrag des Zwilling/Ratte-Menschen liegt vielmehr darin, seinen Kindern etwas beizubringen, Späße mit ihnen zu treiben und ihnen lustige Methoden zu zeigen, wie man seinen Spinat ißt. Zwilling/Ratten sind – wie alle Ratten –

besorgt um ihre Familienmitglieder und schützen den Namen der Familie.

Als Kinder machen einem Zwilling/Ratten vom ersten Tag an einen Riesenspaß, da sie immer lachen und kichern. Wenn Sie Ihrem Zwilling/Ratte-Kind genügend Aufmerksamkeit schenken, wird es ohne große Probleme erwachsen werden. Aber wehe dem, nachlässige Eltern haben nicht genug Zeit für den Junior. Dieses Kind findet Abertausende von Möglichkeiten, sich Aufmerksamkeit zu verschaffen – und sie auch zu behalten. Hüten Sie sich vor für Hypochondrie und an den Haaren herbeigezogenen Ausflüchten. Dieses Kind braucht eine Menge Zuneigung und eine feste Hand.

Beruf

Die Talente dieser Menschen liegen auf der Ebene seiner Kommunikationsfähigkeit. Zwilling/Ratten verfügen über einen enormen Scharfblick und eine ausgeprägte Schlagfertigkeit. Eine Situation zu erfassen ist ihre ganz spezielle geniale Gabe. Ich kann nicht sagen, daß der durchschnittliche Zwilling/Ratte-Mensch besonders hartnäckig wäre. Eine seiner Schwächen liegt darin, daß er mitunter gern anderen die Schuld für seine Fehler in die Schuhe schiebt.

Als Chef ist dieser Mensch zu leichtfertig. Er läßt seinen Angestellten zu viel durchgehen. Aber weil er eine Ratte ist, kommt die Ratte an erster Stelle und Zwillinge erst an zweiter. Aus diesem Grund wissen Zwilling/Ratten, daß sie sich mit Menschen zusammen tun müssen, die beständiger sind als sie selbst. Gewöhnlich kommen sie durch eine tiefe Partnerschaft zu Erfolg. Als Angestellter ist der Zwilling/Ratte-Mensch schwer zu handhaben, ungebunden und leichtfertig. Sie können noch so sehr mit ihm schelten, er wird sich nicht ändern. Zwilling/Ratten hassen es, Befehle zu bekommen.

Berufe, die zu diesen Menschen passen: Politiker, Fernsehproduzent, Grundstücksmakler, Entertainer, Schauspieler, Reiseführer oder Küchenchef.

Berühmte Zwilling/Ratten: Thomas Hardy, John Cheever, Samy Molcho.

ZWILLING/OCHSE

»Ich denke«	»Ich bewahre«
Luft, Merkur, Veränderlich	*Wasser negativ, Yin*

SCHLAGFERTIGKEIT	VIELSEITIGKEIT	INTEGRITÄT	PIONIERGEIST
SCHARFSINN	DARSTELLUNGSKUNST	ZIELSTREBIGKEIT	FLEISS
FLEXIBILITÄT	GEWANDTHEIT	STABILITÄT	BEREDSAMKEIT
UNGEDULD	SELBSTBETRUG	STARRSINN	RESERVIERTHEIT
LEICHTFERTIGKEIT	OBERFLÄCHLICH	FANATISMUS	BEFANGENHEIT
UNBESTÄNDIGKEIT	UNENTSCHLOSSEN	SCHUFTEREI	RACHSUCHT

Der Ochse ist ein Klotz am Bein des quirligen Zwillings. Er macht ihn seßhaft und häuslich und verleiht ihm Sinn für die angenehmen Seiten des Lebens. Ein Zwilling, der im Ochsen geboren ist, wird immer vorwärts streben, aber gewissenhafter und ernsthafter als andere Zwillinge. Dieser Zwilling ist ein Denker. Aber er scheut sich nicht, in zwei Sekunden vom Gedanken Nummer eins zu Idee Nummer dreiunddreißig und wieder zurück zum Gedanken Nummer eins zu springen. Es ist sogar möglich, daß er sich konzentriert und große Leistungen vollbringt.

Es ist erstaunlich, wie der erste Anschein bei diesem Menschen trügt. Zwilling/Ochsen erscheinen, wie alle Ochsen, auf den ersten Blick ziemlich langweilig. Aber warten Sie, bis dieser Mensch anfängt zu reden. Warten Sie, bis er Ihnen die Geschichte seines letzten Unfalls erzählt oder, wie er von zu Hause fortgelaufen ist, als er sechzehn Jahre alt war, weil er von seinem Vater geschlagen wurde und seine Mutter eine Trinkerin war. Und beobachten Sie, wie sich Ihre Meinung von ihm ins Positive verkehrt, wenn er Ihnen von seinem jüngsten Sohn erzählt, der in England studiert hat und dort ein Mädchen kennengelernt hat, die Hexerei praktiziert. Diese Menschen sind wahre Seitenfüller.

Zwilling/Ochsen sind auch verschroben. Sie gehören nicht zu der Sorte von Spaßmachern, die Witze erzählen und Sie zum

Lachen bringen wollen. Statt dessen fügen sie ihren Geschichten einen versteckten Humor hinzu, den Sie fast nicht bemerken. Sie lächeln und wollen immer noch mehr hören. Keine Zwerchfell-Erschütterungen, sondern ein ständiger Strom von witzigen Einfällen.

Der Ochse ist oft ein Einzelgänger, und auch dieser hier macht keine Ausnahme. Die Zeit, die er alleine verbringt, ist die Zeit, die er am meisten genießt. So beredt und redselig er auch ist, der Zwilling/Ochse ist ein Fels innerer Stärke. Er schätzt einfache Vergnügungen und vernünftige Ideale. Es ist nichts dabei, wenn man hochtrabende Ziele hat, aber wenn sie unrealistisch sind, ist der Zwilling/Ochse nicht daran interessiert. »Natürlich hätte ich gerne ein Schloß in Spanien. Aber da ich ein großes Haus in Amerika habe und drei Kinder, die noch studieren, glaube ich kaum, daß ich mir das leisten kann«, sagt der vernünftige Zwilling/Ochse.

Zwilling/Ochsen ziehen Dinnerparties im kleinen Kreis mit guten Freunden riesigen Festen vor, bei denen pro Minute fünfzig Menschen durch die Tür kommen. In seinem innersten Wesen ist dieser Mensch naturverbunden, und seine Bedürfnisse werden von den großzügigen Gaben von Mutter Erde leicht zufrieden gestellt. Er nimmt es in Kauf, dreißig Meilen weit zu laufen, nur um den richtigen Räucherschinken zu kaufen. Aber er sieht diesen Umweg nicht als Luxus an. Vielmehr legt er viel Wert auf Qualität und gibt sich nicht mit zweitklassiger Ware zufrieden.

Ist er anspruchsvoll? Ja, in der Tat. Dieser Zwilling möchte, daß die Dinge ihre Ordnung haben. Es stört ihn nicht, wenn er einmal warten muß, aber er haßt Unordnung und unnütze Zeitvergeudung. Für Schwätzer hat er keine Geduld, und ebensowenig hat er Zeit für Spinner. Zwilling/Ochsen sind ein wenig snobistisch und elitär. »Wen« man kennt, ist für ihn fast genauso wichtig wie, was man kennt.

Liebe

Für den Zwilling/Ochsen gibt es zwei Arten von Liebe. Es gibt die Liebe zur Familie und die sexuelle Liebe. Ansonsten kennt er keine. Der Zwilling/Ochse ist ein Arbeitstier. Es kann sein, daß er so tut, als sei er weniger fleißig, als er ist. Im wesentlichen ist sein Ziel der persönliche Erfolg. An Romantik ist er nicht interessiert. Was ihn interessiert, sind Ergebnisse.

Aus diesem Grund ist sein Familienleben oft etwas steril, um nicht zu sagen kühl. Doch an den Vorzügen des anderen

Geschlechts findet er großen Gefallen. Auf der einen Seite scheinen Zwilling/Ochsen nicht im geringsten an Sex interessiert zu sein. Auf der anderen Seite rennen sie jedem Rock hinterher.

Wenn Sie sich unglücklicherweise in einen Zwilling/Ochsen verlieben, würde ich Ihnen raten, daß Sie rechtzeitig lernen, wie man auch die andere Backe hinhält. Dieser Mensch wählt Sie entweder, um ein Heim zu haben oder um der sexuellen Liebe willen. Niemals beides. Und sollten Sie diejenige sein, die er um der häuslichen Liebe willen erwählt hat, wagen Sie nicht, Ihre Grenzen zu übertreten. Ochsen vergessen niemals.

Passende Partner

Widder/Ratten, Schlangen und Hähne gefallen Ihnen. Auch die attraktive Löwe/Schlange oder Ratte übt eine starke Anziehung auf Sie aus. Die sanfte Waage/Ratte oder Hahn hat es Ihnen ebenfalls angetan. Und vergessen Sie nicht, daß Sie bei Wassermann/Ratten, Schlangen und Hähnen glatt in Ohnmacht fallen. Ich rate Ihnen davon ab, dauerhafte Verbindungen mit Jungfrau, Steinbock, Schütze oder Fische/Tiger oder Ziegen einzugehen. Auch Fische/Affen sind nicht unbedingt Ihr Fall.

Heim und Familie

Hier verliert der Zwilling/Ochse sein Herz (falls er überhaupt eines hat). Die häusliche Umgebung der Zwilling/Ochsen ist, gelinde gesagt, gemütlich. Die Möbel, die Kücheneinrichtung, der Keller, die Garage und die zugehörigen Autos, der Hof, der Garten, das Kaminholz und die ganze Arbeit, die damit verbunden ist, stammen von den besten und geschicktesten Handwerkern. Alles wurde mit großer Sorgfalt aufeinander abgestimmt und wird gepflegt wie ein gut gewartetes Schiff.

Trotz seines Fleißes genießt der Zwilling/Ochse das Nichtstun. Er hat nichts dagegen, herumzusitzen und Däumchen zu drehen, solange die Autos frisch gewaschen und poliert in der Garage stehen und das Dienstmädchen in der Küche ein Festessen zubereitet. Dieser Mensch ist ein guter Vater oder eine gute Mutter. Es gibt kein Gebiet im Leben eines Kindes, das ihn nicht interessiert.

Das Zwilling/Ochse-Kind kann etwas sehr ruhig erscheinen. Häufig entspricht es dem Bild des »braven Musterkinds«. Keine Sorge, Ihr Zwilling/Ochse-Kind wird noch genug Unfug anstellen, wenn es erst einmal erwachsen ist. Haben Sie Geduld und lassen Sie ihm viel Zeit, mit sich alleine zu sein. Sie werden dieses Kind nicht dazu bringen, sich aktiv am Familienleben zu beteiligen, so sehr Sie es auch versuchen. Das liegt ihm einfach nicht. Vielmehr mag es sich und seine besten Freunde. Das ist alles.

Beruf

Verantwortung entspricht dem Zwilling/Ochsen sehr. Er kann sehr hartherzig sein, und sein Sarkasmus kann einen Eisblock zum Schmelzen bringen. Was der Zwilling/Ochse will, das tut er auch. Er ist ein großer Denker und ein erfolgreicher Tatenmensch. Bei seinen Taten läßt er sich nicht von Gefühlen beeinflussen.

Als Chef sind Zwilling/Ochsen unvernünftig. Am liebsten hätten sie alles besser vorgestern erledigt, und jede Arbeit muß perfekt getan werden. Aber mit ihren Mitarbeitern sind sie sehr nachsichtig. Sie sind sogar freigebig. Aber sie lassen sich nicht gerne unter Beschuß nehmen. Als Angestellter ist dieser Mensch nicht sehr glücklich. Zwilling/Ochsen fühlen sich viel wohler, wenn sie selbständig sind oder eine Führungsposition bekleiden, wo es an ihnen liegt, ob die Sonne heute oder morgen scheint. Es ist für alle Beteiligten von Vorteil, wenn der Zwilling/Ochse das Sagen hat. Ansonsten geht er. Es kann sein, daß er darüber jammert, wie sehr man ihn mißverstanden hat. Der Zwilling/Ochse kann sich als ziemlich kindisch entpuppen, wenn er etwas Bestimmtes erreichen will.

Berühmte Zwilling/Ochsen: William Butler Yeats, Colleen McCullough.

ZWILLING/TIGER

»Ich denke«
Luft, Merkur, Veränderlich

»Ich beobachte«
Holz positiv, Yang

SCHLAGFERTIG-	VIELSEITIGKEIT	LEIDENSCHAFT	GLÜCK
KEIT	DARSTELLUNGS-	MUT	WOHLWOLLEN
SCHARFSINN	KUNST	ANZIEHUNGS-	AUTORITÄT
FLEXIBILITÄT	GEWANDTHEIT	KRAFT	PRAHLEREI
UNGEDULD	SELBSTBETRUG	HEFTIGKEIT	ZÜGELLOSIG-
LEICHTFERTIGKEIT	OBERFLÄCHLICH	HITZKÖPFIGKEIT	KEIT
UNBESTÄNDIGKEIT	UNENTSCHLOSSEN	UNGEHORSAM	WANDERVOGEL

Dieser ungestüme Mensch braucht gute Bremsen. Wenn Sie Hitzköpfigkeit mit Eigenschaften des Quecksilbers kombinieren, erhalten Sie eine ziemlich explosive Mischung. Der Schwung und die Verführungskunst dieses Menschen hat dazu noch etwas Katzenartiges. Es ist ein reines Vergnügen, ihn anzuschauen. Aber es ist sehr schwer, sich an ihn zu hängen.

Da der Zwilling ständig von Pontius zu Pilatus rennt, vom Philosophieren zu den neuesten Tagesereignissen übergeht oder von einem Projekt zu einer Liebesaffäre, muß er mit einer gehörigen Portion Supertreibstoff ausgestattet sein. Und zu dieser Sprunghaftigkeit kommt nun unser altbekannter Tiger hinzu, der sich für so außergewöhnlich hält, daß man ihn am besten sofort zum König des Dschungels ernennen sollte. Und würden Sie bitte zur Seite gehen, damit er seinen Platz auf dem Thron einnehmen kann. Die Kombination von Charme, Anziehungskraft und natürlicher Autorität mit der Wechselhaftigkeit des Zwillings ergibt so etwas wie einen gutartigen Wirbelwind.

Zwilling/Tiger verbrennen sich im Gefühlsbereich ständig die Finger. Ihr Wunsch, für siegreich und wunderbar zugleich gehalten zu werden, treibt sie dazu, große Taten vollbringen zu wollen. Aber nur davon zu träumen ist ihnen nicht genug. Sie brauchen immer jemanden, der um sie herum ist, wenn sie ihre Vorstellung geben. Zwilling/Tiger machen ständig den Eindruck eines wirbelnden Derwischs. Ihre Rastlosigkeit schießt ihnen aus jeder Pore, um einem zu sagen: »Schau, hier bin ich. Ich bin der Zwilling/Tiger. Bin ich nicht wunderbar? Beeindrucke ich dich nicht mit meinem Aussehen, meiner Intelligenz und meiner Ausstrahlung?«

Ja, gut. Jetzt setz dich erst mal hin. Und denke, um Himmels willen, mal nach! Aber nicht oberflächlich, sondern gründlich und planend.

Was willst du eigentlich? Was ist dein Hauptziel? Wie kannst du all diese unwichtigen Zwischenziele vermeiden, zu denen du dich ständig hingezogen fühlst? Lieber Zwilling/Tiger, es kann dir passieren, daß du in einem Bus vergißt, rechtzeitig auszusteigen, nur weil jemand von deiner Aura beeindruckt ist. Drei Bushaltestellen weiter fällt dir ein, wo du eigentlich hin wolltest. Aber da du ein Abenteurer bist, fährst du vielleicht sogar weiter, nur um einer nächsten winzigen Bestimmung zu folgen. Du bist nicht dumm. Aber du bist manchmal zu verrückt, um es in Worte zu fassen.

Es kann leicht schiefgehen, wenn man den Kopf ständig woanders hat. Zwilling/Tiger sind für unangenehme Schicksalsschläge prädestiniert. Sie stehen nicht auf dem Boden der Tatsachen, und ihre einzige Realität ist der jetzige Augenblick, der Durchbruch, der Haupttreffer, die tolle Party, der attraktive Typ auf dem Beifahrersitz oder die Dame in Rot.

Natürlich sind Zwilling/Tiger umwerfend attraktiv. Ihr verführerisches Auftreten und ihr prickelnder Charme wirken automatisch wie ein Magnet auf einen. Aber wenn sie ihre Energie und ihren sprühenden Verstand nicht rechtzeitig in feste Bahnen lenken, kann es sein, daß sie sehr verbittert werden. Wenn Sie von Natur aus so attraktiv sind, ist es leicht, sich treiben zu lassen und sich auf seine Attraktivität zu verlassen. Aber was kommt danach? Was geschieht, wenn Sie auf ein Hindernis stoßen? Was ist, wenn Ihr Partner Sie verläßt, Ihr Kind erkrankt oder Sie Ihren Job verlieren? Was dann, Zwilling/Tiger? Wohin willst du dann gehen, und wen willst du dann mit deinem Charme bezwingen? Das Schicksal?

Nein, so kannst du nicht weitermachen – von hier nach dort und von einer Beziehung in die andere flüchten. Das Leben wird dich schließlich doch einholen. Und dann mußt du dir doch selbst ins Gesicht sehen – allein. Ich weiß, es ist nicht gerade deine Lieblingsbeschäftigung, in dich zu gehen. Aber du weißt, daß du es immer vermieden hast, dich mit dir zu beschäftigen. Aber wenn du dir die

Zeit nehmen würdest, einmal über dich nachzudenken und ein oder zwei deiner vielen Talente zu nutzen, könntest du Berge versetzen. Du weißt, daß du stark bist. Aber du bist auch faul. Du ziehst es vor, dich auf deine Verführungskünste zu verlassen. Und das, sei dir darüber im klaren, Zwilling/Tiger, ist dumm von dir.

Liebe

Der größte Stolperstein in Liebesbeziehungen liegt für den Zwilling/Tiger darin, daß er die Bewunderung seines Partners nicht voll erwidern kann. Er findet es unwiderstehlich, daß andere Menschen sogar den Boden anbeten, auf dem er geht. Ja, das ist egoistisch. Aber nicht bewußt. Wenn man diese Tigerin auf diesen Charakterzug hinweist, wird sie demutsvoll zugeben, daß sie ja gar nicht so scharf auf Jerry ist, aber Jerry sie so liebt, daß es ihr das Herz brechen würde, wenn ... Dieses »Wenn« tritt aber unvermeidlich ein. Und dann steht Jerry da und kann sich in die lange Reihe bisheriger Zwilling/Tiger-Opfer einordnen.

Der Zwilling/Tiger braucht viel Freiraum. Er läßt sich gerne ins Restaurant ausführen oder auf elegante Empfänge einladen. Er erzählt oft dumme Geschichten, die Sie schon hundertmal gehört haben. Stopfen Sie sich die Ohren zu, oder beißen Sie sich auf die Zunge! Der Zwilling liebt keine Unterbrechungen wie: »Nein, Liebling, es war kein Dienstag, als Maria deine Hose in der Wäscherei vergessen hat. Es war...« Eher würde ich Ihnen raten, eine fliegende Untertasse zu besteigen, falls gerade eine vorbeikommt. Aber ich glaube kaum, daß es irgendeinen Ausweg gibt. Zwilling/Tiger stehen ziemlich allein da im Getümmel des Lebens, und sie teilen ihr Schicksal mit niemandem.

Passende Partner

Ihr Glück können Sie mit einer Reihe von Zeichen machen, darunter Widder/Hunden und Pferden, Löwe/Hunden und Pferden und Waage/Hunden und Pferden. Unter den Wassermännern gefällt Ihnen der Drachen am besten, aber auch ein umsichtiger Wassermann/Hund wird Sie nicht enttäuschen. Lassen Sie die Finger von Jungfrau und Skorpion/Schlangen, Tigern und Affen. Was Schützen angeht, sollten Sie sich von Pferden, Katzen und Ziegen fernhalten. Lassen Sie sich nicht mit einer Fisch/Schlange ein. Diese Menschen zu sind glitschig für Ihre großen Pfoten.

Heim und Familie

Ein geordnetes Familienleben mit allen damit verbundenen Alltagspflichten entspricht der Abenteuerlust des Zwilling/Tigers weniger. Die Einrichtung der Zwilling/Tiger ist oft ziemlich bombastisch mit vielen Spitzen und Rüschen. Es kann sein, daß sogar die Wände mit Teppichen verkleidet sind und die Räume mit Spiegel- und Lichteffekten ausgestattet sind. Zwilling/Tiger können unglaublich theatralisch sein.

Als Eltern sind sie sehr liebevoll und warmherzig. Sie fördern ihre Sprößlinge in allem, was diese sich nur wünschen, und sind sehr bedacht darauf, daß sie eine gute Erziehung erhalten. Sie können auch gut mit Kindern umgehen. Zwilling/Tiger sind ausgesprochen spontan. Sie werden oft erleben, daß ein Zwilling/Tiger wirklich mit seinen Kindern mitspielt. Die Gesellschaft von Kindern langweilt sie in keinster Weise, und sie genießen die zusätzliche Aufmerksamkeit, die sie von ihnen bekommen.

Das Zwilling/Tiger-Kind braucht eine strenge Hand, die seinen Hang zum Zickzacklaufen kontrolliert. Wenn Sie es als Vater oder Mutter schaffen können, diesem Kind ein wenig Selbstdisziplin beizubringen, dann hat es später einmal bessere Chancen, ein normales Leben zu führen. Unterrichtsstunden, regelmäßige Zeiten zum Zähneputzen und Schlafengehen und telefonische Kontrollanrufe usw. sind wichtig. Haben Sie die Geduld, Ihr Zwilling/Tiger-Kind hat das Talent.

Beruf

Schnell und energiegeladen, wie Zwilling/Tiger sind, haben sie die Fähigkeit, sich ohne Schwierigkeiten auf neue Situationen einzustellen. Sie sind schnellebig und gehen, ohne lange zu zögern, von einem Ziel zum nächsten über.

Ein ungewöhnliches Schicksal ist der größte Vorteil, den man hat, wenn man unter diesem Zeichen geboren ist. Zwilling/Tiger sind als Chefs ein hoffnungsloser Fall. Als Angestellte ebenfalls. Man kann nicht erwarten, daß sie pünktlich kommen oder gehen. Sie hassen Routine und machen eine Menge geistiger und körperlicher Verrenkungen, um ihr zu entkommen. Zwilling/Tiger haben immer dann Erfolg, wenn sie es am wenigsten erwarten. Wie aus dem Nichts bricht das Glück über sie herein.

Zwilling/Tiger sind in Berufen am besten untergebracht, die sie sich selbst für sich ausgedacht haben. Freiheit und Bewegung entspricht ihrem Naturell sehr. Drücken Sie dem Zwilling/Tiger einen

Koffer voll wohlriechender Seifen in die Hand, und er wird sie in einer Stunde alle verkauft haben. Er ist ein bemerkenswert guter Unterhalter. Das Problem ist, daß er auf dem Rückweg zu Ihnen an einem Ledergeschäft vorbeikommt und das verdiente Geld in einen neuen Lederkoffer investiert, anstatt es bei Ihnen abzuliefern. Er möchte das nächste Mal attraktiver sein, wenn er verkaufen geht. Es ist ein Dilemma.

Berühmte Zwilling/Tiger: Juri Andropow, Barbara McClintock, Marilyn Monroe.

ZWILLING/KATZE

»Ich denke«
Luft, Merkur, Veränderlich

»Ich ziehe mich zurück«
Holz negativ, Yin

SCHLAGFERTIG-	VIELSEITIGKEIT	TAKT	VORSICHT
KEIT	DARSTELLUNGS-	ELEGANZ	LANGES LEBEN
SCHARFSINN	KUNST	TUGEND	EHRGEIZ
FLEXIBILITÄT	GEWANDTHEIT	HEIMLICHTUEREI	DILETTANTISMUS
UNGEDULD	SELBSTBETRUG	ÜBEREMPFIND-	HYPOCHONDRIE
LEICHTFERTIGKEIT	OBERFLÄCHLICH	LICHKEIT	KOMPLIZIERT-
UNBESTÄNDIGKEIT	UNENTSCHLOSSEN	PEDANTERIE	HEIT

Katzen und Zwillinge geben ein ungleiches Paar ab. Ich frage mich, wie ein Mensch in dieser Welt zu Selbsterkenntnis und Selbstdisziplin gelangen soll, dessen diskreter, vorsichtiger und sorgfältiger Katzencharakter mit dem unsteten Zwilling-Temperament durchsetzt ist. Das Problem ist folgendes: Zwillinge sind nicht zu bremsen, während Katzen auf der anderen Seite zu Sanftmut, Vorsicht und Bequemlichkeit neigen. Mir erscheint es, als ob der geschäftige Zwilling, der ständig gegen Windmühlen ankämpft, von Zeit zu Zeit von seiner Katze angefaucht wird, die ihm die Krallen zeigt und ihn daran erinnert: »Nimm's leicht. Laß dir Zeit. Sitz still. Gib nach. Bleib ruhig.« Gelinde ausgedrückt, ist dieser Zustand leicht schizophren.

Oberflächlich betrachtet erscheint dieser Mensch wie ein Schmetterling, der von Blume zu Blume fliegt, dem es an einem gewissen Maß an Ernsthaftigkeit und Ordnung mangelt. Aber dieses Bild trügt. In seinem Innern ist der Zwilling/Katze-Mensch beständig, beobachtet jede Kleinigkeit, die um ihn herum passiert und hat ein perfekter geordnetes Innenleben als Albert Einstein auf der Höhe seiner intellektuellen Leistungskraft. Agilität, Flexibilität und Verstand sind die Waffen dieses Menschen, die sich unter seinem kuscheligen Fell verbergen. Er ist der absolute Herrscher über sein Imperium: Er wird Sie zu sich nach Hause einladen, Sie in sein

Gästezimmer führen und Ihnen eine Menge zu trinken anbieten. Aber er wird Ihnen niemals den Schlüssel zu seinem Privatsekretär in die Hand geben, wo er den Mikrofilm aufbewahrt. Sie werden niemals einen Fuß über die Schwelle seines Arbeitszimmers setzen, von wo aus er sein Geschäft betreibt. Seine Festung ist immer tadellos in Ordnung und auf Hochglanz poliert. Aber versuchen Sie nicht, in sie einzudringen. Nehmen Sie das, was Ihnen die Gastfreundschaft des fröhlichen Zwilling/Katzen-Menschen bietet.

Die Unentschlossenheit des Zwillings wird bei diesem Menschen durch die Sorgfalt und Überlegtheit der Katze ausgeglichen. Wenn Zwilling/Katzen ein Projekt wohldurchdacht haben, zögern sie nicht, es in die Tat umzusetzen. Wenn sie etwas wollen, wissen Sie sehr genau, wie sie es erreichen können.

Was ihre Darbietungskunst anbetrifft, gehören Zwilling/Katzen zu den Stars. Sie fühlen sich zum Theater hingezogen und allem, was damit verbunden ist. Aber am meisten lieben sie es, selbst zu schauspielern. Sie sind geborene Schauspieler, deren größter Erfolg im Leben dann eintritt, wenn sie eine Rolle spielen und Pfiffe und Applaus vom Publikum bekommen. Sie tun alles, um ihrem Publikum zu gefallen. Beobachten Sie einen Zwilling/Katze-Menschen einmal, wenn er ein Essen oder eine Cocktail-Party gibt. Von dem Augenblick an, wo seine Gäste zur Tür hereingekommen sind, sehen Sie sie nur noch lächelnd und nickend seinen Geschichten und Abenteuern lauschen.

Dieser Zwilling ist so nervös wie eine Katze. Sowohl Zwillinge als auch Katzen zeichnen sich von Geburt an durch Kompliziertheit aus. Die Freuden im Leben dieses Menschen rollen nicht so unkompliziert an Land wie die Wellen am Strand. O nein! Zwilling/Katzen haben eine schmeichlerische, unterwürfige Einstellung. Sie entscheiden sich nie für das Naheliegende, gleich ob es sich um Essen oder Kleidung, Gewohnheiten, Freunde oder ihren Beruf handelt. Zwilling/Katzen pirschen sich an ihre Entscheidungen heran, kreisen sie ein, testen die Reaktion, gehen wieder fort, denken noch einmal darüber nach, kommen zurück und testen das Ganze noch einmal. Dann geruhen sie, ihre endgültige Entscheidung zu treffen.

Es ist möglich, daß Sie an Zwilling/Katzen eine gewisse falsche Selbstsicherheit bemerken. Sie leben in der Vorstellung, sie seien etwas Besseres. Zwilling/Katzen neigen zu Snobismus. Sie sind konservativ. Manchmal erscheint einem ihre Reaktion etwas puritanisch oder spartanisch. Aber man darf nie vergessen, daß Katzen, gleich in welchem Zeichen sie geboren sind, niemals streitsüchtig sind. Sie vermeiden jede Auseinandersetzung. Der Zwilling ist ein guter Redner, aber wenn er in einem Katzen-Jahr geboren ist, kann er dieses Talent nur zur Unterhaltung verwenden – niemals zum Streiten. Die wichtigsten Ziele im Leben dieses Menschen sind Komfort und Frieden. Zwilling/Katzen werden alles daran setzen, um dies zu gewährleisten.

Liebe

Für Zwilling/Katzen ist Liebe nie nur ein Spiel. Diese ernsthaften und doch geschwätzigen Menschen hassen es, Angst haben zu müssen. Ein gebrochenes Herz oder ein gestörtes Familienleben kann das empfindliche Nervenkostüm der Zwilling/Katzen so angreifen, daß sie sich nicht mehr hinter dem Ofen hervortrauen. Alleinstehende Zwilling/Katzen suchen immer nach dem Partner, der bereit ist, dort mutig zu sein, wo sie es nicht sind, und sich dort zu konfrontieren, wo sie es nicht können.

Als Gegenleistung für seinen Schutz und seine Liebe erhält der Partner eines Zwilling/Katze-Menschen Charme, Bequemlichkeit, Zärtlichkeit, Vernunft und Kultur. Zwilling/Katzen sind traditionsverbunden. Sie bevorzugen große Fenster mit Samtvorhängen. Sie sind warmherzig und vertrauenswürdig. Aber ihre Zwilling-Seite ist nicht unbedingt mitfühlend. Ihr Verständnis für andere beschränkt sich auf ein paar Höflichkeitsfloskeln. Aber sie gehören nicht zu den Menschen, die Ihnen sofort zu Hilfe eilen, wenn Sie in Gefahr sind oder aus dem Fenster springen wollen. Für Menschen, deren Seele mit schweren Problemen belastet ist, sind sie nicht der geeignete Partner. Vielmehr sind sie der Meinung, daß sie selbst schon kompliziert genug sind, und sie schrecken vor einer Partnerschaft zurück, bei der die Gefahr besteht, daß ihre schwachen Nerven überstrapaziert werden könnten.

Wenn Sie einen Zwilling/Katze-Menschen lieben, müssen Sie akzeptieren, daß Sie Ihre Probleme selbst lösen und vielleicht sogar einige der seinen übernehmen müssen. Sie müssen bereit sein, äußere Einflüsse von ihm abzuwenden und die Tür der Schwierigkeiten zu verbarrikadieren. Zwilling/Katzen können gut für sich selbst sorgen. Aber ihr inneres Gleichgewicht kann günstig beeinflußt werden von einem Partner, der weniger sprunghaft und optimistischer ist.

Passende Partner

Widder und Waage/Ziegen oder Schweine werden Ihr Leben durch ihre feine und sensible Art bereichern. Auch bei Löwe/Hunden und Schweinen und Wassermann/Ziegen und Schweinen funkt es bei Ihnen. Aber Jungfrau/Ratten und Hähne sind nichts für Sie. Ich rate Ihnen auch von Schütze/Tigern oder Fisch/Drachen oder Hähnen ab. Sie sind zu gockelhaft und draufgängerisch für Ihren Geschmack.

Heim und Familie

Erwarten Sie von einer Zwilling/Katze nicht, daß sie in sieben Jahren sieben Kinder zur Welt bringt und Spaß daran hat, den Rest ihres Lebens in der Waschküche zu verbringen. Dieser Mensch ist alles andere als zäh und kräftig. Natürlich kann er heiraten, Ihnen ein schönes Zuhause schaffen und sogar ein oder zwei Kinder haben. Aber sein Bedürfnis nach Erholung und Ruhe ist sehr stark. Ein turbulenter Haushalt ist nicht typisch für das Familienleben von Zwilling/Katzen.

Vielmehr gefallen dem Zwilling/Katze-Menschen eine schöne Einrichtung, Geburtstagsfeiern, Urlaube und wohlerzogene Kinder. Die Familie ist für ihn eine Oase, in der er sich vor der harten Welt zurückziehen kann. Er wünscht sich kaum eine Tochter, die jeden Nachmittag fünf ihrer Teenager-Freunde mit nach Hause bringt und im Wohnzimmer Rockmusik spielt. Nicht in ihren sieben Leben! Wenn Ihnen eine Zwilling/Katze erzählt: »Meine Tochter Nellie studiert in Boston Medizin«, können Sie sicher sein, daß sie mit einer glücklichen Zwilling/Katze sprechen.

Zwilling/Katze-Kinder sind sympathisch, vernünftig und friedliebend. Sie brauchen verständnisvolle Eltern, die sie ermutigen, ihren Interessen nachzugehen. Man kann sie zur Ausübung eines Sports überreden, solange die Sportart Tradition hat. Sie können sie zum Tennis-Spielen schicken, aber erwarten Sie nicht, daß sie zu einem Windsurfer mit ausgebleichten Haaren werden, der einen Ohrring in der Nase trägt. Zwilling/Katze-Kinder sind gerne bei ihren Großeltern und lassen sich gerne verwöhnen und verhätscheln.

Beruf

Dieser Mensch gehört nicht zu dem Typ eines harten Geschäftsmannes. Zwilling/Katzen können Pläne entwerfen und sie ebenso gut ausführen. Was sie aber nicht besonders gut können, ist, abwegige Pläne für ihre eigenen Interessen auszuklügeln. Daher sind sie in ihrer Geschäftstüchtigkeit etwas eingeschränkt. Wie jedermann weiß, erfordern Geschäfte oft etwas List und Tücke. Nicht, daß Zwilling/Katzen nicht eine Menge von beidem besitzen. Es ist aber eher so, daß sie diese Talente lieber nicht für krumme Touren einsetzen. Das könnte zu Konflikten führen, und wir wissen, wie Zwilling/Katzen zu Auseinandersetzungen stehen.

Da Zwilling/Katzen also nicht zu den Geschäftsleuten gehören, tun sie gut daran, eine berufliche Laufbahn einzuschlagen, die beschauliches Verhalten, Darstellungskunst, Überzeugungskraft und Führungstalent erfordern. Sie sollten Geschäftsleute werden, ohne Geschäfte zu machen. Sie können gut verkaufen oder Dokumente ausarbeiten, Bühnendirektor eines Theaters sein oder Filmregisseur werden. Zwilling/Katzen geben ausgezeichnete Rechtsanwälte, Immobilienmakler, Forscher oder Wissenschaftler ab. Solange in keinem dieser Berufszweige verlangt wird, daß sie sich mit ihren Mitarbeitern zusammenraufen, fühlen sich Zwilling/Katzen dort sicher und geborgen. In der Tat bringt die Verbindung von Zwilling und Katze ein Zeichen hervor, das ein großes Talent für Sicherheit und Darstellungskunst besitzt und es in einer großen Bandbreite ästhetischer Verschönerung zur Anwendung bringt.

Berühmte Zwilling/Katzen: Bob Hope, Dieter Hildebrandt, Königin Victoria.

ZWILLING/DRACHE

»Ich denke«
Luft, Merkur, Veränderlich

»Ich präsidiere«
Holz positiv, Yang

SCHLAGFERTIGKEIT	VIELSEITIGKEIT	KRAFT	ENTHUSIASMUS
SCHARFSINN	DARSTELLUNGSKUNST	ERFOLG	MUT
FLEXIBILITÄT	GEWANDTHEIT	GUTE GESUNDHEIT	SENTIMENTALITÄT
UNGEDULD	SELBSTBETRUG	STARRHEIT	VERBLENDUNG
LEICHTFERTIGKEIT	OBERFLÄCHLICH	MISSTRAUEN	AUFSCHNEIDERISCH
UNBESTÄNDIGKEIT	UNENTSCHLOSSEN	UNZUFRIEDENHEIT	REDSELIGKEIT

Der aktive und luftige Zwilling paßt gut mit unserem Freund, dem forschen Drachen, zusammen. Hier haben wir es mit einem unvergeßlichen Charakter, im wahrsten Sinne des Wortes, zu tun. Zwilling/Drachen sind aufregend und bezaubernd. Sie haben Elan und Charme. Sie sind die personifizierten Angeber. Aber erwarten Sie nicht, daß er irgendeine geistige Übung zum Besten gibt, die mehr als zehn Minuten Konzentration erfordert.

Zwilling/Drachen sind Kurzstreckenläufer. Ihre Begeisterung für alles Neue ist so brennend, daß sie große Pläne und Träume haben. Aber dem Zwilling/Drachen wird alles schnell wieder langweilig. Er möchte, daß das Wohnzimmer bis zum Wochenende, wenn die Gäste kommen, in hellem Beige gestrichen ist. Aber es kann ihn nicht kümmern, daß er ins Malergeschäft gehen muß, um die Farbe zu kaufen.

Zwilling/Drachen sind bekannt für ihre Fähigkeit, andere Menschen dafür zu gewinnen, ihre Arbeit für sie zu erledigen. Sie haben die Ideen. Und sie sind in der Tat dazu fähig, mit einem »Handstreich« neue Erkenntnisse aus ihrer Trickkiste zu zaubern. Sie können ganze Gruppen auf Trab bringen und ihre ganzen genialen Vorstellungen, wie man etwas macht, beitragen, aber sie sind nicht dazu zu bewegen, auch nur ein einziges Formular auszufüllen oder einen Anruf zu tätigen. Die Kleinarbeit halten sie nicht für ihre Aufgabe.

Natürlich besitzen diese Menschen soviel Ausstrahlung und Charme, daß sie kaum mehr etwas anderes brauchen. Ihre Einzigartigkeit verschafft ihnen alles, was sie wollen. Ihr Selbstvertrauen ist unerschütterlich. Sie sind ein Ausbund an Kraft und Mut. Doch der Verlust eines geliebten Menschen oder eine geschäftliche Niederlage oder das Ende einer Liebesromanze kann sie furchtbar erschüttern. Und passen Sie auf, was dann passiert! Ein verletzter Zwilling/Drache gerät in eine so wilde Raserei, daß eine Herde verwundeter Elche nichts dagegen ist. Weint er? Ich habe noch nie jemanden getroffen, der im Leben so viel weint wie ein Zwilling/Drache. Hadert er mit seinem Schicksal? Es ist sogar seine Spezialität: »Niemand liebt mich. Ich bin betrogen worden. Alle hassen mich«, ist das Lieblingslied des Zwilling/Drachen.

Zwilling/Drachen schüchtern andere Menschen ein. Als Zwillinge lieben sie es natürlich, sich zur Schau zu stellen. Schon sehr früh lernen sie, daß man andere Menschen beeindrucken kann, wenn man die Rolle des »Schlechtgelaunten«, des »Hartherzigen« oder sogar des »Gangsters« spielt. Die Zwilling/Drachen, die ich kenne, benehmen sich bei jedem ersten Zusammentreffen mit anderen Leuten wie verrückt gewordene Monster. Sie legen ein so unmögliches Benehmen an den Tag, daß es den Leuten glatt die Sprache verschlägt. Aber Tatsache ist, daß Zwilling/Drachen nur Papierdrachen sind. Man kann ihn mit einem Argument k. o. schlagen. Doch Sie müssen erst einmal den Mut aufbringen, ihm einen Schlag zu versetzen. Seine Drachen-Rolle aber spielt er so gut, daß Sie mir kaum glauben werden, wenn ich Ihnen sage, daß Sie ihn glatt zum Schmelzen bringen, wenn Sie sein butterweiches Herz anrühren. Versuchen Sie es mit Tränen oder Jammern. Wenn das nichts hilft, legen Sie sich ins Bett und tun so, als seien Sie so krank, daß Sie die Nacht möglicherweise nicht überleben werden. Wenn ein Mensch, den sie lieben, schwach ist, schmelzen Zwilling/Drachen nur so dahin. Sie bekommen dann nämlich Angst, daß sie womöglich die Arbeit des anderen machen müssen oder daß sie ihr Publikum verlieren.

Bei gesellschaftlichen Zusammentreffen sind Zwilling/Drachen oft unmöglich. Ich erinnere mich an einen meiner liebsten Zwilling/Drachen, der eine Party verließ, weil niemand seinen Witzen Beachtung schenkte. Und was noch schlimmer ist, wenn Zwilling/Drachen das Gefühl haben, daß ihnen ein anderer die Schau stiehlt, dann sind sie zu den verrücktesten und unerhörtesten Dingen fähig – zum Beispiel stellen sie die gesamte Kaffeetafel mit Kanne auf den Kopf –, nur um auf sich aufmerksam zu machen. Zwilling/Drachen sind ungezogen. Und das gefällt ihnen.

Trotz ihrer quirligen Ausstrahlung, ihres Stolzes und ihrer Tendenz, andere Menschen auszustechen, sind sie liebevolle und warmherzige Seelen, die ihre Kinder ganz schön verhätscheln. Aber Zwilling/Drachen haben etwas an sich, das andere eben nicht haben und das sie zu etwas Besonderem macht. Es ist nur die Fassade – aber was für eine!

In geringen Dosen genossen, geben Zwilling/Drachen tolle Freunde ab. Gewöhnlich sind sie amüsant (wenn sie nicht gerade fürchterlich sind) und sind immer für eine Party oder einen abendlichen Bummel zu haben. Aus meiner eigenen Erfahrung mit Zwilling/Drachen weiß ich, daß sie sich nur dann aufführen wie ein Verrückter, wenn man ihnen zwei Sekunden lang nicht die volle Aufmerksamkeit schenkt. Sollten Sie in diese Situation kommen, würde ich Ihnen empfehlen, auf dem Absatz kehrt zu machen und so zu tun, als würden Sie den Zwilling/Drachen nicht kennen. Einsamkeit ist der Feind Nummer eins der Zwilling/Drachen-Menschen.

Liebe

Obwohl die meisten Zwilling/Drachen oberflächlich und unbeständig erscheinen, sind sie, was die Liebe angeht, alles andere als oberflächlich. Für diese Menschen gibt es keine lauwarmen Gefühle. Sie bewundern ihren Partner vom Scheitel bis zur Sohle. Sie tun alles, um ihrem Geliebten ihre treue Ergebenheit zu beweisen. Dafür erwarten sie als Gegenleistung von ihrem Partner, daß er sie so ausschließlich liebt, daß es schon wieder fast unmöglich ist. Ein Zwilling/Drachen-Monolog könnte folgendermaßen lauten: »Lies dieses Buch nicht! Du könntest dich in die Hauptperson des Romans verlieben. Ich möchte nicht, daß du dir diesen Film ansiehst. Du könntest auf die komische Idee kommen, verreisen zu wollen. Und ich möchte nicht, daß du verreist. Bleib hier bei mir, liebe mich, hör mir zu, streichle meinen Kopf und tröste mich.« Wenn Sie einen Zwilling/Drachen lieben (und als ehemalige Partnerin eines solchen kann ich bestätigen, daß es der reine Krimi ist), dann seien Sie für ihn da. Warten Sie auf ihn, wenn er nach Hause kommt, oder noch besser, laden Sie viele Leute zum Essen ein, so daß Ihr Zwilling/Drache seine Schau abziehen kann. Als Partner dieses Menschen ist es Ihre Aufgabe, daß Sie ihm helfen, seine Talente zu entfalten. Sie dienen seinen Zwecken am besten, wenn Sie ihm ewige Liebe schwören und Ihren Sinn für Humor bewahren, was seine negativen Seiten angeht.

Und diese negativen Seiten gibt es. Zwilling/Drachen sind nicht unbedingt treu. Sie sind zwar leidenschaftliche Liebhaber und haben gewöhnlich einen festen Lebensgefährten, an dem sie mit fast überirdischer Anbetung hängen. Aber Zwilling/Drachen flirten gern. Sie können nichts dagegen machen. Sie gehen auf Parties und verteilen Küsse und Umarmungen. Ob jung oder alt, hübsch oder häßlich, aufregend oder langweilig, jeder Gast bekommt sein Küßchen und seine Streicheleinheiten. Wenn seine Flirts nicht immer gleich in eine Liebesaffäre münden, dann machen sie wenigstens den Eindruck, als würde es so enden – und das ist für einen Partner, der den äußeren Schein wahren möchte, noch schlimmer. Aber wenn es Sie wirklich kümmern würde, was andere denken, wären Sie überhaupt nicht mit einem Zwilling/Drachen zusammen, oder?

Passende Partner

Widder/Ratten, Affen und Schweine tun Ihrem Selbstbild gut und halten Ihr Interesse ein Leben lang wach. Auch Löwe/Ratten, Tiger und Affen gefallen Ihnen, aber seien Sie auf der Hut! Da sie nicht gerade naiv sind, werden Sie sich schwer tun, sie für dumm zu verkaufen. Eine nette Waage oder Wassermann/Ratte würde auch gut zu Ihnen passen, und ein Waage/Affe wäre geradezu ideal. Schlagen Sie sich Jungfrau/Ochsen aus dem Kopf. Sie sind viel zu stur und spießig für Ihren ausgefallenen Geschmack. Skorpion, Schütze oder Fisch/Hunde und Ochsen sind auch nichts für Sie.

Heim und Familie

Der Zwilling/Drache hat viel Platz für Kinder, Eltern, Cousins und Cousinen, Onkel und Tanten und Geschwister. Dieser Mensch besitzt ein großes Herz, und seine Großzügigkeit reicht so weit wie sein Einfluß auf Parties. Kein Familienmitglied bleibt unbeachtet oder erhält keine Fürsorge von ihm (es sei denn, es versucht, ihm die Schau zu stehlen). Dieser Mensch ist ein Beschützer der Schwachen und ein Retter der Frauen. Wenn jemand im Umfeld des Zwilling/Drachen in Not ist, kann er damit rechnen, daß er ihm aus der Patsche hilft.

Trotz seiner Güte ist der Zwilling/Drache streng. Seine Sprößlinge werden Ihnen erzählen, wie sie bei ihrem Vater oder ihrer Mutter parieren müssen. Zwilling/Drache-Eltern dulden keine Widerrede. Aber sie wollen nicht unbedingt, daß ihre Kinder im Leben große Erfolge erzielen. Erinnern Sie sich? Zwilling/Drachen wollen nicht, daß ihnen jemand die Schau stiehlt. Nun, ein Kind, das ein berühmterer Star wird als sein Vater oder seine Mutter, ist eine Bedrohung für den Zwilling/Drachen.

Zwilling/Drache-Kinder sind einfach umwerfend. Sie plappern die ganze Zeit und stellen Ihre Geduld mit ihrer ständigen Angeberei auf die Probe. Sie lieben es, Feste zu feiern, und unterhalten die Gäste mit Zaubertricks oder Theaterstücken. Sie brauchen besonders viel Aufmerksamkeit und Zuneigung von ihren Eltern – besonders wenn sie außerhalb ihres Elternhauses verletzt oder abgelehnt worden sind. Wenn ein Zwilling/Drache-Kind einmal nicht gefällt, gleich in welcher Beziehung, ist es tief verletzt. Man muß mit ihm diskutieren und ihm die Notwendigkeit harter Arbeit verständlich machen. Schließlich kann es nicht immer nur mit Hilfe seines Charmes vorwärts kommen.

Beruf

Zwilling/Drachen besitzen einen gesunden Ehrgeiz. Sie sind begabt und haben viel Energie für alle möglichen Projekte und Jobs. Darüber hinaus sind sie sehr attraktiv – und die Menschen genießen es, in ihrer Umgebung zu sein – ab und zu wenigstens, für ein paar Minuten. Auf den ersten Blick scheinen Zwilling/Drachen der personifizierte Erfolg zu sein.

Doch es gibt ein Problem. Zwilling/Drachen sind Strohfeuer.

Ihre ersten Darbietungen sind immer perfekt. Ihre dreimonatige Probezeit bestehen sie immer mit ihrem Charme. Ihr erster Geschäftsabschluß ist immer ein Gewinn für das Firmenkonto. Jeder im Büro bewundert den neuen Zwilling/Drachen aus dem fünften Stock. Aber warten Sie ab. Geben Sie einem Zwilling/Drachen nur eine Chance, seßhaft zu werden. Beobachten Sie, wie er sich bei der ersten Weihnachtsfeier im Büro benimmt. Achten Sie einmal darauf, wie frech er zu seinen Vorgesetzten geworden ist. Achten Sie auf den Gesichtsausdruck seines Chefs, wenn er Interna an unqualifizierte Leute ausplaudert. Auf lange Sicht halten Zwilling/Drachen niemals ihren Kurs ein. Nach ungefähr einem Jahr fallen sie bei jeder Aufgabe aus der Rolle. Ihr ungebührliches Benehmen führt manchmal dazu, daß sie hinausgeworfen werden.

Aus diesem Grund tun Zwilling/Drachen am besten daran, sich selbständig zu machen, und zwar auf einem Gebiet, wo sie viel mit anderen Menschen in Kontakt kommen. Verkauf oder Public Relations, Restaurant- oder Barbesitzer oder sogar Landarzt entsprechen dem flexiblen Wesen des Zwilling/Drachen. Dieser Mensch kann überall gleichzeitig sein und ist immer über alles auf dem laufenden. Aber bei einer einzigen Sache oder Person zu bleiben und sich mit einer einzigen Aufgabe eingehender zu befassen, ist nichts für den Zwilling/Drachen.

ZWILLING/SCHLANGE

»Ich denke«
Luft, Merkur, Veränderlich

»Ich empfinde«
Feuer negativ, Yang

SCHLAGFERTIGKEIT	VIELSEITIGKEIT	INTUITIVE KRAFT	KLUGHEIT
SCHARFSINN	DARSTELLUNGSKUNST	ATTRAKTIVITÄT	HELLSICHTIGKEIT
FLEXIBILITÄT	GEWANDTHEIT	DISKRETION	MITGEFÜHL
UNGEDULD	SELBSTBETRUG	HEUCHELEI	HABGIER
LEICHTFERTIGKEIT	OBERFLÄCHLICH	EXTRAVAGANZ	ANMASSUNG
UNBESTÄNDIGKEIT	UNENTSCHLOSSEN	FAULHEIT	AUSSCHLIESSLICHKEIT

Die Zwilling/Schlange ist ein widersprüchlicher Charakter. Wenn er etwas Besonderes sein kann, was sein Geburtsrecht ist, ist dieser Mensch zu wahrer Größe fähig. Zwilling/Schlangen sind Denker. Stellen Sie sich diese gelungene Kombination aus Denken und Intuition vor! Diese Zeichenverbindung ist tatsächlich sehr fruchtbar.

Doch dieser kopflastige Mensch hat auch eine ganze Menge Fehler. Zwilling/Schlangen sind sowohl der Selbsttäuschung als auch der Faulheit verfallen. Jeden Morgen müssen sie sich schwer aus dem Bett kämpfen. Eingefleischte Trägheit und eine Art sonnige Resigniertheit lassen sie nur schwer auf die Beine kommen.

Es kann sein, daß die Vorurteile der Zwilling/Schlangen daher kommen, daß ihr intuitives Wissen zuviel Unheil und Enttäuschung kommen sieht. Es ist, als ob dieser Mensch intuitiv fühlt, welch tiefen Einfluß er auf die Welt nehmen kann, wenn er es nur versucht, und aus diesem Grund läßt er es lieber gleich bleiben. Doch es ist unvermeidlich, daß diese Zeichenkombination einen Schauspieler hervorbringt, der über einen vortrefflichen Intellekt verfügt oder eine Persönlichkeit aus dem Showgeschäft oder einen Politiker, der ein Herzensbrecher ist. Die Zwilling/Schlange bringt ein reiches Erbe mit.

Zwilling/Schlangen leiden unter Vorahnungen. Sie wissen

immer schon im voraus, was geschehen wird. Wenn das Ereignis dann eintritt, sind sie relativ erstaunt darüber. Aber wenn es vorbei ist, sind sie überzeugt, daß es vielleicht die ganze Aufregung gar nicht wert war und es mehr Spaß gemacht hätte, wenn sie statt dessen in Urlaub gefahren wären.

Zwilling/Schlangen müssen Selbstdisziplin lernen, wenn sie langfristige Ziele anstreben. Sie nehmen den Mund immer etwas zu voll. Sie brauchen nicht nur die Herausforderung, sondern auch den inneren Antrieb, der sie auf Trab bringt und ihnen den Erfolg beschert, der ihr natürlicher Lohn ist – und zugleich ihr Untergang. Oh, es ist kompliziert, eine Zwilling/Schlange zu sein!

Wie jede Schlange, die Selbstachtung hat, liebt dieser Mensch den Reichtum. Geld und Reichtümer anzuhäufen, kann eine treibende Kraft im Leben der Zwilling/Schlangen werden. Das Problem ist, daß sie zu elegant sind, um reich zu sein. Obwohl sie gerne im Luxus schwelgen und sich in seidenen Kissen wälzen, finden Zwilling/Schlangen die bloße Berührung von Geld geschmacklos und finden Mittel und Wege, dies gänzlich zu vermeiden.

Ich stelle mir bei Zwilling/Schlangen immer eine schöne, haarige Raupe vor. Wenn Sie eine Raupe sehen, wissen Sie, daß eines Tages ein Schmetterling daraus wird, ein wenig ätherisch vielleicht, aber so phantastisch, daß seine Schönheit einen bleibenden Eindruck bei Ihnen hinterläßt. Zwilling/Schlangen zeichnen sich durch zeitweilige Beständigkeit aus.

Dieser Mensch hat eine zarte Gesundheit. In seinem Inneren geht so viel vor, daß er sich oft nicht mit den alltäglichen Lebensnotwendigkeiten herumärgern kann. Er möchte seinen Verstand gebrauchen, in zwanzig Richtungen gleichzeitig denken, neue Philosophien erfinden, die Welt verändern und seine Mitmenschen inspirieren. Warum drängen Sie darauf, daß er den Fußboden schrubbt, wo Sie doch genau wissen, daß er es nicht kann und nicht will und daß es ihn in keinster Weise kümmert, ob sich dieser blöde Fußboden nun von selbst wischt oder nicht? Der Zwilling/Schlange-Mensch steht wirklich über den Dingen!

Die Gesellschaft einer klugen und schlagfertigen Zwilling/Schlange ist ein reines Vergnügen. Diese Menschen sind nie langweilig. Ihr reger Verstand kann jedem Gedankengang folgen, springt von einer Blume zur anderen und wird allem und jedem gerecht. Sie können mit einem Zwilling/Schlange-Menschen stundenlang herumdebattieren und werden schließlich dahin gelangen, daß Sie die Dinge mit ganz neuen Augen sehen. Zwilling/Schlangen wirken auf andere sehr anregend. Sie sind überzeugend, verführerisch und in jeder Hinsicht bemerkenswert. Wenn sie sich dazu überwinden können, eine Aufgabe anzupacken, werden sie immer erfolgreich sein.

Liebe

Um es gleich vorab zu sagen: jeder verliebt sich in einen Zwilling-Schlange-Menschen. Zwilling/Schlangen sind gewöhnlich sehr hübsch. Sie duften gut und haben einen attraktiven, zerbrechlichen und verführerischen Körper. Sie sind intelligent, witzig und mitfühlend. Ja, jeder liebt die Zwilling/Schlange.

Aber den Zwilling/Schlange-Menschen bringt diese allgemeine Bewunderung kaum aus der Fassung. Ebenso wie ihm die Menschen reihenweise zu Füßen fallen, fühlt auch er sich stark zu ihnen hingezogen. Zwilling/Schlangen neigen zur Promiskuität – und sie können nicht einmal etwas dafür. Wer könnte all diesen Fans widerstehen? Ich nicht.

Als Lebensgefährte braucht dieser Mensch einen geduldigen und verständnisvollen Partner. Mit plumpen oder dummen Menschen können Zwilling/Schlangen nichts anfangen. Auch für Feierlichkeiten und Trübsal haben sie nichts übrig. Zwilling/Schlangen haben selbst genug Schwierigkeiten, aus dem Pyjama zu kommen und sich ins Auto zu setzen, auch ohne daß sie noch jemandem helfen müßten, der dieselben Probleme hat. Zwilling/Schlangen können andere inspirieren, aber sie können ihnen keine Kraft geben.

Die Preise, die den Zwilling/Schlangen wie durch Zauberhand zufallen, teilen sie mit ihren Partnern. Sie brauchen die Liebe eines zuverlässigen und geacheten Menschen, auf den sie sich verlassen und dem sie für immer vertrauen können.

Wenn Sie zu ständiger Bewunderung und absolut treuer Ergebenheit fähig sind, können Sie mit einem Zwilling/Schlange-Menschen sehr, sehr glücklich werden. Aber wenn Sie das Gefühl haben, seine Untreue könnte Sie aus dem Gleichgewicht bringen, oder Sie könnten auf ihn neidisch werden und versuchen, ihm Konkurrenz zu machen, dann halten Sie sich von ihm fern. Sie würden nur verletzt werden. Zwilling/Schlangen sind immer diejenigen, die den Ton angeben.

Passende Partner

Sie werden sich ganz automatisch zu Widder und Wassermann/Hähnen und Ochsen hingezogen fühlen. Auch Löwe/Drachen und Ochsen gefallen Ihnen, ebenso Waage/Hunde und Ochsen. Mit Jungfrauen passen Sie nicht besonders gut zusammen, besonders nicht mit Tigern und Schweinen. Ihr Glück finden Sie auch nicht bei Schütze/Tigern oder Schweinen noch bei Fisch/Tigern oder Affen. Befolgen Sie meinen gutgemeinten Rat, und lassen Sie die Finger von Skorpionen, vor allem den Tigern unter diesem Zeichen.

Heim und Familie

Diese temperamentvolle Seele gehört kaum zu dem durchschnittlichen Typen eines häuslichen Menschen. Als Geschwister, Cousin oder Tante genießen Zwilling/Schlangen großen Respekt. Aber als Eltern haben sie ziemliche Schwierigkeiten, sich auf das Niveau ihrer Kinder herabzulassen, auf allen Vieren auf dem Boden herumzukrabbeln, glucksende Laute von sich zu geben und Verstecken zu spielen. Ich meine, wenn sich dieser Mensch entschließt, Kinder in die Welt zu setzen, dann sollte er sich auch dafür entscheiden, ein Kindermädchen einzustellen. Er ist nicht der Papa, der seine Kinder verhätschelt und dauernd mit ihnen schmust.

Zwilling/Schlange-Kinder sind für ihr Alter immer schon sehr klug. Sie können ihre Eltern mit ihren frühreifen abstrakten Denkmodellen verblüffen. Aber keine Sorge. Das ist ganz normal. Dieses Kind wird in der Schule immer brilliant sein, aber es gefällt ihm viel besser, am Wochenende bis drei Uhr nachmittags im Bett herumzuliegen und Bücher der Erwachsenen zu lesen. Und es ist charmant. Das ist seine Natur. Sie können für die Zukunft dieses selbstbewußten Kindes nicht viel mehr tun, als ihm ein wenig Arbeitsmoral beizubringen und deren Notwendigkeit für ein erfolgreiches Leben verständlich zu machen. Man darf dieses Kind nicht grob behandeln, aber man kann es auf sanfte und liebevolle Art zu etwas bewegen. Wahrscheinlich versteht sich das Zwilling/Schlange-Kind mit seinen Geschwistern nicht besonders gut. Aber machen Sie sich darüber keine Gedanken. Es ist in seiner Zuneigung sehr exklusiv. Und es braucht sein Spielzeug nicht mit seinen Geschwistern teilen, um zu lernen, wie man Präsident von Amerika oder der Vorstand von IBM wird.

Beruf

Diese Menschen gelangen immer zu Erfolg im Leben. Sie sind anderen an Intelligenz überlegen, und obwohl sie nicht gerade zu den Arbeitswütigen zählen, gelingt es Zwilling/Schlangen gewöhnlich, ein gewisses Maß an Ausgewogenheit in ihr Arbeitsleben zu bringen.

Zwilling/Schlangen geben ausgezeichnete Lehrer, Philosophen, Ärzte, Rechtsanwälte, Schriftsteller und auch Politiker ab. Sie brauchen eine umfassende Ausbildung, und ihre Hobbies haben immer damit zu tun, sich mehr Wissen anzueignen. Sie lösen sogar gerne Kreuzworträtsel, wobei sie eine Augenbraue intellektuell nach oben ziehen.

Ob als Künstler oder Geschäftsmann, ob reich und berühmt oder nicht, der Zwilling/Schlange-Mensch steht immer vor dem Problem, ob er mitmachen oder sich lieber von der Sache zurückziehen will. Natürlich ist er ehrgeizig und möchte es im Leben zu etwas bringen. Aber wäre es nicht viel einfacher, zu Hause zu bleiben und davon zu träumen, wie man sein Ziel erreicht, Bücher über sein Lieblingsthema zu lesen und das Sofa in Beschlag zu nehmen?

Einige berühmte Zwilling/Schlangen: Bob Dylan, John F. Kennedy, Jean Paul Sartre, um nur ein paar zu nennen. Wenn das keine Beispiele sind für den Frontalangriff aufs Ziel!

ZWILLING/PFERD

»Ich denke« *Luft, Merkur, Veränderlich*		*»Ich fordere«* *Feuer positiv, Yang*	
SCHLAGFERTIGKEIT	VIELSEITIGKEIT	ÜBERZEUGUNGSKRAFT	STIL
SCHARFSINN	DARSTELLUNGSKUNST	AUTONOMIE	GERADLINIGKEIT
FLEXIBILITÄT	GEWANDTHEIT	POPULARITÄT	TALENTIERTHEIT
UNGEDULD	SELBSTBETRUG	SELBSTSUCHT	HAST
LEICHTFERTIGKEIT	OBERFLÄCHLICH	SKRUPELLOSIGKEIT	ÄNGSTLICHKEIT
UNBESTÄNDIGKEIT	UNENTSCHLOSSEN	AUFLEHNUNG	PRAGMATISMUS

Das stolze Gehabe des Pferdes ergibt in Verbindung mit der Flexibilität des Zwillings einen Menschen mit vielen Talenten, dessen größter Feind er selbst ist. In seinem Inneren sitzt ein nörgelnder Quälgeist, der die Hände ringt und jammert: »Ich muß mich doch nicht mit diesem Mist herumschlagen. Ich muß mich doch nicht mit diesem Unsinn herumplagen. Ich will meine Freiheit. Ich will meine Seele zurück haben!«

Nun, natürlich wissen wir, daß unsere Seele niemandem gehört. Aber der Zwilling/Pferd-Mensch setzt alles daran, um das Gegenteil zu beweisen. Er möchte anders sein als die anderen, ungewöhnlich, besser als jeder andere, klüger, attraktiver, besser gekleidet und, was am wichtigsten ist, kühler. Ja, der Zwilling/Pferd-Mensch versucht verzweifelt, kühl zu wirken, einer aus der Bande, ein Teufelskerl.

Nicht, daß Zwilling/Pferde ihre Arbeit nicht gewissenhaft erledigen könnten. Sie können es. Normalerweise schlagen sie eine berufliche Laufbahn ein, an der sie Interesse haben und bleiben bei dem einmal gewählten Beruf. Sie sind musikalisch oder graphisch begabt und spielen immer eine wichtige Rolle bei allem, was mit Theater zu tun hat. Zwilling/Pferde sind Zirkuspferde. Anstatt zu gehen, stolzieren sie einher.

Zwilling/Pferde verlassen – wie die meisten Pferde – schon sehr früh ihr Elternhaus und nehmen alle möglichen Jobs an, die ihnen Spaß machen. Sie arbeiten sich Schritt für Schritt nach oben. Wenn der Zwilling/Pferd-Mensch Musiker ist, wird er sich nicht einfach einer Band anschließen und den Rest seines Lebens auf Hochzeiten oder anderen Familienfeiern aufspielen. Nein! Zwilling/Pferde spielen so lange in der Band, wie sie erfolgreich ist. Wenn die Sache dann nicht mehr so gut läuft, verlassen sie die Band, ohne lange zu überlegen.

Pferde, die im Zeichen der Zwillinge geboren sind, unterhalten die anderen gerne mit Witzen. Sie erzählen Witze und komische Geschichten oder führen Zaubertricks vor, nur um Aufmerksamkeit und Beifall zu erlangen. Meiner unmaßgeblichen Meinung nach können Zwilling/Pferde bei Darbietungen völlig aus dem Häuschen geraten, wenn sie nicht von einer Autoritätsperson im Zaum gehalten werden. Sie entwickeln sich sehr leicht zu einem verzogenen Balg, weil sie allzusehr von ihren Eltern, Freunden und Fans bewundert werden. Daher ist es klüger, nicht so laut zu klatschen, außer sie geben wirklich ihr Bestes.

Diese Menschen sind sehr schlagfertig. Man muß morgens früh aufstehen und hellwach sein, um ihm zuvorzukommen. Schlagfertigkeit ist seine zweite Natur. Zwilling/Pferde sind kräftige Burschen mit einer Menge bodenständiger Vitalität und immer bereit zum Segeln, Windsurfen oder Fahrradfahren. Diese beiden Eigenschaften, Schnelligkeit und Zähigkeit, machen sie zu ausgezeichneten Gefährten.

In dieser Beschreibung von Zwilling/Pferden darf ihre Selbstsucht nicht fehlen. Leider muß ich sagen, daß diese Menschen wahre Ungeheuer an Ichbezogenheit sind. Auch wenn sie noch so gesellig und extrovertiert sind, Zwilling/Pferde sehen die Dinge niemals unter einem anderen Gesichtspunkt als ihrem eigenen. Mitgefühl liegt ihnen nicht besonders. Doch seltsamerweise können diese Menschen sehr sozial sein. Fürsorge als Hobby macht ihnen Spaß. Es scheint sogar, als bräuchten sie es, daß sie andere beschützen und auf sie achtgeben. Aber sie tun es nicht aus Fürsorge oder Mitleid heraus.

Zwilling/Pferde sind furchtlos und übernehmen langfristige Aufgaben und Projekte, vor denen Sie oder ich erbleichen würden. In dieser Hinsicht kommt ihnen ihr egoistisches Erfolgsstreben zugute. Sie können Ziele verfolgen, die andere sich niemals zutrauen würden, und lassen sich nicht davon abbringen, weil sie ein so enormes Selbstvertrauen besitzen.

Liebe

Das Wort »betörend« fällt mir ganz spontan zu Zwilling/Pferden ein. Man sagt, daß dieses Pferd nicht besonders treu in der Liebe ist. Es wird behauptet, dieser Mensch bräuchte viel gefühlsmäßige Abwechslung zu seinem Vergnügen. Doch keiner macht sich die Mühe, sich diese scheinbar treulose Seele einmal genauer zu betrachten. Tief in ihrem Innern haben Zwilling/Pferde ein starkes Bedürfnis, ihren Idealpartner zu finden, an den sie glauben können. Sie wünschen sich, daß ihr Partner netter, selbstloser, verständnisvoller, großzügiger und gütiger ist. Sie können es nicht tolerieren, daß andere zynisch sind. Sie suchen nach dem »richtigen« Mann oder der »richtigen« Frau, die keine Fehler haben und ihnen ein Leben lang treu ergeben sind.

Um einen Zwilling/Pferd-Menschen zu lieben, müssen Sie ihn als den Hans-Dampf-in-allen-Gassen akzeptieren, der er ist. Sie müssen wissen, wie man gütig und fürsorglich wirkt, auch wenn es unmöglich scheint. Sie müssen ihm und allem, was mit ihm zu tun hat, treu ergeben sein. Und Sie müssen sein theatralisches Verhalten mögen. Szenen. Wutanfälle. Diesem Menschen brennt leicht einmal die Sicherung durch, aber seine Anfälle dauern meistens nicht lange. Das Gegenmittel ist Apathie. Ignorieren Sie ihn drei Sekunden lang. Lassen Sie ihn allein, und er wird sich wieder beruhigen.

Passende Partner

Löwe und Wassermann/Hunde und Tiger passen zu Ihrer selbstbewußten Art. Aber Sie könnten auch mit Widder/Ziegen oder Tigern oder einer kreativen Waage/Ziege zusammenleben. Lassen Sie sich nicht mit Jungfrau oder Skorpion/Ochsen ein, und denken Sie nicht einmal im Traum daran, sich mit einem feurigen Schütze/Ochsen einzulassen. Sie wollen immer der Star sein, und diese Menschen hassen Konkurrenz. Nicht in Frage kommen außerdem Jungfrau, Fische und Schütze/Ratten und das luxusliebende Fisch/Schwein.

Heim und Familie

Das Zuhause ist für Zwilling/Pferde extrem wichtig und sei es nur, um vor ihm davonzulaufen. Sie gehören zu den Menschen, die oft von zu Hause fortgehen. Aus diesem Grund muß sein Heim felsenfest sein. Sie müssen jederzeit in eine behagliche, ordentliche und saubere häusliche Umgebung heimkehren können, wo sie ihr müdes Haupt zur Ruhe betten und sich darüber beklagen können, wie traurig die Welt dort draußen doch in Wirklichkeit ist.

Sie lieben helle Möbel im konventionellen Stil. Mit anderen Worten: dieser Mensch lebt wohl kaum in einem Wolkenkratzer, sondern eher in einem Stadthäuschen, das er in warmen Gelb- und Grüntönen ausstaffiert.

Als Eltern sind Zwilling/Pferde fast schon übertrieben gewissenhaft. Sie bringen sich fast um für andere. Sie wollen alles richtig machen – für die Kinder, und nicht um des öffentlichen Beifalls willen. Wenn es eine Liebesbeziehung gibt, bei der Selbstlosigkeit aus Selbstsucht hervorgeht, dann ist es die Eltern-Kind-Beziehung. Sie werden über die Hingabe der Zwilling/Pferd-Eltern erstaunt sein. Im Hinblick auf ihre eigenen Eltern oder Geschwister sind sie aber weniger überschwenglich. Das ist nicht dasselbe. Zwilling/Pferde glauben, daß sie der Grund sind, daß ihre Kinder so geworden sind, wie sie sind. Unsinn!

Zwilling/Pferde-Kinder neigen zur Angeberei. In der Schule spielen sie gerne den Clown, und auf dem Spielplatz sind sie als Raufbolde verschrien. Es ist wahr, daß dieses Kind schon früh lernen muß, was Disziplin und Ausdauer heißt. Schmusen liegt ihm nicht besonders. Viel lieber ist es draußen beim Spielen.

Beruf

Zwilling/Pferde sind ziemlich zerstreut. Wenn sie sich nicht gerade brennend für eine Sache interessieren, sind sie eher träge und nicht ganz bei der Sache. Ihre Basis ist ihr »Ich«. Ihr Ehrgeiz ist eine andere. Dieser Konflikt resultiert darin, daß sie für kurze Zeit eine enorme Antriebskraft besitzen. Mit der richtigen Motivation sind sie in der Lage, den Gipfel meisterhaft zu bezwingen. Aber sobald dieser Mensch anfängt, über seine eigenen Probleme nachzudenken, ist er plötzlich abgelenkt und verwandelt sich von einem Rennpferd in ein Maultier.

Daher ist sein Triumph in allen beruflichen Angelegenheiten, wenn er die Freiheit besitzt, ständig neue Projekte in Angriff zu nehmen. Am besten sollten Zwilling/Pferde für Menschen arbeiten, vor denen sie tiefen Respekt haben und die dafür bekannt sind, daß sie sie an der Kandare halten. Sie geben ausgezeichnete Chefs ab, brauchen aber immer jemanden, der ihnen einen Stoß gibt, damit sie den Alltagskram erledigen. Theater, Zirkus, Tanz, Film und alle Berufe, die mit Unterhaltung zu tun haben, eignen sich für diese Menschen. Sie können alles, angefangen vom Choreographen bis zum Bühnenarbeiter. Solange es nur mit dem Theater zu tun hat, blüht der Zwilling/Pferd-Mensch auf.

Berühmte Zwilling/Pferde: Igor Stravinsky, Josephine Baker, Barbara Dickmann, Paul McCartney.

ZWILLING/ZIEGE

»Ich denke«
Luft, Merkur, Veränderlich

»Ich bin abhängig«
Feuer negativ, Yang

SCHLAGFERTIGKEIT
SCHARFSINN
FLEXIBILITÄT
UNGEDULD
LEICHTFERTIGKEIT
UNBESTÄNDIGKEIT

VIELSEITIGKEIT
DARSTELLUNGSKUNST
GEWANDTHEIT
SELBSTBETRUG
OBERFLÄCHLICH
UNENTSCHLOSSEN

ERFINDUNGSGEIST
SENSITIVITÄT
AUSDAUER
SCHMAROTZER
MANGEL AN VORAUSSICHT
UNPRAKTISCH

ORIGINELL
GUTE MANIEREN
GESCHMACK
PESSIMISMUS
UNPÜNKTLICHKEIT
SORGENVOLL

Zwilling/Ziegen flattern aus reiner Launenhaftigkeit in das Leben anderer Menschen. Sie sind Pessimisten, die mit der Welt unzufrieden sind. Oder sie gehören zu den ewig enttäuschten Kritikern, deren Sehnsucht nach Perfektion (der anderen natürlich) sie dazu veranlaßt, ätzende Bemerkungen auszustreuen wie Rosenblätter. Die Zwilling/Ziege hat von all diesen Eigenschaften ein bißchen.

Sie werden nicht viele Ziegen finden, die frei herumlaufen. Ziegen brauchen andere Menschen. Sie brauchen Gesellschaft und jemanden, der sie führt. Zwilling ist ein merkurisches Zeichen: schnell, flüchtig, launenhaft. Kombinieren Sie nun diese beiden Zeichen! Abhängigkeit und Unbeständigkeit. Daraus ergibt sich ein lächelndes Baby, das sich nach jeder Gelegenheit umschaut, von seinen langweiligen Eltern wegzukommen, und sich fast jedem in die Arme wirft, der an seinem Kinderwagen vorbeikommt.

Zwilling/Ziegen sind intelligent und ausgesprochen komisch. Sie können über sich selbst lachen. Irgendwie sind sie so von allem, was konkret ist, abgeschnitten, daß sie einen sehr guten Instinkt besitzen müssen. Sie riechen ein Ereignis schon meilenweit voraus.

Die Ziege, die im Zeichen Zwillinge geboren ist, ist künstlerisch begabt. Sie hat geschickte Hände und kann mit einer Vielzahl von Materialien gut umgehen. Kunsthandwerkliche Projekte oder handwerkliche Hobbies liegen ihnen sehr, unter der Bedingung, daß sie sich sicher fühlen. Wenn Sie eine Zwilling/Ziege auf einem Gehweg in einer belebten und verkehrsreichen Straße festbinden, können Sie sie nach drei Stunden direkt in die Nervenheilanstalt einliefern. Dieser Mensch braucht eine ruhige und sichere Umgebung.

Zwilling/Ziegen klatschen gerne. Sie sind überaus neugierig. Bei jedem, der ihnen begegnet, fragen sie sich: »Ob er eine Freundin hat? Ist sie wirklich eine Modeschöpferin? Hatte er einen Autounfall, und hat er seinen Hund dabei getötet, oder war es seine Frau?« Sie wollen immer Ihre Lebensgeschichte wissen. Über sich selbst aber sprechen sie weniger, außer, sie werden danach gefragt. Sie sind zwar keine Geheimnistuer, aber vorsichtig. Sie wissen, was sie mit den Informationen über das Privatleben anderer machen, und sind deshalb aus Gründen, die auf der Hand liegen, nicht so schnell dazu zu bewegen, etwas über ihr eigenes Privatleben preiszugeben.

Diese Menschen sind ausgesprochen sprachbegabt. Sie besitzen ein ausgeprägtes Redetalent. Sie lernen auch leicht Fremdsprachen, da sie ein gutes Gehör haben und Nuancen im Klang sehr gut wahrnehmen können.

Hingabe ist ein Wort, das sehr gut auf Zwilling/Ziegen paßt. Als Erwachsener ist dieser Mensch immer von einem Wanderzirkus von Familie, der Familien der Familienmitglieder, der Freunde der Familienmitglieder usw. umgeben. Sie haben andere Menschen nicht nur gerne um sich, sie können ohne Gesellschaft nicht leben.

Sie haben es auch gern, wenn andere fröhlich sind. Sorgen sind nicht ihr Fall. Es ist, als ob Traurigkeit eine persönliche Bedrohung für den Zwilling/Ziege-Menschen darstellt. Er will nichts damit zu tun haben.

Die Zwilling/Ziege ist weniger pessimistisch als andere Ziegen. Sie haben gewisse Vorurteile gegenüber anderen Menschen und deren Lebensstil. Über Menschen, die sie dumm oder lächerlich finden oder die sie nicht leiden können, ziehen sie gerne her. Aber in Wirklichkeit kümmert es sie herzlich wenig, was andere machen. Sie verurteilen sie nicht. Aber sie wühlen gerne in der schmutzigen Wäsche anderer herum und brechen in schallendes Gelächter aus, wenn sie etwas finden.

Liebe

Es scheint, als würde ich zuviel über Untreue schreiben. Ich gebe zu, es geht mir allmählich selbst auf die Nerven. Aber machen Sie sich nichts daraus. Zwilling/Ziegen sind nicht gerade die Treue in Person. Sie wollen am liebsten ein Doppel- oder Dreifachverhältnis. Sie werden kaum einen überzeugten Junggesellen unter Zwilling/Ziegen finden, wenn überhaupt. Nun, sie können einfach nichts dagegen machen. Ihr Charme ist schuld daran.

Wenn Sie eine Zwilling/Ziege lieben, sollten sie immer so tun, als hätten Sie alles im Griff. Tun Sie so, als seien Sie der Stärkere. Die Hingabe, die Sie dafür bekommen, wird Sie für die Eifersucht wegen der oben genannten Seitensprünge entschädigen. Zwilling/Ziegen sind fabelhafte Partner für Menschen, die nicht besonders häuslich sind. Sie werden einem Partner, der beruflichen Ehrgeiz hat, niemals im Wege stehen.

Der einzige Rat, den ich Ihnen geben möchte, ist, daß Sie ein wenig auf seine Nachlässigkeit achten. Da es für Zwilling/Ziegen sehr von Bedeutung ist, was die Menschen, die sie lieben, von ihnen denken, und sie den Respekt ihres Partners brauchen, werden sie Ihre feste Hand niemals ignorieren und sie insgeheim sogar schätzen. Sie haben eine schwierige Aufgabe. Aber dafür bekommen Sie viel Phantasie und Spaß zurück.

Passende Partner

Ich sehe Sie mit einer netten Widder/Katze, einem Waage/Pferd oder Schwein. Auch Wassermann/Katzen und Schweine und Löwe/Pferde gefallen Ihnen. Mit beständigen, aber nicht starren Typen sind Sie am glücklichsten, also klettern Sie auf einen Telefonmast, wenn Sie einen Jungfrau oder Skorpion/Ochsen kommen sehen. Halten Sie sich fern von Jungfrau, Schütze und Fische/Hunde und Tigern. Sie sind zu pessimistisch und zu leicht erschöpft von Ihren komischen Einfällen.

Heim und Familie

Das Herz der Zwilling/Ziegen gehört ihrem Heim. Sie müssen hier zwar nicht ihre ganze Zeit verbringen, aber ein Zuhause ist von größter Bedeutung in ihrem Leben. Sie kommen gerne nach Hause, gehen nach Hause, bleiben zu Hause, empfangen Gäste zu Hause, sind zu Hause krank, bringen ihre Kinder daheim zur Welt und sterben zu Hause. Und sie gehen lieber nach Hause als zum Fischen.

Zwilling/Ziegen lieben die Wärme und die Geborgenheit einer Familie, in der jeder sein eigenes Zimmer hat und sich alle zur selben Zeit um den Tisch versammeln. Sie wollen der Mittelpunkt im Leben anderer sein. Elternschaft ist für sie etwas ganz Natürliches. Sie lieben und opfern sich nicht nur für ihre Sprößlinge auf, sie behalten ihre Kinder immer im Auge – in positiver und negativer Weise –, und zwar bis zu ihrem Tod. Sie haben eine unerschütterliche Geduld für Spiele wie: »Ein Löffelchen für den Papa, ein Löffelchen für Onkel Ludwig usw. . . .«

Zwilling/Ziege-Kinder sind in allererster Linie Schmuser. Sie kuscheln und schmusen und springen einem auf den Schloß, solange dieser warm und kuschelig ist. Auch sind sie hervorragende Redner und für jede lebhafte Kunst begabt. Natürlich brauchen sie eine feste Hand, die sie liebevoll kontrolliert, angefangen bei den Hausaufgaben bis hin zur Wahl ihrer Freunde. Zwilling/Ziegen sind leicht beeinflußbar. Deshalb könnten sie auf die falschen Freunde hereinfallen.

Beruf

Um es noch einmal zu sagen: da dieser Mensch ein Zwilling ist, ist er talentiert und künstlerisch veranlagt. Er kann in jeder Karriere, die mit Unterhaltung zu tun hat, erfolgreich sein.

Es kann sein, daß sich Zwilling/Ziegen außerhalb ihrer Arbeit schwer über ihren Chef beklagen, aber in der Arbeit sind sie engagierte und treu ergebene Angestellte. Ihr Talent zur Abhängigkeit wird sie von allen Führungspositionen fernhalten. Sie würden nicht nur ein schlechter Chef sein, sie wollen überhaupt nicht der Chef sein. Als Star-Unterhalter sind sie zufrieden. Sie haben nichts dagegen, wenn man sie anstachelt, und sind nicht so sehr vom Applaus anderer abhängig. Im Grunde genommen nehmen sie ihre Arbeit eher leicht und erledigen sie eher mit Anmut.

Geeignete Berufe für Zwilling/Ziegen sind: Fernsehstar, Sänger, Maler, Diplomat, Schauspieler und Schauspielerin, Kritiker.

Berühmte Zwilling/Ziegen: Arthur Conan Doyle, John Wayne, Brooke Shields.

ZWILLING/AFFE

»Ich denke«
Luft, Merkur, Veränderlich

»Ich plane«
Metall positiv, Yin

SCHLAGFERTIGKEIT	VIELSEITIGKEIT	SCHLAUHEIT	INTELLIGENZ
SCHARFSINN	DARSTELLUNGSKUNST	STABILITÄT	EIFER
FLEXIBILITÄT	GEWANDTHEIT	IMPROVISATIONSTALENT	FÜHRUNGSNATUR
UNGEDULD	SELBSTBETRUG	TÄUSCHUNG	SELBSTBEZOGENHEIT
LEICHTFERTIGKEIT	OBERFLÄCHLICH	TRICKREICH	ALBERNHEIT
UNBESTÄNDIGKEIT	UNENTSCHLOSSEN	GESCHWÄTZIG	OPPORTUNISMUS

Zwillinge und Affen gleichen einander. Wenn Sie die Energie betrachten, die in diesem Zeichen steckt, ist es, als ob sie zwölf Affen und ein Dutzend Zwillinge zusammenwerfen, sie mit einem Düsenantrieb versehen und Gas geben. Diese Menschen sind unaufhörlich in Bewegung. In der Tat frage ich mich, ob sie überhaupt jemals schlafen. Zwilling/Affen reden gerne. Sie müssen sich darstellen können und leider auch angeben. Aus diesem Grund genießen sie es, wenn sie andere Leute unterhalten und ihnen eine angenehme Zeit bereiten können. Sie planen gigantische Feste, zu denen sie Austern und Hummer aus den entferntesten Winkeln der Erde einfliegen lassen. Die Parties, die Zwilling/Affen feiern, werden Ihnen für immer unvergeßlich bleiben – bis nächste Woche, wo die nächste, etwas ruhigere Fete bei dem Zwilling/Affen steigt. Diesmal hat er nämlich nur siebzig sorgfältig ausgewählte Freunde eingeladen. »Wir beginnen um sechs Uhr mit einer Weinprobe. Später machen wir dann einen Ballonflug. Das müssen wir machen, bevor es dunkel wird ...« Die Attraktionen sind endlos. Die exzessive Lebensweise der Zwilling/Affen kennt keine Grenzen. Wenn Sie einen Zwilling/Affen zum Freund haben, wird es Ihnen im Leben nie mehr langweilig sein.

Doch das Beste an den Zwilling/Affen kommt noch – sie sind nämlich genial. Ja, sie sind immer brilliant. Sie haben nicht nur einen so wachen Verstand, daß sie zu wahren Geniestücken fähig sind, sondern sie haben darüber hinaus einen sehr kreativen Geist. Sie haben immer eine bahnbrechende Idee parat, die die Trabrennbranche revolutionieren wird. Dabei ist es nicht einmal notwendig, daß sich der Zwilling/Affe mit Pferden auskennt. Aber eines Tages bei einem Pferderennen schießt ihm plötzlich eine Idee in den Kopf: wenn das so und so wäre, würde das Rennen so und so ablaufen. Zwilling/Affen sind wahre Improvisationstalente. Sie hassen es, eine Sache zweimal gleich zu machen, und verwenden deshalb sehr viel Zeit darauf, sich neue Möglichkeiten auszudenken.

Unser Freund hier hat auch etwas von einem Snob an sich. Da bei ihm alles größer und besser sein muß, ist er der Meinung, daß ein wenig Klasse niemandem weh tut. Sie können damit rechnen, daß der Zwilling/Affe zumindest ein schnelles Auto in der Garage stehen hat, einen edlen Rassehund besitzt und einen ebenso eleganten Partner. Die Ausstattung ist Teil seiner Show – und für Zwilling/Affen ist die Show ihr Leben. Glauben Sie ja nicht, Zwilling/Affen seien so leichtsinnig, wie sie offenherzig sind. Diese Menschen haben großes Selbstvertrauen, sind verantwortungsbewußt und unabhängig. Sie scheuen auch nicht vor einem harten Tag im Büro zurück oder vor dem Frühjahrsputz im Alleingang. Sie können so viele Dinge gleichzeitig tun, daß man sie mit einem Meisterjongleur in der Manege vergleichen könnte, wenn man ihnen bei der Arbeit zusieht. Der Zwilling/Affe kann anderen Menschen Verantwortung übertragen und hält nichts vom Anherrschen, um andere dazu zu bringen, für ihn zu arbeiten.

Dieser Mensch ist ein geborener Aufständische. Er ist der Meinung, daß Regeln dazu da sind, gebrochen und erneuert zu werden. Wenn er nicht logisch und mit Hilfe seiner Überzeugungskraft beweisen kann, daß eine Vorschrift hirnverbrannt ist, wird er nicht lange fackeln und dieses brüchige, alte Gesetz auf die Probe stellen. Sagen Sie einem Zwilling/Affen niemals, daß er einen Korridor in einem Krankenhaus nicht mit dem Fahrrad befahren darf, sonst werden Sie ihn in der Halle in Trakt Nummer drei seine Runden drehen sehen.

Sein Hang, alle Regeln zu brechen, kann ihn ihn ernsthafte Schwierigkeiten bringen. Er ist zwar kein Verbrecher, aber seine Vorgesetzten könnten ihn sehr wohl als Unruhestifter und Störenfried bezeichnen. Aber im allgemeinen bewahrt ihn seine Genialität vor ernsthaften Folgen. Menschen, die weiter denken können, wissen zwar, daß er unmöglich ist, sie wissen aber auch, daß er für sie so wichtig ist, daß sie ihn nicht gehen lassen können. Eine Taktik, ihm Disziplin beizubringen, ist, ihn ins Exil zu stecken. Aber in welchen entlegenen Winkel man ihn auch verbannt, er wird nur darüber lachen und sein Talent auf einem neuen und sehr unwahrscheinlichen Gebiet erproben.

Liebe

Der Zwilling/Affe ist kein gewöhnlicher Liebhaber. Was die Liebe anbelangt, ist er ein anspruchsvoller Gourmet. Er braucht ständige Aufmerksamkeit und muß immer im Mittelpunkt stehen. Seinem übermäßig starken Charme ist es zuzuschreiben, daß er die Menschen, die er hofiert, schließlich auch verführt. Wie würden Sie reagieren, wenn Ihnen Ihr Angebeteter einen Diamantring in Ihr Champagnerglas legen würde? Was würden Sie sagen, wenn Sie einen glänzenden, roten Sportwagen geschenkt bekämen, nur weil der Zwilling/Affe auf einer Party ein Auge auf Sie geworfen hat. Je größer, je besser! In der Liebe ist alles erlaubt – und im Krieg? Nun, Zwilling/Affen hassen Streit. Sie wollen keine bösen Geister, die ihre Liebesaffäre stören.

Einen Zwilling/Affen zu lieben ist nicht besonders kompliziert. Sie müssen nur bereit sein, Ihr ganzes Leben lang mit verbundenen Augen auf einem federnden Sprungbrett zu stehen. Das ist alles. Stehen Sie ganz einfach da und zittern Sie. Natürlich müssen Sie auch die Dreckarbeit machen, weil Ihr Genie zu beschäftigt ist, die Luftballons für die Party aufzublasen, als daß er daran denken könnte, den Abwasch zu machen. Aber machen Sie sich nichts daraus, denn als Gegenleistung bekommen Sie Non-Stop Spiel und Spaß. Wenn Sie das Showgeschäft lieben, ist der Zwilling/Affe der ideale Partner für Sie.

Wenn Sie mit einem Zwilling/Affen zusammenleben und ihn manchmal am liebsten erschießen würden, kann ich Sie gut verstehen. Der Zwilling/Affe ist eine Kraftprobe für seine gesetzteren Partner, die er sich oft wählt. Doch andererseits haben Sie soviel Freude mit diesem phantasievollen Energiebündel, daß ich Ihnen nur zu Geduld raten kann. Wenn Sie von einem Zwilling/Affen geliebt werden, halten Sie ihn fest. Sie haben den Fang des Jahrhunderts gemacht!

Passende Partner

Warum versuchen Sie es nicht einmal mit einer Waage/Ratte oder Drachen? Ihr Sinn für Humor paßt gut zueinander. Auch Widder/Drachen und Affen sowie Löwe/Ratten und Wassermann/Drachen passen zu Ihnen. Auf die Nase fallen werden Sie mit Jungfrau/Tigern und Schlangen oder Schütze/Ochsen, Schlangen oder Hunden. Noch schlimmer wäre die Steinbock/Schlange, die immer im Rampenlicht stehen will. Denken Sie daran, schließlich wollen Sie selbst die ganze Aufmerksamkeit!

Heim und Familie

Zwilling/Affen wollen verschiedene Wohnorte haben. Sie wollen einen Teil des Jahres in den Bergen verbringen, einen anderen in den Tropen und wieder einen anderen in Rom, Mailand oder warum nicht in Marokko? Wohin sie auch gehen, Zwilling/Affen leben sich überall schnell ein, beanspruchen das schönste Haus für sich und laden sofort eine Million Menschen zum Grillfleisch ein. Obwohl sie Luxus und Stil lieben, kann man ihnen nicht nachsagen, daß sie andere Leute mit ihrem Reichtum beeindrucken wollen. Ihre Einrichtung soll die Eleganz eines feinen Ledersessels und teure zentimeterdicke Teppiche widerspiegeln, die aber nicht nur zum Anschauen da sind.

Zwilling/Affen sind sehr gewissenhafte Eltern. Sie haben wahrscheinlich viele Kinder, denen sie sich mit Güte und Verständnis zuwenden. Jedoch mögen sie es nicht, wenn sie ausgenutzt werden. Sie reagieren sehr böse, wenn ein Kind oder ein anderer Verwandter versucht, ihnen einen Streich zu spielen. Zwilling/Affen können sehr rachsüchtig sein. Aber sie wenden ihre Rachsucht nicht als Strafe an. Sie sind gute Freunde, die ihren alten Busenfreunden ein Leben lang die Treue halten. Menschen, mit denen sie einmal Spaß hatten, vergessen sie niemals.

Das Zwilling/Affe-Kind ist eine Nervensäge. Überaktivität ist für diese Kinder nicht ungewöhnlich. Man muß ihnen Disziplin beibringen, damit sie ihre Talente und ihre Energie in die richtigen Bahnen lenken. Ansonsten werden sie Sie die ganze Nacht wach halten. Sport, Musikunterricht, Clubs – und vor allem Theatererfahrungen – machen dem Zwilling/Affe-Kind Freude. Sorgen Sie dafür, daß es immer beschäftigt ist, denn es gehört zu der Sorte Mensch, dem es keine Sekunde langweilig sein darf. Dann können Sie versichert sein, daß Ihr Kind glücklich ist. Zeigen Sie ihm Ihre Anerkennung, wenn es etwas erreicht hat. Aber applaudieren Sie nicht zuviel, wenn kein besonderer Grund dafür gegeben ist.

Beruf

Dieser Mensch ist für sehr ernste, komplizierte und schwere Aufgaben im Leben begabt. Er kann alles vom Spezialisten für Krebsforschung bis zum exzellenten Theaterdirektor sein. Aber Zwilling/Affen brauchen die Abwechslung. Sie sind wahrhaft die wechselhaftesten Menschen unter allen veränderlichen Zeichen. Was auch immer sie machen, es muß ihnen die Möglichkeit bieten, erfinderisch zu sein, Neuerungen einzuführen oder neue Methoden oder Standpunkte zu entwickeln. Zwilling/Affen stehen unter dem Einfluß des vibrierenden Merkur und sind voll geistiger Beweglichkeit. Man darf sie nie in ein langweiliges Büro stecken oder sie dazu zwingen, in einer Bank oder an einem anderen beengenden Ort zu arbeiten. Auch Isolation können sie nicht ertragen. Sie brauchen viel Raum und die Gesellschaft und Aufmerksamkeit ihrer Mitarbeiter.

Als Chef oder Direktor eignet sich dieser Mensch hervorragend. Die Leute mögen seine witzigen Einfälle, und wenn er dafür sorgt, daß er von einem liebevollen Publikum umgeben ist, wird er niemals Zwang ausüben müssen, um die Leute zur Arbeit anzuhalten. Auch wenn er noch so sehr herumblödelt oder sich vor Lachen über die verdammten Vorschriften ausschüttet, der Zwilling/Affe erregt immer die Bewunderung und den Respekt seiner Leute.

Einige Zwilling/Affen: Paul Gauguin, Marquis de Sade, Ian Fleming, die Herzogin von Windsor.

ZWILLING/HAHN

»Ich denke«
Luft, Merkur, Veränderlich

»Ich bezwinge«
Metall negativ, Yang

SCHLAGFERTIGKEIT	VIELSEITIGKEIT	BIEGSAM	KONSERVATIV
SCHARFSINN	DARSTELLUNGSKUNST	ENTHUSIASMUS	CHIC
FLEXIBILITÄT	GEWANDTHEIT	OFFENHEIT	HUMOR
UNGEDULD	SELBSTBETRUG	KECKHEIT	PEDANTERIE
LEICHTFERTIGKEIT	OBERFLÄCHLICH	ÜBERHEBLICHKEIT	DIKTATORISCH
UNBESTÄNDIGKEIT	UNENTSCHLOSSEN	BLINDES VERTRAUEN	VERSCHWENDUNG

Hier verbindet sich die Neigung des Zwillings, sich zur Schau zu stellen, mit dem überzeugenden Auftreten des Hahns, der gerne daherstolziert und sich brüstet. Zwillinge/Hähne sind konkurrenzlos, ob sie nun Schauspieler, Lehrer, Ärzte oder Showstars sind. Sind sie talentiert? Ja. Sie haben ein gewisses Talent zum Interpretieren. Aber ihr größter Vorteil ist, daß sie eine Stehaufmännchen-Natur besitzen. Sie sind unverwüstlich und scheinen wie auf einem Trampolin durchs Leben zu gehen. Keine Krankheit, keine Zurückweisung, kein Kummer oder Selbstmitleid, nichts, aber auch gar nichts kann diese Menschen zur Strecke bringen.

Zwilling/Hähne sind sehr herrschsüchtig. Sie sind der Meinung, daß sie alles am besten wissen. Warum also sollten sie ihr Wissen nicht mit Ihnen teilen? Sie haben eine sanfte Art, eine luftige Zwilling-Methode, andere Menschen herumzuschubsen. Aber trotzdem betrachten sie das Leben wie ein Schachbrett, auf dem sie die Menschen, die sie lieben und mit denen sie arbeiten, so manipulieren, daß die Zwilling/Hähne mit Sicherheit die Sieger sind.

Es ist nicht unangenehm, eine Figur im Schachspiel des Zwilling/Hahns zu sein, das heißt, solange Sie Ihre Rolle voll und ganz akzeptieren. Wenn Sie mit einem Zwilling/Hahn unter einem Dach leben und sich einmal träge und nicht kampflustig fühlen, können Sie sich ruhig zurücklehnen und warten, bis der Zwilling/Hahn kommt und Ihnen einen Klaps versetzt, der so viel bedeutet wie: »Auf geht's!« Auch dann ist es nur wichtig, daß Sie auf die Füße kommen. Mehr brauchen Sie nicht zu tun. Für den Rest sorgt schon der Zwilling/Hahn – für den Tischschmuck, die Musik, das Essen.

Zwilling/Hähne sind gewöhnlich sehr attraktiv. Ihr würdevolles Benehmen und stattliches Selbstbild haben zur Folge, daß sie öffentliches Aufsehen erregen. Andere Menschen fühlen sich oft zu ihnen hingezogen, ohne genau zu wissen, warum.

Diese Menschen sind auch sehr fürsorglich und hilfsbereit – aber nur im Rahmen ihrer eigenen Vorstellungen. Zwilling/Hähne fühlen sich zu allem, was klein und schwach ist, hingezogen, wie zum Beispiel junge Hunde, Waisenkinder oder streunende Kätzchen. Da ihr eigenes Selbstwertgefühl durch nichts in Frage gestellt werden kann, können sie ihr eigenes Wohlbefinden bereitwillig mit anderen teilen, die weniger glücklich sind. Aber der Hahn ist sehr rigoros und bläst Wind in die normalerweise eher schlaffen Segel des Zwillings. Deshalb nimmt er die armen Streuner zwar bei sich auf, aber glauben Sie ja nicht, daß er zuläßt, daß sie sich selbst zerstören oder ihr Leben vergeuden. Zwilling/Hähne sind fordernde Wohltäter.

Was die Gefühle anbelangt, sind Zwilling/Hähne eher zerbrechlich. Ich möchte damit nicht andeuten, daß sie zartbesaitet oder gar schwach seien. Nicht im geringsten! Aber der Zwilling/Hahn fällt, wie alle Hähne, den Höhen und Tiefen des Lebens zum Opfer. Sein ganzes Leben ist wie eine rasende und aufregende Achterbahnfahrt. Von Ruhm und Glück kann er über Nacht in Schmach und Schande verfallen. Umgekehrt kann er sich aber auch aus eigener Kraft aus dem Sumpf ziehen, sich eine Blume hinter das Ohr stecken und über Nacht zu einem erfolgreichen Flamenco-Tänzer werden. Die »Schwäche«, von der ich gesprochen habe, ist eher die Versuchung, alles schleifen zu lassen und zu denken: »Was soll's? Wen kümmert es schon?« Dem Zwilling/Hahn mangelt es nicht an Enthusiasmus, aber manchmal an Durchhaltevermögen.

Dieser Mensch hat auch eine spirituelle Komponente, die man nicht übersehen darf. Die Kombination aus dem vergeistigten, ja manchmal fast überirdischen Zwilling und dem vertrauensseligen Hahn kann einen echten religiösen Fanatiker ergeben, der an seinen Gott glaubt und für ihn seine Darbietungskünste einsetzt.

Das Glück ist im Leben der Zwilling/Hähne recht unbeständig.

Manchmal ist es da, dann wieder nicht. Aber gleich, wie oft ihn das Glück im Stich läßt, der Zwilling/Hahn steht wieder auf. Er liebt eben das Abenteuer. Und er lernt schon früh, sich vor jedem schlechten Karma in acht zu nehmen.

Liebe

Trotz der unzähligen Höhen und Tiefen, denen der Zwilling/Hahn unterworfen ist, und der unzähligen Ereignisse auf seinem Weg ist dieser Mensch ein erstaunlich beständiger Liebhaber. Ich kenne eine sehr berühmte und attraktive Dame namens Jane Russell (Zwilling/Hahn 1921), die als Busenwunder und Sexsymbol ein für Hollywood völlig untypisches Leben geführt hat. Als sie mit achtzehn Jahren von Howard Hughes entdeckt wurde, war sie in einen Jungen aus der High School verliebt. Auch nachdem sie schon reich und berühmt war, fuhr sie am Wochenende nach Hause und verbrachte mit ihrer Jugendliebe viele gemeinsame Stunden am Strand. Später wurde dieser Fußball-Held (Bob Waterfield, Löwe/Affe 1920) selbst sehr berühmt. Aber Jane heiratete ihn aus keinem anderen Grund als aus wahrer Liebe. Sie ging mit Bob Waterfield durch dick und dünn und blieb dreiundzwanzig Jahre mit ihm verheiratet. Und das in Hollywood! Später ließ sie sich scheiden und heiratete erneut, aber auch dieses Mal hält die Ehe mit ihrem texanischen ehemaligen Offiziers-Gemahl, John, an. Sie ist immer noch verrückt nach diesem strammen Burschen. Und das scheint auf Gegenseitigkeit zu beruhen.

Zwilling/Hähne scheinen nicht für dauerhafte Beziehungen gemacht zu sein. Aber wenn man sie richtig behandelt, verbringen sie viele schöne Jahre mit einem. Sie brauchen einen starken Partner. Sie müssen ihre geistige Schlacht geschlagen haben, bevor sie sich mit jemandem niederlassen. Zwilling/Hähne verlieben sich nie in Schwächlinge. Aber manchmal verlieben sich Schwächlinge in sie. Da Zwilling/Hähne extrem anfällig für Schmeicheleien sind, können sie in kurze Affären mit Untergebenen verstrickt sein. Aber diese sind nie von Dauer. Wenn Sie einen Zwilling/Hahn lieben, machen Sie sich bereit, sich Ihren Weg zum Glück zu erkämpfen.

Passende Partner

Sie gewinnen alles in einer Beziehung mit Widder oder Waage/Schlangen. Sie profitieren auch von Liebesaffären mit Löwe/Drachen und sind fasziniert von Wassermann/Ochsen. Sie sind sehr flexibel und brauchen die Herausforderung. Lassen Sie die Finger von Jungfrau, Schütze, Steinbock und Fische/Katzen. Jene hassen die Auseinandersetzung. Sie hingegen blühen darin auf. Auch Schütze und Fisch/Hähne sowie Schütze/Schweine und Fisch/ Hunde sind nichts für Sie.

Heim und Familie

Hier ist der Platz, wo sich der Zwilling/Hahn am wohlsten fühlt. Er liebt seine Familie, bewundert seine Kinder, braucht eine Top-Einrichtung nach seinem eigenen Geschmack in seinem Haus, aber er bleibt nicht unbedingt auch gerne zu Hause. Es würde Zwilling/Hähnen nichts ausmachen, wenn sie ihre ganze Familie jeden Abend mit hinter die Bühne nehmen und danach mit Sack und Pack in ein Hotelzimmer gehen müßten. Aber wenn das unmöglich ist, dann lassen sie es eben sein.

Kinder sind für diese Menschen sehr wichtig. Der Zwilling/Hahn ist ein beeindruckender Interpret. Er ist auch dazu fähig, Verhaltensweisen und Aktivitäten seiner Kinder anzunehmen. Darüber hinaus ist er oft das Zentrum seiner weitläufigen Familie. Cousins und Cousinen, Onkel und Tanten, alle sind von seinem Organisationstalent bei großen Familienfeiern abhängig. Sie sind dafür sogar zu allem möglichen bereit, nur damit sie sich selbst um nichts kümmern brauchen.

Wenn Sie ein Zwilling/Hahn-Kind haben, sollten Sie es dazu ermutigen, nicht immer nur Projekte zu erfinden oder neue Ideen auszubrüten, sondern diese auch in die Tat umzusetzen. Sie werden es nicht bedauern, wenn Sie sein Interpretationstalent fördern. Es ist möglich, daß er später einmal großartige Vorstellungen gibt. Als Kind ist der Zwilling/Hahn noch nicht übermäßig theatralisch. Das Zwilling/Hahn-Kind ist mehr daran interessiert, mit seinen Freunden zu spielen, Ball zu spielen oder Seil zu springen. Wenn es dann älter wird, braucht es Möglichkeiten, um sein künstlerisches Talent zu entfalten. Denken Sie daran, den Applaus nicht zu vernachlässigen – er wird nötig sein.

Beruf

Hinsichtlich seiner beruflichen Karriere ist dieser Mensch für alle Arbeiten begabt, die Organisationstalent, Genauigkeit, Autorität, Darstellungskunst und auch Dienstbarkeit erfordern. Der Zwilling/ Hahn ist kritisch und ist dazu fähig einzuschätzen, was zu wem und wer zu wem paßt.

Als Angestellter ist er gehorsam und umgänglich, solange er das

Gefühl hat, daß er genügend Freiraum hat und wenigstens einen oder zwei Untergebene im Büro hat. Zwilling/Hähne sind keine Speichellecker. Sie haben nichts dagegen, für das ganze Büroteam Kaffee zu bestellen, solange sie die Kaffeesorte, die Farbe der Kaffeetassen und die Uhrzeit für die Kaffeepausen bestimmen dürfen. Nicht daß Zwilling/Hähne Zwietracht in Gruppen säen. Vielmehr manövrieren sie sich in eine Position, in der sie eine sanfte Macht ausüben und von niemandem Befehle annehmen müssen, den sie nicht respektieren, da sie einfach schneller denken und schneller handeln als die anderen.

Zwilling/Hähne sind Schnelldenker. Natürlich können sie Schauspieler, Theaterdirektoren oder Filmproduzenten sein. Aber sie finden auch einen Anwendungsbereich für ihre Talente in Berufen wie Raumaustatter, Ingenieur, Architekt oder Verkäufer.

Berühmte Zwilling/Hähne: Errol Flynn, Anne Murray, Joan Collins und meine liebe Freundin Jane Russell.

ZWILLING/HUND

»Ich denke«
Luft, Merkur, Veränderlich

»Ich sorge mich«
Metall positiv, Yin

SCHLAGFERTIGKEIT	VIELSEITIGKEIT	BESTÄNDIGKEIT	PFLICHTGEFÜHL
SCHARFSINN	DARSTELLUNGSKUNST	HELDENMUT	INTELLIGENZ
FLEXIBILITÄT	GEWANDTHEIT	ACHTBARKEIT	ANSTAND
UNGEDULD	SELBSTBETRUG	UNSICHERHEIT	ZYNISMUS
LEICHTFERTIGKEIT	OBERFLÄCHLICH	KRITIKSUCHT	UNSOZIAL
UNBESTÄNDIGKEIT	UNENTSCHLOSSEN	SELBSTGERECHTIGKEIT	TAKTLOSIGKEIT

Bei diesem Hund hat der Zwilling einen mildernden Einfluß. Die Umgänglichkeit des Zwillings verleiht der unruhigen Hunde-Natur genau das richtige Maß an Leichtigkeit. Der Zwilling/Hund ist ein kräftiger Kerl mit vielen Talenten, dessen dringendstes Bedürfnis ist, sich treu ergeben an alle Regeln anzupassen. Wenn ein Zwilling/Hund auf die schiefe Bahn gerät und mit krummen Touren versucht, zu Erfolg zu gelangen, bricht eine Katastrophe über ihn herein.

Altruismus ist die Spezialität des Hundes. Wie wir wissen, nehmen sich Menschen, die in Hund-Jahren geboren sind, immer der Angelegenheiten ihrer Mitmenschen an und setzen sich für sie ein. Hunde sind gute Menschen. Die Verbindung mit dem offenherzigen Zwilling und dessen Redetalent und Begabung, andere zu unterhalten und ein wenig zu protzen, ist für das Leben des beständigen, hart arbeitenden und sorgenschweren Hundes ein Geschenk des Himmels. Entweder opfert sich dieser Hund zu sehr für andere auf oder, wenn er die Oberflächlichkeit des Zeichens Zwillinge dominieren läßt, scheren ihn die anderen einen Dreck. Im letzteren Fall ist der Zwilling/Hund einfach unmöglich. Dann ist er ungestüm, redet wie ein Wasserfall, ist nur mit sich und seinem Selbstmitleid beschäftigt und ist vor allem unendlich anbetungswürdig. Aber wenn der Zwilling/Hund eine gute Erziehung und Ausbildung genossen hat und von braven Eltern geliebt worden ist, ist er sowohl amüsant als auch edelmütig, ein Angeber und ein Goldstück, ein Arbeitstier und ein Herzchen, und er wird sein letztes geben, nur um jemanden, den er liebt, wieder zum Lachen zu bringen, wenn dieser traurig ist.

Aktivität ist ganz wesentlich für den Zwilling/Hund. Er bleibt praktisch nie zu Hause oder faulenzt herum. Vielmehr wird er mit Ihnen ins Kino gehen, Sie danach zum Essen ausführen, dann spielen Sie vielleicht noch Karten, und um Mitternacht machen Sie noch einen Spaziergang am Fluß, wo Sie die Fische im Mondschein springen sehen. In der Zwischenzeit hat er Ihnen so viele komische Geschichten erzählt und Ihnen seine diversen Meinungen zu diversen Themen auseinandergesetzt, daß Ihnen die Ohren glühen. Zwilling/Hunde sind ausgezeichnete Reisebegleiter. Sie denken an jede Kleinigkeit, besorgen die Fahrkarten, bringen die Thermosflasche mit und geben dem Ober Trinkgeld.

Der Zwilling/Hund interessiert sich für ungewöhnliche Dinge. Er sucht immer ein Hotelzimmer aus, dessen Bett Greta Garbo in dem Film »Grand Hotel« gehört haben könnte, und er wühlt stundenlang im größten Ramsch, nur um den einen Bergkristall-Ohrring zu finden, den er seiner Schwester schenken möchte.

Jede Art von Gewalt und vulgäres Benehmen schockieren diesen Menschen. Möglicherweise war er ein tapferer Soldat, aber als Zivilist will er nichts mit Gewaltanwendung zu tun haben. Sie werden diesen Menschen niemals bei einem Ringkampf sehen. Vielmehr ist er von Kunst und Schönheit, Tieren, der Natur und klassischen Gemälden, Musik und Literatur fasziniert.

Bei einem meiner Freunde, der Zwilling/Hund ist, wurde vor einigen Jahren eingebrochen. Seine Antiquitätensammlung wurde bei diesem Einbruch leider gestohlen. Diese Art von Gewaltätigkeit ist natürlich für jeden ein Schlag. Aber für einen Zwilling/Hund kommt dieser Einbruch während seiner Abwesenheit einem Raubmord gleich. Monatelang und stundenlang und sogar jetzt noch redet er davon, sobald die Rede von Einbruch ist. »Wie kann jemand nur so etwas tun? Womit habe ich das verdient? Ich kann das einfach nicht verstehen. Ich würde nicht einmal im Traum daran denken, so etwas zu tun . . .« Ja, das ist wahr, Zwilling/Hund, du würdest nicht einmal im Traum daran denken, ein solches Verbrechen an der Menschheit zu verüben. Du bist viel zu nett für so miese Tricks. Aber die Welt ist eben nicht so. Was kann ich dir sonst noch sagen, nachdem ich dir schon tausendmal versichert habe, wie leid es mir tut, daß das ausgerechnet dir passiert ist.

Zwilling/Hunde sind gewöhnlich sehr produktiv und ordentlich. Am besten geht es ihnen in einer sauberen und ordentlichen Umgebung. Sie mögen es nicht, wenn sie irgendein Werkzeug nicht mehr an dem Platz vorfinden, wo sie es hingelegt haben. Diese Hunde sind Springaufmännchen. Aber ihr gelegentliches Knurren bedeutet nicht viel. Auf lange Sicht sind sie treu und liebenswert, fröhlich und optimistisch. Sie sind auch verschwenderisch. Warum? Weil sie schrecklich großzügig sind.

Zwilling/Hunden haftet noch lange etwas Kindliches an, auch wenn sie schon längst erwachsen sind. Stellen Sie sich eine vierzigjährige Frau vor, die auf Ihren Schoß springt und Ihnen das Gesicht ableckt. Diese Menschen haben so etwas an sich. Obwohl sie es gut meinen, findet ihr Tun nicht immer Beifall. Da sie sehr viel Liebe geben, werden sie oft von anderen Menschen ausgenutzt, die ihre Gutmütigkeit mißbrauchen und aus ihren Talenten Vorteile ziehen. Ein kluger Zwilling/Hund ist ein vorsichtiger Zwilling/Hund. Warte, denke nach und spring der hübschen Dame nicht auf ihren schönen Rock!

Liebe

»Wie sehr ich dich liebe, läßt sich kaum ausdrücken!« Ein verliebter Zwilling/Hund ist ein Poet, ein Minnesänger und auch ein bißchen ein Narr. Wenn dieser Mensch verliebt ist, hört er die Glocken läuten, schwebt auf Wolken, und die Engel stimmen in sein Lied ein. Zwillinge, die in Hund-Jahren geboren sind, sind überaus romantisch, glauben uneingeschränkt an die reine Seele ihres Geliebten und lassen sich durch nichts daran hindern, den Gegenstand ihrer Liebe in ihrer Hundehütte zu verführen.

Der Zwilling/Hund braucht einen soliden Partner. Er ist sehr luftig und fliegt in ziemlich ungünstige Richtungen oder läßt sich von schlechten Menschen beeinflussen. Ein stabiler, geradliniger und etwas zynischer Partner ist genau richtig für ihn. Wenn Sie traditionsverbunden sind, sich von Ihrem Gefährten gerne herumführen und sich über alle Klippen hinweghelfen lassen, suchen Sie sich einen Zwilling/Hund. Diese Leute haben nicht nur gute Manieren und sind galant. Sie finden of geniale Lösungen für technische Probleme, und das Niveau ihrer Unterhaltung ist sehr hoch. Aber der durchschnittliche Zwilling/Hund redet viel zuviel und braucht manchmal ein bestimmtes »Setz dich und sei still!« Wenn Sie einen

Zwilling/Hund lieben, kaufen Sie sich ein Paar Ohrenschützer, und lassen Sie sich im behaglichen Leben dieses Hunds nieder.

Passende Partner

Widder, Löwe und Wassermann/Pferde machen Ihnen Freude und verstehen es, Sie auf die richtige Weise zu lieben. Löwe und Waage/Katzen passen auch gut zu Ihnen. Oder warum versuchen Sie es nicht einmal mit einem netten Waage oder Wassermann/Tiger oder mit Jungfrau, Schütze, Steinbock und Fische/Ziegen oder Drachen. Sie brauchen echte, tiefe und treue Liebe, keinen Virtuosen.

Heim und Familie

Zwilling/Hunde werden wahrscheinlich eher auf dem Land leben als in einer der Metropolen dieser Welt. Diese Menschen sind schnell ermüdet von der Hetzjagd in der verpesteten Luft der Großstadt. Sie lieben Aktivität und sind gute Zuschauer und auch Unterhalter, aber sie brauchen Ruhe und eine grüne Umgebung und den Rhythmus der Natur, um zu sich selbst zu finden. Ihr Heim wird immer voll von schönen Dingen und bequem und gemütlich eingerichtet sein.

Kinder? Nun, für den Zwilling/Hund ist das Spiel elterliche Autoritätsperson gegen kindliches Opfer sehr schwierig. Sie wollen ihre Kinder unterhalten und ihnen Freude machen. Sie können ihre Liebe nur durch ihre Bewunderung zum Ausdruck bringen. Einem Kind seine Privilegien streitig zu machen, liegt dem Zwilling/Hund nicht besonders. Er möchte die Gefühle anderer niemals verletzen. Daher fällt ihm seine Aufgabe als Vater oder Mutter sehr schwer. Ich würde fast sagen, er ist fast zu nachgiebig, um dieser Rolle überhaupt gewachsen zu sein. Wenn der andere Partner strenger ist und das Schimpfen für ihn übernimmt, kann er, wenigstens dem Namen nach, als Vater oder Mutter bezeichnet werden. Aber mit Härte und Disziplin will er nichts zu tun haben.

Zwilling/Hund-Kinder sind ernsthaft und machen einem viel Freude. Gewöhnlich wollen sie ihren Eltern gefallen, sind charmant und helfen im Haushalt. Sie brauchen insofern eine feste Hand, als sie ihre Energie versprühen, weil sie so viele Dinge auf einmal machen wollen. Schlagen Sie ein Zwilling/Hund-Kind niemals. Es wird nie verstehen, wie man lieben und gleichzeitig schlagen kann.

Ich möchte damit nicht andeuten, daß man ihm völlig freien Lauf lassen soll. Aber wenn es nötig sein sollte, daß Sie dieses Kind bestrafen oder zur Disziplin rufen müssen, sollten Sie eine strenge, aber sanfte Methode wählen, wie zum Beispiel es in einen Sessel setzen und diesen in die Ecke stellen. Diese Kinder sind oft kindisch und altklug zugleich. Sie haben eine unruhige und eine ernsthafte Seite.

Beruf

Künstlerische Berufe passen zu diesem Menschen. Er könnte Filmdirektor oder ein erfolgreicher Antiquitätenhändler sein, ein geschmackvoller Raumausstatter oder ein herzerweichender Schauspieler. Zwilling/Hunde besitzen eine starke Anziehungskraft. Ihre Attraktivität ist so voller Sentimentalität, daß ihr kaum jemand widerstehen kann. Ein Zwilling/Hund kann den stärksten Mann mit seinen rührseligen Geschichten zum Weinen bringen.

Wenn er der Unruhe des Show-Geschäfts gewachsen ist, ist dies ein geeignetes Betätigungsfeld für den Zwilling/Hund. Auf der anderen Seite eignet er sich aber auch zum Rechtsanwalt und als Gründer von Wohltätigkeitsfonds. Tatsache ist, daß man diesen Menschen inspirieren muß, damit er bei der Sache bleibt. Es macht ihm nichts aus, in einem langweiligen Büro herumzusitzen, solange es einen Sinn hat, an den er glaubt. Vorausgesetzt, er hat diesen Glauben, ist er ein fröhlicher und gefügiger Angestellter. Aber als Chef hat der Zwilling/Hund ausgesprochene Schwierigkeiten. Er mag keine Gewalt, erinnern Sie sich? Auch kann er es nicht ertragen, wenn ihn andere hassen oder ihn nur ein wenig unsympathisch finden. Er sollte daher entweder alleine ein Geschäft führen oder sich noch besser von jemandem anstellen lassen, dessen Herz nicht so weich ist wie seines.

Einige bekannte Zwilling/Hunde: Judy Garland, Inge Meysel, Rainer Werner Faßbinder und Gilda Radner (aus dem Film »Saturday Night Live«)

ZWILLING/SCHWEIN

»*Ich denke*«	»*Ich zivilisiere*«
Luft, Merkur, Veränderlich	*Wasser, negativ, Yin*

SCHLAGFERTIGKEIT	VIELSEITIGKEIT	SKRUPEL	SINNLICHKEIT
SCHARFSINN	DARSTELLUNGSKUNST	GALANTERIE	KULTUR
FLEXIBILITÄT	GEWANDTHEIT	AUFRICHTIGKEIT	EHRLICHKEIT
UNGEDULD	SELBSTBETRUG	LEICHTGLÄUBIGKEIT	MATERIALISTISCH
LEICHTFERTIGKEIT	OBERFLÄCHLICH	ZORN	FEINSCHMECKER
UNBESTÄNDIGKEIT	UNENTSCHLOSSEN	ZÖGERN	DICKKÖPFIGKEIT

Zwillinge, die im Schwein-Jahr geboren sind, sind gleich zweifach mit Glück gesegnet: Sie sind flexibel und vorsichtig. Wie wir bereits wissen, streben Schweine nach Reichtum und einem kultivierten Leben. Doch oft sind sie auch ein wenig schwerfällig und starrköpfig. Der luftige Zwilling verleiht dem Schwein Leichtigkeit, heiterte es in seinen gelegentlichen Anfällen von Trübsal auf und schenkt ihm Aktivität.

Es wird Ihnen vielleicht auffallen, daß Zwilling/Schweine so geschäftig sein können wie eine Bienenkönigin während eines Drohnenstreiks. Sie fliegen dann von Blüte zu Blüte und wollen am liebsten alles auf einmal machen. Dann wieder finden Sie sie auf dem Seiden-Diwan faulenzend und Bonbons lutschend. Zwillinge haben zwei Gesichter und trotz der Solidität, die ihnen das Schwein verleiht, können diese Menschen ihrem Bedürfnis nicht entfliehen, sich frei zu fühlen und in jeder Situation und zu jeder Zeit in zwei Richtungen gleichzeitig laufen zu können.

Letztere Eigenschaft schenkt dem Zwilling/Schwein die Gabe, Probleme schnell zu lösen. Die grauen Zellen des Zwillings erfassen die betreffende Situation in Windeseile und den Rest überlassen sie dem Schwein. Zwilling/Schweine sind oft wahre Größen. Sie gründen ihr eigenes Unternehmen aus dem Nichts und brauchen auch nicht die Hilfe anderer, um zum Erfolg zu gelangen. Wenn es auf diese Weise nicht funktioniert, probieren sie eben etwas anderes aus. Und sie finden immer einen Weg.

Wie jeder Mensch, haben auch Zwilling/Schweine ihre Schwächen. Als Schwein wird dieser Mensch nur sehr schwer »Nein« sagen können – vor allem in Herzensangelegenheiten. Auf der anderen Seite aber kann man ihm aber auch nur schwer etwas abschlagen. Zwilling/Schweine ziehen immer das Positive im Leben an. Sie sind vorwärtsstrebend mit einem offenen Lächeln auf den Lippen und immer zu einem beifälligen Nicken bereit. In Geschäfts- und Geldangelegenheiten sind sie sorgfältig, ja sogar vorsichtig. Aber sie sind so unwiderstehlich und charmant, daß sie die Klausel in ihrem Vertrag glatt übersehen, die ihnen das Genick brechen wird – und wenn sie sie sehen, ist es bereits zu spät.

Zwilling/Schweine erfreuen sich an allem, was mit Kultur zu tun hat. Sie gehen in Museen, Konzerte und zu Opernpremieren. Sie sind immer über die neuesten Filme und Tanzveranstaltungen auf dem laufenden. Ich würde sagen, da sie »kultursüchtig« sind. Aber sie geben auch interessante Begleiter ab. Oft entdecken Sie, daß Zwilling/Schweine heimlich eine karitative Aufgabe versehen oder einer armen Familie helfen, die ihre Kinder gerne auf die Universität schicken möchte. Obwohl dieser Mensch mit seinem fröhlichen, runden Gesicht und dem smarten Lächeln oft etwas oberflächlich wirkt, ist er tief in seinem Innern sehr ernsthaft und wohlwollend. Gewöhnlich ist er auch komisch und voll witziger Einfälle.

Kleinmütige Ideen sind nichts für das Zwilling/Schwein. Diese Menschen sind immer bereit, die Welt zu verändern. Er erträumt sich oft internationale Transaktionen im großen Stil und pirscht sich zielstrebig an seine Beute heran. Sein Vorgehen ist sanft und phantasievoll.

Essen kann ein Problem für Zwilling/Schweine sein. Sie sind oft auf Geschäftsreisen und tun sich sehr schwer, Champagner und Kaviar zu widerstehen, die im Erster-Klasse-Abteil angeboten werden (in dem sie immer reisen). Da er nicht besonders viel zu Hause herumhockt, geht er oft in die Falle der Geschäftsleute, die Fertiggerichte aus dem Feinkostgeschäft kommen lassen. Wer könnte diesen Köstlichkeiten widerstehen? Nicht unser Zwilling/Schweinchen – erst recht nicht, wenn die Leckereien auch noch teuer sind.

Zwilling/Schweine wollen bemerkt werden und wissen auch, wie sie die Aufmerksamkeit auf sich lenken können. Sie sind gefühlvoller, als sie aussehen, und über einen Verlust oder eine Verletzung können sie sehr verzweifelt und bekümmert sein. Vor allem aber sind sie erfolgsorientiert. An Niederlagen sind sie nicht interessiert und halten sich gewöhnlich davon fern.

Liebe

Von den drei Bereichen Familie, Geschäft und Liebe, ist die Liebe derjenige, der Zwilling/Schweine am meisten verwirrt. Sie verlieben sich ständig in die falschen Menschen. Was sie zu geben haben, ist so enorm und erfüllend, vollkommen und amüsant, daß sie oft den Fehler machen zu glauben, ihr Partner könne ruhig ein Hohlkopf sein, solange er gesellschaftlich einigermaßen akzeptabel ist. Zwilling/Schweine sind stark genug für zwei. Warum sollten sie sich also damit herumplagen, sich einen Partner zu suchen, der auf demselben geistigen Niveau steht wie sie?

Diese Einstellung bringt ihm unsagbar viel Kummer ein. Nachdem die erste Begeisterung über seinen Partner verflogen ist, wird es dem Zwilling/Schwein langweilig mit ihm (und Zwilling/Schweine sind aufrichtig). Was nun? Zwilling/Schweine sind für ihre Untreue bekannt. Aber sie sind mit ihrem Liebesleben auch sehr oft unzufrieden und bringen dies zum Ausdruck. »Warum ist er oder sie so verrückt? Was habe ich ihm oder ihr nur getan? Wie kommt er oder sie nur darauf, daß ich ihn oder sie verlassen wollte?«

Wenn sie einen Zwilling/Schwein-Menschen lieben, seien Sie clever. Nehmen Sie Ihren Verstand zusammen und lassen Sie sich nichts entgehen. Aber versuchen Sie, etwas dümmlich auszusehen. Zwilling/Schweine müssen immer das Gefühl geistiger Überlegenheit haben – aber sie hassen es, wenn man sie langweilt. Sie haben recht. Die Strategie, die ich hier vorschlage, ist die reinste Heuchelei. Aber keine Sorge. Der Zwilling/Schwein-Mensch weiß wahrscheihnlich ganz genau, daß Sie ihn auf den Arm nehmen, aber er weiß auch, daß Ihre Anpassungsfähigkeit genau das ist, was er braucht, um sich wohl zu fühlen. Schimpfen Sie nie mit einem Zwilling/Schwein, wenn Sie Ihren Kopf nicht in einer Schlinge wiederfinden wollen.

Passende Partner

Widder, Waage und Wassermann/Katzen fühlen sich in Ihrem Landhaus geboren und haben kein Bedürfnis nach dem Großstadtleben. Löwe und Wassermann/Ziegen lieben Ihr Bankkonto und geben Ihnen viel Anregung. Auch ein sanfter, aber starker Waage/

Ochse kann Sie glücklich machen. Sie wissen bereits genug, um so klug zu sein, sich nicht auf Jungfrau und Schütze/Affen einzulassen. Aber ich bin mir nicht sicher, ob Sie Fische/Hähnen widerstehen können. Aber besonders hüten sollten Sie sich vor Jungfrau, Skorpion und Fische/Schlangen. Sie geraten bei diesen Zeichen in Versuchung, aber sagen Sie nicht, ich hätte Sie nicht gewarnt, wenn Sie dann plötzlich eine Boa Constrictor am Hals haben.

Heim und Familie

Dieser Lebensbereich macht dem Zwilling/Schwein-Menschen keine Probleme. Zwilling/Schweine sind immer bereit, ihre Familie zu versorgen und zu lieben. Ihre Eltern sind ihnen ebenso wichtig wie ihre eigenen Kinder und ihr Ehepartner. Mit ihren Geschwistern ist es genauso. Der Zwilling/Schwein-Mensch mag sie alle. Er ist ein Meister, wenn es darum geht, heikle Probleme zu lösen, die aus Familienzwistigkeiten oder einem Kindheitstrauma herrühren.

Das Heim von Zwilling/Schweinen ist immer sehr luxuriös. Sie lieben Seide, Satin, dicke Teppiche und Vergoldungen. In ihren Stadtwohnungen bevorzugen sie große Räume: die Wände hängen voll mit Gemälden, die Tische biegen sich fast unter den mit Blumenbouquets gefüllten, antiken Vasen. Von den hohen Dekken hängen Kronleuchter, unter denen Ludwig XIV gerne gefrühstückt hätte. Das Stadthaus des Zwilling/Schwein-Menschen ist ein Plüsch-Haus. In ihrem Landhaus herrscht der rustikale Stil vor. Begriffe wie »herrschaftlich«, »edel«, »Villa« und »Chateau« gehören zum Grundwortschatz dieses Menschen.

Das Zwilling/Schwein-Kind ist liebevoll und neugierig – und dominant. Seine Geschäftigkeit und seine Intelligenz kann seinen Eltern ganz schön auf die Nerven gehen, die lieber einmal entspannt ein Buch lesen würden, anstatt sich ständig mit ihm zu unterhalten. Das Zwilling/Schwein-Kind gibt keine Ruhe, bis es die Zuwendung und den Respekt seiner Eltern erlangt hat. Dieses Kind braucht nicht oft ermahnt zu werden. Zwilling/Schweine können gut für sich selbst sorgen. Aber sie brauchen Aufmerksamkeit und Kontakt.

Beruf

Zwilling/Schweine sind geborene Gewinner. Sie haben Organisationstalent und sind hervorragende Manager. Sie können sehr gut alleine arbeiten und übernehmen große Verantwortung. Sie können auch Schikanen ertragen. Als Geschäftsleute sind sie hart und bei jedem Handel erfolgreich.

Es gibt nur wenig, was der Zwilling/Schwein-Mensch nicht kann. Erstens kann er alles verkaufen, angefangen von Immobilien bis hin zu Rollschuhen. Er eignet sich hervorragend für den Kunst- und internationalen Antiquitätenhandel. Er könnte auch versuchen, eine Restaurantkette zu führen, oder im Showgeschäft aktiv werden. Die geistige Wendigkeit des Zwillings verbindet sich ausgezeichnet gut mit dem Talent zum Handeln, das für das Schwein charakteristisch ist. Da Zwilling/Schweine keine Angst haben, einen festen Standpunkt zu vertreten, eignen sie sich auch gut für politische Aktivitäten oder auch für den diplomatischen Dienst, da sie sehr verschwiegen sind. Welchen Beruf auch immer sie wählen, er sollte nicht unbedeutend und nutzlos sein. Einfache Jobs und Routine gehen diesem Menschen auf die Nerven. Sein reger Geist würde dabei verkümmern.

Einige berühmte Zwilling/Schweine: Jacques Cousteau, Henry Kissinger, Dalai Lama, Christo, Françoise Sagan.

KREBS/RATTE

»Ich fühle«
Wasser, Mond, Kardinal

»Ich regiere«
Wasser positiv, Yin

PHANTASIE	LIEBE	ANZIEHUNS-	SOZIAL
EINSICHT	FÜRSORGLICHKEIT	KRAFT	INTELLEKTUELLE
HARTNÄCKIG-	VORSICHT	EINFLUSS	BEGABUNG
KEIT	BESITZERGREIFEND	SPARSAMKEIT	CHARISMA
GEIZ	LAUNENHAFT	NERVOSITÄT	MACHTHUNGER
REIZBARKEIT	ÜBEREMPFIND-	WORTSCHWALL	LIST
MUTLOSIGKEIT	LICHKEIT	GEWINNSUCHT	EINMISCHUNG

Da dieser Mensch im Zeichen Ratte geboren ist, lebt die Krebs/Ratte von ihren geistreichen Einfällen. Da Krebs/Ratten aber auch Kinder des Mondes sind, neigen sie dazu, von ihren Gefühlen beherrscht zu werden. Aus diesem Grund schwanken sie zwischen inneren und äußeren Einflüssen hin und her und sind einmal extrovertiert und dann wieder introvertiert. Krebs/Ratten sind sehr zurückgezogen und vertraulich. Sie verkriechen sich gern in ihrem Mauseloch, wo sie das Leben studieren und über seelische Dinge schreiben. Aber wenn Sie gerade denken, der Krebs/Ratte-Mensch hätte sich jetzt endgültig von der Welt zurückgezogen und würde fortan nur noch von Kaffee und Wasser leben und seinen Elfenbeinturm nur noch verlassen, um Brot zu holen, flattert Ihnen eine Einladung zu einem großen Empfang mit kaltem Buffet ins Haus. Und der Gastgeber ist kein geringerer als Ihr Einsiedler-Freund, die Krebs/Ratte.

Ob dieser Mensch nun Schriftsteller, Tischler, Musiker oder Krankenschwester ist, Sie können sicher sein, daß es in seiner Umgebung immer nach materiellem Wohlstand aussieht. Überall stehen Kunstgegenstände und Antiquitäten herum. Bücher häufen sich in den Regalen, Erstausgaben, Comic-Hefte und die neueste Jazz-Zeitschrift, alles ist von Bedeutung – vor allem, wenn Worte darauf stehen. Krebs/Ratten lieben das geschriebene Wort.

Dieser Mensch ist wahrscheinlich stets sehr elegant gekleidet. Er möchte über der modischen Menge stehen und seine Individualität durch seine Art, sich zu kleiden, zum Ausdruck bringen. Sogar seine Frisur schreit: »Schau mich an! Schau, wie anders ich bin!« Krebs/Ratten lieben die Gesellschaft, aber sie wollen sich von jeglicher Banalität distanzieren. Bei jeder Wahl, die sie treffen, vermeiden sie jede Art von Mittelmäßigkeit, ob es sich um ihre Freunde oder Partner, Häuser oder Autos, Reisen oder Urlaubsorte handelt. Nicht, daß sie unbedingt immer das Beste haben müssen. Vielmehr suchen sie nach ihrem eigenen exzellenten Stil und wenn sie ihn einmal gefunden haben, kleben sie an ihm fest wie Superkleber.

Auch Charme ist eine der vielen Qualitäten der Krebs/Ratten. Ich meine damit nicht, daß dieser Mensch sich mit seinem Charme bei Ihnen einschmeicheln wird, um nur so zum Spaß ein wenig mit Ihnen zu schmusen. Krebs/Ratten machen große Anstrengungen, um die Sympathie eines anderen Menschen zu gewinnen. Sie werden Sie zum Mittagessen einladen, nur um Ihnen eine Freude zu machen. Aber ihr Charme ist auch sehr subtil. Manchmal kennt man sich auch nicht so genau aus damit. Man weiß nie genau, ob er jetzt gleich lächeln oder bissig sein wird. Sie können nicht sagen, ob er Kummer hat oder nur so aussieht und statt dessen gleich in schallendes Gelächter ausbrechen wird. Wie alle Ratten ist auch die Krebs/Ratte sehr geschwätzig. Anders aber als Widder oder Löwe/Ratten, spricht dieser Mensch am liebsten über seine Gefühle. »Glaubst du, daß er mich wirklich mag? Ich bin so glücklich, traurig, voll Kummer, beschwingt, fröhlich, gelangweilt, verärgert ...« Wenn Sie diesen Menschen lieben oder ihn zum Freund haben wollen, dann müssen Sie Ihre Fähigkeit zuzuhören entwikkeln. Er wird an Sie hinreden, bis Ihnen die Ohren glühen. Es ist keine Frage, dieser Mensch denkt eher im Bauch. Und denken Sie daran, wenn Sie auf einer Krebs/Ratte-Party sind, sind Sie auf der »Krebs/Ratte-Show«.

Die Zeichen Krebs und Ratte sind überaus kreativ. Die Gefühlstiefe des Krebses und die Fähigkeit der Ratte, Informationen zu bekommen, verleihen diesem Menschen eine schriftstellerische Ader. Da Krebs/Ratten ein übertrieben starkes Bedürfnis haben, ihre Gefühle auszudrücken, ist die beste Therapie für sie, Bücher, Gedichte oder Lieder zu schreiben. Krebs/Ratten sind zwar eher zurückgezogen, haben andererseits aber eine Persönlichkeit, die nach öffentlicher Beachtung strebt.

Krebs/Ratten sind sehr an Gerechtigkeit interessiert, so daß sie oft in Prozesse verwickelt sind. Nicht daß sie plötzliche Wutanfälle bekommen oder sich an ihren Feinden rächen wollen, aber sie haben das Gefühl, daß »Recht eben Recht« ist. Sie tun daher alles, um einem Freund zu seinem Recht zu verhelfen, der in Schwierigkeiten ist, oder in einem schwierigen Fall die Wahrheit herauszufinden. Diese Neigung, der Gerechtigkeit genüge tun zu wollen, führt manchmal dazu, daß sich Krebs/Ratten in anderer Leute Angelegenheiten mischen. Ich habe zwei Krebs/Ratte-Freundinnen, die es einmal fertigbrachten, meinen ehemaligen Partner buchstäblich aus meinem Leben zu drängen, weil sie das Gefühl hatten, er würde sich wie ein »Macho« aufführen und mich schlecht behandeln. In einem Fall wäre die Beziehung sowieso bald auseinandergegangen. Aber in einem anderen Fall ist meine Liebe zu dem betreffenden Mann noch nicht erloschen. Aber meine Krebs/Ratte-Freundin befand ihn für meiner unwürdig. Und sie hat den armen Kerl tatsächlich hinausgeschmissen!

Liebe

Krebs/Ratten sind faszinierende Liebhaber. In Herzensangelegenheiten sind sie ihren Partnern immer schon meilenweit voraus, sie planen und fühlen und spüren intuitiv, was als nächstes geschehen sollte. Das Lebensziel des Krebs/Ratte-Menschen ist, sich niemals zu langweilen und das Feuer der Leidenschaft so lodern zu lassen, wie es einem Siebzehnjährigen schwerfallen würde. Aus diesem Grund sind Krebs/Ratten dafür bekannt, daß sie sehr schnell davonlaufen, schwer zu haben, einzelgängerisch und sehr wählerisch sind. Wie Sie bereits wissen, ist der Krebs/Ratte-Mensch sehr verschlossen. Wenn Sie hin und wieder bemerken, daß er neben ihnen schläft, so als wäre er nicht vor zehn Tagen das letzte Mal bei Ihnen gewesen (und wagen Sie nicht, ihn zu fragen, wo er gewesen ist), scheint Ihnen das als solche Gnade, ja, fast als ein Wunder, so daß Sie es einfach hinnehmen müssen.

Krebs/Ratten sind nicht unbedingt treulos. Vielleicht war er in den zehn Tagen mit gar niemand anderem zusammen als mit sich selbst. Aber gewöhnlich hat der Krebs/Ratte-Mensch viele Liebesaffären und heiratet mehr als nur einmal in seinem vielbeschäftigten Leben.

Wenn Sie einen Krebs/Ratte-Menschen lieben und sich wenigstens für eine Weile an ihn binden wollen, schlage ich Ihnen vor, daß Sie sein Gesicht immer nach einem Anzeichen für seine Stimmung absuchen. Wenn Sie lernen, seine unergründliche Miene zu deuten, haben Sie schon halb gewonnen. Versuchen Sie nicht, ihn einzuengen. Überschütten Sie ihn nicht mit zu vielen süßlichen Küssen. Aber bieten Sie ihm ein sicheres und geborgenes Zuhause (samt Elfenbeinturm) für seine persönliche Entwicklung, machen Sie ihm teure Geschenke und vor allem, putzen Sie sich gut die Ohren. Sie werden sie dringend brauchen.

Passende Partner

Sie sind sehr auf Liebe orientiert. Geeignete Partner lassen sich unter Stier, Jungfrau, Skorpion und Fischen finden, vorzugsweise den Ochsen und Affen. Sie verstehen Ihre subtilen Machtspielchen. Mit Pferden, besonders Widder, Waage und Steinbock/Pferden geraten Sie aneinander. Lassen Sie sich nicht von der Beachtung umgarnen, die Ihnen von Waage oder Steinbock/Katzen zuteil wird. Sie können nicht richtig mit Ihnen umgehen – und umgekehrt.

Heim und Familie

Die häusliche Umgebung der Krebs/Ratten ist luxuriös und originell. Die gefüllten Vorratskammern der Ratte werden noch voller, weil sich bei diesem Menschen der Einfluß des hortenden und erwerbstüchtigen Krebses bemerkbar macht. In einem alten Schuppen wird dieser Mensch kaum glücklich sein. Krebs/Ratten sind für ihren Chic und ihre geschmackvolle Einrichtung bekannt, wobei das Eßzimmer der Mittelpunkt aller Aktivitäten ist. Gemeinsame Mahlzeiten und Familientreffen sind für ihr seelisches Gleichgewicht unerläßlich. Seine Sippe kommt an erster Stelle. Um sie zu verteidigen, wäre der Krebs/Ratte-Mensch zu einem Mord fähig.

Als Eltern sind Krebs/Ratten streng, besitzergreifend und anhänglich. Zunächst lieben sie ihre Kinder alle gleich stark, das ist gar keine Frage. Wenn sie dann älter werden und sich ihr individueller Charakter ausprägt, fühlen sich Krebs/Ratten oft schuldig, weil sie manche Kinder bevorzugen. Unbewußt wird das Kind zu ihrem erklärten Lieblingskind, das sie am meisten braucht, das Kind, das ohne die Hilfe von Mama und Papa keinen Schritt tun kann. Krebs/Ratten halten nicht besonders viel von der Unabhängigkeit ihrer Kinder. Ein Kind, das seinen eigenen Kopf durchsetzen will, sollte sein Elternhaus frühzeitig verlassen, um der Tyrannei der Krebs/Ratte zu entfliehen. Der Krebs/Ratte-Mensch hat das Gefühl, seine Sprößlinge beschützen zu müssen. Dafür mischt er sich oft in deren Leben ein.

Ein Krebs/Ratte-Kind wird Sie immer wieder in Erstaunen versetzen, weil es einerseits so einzelgängerisch und andererseits so umgänglich und gesellig ist. Die Einzelgänger-Natur dieses Kindes sollte gefördert werden, da es später am besten zurechtkommt, wenn es nach seiner eigenen Façon lebt. Zwingen Sie es nicht dazu, sein Spielzeug oder sein Zimmer mit seinen Geschwistern zu teilen. Das Krebs/Ratte-Kind liebt seine Unabhängigkeit.

Beruf

Es fällt mir sehr schwer, mir einen Krebs/Ratte-Menschen vorzustellen, der kein Schriftsteller ist. Ich habe vier enge Freunde, die alle Schriftsteller sind. Darüber hinaus sind unter diesen Vieren so berühmte Krebs/Ratten wie Saint-Exupéry und George Sand. Die Karriere der Krebs/Ratten scheint von der Feder zu profitieren.

Ich sehe dieses vom Wasser beeinflußte Wesen nicht als Führungskraft oder als ein fleißiger Arbeiter, der fröhlich vor sich hinpfeift. Dieser Mensch besitzt so viel Gefühl, das er ausdrücken muß, und sein Herz dominiert über seinen Kopf, daß ich ihn mir am besten in einem künstlerischen Tätigkeitsbereich vorstellen kann. Da er aber so unabhängig ist, könnte er natürlich auch Zahnarzt, Arzt oder Rechtsanwalt werden. Sicherlich besitzt er die intellektuellen Fähigkeiten dazu. Aber Politik und Regierung sind nichts für ihn. Krebs/Ratten hassen es, wenn sie Zeuge von Korruption sein müssen. Wenn sie in einem Büro arbeiten, gehen sie gegen alle Ungerechtigkeiten und Unebenheiten vor. Und sie werden nicht sehr lange in diesem Büro bleiben, wenn sie das Gefühl haben, daß diese Ungerechtigkeit auch auf sie übergreifen. Wenn sie sich angegriffen fühlen, sind sie sehr hitzköpfig und ziemlich patzig.

Krebs/Ratten können hart arbeiten. Aber sie lassen sich nicht zu etwas zwingen. Alle Berufe, die Einzelgängertum und Unabhängigkeit erfordern, passen zu ihnen. Auch die freie Wirtschaft – wenn sie ihr eigenes Geschäft haben – kann diesem Menschen entsprechen. Er sollte sich jedoch von Berufen fernhalten, bei denen man schuften und jeden Tag aufs neue heucheln muß. Sie vertragen kein aufgesetztes Lächeln oder unaufrichtiges Schulternklopfen.

Weitere berühmte Krebs/Ratten: Louis Armstrong und Lord Louis Mountbatten.

KREBS/OCHSE

»Ich fühle«
Wasser, Mond, Kardinal

»Ich bewahre«
Wasser negativ, Yin

PHANTASIE	LIEBE	INTEGRITÄT	PIONIERGEIST
EINSICHT	FÜRSORGLICHKEIT	ZIELSTREBIGKEIT	FLEISS
HARTNÄCKIGKEIT	VORSICHT	STABILITÄT	BEREDSAMKEIT
GEIZ	BESITZERGREIFEND	STARRSINNIGKEIT	RESERVIERTHEIT
REIZBARKEIT	LAUNENHAFT	FANATISMUS	BEFANGENHEIT
MUTLOSIGKEIT	ÜBEREMPFINDLICH	SCHUFTEREI	RACHSUCHT

Es ist kein Zufall, daß viele berühmte und geachtete Künstler aller Art unter dem Zeichen Krebs/Ochse geboren sind. Diese Menschen sind die personifizierte Entschlossenheit. Die tiefe Sensibilität des Krebses in Verbindung mit der erdverbundenen Zielstrebigkeit des Ochsen verleiht diesem Menschen eine emotionelle Kraft, die unter den neuen astrologischen Zeichen einmalig ist. Der Krebs/Ochse macht immer größere Anstrengungen als alle anderen Menschen.

Der Wesensanteil des Ochsen schenkt diesen Menschen ungeheure Schaffenskraft. Vom Krebs kommt die Kreativität hinzu und eine große Portion Gefühl. Er geht auf alles mit größter Zielstrebigkeit zu. Für den Krebs/Ochsen ist jede Aufgabe eine höhere Aufgabe, ein »Muß«, ja eine Religion! Was getan werden muß, wird getan, und da gibt es keine Umwege, Abkürzungen oder krumme Touren.

Krebs/Ochsen hassen es, eine Niederlage einstecken zu müssen. Auch lassen sie sich nichts vorschreiben. Sie unterliegen nur ihrem eigenen Gesetz. Und daraus machen sie auch keinen Hehl. Sie sind herrschsüchtig und außerordentlich besitzergreifend. Wenn Sie das nicht mögen, müssen Sie sich eben eine andere Stellung suchen.

Das Maß an Erfolg ist bei Krebs/Ochsen ebenso groß wie ihr Gefühl für die Menschen, die sie lieben und die ihnen Treue bewiesen haben. Mit diesen Menschen teilt der Krebs/Ochse alles sehr großzügig. Aber wehe, man ist sein Feind! Der im Ochsen-Jahr geborene Krebs hat keinen Sinn für Selbstzweifel. Wenn jemand versucht, sein Selbstvertrauen zu untergraben, wird er eben ganz einfach eliminiert. Krebs/Ochsen verzeihen niemals und sind sehr rachsüchtig.

Wenn Sie einen Krebs/Ochsen-Menschen treffen, wissen Sie natürlich, daß Sie jemand ganz Außergewöhnlichem begegnet sind. Krebs/Ochsen strahlen Überlegenheit aus. Sie können sehr gut allein sein. Sie wissen ihre Zeit zu nutzen. Sie können hart arbeiten. Sie können sich vor einem großen Ereignis gut entspannen. Sie sind einfach vollkommen, und das ist der Grund für ihren Erfolg (nicht nur ihr Talent).

Man kann den Krebs/Ochsen nichts vormachen. Sie sind nämlich sehr intelligent. Sie fallen auf keinen Trick herein und behalten immer den Überblick. Aber Krebs/Ochsen sind nicht so intellektuell wie die Zwilling-Geborenen. Bei weitem nicht! Sie sind viel zu Wasser-betont, um sich mit der grauen Wirklichkeit auseinanderzusetzen. Nein. Der Krebs/Ochse handelt aus seinem Instinkt heraus und verfolgt seine Ziele mit Entschlossenheit und Ausdauer. Er weiß von Anfang an, daß die kürzeste Entfernung zwischen zwei Punkten die Gerade ist, und deshalb geht er immer geradewegs auf sein Ziel zu. Ganz einfach, nicht wahr?

Anfangs wird Ihnen der Krebs/Ochse als ein strahlender und heiterer Mensch vorkommen. Es scheint, als ob er durchs Leben geht, als wäre es ein Spiel. Man hat immer den Eindruck, als könnte an ihm nichts nur annähernd verkehrt sein. Aber lassen Sie sich nicht täuschen. Im Alltag sind Krebs/Ochsen viel weniger überschwenglich, als sie auf den ersten Blick erscheinen. Tatsächlich halten sie nichts von jeglichem Durcheinander. Sie hassen Menschenansammlungen oder ertragen sie nur dann, wenn sie selbst der Anlaß des Menschenauflaufs sind. Krebs/Ochsen sind körperliche Snobs. Sie wollen in Ruhe gelassen werden.

Liebe

Für Krebs/Ochsen ist Liebe ihre ganz eigene Privatangelegenheit. Sie leben für die Liebe und bleiben oft ein Leben lang mit dem Menschen zusammen, den sie lieben. Sie sind für die Liebe ebenso bestimmt wie für den Erfolg. Dauerhafte und ernsthafte Liebesbeziehungen erfordern Geduld, Ausdauer und Kompromißbereitschaft. Der sture Krebs/Ochse kann in Gefühlssachen erstaunlich kompromißbereit sein. Verliebtheit und Fürsorglichkeit betrachtet er als Belohnung für seine harte Arbeit. Er hält bei jedem noch so gefährlichen Sturm fest zu seinem Partner.

Erwarten Sie jedoch nicht, daß Sie jeden Tag einen Blumenstrauß und Champagner zum Essen bekommen. Der Krebs/Ochse ist in erster Linie ein sensibles Wesen, das es im wirklichen Leben zu etwas bringen möchte. Der Krebs/Ochse möchte auf jeden Fall auch in Ihrem Leben die Nummer eins sein. Aber unterschätzen Sie seine Konzentrationsfähigkeit nicht, die sich zuallererst einmal auf sein Ziel richtet, auch wenn die Gefühle dafür zeitweise einmal zu kurz kommen müssen. Gefühle interessieren diesen Menschen nur, solange sie sein Vorwärtskommen nicht behindern.

Passende Partner

Kraft und Launenhaftigkeit sind Ihre charakteristischen Eigenschaften. Daher sollten Sie sich einen Partner suchen, der unter dem Zeichen Stier, Jungfrau oder Fische/Hahn geboren ist. Oder wie wäre es mit einer Jungfrau, Skorpion oder Fische/Ratte, mit denen Sie sich gut vertragen? Auch Skorpion und Fische/Schlangen lassen Ihr Herz höherschlagen. Aber Widder oder Waage/Ziegen sind nichts für Sie. Waage/Tiger und Steinbock/Tiger und Drachen kommen ebenfalls nicht in Frage.

Heim und Familie

Die häusliche Umgebung dieses Menschen verspricht, jeden einsamen Pilger willkommen zu heißen und ihn aus der Kälte zu retten. Es ist sehr hübsch bei einem Krebs/Ochsen. Die Einrichtung ist solide und behaglich zugleich. Überladene Schreibtische, solide Tische und bequeme Lehnsessel um ein prasselndes Kaminfeuer machen seine häusliche Atmosphäre sehr harmonisch.

Krebs/Ochsen lieben Kinder – alle Kinder. Es kann sogar sein, daß sie Findelkinder bei sich aufnehmen oder ein Waisenkind adoptieren. Der Krebs/Ochse ist fürsorglich, erinnern Sie sich? Seine Einstellung zu Kindern ist, daß sie glücklich, aber respektvoll sein sollten und daß sie sich wohl fühlen, aber bereit sein sollten, für ihre Bequemlichkeit etwas zu tun. Der Krebs/Ochse gibt sein schwer verdientes Geld nicht nur für ein nettes Lächeln oder eine schmeichelhafte Bemerkung her. Dasselbe gilt für seine Familie. »Ich liebe dich, aber ich kann das eben nur auf meine eigene Weise.«

Das Krebs/Ochse-Kind kann langsamer und nachlässiger erscheinen, als manches andere Kind, das aktiver ist. Es kaspert nicht soviel herum, wenn es nicht schon im voraus weiß, daß seine Aufführung vollendet ist. Es möchte alles gut machen. Daher poliert es erst alles auf Hochglanz, bevor es seine Werke herzeigt.

Beruf

Man muß nicht lange nach den beruflichen Talenten der Krebs/Ochsen suchen. Sobald sie erwachsen sind, haben sie eine sehr klare Vorstellung davon, was sie tun wollen. Sie sind eher künstlerisch begabt als finanziell oder wissenschaftlich. Hier sind zwei Wasserzeichen am Werk. Beide sind zäh und ausdauernd.

Wo liegen die Schwächen der Krebs/Ochsen? Nun, gerade ihre Stärke kann ihr größter Feind werden. Es kann ihnen passieren, daß sie vor lauter beharrlicher Weigerung, einmal ein wenig leichtsinnig zu sein, die kleinen Freuden des Lebens verpassen. Darüber hinaus leiden sie viel mehr unter den unglückseligen Folgen eines versehentlichen Leichtsinns als Menschen, die das Leben nicht so verdammt ernst nehmen. Stellen Sie keinen Krebs/Ochsen ein, wenn Sie nach einem dienstbeflissenen und unterwürfigen Mitarbeiter suchen. Aber wenn Sie an Perfektion und hochgradig professioneller Arbeit interessiert sind, ist der Krebs/Ochse der richtige Mann für Sie. Sie werden nicht enttäuscht sein.

Berühmte Krebs/Ochsen: Peter Paul Rubens, Henry D. Thoreau, Jean Cocteau, Barbara Cartland, Tom Stoppard, Mery Griffin, Meryl Streep, Prinzessin Diana.

KREBS/TIGER

»Ich fühle
Wasser, Mond, Kardinal

»Ich beobachte«
Holz positiv, Yang

PHANTASIE	LIEBE	LEIDENSCHAFT	GLÜCK
EINSICHT	FÜRSORGLICH-	MUT	WOHLWOLLEN
HARTNÄCKIG-	KEIT	ANZIEHUNGS-	AUTORITÄT
KEIT	VORSICHT	KRAFT	PRAHLEREI
GEIZ	BESITZERGREIFEND	HEFTIGKEIT	ZÜGELLOSIG-
REIZBARKEIT	LAUNENHAFT	HITZKÖPFIGKEIT	KEIT
MUTLOSIGKEIT	ÜBEREMPFINDLICH	UNGEHORSAM	WANDERVOGEL

Tiger sind von ihrem Wesen her streitsüchtig. Krebse sind sensibel, launenhaft und neigen zur Melancholie. »Brülle!« sagt der Tiger zu dem launischen Selbst des Krebses. »Ich möchte unabhängig sein.« Oder: »Ich möchte mal wieder lachen.« Oder: »Gib mir einen Anlaß zum Streit!«

Krebs und Tiger sind sich sehr fremd, fast schon ein komisches Paar. Natürlich liegt in dieser Verbindung sehr viel Gefühl. Der schlimmste Feind der Krebs/Tiger ist der Verlust des Vertrauens und Hingabe an ein unstetes Leben. Tiger sind rastlose Seelen, die lernen müssen, sich zu mäßigen. Dies ist lebenswichtig für sie. Diese brillanten Menschen sind in ständiger Gefahr, plötzlich vernichtet zu werden, wie Sie sich vielleicht erinnern, oft infolge ihres eigenen exzessiven Verhaltens. Tiger brauchen gute Ratschläge, Weisheit und gesunden Menschenverstand. Krebs ist ein überwiegend sensibles Zeichen. Aber Krebse können auch in ihrem eigenen Gefühl ertrinken. Die Kombination beider Zeichen ist sehr heimtückisch.

Natürlich sind wir alle zum Selbstbetrug fähig. Wir alle können früher oder später einmal auf unsere Gefühle hereinfallen. Aber bei dieser Verbindung von Krebs und Tiger besteht eine starke Neigung zur Selbsttäuschung. Tiger sind so gesund und munter und stürzen immer blind darauf los, wenn nicht jemand auf sie aufpaßt und sagt: »Passen Sie auf, Chef! Machen Sie langsam, Sir! Morgen werden Sie sich schon wieder besser fühlen, Meister!« Der Krebs mit seinen Launen und seiner Neigung, in Gefühlen zu schwelgen, ist nicht der Typ eines schnoddrigen Leutnants, oder?

Am besten sagt man also zu ihm: »Paß auf! Mach eins nach dem anderen. Bring Ordnung in dein Leben. Disziplin wird dir zwar keinen Spaß machen, aber sie wird dich vorwärts bringen. Und dein Vorwärtskommen wird dir gefallen.«

Exzentrik ist das richtige Wort für Krebs/Tiger. Diese Menschen können das Leben eines Bohemiens führen. Aber das wäre ein Fehler. Der Krebs ist viel zu bürgerlich, um in die Fußstapfen des hitzköpfigen Tigers zu treten. Es ist besser, dem Mondkind in sein traditionelles »Home-sweet-home«-Häuschen zu folgen.

Jeder wird die Bekanntschaft mit diesem Menschen genießen. Im allgemeinen ist er guter Laune (außer wenn er in eine Krebs-Melancholie verfällt) und unterhaltsam. Er ist ein Romantiker, ein Träumer, der die Welt und die Menschheit verbessern möchte, einer von der sentimentalen Sorte, der sich nach innerem Frieden sehnt, den er fast nie erreicht.

Warum? Nun, der Krebs/Tiger ist ausgesprochen kreativ. Neue Ideen und ausgefallene Pläne, Menschen und Ziele ziehen ihn an. Gerade, wenn es so aussieht, als wäre er seßhaft geworden und würde ein gesichertes Leben führen, zack! Schon stürzt er sich auf das nächste haarsträubende Abenteuer. Sie sehen, der Krebs/Tiger sucht nicht nur nach dem Ungewöhnlichen, er möchte dafür auch noch beachtet werden. Der Krebs/Tiger ist ein stolzer Bursche, wenn es darum geht, einen Preis für seinen Erfolg zu erlangen. Tatsächlich bringt Anerkennung die besten Seiten dieses Menschen an die Oberfläche, und man sollte deshalb in seinem Fall nicht an Lob sparen. Es wird ihm nicht zu Kopf steigen. Vielmehr bringt es ihn dazu, noch bessere Leistungen anzustreben.

Der Krebs/Tiger braucht viel Raum zum Umherstreifen. Enge Räume sind so, als würde man ihm in der verkehrten Richtung über das Fell streicheln. Er braucht die Weite, und trotz seiner Häuslichkeit auf der einen Seite braucht dieser Krebs die Veränderung. Selbst wenn er jeden Tag nur die Möbel anders stellt, will er das Gefühl haben, einer neuen Herausforderung gegenüberzustehen.

Liebe

Im ersten Abschnitt sind diese Menschen sehr unglücklich in der Liebe. Seine wahre Gefühlsrichtung muß sich erst herauskristallisieren. Krebs/Tiger wirken auf andere sexuell anziehend. Daher kann es sein, daß sie viel Zeit für »Eintagsfliegen« und »Bettgeschichten« verschwenden und ihnen dabei einiges von ihrer Kreativität verlorengeht.

Wenn Sie einen Krebs/Tiger lieben, schauen Sie zu ihm auf. Bewunderung und Respekt bringen ihn am meisten in Fahrt. Krebs/Tiger müssen glänzen. Doch sie sind trotzdem keine Angeber. Sie sind eigentlich ziemlich diskret. Aber sie wollen sich immer von ihrer Schokoladenseite zeigen. Schmeicheln Sie ihm. Und vor allem, knuddeln Sie diesen liebenswerten »Dussel«!

Der Krebs/Tiger ist sehr eifersüchtig. Er haßt es, wenn ihm jemand seine Stellung streitig machen will. Er kann sehr hart um seine Position kämpfen, wird bei häuslichen Streitereien aber nie aggressiv. Versuchen Sie nicht, mit ihm zu konkurrieren. Machen Sie statt dessen ihre eigene Sache und lassen Sie dem Krebs/Tiger die seine. Seien Sie immer bereit, Ihre Zuneigung zu zeigen. Und mischen Sie sich nicht in seine Privatangelegenheiten ein!

Passende Partner

Da Sie ein tigerhafter Krebs sind, finden Sie Stier, Jungfrau und Skorpion/Hunde verführerisch. Auch von Skorpion und Fische/Drachen und -Pferden sind Sie begeistert. Und natürlich finden Sie das kultivierte Fische/Schwein unwiderstehlich. Lassen Sie sich auf kein Techtelmechtel mit Widder, Waage oder Steinbock/Affen ein. Halten Sie sich fern von Widder und Waage/Schlangen und geben Sie Widder und Waage/Ochsen den Laufpaß. Verlieren Sie Ihr Herz auch nicht an eine Waage/Ziege. Diese Menschen sind temperamentvoller als Sie.

Heim und Familie

Dieser Lebensbereich ist bei Krebs/Tigern ziemlich kompliziert. Während der Krebs sehr häuslich ist, ist der Tiger ein Wandervogel. Wo der Krebs launisch und emotionell ist, ist der Tiger optimistisch. Schon die Einrichtung seines Heims ist ziemlich widersprüchlich.

Natürlich sind Krebs/Tiger gute Eltern. Sie lieben ihr Heim und ihre Familie ist ein unerläßlicher Bestandteil darin. Die Tiger-Seite dieses Menschen ruft die Begeisterung seiner Kinder hervor, da er abenteuerlustig und träumerisch ist. Der Krebs/Tiger ist der beste Kumpel seiner Kinder. Zwar herrscht ein gewisses Maß an Disziplin in seinem Haus, aber erinnern Sie sich an seine Bohemien-Natur – ein wenig Chaos bringt Leben in die Bude, stimmt's?

Krebs/Tiger-Kinder sind strebsam und erfolgreich. Aber um zu Erfolg zu gelangen, müssen sie schon sehr früh lernen, was Strenge und Selbstdisziplin ist. Ihre Eigenart, sich immer an der Grenze zu bewegen, kann in ihrem späteren Leben ihr Untergang sein. Daher muß man sie von Anfang an an Routine gewöhnen. Tägliche Pflichten und geregelte Essens- und Schlafenszeiten werden diesen Kindern helfen, ihre Zukunft klar zu gestalten.

Beruf

Dieser Mensch strebt nur teilweise nach Gewinn. Materieller Wohlstand ist von einiger Bedeutung in seiner Lebensauffassung. Aber (und das ist ein großes »Aber«) die materialistische Seite des Krebses wird durch den Einfluß des Tigers beträchtlich reduziert. Es kann sein, daß er eine tolle Erfindung macht, aber wenn es darum geht, sie auf den Markt zu bringen, kneift er. Der Tiger/Krebs drückt sich vor dem Engagement, das für sein Vorwärtskommen notwendig wäre. Er hätte zwar gerne einen BMW oder gar einen Rolls Royce. Aber er hat Angst, daß ihm in der langweiligen Zeit, wo er das Geld verdienen muß, eine neue Erfindung entgeht. Daher leben Krebs/Tiger für ihre Erfindungen.

Diese Einstellung ist natürlich gut, wenn man der Chef des Unternehmens ist. Wenn man die richtigen Angestellten hat, kann man ruhig in seinem Elfenbeinturm kreativ sein, während die nette Belegschaft den Papierkram erledigt. Für einen Angestellten ist es nicht ratsam, sein eigenes Süppchen zu kochen. Daher sollten sich Krebs/Tiger lieber selbständig machen.

Einige berühmte Krebs/Tiger: Richard Rodgers, Elisabeth Kübler-Ross, Diana Rigg, Carl-Heinz Schroth.

KREBS/KATZE

»Ich fühle«		*»Ich ziehe mich zurück«*	
Wasser, Mond, Kardinal		*Holz, negativ, Yin*	
PHANTASIE	LIEBE	TAKT	VORSICHT
EINSICHT	FÜRSORGLICHKEIT	ELEGANZ	LANGES LEBEN
HARTNÄCKIGKEIT	VORSICHT	TUGEND	EHRGEIZ
GEIZ	BESITZERGREIFEND	HEIMLICHTUEREI	DILETTANTISMUS
REIZBARKEIT	LAUNENHAFT	ÜBEREMPFINDLICH	HYPOCHONDRIE
MUTLOSIGKEIT	ÜBEREMPFINDLICH	PEDANTERIE	KOMPLIZIERTHEIT

Dies ist eine erschreckende Verbindung von Häuslichkeit und Häuslichkeit. Wenn der Krebs/Katze-Mensch nicht gezwungen wäre, sich seinen Lebensunterhalt zu verdienen, würde er sein behagliches, geschmackvoll eingerichtetes und kuscheliges Haus nie verlassen. Für Krebs/Katzen ist der heimische Herd der Mittelpunkt der Welt. Wenn sie überhaupt Feinde haben, können diese sie nur verletzen, wenn sie die Krebs/Katze in ihrem Mittelpunkt treffen – ihrem Heim.

Aber kommen Sie nicht auf die Idee, dieser Mensch könnte ein Einsiedler sein. Im Gegenteil, wenn er Sie erst einmal ein wenig besser kennt, ist er ein wahrer Ausbund an Liebenswürdigkeit und Redseligkeit. Seine Augen glänzen, wenn er Sie sieht, und er wird alle möglichen Themen ansprechen, nur um Ihnen eine Freude zu machen. Oft sprechen Krebs/Katzen von Zukunftsplänen und träumen von irgendwelchen Schlössern in Spanien, der Normandie oder in feuchten grünen Wiesen Irlands. Bei Krebs/Katzen gibt es immer entweder verlorenen Ruhm oder – auch wenn es nur ein winziger Lichtblick ist – kommenden Glanz.

Ich kenne ein paar Krebs/Katzen. Sie sind der Gipfel der Bequemlichkeit, die ihre Freunde zum Kaffee einladen und genau den richtigen Wein für sie besorgen. Und sie erzählen immer wieder dieselbe Geschichte von ihrer Tante Tillie, die neunundachtzigeinhalb Jahre alt ist. Wenn Tante Tillie nicht mehr ist, wird ihr eigenes Leben das reinste Nirwana sein. Aber sagt die Krebs/Katze:

»Glaub ja nicht, ich hätte schon immer so gelebt. 1965 habe ich über die Hälfte dessen ausgegeben, was mein armer Mann heute verdient. Ja. Ich hatte Dienstmädchen. Ich war eine richtige Lady.« Man weiß nie, ob dieser vergangene Reichtum oder die Erbschaft von Tante Tillie wirklich existieren. Aber schließlich ist das auch nicht so wichtig. Es ist völlig gleichgültig, da Krebs/Katzen in der Lage sind, aus allem etwas zu machen: Chintz-Vorhänge, bequeme Lehnsessel, eine große, schön gedeckte Tafel mit allen möglichen Köstlichkeiten und eine einladende Willkommens-Atmosphäre, der kaum jemand widerstehen könnte. Spartanisch, Gott bewahre! Diese Krebs/Katze könnte Sie auf ihr pelzgefüttertes Lager ziehen und Sie dazu bringen, Ihren Glauben an die Genügsamkeit zu widerrufen!

Krebs/Katzen sind auch zuverlässig und vertrauenswürdig. Sie können ihnen Ihre Schlüssel, Ihre Kinder, Ihre Hände und Ihre Frau anvertrauen und können sicher sein, daß Sie Monate später alles unversehrt wiederbekommen. Wenn Sie zurückkehren, finden sie alle im Wohnzimmer bei einem Glas Cola und einem Spiel vor. Kein Techtelmechtel hat sich hinter Ihrem Rücken abgespielt. Krebs/Katzen sind rechtschaffen und tugendhaft.

Diese Tugendhaftigkeit kann sich bis ins Extrem steigern und wird dann zu Selbstgerechtigkeit oder sogar Pedanterie. Krebs/Katzen müssen sich vor dieser schlechten Angewohnheit hüten. Von Zeit zu Zeit können sie ein wenig scheinheilig wirken. Mit Menschen, die ihrer Meinung nach unter ihrer Würde sind, gehen sie oft recht ungeduldig um. Wenn sich Krebs/Katzen in die Enge getrieben oder bedroht fühlen, wächst sich diese Ungeduld zu echtem Schmerz aus. Denken Sie daran: Bei diesen Menschen handelt es sich sowohl um einen Krebs als auch um eine Katze. Oberflächlich wirken sie nicht bedrohlich oder furchterregend. Aber beide haben Krallen! Seien Sie nett zu Krebs/Katzen. Kommen Sie ihnen nicht in die Quere oder versuchen, ihnen ihren neuen Staubsauger wegzunehmen. Diese Menschen können sehr böse werden, wenn man sie ärgert.

Krebse häufen gern Besitz an. Katzen verfeinern alles und bringen es auf Hochglanz. Wenn Sie diese beiden Eigenschaften zusammentun, haben Sie einen Antiquitätenhändler oder – noch schlimmer – einen Sammler. Die Menschen sammeln allen möglichen Kram, horten materielle Güter und besitzen ein ganzes Lager an Kostbarkeiten, das sogar Sotheby Parke-Bernet vor Neid erblassen ließe. Wenn Sie mit einem Krebs/Katzen-Menschen verwandt sind, der keinen anderen Erben außer Ihnen hat, erscheint es Ihnen vielleicht, als hätten Sie keine besondere Erbschaft zu erwarten, da er nach außen hin so bescheiden wirkt. Aber auf seinem Speicher hat er mehr Reichtümer stehen, als Sterne am Himmel sind. Vergessen Sie nicht, daß Krebs/Katzen sorgfältig, vorsichtig, ehrgeizig, geizig und verschlossen sind. Manchmal wirkt dieser Mensch sentimental und gefühlsduselig. Es scheint, als würde er im Selbstmitleid ertrinken. Aber ich rate Ihnen gut: Streicheln Sie in der richtigen Richtung über sein Fell, und Sie werden es nicht bedauern.

Liebe

Krebs/Katzen sind verliebt in die Liebe. Dies steht in meinen Notizen über Krebs/Katzen, und es stimmt wirklich. Sie sind ohne Ausnahme immer verliebt. Nicht, daß sie schicksalhafte Begegnungen oder Strohfeuer hätten. Der Krebs/Katzen-Mensch ist nicht an kurzlebigen Beziehungen interessiert. Er will ein Heim, eine Familie, echtes Eichenparkett, schöne Möbel und Taufen und Hochzeiten mit Lilien und Rosen, Champagner und Kammermusik. Krebs/Katzen sind feurig, liebenswert, sanftmütig und feinsinnig – mit Geschmack und einem guten Urteilsvermögen, um das ganze abzurunden.

Der Krebs/Katzen-Mensch braucht einen soliden und vertrauenswürdigen Partner, mit dem er in seinen Gewölben lebt. Und dieser eine Partner genügt. Krebs/Katzen haben schon mal ein Abenteuer, wenn sie jung und noch unverheiratet sind. Aber sie gehören nicht zu den Menschen, die jede Nacht mit einer anderen Eintagsfliege zusammensein können. Sie brauchen die ungeteilte, bedingungslose und ewige Liebe eines festen Partners. Dieser bekommt dafür mehr Sicherheit und eine schönere Welt der Träume und Illusionen als mancher andere. Darüber hinaus bekommt er eine schöne Tasse heißen Tee mit Milch, Kuchen und von Zeit zu Zeit ein gutes Tröpfchen vom besten Rotwein. Sollten Sie das Glück haben, einer mondhaften Krebs/Katze in die Fänge zu kommen, lehnen Sie sich ruhig zurück und genießen Sie es. Aber vergessen Sie nicht, den Mülleimer auszuleeren, die Fenster zu putzen, das Gästezimmer für die Großmutter bereit zu machen und den goldenen Spiegel um fünf Uhr abzuholen. Sie werden sehr glücklich sein. Aber auch ständig beschäftigt.

Scheidungen und Trennungen, ja, Zerwürfnisse aller Art bringen die Krebs/Katze völlig aus dem Gleichgewicht. Niemand betrachtet eine kaputte Ehe mehr als persönliches Versagen als Krebs/Katzen. Sie geben sich die ganze Schuld dafür. Nach einer Trennung brauchen sie sehr viel Zeit, sich ihre Wunden zu lecken und ihr gebrochenes Herz zu heilen. Kein Rückschlag geht spurlos an dem Krebs/Katze-Menschen vorüber. Aber warten Sie ein wenig. Wenn er schließlich seinen nächsten Lebensgefährten gesichtet hat, zögert er zwar noch einen Moment, aber dann – zack! Und Sie hängen ein Leben lang an seinem Angelhaken. Versuchen Sie nicht, ihm zu entkommen. Es ist sinnlos.

Passende Partner

Stier, Jungfrau, Skorpion und Fische gefallen Ihnen. Besonders genießen Sie die Liebe der Ziegen, Hunde und Schweine unter den oben genannten Zeichen. Aber ich empfehle Ihnen, sich lieber nicht mit Widder, Waage oder Steinbock/Tiger, -Drachen und -Hähnen einzulassen. Sie brauchen einen sanften und häuslichen Partner, damit Ihre Sicherheit und Ihr Interesse aufrechterhalten bleiben.

Heim und Familie

Ich habe Ihnen die Idealvorstellung der Krebs/Katzen von ihrem Heim bereits beschrieben. Sie werden erstaunt sein, wie oft Sie Krebs/Katzen zu Hause antreffen, wenn Sie anrufen. Sie werden sich über die Ordnung wundern, die in ihrem Haus herrscht. Sie haben immer Zeit für ein Lächeln oder einen kurzen Plausch am Gartenzaun. Und was ist der Grund für diesen wohlgeordneten Haushalt und die gute Laune? Nun, der Krebs/Katze-Mensch ist immer »chez lui« (bei sich).

Krebs/Katzen sind als Eltern unermüdlich, großzügig, liebevoll, warmherzig und nachsichtig. Aber sie fordern auch viel von ihren Kindern. Sie sind selbst taktvoll und diskret, haben eine Vorliebe für Kultur und Ästhetik. Daher dürfen ihre Kinder auf keinen Fall undiszipliniert, plump oder vulgär sein. Aber alle Kinder werden die Krebs/Katzen-Eltern bewundern und respektieren. Krebs/Katzen sind zu großen persönlichen Opfern bereit, wenn es um ihre Kinder geht – aber sie sorgen auch dafür, daß die Kinder dies nicht vergessen.

Ein Krebs/Katze-Kind braucht Wärme und Sicherheit. Anfangs sieht es so aus, als sei es nicht besonders extrovertiert. Aber wenn es sich so richtig wohl fühlt, werden Sie das bezaubernde Lächeln bemerken, für das diese Menschen so berühmt sind. Umgeben Sie dieses Kind mit Kultur. Alle künstlerischen Unternehmungen fallen ihm leicht. Aber zwingen Sie es nicht, Fußball zu spielen, wenn es keine Lust dazu hat. Es ist ein Anhänger des besonders Feinen. Nicht unbedingt athletisch – aber zäh, jedoch nicht unbedingt mit dem Drang, den schwarzen Gürtel in Karate zu erlangen oder ein »olympiadeverdächtiger« Rollschuhläufer zu werden.

Beruf

Es ist ganz offensichtlich, daß sich dieser häusliche Mensch dazu eignet, sich auch im Haus zu verwirklichen. Wenn Sie ihn den ganzen Tag alleine zu Hause lassen, wird er nie untätig oder gelangweilt sein. Der Rahmen des häuslichen Lebens genügt, um sein seelisches Gleichgewicht auf Dauer zu erhalten.

Wenn Krebs/Katzen ihr Heim jedoch einmal verlassen sollten, sind sie für die Medizin, den Beruf des Lehrers, des Druckers, Kurators oder Restaurators oder für Gemäldeeinrahmungen talentiert.

Krebs/Katzen geben ausgezeichnete, verläßliche und treue Angestellte ab. Sie kommen mit ihren Kollegen gut aus, weil sie ihre Mitmenschen mögen und es ihnen Spaß macht, sie in der Cafeteria zu treffen. Aber Krebs/Katzen sind sehr sensibel. Sie ziehen ein behagliches kleines Büro vor, dessen Tür man auch schließen kann (eine Tür ist ihnen wichtiger, als ein Fenster), um äußere Einflüsse von sich fernzuhalten. Als Chef sind Krebs/Katzen produktiv und geradlinig. Ihre Angestellten finden sie oft nicht so sympathisch, weil sie für deren Geschmack ein wenig zu hochnäsig sind. Aber keine Sorge. Sie kommen schon klar damit.

Berühmte Krebs/Katzen: Neil Simon (beschäftigt sich mit Heim und Familienleben), Saul Bellow (ist den ganzen Tag zu Hause und poliert seinen Nobelpreis) und Simone Weil (sie nimmt ihr Zuhause mit ins Büro und zeigt es uns dann im Fernsehen) und Gina Lollobrigida.

KREBS/DRACHE

»Ich fühle«
Wasser, Mond, Kardinal

»Ich präsidiere«
Holz positiv, Yang

PHANTASIE	LIEBE	KRAFT	ENTHUSIASMUS
EINSICHT	FÜRSORGLICHKEIT	ERFOLG	MUT
HARTNÄCKIGKEIT	VORSICHT	GUTE GESUNDHEIT	SENTIMENTALITÄT
	BESITZERGREIFEND		
GEIZ	LAUNENHAFT	STARRHEIT	VERBLENDUNG
REIZBARKEIT	ÜBEREMPFINDLICHKEIT	MISSTRAUEN	AUFSCHNEIDEREI
MUTLOSIGKEIT		UNZUFRIEDENHEIT	REDSELIGKEIT

Das Fundament dieses erstaunlichen Charakters ist seine emotionale Vitalität. Der Krebs/Drache besitzt die Fähigkeit des Krebses, jeden Aspekt des Lebens zu erfühlen. Darüber hinaus ist dieser Mensch mit dem Schwung und der Feurigkeit des Drachen gesegnet, die wir alle so an ihm lieben. Dies ergibt eine starke, unerschrockene und begeisterungsfähige Persönlichkeit. Die düsteren Stimmungen des Krebses werden aufgehellt durch die Fähigkeit des Drachen, wie Phönix aus der Asche zu steigen. Die übermäßige Aufschneiderei des Drachen wiederum wird von dem gesunden Menschenverstand und der Würde des Krebses abgemildert.

Krebs/Drachen besitzen einen Charme, der fast schon schelmisch ist. In seinem sehr sinnlichen Blick versteckt sich immer ein kleines Zwinkern. Der Krebs ist einerseits sehr häuslich und möchte dies in seinen vier Wänden verwirklichen. Andererseits drängt der Drache hinaus in die Welt, wo er sein Spiel treiben will. Dies schafft einen inneren Konflikt. Wer entscheidet nun? Und was bricht diesem Menschen jedesmal das Genick? Seine Sentimentalität. Krebs/Drachen sind supersentimental. Und natürlich neigen sie deshalb auch dazu, hypersensibel zu sein. Der Krebs/Drache ist der einzige Drache, der bei Hochzeiten und Taufen in Tränen ausbricht. Sie wissen, wie man Gefühle mit Theater verbindet: »Es ist schon alarmierend, wie charmant . . .« und so weiter.

Den ersten Eindruck, den man von diesem Menschen gewinnt, ist, daß er eine große Charakterstärke besitzt und über ein riesiges Talent verfügt. »Toll«, sagen Sie sich. »Diese Frau sieht aus, als würde sie die Mahlzeit eines Elefanten zum Frühstück verzehren.« Das Problem ist, daß Sie beim näheren Hinschauen erkennen werden, daß die Kraft kaum genutzt wird. Krebs/Drachen haben Muskeln, aber sie wollen sie nicht gerne gebrauchen.

Obwohl diese Menschen oft nicht im üblichen Sinne attraktiv sind, haben sie beim anderen Geschlecht großen Erfolg. Das Feuer des Drachen wird von dem Wasser des Krebses ein wenig eingedämmt. Daher ist der Drache in diesem Menschen offensichtlich weniger ungestüm und egoistisch. Dies ist ein etwas gedrosselter Drache – oder ein »hochfrisierter« Krebs.

Krebs/Drachen sind neugierig und gehen oft auf Reisen, von denen sie Trophäen und Reiseberichte mitbringen. Sie wissen, wie und wo sie ihre Dynamik einsetzen, und geben einen guten Reisegefährten ab, obwohl sie für meinen Geschmack ein wenig zu geschwätzig sind. Krebs/Drachen sind große Idealisten und Weltverbesserer.

Sie fühlen sich zu Kunst und Kultur hingezogen und zeigen sich gern in der Öffentlichkeit. Krebs/Drachen besitzen Kraft und haben den Vorteil, daß diese Kraft nicht in den Wunsch nach Dominanz ausartet.

Liebe

In Herzensangelegenheiten handelt der Krebs/Drache, wie überall im Leben, größtenteils aus dem Gefühl heraus. Dieser Mensch ist eine ungestüme Mischung. »Ich empfinde für Sie dies oder jenes, ich liebe dies oder jenes, ich bewundere Sie, ich hasse ihn, ich glühe vor Leidenschaft, und was das Schlimmste ist, ich bin unverschämt attraktiv.« Oh, du armer Kerl! Du brauchst keine Gewissensbisse zu haben. Halte deinen Charme nicht zurück. Geh hinaus und zeig es ihnen! Aber sei vorsichtig! Denk daran, wie sentimental du bist. Diese Welt voll unbekannter Bewunderer ist voller Gefahren für Menschen wie dich!

Sie sehen, wenn ein Drache diskret, würdevoll, zurückhaltend und vornehm sein will, muß er ein Krebs sein. Dieser Mensch wirkt zwar bescheiden, besticht aber mit seiner Anziehungskraft des Drachen, die er nie ganz verbergen kann. Aus diesem Grund würde ich auf seine Treue keine Wette abschließen. Wenn Sie einen Krebs/Drachen lieben, bleiben Sie zu Hause in der Nähe des Telefons und legen Sie ihr Notizbuch bereit, in dem Sie Alternativen haben.

Passende Partner

Stier, Skorpion und Fische/Affen betören Sie, lieber Drache. Auch mit einer Skorpion oder Fische/Ratte könnten Sie glücklich werden. Sie lieben Schlangen wegen ihrer angeborenen Schönheit. Warum versuchen Sie es nicht einmal mit einer Stier oder Fische/Schlange? Auch Stier/Schweine und -Hähne können Sie in Fahrt bringen. Aber versuchen Sie es lieber nicht mit einem Widder, Waage oder Steinbock/Hund, einem Steinbock oder Waage/Ochsen oder einer Widder/Katze.

Heim und Familie

Dieser Mensch ist ein Krebs. Daher wird er ein angenehmes und geordnetes Familienleben haben. Aber da er auch ein Drache ist und gerne ein wenig angibt, wird sein Haus groß und beeindrukkend, sein Garten gepflegt und der Luxus offensichtlich sein. Krebs/Drachen wissen nicht, wie sie ihren Schwung im Zaum halten sollen. Sie werden beeindruckt sein.

Krebs/Drache-Eltern lieben ihre Kinder bis zum Geht-nicht-mehr und prahlen mit ihnen gerne vor Verwandten und der ganzen Welt. Sie bieten ihnen Sicherheit und erwarten dafür Gehorsam und gutes Benehmen. Sie bemühen sich auch, ihre Kinder zu unterhalten. (Wenn Ihr Vater oder Ihre Mutter Krebs/Drache ist, würde ich Ihnen raten, über ihre Witze zu lachen.)

Das Krebs/Drache-Kind ist lieb und schlagfertig. Es wird Ihnen nicht allzu große Probleme machen, vorausgesetzt, es kann seine Energie auf allen möglichen Gebieten loswerden. Diese Kinder sollten in verschiedenen Disziplinen unterrichtet werden, da sie begabt und fleißig sind und anderen gefallen wollen. Wahrscheinlich haben sie ein starkes Interesse am Theater.

Beruf

Dieser Mensch ist der geborene Führer. Sie brauchen eine gründliche Ausbildung und sollten schon von Kind an danach streben, viel Wissen anzusammeln. Ihre angeborene Neugier wird Krebs/Drachen veranlassen, sich mit fortgeschrittenen Studien zu beschäftigen. Als Erwachsene haben Krebs/Drachen ein wahres Talent für Berufe, die persönliche Autorität erfordern. Sie sind willensstark, aber nicht stur. Sie sind pflichtbewußt, aber nicht übertrieben.

Als Chef wird dieser Mensch daher sowohl streng als auch nachsichtig sein. Der Trick dabei ist, daß man immer wieder wissen muß, wie man Strenge und Nachsichtigkeit richtig dosiert. Wenn ein Krebs/Drache vor einem Problem steht, findet er gefühlsmäßig die beste Lösung. Ich habe so meine Zweifel an der Eignung der Krebs/Drachen zum Angestellten. Diese Menschen hassen es, die zweite Geige spielen zu müssen, und sind eingeschnappt, wenn sie sich unterordnen müssen. Eine Unmenge Diplome müßten den Krebs/Drachen eigentlich helfen, ihre Karriere gleich in der Nähe des Gipfels zu beginnen.

Berufe, die sich für Krebs/Drachen eignen: Prediger, Schauspieler, Abenteurer, Schriftsteller, Journalist, Restaurantbesitzer, Fernsehstar, Rechtsanwalt.

Einige berühmte Krebs/Drachen: Haile Selassie, Pablo Neruda, Corot, Pearl S. Buck, Ringo Starr.

KREBS/SCHLANGE

»Ich fühle«
Wasser, Mond, Kardinal

»Ich empfinde«
Feuer negativ, Yang

PHANTASIE	LIEBE	INTUITION	KLUGHEIT
EINSICHT	FÜRSORGLICHKEIT	ATTRAK-	HELLSICHTIGKEIT
HARTNÄCKIG-	VORSICHT	TIVITÄT	MITGEFÜHL
KEIT	BESITZERGREIFEND	DISKRETION	HABGIER
GEIZ	LAUNENHAFT	HEUCHELEI	ANMASSUNG
REIZBARKEIT	ÜBEREMPFIND-	EXTRAVAGANZ	AUSSCHLIESSLICH-
MUTLOSIGKEIT	LICHKEIT	FAULHEIT	KEIT

Krebs/Schlangen sind unabhängiger von emotionalen Fesseln als andere Krebse. Aber trotz alledem sind sie ein Krebs und daher familiär und anhänglich. Aber anders als gewisse andere Krebse, die wir kennen, erkennt dieser im Zeichen der Schlange geborene Krebs seine Schwäche, versteht seine düsteren Stimmungen und versteht es auch, sie zu überwinden, weil er den kühlen Kopf und die Weisheit der Schlange besitzt.

Was die Schlange anbetrifft, sind Krebs/Schlangen weniger kaltblütig als andere Schlangen. Der seelenvolle Krebs mit seiner tiefen Liebe erwärmt das Herz dieser Schlange und macht sie ausgesprochen liebenswürdig. Schlangen können wirklich sehr kühl sein. Sie schlängeln sich aus jeder Situation heraus und sind so klug, wie Schlangen eben sind, um die Umstände überwiegend zu ihrem Vorteil zu wenden. Bei den Krebs/Schlangen wird die Tendenz, die Führungsposition in allen Lebenslagen innezuhaben, durch den gesunden Menschenverstand und die natürliche Zurückhaltung des Krebses gebremst.

Alle Schlangen sind geborene Lügner. Aber manche lügen mehr als andere. Krebs/Schlangen gehören zu den am wenigsten schlüpfrigen Schlangen. Sie würden ihre Großmutter nicht beschwindeln, nur um gut dazustehen. Aber trotzdem ist sogar die sensible Krebs/Schlange dazu fähig, die reinsten Lügenmärchen zu erzählen. Sie kann einfach nicht dagegen an. Ausflüchte (auch vor sich selbst) gehören zur Herausforderung, der Verführung und Eroberung. Und alle Krebs/Schlangen wollen als faszinierend, charmant, schön, besser, größer, umgänglicher und am besten gekleidet gelten.

Diese Menschen sind nicht davor gefeit, mit Namen und Marken zu prunken. Stellen Sie sich eine häusliche Krebs/Schlange in einer Modell-Jeans auf ihrem teuren Sofa vor. In ihren braungebrannten und goldbereiften Armen hält sie eine süße Kinderschar in Modellkleidchen und Bermuda-Shorts. Hinter ihr an der Wand hängt ein Picasso. Zu ihren Füßen liegt ein riesiger Pyrenäen-Hund, den man nur in den entferntesten dunklen Höhlen von Andorra findet. Jeder weiß, daß diese Biester jeden Tag mindestens eine halbe Kuh fressen, groß in Mode sind und ein Vermögen kosten. Aber denken Sie sich nichts. Das Image ist die Botschaft der Krebs/Schlangen. Egal, was es kostet, Ihr freundlicher Krebs/Schlange-Nachbar besitzt immer das Neueste vom Neuen, das Non-plus-Ultra.

Wenn Sie nicht gerade in der vornehmsten Gegend wohnen, sind Sie vielleicht noch nie einem Krebs/Schlange-Menschen begegnet. Schlangen hängen nicht in verkommenen Vierteln herum. Es kann sein, daß sie aus armen Verhältnissen kommen, aber es ist ihnen bestimmt, nicht besonders lange da leben zu müssen. Sie besuchen immer die richtigen Schulen, bewegen sich immer in den richtigen Kreisen und heiraten genau den aus der Clique, der sicher einmal reich und berühmt werden wird. Krebs/Schlangen lieben nicht nur den Komfort, sie glauben auch noch, sie hätten ihn erfunden.

Diese Menschen lieben es auch, andere zu unterhalten. Wenn sie erst einmal ein bißchen Sicherheit erlangt haben und ein paar der »Spitzentypen« kennen, können Sie damit rechnen, daß die Krebs/Schlangen die aufwendigsten Parties in der Stadt geben. Natürlich bestellen sie das Büffet und engagieren ein Paar Barkeeper, ein Team von Dienern, die die Austern öffnen. Und dann begeben sie sich unters Volk. Seiner Ansicht nach kann der Krebs/Schlange-Mensch nicht gut von einem Gast zum anderen gehen, den Bundeskanzler über den grünen Klee loben, dessen Pressesekretär auf seiner Party vertreten ist, den Direktor des Kunstmuseums mit seinem Charme zu umgarnen, damit er ihm eine private Ausstellung der neuesten Werke junger Künstler gewährt und gleichzeitig Drinks servieren – oder? Nun, das ist auch gar nicht so wichtig, weil er es ohnehin nicht tun wird. Krebs/Schlangen lassen sich gerne bedienen. Und solange sie sich Sklaven leisten können, werden sie mit Sicherheit welche haben.

Diese Menschen sind ausgesprochen künstlerisch veranlagt. Sie haben das Talent, alles, was ihnen in den Weg kommt, zu verschönern. Und Krebs/Schlangen sind gute Ratgeber. Sie können sich ausgesprochen gut in andere Menschen hineinversetzen.

Krebs/Schlangen sind auch vergnügungssüchtig. Sie tanzen mit dem hübschesten Jüngling bis zum Morgengrauen, sehen fabelhaft aus und genießen es, den Neid aller Anwesenden zu erwecken. Und schließen Sie es bloß nicht aus, daß es eine Krebs/Schlange-Frau war, die letzte Woche in dem piekfeinen Club in Soho einen Striptease bis zur Unterwäsche hingelegt hat. Krebs/Schlangen haben einen Hang zur Unanständigkeit. Sie wollen für unerhört und exotisch gehalten werden.

Liebe

Besitzergreifend? Exklusiv? Fordernd? Eigensinnig? Sie haben es! Krebs/Schlangen haben alle diese Eigenschaften und noch viele, viele mehr. Die Krebs/Schlange ist so attraktiv und sexy, und es ist ein solches Vergnügen, ihre Bewegungen zu beobachten, daß die Menschen zusammenlaufen, nur um sie in der Öffentlichkeit bestaunen zu können. Diese Menschen haben sich die Zuneigung der Masse im wahrsten Sinne des Wortes erschlichen.

In ihrem Innern sind Krebs/Schlangen gutmütige Kameraden, die sich eher liebevoll um ihre Freunde und die Menschen, die sie lieben, bemühen. Der Krebs/Schlange-Mensch wird nicht treu sein. Aber er wird immer verführerisch und bezaubernd sein. Selbst wenn er in eine heiße Liebesaffäre mit der Sekretärin des Bundeskanzlers verstrickt ist, wird er sich seiner Gattin gegenüber so aufmerksam erweisen, als sei sie die »Präsidentin« der Bundesrepublik.

Wenn Sie eine Krebs/Schlange lieben, stellen Sie sich darauf ein, eine Menge Geld zu verdienen, es auszugeben und sich wiederum daran zu machen, noch mehr zu verdienen. Als Ehepartner dieses aufregenden Menschen werden Sie im Luxus leben und einen erlesenen Freundes- und Bekanntenkreis haben, wo Sie sich dann darüber beklagen können, daß Ihre Krebs/Schlange im Vergleich zu anderen Menschen einfach zu attraktiv ist und daß Sie wünschten, Sie hätten einen soliden Stier/Hund geheiratet. Um das Beste aus dem Leben mit einer Krebs/Schlange zu machen, müssen Sie »Ah« und »Oh« rufen können, wenn sie, gekleidet wie eine Königin, die Treppe hinunterschreitet. Sie müssen bereit sein, sich Ihr Essen selbst zu kochen und es auch alleine neben dem Kaminfeuer zu verspeisen, während Ihre Krebs/Schlange wieder einmal unterwegs ist, um irgendwelche neue Skulpturen aufzutreiben, die Ihnen Ihr Leben verschönern sollen.

Passende Partner

Die besten Treffer landen Sie mit Stier, Jungfrau, Skorpion und Fisch/Hähnen. Dasselbe gilt für Ochsen jeder Kategorie. Widder/Tiger oder Affen können Sie nicht in Begeisterung versetzen. Steinbock/Tiger und Schweine und Waage/Schweine lassen Sie kälter, als Sie von Natur aus sind. Brrr!

Heim und Familie

Der Hauptwohnsitz der Krebs/Schlangen befindet sich natürlich im besten Viertel der Metropole, das dem Himmelreich am nächsten kommt. Aber dann ist da selbstverständlich noch das Haus auf dem Land. Der kleine herrschaftliche Landsitz liegt sehr wahrscheinlich in einem Gebiet, wo berühmte Pferde- und Hundezuchten zu finden sind, nicht weit entfernt von dem anderen Paradies, das ich oben erwähnt habe. Dann fehlt noch ein Häuschen am Strand. Dieses wiederum muß am schönsten Meeresstrand gelegen sein und in der höchsten Preisklasse rangieren. Und vergessen Sie nicht das kleine Bauernhaus in Südfrankreich – oder war es in der Toskana? Nun gut, wo auch immer es liegt, es wird nicht lange dauern, bis der Krebs/Schlange-Mensch sein Geld in luxuriöse Immobilien im Ausland investiert.

In seinen vielen Häusern leben Unmengen von Kindern, Hunden, Katzen, Gästen, Dienst- und Kindermädchen – nun, Sie sagen es, es lebt sich gut im Haus von Krebs/Schlangen. Sie sehen, Krebs/Schlangen lieben trotz ihrer Eleganz und ihres »Savoir Vivre« Kinder, Haustiere, Guinea-Schweine und Pferde und ähnliches. Krebs/Schlangen sind einfach und unglaublich nette Leute. Es macht ihnen nicht einmal etwas aus, wenn Ihr Dobermann auf ihren sündhaft teuren Modellrock springt.

Wenn Sie ein Krebs/Schlange-Kind haben, müssen Sie ihm viel Sicherheit geben und ihm viele Tiere schenken, die es lieben kann. Wie das bei Schlangen so ist, ist es für dieses Kind am besten, wenn es ein Einzelkind ist oder zumindest das Nesthäkchen. Krebs/Schlange-Kinder sind gute Schüler und arbeiten hart, um vorwärts zu kommen. Gewöhnlich machen sie ihren Eltern kaum Kummer und kommen mit ihrem Leben ganz gut alleine klar. Diese kleinen Menschlein sind sehr liebevoll. Sie müssen Ihnen immer einen Gute-Nacht-Kuß geben!

Beruf

In jungen Jahren versuchen Krebs/Schlangen, wie alle Schlangen, sich vor allen Aufgaben zu drücken. Und nur weil dieser Mensch ein Krebs ist, heißt das noch lange nicht, daß er nicht wie alle Schlange-Geborenen gegen seine Trägheit ankämpfen müßte. Aber je erwachsener und unabhängiger er wird von der elterlichen Sicherheit, um so mehr erkennt er, daß Reichtum und Arbeit unwiderruflich miteinander verknüpft sind. Dann kommt seine wahre Krebs-Natur zum Durchbruch. Zwar gehört er immer noch zu den Menschen, die den ganzen Sonntag faulenzen, aber man kann damit rechnen, daß er zupackt, wo es nötig ist.

Da dieser Mensch für alles, was mit Schönheit und Wohnen zu tun hat, begabt ist, kann er in der Raumausstattung, Architektur, Graphik, Mode und Werbung erfolgreich sein. Da Krebs/Schlangen auch gut täuschen können, ausdauernd und höchst intuitiv sind, können sie ihre Lebensaufgabe auch in der Rechtsprechung oder sogar in der Politik finden. Dieser Mensch ist eher ein geistiger Arbeiter als ein Handwerker, aber er kann sein Talent auch in einer leichten manuellen Arbeit, wie zum Beispiel Landschaftsgärtner entfalten. Krebs/Schlangen ziehen sehr viel Befriedigung daraus, andere Menschen zu beherrschen. Sie müssen ihre Macht nicht mißbrauchen, da ihre Autorität so natürlich ist, daß sie kaum von jemandem in Frage gestellt wird. Als Angestellter ist der Krebs/Schlange-Mensch etwas hochnäsig und von dem Typ »Besserwisser«. Ich bin mir nicht sicher, ob ich eine Krebs/Schlange für eine Aufgabe engagieren würde, die Unterwürfigkeit erfordert.

Eine berühmte Krebs/Schlange: Andrew Wyeth, einer der besten und sicherlich erfolgreichsten zeitgenössischen Maler in Amerika.

KREBS/PFERD

»Ich fühle«	*»Ich fordere«*
Wasser, Mond, Kardinal	*Feuer positiv, Yang*

PHANTASIE	LIEBE	ÜBERZEUGUNGS-	STIL
EINSICHT	FÜRSORGLICHKEIT	KRAFT	GERADLINIG-
HARTNÄCKIG-	VORSICHTIGKEIT	AUTONOMIE	KEIT
KEIT	BESITZERGREIFEND	POPULARITÄT	TALENTIERTHEIT
GEIZ	LAUNENHAFT	SELBSTSUCHT	HAST
REIZBARKEIT	ÜBEREMPFIND-	SKRUPELLOSIGKEIT	ÄNGSTLICHKEIT
MUTLOSIGKEIT	LICHKEIT	AUFLEHNUNG	PRAGMATISMUS

Wie Sie sich vielleicht erinnern, sind Pferde in der Lage, für eine leidenschaftliche Liebesbeziehung alles aufzugeben – einschließlich ihrer Selbstachtung. Krebs/Pferde gehören mit den Skorpionen zu den aufopferndsten Menschen überhaupt. Man kann die Liebe und ihr Auf und Ab, sein Zuhause, Kinder, Haustiere, Versicherungspolicen und Telefonrechnungen ruhig in die Hände eines Krebs/Pferds legen. Wenn man diesen Menschen fragt, warum er immer so hart kämpft und scheinbar so alleine und ohne Mitgefühl und Hilfe dasteht, lächelt er nur und sagt: »Ich tue es für Janet. Ich liebe sie nun einmal.«

Krebs/Pferde wirken edel, stark und ruhig. Man hat das Gefühl, daß man ihnen einen Knallfrosch unter den Stuhl legen könnte, und wenn er explodiert, würden sie nur wissend mit dem Kopf nicken und sagen: »Oh, da hat mir wohl jemand einen Streich gespielt.« Wo die meisten von uns vom Stuhl aufspringen und kreischend durchs Zimmer rennen würden: »Krieg! Hilfe! Krieg!«, steht der Krebs-Pferd-Mensch ganz ruhig auf, um uns noch eine Tasse Kaffee zu holen. Er ist so hilfsbereit, gütig und fähig. Nur sehr wenig kann ihn wirklich aus der Ruhe bringen.

Die äußere Erscheinung der Krebs/Pferde ist immer konservativ. Was ihre Kleidung anbelangt, bevorzugen sie marineblau und beige sowie gute Qualität und Flanell. Feines, aber elegantes Leder und nur das Nötigste an Goldschmuck – eine Armbanduhr, eine antike Brosche oder einen Ring. An seinem Äußeren finden sich keine Kinkerlitzchen oder irgendwelcher Schnickschnack.

In seinem Innern jedoch besitzt er einen fast barocken Geist. In seinem Kopf geht eine Menge vor. Krebs/Pferde tragen einen inneren Kompaß bei sich. Bevor sie sich auf eine Sache einlassen, schauen sie erst auf diesen Kompaß, der immer in Richtung gesunder Menschenverstand und gesundes Mittelmaß zeigt.

Haben diese Menschen irgendwelche Fehler? Aber sicher! Es gibt weder gute noch schlechte Tierkreiszeichen, erinnern Sie sich? Mit seiner Aufopferungsfähigkeit für andere Menschen können Krebs/Pferde natürlich sehr schwer verletzt werden und sind dann verbittert. Manchmal wäre es ihren Partnern lieber, sie würden sich nicht so erniedrigen. Aber wenn Sie dem Krebs/Pferd seinen Selbst-Verleugnungs-Trip wegnehmen, nehmen Sie ihm seinen Lebenssinn. Das macht diesen Menschen völlig fertig, und Sie hören ihn dann sagen: »Ich weiß nicht, was ich mit Sara Jane machen soll. Sie trinkt zuviel. Ich bin wirklich in Sorge um sie. Ich glaube, daß sie mich verlassen wird.« Der Schrei des professionellen Opfers dringt durch die Nacht.

Warum trinkt der Krebs/Pferd-Mensch nicht selbst oder läßt Sara Jane einfach stehen? Warum kann er Sara Jane nicht einfach zeigen, wer der Boß ist? Weil er ein Krebs/Pferd ist. Das ist der Grund. Es macht ihm eben Spaß, der Liebende und der Bewunderer zu sein. Er möchte niemanden verletzen, nur um vor dem anderen den Helden zu spielen.

Aber machen Sie sich keine Sorgen um das Krebs/Pferd. Es ist immer der unterdrückte Ehemann mit dem sorgenvollen Blick, der das Haus, das Gebäude, in dem das Büro seiner Frau ist, die Kinder, die Haustiere und die Autos auf seinen Namen laufen läßt. Wie schon gesagt, besitzt er einen untrüglichen Spürsinn. Er läßt keine Gelegenheit aus, um seine Zukunft und natürlich die seiner Lieben abzusichern, und scheut sich auch nicht, dabei ein wenig trickreich vorzugehen.

Glauben Sie ja nicht, dieser Mensch sei geizig. Er ist es nicht! In der Tat ist er tolerant und großzügig. Aber er ist sorgfältig und vorsichtig und so selbstsicher in bezug auf das, was er will, daß er so manches einstecken muß. Er kann viel erdulden und erträgt es geduldig, wenn sein Partner verrückt spielt oder mit ihm streitet. Er ist stark wie ein Fels. Aber anders als die brutale Kraft der Löwen oder Ochsen, ist seine Kraft eher eine subtile Gefühlsstärke.

Gewöhnlich sind Krebs/Pferde handwerklich geschickt und können viel für ihr Haus selbst bauen. Beispielsweise können sie einem kunsthandwerklichen Hobby nachgehen. Aber das Produkt, das sie anfertigen, wird weder avantgardistisch noch abstrakt sein. Die künstlerischen Fähigkeiten des Krebs/Pferdes sind immer auf den praktischen Alltag bezogen und betreffen Menschen im normalen Leben und ihre alltäglichen Sorgen und Freuden.

Krebs/Pferde neigen sehr zur Schwermut. Das Krebs/Pferd ist wahrscheinlich das selbstloseste unter den Pferden. Aber nichtsdestoweniger möchte dieser Mensch auf seine ganz eigene Weise selbstlos sein. Wenn eine dunkle Wolke an seinem Horizont aufzieht, kann er in eine so tiefe Depression verfallen, daß es schwer ist, ihn wieder herauszuholen. Anderen Menschen fällt seine Verzweiflung womöglich gar nicht auf. Er geht seinen täglichen Pflichten wie gewohnt nach und seine Depression zeigt sich nur in einem gelegentlichen Seufzer. Dann hat er eines Tages einen Unfall, sein Auto kracht gegen einen Telefonmast, oder er schneidet sich seinen Zeigefinger beim Gemüseschneiden ab. Daran ist seine Schwermut schuld. Im stillen baut er seine Spannung auf und steigert seinen Schmerz. Das ist die Spezialität der Krebs/Pferde.

Liebe

Liebe ist das Wichtigste im Leben der Krebs/Pferde. Schon mit jungen Jahren weiß dieser Mensch, daß er nach einem würdigen und wundervollen Partner sucht, den er für den Rest seines Lebens mit seiner glühenden Leidenschaft und Zuneigung überschütten kann.

Krebs/Pferden passiert es häufig, daß der andere, den sie so lieben und von dem sie glauben, daß er ihre Liebe verdient, oft nicht auf derselben Wellenlänge funkt wie sie. »Sicherlich liebe ich dich. Aber hättest du etwas dagegen, wenn ich dieses wackelige Podest jetzt verlasse?« sagt der geliebte Partner. Alles in allem kann es einen ganz schön fertigmachen, wenn man so ernsthaft und anhänglich geliebt wird. Wenn Sie ständig behandelt wären, als seien Sie eine Art Star des Haushalts, werden Sie Ihrer Rolle sehr schnell überdrüssig. Es ist nicht immer einfach, den Idealen anderer Leute gerecht zu werden. Unser Krebs/Pferd wird so manche Enttäuschung in der Liebe erleben müssen.

Wenn Sie einen Krebs/Pferd-Menschen lieben und die ewige Liebe seines Lebens sein wollen, ziehen Sie Ihre Tanzschuhe an. Wenn er Sie liebt und Ihren Stil bewundert und Sie auserkoren hat, mit ihm zu leben, bis der Tod Sie scheidet, können Sie ruhigen Gewissens damit aufhören, nach emotioneller Stabilität zu streben. Der Krebs/Pferd-Mensch sorgt für Sie. Sie, als sein Liebstes, brauchen nichts anderes zu tun, als mit Charme und Eleganz durchs tägliche Leben zu tanzen.

Passende Partner

Stier, Jungfrau, Skorpion und Fische in Tiger, Ziegen und bisweilen auch Hund-Gestalt sind eine gute Partie für Sie. Mit dem schnippischen Jungfrau/Hund und dem leicht pessimistischen Fische/Hund kommen Sie jedoch nicht ganz so gut klar. Was Hund-Partner betrifft, sollten Sie sich daher an Stiere und Skorpione halten. Widder, Waage und Steinbock/Ratte sind Ihre Erzfeinde. Auch Widder und Waage/Ochsen werfen Sie nicht gerade um. Bitte verlieben Sie sich nicht in ein Widder oder Steinbock/Schwein! Sie sind zu verschieden, um harmonisch miteinander leben zu können.

Heim und Familie

Das Heim der Krebs/Pferde ist immer ein freundlicher Ort, wohnlich, aber nicht chaotisch, etwas unordentlich, aber niemals schlampig. Sie können sie auf die Couch eines Krebs/Pferd-Menschen lümmeln, selbst wenn sie viertausend Dollar mehr gekostet hat als jede andere Couch in dem Möbelgeschäft, weil der Stoff von den Hopi-Indianern handgewebt worden ist. Krebs/Pferde sind gastfreundlich und lieben die Gesellschaft. Sie plaudern gern und unterhalten sich über alle möglichen Ideen. Wenn in ihrem Leben alles glattgeht, sind sie häuslich und fröhlich. Sie dürfen sich bei diesen Menschen Ihr Bier selbst aus dem Kühlschrank holen und aus der Flasche trinken. Oder sie servieren es Ihnen in Kristallgläsern. Krebs/Pferde spielen gerne den Gastgeber.

Als Eltern sind diese Menschen natürlich sehr besitzergreifend und emotionell engagiert. Ihre Kinder wie auch ihre Liebsten müssen glücklich, stabil, gut erzogen, sensibel und praktisch und was nicht alles sein. Krebs/Pferde sind so in ihrem eigenen Netz gefangen, was ihre Pflichten gegenüber den Menschen, für die sie sorgen, betrifft, daß sie häufig enttäuscht werden können. Ihre Kinder können oft einfach nicht mithalten. Möglicherweise verlassen sie das Elternhaus schon sehr früh, weil sie den Druck, den ihr Krebs/Pferd-Vater oder ihre Krebs/Pferd-Mutter auf sie ausübt, nicht länger ertragen können. Als Verwandter oder Freund hingegen ist das Krebs/Pferd ein feiner Kerl. Er investiert zwar nicht so viel in Außenseiter, aber er läßt sie gerne an seinem häuslichen Leben teilhaben.

Das Krebs/Pferd-Kind braucht viel Sicherheit. Es muß lernen, Lehrer, Schulkameraden und andere nicht zu idealisieren. Es wird schon sehr früh versuchen, anderen Menschen seine eigenen hohen Maßstäbe aufzuerlegen. Dem sollte man vorbeugen und ihm, sobald es verstandesmäßig folgen kann, Logik beizubringen. Eine Erziehung im traditionellen Stil macht diesem Kind nichts aus. Es paßt sich leicht an Disziplin an und hat den Wunsch, erfolgreich zu sein und den Eltern und den Lehrern zu gefallen, da es praktisch veranlagt ist. Möglicherweise macht es eine aufsässige Phase durch. Wenn dieser Fall eintritt, sollten Sie es in Ruhe lassen. Es fängt sich schon wieder. Krebs/Pferde können nicht lange ohne die Menschen auskommen, an denen ihnen etwas liegt. Sie kommen wieder nach Hause, wenn sie soweit sind. Haben Sie einfach ein wenig Geduld!

Beruf

Es gibt nur wenige Berufe, die diese Menschen nicht ausüben können. Sie sind sowohl intelligent als auch handwerklich begabt. Sie werden immer gut für ihre Familie sorgen und ihren Kindern einen guten Start im Leben verschaffen. Darüber hinaus haben sie gerne Gäste und unterhalten sie mit großem Vergnügen. Sie geben auch gerne Geld aus, weshalb sie ziemlich viel verdienen müssen. Aber wie wir wissen, sind Pferde Arbeitstiere. Sie können mehr arbeiten als jeder andere, mit Ausnahme der Ochsen, die zu ihrem Vergnügen arbeiten. Dieser Arbeitseifer wird durch den Krebs noch verstärkt.

Krebs/Pferde sind gute Angestellte und noch bessere Chefs. Natürlich besteht die Taktik des Krebs/Pferd-Menschen in der Führung anderer darin, selbst mit gutem Beispiel voranzugehen. Wenn er als der Vorstand der Firma die Toiletten putzen kann, warum sollte seine Sekretärin zögern, es ihm gleich zu tun? Er leert die Papierkörbe aus und arbeitet die ganze Nacht an der Buchführung, nur um zu zeigen, daß er hart, wenn nicht sogar härter arbeitet, als jeder andere im Büro.

Geeignete Berufe für Krebs/Pferde sind Restaurantbesitzer, Professor, Arzt, Diplomat, Kunsttischler oder Entertainer. Dieser Mensch kann fast jeden Beruf ausüben, sollte sich aber keine Arbeit suchen, bei der er alleine ist. Er mag Menschen viel zu sehr, um tagelang alleine herumzusitzen und beispielsweise Gedichte zu schreiben.

Berühmte Krebs/Pferde: Rembrandt, der Herzog von Windsor, Ingmar Bergman, Karen Black.

KREBS/ZIEGE

»Ich fühle«
Wasser, Mond, Kardinal

»Ich bin abhängig«
Feuer negativ, Yang

PHANTASIE	LIEBE	ERFINDUNGSGEIST	ORIGINELL
EINSICHT	FÜRSORGLICHKEIT	SENSITIVITÄT	GUTE MANIEREN
HARTNÄCKIGKEIT	VORSICHT	AUSDAUER	GESCHMACK
GEIZ	BESITZERGREIFEND	SCHMAROTZER	PESSIMISMUS
REIZBARKEIT	LAUNENHAFT	MANGEL AN VORAUSSICHT	UNPÜNKTLICHKEIT
MUTLOSIGKEIT	ÜBEREMPFINDLICHKEIT	UNPRAKTISCH	SORGENVOLL

Ich mag dieses Zeichen. Mein Vater war eine Krebs/Ziege. Wenn ich an seine ganz besondere Art der ernsthaften Schrulligkeit denke, kommen mir die Tränen. Mein Vater war nicht nur Krebs und Ziege, er war die vollkommene Krebs/Ziege! Um zu beginnen, diese Menschen sind einfach bewundernswert. In ihnen verbindet sich die immer fröhliche Launenhaftigkeit der Ziege mit dem beständigen, hartnäckigen und liebevollen Charakter des Krebses. Dies ist eine gelungene Verbindung. Voller verrückter Einfälle und für Führungspositionen begabt.

Krebs/Ziege-Menschen fallen leicht auf die Nase. Sie wollen solide Bürger sein und ihrer geregelten Arbeit nachgehen, damit alles seine Ordnung hat und jeder der Beteiligten zufrieden ist. Sie wünschen sich aufrichtig, daß sich jeder wohl fühlt und wollen ehrlich und aufrichtig und mit jedem gut Freund sein. Aber Krebs/Ziegen sind ein wenig naiv. Sie sollten es eigentlich besser wissen, da sie schon viele herbe Enttäuschungen erlebt haben. Aber die Krebs/Ziege glaubt weiterhin an den Nikolaus. Natürlich glaubt dieser Mensch mit dreißig auch nicht mehr daran, daß ihm der Osterhase bunte Eier in die Schuhe legt. Aber irgendwo tut er es doch. Er ist ein großes Kind, das gerne Spaß hat, und im Körper eines Erwachsenen gefangen ist. Verpflichtungen gehören zu seinem täglichen Leben. Rechnungen, Reparaturen, Darlehen und Versicherungspolicen verdüstern seinen unschuldigen Blick: »Warum muß ich mich mit diesem langweiligen Kram herumschlagen?« jammert die Ziege in ihrer kindlichen Unschuld. »Weil du jetzt groß und erwachsen bist und Geld für deine Familie verdienen mußt«, brummt eine Stimme aus dem Krebs-Anteil seines Inneren. Die zwei Prioritäten in seinem Leben, Spaß und der Ernst des Lebens, liegen in ständigem Kampf miteinander.

Da der Krebs nach Solidität strebt, ist es sehr wahrscheinlich, daß sich diese Ziege schon sehr früh dazu entschließt, nichts mit Armut zu tun haben zu wollen. Dieser Mensch träumt davon, eine Menge Geld zu verdienen und reich zu werden. Warum? Weil er im duftenden grünen Gras liegen und zusehen möchte, wie die Wolken am Himmel ziehen. Er ist müde. Aber er arbeitet trotzdem bis zum Morgengrauen an dem einen Modell, das ihm den Durchbruch an die Spitze bringen wird. Er ist erschöpft. Aber trotzdem fährt er Tausende von Kilometern, nur um den Menschen zu treffen, der ihn an die Spitze bringen könnte. Wenn der Krebs/Ziege-Mensch dann auf die Vierzig zugeht, ist er erschöpft von seinem ständigen Versuch, einen Punkt in seinem Leben zu erreichen, wo er sich entspannen kann. Gibt er auf? Wird er das Steuer jemand anderem überlassen, der jünger und kräftiger ist als er? Nein. Er würde sich lieber umbringen, wenn er es müßte; er macht weiter bis zum Umfallen.

Krebs/Ziegen wünschen sich am meisten, mit dem Menschen, den sie lieben, im Luxus leben zu können. Sie würden gerne reisen, viele interessante Dinge sehen und exotische Länder kennenlernen. Aber leider geht das nicht. Sie sind zu sehr in Eile, um zur Arbeit zu kommen.

Ich kenne eine Krebs/Ziege, die ein Restaurant besitzt. Erstens ist sie so nett, wie ich an früherer Stelle von Ziegen bereits gesagt habe. Zweitens arbeitet sie typischerweise immer. Und obwohl sie erschöpft ist, habe ich noch nie erlebt, daß sie sich einmal auf einen Stuhl gesetzt und die Hände in den Schoß gelegt und sich gewünscht hätte, nur noch die Türe absperren zu müssen und ins Bett fallen zu können. Statt dessen macht sie den Abwasch, unterhält sich mit fremden Gästen und plaudert mit ihren Stammgästen über den neuen Kinofilm oder das neue Theaterstück. Diese Frau setzt sich fast nie hin. Sie ist ständig auf den Beinen und plagt sich mit den täglichen Mahlzeiten ihrer undankbaren Gäste herum. Natürlich träumt sie von einem Urlaub und davon, faul im Gras zu liegen. Aber sie macht es nie. Selbst wenn diese Krebs/Ziege in Urlaub fährt, arbeitet sie. Erstens macht sie eine Schlankheitskur in einer Schönheitsfarm, zweitens lernt sie etwas über die Kultur

Ägyptens und drittens macht sie in ihrem Urlaub Marmeladen und Gelees für ihr Restaurant. Das ist wirklich wahr. Ich habe selbst erlebt, wie sie drei Tage Urlaub damit verbracht hat, am heißen Herd zu stehen. Sucht sie nach dem Goldschatz am Ende des Regenbogens? Ich glaube nicht. Ich glaube, sie arbeitet für die Freizeit, die sie niemals haben wird. Nun, bis dahin ist ihr Restaurant wirklich sehr schön, und das Essen ist ausgezeichnet.

Für Krebs/Ziegen ist Essen immer wichtig und vor allem die Atmosphäre, in der gespeist wird. Mein Vater bestand immer darauf, daß meine Mutter bei jeder Gelegenheit die Kristallgläser und das Tafelsilber aufdeckte. Er nannte dies »festlich«. Und das war es auch. Krebs/Ziegen lieben Parties. Sie lieben Geselligkeit und essen und trinken zuviel. Sie arrangieren auch mit Vorliebe Treffen mit alten Freunden, die sie schon lange nicht mehr gesehen haben. Krebs/Ziegen sind sehr sentimental und hängen an ihren alten Freuden. Gewöhnlich haben sie auch sehr viele.

Liebe

Der Krebs/Ziege-Mensch weiß vielleicht nicht so genau, wie man ein Vermögen macht, aber er weiß alles über die Liebe. Er ist ein hingebungsvoller und fürsorglicher Partner. Er ist unterhaltsam, und es ist ein Vergnügen, mit ihm zusammen zu sein. Er ist überaus einfallsreich, wenn es darum geht, Dinge zu finden, die Spaß machen. Der Krebs/Ziege-Mensch wird Sie in die besten Kinofilme und Theaterstücke führen. Er möchte immer auf dem laufenden sein und darüber Bescheid wissen, wer den Oskar gewonnen hat und wer der neue Opern- oder Ballett-Star ist. Krebs/Ziegen lieben ihre Ehepartner und ihre Freunde tief und zeigen dies auch.

Wenn Sie einen Krebs/Ziege-Menschen lieben, müssen Sie ihn glauben lassen, daß er der Mittelpunkt Ihres Universums ist, der Star seiner eigenen Show und der Liebling des sozialen Gefüges, in dem Sie leben. Dieser Mensch besitzt tatsächlich die Qualität eines Stars. Aber er ist auch von der seltsamen Idee besessen, daß er der Mittelpunkt all dessen ist, was in seiner unmittelbaren Nachbarschaft liegt. Lesen Sie Kafka. Er war Krebs/Ziege. Sie werden diese Eigenschaft sehr gut erkennen können, wenn Sie sein Buch »Metamorphose« lesen. »Ich bin ein Sonderling«, ist die typische Sichtweise, die Krebs/Ziegen von sich selbst haben. Deshalb zeigen Sie diesem Menschen nicht nur, daß er Ihr einziges vielgesichtiges Phantasiewesen ist, sondern auch, daß seine hingebungsvolle Liebe alles in Ihrem Leben ist, was für Sie zählt. Der Lohn für die

Liebe ist das Spezialgebiet der Krebs/Ziegen. Sie brauchen Sicherheit und das Gefühl, geliebt zu werden – oder vielmehr, angebetet zu werden! Dann kann man sie ruhig in die Welt hinausschikken, damit sie einen Haupttreffer landen können.

Passende Partner

Ihre besten Partner befinden sich unter Stier, Jungfrau und Skorpion/Pferden. Oder vielleicht gefällt Ihnen auch eine Stier, Skorpion oder Fische/Katze. Wenn nicht, werden Sie mit einem Stier, Jungfrau, Skorpion oder Fische/Schwein Erfolg haben. Lassen Sie sich nicht mit Widder, Waage oder Steinbock/Hunden ein. Hunde passen nicht sehr gut zu Ihnen. Widder und Steinbock/Ochsen sind zu starr für Ihre sanfte Natur. Und ich rate Ihnen dringend davon ab, es mit Waage oder Steinbock/Tigern zu versuchen.

Heim und Familie

Ich kenne keinen einzigen Krebs/Ziege-Menschen, der sich nicht aufopferungsvoll um seine Geschwister, Cousins und Cousinen, Tanten und Onkel und natürlich um seine Kinder und seine Enkelkinder kümmert. Wie Sie sehen, stehen Krebs/Ziegen nicht gerade mit beiden Beinen auf der Erde. Sie sind ein bißchen schusselig. Sie vergessen die Schulgebühren zu bezahlen. Sie vergessen, die Servietten zu kaufen, die Sie heute Abend für die Party brauchen. Aber dafür bringen sie eine Flasche »Moët et Chandon« mit und Ihr Lieblingsknabbergebäck. Eine Familie zu haben, ist für Krebs/Ziegen sehr wichtig. Sie sind von ihrer Familie und den Pflichten in der Familie abhängig, damit sie nicht davonschweben.

Ein Einrichtung der Krebs/Ziegen zeugt von gutem Geschmack. Darin sind sie sogar leicht snobistisch. Sie legen viel Wert darauf, was andere Leute von ihnen denken. Dieser Status trägt auch dazu bei, daß sie auf dem Boden der Tatsachen bleiben müssen. Ebenso verhält es sich mit ihrer Autorität. Und hüten Sie sich davor, wenn diese Menschen in eine Krise ihrer Machtposition kommen. Der Krebs/Ziege-Mensch ist der geborene Streber. Seine Haut ist weich wie Samt und daher überempfindlich. Da er ein Krebs ist und kein leichtfertiges und oberflächliches Tierkreiszeichen, beginnt er sich heftig zu verteidigen, wenn er sich mit einem gewichtigen Problem konfrontiert sieht, das über die Grenzen seiner Empfindlichkeit hinausgeht. Als Kind nannte ich das

»tyrannisieren«. In Wirklichkeit aber ist es nur das Bocken einer Ziege. Und am Schluß ist es Schmerz. Als Eltern sind Krebs/Ziegen gütig und liebevoll, aber sie sind dazu bestimmt und entschlossen, der Boß zu sein.

Beruf

In Geldangelegenheiten kennen Krebs/Ziegen nicht viel Voraussicht. Sie geben das Geld, das sie gerade zur Verfügung haben, gerne aus und machen den Menschen, die sie mögen, großzügige Geschenke. Darüber hinaus investieren sie ihr Geld gerne in eindrucksvolle Automobile. Aber sie hassen es, Rechnungen zu bezahlen. Sie sparen auch nicht gerne auf eine Waschmaschine. Sie wollen diese Waschmaschine jetzt sofort haben. So stellen sie alle möglichen Finanzierungspläne auf, und es kann passieren, daß sie sich weit über ihre finanziellen Möglichkeiten hinaus verschulden.

Wenn ich einem Krebs/Ziege-Menschen zu einem Beruf raten sollte, würde ich ihm einen Beruf empfehlen, mit dem er glänzen kann. Modeschöpfer, Werbekünstler oder Friseur in Beverley Hills wären das Richtige für ihn. Aber ich weiß, daß mein Vorschlag mit einem Stirnrunzeln beantwortet werden wird. Krebs/Ziegen wollen nämlich nicht einfach irgendwo angestellt sein. Sie wollen selbständig sein und ihr eigenes Unternehmen leiten. Natürlich haben sie große organisatorische Probleme in ihrem Geschäft oder ihrer Firma, da sie es hassen, weiter als bis zum Ende der nächsten Woche vorauszuplanen. Es kann auch passieren, daß sie einen Vorrat an Champagner einkaufen, wenn sie eigentlich Schrauben und Muttern bräuchten. Vielleicht ist es daher realistischer, Krebs/Ziegen eine Stellung anzubieten, wo sie sehr viel frei entscheiden können, wie Journalist, Filmstar oder Industriemagnat.

Einige berühmte Krebs/Ziegen: Franz Kafka, Buckminster Fuller, Iris Murdoch.

KREBS/AFFE

»Ich fühle«
Wasser, Mond, Kardinal

»Ich plane«
Metall positiv, Yin

PHANTASIE	LIEBE	SCHLAUHEIT	INTELLIGENZ
EINSICHT	FÜRSORGLICHKEIT	STABILITÄT	EIFER
HARTNÄCKIGKEIT	VORSICHT	IMPROVISATIONSTALENT	FÜHRUNGSNATUR
GEIZ	BESITZERGREIFEND	TÄUSCHUNG	SELBSTBEZOGENHEIT
REIZBARKEIT	LAUNENHAFT	TRICKREICH	ALBERNHEIT
MUTLOSIGKEIT	ÜBEREMPFINDLICHKEIT	GESCHWÄTZIG	OPPORTUNISMUS

Krebs/Affen sind die emotionalen Planer. Diese Menschen erfinden ständig neue Konzepte und Möglichkeiten. Sie sind immer auf Achse. Dieser Krebs ist sogar noch mitten in der Nacht dabei, herauszufinden, wer nun die Kerzen herstellt, die den in polnischen Kirchen verwendeten Kerzen aus dem 18. Jahrhundert genau gleichen. Wie alle Affen, ist auch der Krebs/Affe ein Problemlöser. Er kann eine Situation nicht nur ganz klar einschätzen – da er objektiv und emotionell unbeteiligt sein kann, wenn es notwendig ist –, sondern er durchschaut auch jedes Dilemma und findet daher schnell die geeignete Lösung dafür. Krebs/Affen fackeln nicht lange.

Dieser geschmackvolle Mensch, der sich für die unterschiedlichsten Dinge interessiert, angefangen bei dem obskuren Land der Amazonen bis hin zu seiner Sammlung von Busfahrkarten aus aller Welt, strebt nach sozialem Aufstieg. Doch diese Neigung kommt bei ihm nicht immer im üblichen Sinne zum Ausdruck. Sie werden nicht erleben, daß sich der Krebs/Affe an jemanden heranmacht, nur um auf dessen nächste Party eingeladen zu werden. Sein Wunsch nach sozialer Anerkennung ist viel subtiler. Beispielsweise fühlen sich Krebs/Affen dann bestätigt, wenn sie beruflichen Erfolg haben. Als erstes sorgen sie dafür, daß sie in ihrem Tätigkeitsbereich der Bekannteste werden. Wenn sie das geschafft haben, will sie natürlich jeder kennenlernen, und sie werden zu den richtigen Parties eingeladen.

Der Krebs/Affe ist ein berechnender Mensch, der bei seinem Streben nach beruflichem Erfolg nur wenig Gelegenheiten ungenutzt läßt. Aber eines kann ihn davon abhalten, und das nennt man »Gefühl«. Der Krebs/Affe ist zwar ein listiger und schlauer Affe – aber er ist auch ein fürsorglicher, besitzergreifender und überempfindlicher Krebs. Seine fürsorgliche Liebe kann aber, obwohl er sie wunderbar beherrscht, auch sein Untergang sein. Wenn sein Partner beispielsweise nicht gerne in der Großstadt lebt, er selbst aber als Allerweltskerl und Großstadtplaner bekannt ist, gibt er dem Wunsch seines Partners nach. In der Umgebung, in der er dann wohnt, ist er sicherlich nicht vollkommen glücklich, da sein beruflicher Spielraum begrenzt ist und er sich eigentlich nützlich und beschäftigt fühlen muß und sogar der Beste in seiner Branche sein möchte. Aber wenn der Krebs/Affe liebt, tut er dies mit soviel hirnloser Begeisterung und trägt sein Herz auf der Zunge, daß er nicht mehr zu retten ist.

Die Stimmungen, Gefühlsschwankungen und Launen, die den Krebs/Affen überfallen können, haben epische Ausmaße. Kritik können sie nur schlecht vertragen, weil sie immer nur das Beste wollen und niemals vom Weg abkommen und wie ein verlorenes Schaf umherirren. Jeder berufliche oder emotionelle Rückschlag kann auslösen, daß der Krebs/Affe-Mensch eine Woche lang schwermütig ist, nicht schlafen kann und sogar etwas zuviel trinkt oder sich anderen ungesunden Neigungen hingibt.

Was auch immer der Krebs/Affe tut, er kann sehr klug mit Geld umgehen. Er legt sein Geld sicher an und macht geschickte Züge auf dem Schachbrett der Finanzen, so daß man ihn in der Tat einen Vermögenszauberer nennen könnte. Er gehört zwar nicht zu den Menschen, die so richtig »stinkreich« werden, aber er ist vermögend. Er hat immer etwas mehr Geld, als man zum Leben braucht.

Dieser Mensch ist sicher künstlerisch begabt. Ob er nun Kunstkenner oder selbst Künstler ist, er strebt nach einer kreativen Betätigung und gelangt im Bereich der Kunst oft auch zu Ruhm und Ehre. Aber darüber hinaus besitzt dieser Mensch das Köpfchen des magischen Affen und sein Improvisationstalent. Er hat einen klaren Verstand und seine Gefühle sind ebenso effektiv wie seine Arbeit.

Der Krebs/Affe braucht keine dreißig Tage zu überlegen, ob er eine Einladung zu einer Dinner-Party annimmt oder nicht. Wenn Sie ihn anrufen, weiß er sofort, ob er Zeit hat oder nicht und ob Ihre

Parties und Ihre Gäste interessant sind oder nicht. Er weiß auch, wann er müde oder krank ist, früh zu Bett gehen und üppige Mahlzeiten vermeiden sollte. Der Krebs/Affe verfügt über einen gesunden Menschenverstand und läßt sich von seinen tiefen, aber doch kontrollierten Gefühlen leiten.

Krebs/Affen haben ausgezeichnete Manieren. »Ladies first« und »Hutabnehmen im Fahrstuhl« und »Darf ich Ihnen Ihre Aktentasche tragen, gnädiger Herr?« Diese Bereitschaft, anderen zu dienen, könnte als Unterwürfigkeit oder Schmeichelei angesehen werden. Es handelt sich fraglos um letzteres. Krebs/Affen wollen gemocht werden – oder noch lieber, daß sie geliebt werden. Und ich meine wirklich »geliebt«. Diese Menschen sind sexuell sehr aktiv und wahre Meister in der Liebeskunst. Krebs/Affen lieben ihr Zuhause – aber, oh, Ihr armen Kinder!

Liebe

Promiskuität ist ein so häßlicher Ausdruck. Ich möchte es lieber so ausdrücken: Der Krebs/Affe hat ein sehr verschwenderisches Liebesleben. Krebs/Affen lieben Sex. Was Sexualität anbelangt sind sie extrem neugierig und hätten gerne mehr als »Frühstück, Mittag- und Abendessen und Mitternachtsimbiß«, wenn sie körperlich dazu imstande wären.

Da Krebs/Affen aber auch besitzergreifend und gewissenhaft sind, leiden sie selbst sehr stark unter ihren häufigen sexuellen Begierden. Insgeheim haben sie Angst, daß ihr Partner, den sie aufrichtig lieben und mit dem sie auch am liebsten alle Viertelstunde ins Bett gehen würden, genauso ist wie sie. Das wäre eine Tragödie, da Krebs/Affen nicht im klassischen Sinne betrogen werden wollen. Sie werden in solchen Fällen sehr ärgerlich und böse.

Ich möchte damit nicht sagen, daß Krebs/Affen nicht wissen, wie man seinen Partner liebt. Im Gegenteil, Krebs/Affen sind wahre Genies im Bewundern ihrer Partner – aller Partner! Geschenke, Reisen, Essen bei Kerzenschein, Pelzmäntel. Sie verstehen?

Wenn Sie einen dieser hochbegabten und interessanten Menschen heiraten wollen, müssen Sie das Spiel mitspielen. Damit meine ich, daß Sie Ihre Treue und hingebungsvolle Liebe dadurch beweisen, daß Sie ein bißchen schwierig, kaputt und nörgelnd sind. (Das hält den Krebs/Affen bei der Stange. Er mag das.) Sie sollten versuchen, so zu tun, als gebühre Ihnen der Respekt des Krebs/Affen, da er letztlich mehr an Seelen als an der Vielzahl an Körpern interessiert ist, die er bereits nur zu gut kennt. Wenn Sie Mut und noch mehr Stärke und Geradheit zeigen, wird Ihnen Ihr Krebs/Affe ein Haus auf dem Mond kaufen (wenn Sie ihn nett darum bitten).

Passende Partner

Krebse passen gut zu den Zeichen Stier, Jungfrau, Skorpion und Fische. Als Affe sind Sie gut damit beraten, sich unter diesen vier westlichen Zeichen die Kombination mit den chinesischen Zeichen Drache oder Ratte zu suchen. Wenn ich Sie wäre, würde ich um Waage/Ochsen einen großen Bogen machen. Sie machen Ihnen zu stark Konkurrenz. Widder, Waage und Steinbock/Hunde sowie Widder und Steinbock/Pferde kommen auch nicht in Frage. Halten Sie sich auch fern von Widder/Schweinen.

Heim und Familie

Als Verwandter ist der Krebs/Affe ein Meister des Verantwortungsbewußtseins. Er tut alles, um seiner Familie zu beweisen, daß er sie hingebungsvoll liebt. Er ist zu Neffen und Nichten sehr großzügig und sorgt für das Wohl seiner Eltern. Was seine Geschwister angeht, bin ich mir nicht so sicher. Der Krebs/Affe neigt zu dem Glauben, er habe sich über das Niveau erhoben, aus dem er stammt. Nach dem Tod seiner Eltern stellt er den Kontakt zu seinen Geschwistern immer mehr ein. Er mag sie. Aber er fühlt sich ihnen überlegen.

Für seine Kinder auf etwas zu verzichten, fällt dem Krebs/Affen nicht schwer. Aber er kann es nicht haben, wenn auf seinen Pergamentlampenschirmen aus dem 17. Jahrhundert Fingerabdrücke sind. Deshalb sind Sie bitte so gut und sorgen dafür, daß die Kinder in ihre Zimmer gehen! Kinder zu haben, beengt den Lebensstil des Krebs/Affen. Wenn er wirklich viel Geld hat, hat er wahrscheinlich auch eine Menge Kinder und Kindermädchen und Internate, auf die er seine Kinder schickt. Wenn er finanziell nicht dazu in der Lage ist, wird er viel außer Haus sein oder sich im Arbeits- oder Schlafzimmer beim Lesen einschließen. Der Krebs/Affe nimmt seine Kinder auf Ausflüge mit und hilft ihnen bei ihren Schulaufgaben. Aber der Krach, den Kinder nun mal machen, geht ihm auf die Nerven. Der Krebs/Affe ist zu sensibel, um es zu ertragen, daß ständig Menschen hereinstürmen und von seinem Teller essen. Er ist auf sanfte, aber eindeutige Weise autoritär.

Das Krebs/Affe-Kind ist überaus sensibel und ein klein wenig hinterlistig. Nur wenn es durch eine harte Schule gehen muß, wird es mißtrauisch und opportunistisch. Dieses Kind muß vor jeglicher

Grausamkeit geschützt werden (sei es von seiten der Schule, der Eltern oder anderer). Man sollte bei ihm auf Anzeichen von Allergien und anderen nervösen Beschwerden achten. Das Krebs/Affe-Kind ist ausgesprochen begabt und braucht eine sichere Umgebung, in der es seine Talente entfalten kann.

Beruf

Die Berufswahl der Krebs/Affen ist sehr vielfältig. Krebs/Affen sind von Natur aus für fast jeden Beruf geeignet. Sie können Künstler werden oder über Kunst schreiben. Sie sind für alles begabt, angefangen vom Ballett bis hin zum Militär. Sie sind eifrig, listig und machthungrig. Als kluger Taktiker wird dieser Mensch in seinem Tätigkeitsbereich mittels strategischer Schachzüge und vieler Überstunden zu großem Erfolg gelangen.

Der Krebs/Affe wird jedoch gewöhnlich nicht unbedingt die »Nummer eins« in seinem Beruf. Sein fataler Fehler ist seine Sensibilität. Er fühlt einfach zu tief und zögert immer, bevor er das grausame Verbrechen begeht, das für seinen endgültigen Erfolg nötig ist. Er kann es sehr gut akzeptieren, der zweite Mann an der Spitze zu sein, weil er in Wirklichkeit nicht die Tiefschläge einstecken will, die Chefs hinnehmen müssen. Aber in einer Führungsposition ist der Krebs/Affe immer. In Situationen, in denen er mit Mitarbeitern und Kollegen zu tun hat, ist er nicht besonders beliebt. Er ist hart – gegen sich selbst und gegen andere. Und er scheint so leicht an die Spitze zu gelangen, daß andere auf ihn eifersüchtig werden.

Dieser Mensch könnte Maler, Musiker, Dichter oder etwas ähnliches werden. Aber er kann auch als Arzt, Rechtsanwalt, Antiquitäten- oder Kunsthändler, Journalist oder in der Werbung erfolgreich sein. Auch im Bankgeschäft würde er sich gut machen. Was ist mit Theater oder Kino? Begabt dafür ist er, aber vielleicht ein wenig zu sozial, um ein wirklicher Star zu werden.

Berühmte Krebs/Affen: Julius Cäsar, Lord Byron, Nelson Rockefeller, Yul Brynner, Amy Vanderbilt.

KREBS/HAHN

»Ich fühle«		*»Ich überwinde«*	
Wasser, Mond, Kardinal		*Metall negativ, Yang*	
PHANTASIE	LIEBE	BIEGSAM	KONSERVATIV
EINSICHT	FÜRSORGLICHKEIT	ENTHUSIASMUS	CHIC
HARTNÄCKIG-	VORSICHT	OFFENHEIT	HUMOR
KEIT	BESITZERGREIFEND	KECKHEIT	PEDANTERIE
GEIZ	LAUNENHAFT	ÜBERHEBLICHKEIT	DIKTATORISCH
REIZBARKEIT	ÜBEREMPFIND-	BLINDES VER-	VERSCHWEN-
MUTLOSIGKEIT	LICHKEIT	TRAUEN	DUNG

Suchen Sie bei diesem warmherzigen Menschen nicht nach Versöhnlichkeit. Zwar besitzt er die tiefe Zärtlichkeit des Krebses, aber auch die Streitlust des Hahns. Trotz seiner lustigen und freundlichen Erscheinung, wird der Krebs/Hahn von einer ewigen Rachsucht geplagt. Wenn Sie ihn kennenlernen, wirkt er zunächst einmal offenherzig und charmant auf Sie. Aber warten Sie es ab, und versuchen Sie, eine Weile mit ihm Tür an Tür zu leben. Dies kann eine Feuerprobe sein.

Die extrovertierte Seite dieses Menschen möchte anderen Menschen aufrichtig helfen. Krebs/Hähne zeigen den Neulingen die notwendigen Kniffe und melden sich freiwillig zum Programmverteilen beim Sonntagsgottesdienst. Aber Moment mal! Ist diese nette und angenehme Frau nicht dieselbe, die den kleinen Jimmy gestern im Supermarkt angeschnauzt hat? Doch, Sie haben es erraten. Dieser Krebs/Hahn ist aufbrausend und launisch. Es ist, als ob hinter seiner herzlichen Fassade ein dunkler Kern verborgen wäre. Der Krebs/Hahn ist die personifizierte Kraft. Er verfügt über enorm viel Energie und Ausdauer. Vergessen Sie nie, daß dieser Mensch wahrscheinlich härter und länger dafür gearbeitet hat, um die Position zu erlangen, die er jetzt hat, als die meisten. Und er ist nicht bereit, diese hart verdiente Position über Nacht an irgendeinen Emporkömmling abzugeben.

Krebs/Hähne sind sehr amüsant. Sie lachen gerne und bringen andere mit ihren Geschichten über ihr Familienleben, ihre Kinder und ihre Haustiere zum Schmunzeln. Sie arbeiten sehr hart und geben bereitwillig Ratschläge (auch wenn man sie nicht darum gebeten hat). Sie machen immer einen guten Eindruck. Sie wissen, wie sie das Beste aus sich machen können.

Krebs/Hähne sind jederzeit bereit, Überstunden zu machen oder die Mittagspause zu opfern. Aber jede zusätzliche Sekunde, die zur Sache beiträgt, dient dazu, ihm seine Stellung zu erhalten, ob er sich dessen bewußt ist oder nicht.

Wegen seines dringenden Bedürfnisses, Fuß zu fassen und die einmal erlangte Position zu behalten (beide Tiere haben Krallen), hat der Krebs/Hahn nur wenig Zeit fur Vergnügungen (Leichtsinn macht ihn leicht ungeduldig und Verschwendung von Zeit und Gütern verabscheut er). Aber jede Situation im Leben, ob im Privat- oder Berufsleben, kann zerstört werden, wenn man das letzte aus ihr herausholen will. Genau das passiert im Leben von Krebs/Hähnen. Der Krebs schuftet und klammert sich fest und bekommt es. Aber eines Tages wird der Hahn ein klein wenig zu stolz und – peng! Der Krebs/Hahn fällt auf die Nase. Es dauert eine Weile, bis er sich wieder aufrappelt. Aber Krebs/Hähne kommen immer wieder auf die Füße und beginnen wieder von vorne.

Krebs/Hahn ist kein negatives Zeichen. Es ist launenhaft, aber auch überaus produktiv und kreativ. Dieser Mensch hat seinen eigenen originellen Stil und ist sehr interessant – besonders in familiärer Umgebung. Er hat eine spitze Zunge und ist überkritisch bei Menschen, die er einschüchtern zu können glaubt. Und er ist sowohl liebevoll als auch freigiebig. Er hat keine Angst vor Veränderungen, solange er sie selbst herbeiführt.

Liebe

In Liebesbeziehungen ist der Krebs/Hahn sowohl beständig als auch zuverlässig. Mit Seitensprüngen kann er nichts anfangen und entschließt sich daher, lieber treu zu bleiben. Tatsächlich ist Aufrichtigkeit für sein seelisches Gleichgewicht sehr wichtig. Während es in seinem Berufsleben eher rund geht, zieht er in seinem Privatleben die ruhige und solide häusliche Atmosphäre vor.

Wenn Sie einen Krebs/Hahn lieben, sollten Sie sich klarmachen, daß Sie kochen lernen müssen. Krebs/Hähne essen – und trinken – gerne. Sie laden gerne Gäste ein, die sie bis zum letzten Gläschen Likör ausgezeichnet unterhalten. Sie sind auch sehr zärtlich und warmherzig. Sie werden die zahlreichen Haustiere Ihres Krebs/Hahns ebenso tolerieren müssen wie seinen Wunsch nach einer Kinderschar. Der Krebs/Hahn ist zwar kein besonders phantasievoller Liebhaber, aber Sie können sich jederzeit voll und ganz auf ihn verlassen. Und er wird immer zu Hause bei seiner Familie sein.

Passende Partner

Stier/Pferde gehen Ihnen auf angenehme Weise unter die Haut. Ansonsten passen Sie auch noch gut zu Jungfrau, Skorpion und Fische/Ochsen, -Drachen und -Schlangen. Stier/Schlangen mit ihrer untrüglichen Intuition begeistern Sie geradezu. Beherrschen Sie sich in Gegenwart von Widder, Waage und Steinbock/Katzen. Versuchen Sie nicht, sich ein gemeinsames Leben mit Widder oder Steinbock/Hunden aufzubauen. Meiden Sie unter allen Umständen Waage/Hähne!

Heim und Familie

Das Zuhause ist der Mittelpunkt des Lebens eines jeden Krebs-Menschen. Der Hahn hingegen geht gerne außer Haus und macht sich in der Regel nicht viel daraus, Babies in den Schlaf zu wiegen oder ihnen Lätzchen umzubinden. Aber bei den Krebs/Hähnen dominiert die Krebs-Seite. Sie lieben ihr Heim. Mit dem praktischen Verstand des Hahns planen sie ständig neue Anbauten an ihrem Haus, stellen die Küche zweimal in der Woche um und kümmern sich liebevoll um ihre Tiere, wenn sie in der Mauser sind oder Flohpuder brauchen. Krebs/Hähne sind die geborenen Familienväter. Ihre Einrichtung ist gemütlich, praktisch und tadellos sauber.

Als Eltern sind Krebs/Hähne so etwas wie Heilige, die ihre Kinder lieben und ihnen alles geben, was sie brauchen, und dabei instinktiv wissen, wie sie ihnen gutes Benehmen beibringen können. Sie können streng und nachtragend sein. Aber unter der harten Schale verbirgt sich ein weiches und gütiges Herz.

Als Kind ist der Krebs/Hahn sehr ernst und strebt nach Anerkennung unter seinen Spielgefährten. Das Krebs/Hahn-Kind ist am Boden zerstört, wenn es beim Sport oder anderen Leistungen nicht den ersten Platz macht. Es ist ein sensibles Kind, dessen spitze Zunge ihm jedoch in der Schule einige Schwierigkeiten einbringen kann. Sie können erwarten, daß dieses Kind alles, was es an Zuneigung und materiellen Dingen bekommt, zu schätzen weiß. Versuchen Sie, dieses kleine Wesen dazu zu bringen, über sich selbst zu sprechen. Das ist zwar nicht gerade seine stärkste Seite, könnte aber für seine Zukunft sehr wichtig sein. Es muß lernen, flexibel und offen zu werden.

Beruf

Der Krebs/Hahn glänzt in allen Berufen, die Präzision und Ausdauer erfordern. Er ist ein sehr produktiver Mensch, der sich nicht mit Kinkerlitzchen abgeben will. Er möchte sein Können auf etwas Nützliches und Erfolgversprechendes verwenden.

Als Chef ist dieser Mensch meiner Ansicht nach unerträglich. Er hält an seiner hart erkämpften Macht fest und legt ein ziemlich überhebliches Verhalten an den Tag. Er neigt dazu, sich anderen gegenüber als Kommandeur aufzuspielen. Deshalb wäre es besser für den Krebs/Hahn, wenn er sich mit dem zweiten Platz und einem hübschen Titel an seiner Bürotür zufriedengäbe.

Berufe, die sich für Krebs/Hähne eignen: Genetiker, Chefsekretär/in, Friseur, Filmproduzent, Zahnarzt, Geschäftsinhaber.

KREBS/HUND

»Ich fühle«
Wasser, Mond, Kardinal

»Ich sorge mich«
Metall positiv, Yin

PHANTASIE	LIEBE	BESTÄNDIGKEIT	PFLICHTGEFÜHL
EINSICHT	FÜRSORGLICHKEIT	HELDENMUT	INTELLIGENZ
HARTNÄCKIGKEIT	VORSICHT	ACHTBARKEIT	ANSTAND
GEIZ	BESITZERGREIFEND	UNSICHERHEIT	ZYNISMUS
REIZBARKEIT	LAUNENHAFT	KRITIKSUCHT	UNSOZIAL
MUTLOSIGKEIT	ÜBEREMPFINDLICH	SELBSTGERECHT	TAKTLOS

Gefühl ist bei Menschen dieses Zeichens allgegenwärtig. Der Krebs/Hund ist ein ausgesprochener Gefühlsmensch. Er scheint eine Art Radaranlage auf seiner Haut zu haben. Alles berührt ihn zutiefst. Ein Wort, ein Blick oder – Gott behüte – eine grobe Bemerkung können diese empfängliche Seele mit einem Schlag in ein Nervenbündel verwandeln. Krebs/Hunde sind zum Künstler geboren. Sie besitzen den magischen Sinn für Ästhetik und brauchen Schutz vor der großen, bösen Welt und ihren Wechselfällen.

Doch trotz ihrer übermäßigen Reizempfänglichkeit gegenüber der Außenwelt, gehen Krebs/Hunde hinaus in die Welt. Sie sorgen dafür, daß sie eine sichere Stelle und Kinder haben, und gehen ihren Geschäften ernsthaft und mit Kompetenz nach. Krebs/Hunde befassen sich immer mit den kompliziertesten Aufgaben und lösen die verzwicktesten Probleme mit Gelassenheit und Eleganz.

Schwierige Situationen entmutigen diesen geduldigen und ernsthaften Charakter kein bißchen. Krebs/Hunde gehören zu den Menschen, die bis spät in die Nacht arbeiten, zu viele Zigaretten rauchen und sich durch die verworrensten Gedankengänge kämpfen, bis sie eine geniale Lösung gefunden haben. Jeder Krebs/Hund möchte das Leben verschönern und die Welt verbessern. Hunde, die im Zeichen Krebs geboren sind, sind begeisterte Gärtner, verschönern oder entwerfen Häuser, Bücher, Gemälde oder Musikkompositionen. Kreativität ist charakteristisch für diese Menschen.

Ihr Lieblingshobby ist es dagegen, sich Sorgen zu machen. Krebs/Hunde grämen sich über alles und jeden. Beim kleinsten Mißerfolg geraten sie in Panik. Wenn ihre Werke öffentlich ausgestellt werden, stehen sie Todesängste aus, und sie liegen nächtelang wach und zerbrechen sie darüber den Kopf, ob die Verkäuferin, die ihnen die Pinsel verkauft hat, nun gelogen hat oder nicht, als sie sagte, die Pinsel seien aus echtem Dachshaar. Krebs/Hunde machen sich über jede Kleinigkeit Sorgen, die anderen völlig unwichtig erscheinen würde. Für den Krebs/Hund ist sogar die Luft, die er atmet bedrohlich. Er macht sich über alles im Leben Sorgen. Aber gleich, wie vorsichtig und pingelig er ist, das Leben findet immer einen Weg, ihn zu überraschen.

Infolge seiner argwöhnischen Lebenseinstellung vermittelt der Krebs/Hund manchmal den Eindruck, als sei er ein Gefangener seiner eigenen Ängste. Er scheint sich vor seinem eigenen Schatten zu fürchten. Leidet er ein wenig unter Verfolgungswahn? Um Ihnen die Wahrheit zu sagen, ich glaube, er tut es. Der Krebs/Hund hat immer einen Finger auf dem Alarmknopf.

Doch das hält diesen Menschen noch lange nicht davon ab, in seinem Umgang mit anderen Menschen vernünftig und absolut aufrichtig zu sein. Wenn er an jemanden glaubt, tut er alles, was in seinen Kräften steht, um ihm zu helfen. Sein Einfühlungsvermögen ist enorm, und sein sechster Sinn dafür, was in einer bestimmten Situation richtig und angemessen ist, stimmt immer haargenau.

Der Krebs/Hund ist ein freigiebiger Mensch. Er ist großzügig und gütig, zu großen Opfern bereit, und er ermutigt die Menschen, die er liebt, auf bewundernswerte Art und Weise. Geduldig, gutherzig und nachsichtig wie er ist, gibt der Krebs/Hund einen idealen Partner ab. Wenn er mit anderen zu tun hat, sei es geschäftlich (was sehr selten vorkommt) oder wegen eines künstlerischen Projekts (was viel häufiger der Fall ist), er ist nie nur hinter dem Ruhm oder dem Erfolg her. Krebs/Hunde wollen dazu beitragen, daß etwas Wunderbares geschieht. Sie sind alles andere als egozentrisch, aber da Schönheit einen so hohen Stellenwert für sie besitzt, erscheinen ihre Ziele oft selbstsüchtig oder hochtrabend.

Tatsache ist, daß Hunde, die im Zeichen Krebs geboren sind, nicht wirklich von dieser Welt sind. Wenn sie auf sich alleine gestellt wären, kämen sie wahrscheinlich sehr gut zurecht. Sie würden es sich in irgendeiner Höhle mit ein paar Büchern und Haustieren – und vielleicht mit einem Partner, der sie bewundert – bequem machen. Sie wären mit vielen nützlichen und schönen Plänen und Zielen beschäftigt, bis die Kühe von der Weide zurückkehren.

Liebe

Die Spezialität der Krebs/Hunde ist ihre unerschütterliche Liebesfähigkeit. Obwohl nicht unbedingt jede ihrer Beziehungen absolut harmonisch verläuft, können Sie sicher sein, daß es der Krebs/Hund ist, der sich am meisten darum bemüht, die Beziehung im Gleichgewicht zu halten. Krebs/Hunde sind leicht eingeschnappt, und wenn sie sich verunsichert fühlen, verlieren sie schnell die Fassung. Ihr Bedürfnis nach aufrichtiger Liebe und Zärtlichkeit ist absolut notwendig, damit sie körperlich gesund bleiben.

Darüber hinaus kann der Krebs/Hund nicht gut ohne Liebe leben. Er braucht ein Liebesobjekt, das er mit seinen überquellenden Gefühlen überschütten kann. Wenn er niemanden hat, den er mit seiner Nachsicht und Bewunderung überhäufen kann, möchte er sich resigniert hinlegen und sterben. Er muß einem Partner treu ergeben sein können und fühlt sich schrecklich, wenn er es wagt, sein Liebstes zu betrügen. Krebs/Hunde blühen in Liebesbeziehungen auf. Wenn sie alleine sind, schleichen sie mit sorgenvoller und bedrückter Miene herum.

Wenn Sie einen Krebs/Hund lieben, müssen Sie sich mit Geduld wappnen. In einer Beziehung mit einen Krebs/Hund tauchen zwei große Probleme auf. Einerseits wird Ihr Krebs/Hund-Liebster bisweilen in seinen kreativen Wolken schweben und für Sie nur schwer erreichbar sein. Andererseits wird er so anhänglich sein, ein so liebenswertes Gefühlsbündel, daß es Ihnen fast die Luft nimmt. Mit einem Krebs/Hund geht es um alles oder nichts!

Passende Partner

Sie werden sich gut mit Stier, Jungfrau und Fische/Katzen verstehen. Stier, Skorpion und Jungfrau/Tiger sind auch eine gute Partie für Sie. Und Sie fallen fast in Ohnmacht, wenn Sie einer Stier/Ratte begegnen. Widder, Waage und Steinbock/Drachen und -Ziegen gehen Ihnen auf die Nerven. Widder/Schweine vergessen Sie besser! Sie wirken sonniger, als sie in Wirklichkeit sind.

Heim und Familie

Dieser schönheitsliebende Mensch wird natürlich in einer ausgesprochen schönen Umgebung wohnen. Die Einrichtung ist für den Krebs absolut wesentlich. Alle Krebse sind mit einem Nestbau-Instinkt geboren. Der Krebs/Hund mit seinem Sinn für Ästhetik wird sich in einer geborgenen und geschmackvoll eingerichteten Umgebung entfalten.

Die Familie bedeutet dem Krebs/Hund alles. Wie ich bereits erwähnt habe, scheint er aber manchmal etwas abwesend und fern von seinen emotionellen Banden zu sein. Aber die Wahrheit ist, daß er sich dann am wohlsten fühlt, wenn er von seiner Familie umgeben ist, wie beschäftigt er auch sein mag. Er mag gerade den größten Roman aller Zeiten schreiben oder sein Meisterwerk in seinem hermetisch abgeriegelten Studio malen, aber er lauscht den vertrauten Geräuschen des Familienlebens, das sich in den unteren Etagen abspielt. Die Gerüche und Geräusche des Alltagslebens halten den Krebs/Hund mit beiden Beinen auf der Erde. Als Eltern sind Krebs/Hunde pflichtbewußt und gutmütig.

Als Kind wirkt der Krebs/Hund emotionell zerbrechlich und reizbar. Jede Form der liebevollen Zuwendung ist hier angebracht. Dieses Kind braucht ebensoviel Anerkennung wie Zärtlichkeit, Führung und Aufrichtigkeit seitens seiner Eltern und Geschwister. Das Krebs/Hund-Kind braucht viel Verständnis und Nachsicht für seine kreative Veranlagung. Unterrichtsstunden aller Art, Ermutigungen, eine geduldige Erziehung und viele handgeknüpfte Wollteppiche, auf die es sich vor das Kaminfeuer kuscheln kann, sichern diesem sanften Genie eine glückliche Zukunft.

Beruf

Das Lebenswerk der Krebs/Hunde steht von ihrer Geburt an fest. Zu lernen, wie man Sensitivität und Kreativität in unsere moderne Welt einbringen kann, ist beinahe eine Lebensaufgabe für sich. Dieser Mensch muß viel Zeit und Energie dafür aufwenden, sein Talent in realistische Möglichkeiten umzusetzen. Er kann zwar auch in einer Bank oder einem McDonalds-Restaurant arbeiten, aber solch unpersönliche Arbeit bringt ihm nicht gerade die Erfüllung. Was er am besten kann, ist das Leben verschönern.

Wenn ich einen Krebs/Hund als Angestellten hätte, hätte ich niemals Angst, daß er zu spät zur Arbeit kommt oder vergißt, eine Zahlenreihe zusammenzuaddieren. Krebs/Hunde wissen den Wert des Geldes zu schätzen und achten darauf, ihr Konto nicht zu überziehen und ihre Schulden auf ein Minimum zu beschränken. In Bereichen, wo ihre Kreativität gefordert ist, machen sie sich hervorragend. Sie geben auch gute Chefs ab, vorausgesetzt, sie können ihre Autorität in einer schönen und angenehmen Umgebung ausüben. Sie können Bauarbeiten an einem Gebäude leiten, solange es sich bei dem Gebäude um den Louvre handelt. Wie wir wissen, geben Krebs/Hunde gute Künstler auf jedem Gebiet ab. Sie könnten auch versuchen, mit Antiquitäten zu handeln oder Gemälde zu verkaufen oder eine Kunstgalerie zu führen. Krebs/Hunde eignen sich auch gut für die kommerzielle Kunst. Besonders begabt sind sie hier für den Beruf des Dekorateurs.

Berühmte Krebs/Hunde: Claude Debussy, Marcel Proust, Jean Anouilh, Alexander Calder, Donald Sutherland, Sylvester Stallone.

KREBS/SCHWEIN

»Ich fühle«
Wasser, Mond, Kardinal

»Ich zivilisiere«
Wasser negativ, Yin

PHANTASIE	LIEBE	SKRUPEL	SINNLICHKEIT
EINSICHT	FÜRSORGLICHKEIT	GALANTERIE	KULTUR
HARTNÄCKIGKEIT	VORSICHT	AUFRICHTIGKEIT	EHRLICHKEIT
GEIZ	BESITZERGREIFEND	LEICHTGLÄUBIG	MATERIALISTISCH
REIZBARKEIT	LAUNENHAFT	ZORN	FEINSCHMECKER
MUTLOSIGKEIT	ÜBEREMPFINDLICH	ZÖGERN	DICKKÖPFIGKEIT

Krebs/Schweine sind Self-made-Menschen. Sie könnten auf einer einsamen Insel leben und würden bei Morgengrauen aufstehen, ihr Gebet sprechen, ihren Tee zubereiten, sich waschen, zu dem Felsen gehen, der als Büro dient, vierzehn geschlagene Stunden schuften, zurückkommen, sich ein üppiges Mahl zubereiten, essen, ihr Gebet sprechen, sich unter einer Palme schlafen legen und am nächsten Morgen wieder von vorne beginnen. »Integrität« ist das passende Wort, um Krebs/Schweine zu beschreiben. Sie sind ganz sie selbst und brauchen kaum mehr als die Bewunderung anderer Leute, deren ungeteilte Zuneigung und hingebungsvollen Gehorsam. Das wäre übertrieben. Krebs/Schweine sind äußerst großzügig und fürsorglich bis ins Extrem. Aber sie wollen, daß alles nach ihrem Kopf geht, und schaffen es im allgemeinen auch, daß sich alles irgendwie zu ihren Gunsten wendet.

Der Krebs/Schwein-Mensch ist häuslich und liebt den Luxus. Dieses Schwein gehört sicherlich zu den opulentesten im »Neuen Tierkreis«, da seine Krebs-Hälfte Wohlstand durch den Kauf von Kunstobjekten und Immobilien anhäuft. Dann findet das Krebs/Schwein Mittel und Wege, seinen Wohlstand zu noch mehr Wohlstand zu machen. Das Krebs/Schwein ist unter den erwerbstüchtigen Krebsen derjenige Krebs, der seine Reichtümer am besten verwahrt. Sie können einem Krebs/Schwein zehn Mark geben und in zwanzig Jahren können Sie wiederkommen, um sich Ihre Million abzuholen. Das ist natürlich auch etwas übertrieben. Aber im Ernst, der Krebs/Schwein-Mensch ist ein As darin, zu Geld zu kommen und es auch zu behalten. Darüber hinaus ist er ein Kunstliebhaber ersten Ranges. Keine Ausstellung entgeht ihm. Kein aufstrebender junger Bildhauer geht weg, ohne ihm eine Bronzestatue verkauft zu haben. Krebs/Schweine wissen Kunst nicht nur zu schätzen, sie sind wirklich davon fasziniert, Kunst zu erhalten und zu bewahren.

In der Persönlichkeit des Krebs/Schweins gibt es einen Zwiespalt. Auf der einen Seite muß sich dieser Mensch vor allen möglichen Arten der Ausschweifung hüten. Er gerät in so manche extravagante Versuchung. Auf der anderen Seite kultiviert er eine übertriebene Genügsamkeit: Kein Spaß. Absolut kein Vergnügen. Man darf sich niemals etwas gönnen. Man muß immer nur arbeiten. Man darf sich nie schöne Kleider kaufen und gutes Essen leisten. Die Krebs-Seite in seiner Persönlichkeit zwingt diesen Menschen dazu, ständig zu arbeiten, Geld und Güter anzuhäufen, zu sparen und zu bewahren. Gefühle sind etwas für andere. Offensichtlich ist diese Selbstbeschränkung nichts anderes als die Umkehrung der oben erwähnten Neigung zur Übertreibung. Das ist ein Problem der Krebs/Schweine. Sie müssen lernen, sich zu mäßigen und ein Gleichgewicht zwischen den beiden Seiten herzustellen.

Der Krebs/Schwein-Mensch demonstriert häufig auf eindrucksvolle Weise seine Kraft. Er setzt eine finstere und entschlossene Miene auf, preßt die Lippen fest zusammen und wirkt tatsächlich furchterregend. Aber das ist nicht echt, sondern dient nur dem Effekt. In Wirklichkeit ist der Krebs/Schwein-Mensch warmherzig, wohlwollend und fürsorglich. Er ist streng und macht einen ernsten Eindruck. Aber innerlich lacht er die ganze Zeit und träumt die ganze Zeit davon, wie er sein Leben so gestalten könnte, wie es ihm gefällt. Oh, Sie können ihn schelten, soviel Sie wollen! Der Krebs/Schwein-Mensch wird sich dennoch nicht von seinen hochtrabenden Plänen, großzügigen Schenkungen und seiner Vorliebe, zu jeder Kunstausstellung oder Ausstellung orientalischer Teppiche zu rennen, abbringen lassen. Er hört Sie zwar schon – seine Ohren sind nicht taub gegenüber Ihren Vorwürfen –, aber er kümmert sich nicht darum und wird es auch niemals tun.

Hartnäckigkeit ist der Trumpf im Ärmel dieses Menschen. Wenn er nicht gerade ernsthaft krank ist, kann ihn nichts außer Gefecht setzen. Sein ganzes liebes Leben lang hält er an seinen Idealen und seiner Lebenseinstellung fest. Er glaubt fanatisch an seine Religion und geht dabei sogar gegen jede Vernunft. Seine Politik ist, keinen Unsinn zu treiben, sich voller Begeisterung auf eine Aufgabe zu stürzen und die Segel zu straffen. In den Augen der Krebs/Schweine ist der Fehler der Welt, daß die Menschen keine Prinzipien mehr haben, an die sie sich halten können. Wo ist die alte Moral geblieben? Wo sind die guten alten Zeiten hin? Wer hat das Durchsetzungsvermögen einer ganzen Generation beseitigt? Er versteht es einfach nicht. Der Krebs/Schwein-Mensch begreift nicht, warum die Menschen nicht aufhören zu zaudern und zu schwanken und ganz einfach ihre Aufgabe in der Welt in Angriff nehmen. Er ist der Meinung, daß man, wenn man alt wird, genug Zeit hat, sich zu vergnügen und zu entspannen. Das moderne Leben enttäuscht den reinherzigen Krebs/Schwein-Menschen. Wenn er unaufhörlich gegen die Kräfte des Bösen ankämpfen kann und nicht einmal den Mut dabei verliert, warum tun das die anderen nicht auch? Weil sie zu faul sind, mein liebes Krebs/Schwein! Und egozentrisch und mittelmäßig. Was man von dir nicht sagen kann, oder?

Liebe

Krebs/Schweine besitzen eine enorme Fähigkeit zu aufrichtiger, reiner und uneingeschränkter Liebe. Ein ähnliches Talent hat er für »Perversionen«. Die zahlreichen Exzesse, die er erleben muß, können den gewissenhaften und gefühlvollen Krebs/Schwein-Menschen an den Rand eines Nervenzusammenbruchs bringen und ihm die Liebe und die damit verbundenen Schwierigkeiten ein für allemal vergällen.

Dieser Mensch ist extrem sensibel, traditionsverbunden und pflichtbewußt. Es gibt keinen ersichtlichen Grund, warum er nicht ein absolut befriedigendes Gefühlsleben und ein völlig befriedigendes Sexualleben haben könnte. Aber da kommt immer seine Eigenschaft mit ins Spiel, sich selbst zu beschränken und sich kein Vergnügen zu gönnen. Gerade wenn er sich einmal dazu entschlossen hat, es sich wenigstens für ein paar Minuten gutgehen zu lassen, tönt schon eine drohende Stimme aus seinem Inneren: »Wird diese Tat dich nicht zu noch schlimmeren Ausschweifungen verführen? Werde ich in der Gosse landen, wenn ich mir diesen Drink genehmige? Werde ich in tausend Stücke zerspringen, wenn ich Sex mache?« In einer Liebesbeziehung kommt man nicht besonders weit, wenn so viele Zweifel an einem nagen.

Die Liebe ist für Krebs/Schweine daher eine komplizierte Angelegenheit. Sie ist zu großartig und gleichzeitig auch wieder viel zu gering, so daß der Krebs/Schwein-Mensch sie einfach als Schwäche abtut.

Wenn Sie einen Krebs/Schwein-Mensch lieben, verführen Sie ihn! Umschmeicheln und hofieren Sie ihn. Setzen Sie ihm so sehr zu, daß er Ihre Liebe erwidern muß! Ob es sich nun um ein üppiges Festmahl oder eine spartanische Mahlzeit handelt, Essen wirkt auf diesen zurückhaltenden Menschen immer. Auch Blumen gefallen ihm. Aber ein Korb frisch gepflückter Heidelbeeren, ein neugeborener kleiner Hund oder ein ofenfrischer knuspriger Laib Brot haben wahrscheinlich eine noch bessere Wirkung. Krebs/Schweine sind am meisten anfällig für die kleinen, bodenständigen, häuslichen und alltäglichen Freuden des Lebens.

Passende Partner

Der solide, aber leicht verrückte Stier/Tiger versetzt Sie in Begeisterung. Auch mit Jungfrau, Skorpion oder Fische/Katzen oder Ziegen kommen Sie gut zurecht. Auch Stier/Ratten sind immer gut geeignet, Sie vor Ihrer übertriebenen Ernsthaftigkeit zu bewahren. Halten Sie sich fern von Widder oder Waage/Affen oder -Schlangen. Steinbock/Schlangen und -Hähne kommen als Partner auch nicht in Frage.

Heim und Familie

Für diesen Bereich sind Krebs/Schweine wie geboren. Sie himmeln ihre Kinder, Enkelkinder und die Kinder ihrer Cousins und Cousinen an. Ständig kaufen sie Geschenke für sie und ebenso für den kleinen Nachbarssohn, der krank im Bett liegt. Krebs/Schweine sind von Natur aus fürsorglich und geben gerne etwas von ihrem Reichtum ab. Aber der eigentliche Grund für seine Großzügigkeit gegenüber Kindern oder Menschen, die weniger anspruchsvoll sind als sie, ist ihre Unschuld. Krebs/Schweinen gefällt Unschuld, und sie betrachten sie immer als Tugend.

In Familienangelegenheiten kann es passieren, daß der Krebs/Schwein-Mensch andere zu stark kontrollieren möchte. Er liebt seine Angehörigen mit einer solchen Hingabe, daß sie sich fast von seiner Zuneigung erdrückt fühlen. Zuviel ist zuviel – man könnte seine Sympathiebekundungen fast als zudringlich empfinden.

Die häusliche Umgebung der Krebs/Schweine ist, gelinde gesagt, ausgesprochen üppig. Wenn er kein großes Haus mit hohen Räumen hätte, wo sollte der Krebs/Schwein-Mensch dann mit seiner Kunstsammlung hin? Vielleicht glauben Sie es nicht, aber das durchschnittliche Jahreseinkommen der Krebs/Schweine rangiert unter den höchsten der Welt. Sie haben einen klassischen Geschmack und ihre Häuser sind imposant und stilvoll.

Das Krebs/Schwein ist zu ruhig und reserviert, um ein richtiges Kind zu sein, besitzt dafür aber um so mehr Gefühl und kultiviertes Benehmen. Das Krebs/Schwein-Kind ist ein fleißiger Schüler. Sein Zimmer sollte voller Bücher und Kunstgegenstände sein, die es kritisch unter die Lupe nehmen kann. Versuchen Sie nicht, es zu einem fröhlichen kleinen Knirps zu machen, der die ganze Zeit am Kichern ist. Es wird einfach nicht funktionieren. Hier haben Sie es mit einem ernsten und manierlichen Kind zu tun, das Sie mit seinem stechenden Blick durchbohren wird, wenn Sie ihm allzu sehr in die Quere kommen oder es zu sehr necken. Es kann schrecklich wütend werden. Aber, Gott sei Dank, kommt das nicht sehr oft vor. Ein Problem ist, daß dieses Kind viel schmollt. Aber versohlen Sie ihm ja nicht den Hintern! Reden Sie vernünftig mit ihm! Und drücken Sie es fest an Ihr Herz!

Beruf

Ein kurzer Blick auf diesen Menschen genügt, um zu wissen, daß er zu Großem bestimmt ist. Tatsache ist, daß der Krebs/Schwein-Mensch nicht nach Bewunderung oder Beifall strebt. Vielmehr strebt er auf seine eigene eindrucksvolle und zielstrebige Weise vorwärts. Und er geht immer vorwärts – niemals zurück. Krebs/Schweine wissen nicht wie es ist, nicht alles auf seine eigene Weise zu machen. Für sie gibt es nichts anderes. Und das Ärgerliche daran ist, daß sie meistens auch noch Recht behalten! Tu die Dinge so, wie sie getan werden sollten, und du wirst über das Ergebnis erstaunt sein. Für ein Krebs/Schwein ist Recht gleich Erfolg.

Was die Berufswahl der Krebs/Schweine anbelangt, kommt »Monarch« an erster Stelle. An zweiter Stelle kommt dann »Papst« und an dritter vielleicht »Multimillionär«. Aber nun im Ernst: Diese Menschen sollten eine absolut gründliche Ausbildung machen. Dann sollte man sie auf das Geschäftsleben oder die Welt der Kunst loslassen (oder beides zusammen). Was auch immer sie tun, ihre Leistungen werden großartig und bewunderungswürdig sein. Krebs/Schweine geben ausgezeichnete Chefs ab, aus dem einfachen Grund, weil sie sich nur schwer vorstellen können, eine niedrigere Position zu bekleiden. Krebs/Schweine sind sich aber nicht zu schade für die Dreckarbeit. Sie würden sogar selbst die Toiletten schrubben, wenn es sein müßte. Aber sie ziehen es vor, anderen die Anweisung zu geben, die Toiletten zu putzen. Ich kann mir nicht vorstellen, daß ein Krebs/Schwein-Mensch von irgend jemandem Anweisungen entgegennimmt, außer von einem Ochse-Geborenen.

Berühmte Krebs/Schweine: Heinrich VIII., Ernest Hemingway, Federico Garcia Lorca, Georges Pompidou, Marc Chagall, John D. Rockefeller.

LÖWE/RATTE

»Ich will«
Feuer, Sonne, Fix

»Ich regiere«
Wasser positiv, Yin

WÜRDE	MENSCHENLIEBE	ANZIEHUNGS-KRAFT	SOZIAL
KRAFT	WÄRME	EINFLUSS	INTELLEKTUELLE BEGABUNG
LOYALITÄT	SCHUTZ	SPARSAMKEIT	CHARISMA
ARROGANZ	TYRANNISCH	NERVOSITÄT	MACHTHUNGER
SELBSTZUFRIEDEN-HEIT	WECHSELNDE PART-NERSCHAFTEN	WORTSCHWALL	LIST
EITELKEIT	ANMASSEND	GEWINNSUCHT	EINMISCHUNG

Das Bild, das ich bei dieser Zeichenkombination vor Augen habe, ist das eines Filmstars wie Gene Kelly, der mit einem Regenschirm in der Hand durch die Straßen tanzt und das Lied »Singing in the Rain« vor sich hin trällert. Löwe/Ratten verbreiten mehr Sonnenschein um sich herum als alle anderen Menschen. Sie können eine Party aus dem Nichts zu einem so gelungenen Ereignis machen, wie Sie es sich kaum vorstellen können. Löwe/Ratten haben viele gute Eigenschaften und einige große Fehler – aber nur wenige.

Wenn sich der Löwe/Ratte-Mensch geliebt fühlt und wenn man ihn genügend bewundert, scheint es, als wenn er jeden Tropfen des Lebens gekostet hat, bis der Tag zu Ende geht. Er ist sehr aktiv und legt ein ungewöhnliches Selbstvertrauen an den Tag. Er hat seinen eigenen Tagesrhythmus und weiß ihn so zu verplanen, daß sich jede Aktivität in seinen vollen Terminkalender einfügt. Löwe/Ratten können morgens mit der »Queen« frühstücken, vormittags mit einer Gruppe von Ringkämpfern plaudern und dann nach Hause eilen, um mit ihren Kindern zu Mittag zu essen. Am Nachmittag erledigen sie eine Unmenge Korrespondenz, schreiben Briefe an das Krankenhauskomitee (dessen Vorstand natürlich die Löwe/Ratte ist) und führen ein Gespräch mit dem Direktor über ein neues Bauvorhaben, für das sie einen Fonds gründen wollen. Dazwischen klingelt pausenlos das Telefon, und sie empfangen irgendwelche Honoratioren. Und während dieser ganzen Betriebsamkeit finden sie auch noch Zeit, einen Plan für den neuen Anbau an ihrem Haus zu zeichnen und sich einen Namen für ihr neues Pferd auszudenken. Nach der Arbeit eilen sie auf eine Konferenz mit den Lehrern ihrer Kinder und dann nach Hause, um sich für die Oper umzuziehen, die sie mit ebenso großer Regelmäßigkeit besuchen wie das Symphonieorchester oder die neuesten Film- oder Theaterpremieren. Die Fähigkeit der Löwe/Ratten, eine Unmenge von Aktivitäten unter einen Hut zu bringen, ist einfach erstaunlich.

Löwe/Ratten sind in ihrem Leben nie sehr lange arm. Sie wissen, wie sie ihre Listigkeit klug einsetzen können und wo sie nötig ist, um Geld zu machen. Sie sind extravagant, aber sehr sensibel. Löwe/Ratten gehen mit ihrem hartverdienten Geld sehr großzügig um und sind richtige Menschenfreunde. Aber sie werfen ihr Geld nicht einfach zum Fenster hinaus oder spenden es nur zu Wohltätigkeitszwecken. Sie helfen lieber jungen und vielversprechenden Musikern oder Malern und greifen ihnen finanziell unter die Arme, als ihr Geld ziellos unter den Menschen zu verteilen. Im Geschäftsleben und in kulturellen Angelegenheiten ist die Verbindung von der Kraft des Löwen mit dem Machthunger der Ratte einfach unschlagbar. Diese Menschen sind die geborenen Führernaturen, die zu Spitzenleistungen fähig sind und mit der Ausübung ihres Einflusses sehr überlegt umgehen – und wahrscheinlich haben sie enorm viel Einfluß.

Man darf den Einsatz des Löwe/Ratte-Menschen, den er für öffentliche Angelegenheiten bringt, nicht auf die leichte Schulter nehmen. Es ist ihm nämlich sehr ernst damit. Und wenn er das Gefühl hat, in seinem Kampf gegen das Böse oder den Hunger oder die Armut von seinen Freunden und Verbündeten im Stich gelassen worden zu sein, ist er ein Bild des Jammers. Löwe/Ratten glauben voll Inbrunst daran, daß sie ihren Freunden und Kollegen voll und ganz vertrauen können. Bevor sie jemanden zu ihren Verbündeten machen, schauen sie ihn sich sehr genau an. Wenn dieser Mensch sie dann wegen seiner Mittelmäßigkeit oder geheuchelter Gefühle enttäuscht, kommt dies einer persönlichen Niederlage gleich. Wenn Löwe/Ratten fallen, fallen sie sehr tief. Sich wieder nach oben arbeiten zu müssen, bedeutet für sie, sich zu erniedrigen. Und sich erniedrigen zu müssen, fällt den Löwe/Ratten nicht leicht. Sie müssen alles im Griff haben und immer an der Spitze stehen. Ihre Rettung liegt darin, sich in eine neue Herausforderung zu stürzen, und nicht darin, sich in einem Sanatorium zu verkriechen.

Die größte Begabung der Löwe/Ratten ist ihr unternehmerisches Talent. Sie nehmen jedes Hindernis in Angriff, als wäre es nichts weiter als eine weitere Hürde, die sie immer höher springen läßt. Sie setzen sich mit jeder neuen Sportart, jedem neuen Tanz oder jedem neuen Musikstil auseinander und probieren ihn aus. Wenn Sie dem Löwe/Ratte-Menschen ein Kamel zeigen, wird er Ihnen zeigen, wie man ein Kamel reitet. Löwe/Ratten sind von Natur aus Lehrer und strahlen vor Freude, wenn sie ihren Schülern etwas beibringen konnten.

Löwe/Ratten sind leicht verstimmt, wenn man sie in Verwirrung stürzt. Sie wollen sich die Sitzreihe im Kino selbst aussuchen und fahren ihr Auto auch lieber selbst, als sich fahren zu lassen. Sie haben ein aristokratisches Auftreten und eine unvergleichliche Anziehungskraft. Aber sie hassen es zu verlieren. Wenn dies einmal der Fall sein sollte, werden Sie noch von der Sache hören!

Liebe

Da Löwe/Ratten eine Menge zu geben haben, brauchen sie einen Partner, der in der Lage ist, die Beweise ihrer überdimensionalen Liebe und Hingabe anzunehmen. Wenn ein Löwe/Ratte-Mensch liebt, dann liebt er tief und von ganzem Herzen, und sehr oft hält seine Liebe ein ganzes Leben lang. Er ist so damit beschäftigt, sich seinen Platz zu erobern, und wenn er ihn einmal erobert hat, auch zu behalten, daß er keine Zeit mit anderen Dingen vertrödeln kann. Daher zieht er es vor, seine schon vorhandene Liebe mittels seiner außergewöhnlichen Phantasie immer wieder neu zu beleben, anstatt sich neuen Beziehungen zuzuwenden, die ihn nur enttäuschen könnten. Wie bereits gesagt, bringt sich der Löwe/Ratte-Mensch voll und ganz in seine Beziehungen ein – in die geschäftlichen und die privaten. Untreue kann er nicht ausstehen.

Wenn Sie einen Löwe/Ratte-Menschen lieben, und er liebt Sie auch, sollten Sie bald Mittel und Wege finden, dieses Energiebündel gut zu unterhalten. Wenn dieser Mensch gezwungen ist, nur für eine halbe Minute untätig zu sein, müssen Sie damit rechnen, daß er seiner Langeweile lautstark Ausdruck verleiht. Wenn er sich hinsetzt, glauben Sie nur nicht, daß er auch sitzen bleibt. Er wartet nur darauf, daß Sie das Startsignal geben, und draußen ist er, schnell wie der Blitz. Wenn Sie diesen Menschen lieben, bedeutet das, daß Sie ihn absolut lieben und ihre ganze Energie in ihn investieren müssen. Sie können einen Löwe/Ratte-Menschen nicht nur zum Teil lieben. Sie müssen ihn ganz lieben. Wenn Sie zögern, dies zu tun, wird er Ihnen die größten Szenen machen und Ihnen unaussprechliche Schrecken einjagen. Haben Sie Vertrauen! Sonst... nun, darauf möchte ich lieber nicht näher eingehen. Aber für Löwe/Ratten gibt es Wörter wie »sonst« nicht!

Passende Partner

Sie vertragen sich mit sehr vielen Leuten gut. Die beste Partie für Sie sind Zwillinge, Waage, Steinbock oder Schütze/Ochsen. Weitere Verbündete finden Sie unter den Drachen – besonders den Zwillinge, Waage, Steinbock und Schütze/Drachen. Auch Widder, Zwillinge, Waage und Steinbock/Affen passen gut zu Ihnen. Sie sind wirklich sehr beliebt! Aber wehren Sie die Sympathiebekundungen der Stier, Skorpion und Wassermann/Pferde ab! Und lassen Sie sich nicht mit einer Skorpion oder Wassermann/Katze ein!

Heim und Familie

Löwe/Ratten sind Sammler. Sie gehen hinaus in die Welt und kommen mit ganzen Wagenladungen von Sachen zurück nach Hause, die sie in Regalen, Schränken und Kommoden verstauen. Dies ist eine ihrer Lieblingsbeschäftigungen. Darüber hinaus wollen sie ihre Familie vor jedem Schaden bewahren und ihr eine wohlbehütete häusliche Umgebung schaffen. Sie werden es nie erleben, daß ein Löwe/Ratte-Mensch von einem harten Arbeitstag in einem Bergwerk abends in eine elende Hütte zurückkehrt und seine verhärmte Gattin und seine schmuddeligen Kinder brummig begrüßt. Niemals! Der Löwe/Ratte-Mensch möchte nach einem arbeitsreichen und ausgefüllten Tag an der Tür seiner Villa von seiner strahlenden, elegant gekleideten und intelligenten Gattin empfangen werden, die gerade mit dem Präsidenten und der »First Lady« telefoniert und ein gemeinsames Dinner im roten Salon seines Hauses für kommenden Mittwoch verabredet hat. Und die Kinder? Sie müssen am besten Nobelpreis-Träger sein, die wie Brooke Shields aussehen und im Alter von drei Jahren bereits vierzehn Sprachen beherrschen. Löwe/Ratten bestehen einfach auf Höchstleistungen!

Das Löwe/Ratte-Kind ist fordernd und intelligent. Es braucht die bestmögliche Erziehung und kulturelle Bildung. Seien Sie nicht überrascht, daß sich dieses Kind für alles interessiert, was mit

Macht zu tun hat. Löwe/Ratten haben kein Interesse an seichten Aktivitäten. Sie wollen nur in einem Bereich erfolgreich sein, wo das einzige Ziel ist, ein Star zu werden.

Beruf

Da Unternehmungsgeist und Tatendrang die größten Talente der Löwe/Ratten sind, ist es offensichtlich, daß sie als Manager oder Unternehmer am meisten Erfolg haben. Wenn sie über genug Geld verfügen, können sie ihr eigenes Unternehmen gründen und es bis an ihr Lebensende führen. Wenn der Löwe/Ratte-Mensch aber nicht wohlhabend ist und sich von unten nach oben arbeiten muß, wird er sich immer durch seine unermüdliche Schaffenskraft und seinen Erfindungsgeist hervorheben. Kein Chef, der etwas taugt, wird diesen ausgezeichneten Mitarbeiter nicht zum Abteilungsleiter befördern oder ihn zum Produktionsleiter oder Vizepräsidenten ernennen. Es wäre absolut dumm zu versuchen, einen Löwe/Ratte-Menschen kleinzuhalten. Dieser Mensch strebt immer danach, sich über seine Kollegen hinauszuarbeiten und an die Spitze zu gelangen. Er wird sich nur dann als guter Angestellter erweisen, wenn seine besonderen Qualitäten anerkannt und klug genutzt werden. Ich kann mir nichts Schlimmeres vorstellen als einen nervösen und energiegeladenen Löwe/Ratte-Menschen in einem langweiligen Job – er wäre mehr als verstimmt darüber!

Dieser Mensch hat von Natur aus das Bedürfnis, seinen Mitmenschen zu helfen. Aufgrund seiner wohlwollenden Durchsetzungskraft eignet er sich für alle politischen Ämter – besonders für das Amt des Präsidenten. Er würde aber auch einen guten Professor abgeben, der nebenbei Bücher schreibt und in der ganzen Welt Vorträge über sein Fachgebiet hält. Selbstverständlich eignet er sich hervorragend als Inhaber jeglicher Art von Geschäft und könnte auch ein erfolgreicher Landwirt in großem Stil sein. Er besitzt kein besonderes handwerkliches Geschick und zieht es vor, in einer Position zu sein, die es ihm ermöglicht, andere dafür zu bezahlen, daß sie gewisse Arbeiten für ihn erledigen.

Einige erfolgreiche Löwe/Ratten: James Baldwin, Yves St. Laurent, Gene Kelly, Mata Hari.

LÖWE/OCHSE

»Ich will«
Feuer, Sonne, Fix

»Ich bewahre«
Wasser negativ, Yin

WÜRDE	MENSCHENLIEBE	INTEGRITÄT	PIONIERGEIST
KRAFT	WÄRME	ZIELSTREBIGKEIT	FLEISS
LOYALITÄT	SCHUTZ	STABILITÄT	BEREDSAMKEIT
ARROGANZ	TYRANNISCH	STARRSINN	RESERVIERTHEIT
SELBSTZUFRIEDEN	WECHSELNDE PARTNER	FANATISMUS	BEFANGENHEIT
EITELKEIT	ANMASSEND	SCHUFTEREI	RACHSUCHT

Die Kombination von Führungstalent und Dominanz ergibt eine unvergleichliche, starke Persönlichkeit. In Gegenwart eines Löwe/Ochsen fühlt man sich nie ganz vertraut oder geborgen. Vielmehr fragt man sich, ob dieser Mensch überhaupt ein Herz hat. Seine gleichgültige Haltung anderen gegenüber vermittelt einem den Eindruck, als sei er grob oder unfair. Seine herbe Wesensart macht es einem schwer, ihn nicht für verstockt und unsensibel zu halten.

Löwe/Ochsen erreichen im Leben sehr viel. Sie hören trotz vieler Hindernisse nie damit auf, ein Ziel nach dem anderen anzupakken, und sie erreichen es auch. Wir müssen Löwe/Ochsen einfach bewundern und zugeben, daß sie wirklich ganz erstaunliche Menschen sind: stark, mutig und vor allem produktiv. Löwe/Ochsen gewinnen in jeder Situation die Oberhand, und wenn sie einmal ein Projekt in Angriff genommen haben, lassen sie nicht davon ab, ehe sie es nicht vollendet haben.

Diese Menschen sind Opportunisten und gehen über Leichen, wenn es sein muß. Sie gehen durchs Feuer und scheuen keine Auseinandersetzung.

Normalerweise sind Löwe/Ochsen nicht sehr gesprächig. Im Privatleben und in ihrem Arbeitsbereich sind sie stark, aber ruhig, ja sogar etwas halsstarrig. Es ist immer ganz offensichtlich, daß sie sich als etwas Besonderes fühlen und sich von der Masse absondern wollen. Und wenn sie sich überhaupt einmal zu einer Gruppenaktivität hinreißen lassen, müssen sie auf jeden Fall im Mittelpunkt stehen und die ganze Sache schmeißen. Wenn der Löwe/

Ochse von einem Publikum umgeben ist, das von ihm fasziniert ist, wird er auf einmal sehr gesellig. Wenn man ihm zuhört, wird er zu einem Redner, Unterhalter und zu einem ausgezeichneten Geschichtenerzähler.

Löwe/Ochsen sind »Besserwisser« und lassen niemanden zu Wort kommen, wenn sie gerade reden. Es scheint, als seien sie an der Meinung anderer Leute nicht besonders interessiert. Löwe/Ochsen sind der »Vater-weiß-es-besser-Typ« in Person. Was angemessen und richtig ist, entscheiden sie allein. Wenn Sie anderer Meinung sind, behalten Sie sie für sich! Wenn ein Löwe/Ochse im Raum ist, führt er die Regie. Er ist unübersehbar und auf arrogante Weise präsent. Sie, lieber Leser, sind nur Nebensache und gehören zum Bühnenbild!

Sowohl im Privat- als auch im Berufsleben strebt der Löwe/Ochse nach Dauerhaftigkeit und Solidität. Er ist sehr erdverbunden und scheint sehr viel Wärmezufuhr von außen zu brauchen, um an die Liebe und ein glückliches Familienleben glauben zu können. Ja, er ist erfolgreich und ungeheuer stark. Aber innerlich kann er sehr einsam sein. Er braucht jemanden, der ihn wärmt und erwärmt. Er kann alles Menschenmögliche – nur nicht ganz einfach zärtlich sein. Er kann seine Zuneigung nur sehr schwer zeigen, und wenn Sie ihn näher kennenlernen, werden Sie feststellen, wie sehr ihn dies bedrückt.

Diese Menschen haben sehr viel Verstand und ein ausgezeichnetes Gedächtnis. Sie haben in der Tat Schwierigkeiten damit, etwas zu vergessen – und daher auch, etwas zu verzeihen. Sie können sich nicht erniedrigen. Wenn sie eine Sache vermasselt haben, geben sie es nicht gerne zu. Das Wort »Versagen« gehört nicht zu ihrem Vokabular. Wenn sie von einem Menschen, der ihnen nahesteht, enttäuscht werden, tun sie es nicht einfach als Unglück oder traurigen Umstand ab. Sie betrachten es als persönliche Verletzung ihrer Würde. Und sie können und wollen sich nicht erniedrigen, um ihre verlorene Liebe zurückzugewinnen.

Obwohl diese Menschen sehr ordnungsliebend sind und ihr Leben in festen Bahnen verläuft, mangelt es ihnen ein wenig an Spontaneität. Sie ziehen es vor, alles zu planen, anstatt ein schnelles Picknick im Park zu improvisieren. Sie sind sehr darauf bedacht, ihr Image zu wahren. Dies macht es ihnen schwer, sich einen Spaß zu erlauben. Löwe/Ochsen sind aktiv, geschäftstüchtig und extrem energiegeladen. Aber sie sind auch schwerfällig und, trotz ihrer Aktivität, oftmals schrecklich langsam.

Liebe

Für den Ochsen beschränkt sich die Liebe oft auf Sexualität. Doch der Löwe steht unter dem Einfluß der Sonne und besitzt daher in seinem Inneren viel Feuer und Wärme. Ein Löwe/Ochse ist ein zärtlicher Liebhaber, der nichts gegen Gefühle einzuwenden hat. Aber es fällt ihm schwer, sich seinen Lustgefühlen hinzugeben. Es gelingt ihm nicht, nicht immer alles so furchtbar ernst zu nehmen.

Der Löwe/Ochse braucht einen Partner, der beständig ist und so viel Frohsinn besitzt, daß es für beide zusammen reicht. Löwe/Ochsen sind so überaus sensibel, daß sie lernen müssen, sich von ihrem gutmütigen und hingebungsvollen Partner verwöhnen und aufheitern zu lassen. Wenn man einen Löwe/Ochsen zum Lachen bringt und dazu, daß er das Leben genießt, hat man einen wahren Sieg über seine Erdenschwere erlangt. Wenn Sie einen Löwe/Ochsen lieben, werden Sie ihn sicherlich auch bewundern. Aber das ist leicht. Bringen Sie ihn dazu, sich einem Rollschuh-Klub anzuschließen oder Yoga zu machen. Entspannen Sie ihn und lockern Sie seine Steifheit auf. Er wird Sie dafür lieben und Sie nie im Stich lassen – solange Sie jede seiner Anordnungen ausführen und nicht Ihren eigenen Kopf durchsetzen wollen.

Passende Partner

Grünes Licht für Widder, Zwilling, Waage, Schütze und Steinbock/Ratten, -Schlangen und -Hähne. Skorpion und Stier/Drachen sowie Skorpion und Wassermann/Tiger und -Ziegen sind absolut nichts für Sie. Stier/Affen bringen Sie mit ihren ewigen dummen Scherzen auf die Palme.

Heim und Familie

Die häusliche Umgebung eines Löwe/Ochsen ist ordentlich und beeindruckend. Er hat immer gerade die Bücherregale neu eingeräumt oder einen neuen Wandschrank gezimmert oder eine Wand herausgerissen, damit sein ausladender Eßtisch besser zur Geltung kommt. Löwe/Ochsen essen gern und viel und können gute Köche werden. Sie arbeiten hart und brauchen auch zu Hause ein Arbeitszimmer oder Büro. In seinem Haushalt ist alles bis zum letzten Buttermesser oder der letzten Fischgabel durchorganisiert. Alles hat seine Ordnung.

Verwandtschaftliche Beziehungen nehmen Löwe/Ochsen, wie alles, natürlich sehr ernst. Wenn sie eine Dinner-Party geben, zu der sie ihre Nichten und Neffen nicht einladen können, geben sie am nächsten Wochenende eine Extra-Party für sie. Löwe/Ochsen sind autoritär, wollen aber immer gerecht und fair sein.

Wehe, wenn das Kind des Löwe/Ochsen nicht pariert, keine guten Noten nach Hause bringt oder sich den Wünschen seiner Eltern fügt und sich an ihre Lebensweise anpaßt! Der Löwe/Ochse gibt seinen Kindern alles. Er ermöglicht ihnen eine Vielzahl von Aktivitäten und anspruchsvolle Freizeitbeschäftigungen, fährt mit ihnen in Urlaub und kauft ihnen schöne Kleidung in Hülle und Fülle. Löwe/Ochsen sind gute Familienväter. Aber sie sind auch diktatorisch. Wenn das ungezogene und verwöhnte Kind nicht tut, was Vater oder Mutter Löwe/Ochse sagt, wird es in die Verbannung geschickt. Löwe/Ochsen-Kinder können sich gut mit sich selbst beschäftigen. Sie wollen sich von anderen Kindern absondern und ihre jüngeren Geschwister herumkommandieren.

Die beste Umgebung für ein Löwe/Ochse-Kind sind gleichaltrige Spielgefährten, die gleich stark und souverän sind, so daß es von ihnen lernen kann. Es muß lernen, von seinem hohen Roß herunterzukommen und alles etwas leichter zu nehmen.

Beruf

Der Löwe/Ochse braucht in seinem Arbeitsbereich viel Herausforderung. An langweiligen oder unnützen Tätigkeiten hat er kein Interesse. Er möchte arbeiten und Erfolg haben. Man muß ihm ziemlich gut zureden, damit er sich einen Spaß erlaubt. Aber stellen Sie sich vor, Löwe/Ochsen können sehr witzig sein! Sie besitzen eine unheimlich satirische Ader. Aber nach außen hin wirken sie eher steif. Und sie kämpfen und schuften und genießen jede Minute, die sie sich abplagen können.

Nun, Sie können diesen Menschen nicht einfach hinter einen Ladentisch stellen und glauben, daß er damit zufrieden ist. Nach zehn Minuten hat er den ganzen Laden unter seiner Fuchtel, tauscht den Geschäftsführer aus und ändert den Tagesablaufplan. Man kann von Löwe/Ochsen unmöglich erwarten, daß sie eine untergeordnete Rolle spielen. Deshalb müssen sie auch unabhängig sein. Sie brauchen eine gründliche Ausbildung und müssen sich schon früh eine solide berufliche Basis schaffen können. Sie werden immer an die Spitze kommen – vielleicht langsam, aber stetig. Anderen zu befehlen, ist die Lebensaufgabe der Löwe/Ochsen.

Berufe, die sich für Löwe/Ochsen eignen, sind: Romanschriftsteller, Journalist, Präsident, König, Königin, Papst, Dalai Lama oder zumindest Kanzler oder Finanzminister. Eine weitere Möglichkeit wäre Filmregisseur oder jeder andere Beruf, in dem die Kombination von Geschichtenerzähler und Manager gefragt ist.

Berühmte Löwe/Ochsen: Napoleon, Oscar Peterson, Russell Baker, Robert Redford, Dustin Hoffman.

LÖWE/TIGER

»Ich will«
Feuer, Sonne, Fix

»Ich beobachte«
Holz positiv, Yang

WÜRDE	MENSCHENLIEBE	LEIDENSCHAFT	GLÜCK
KRAFT	WÄRME	MUT	WOHLWOLLEN
LOYALITÄT	SCHUTZ	ANZIEHUNGS-KRAFT	AUTORITÄT
ARROGANZ	TYRANNISCH	HEFTIGKEIT	PRAHLEREI
SELBSTZUFRIEDEN-HEIT	WECHSELNE PART-NERSCHAFTEN	HITZKÖPFIGKEIT	ZÜGELLOSIG-KEIT
EITELKEIT	ANMASSEND	UNGEHORSAM	WANDERVOGEL

Das Schicksal der Löwe/Tiger ist die reine Hölle. Stellen Sie sich einmal diese Zeichenkombination vor: übermäßige Überheblichkeit, Ungehorsam und Selbstzufriedenheit, Angeberei und Tyrannei. Es ist schon schlimm mit den Löwe/Tigern.

Dieser Mensch fühlt sich allem und jedem in seinem Leben überlegen. Infolgedessen tut er sich schwer, Freunde zu finden. Die Menschen verstehen kaum, wie einsam dieser König auf seinem Thron ist.

Da sich dieser Mensch von Natur aus einen Kopf größer fühlt als seine Mitmenschen, kann er sein königliches Gehabe unmöglich verstecken. Weil es ihm fast peinlich ist, so großartig zu sein, wird er zu einem Snob. Sein Selbstbild ist so groß, daß er kaum durch eine Tür zu passen scheint. Daher gibt er sich in Gesellschaft eher schlicht, was ihm aber keiner abnimmt. Löwe/Tiger wollen gefallen und auf andere sympathisch wirken. Aber das gelingt ihnen nicht, da jeder durchschaut, daß sie sich nur kleiner machen wollen, als sie sich in Wirklichkeit fühlen. Aus diesem Grund werden Löwe/Tiger oft für unehrlich gehalten. Nichts könnte weiter von der Wahrheit entfernt sein, als das! Der Löwe/Tiger schämt sich wirklich dafür, daß er so wundervoll ist.

»Großartig« ist ein noch besseres Wort dafür. Löwe/Tiger sind sehr ungestüm. In mißlichen Lagen haben sie den Mut von zehn Löwen und ebenso vielen Tigern. Sie lachen über Krankheit, Rausschmiß, Sorgen und Verlust und verlieren nie ihren Stolz. Auch in der größten Dunkelheit scheinen sie wie eine Leuchtschrift, die das Wort »Hoffnung« in die Nacht schreibt. Sie kämpfen nicht mit der Elastizität eines dreisten Hahns oder Widders, die wie Stehaufmännchen aus jeder mißlichen Lage wieder aufstehen. Löwe/Tiger brauchen dazu Zeit, um die Lage zu peilen, den Feind zu beobachten, umkreisen ihn unzählige Male und warten auf den geeigneten Zeitpunkt für ihr Comeback. Und dann plötzlich: Peng! springen sie auf und packen die Sache wieder an, so als wäre nie etwas geschehen. Keine Migräne, keine Rückenschmerzen. Nur das Allheilmittel für alle Tiger: Bewegung. Solange Löwe/Tiger nicht gezwungen sind stillzusitzen und zu warten, bis bessere Zeiten kommen, können sie sogar den Tod besiegen, wenn ihnen niemand die Beine fesselt.

Löwe/Tiger sehen meistens sehr gut aus und fallen überall auf. In ihrer Kleidung bevorzugen sie den klassischen Stil und machen nicht viel Getue darum, was sie anhaben, solange es sie nicht in ihrem Handlungsspielraum beengt. Diese Menschen haben oft eine prächtige blonde Mähne, die wir so an ihnen bewundern.

Dieser Mensch tut sich sehr schwer damit, die zweite Geige zu spielen. Zum Beispiel erwischen Sie ihn gerade noch, als er im Auto auf dem Beifahrersitz Platz nehmen will, obwohl seine siebenundachtzigjährige Großmutter mitfahren will. Sie verfrachten ihn auf den Rücksitz, damit die alte Dame auf dem Beifahrersitz Platz nehmen kann. Aber was den Löwe/Tiger ärgert, ist nicht die Unbequemlichkeit auf dem Rücksitz, sondern die Mißachtung seiner sozialen Stellung. Schließlich gehört er neben den Fahrer, wo er eine gewisse Kontrolle über das Geschehen ausüben kann! Sein helles Köpfchen und seine Fähigkeit, über sich selbst zu lachen, sind der Grund dafür, daß er sich zu einem sehr sympathischen Menschen entwickelt, wenn er erst einmal die Fünfunddreißig überschritten hat – vorausgesetzt, die jahrelangen unterwürfigen Ehrenbezeigungen seiner Eltern sind ihm nicht schon zu sehr in den Kopf gestiegen.

Liebe

Der Gefühlsbereich ist nicht gerade der einfachste Bereich im Leben des Löwe/Tigers. Seine angeborene Arroganz schreckt die Menschen ab. Sein Gefühl der Außergewöhnlichkeit und seine Absicht, es im Leben zu etwas ganz Besonderem zu bringen, hält ihn davon ab, eine feste Beziehung einzugehen und eine Familie zu gründen. Wie Sie sehen, kann sich der Löwe/Tiger nicht mit einem Partner einlassen, der nicht ebenso stark und großartig ist wie er. Daher verringern sich die Chancen, den richtigen Partner zu finden und zu heiraten. Doch auf sexuelle Abenteuer verzichtet er nicht und behandelt den jeweiligen Partner gleichberechtigt, solange er zu ihm aufschaut und ihn anbetet. Sollten Sie sich in einen dieser wohlwollenden Despoten verlieben, versuchen Sie, niemals schwächer zu erscheinen als er. Auch wenn Sie am liebsten heulen würden, beherrschen Sie sich! Löwe/Tiger sind von Stärke und Kraft begeistert und Aggressivität imponiert ihnen ganz besonders. Halten Sie diese Katze immer auf Trapp!

Passende Partner

Widder, Zwilling, Schütze und Steinbock/Drachen, -Pferde und -Hunde bereichern Ihr Leben. Dafür kommen Stier, Skorpion und Wassermann/Affen nicht in Frage. Auch Stier und Wassermann/Ochsen passen nicht zu Ihrem Lebensstil. Denken Sie nicht im Traum daran, eine Verbindung mit Stier oder Skorpion/Schlangen einzugehen und kommen Sie ja nicht auf den Gedanken, es mit einem Stier/Katze-Partner zu versuchen!

Heim und Familie

Löwe/Tiger leben wahrscheinlich in einer komfortablen, aber praktischen häuslichen Umgebung. Sie bevorzugen echte Möbel und besitzen womöglich nur ein antikes Möbelstück, das sie aber so geschickt unter die weniger kostspieligen Möbel plazieren, daß es sofort ins Auge fällt. Der Löwe/Tiger besitzt einen ausgezeichneten Sinn für Qualität und liebt alle schönen Dinge, aber es stört ihn nicht besonders, wenn die Verarbeitung nicht absolut perfekt ist. Er sieht sich gerne als Held, der kein richtiges Zuhause hat und Indianer-Kinder vor der Schulpflicht rettet; oder ähnliches. Heroismus paßt nicht in ein bürgerliches Leben.

Dieser Mensch liebt seine Familie. Solange er die Freiheit hat, in der Welt herumzureisen und sich außerhalb seines Heims zu beschäftigen (falls er eines hat), macht es ihm Freude, mit seinen Kindern, Cousins oder seinen Geschwistern zusammenzusein.

Löwe/Tiger-Kinder brauchen strenge Eltern, die sie ab und zu daran erinnern, daß sie keine kleinen Götter sind. Natürlich sind Löwe/Tiger auch als Kinder so hinreißend, daß man aufpassen muß, sie nicht allzu sehr zu verwöhnen und ihnen auf Schritt und Tritt zu applaudieren. Bringen Sie diesem Kind bei, in den Spiegel zu schauen. Ermutigen Sie es, über sich selbst nachzudenken.

Beruf

Löwe/Tiger sind für alle Führungspositionen begabt, wollen jedoch andere Menschen nicht beherrschen, da sie Demut anstreben. Daher arbeiten sie lieber alleine. Sie können sich nicht dafür begeistern, in einem Büro mit einer ganzen Schar von Mitarbeitern zu schuften. Daher ist es das Klügste, wenn sich diese Menschen selbständig machen und unabhängig bleiben.

Der Löwe/Tiger hat auch etwas von einem »Weltverbesserer« an sich. Er findet immer irgendwelche Ungerechtigkeiten auf der Welt, die ihn ärgern und ihn antreiben, große Taten zu vollbringen. Aus diesem Grund sitzt er oft im Vorstand irgendeiner Wohltätigkeitsorganisation. Löwe/Tiger sind auch sehr redebegabt. Sie geben auch gute Tänzer oder Sänger ab. Sie sind künstlerisch veranlagt und könnten sich daher auch zum Maler oder Bildhauer berufen fühlen.

Berühmte Löwe/Tiger: Emily Bronte, Natalie Wood, Louis de Funès.

LÖWE/KATZE

»Ich will«
Feuer, Sonne, Fix

»Ich ziehe mich zurück«
Holz negativ, Yin

WÜRDE	MENSCHENLIEBE	TAKT	VORSICHT
KRAFT	WÄRME	ELEGANZ	LANGES LEBEN
LOYALITÄT	SCHUTZ	TUGEND	EHRGEIZ
ARROGANZ	TYRANNISCH	HEIMLICHTUEREI	DILETTANTISMUS
SELBSTZUFRIEDENHEIT	WECHSELNDE PARTNERSCHAFTEN	ÜBEREMPFINDLICHKEIT	HYPOCHONDRIE
EITELKEIT	ANMASSEND	PEDANTERIE	KOMPLIZIERTHEIT

Dieser Mensch besitzt eine so rasche Auffassunggabe und ist so behend, daß Sie ihm kaum folgen können. Die Kombination Löwe/Katze ergibt eine doppelte Katze mit all ihrem Sich-Davonschleichen. Löwe/Katzen haben das Zeug zu wahrer Größe. Sie besitzen die Großzügigkeit des Löwen und die königliche Würde und die Unabhängigkeit der Katze. Doch Löwe/Katzen streben kaum nach Macht und Berühmtheit. Meistens sind sie damit zufrieden, zu Hause zu sein und dem Klimpern ihres Geldes zu lauschen.

Der einzige Charakterzug, der Löwe/Katzen vor öffentlichem Ruhm zurückschrecken läßt, ist ihre Überempfindlichkeit. Sie wollen die Schattenseite des Lebens nicht kennenlernen. Sie wollen nichts mit Dingen zu tun haben wie Blutrache, Konflikten, Auseinandersetzungen und Feindseligkeit. Sie streben nach einem ausgefüllten, aber friedlichen Dasein.

Da dieser Mensch ein Löwe ist, braucht er viel Aufmerksamkeit. Er möchte auch immer recht haben. Die Löwe/Katze besteht daher auf ihrem Löwe-Recht, eitel zu sein, aber sie knallt ihre Überlegenheit niemandem einfach ins Gesicht. Löwe/Katzen sind gemäßigte Egozentriker mit guten Manieren. Sie stellen sich niemals selbst in Frage. Und gleich, ob andere sie für wundervoll halten oder nicht, sie selbst tun es!

Dem Urteil dieses Menschen können Sie voll und ganz vertrauen. Löwe/Katzen haben einen sechsten Sinn für Situationen, an denen etwas faul ist. Sie riechen geradezu, in welchen Schwierigkeiten der andere steckt, und stehen ihren Freunden in Notzeiten treu zur Seite.

Trotz ihrer analytischen Fähigkeiten sind Löwe/Katzen selten in Probleme verwickelt. Ihr Spürsinn sagt ihnen, wann eine Sache schiefläuft, worauf sie sofort die entgegengesetzte Richtung einschlagen. Löwe/Katzen verabscheuen Schlamm und Schmutz. Sie suchen in allen Beziehungen Klarheit und müssen immer wissen, woran sie sind. Was auch passiert, der Löwe/Katze-Mensch möchte sich die Finger nicht schmutzig machen.

Löwe/Katzen sind hochbegabt. Sie sind bereitwillig und beteiligen sich an allem mit großem Vergnügen – solange ihnen eine der besseren Aufgaben zugeteilt wird. Sie sind auch in der Lage, den Wert der Demut zu erkennen und können daher lernen, auch einmal die zweite Geige zu spielen, wenn es sein muß. Wenn man dem Löwe/Katze-Menschen keine Spitzenposition anbietet, tritt er graziös einen Schritt zurück, um bei nächster Gelegenheit mehr Anlauf zu haben.

Ich glaube, daß Löwe/Katzen aus Selbsterhaltungstrieb das Rampenlicht scheuen. Wenn eine »doppelte Katze« vierzehn Leben hat, dann wahrscheinlich aus dem Grund, weil sie weiß, wie man sich von der Schußlinie fernhält.

Dieser Löwe ist klug, freigebig, clever, schlau. Er packt das Glück beim Schopf, wenn es gerade nicht hinschaut. Löwe/Katzen schleichen sich immer durch das Hintertürchen herein. Sie benutzen niemals ihre Ellenbogen.

Liebe

Da Löwe/Katzen beim anderen Geschlecht ungeheuer beliebt sind, tun sie sich schwer, ihre zahlreichen Bewunderer abzuwehren. Sie wirken sehr intensiv und vermitteln oft den (falschen) Eindruck, außerordentlich lustvoll zu sein. Aber in Wirklichkeit liegt das Hauptinteresse dieses Menschen darin, einen Partner zu finden, der in sein wohlgeordnetes Leben paßt. Er ist eher vorsichtig als leidenschaftlich.

Wenn Sie einen Löwe/Katze-Menschen lieben, sollten Sie niemals vulgär werden. Diese Menschen verabscheuen Schäbigkeit. Zeigen Sie vielmehr, daß Sie Geschmack und Sinn für schöne Dinge besitzen. Beweisen Sie Ihre Liebe zu Heim und Herd. Die Dinge, die Löwe/Katzen am meisten Vergnügen bereiten, spielen sich hauptsächlich in seinem Wohnzimmer ab. Seien Sie sportlich und, was auch immer Sie tun, jammern Sie nicht! Löwe/Katzen haben keine Geduld für Heulsusen. Lernen Sie, Ihre Löwe/Katze bewundernd anzuschauen und erwarten Sie keinen Lohn dafür –

nur eine Menge guter Ratschläge und wohlgemeinter Ermahnungen, wie umsichtig man mit allem umgehen sollte, angefangen bei Verträgen bis hin zur Überziehung eines Kontos.

Passende Partner

Sie fühlen sich zu Widder, Waage und Steinbock/Ziegen und -Schweinen hingezogen. Auch Schütze/Schweine gefallen Ihnen. Seien Sie nicht überrascht, wenn Sie an einem Hund hängenbleiben. Von Zwilling, Waage und Schütze/Hunden sind Sie geradezu begeistert. Sie sind auf eine Weise altruistisch, die Ihnen gefällt. Das gilt nicht für Stier, Skorpion und Wassermann/Ratten, -Tiger und -Hähne. Sie sind auch nicht gerade verrückt nach Skorpion/Drachen oder Stier/Katzen.

Heim und Familie

Löwe/Katzen wollen eine elegante häusliche Umgebung. Ihre soliden Häuser werden von wertvollen Antiquitäten geschmückt. Ihre Häuser sind meistens abbezahlt. Sie neigen ein wenig dazu, mit ihrer Einrichtung anzugeben. Dies ist typisch für Löwe/Katzen, aber nicht besonders schwerwiegend.

Als Eltern sind Löwe/Katzen liebevoll und erwarten, daß ihre Kinder Respekt vor ihnen haben und hart arbeiten. Gewöhnlich lassen sie ihnen Faulheit nicht durchgehen. Vergnügungen gehören in die Ferien. Ansonsten wird gearbeitet!

Löwe/Katze-Kinder sind herzig und kommen gut alleine zurecht. Gewöhnlich überhäufen sie ihre Eltern nur mit ihren Diplomen und Auszeichnungen. Sie können auch sehr frech sein, da sie immer Recht haben. Und wenn sie, was Gott verhüte, in eine laute Familie hineingeboren wurden, können sie sogar sehr aufsässig werden. Löwe/Katzen mögen keinen Lärm, außer sie machen ihn selbst – und das tun sie nicht sehr oft. Dieses Kind braucht sein eigenes Zimmer, in dem es zwischen seinen Prüfungen und Klavierstunden, seinem Ballettunterricht und seinen Computerkursen ausruhen kann. Das Löwe/Katze-Kind ist wahrscheinlich auch sehr hübsch.

Beruf

Es gibt nicht viele Aufgaben, für die Löwe/Katzen nicht begabt sind. Ob es sich um eine manuelle oder intellektuelle Arbeit handelt, die Arbeit an sich ist das Ziel. Dieser Mensch wird seinen Beruf lieben. Und welchen Beruf er auch wählt, das Ergebnis wird brillant sein. Löwe/Katzen wollen von ihren Mitarbeitern bewundert werden, ob sie nun in untergeordneter oder gleichberechtigter Position sind.

Für einen Löwe/Katze-Menschen ist es aber schwer, nicht der Boß zu sein. Aber im Gegensatz zu gewissen anderen Löwen, kann dieser Löwe akzeptieren, wenn er diese oder jene Beförderung nicht bekommt. Der Löwe/Katze-Chef ist zwar beherrschend, aber er versucht, immer fair zu sein. Es besteht jedoch kein Zweifel, daß die Show immer dem Löwe/Katze-Menschen gehört, und alle Angestellten sind nur bezahlte Gäste. Er ist nur unterwürfig, wenn ihm keine andere Wahl bleibt.

Berufe, die sich für Löwe/Katzen am besten eignen, sind: Antiquitätenhändler, Arzt, Juwelier, Rechtsanwalt, Lehrer, Philosoph, Tierarzt, Künstler.

Eine berühmte Löwe/Katze: Fidel Castro.

LÖWE/DRACHE

»Ich will«
Feuer, Sonne, Fix

»Ich präsidiere«
Holz positiv, Yang

WÜRDE	MENSCHENLIEBE	KRAFT	ENTHUSIASMUS
KRAFT	WÄRME	ERFOLG	MUT
LOYALITÄT	SCHUTZ	GUTE GESUNDHEIT	SENTIMENTALITÄT
ARROGANZ	TYRANNISCH	STARRHEIT	VERBLENDUNG
SELBSTZUFRIEDENHEIT	WECHSELNDE PARTNERSCHAFTEN	MISSTRAUEN	AUFSCHNEIDEREI
EITELKEIT	ANMASSEND	UNZUFRIEDENHEIT	REDSELIGKEIT

In meinen Notizen zu dieser Kombination steht: »Ein totaler Egoist mit einem Herz aus Gold.« Sind Löwe/Drachen wirklich so? Sind sie tatsächlich so egozentrisch? Ja, das sind sie. Aber das soll ein Kompliment sein.

Nicht jedem ist es gegeben, seinen Mitmenschen überlegen zu sein. Und wie ich allein in diesem Buch bereits mehrfach wiederholt habe, gibt es kein Zeichen, das besser ist als ein anderes. Das gibt es einfach nicht. Aber Löwe/Drachen sind so erhabene Menschen, die über soviel Vitalität, Mut und eine edle Gesinnung verfügen, daß man beinahe sagen möchte, sie seien vielleicht doch etwas besser als andere.

Glauben Sie jetzt ja nicht, daß Löwe/Drache mein Lieblingszeichen wäre und ich es aus diesem Grund so positiv beschreibe. Es paßt (leider) überhaupt nicht zu mir, mich mit diesen Monarchen abzugeben. Ich selbst bin ein Tiger und diese Menschen würden mich glatt zum Frühstück verspeisen. Nein, ich kann nicht gerade behaupten, daß ich sie besonders liebe. Aber ich habe mir immer vorgestellt, daß ich mir einen Löwe/Drachen erwählen würde, wenn ich einmal »erwachsen bin«. Diese Menschen sind einfach überwältigend und so großartig und darüber hinaus auch noch sehr sympathisch.

Der Löwe ist hier ein großmütiger Drache. Ein fairer und geradliniger Drache. Ein loyaler, machtvoller und beschützender Drache. Es ist die reinste Verkörperung des Drachen: Feuer, Sonnenschein,

Lärm, Fachkenntnis und Selbstvertrauen. Und komischerweise ist es das Zeichen, das die ziemlich anmaßende Seite des Löwen ausgleicht.

Wie Sie sehen, sind Löwen gutherzig, strahlen Wärme aus und teilen ihren Wohlstand gerne mit anderen. Drachen können total selbstsüchtig sein. Aber sie sind sentimental. Diese Kombination stellt ein Gleichgewicht zwischen Geben und Nehmen her. Wo der Löwe zu großzügig ist, hält ihn der Drache zurück und sagt beispielsweise: »Halt, keine dreißig Tonnen Bonbons für die Kinder im Waisenhaus! Aber schicke ihnen ruhig drei Tonnen.« Und wenn der Drache ein wenig zu geizig wird, sagt der Löwe: »Du solltest dich schämen. Gib dieser armen Witwe ein paar Geldscheine und stell dich nicht so an!« Löwe/Drache ist eine gelungene Mischung.

Die Integrität und der wahre Edelmut des Löwen sind genau die Eigenschaften, die vielen Drachen fehlen. Das Mißtrauen des Drachen wiederum wirkt etwas mäßigend auf das oft übertriebene Selbstbewußtsein des Löwen. Darüber hinaus verleiht der Löwe dem Drachen gute Gesundheit und eine übersprühende Vitalität, die dem etwas zu Faulheit neigenden Löwen fehlt.

Der Löwe/Drache-Mensch ist so sentimental, daß er oft wirklich schwach wird. Tragödien kann er nicht ertragen. Zeitungsberichte über mißhandelte Kinder und Hunde überspringt er. Er hat ein so weiches Herz, daß es fast rührend ist. Aber er ist auch sehr pflichtbewußt. Wenn seine Familie von einer Tragödie betroffen ist, nimmt er die Zügel in die Hand und nimmt sich der Sache an. Doch ansonsten diskutiert er nur ungern über tragische Ereignisse, wie die Geschichte über den Jungen, der zehn Jahre lang in einem Schrank eingesperrt war. Der Löwe/Drache hat einfach zuviel Mitgefühl für das Geschick dieses Jungen.

Löwe/Drachen haben oft ein ungewöhnlich langes Leben. Sie sind extrem eitel, so daß ihr Wunsch, ihr gutes Aussehen zu bewahren, sie womöglich dazu drängt, auf ihre Ernährung zu achten. Und Menschen, die unter diesem Zeichen geboren sind, achten auf sich selbst, um besser für andere sorgen zu können. Darüber hinaus sind sie ständig mit so großen, komplizierten und umwälzenden Projekten beschäftigt, daß sie gar keine Zeit haben zum Altwerden. Und was noch dazukommt ist, daß Drachen mit einer ausgesprochen guten Gesundheit zur Welt kommen, wie Sie sich vielleicht erinnern.

Liebe

Gelinde gesagt ist dieser Bereich im Leben der Löwe/Drachen nicht besonders beständig. Diese Menschen sind so von sich eingenommen, daß sie vor nichts haltmachen. Sie scheinen immer genau zu wissen, was sie wollen und wie sie es bekommen. Der Löwe/Drache bestimmt, das ist sein Geburtsrecht.

Da der Löwe/Drache sich seiner Überlegenheit so bewußt ist, macht er einem als Liebhaber, Ehegatte oder Gefährte ganz schön zu schaffen. Sein Partner ist nur ein Mittel zum Zweck, und selbst wenn dieses Mittel notwendig ist, ist es für ihn nicht lebensnotwendig.

Wenn Sie einen Löwe/Drachen lieben, müssen Sie akzeptieren, daß Sie in seinem Schatten leben müssen, der ihr ganzes Leben einhüllt und sie davon abhält, sich in der Welt zu sehr hervorzutun. Wenn Sie gerne mit jemandem in Konkurrenzkampf treten, sollten Sie die Finger von einem Löwe/Drachen lassen – außer, natürlich, Sie sind selbst unter diesem Zeichen geboren!

Passende Partner

Widder, Zwillinge, Waage, Schütze und Steinbock sind Zeichen, die Ihnen gefallen. Sie tun gut daran, sich unter diesen Tierkreiszeichen Zwilling, Widder und Steinbock/Schlangen zu suchen sowie Widder, Waage und Schütze/Affen und Zwilling, Widder und Schütze/Ratten. Auch der Schütze/Hahn paßt zu Ihnen. Stier, Skorpion und Wassermann/Ochsen und -Hunde sind zu streng und mürrisch für einen Menschen wie Sie, der sich gerne hervortut.

Heim und Familie

Das Heim eines Löwe/Drachen ist seine Festung. Es kann sein, daß dieser Mensch eine hohe Mauer um sein Haus baut, mit oder ohne Burggraben, je nachdem, wie begütert er ist. Sie sind jederzeit eingeladen, eine Weile in seinem Haus zu bleiben. Löwe/Drachen sind ausgesprochen gastfreundlich. Daneben lieben sie es, so viele Menschen wie nur möglich um sich zu scharen. Sie lieben kostbare Antiquitäten und alles, was aus Gold ist. Schließlich sind sie königlich!

Löwe/Drache-Menschen sind gute Eltern. Oft haben sie mehrere Kinder aus verschiedenen Beziehungen. Aber sie vernachlässigen keines ihrer Kinder oder ihrer Ehegatten. Sie sind der Meinung, daß alle in irgendeiner Weise zusammenleben sollten. Sie sind um das

Wohlergehen ihrer Kinder besorgt und bestehen darauf, daß sie etwas lernen, sich gesund ernähren, pünktlich nach Hause kommen und, ohne zu murren, tun, was man ihnen sagt. Löwe/Drache-Mütter sind keine Glucken. Sie regieren mit fester Hand. Aber ihre Liebe zu ihren Kindern ist sehr intensiv.

Ein Löwe/Drache-Kind wird aus seinem Leben automatisch immer das Beste machen. Sie müssen nur wenig tun, außer sich mit ihm abzufinden. Dieses Kind ist sicherlich laut und fordernd. Schenken Sie diesem Verhalten keine Beachtung oder, wenn Ihnen das lieber ist, verwöhnen Sie es, bis es eine ungezogene Göre geworden ist. Dieses Kind wird sich niemals ändern. Es ist sich so sicher, was das Leben ihm zu bieten hat, daß es kaum einen Ratschlag braucht.

Beruf

Leider, lieber Löwe/Drache, ist der Arbeitsmarkt für wohlwollende Despoten schon mehr als gesättigt. Daher würde ich dir vorschlagen, dir ein eigenes Land zu erobern. Aber im Ernst, Löwe/Drachen sind für fast alles begabt. Sie können ein Computerfachmann sein oder ein Baseballspieler, Journalist, Romanschriftsteller, Schauspieler oder Modeschöpfer. Welchen Beruf auch immer der Löwe/Drache-Mensch ausübt, er tut es mit Erfolg. Eine Niederlage bringt ihn fast um und normalerweise lassen sie es gar nicht erst dazu kommen. Aber wenn sie einmal eine Niederlage einstecken müssen, sind sie dem Zusammenbruch nahe.

Als Arbeitgeber haben Löwe/Drachen all die Eigenschaften, die ich zuvor beschrieben habe. Sie sind gerecht, offenherzig und auch despotisch. Aber unter der harten Schale haben sie ein weiches Herz. Darüber hinaus sind sie, trotz der Sparsamkeit des Drachen, sehr großzügig. Ich kann mir Löwe/Drachen schlecht als Angestellte vorstellen, aber ich nehme an, daß auch sie einmal einen Anfang machen müssen. Aber wahrscheinlich liegen sie Ihnen so lange im Magen, bis sie Ihnen Ihre Stelle wegschnappen und selbst zum Chef ernannt werden.

Berühmte Löwe/Drachen: George Bernard Shaw, Stockhausen, Stanley Kubrick.

LÖWE/SCHLANGE

»Ich will«
Feuer, Sonne, Fix

»Ich empfinde«
Feuer negativ, Yang

WÜRDE	MENSCHENLIEBE	INTUITION	KLUGHEIT
KRAFT	WÄRME	ATTRAKTIVITÄT	HELLSICHTIGKEIT
LOYALITÄT	SCHUTZ	DISKRETION	MITGEFÜHL
ARROGANZ	TYRANNISCH	HEUCHELEI	HABGIER
SELBSTZUFRIEDENHEIT	WECHSELNDE PARTNERSCHAFTEN	EXTRAVAGANZ	ANMASSUNG
EITELKEIT	ANMASSEND	FAULHEIT	AUSSCHLIESSLICHKEIT

Die Schlange, die unter dem Zeichen Löwe geboren ist, hat immer recht. Selbst wenn sie einmal nicht Recht hat, bleibt dieser Grundsatz in Kraft. Darüber hinaus ist sich der Löwe/Schlange-Mensch absolut sicher, daß er immer alles am besten weiß. Und oft ist das auch der Fall, besonders, wenn es darum geht, wie er seine Ziele erreicht. Weisheit und Hellsichtigkeit sind Eigenschaften, die den Schlangen angeboren sind. Aber der Löwe verstärkt die Eitelkeit der Schlange noch mehr, obwohl er ihrem kühlen Kopf etwas Wärme und Sonnenschein verleiht. Nun muß sich die extravagante und überhebliche Schlange mit ihrer Aufgeblasenheit herumschlagen, von der sie einfach nicht loskommt.

Dann kommt noch die Willenskraft des Löwen mit ins Spiel. Dadurch steigert sich der Ehrgeiz dieses Menschen. Jedoch müssen wir auch die Faulheit der Schlange berücksichtigen. Und ihre Tendenz, zu heucheln und jeden Pfennig umzudrehen. Können Sie sich langsam vorstellen, um was für einen Menschen es sich hier handelt? Verstehen Sie, warum Löwe/Schlangen – ärgerlicherweise – immer recht haben?

Natürlich liegt ein Mensch, der zweifellos immer Recht hat, auch oft einmal daneben. Das haben Extreme so an sich. Und ich möchte es einmal mit folgendem Sprichwort sagen: »Gleich, wie auf welch hohem Thron jemand sitzt, er sollte sich daran erinnern, daß er immer nur auf seinem Hintern sitzt.« Löwe/Schlangen sind sich einfach zu gut dafür, ihre gelegentlichen Fehler einzusehen und fremde Hilfe anzunehmen. Sie gehören zu den Menschen, die immer mit einem nachsichtigen Lächeln auf Ihren Ratschlag reagieren und schnippisch antworten: »Sei nicht komisch! Ich weiß schon, was ich tue.« Wenn Sie der Löwe/Schlange dann den Rükken kehren, hören Sie auf einmal einen dumpfen Schlag. Die Löwe/Schlange ist auf die Nase gefallen, aber sie gehört nicht zu den Leuten, die sich beklagen.

Löwe/Schlangen gelangen mit Hilfe ihres Charmes und ihrer Attraktivität immer ans Ziel. Sie setzen ihren Charme aber nicht einmal berechnend ein. Sie haben einfach eine enorme Ausstrahlung. Wenn Sie einer Löwe/Schlange begegnen, seien Sie darauf gefaßt, daß es in Ihrem Kopf ein metallisches Klicken verursacht. Selbst wenn Sie gar nicht daran gedacht haben, auf diesen Menschen aufmerksam zu werden, werden Löwe/Schlangen, die im selben Raum mit Ihnen sind, unweigerlich Ihre Aufmerksamkeit auf sich ziehen.

Wenn Sie eine Löwe/Schlange länger kennen, wird sie sich erwärmen. Dieser Mensch braucht Freundschaft und ist sehr treu – besonders gegenüber seinen alten Busenfreunden. Aber gleich, wie lang Sie diesen Menschen schon kennen, er wird Ihnen niemals erlauben, ihm einen Rat zu erteilen. Er selbst wird Ihnen stundenlang erzählen, was Sie alles tun sollten, aber umgekehrt wird er Ihnen solchen Unsinn nicht erlauben. Denn wie könnten Sie wissen, was er tun soll? Tatsache ist, daß ihre Weigerung, einen Rat anzunehmen, oft ihr Untergang ist. Löwe/Schlangen gehen oft unter, weil sie nicht auf die Vernunft hören wollten.

Tief in ihrem Inneren sind Löwe/Schlangen sehr wohltätig und philanthropisch. Sie haben die Vorstellung, daß sie eines Tages einen großartigen Beitrag leisten werden, um den Hunger und die Not der Menschheit zu lindern. Aber selten geschieht mehr, als daß sie ein Waisenkind adoptieren oder den neuen öffentlichen Spielplatz einweihen. Sie sind zwar nicht nachlässig, aber zu verstrickt in ihre eigenen Tragödien und Verluste (von denen die Ärmsten leider mehr als genug haben), um ihre guten Taten auch wirklich in die Tat umsetzen zu können. Darüber hinaus sind sie doch fauler, als sie sein sollten und zu sehr mit sich selbst beschäftigt. All dies ist die Ursache dafür, daß die Löwe/Schlange kaum mehr tut, als einen Scheck für eine Wohlfahrtsorganisation auszustellen.

Löwe/Schlangen sind nicht glücklich, wenn sie nicht von kostbaren Dingen umgeben sind. Sogar die ärmste Löwe/Schlange wird stets die neuesten Spitzenstrümpfe tragen, eine Zigarettenspitze aus Elfenbein haben und die Welt von der Warte des Jet-Sets aus betrachten. Löwe/Schlangen haben von Natur aus Stil und Klasse. Sogar häßliche Löwe/Schlangen sind schön. Es ist die Art, wie sie dastehen und einen anblicken, die sie so unwiderstehlich macht. Und wenn sie können, hüllen sie sich immer in kleine Accessoires von Tiffany, Cartier und Van Cleef (und gewöhnlich schaffen sie es immer, sich diese kleinen Kostbarkeiten zu leisten). Löwe/Schlangen gehören zu den mysteriösen Leuten, bei denen Sie sich fragen, wie sie es anstellen, sich teure Juweliere leisten zu können, wie Harry Winston.

Unterschätzen Sie niemals den Hang der Löwe/Schlangen zu Drogen. Sie haben einen gefährlichen Drang, bewußtseinsverändernde Mittel einzunehmen. Das könnte daran liegen, daß sie sich über ihre Gefühlskälte hinwegtrösten wollen. Aber vor dieser Neigung müssen Sie sich sehr in acht nehmen!

Liebe

Hier ist das Reich der Löwe/Schlangen. Ihr Leben ist ein wahres Karussell der Liebe. Sie haben viele Liebesaffären und einige Ehen und Scheidungen. Aber darum geht es nicht. Was ich damit sagen will, ist, daß sich Löwe/Schlangen von anderen dadurch unterscheiden, daß sie einen so liebevollen Charakter haben. Als Geliebte haben sie immer etwas von einer »Julia« oder »Isolde« oder einem »Ulysses« an sich. Sie sind die berühmtesten »Geliebten« der Welt. Sie scheinen Partner anzuziehen wie aus dem Nichts, halten an ihnen mit Ausdauer fest und wenn der betreffende Partner dann soweit ist, daß er die Löwe/Schlange anbetet, lassen sie plötzlich wieder von ihm ab und er gerät in Vergessenheit. Aber nicht immer ist das so. Ich möchte nicht behaupten, Löwe/Schlangen hätten mehr Beziehungen als andere Schlangen. Die Sache ist einfach die, daß sie unter all den so überaus beliebten Schlangen diejenigen sind, die am meisten geliebt werden.

Wenn Sie einen Löwe/Schlange-Menschen lieben, übergeben Sie ihm den Schlüssel zu Ihrem Keuschheitsgürtel, und machen Sie sich daran, um Präsident von »General Motors« zu werden, um dem Erwerbstrieb der Löwe/Schlange entsprechen zu können. Sie werden niemals aufhören, Ihren Löwe/Schlange-Partner zu bewundern, und wahrscheinlich weiß er das auch. Aber ich möchte Ihnen den guten Rat geben, sich ab und zu rar zu machen, wenn Sie Ihre Löwe/Schlange bei der Stange halten wollen. Machen Sie gelegentlich eine Geschäftsreise, nur damit sich

Ihre Löwe/Schlange fragt, was Sie so treiben – der Abwechslung halber!

Passende Partner

Ich liebe meine Frau, aber, o je, ich bin eine Schlange! Zwilling, Waage, Schütze und Steinbock/Ochsen folgen Ihnen, wohin Sie auch gehen. Dasselbe gilt für Widder, Waage und Steinbock/Drachen. Auch Schütze und Steinbock/Hähne sind verrückt nach Ihnen. Sie sind einfach eine Wucht! Sogar Waage/Hähne erliegen Ihrem Charme. Aber Stier, Skorpion und Wassermann/Tiger und Schweine sind nichts für Sie.

Heim und Familie

Suchen Sie die Adresse und die Telefonnummer von Ihrem bevorzugten Partyservice heraus und lassen Sie sich die Nummer auf das Handgelenk tätowieren. Löwe/Schlangen brauchen Luxus, und zwar nicht wenig! Wenn man das Heim eines Löwe/Schlange-Menschen betritt, versteht man, was das Wort »Palast« bedeutet. Löwe/Schlangen wurden dafür geschaffen, im Negligé zu faulenzen und sich dem süßen Leben hinzugeben.

Löwe/Schlangen sind die geborenen »Nehmer«. Sie unterhalten andere gerne und nehmen gerne Blumen und Champagner entgegen, ebenso Ehegatten und lassen sich von jedem gerne umarmen und ans Herz drücken. Daher ist ihre häusliche Umgebung von außerordentlicher Wichtigkeit. Und immer in tadellosem Zustand – außer das Dienstmädchen ist gerade krank.

Die durchschnittliche Löwe/Schlange hat es nicht besonders mit dem Kinder-Aufziehen. Stellen Sie sich eine schillernde Prinzessin in einem pfirsichfarbenen Seidenmorgenmantel vor, die ihr glucksendes Baby mit Spinat füttert. Diese Vorstellung ist einfach absurd! Ein Yorkshire-Terrier? Schon eher. Aber keinen Säugling! Aber glauben Sie ja nicht, diese Menschen seien keine guten Eltern, wenn sie doch Kinder haben! Es ist zwar nicht gerade ihre Bestimmung, aber wenn es doch dazu kommt, bewundern sie ihr Baby sehr. Löwe/Schlangen hassen Kinder nicht. Aber sie sind ein wenig zu zerbrechlich, was Gefühle anbelangt, und das verursacht ihnen mehr Kopfschmerzen als alles andere. Löwe/Schlangen sind auch sehr intelligent. Sie gehören zu den intellektuellsten Zeichen im ganzen Tierkreis. Daher sind sie oft zu sehr mit einer Lektüre beschäftigt, um dem Baby die Windeln wechseln zu können.

Löwe/Schlange-Kinder zeigen von Anfang an, daß sie nicht

bereit sind, dreckige Hausarbeit zu erledigen oder nach der Schule staubzusaugen. Möglicherweise machen sie ihren Eltern das Angebot, sich einen reichen Mann zu suchen, der Ihnen eine Putzfrau finanziert. Aber normalerweise tun Löwe/Schlange-Kinder zwei Dinge gern: sich brüsten und ihre Hausaufgaben machen. Ihre Gesundheit ist ein wenig empfindlich. Gehen Sie öfter zu einem Arzt mit ihnen. Und necken Sie sie ab und zu. Löwe/Schlange-Kinder neigen dazu, sich selbst zu ernst zu nehmen.

Beruf

Löwe/Schlangen sind in der Lage zu arbeiten, vorausgesetzt es handelt sich um eine geistige Arbeit, die man von dem ungewöhnlichen Arbeitsplatz auf einer Chaiselongue aus erledigen kann. Löwe/Schlangen sind fleißig, aber nur mit ihrem Verstand. Sie sind ganz entschieden gegen zuviel Bewegung und Unruhe. Ich kann mir einen Löwe/Schlange-Menschen kaum in einem Restaurant Fondue-Schüsseln schleppen oder in einem Büro voll kichernder und schnatternder Sekretärinnen herumrennen sehen. Der Löwe/Schlange-Mensch ist einfach zur Brillianz geboren. Daher ist er ein Einzelgänger, und wenn er etwas Aufsehenerregendes leistet, zeigt sich das von selbst. Dieser Mensch gehört zu den Angestellten, die Sie niemals davon überzeugen könnten, im Lager zu arbeiten oder ein Büro ohne Fenster zu akzeptieren. Wenn Sie einen Löwe/Schlange-Menschen als Angestellten haben, passen Sie auf Ihren Posten auf. Sie befinden sich in der ernsten Gefahr, daß Ihnen Ihr Posten von Ihrem Angestellten weggeschnappt wird. Aber wenn dem so ist, geben Löwe/Schlangen keine besonders guten Chefs ab. Sie können sich nicht damit abgeben, Leute herumzukommandieren – in einem Modell-Negligé?

Einem willensstarken Löwe/Schlange-Menschen beruflich das Wasser zu reichen, ist ziemlich schwierig. Er könnte einen Top-Rechtsanwalt oder Spitzenverkäufer abgeben. Aber der durchschnittliche Löwe/Schlange-Mensch möchte lieber eine Menge über viele Wissensgebiete wissen und dann ein berühmter Filmstar werden – das ist schöner, als Rechtsanwalt zu sein.

Berühmte Löwe/Schlangen: Mae West, Jackie Kennedy Onassis, Robert Mitchum, Peter Bogdanovich.

LÖWE/PFERD

»Ich will«
Feuer, Sonne, Fix

»Ich fordere«
Feuer positiv, Yang

WÜRDE	MENSCHENLIEBE	ÜBERZEUGUNGS-KRAFT	STIL
KRAFT	WÄRME	AUTONOMIE	GERADLINIGKEIT
LOYALITÄT	SCHUTZ	POPULARITÄT	TALENTIERTHEIT
ARROGANZ	TYRANNISCH	SELBSTSUCHT	HAST
SELBSTZUFRIEDEN-HEIT	WECHSELNDE PART-NERSCHAFTEN	SKRUPELLOSIGKEIT	ÄNGSTLICHKEIT
EITELKEIT	ANMASSEND	AUFLEHNUNG	PRAGMA-TISMUS

Dieser gutherzige Mensch überflügelt seine Mitmenschen fast immer. Er ist der geborene Gewinner. Der Löwe/Pferd-Mensch scheut kein Hindernis und keinen Kampf. Mehr als alles andere wünscht er sich, in allen Lebensbereichen an die Spitze zu gelangen und dabei eine Atmosphäre der guten Laune aufrechtzuerhalten. Das Pferd, das im Zeichen Löwe geboren ist, ist kein mürrischer und schlecht gelaunter Mensch. Seine furchtlose Löwe-Natur läßt die normale Angst zu versagen, die beinahe jedes Pferd quält, fast in Vergessenheit geraten.

Wenn der Löwe/Pferd-Mensch erst einmal weiß, was er will, greift er zum Telefon, trifft seine Verabredungen, geht zur Bank und regelt seine Ratenzahlungen und streicht die Wände seines neuen Geschäfts oder seines neuen Büros. Der Löwe/Pferd-Mensch ist ein Tatenmensch.

Natürlich reicht es nicht aus, ein sonniges Gemüt zu haben und ein angesehener Bürger zu sein, wenn man permanent gewinnen will. Auch der Kampf mit den Ellenbogen ist keine Garantie für Erfolg. Aber Löwe/Pferde wissen das nicht. Sie sind der Meinung, wenn man etwas tut, dann wird es auch möglich. Daran scheitert unser Löwe/Pferd gelegentlich und bricht sich auch einmal einen Arm oder ein Bein. Und das ist der Grund, warum es häufig bestürzt oder enttäuscht ist.

Wie konnten diese Geschäftsleute, mit denen er ein so faires und ehrliches Geschäft abgeschlossen hat, nur versuchen, ihn hereinzulegen? Warum hat dieser Ladendieb gerade in seinem Geschäft gestohlen? Er war der Meinung, es wäre eine so nette Frau, so eine gute Kundin. Der Löwe/Pferd-Mensch schüttelt verwirrt den Kopf. »Wie kann mir jemand so etwas antun? Ich bin doch so nett, arbeite so hart. Ich bin nicht faul. Ich Ärmster!«

Bei manchen Menschen führen solche Enttäuschungen zu Depressionen oder gar Resignation. Nicht so bei Löwe/Pferden. Sie hassen Rückschläge und Niederlagen und Betrügereien (außer sie selbst sind die Trickkünstler). Wenn dem Löwe/Pferd-Menschen eines dieser Mißgeschicke widerfährt, reagiert er recht einfach – er schlägt mit denselben Mitteln zurück! Er sucht niemals Streit, aber wenn man Streit mit ihm anfängt, ist er ein erbarmungsloser und zäher Gegner, der keine Skrupel kennt. Für den Löwe/Pferd-Mensch ist falsch eben falsch, und richtig ist genau das, was sein muß.

Dieser Mensch leidet unter einem ziemlich empfindlichen Ego. Kritik kann er nur schlecht annehmen und widersteht jedem Urteilsspruch anderer. Er ist ein Analytiker, der sich aber dem Urteil anderer Menschen verschließt. Er hat es nicht gern, wenn man sich in seine Angelegenheiten einmischt, und scheut sich auch nicht, dies zu sagen.

Der Löwe/Pferd-Mensch kann ziemlich beredt sein. Auf Parties oder anderen Familienfesten fühlt er sich plötzlich dazu aufgerufen, die Unterhaltung zu führen. Offen gesagt halten diese Menschen oft bombastische Ansprachen und manchmal sogar Predigten.

Aber der Löwe/Pferd-Mensch ist ein wohltätiger Mensch. Vielleicht hält er sich deshalb für einen so guten Menschen, weil er anderen, die weniger glücklich sind, hilft. Oft steht er einer Wohltätigkeitsorganisation vor oder betätigt sich aktiv an irgendwelchen Wohlfahrtsprojekten. Der Löwe/Pferd-Mensch ist gerne ein Philanthrop – besonders, wenn er es auch zeigen kann.

Die körperliche Erscheinung der Löwe/Pferde ist recht beeindruckend. Löwe/Pferd-Männer sind flott und elegant, manchmal sogar ein wenig affig. Und Löwe/Pferd-Frauen leben praktisch nur dafür, sich herauszuputzen. Sie tragen immer genau den passenden schwarzen Seidenschal zu ihren Jade-Ohrringen. Diese Menschen kümmern sich ausgesprochen stark um ihr Aussehen. Sie turnen und joggen und achten auf eine gesunde Ernährung.

Liebe

Das Pferd ist im allgemeinen sehr leidenschaftlich und voller Lebenskraft und Schwung. Auch der Löwe ist, was die Inbrunst der Liebe anbelangt, nicht gerade eine Niete. Die Kombination Löwe/Pferd ergibt daher einen heißblütigen und überaus verführerischen Charakter. Pferde können in der Liebe sehr skrupellos sein. Sie können den Standpunkt eines anderen nicht verstehen, erinnern Sie sich? Eine Verabredung nicht einzuhalten oder manchmal ein paar Tage nicht nach Hause zu kommen, ein paar Tage alleine im Wald zu verbringen, während Sie daheim vergehen in der Sorge, er könne von einem Bär gefressen worden sein – all das ist für den Löwe/Pferd-Menschen ganz natürlich. »Ja, natürlich liebe ich dich. Schließlich bin ich doch wieder nach Hause gekommen, oder?« Diese Antwort nach viertägiger Abwesenheit ist für den Löwe/Pferd-Menschen üblich.

Löwe/Pferde lieben entweder auf diese Kavaliersart oder sie verlieben sich Hals über Kopf und geben um ihrer Leidenschaft willen alles auf, was sie haben. Nichts mehr zählt dann, außer dem Geliebten und seinen Launen. Dies ist ein Faible der Pferde-Menschen, aber bei Löwe/Pferden wird er durch deren angeborene Eitelkeit noch verstärkt. Sie werden noch viel leichter das Opfer ihrer Leidenschaft. Wie auch immer, wenn Sie einen Löwe/Pferd-Menschen lieben, sollten Sie Ihren Sicherheitsgurt anlegen und Ihrem Pferd die Sporen geben. Sie befinden sich auf einem ziemlich heißen Ritt!

Passende Partner

Widder, Zwilling, Waage, Schütze und Steinbock/Tiger sind Ihre Favoriten. Dasselbe gilt für Hunde, die unter diesen Zeichen geboren sind. Auch bei Widder und Steinbock/Ziegen verlieren Sie schnell den Kopf. Lassen Sie sich jedoch nicht auf ein Techtelmechtel mit Stier, Skorpion oder Wassermann/Ratten und Affen ein. Letztere bringen Ihnen nur Unglück und behindern Ihr Vorwärtskommen.

Heim und Familie

Pferde schaffen sich gerne eine schöne und komfortable häusliche Umgebung. Reichtum und Luxus um ihrer selbst willen reizen sie jedoch nicht. Das Pferd ist immer erdverbunden und praktisch. Für den Löwe/Pferd-Menschen muß ein Haus in erster Linie in Ordnung sein und seinen Zweck erfüllen. Die Einrichtung ist originell, aber konservativ. Jedes Detail ist sichtbar. Löwe/Hähne können keine tropfenden Wasserhähne dulden. Repariert der Löwe/Pferd-Mensch seine Wasserleitungen selbst? Nur in Notfällen!

Als Vater oder Mutter blüht dieser Mensch auf. Er ist nicht übermäßig autoritär, aber auf liebevolle Weise dominant. Schlechtes Benehmen schickt sich bei ihm nicht. Der Löwe/Pferd-Mensch glaubt an das angemessene und richtige Benehmen. Er unterhält sich gerne mit seinen Kindern, verbringt gerne viel Zeit mit ihnen, liest ihnen etwas vor oder spielt mit ihnen.

Das Löwe/Pferd-Kind braucht eine Menge Aufmerksamkeit und viel Liebe und Zärtlichkeit (obwohl es kaum jemals um etwas bittet). Es hat ein sonniges Gemüt, und es ist ein Vergnügen, mit ihm zusammenzusein. Gewöhnlich zeigen sich die Talente dieser Kinder schon sehr früh. Sie sind ausgezeichnete Schüler und engagieren sich mit Freude an langfristigen Projekten.

Beruf

Dieser Mensch kann (und will) fast alles. Seiner Willenskraft, seiner praktischen Begabung und seinem leidenschaftlichen Engagement für eine Aufgabe stehen eine Vielzahl von Möglichkeiten zur Verfügung. Er möchte gewinnen und oft tut er das auch. Geben Sie diesem Menschen ein Büro und ein Telefon, und bevor Sie noch ein Wort gesagt haben, hat er schon den ersten Erfolg erlangt. Dieser Mensch hat wirklich keine Angst vor Erfolg.

Da der Löwe/Pferd-Mensch Autorität nicht ausstehen kann und nicht die leiseste Kritik erträgt, finden Sie ihn meistens selbst in einer Führungsposition. Er hat nichts gegen Regeln, solange er sie aufstellt. Da es ihm etwas an Feingefühl mangelt, ist er bei geschäftlichen Verhandlungen oder in der Teamarbeit selbst sein ärgster Feind. Löwe/Pferde treten häufig ins Fettnäpfchen.

Wenn Löwe/Pferde einen Chef haben, der andere nicht allzu sehr befehligt, geben sie gute Angestellte ab. Ihr Selbstbewußtsein ermöglicht ihnen, selbständig zu arbeiten und nicht ständig zu ihrem Vorgesetzten zu rennen, um zu fragen, ob sie etwas in Blau oder Grün anmalen sollen. Löwe/Pferde sind von Natur aus großartig. Sie haben ein sicheres Auftreten. Geben Sie dem Löwe/Pferd eine Stellung, die Ausstrahlung und sicheres Auftreten erfordert, und sie werden nicht enttäuscht sein. Verkauf, Public Relations, Werbung, Empfangsdame und Kaufmann sind einige Berufe, die sich für Löwe/Pferde eignen.

Berühmte Löwe/Pferde: Percy B. Shelley, Aldous Huxley, Ted Hughes, John Huston.

LÖWE/ZIEGE

»Ich will«
Feuer, Sonne, Fix

»Ich bin abhängig«
Feuer negativ, Yang

WÜRDE	MENSCHENLIEBE	ERFINDUNGSGEIST	ORIGINELL
KRAFT	WÄRME	SENSITIVITÄT	GUTE MANIEREN
LOYALITÄT	SCHUTZ	AUSDAUER	GESCHMACK
ARROGANZ	TYRANNISCH	SCHMAROTZER	SORGENVOLL
SELBSTZUFRIEDENHEIT	WECHSELNDE PARTNERSCHAFTEN	MANGEL AN VORAUSSICHT	PESSIMISMUS
EITELKEIT	ANMASSEND	UNPRAKTISCH	UNPÜNKTLICHKEIT

Dieser Löwe hat den wechselhaften Geist und den Ehrgeiz von zwei Napoleon Bonapartes. Genau diese Mischung aus Empfindsamkeit und Entschlossenheit verursacht, daß dieser Mensch immer im Rampenlicht steht, auch wenn er etwas komisch aufgemacht ist und sich ein wenig verrückt benimmt. Löwe/Ziegen sind mit gesundem Menschenverstand gesegnet, was so vielen abgeht.

Natürlich bleibt eine Ziege, immer eine Ziege und als solche unterliegt auch sie dem Nachteil dieses Tierkreiszeichens: Mangel an Voraussicht, was oft ihr Untergang ist. Die Ziege lebt im Augenblick, genau jetzt in dieser Sekunde. Daher passiert es oft, daß sie einfach dasteht und zusieht, wie ihr das, was sie erreicht hat, wieder entgleitet. Ziegen können nicht lange an etwas festhalten, und es scheint auch so, als ob sie es nicht wollten.

Die Brillianz des Löwen verbindet sich gut mit der guten Vorstellungskraft der Ziege. Diese Leute besitzen die Antriebskraft und den Scharfsinn, die für die meisten künstlerischen Tätigkeiten erforderlich sind. Kritik jedoch hassen sie und ignorieren sie sogar. Es kann vorkommen, daß sie denselben Fehler des öfteren wiederholen. Sie scheuen nicht davor zurück, andere Menschen für ihren eigenen Vorteil zu benutzen, weshalb sie von ihnen abhängig sind. Sie gelangen oft durch den Fleiß eines anderen Menschen zu Macht und Berühmtheit. Die Flexibilität der Ziege und die Courage des Löwen ermöglichen dieses Phänomen. Die Löwe/Ziege ist absolut kein Packesel!

Ziegen schweben immer ungefähr einen Meter über ihrem eigenen Kopf und sehen zu, wie die Welt sich dreht. Löwen tun dasselbe in noch etwas pompöserer Art und Weise. Sie blasen sich so auf, daß sie ihre Füße nicht mehr sehen können. Das ergibt, gelinde gesagt, eine recht abgehobene Persönlichkeit. Sie werden diesen Menschen hochmütig oder sogar distanziert finden. Klingeln Sie immer zweimal an seiner Tür! Und wenn dann immer noch keiner öffnet, läuten Sie Sturm!

Opportunismus wird bei diesem Zeichen groß geschrieben. Die Ziege läßt sich selten wirklich auf einen anderen ein. Aber wenn sie es tut, beobachtet sie scharf und ist sich über das kleinste Detail bewußt. Der Löwe dominiert, ist umsichtig und beschützt. Wenn die Ziegen-Seite seines Wesens das Signal gibt, sich auf eine Gelegenheit zu stürzen – grrrrr! Dann ist er Präsident der Welt.

Wenn der Löwe/Ziege-Mensch seinen Kopf nicht noch zu anderen Zwecken benutzt, als nur als Hutständer, wird er nicht lange Präsident sein. Löwe/Ziegen sollten sich von Menschen, die weiser sind als sie selbst, beraten lassen und sich diese Ratschläge sehr zu Herzen nehmen. Ihre Unart, nicht an morgen zu denken, wird ihre Stärke immer untergraben, außer man weist sie sanft auf die Gefahren hin, die vor ihnen liegen.

Löwe/Ziegen sind waghalsig. Sie gehen oft schon in jungen Jahren auf Entdeckungsreise. Sie schockieren Menschen, die konservativer sind als sie, und sind bald berühmt und berüchtigt. Sie wirken auch etwas großspurig und sie sind so begeistert von ihrer Großartigkeit, daß man sie nur schwer bremsen kann.

Liebe

Wenn es so etwas wie Abhängigkeit gibt (was zweifellos der Fall ist), findet man diese im Liebesleben der Löwe/Ziegen. Mit dem Löwen, der die Ziege zum Handeln drängt, ist die Ziege durchaus in der Lage, andere zu erobern. Aber dann läßt ihr Eroberungsdrang auch schon nach. Das hört sich etwa so an: »Jetzt habe ich dich«, und der Glanz verschwindet aus ihren Augen. Dann seufzt die Löwe/Ziege (zunächst noch sehr diskret): »Kümmere dich um mich, du starker Kerl!« Löwe/Ziegen ergreifen zwar die Initiative, verlieren dann aber ihre Heldenhaftigkeit und verwandeln sich in einen harmlosen, aber kräfteraubenden Parasiten.

Löwe/Ziegen sind jedoch ungeheuer attraktiv, und es sollte Sie daher nicht überraschen, wenn Sie sich in einen Löwe/Ziege-Menschen verlieben. Aber nur keine Panik! Mit der angemessenen Fürsorge kann Ihre im Löwen geborene Ziege alles werden, was Sie sich nur wünschen. Dieser Mensch besitzt viel Phantasie, und seine Lebenseinstellung ist alles andere als egozentrisch. Löwe/Ziege-Menschen besitzen das Potential für wahre Größe. Aber es liegt an Ihnen, dieses Potential in Ihrer Löwe/Ziege zu wecken. Als Partner einer Löwe/Ziege sind Sie nämlich Dr. Frankenstein. Geben Sie Ihrem verträumten Monster viel Freiraum – und eine Menge Taschengeld! Dann wird es Ihnen Plätze zeigen, von denen Sie nie geträumt hätten!

Passende Partner

Für langfristige Partnerschaften sollten Sie sich an Widder, Zwilling, Schütze und Steinbock/Schwein halten. Sie wissen, wie man eine Löwe/Ziege diskret umsorgt, damit diese ungestört ihre Kreativität entfalten kann. Auch Waage, Schütze und Steinbock/Pferde gefallen Ihnen. Sie sind auch ein großer Verehrer von Steinbock und Waage/Katzen, und dieses Gefühl beruht meistens auf Gegenseitigkeit. Stier, Skorpion und Wassermann/Ochsen und Hunde sind jedoch absolut nicht Ihr Typ.

Heim und Familie

Das Heim dieses Menschen befindet sich meist weit entfernt von seinem Elternhaus. In ihrem jugendlichen Übermut verlassen sie oft früh das Elternhaus und ziehen weit fort. Löwe/Ziegen schaffen sich am liebsten ihre eigene, ganz individuelle häusliche Umgebung. An muffigen und spießigen Orten fühlen sie sich nicht wohl. Sie brauchen viel Platz und Sicherheit in Form von Eleganz und Komfort. Die meisten Ziegen sind handwerklich begabt, und es macht ihnen Spaß, ihre häusliche Umgebung zu gestalten. Ihr Geschmack ist sehr individuell und originell.

Löwe/Ziegen sind ehrliche und warmherzige Eltern. Mit ihrem kindlichen Gemüt fällt es ihnen nicht schwer, sich an ihren Sprößlingen zu erfreuen. Und mit dem Schwung des Löwen setzen sie ihren Übermut genau im richtigen Moment ein.

Das Löwe/Ziege-Kind ist ein Sonnenschein. Es ist lieb und erfinderisch, stolz und trotzdem selbstlos. Es muß sich mit allen möglichen künstlerischen Dingen befassen können. Lassen Sie ihr Löwe/Ziege-Kind täglich in der Schönheit der Welt baden, und verwöhnen Sie es mit viel Bestätigung, und geben Sie ihm Sicherheit und Zärtlichkeit. Es ist eine Freude, dieses außergewöhnliche Kind um sich zu haben.

Beruf

Die Löwe/Ziege ist, wie fast alle Ziegen, künstlerisch begabt. Sie ist ein wahrer Zauberer, was Imitation, Dichtkunst, Tanz und Musik anbelangt. Wahrscheinlich kann dieser Mensch auch zeichnen und malen. Darüber hinaus ist er sehr flexibel und paßt seinen Stil dem Geschmack des Publikums an. Er ist energisch, aber nicht eigensinnig.

Als Chef verliert dieser Mensch leicht den Überblick, es sei denn, er steht unter der Obhut eines strengen Aufsichtsrats, der ihn im Zaum hält. Als Angestellte bekleiden Löwe/Ziegen gerne eine hohe Position, müssen aber nicht unbedingt über das ganze Büro befehligen. Löwe/Ziegen streben nach Wohlstand und wenden sich daher einer erfolgversprechenden Karriere zu. Im Idealfall arbeitet dieser Mensch allein und läßt sich nur von seinen engsten Freunden und Verwandten inspirieren. Berufe, die sich für Löwe/Ziegen eignen, sind: Künstler (aller Art), Übersetzer, Persönlichkeiten des öffentlichen Lebens.

Berühmte Löwe/Ziegen: Mussolini, Andy Warhol, Geraldine Chaplin, Robert de Niro, Jean Claude Killy.

LÖWE/AFFE

»Ich will«		*»Ich plane«*	
Feuer, Sonne, Fix		*Metall positiv, Yin*	
WÜRDE	MENSCHENLIEBE	SCHLAUHEIT	INTELLIGENZ
KRAFT	WÄRME	STABILITÄT	EIFER
LOYALITÄT	SCHUTZ	IMPROVISATIONS-TALENT	FÜHRUNGSNATUR
ARROGANZ	TYRANNISCH	TÄUSCHUNG	SELBSTBEZOGEN-HEIT
SELBSTZUFRIEDEN-HEIT	WECHSELNDE PART-NERSCHAFTEN	TRICKREICH	ALBERNHEIT
EITELKEIT	ANMASSEND	GESCHWÄTZIG	OPPORTUNISMUS

Der edle und anziehende Löwe/Affe ist ein Mensch, von dem man immer Neues lernen kann. Dieser Mensch hat ein Herz aus Gold, ist redegewandt und besitzt einen messerscharfen Verstand. Er kann Sie zum Lachen bringen und Sie zu Tränen rühren. Wenn Sie lange genug in seiner Nähe sind, kann er sie glatt zum Trinken verführen. Er ist ein richtiger kleiner Teufel!

Für den Löwen, der als König der Tiere geboren ist, ist der Affe eher ein Lamm. O ja, natürlich hat er das hoheitsvolle Gebaren, für das die Löwen berühmt sind. Aber in Verbindung mit dem flinken und patenten Affen entgeht dieser Löwe dem Größenwahnsinn. Auch muß sein Ego nicht ständig gepäppelt werden. Natürlich will auch der Löwe/Affe bewundert werden, aber er ist viel altruistischer und freundlicher als andere Löwen.

Der Löwe/Affe macht sich erstaunlich wenig Illusionen über seine eigenen Schwächen. Sie können ihm beispielsweise sagen: »Glaubst du nicht, daß du ein bißchen heikel bist, was das Abendessen angeht?« Und zu Ihrer großen Überraschung bekommen Sie folgende Antwort: »Ja, du hast recht. Ich bin ein Schwachkopf.« Das ist alles. Kein Wort mehr darüber. Sie müssen zugeben, daß die Fähigkeit des Löwen/Affen, Kritik anzunehmen, recht außergewöhnlich ist.

Der Löwe/Affe ist feinfühlend und objektiv, was aber nicht heißt, daß er es toleriert, wenn man an ihm herummeckert. Er läßt sich nicht gerne zum Narren halten und macht auch nicht gerne die Dreckarbeit oder duckt sich vor Arbeitskollegen oder Freunden. Der Löwe/Affe ist ein Vollblut-Löwe. Da er aber auch ein Affe ist, wirkt er etwas kühler, als Löwen normalerweise sind. Er ist auch sanfter und, was noch mehr ins Gewicht fällt: Er ist ein Vorbild an Stabilität und Schneid. Eigentlich beweist er mehr Mut, wenn es um andere geht als um ihn selbst. Der Löwe/Affe kann es nicht mitansehen, wenn seine Lieben verletzt oder ungerecht behandelt werden. Und obwohl er nicht besonders aggressiv ist, setzt er in diesem Fall sein Leben aufs Spiel.

Löwe/Affen identifizieren sich gerne mit Kraft. Sie bewundern Leute, die für ihre Rechte einstehen und sich gegen das System stellen, obwohl man Löwe/Affen nicht unter Sträflingen findet, die lebenslänglich im Gefängnis sitzen, weil sie eine Revolution angezettelt haben. Doch sie setzen sich mit Leib und Seele für andere Menschen ein.

Löwe/Affen sind sehr attraktiv. Sie haben oft affenartige Züge und einen gedrängten Körperbau. Sie sind immer sauber und gepflegt, ohne daß sie Unmengen Kosmetika und Parfum verbrauchen müßten. Löwe/Affen sind immer voller Optimismus. Sie wissen, daß das Leben nicht vollkommen ist, aber sie sind der Meinung, es sollte einem Spaß machen. Auch ihre schlechten Launen dauern nicht lange. In Beziehungen zu anderen Menschen vermeiden sie Gewalt und werden nie laut. Sie sind vernünftig und sind überaus neugierig. Sie spekulieren gerne darüber, was andere Menschen bewegt. Sie haben einen großen Bekanntenkreis. Erstaunlicherweise haben sie aber, trotz ihrer geselligen Wesensart, nur wenig Freundschaften, die ein ganzes Leben halten. Das liegt vielleicht auch daran, daß sie immer etwas mißtrauisch sind. Wenn Sie einen Löwe/Affen zum Freund haben, sollten Sie auf alle Fälle versuchen, ihn zu halten. Denn Sie werden nicht viele Menschen von seinem Kaliber kennenlernen. Glauben Sie mir!

Der Löwe/Affe ist ein wahrer Lebenskünstler und geht nicht sehr sorgfältig mit materiellen Dingen um. Sein Zuhause ist sehr unordentlich. Philosophie und alles, was neu ist, interessieren ihn sehr. Beispielsweise ruft er Sie aus Alaska an, wenn er eine bessere Mausefalle entdeckt hat. Sicherlich können Sie sich vorstellen, daß dieser Mensch Spaß daran hat, Probleme zu lösen und

Ordnung in chaotische Situationen zu bringen. Seine größte Freude ist es, wenn die Menschen, die ihm nahestehen, glücklich sind.

Liebe

Nur in Herzensangelegenheiten stolpert der Löwe/Affe über sein eigenwilliges Ego. Hier zeigt sich seine Besitzgier und seine Eifersucht. Womöglich erscheint er spielerisch und verabscheut spießbürgerliche Moral, aber er hat es nicht gerne, wenn andere ihm sein Liebesobjekt streitig machen wollen. Dies ist der einzige Bereich, wo Sie nicht mit ihm reden können: »Schatz, meinst du nicht, daß du da ein bißchen übertrieben reagiert hast, als du mich aus dem Lokal geschleppt hast, nur weil dieser nette Mann mit mir gesprochen hat?« Ein verliebter Löwe/Affe ist ein verliebter Trottel. Ich kenne ein paar Löwe/Affe-Frauen, die ihren Geliebten stündlich anrufen, wenn sie kurz übers Wochenende verreisen mußten, nur um sicher zu sein, daß er noch zu Hause ist. Dieses Verhalten ist absurd und entspricht so gar nicht dem sonst so vernünftigen Wesen dieses Menschen. Die emotionale Abhängigkeit des Löwe/Affen erinnert an einen Groschenroman.

Nun, falls Sie einen Löwe/Affen lieben, möchte ich Ihnen ein paar gut gemeinte Ratschläge geben. Erdrücken Sie ihn nicht, bedrängen Sie ihn nicht, nörgeln Sie nicht an ihm herum, aber beschützen und beraten Sie ihn! Umgarnen Sie ihn ein wenig und spielen nette Spielchen mit ihm. Löwe/Affen brauchen Zärtlichkeit und wollen in den Arm genommen werden. Versichern Sie Ihrem Löwe/Affen darüber hinaus, daß Sie ihm, und nur ihm, gehören. Seien Sie nicht faul und untätig, denn Löwe/Affen sind zwar fähig, sich zu entspannen, respektieren jedoch harte Arbeit. Da er sich von Ihrem Ehrgeiz anspornen läßt, inspirieren Sie ihn, es Ihnen gleich zu tun. Wenn Sie jedoch die Hände in den Schoß legen, wird er zwar nichts dazu sagen, aber tief enttäuscht von Ihnen sein. Möglicherweise versucht er dann, Sie zu kritisieren oder Sie sogar loszuwerden. Löwe/Affen sind sehr geduldig, wissen aber sehr genau, wann sie ihre Grenze erreicht haben. Versuchen Sie nicht, seine Grenzen zu übertreten, sonst werden Sie es bereuen!

Passende Partner

Schnappen Sie sich eine Zwilling, Waage, Schütze oder Steinbock/Ratte. Widder, Zwillinge, Schütze oder Steinbock/Drachen passen auch gut zu Ihnen. Sie haben nicht viele Gemeinsamkeiten mit Skorpion oder Wassermann/Schlangen. Stier und Wassermann/Pferde können mit Ihrem Humor nichts anfangen. Ebensowenig können Sie es mit einem Stier, der im Jahr des Schweins geboren ist.

Heim und Familie

Hier haben wir es mit einem Menschen zu tun, der viel Familiensinn besitzt. Mit dem gleichen Humor und dem gleichen Enthusiasmus, den er in anderen Lebensbereichen zeigt, wird der Löwe/Affe seinen Kindern den Hintern putzen, ihre Tränen trocknen und ihnen Brei füttern. In seinen großen Augen hat er selbst etwas Kindhaftes. Dieser Mensch ist zuverlässig, ohne dabei ein Sauberkeitsfanatiker zu sein oder starke Autorität auszuüben. Löwe/Affe-Eltern wenden ihre magischen Kräfte an, wenn sie bei ihren Kindern etwas erreichen wollen.

Das Heim dieser Menschen ist mit allen möglichen originellen Dingen geschmückt und sehr komfortabel eingerichtet. Löwe/Affen schätzen den Komfort, sind aber weder materialistisch noch profitgierig. Auch halten sie nichts davon, anderen imponieren zu wollen. In ihrem gemütlichen Heim kommt es ihnen vielmehr darauf an, daß es praktisch ist. Daneben sammeln sie alle möglichen Fundsachen. Das Ergebnis ist eine warme häusliche Atmosphäre.

Sollten Sie das Glück haben, ein Löwe/Affe-Kind zu haben, behandeln Sie es mit größtem Respekt und liebevoll. Natürlich verhält man sich bei allen Kindern so, aber im Falle eines Löwe/Affen dürfen Sie auf keinen Fall herablassend sein oder ihn wie ein Baby behandeln. Ein Löwe/Affe-Kind möchte aufrichtig behandelt werden und eine solide Erziehung genießen. Es braucht mehr Zärtlichkeit, als es zeigt. Schmusen Sie mit diesem Kind, blödeln Sie mit ihm herum, und erzählen Sie ihm Witze! Und vor allem, lieben Sie den kleinen Affen!

Beruf

Der Löwe/Affe ist sehr intelligent. Das Studium der Metaphysik macht ihm Freude, und er fühlt sich zu spirituellen Themen hingezogen. In seinem koboldhaften Charakter verbirgt sich ein wahrer Poet. Es gefällt ihm allerdings, seine künstlerische Begabung im »wirklichen Leben« anzuwenden. Da die Löwe/Affen mit beiden Beinen auf der Erde stehen, haben sie die Möglichkeit, ihre vielfältigen Talente zu entfalten und sich nicht auf einen einzigen Beruf konzentrieren zu müssen. Sie lieben den Sport und arbeiten sehr hart, um körperlich fit zu bleiben.

Seine Vielseitigkeit öffnet dem Löwe/Affen viele berufliche Laufbahnen, angefangen vom Trainer, Reisebegleiter, Schriftsteller bis hin zum Sozialarbeiter. Es gibt fast keinen Beruf, außer natürlich Galeerensträfling, für den sich dieser Mensch nicht eignet. Auch Photograph oder Architekt sind geeignete Berufe für ihn. Er kann auch gut alleine arbeiten und erledigt vieles erfolgreich im Alleingang. Er braucht keinen Chef und will selbst auch keiner sein. Da er seine Nase nicht gerne in die Angelegenheiten anderer Leute steckt, was gegen seine humanitären Prinzipien geht, überläßt er das Befehlen lieber anderen. Noch etwas: der Löwe/Affe räumt nicht gerne auf. Den Beruf des Müllmanns sollten wir daher auch vergessen!

Berühmte Löwe/Affen: Alexander Dumas (junior), Henri Cartier-Bresson, Salvador Allende, Mick Jagger.

LÖWE/HAHN

»Ich will«
Feuer, Sonne, Fix

»Ich besiege«
Metall negativ, Yang

WÜRDE	MENSCHENLIEBE	BIEGSAM	KONSERVATIV
KRAFT	WÄRME	ENTHUSIASMUS	CHIC
LOYALITÄT	SCHUTZ	OFFENHEIT	HUMOR
ARROGANZ	TYRANNISCH	KECKHEIT	PEDANTERIE
SELBSTZUFRIEDENHEIT	WECHSELNDE PARTNERSCHAFTEN	ÜBERHEBLICHKEIT	DIKTATORISCH
EITELKEIT	ANMASSEND	BLINDES VERTRAUEN	VERSCHWENDUNG

Die vielen Talente des Hahns bereichern den Löwen in seinen Möglichkeiten, sich zu entfalten. Normalerweise ist diese Vielfalt bei Löwe-Menschen nicht vorhanden. Umgekehrt profitiert der Hahn stark von dem Edelmut und der Großzügigkeit des Löwen. Wo dem einen Zeichen etwas fehlt, wird es durch das andere ergänzt!

Löwe/Hähne brauchen viel Geld. Wenn sie nicht über ausreichende Mittel verfügen, werden sie launisch, mürrisch oder, was noch schlimmer ist, sie fangen an, Drogen zu nehmen oder sich anderen heimtückischen Ausschweifungen hinzugeben. Dieser Mensch besitzt einen fast krankhaften Stolz. Sein Selbstvertrauen hängt fast vollständig davon ab, wie glaubwürdig sein Image nach außen hin erscheint. Wenn ihm sein inneres Selbstbild gefällt, beginnt er, es nach außen hin zu verwirklichen. Daher ist der Löwe/Hahn weniger spontan, als es scheint.

Löwe/Hähne sind drahtig und stark. Zum Glück, denn diese Menschen leiden unter heftigen Gefühlsschwankungen. Sie sind einmal »himmelhoch jauchzend« und dann wieder »zu Tode betrübt«. Und, welch Wunder, sie landen doch immer wieder auf den Füßen, schütteln den Staub ab, kämmen sich das Haar und stolzieren davon, um sich gleich ins nächste Abenteuer zu stürzen. Wie die Kampfhähne sind sie elastisch, drahtig und zäh.

Manchmal bringt sie ihr Stolz fast um. Löwe/Hähne prahlen entweder damit, wie toll sie doch sind, oder sie sind voller Selbstmitleid, weil niemand erkennt, wie umwerfend sie in Wirklichkeit sind. Wie auch immer, ihr Hochmut macht sie in jedem Fall zu ziemlich unmöglichen Zeitgenossen. Sie stolzieren umher, prahlen und protzen und halten lange Reden, die vor lauter Selbstgefälligkeit nur so strotzen. Kurz, sie versuchen die Aufmerksamkeit eines jeden auf sich zu lenken. Ein aufgeblasener Löwe/Hahn kann einem wirklich ganz schön auf die Nerven gehen!

Aber seine Wichtigtuerei dauert, Gott sei Dank, nie besonders lang. Das Leben in seiner unvergleichlichen Weisheit nimmt sich des Löwe/Hahns sofort an. Sein Kind wird krank und muß ins Krankenhaus gebracht werden. Der Löwe/Hahn wird zu Hilfe gerufen. Seine Mutter hat einen Herzanfall. Schnell, hol den Löwe/Hahn! Er weiß, was zu tun ist. Es ist erstaunlich, wie sich der Löwe/Hahn in Notfällen bewährt, wo er sich doch immer den Anschein gibt, als ginge ihn das alles nichts an. Sein Verhalten ist vorbildlich.

Der Löwe/Hahn ist ein echter »Dandy«. Kleider und alles, was dazu gehört, entsprechen seiner Eitelkeit. Nach Möglichkeit verläßt er das Haus nie, ohne sich vorher zurechtzumachen. Auch findet er immer das »Tüpfelchen auf dem I«, ein Halstuch oder eine Haarspange, welche seinen betont lässigen Stil noch unterstreichen.

In meinem Bekanntenkreis gibt es einen Löwe/Hahn, der farbenblind ist und sehr darunter leidet. Stellen Sie sich diese Behinderung vor! Er kann nur Gelb und Violett unterscheiden. Alle anderen Farben nimmt er nur in Olive- und Grautönen wahr, wie Tarnfarben. Zum Glück hat dieser Löwe/Hahn eine talentierte Modeschöpferin geheiratet. Vor dem Zubettgehen legt sie ihm die Kleidung für den nächsten Tag bereit. Er entscheidet, ob er sportliche Hemden tragen will, welchen Anzug, Flanell oder Tweed. Seine Gattin sucht dann die passenden Farbkombinationen heraus. Einmal sagte eine sehr attraktive Dame zu ihm: »Sie haben einen ganz besonders orginellen Geschmack, sich zu kleiden.« Selbstgefällig, wie Löwe/Hähne nun einmal sind, antwortete er: »Vielen Dank, gnädige Frau. Meine Frau wählt meine Kleidung aus.« »Hm«, meinte daraufhin die hübsche Dame, »sie will wohl vermeiden, daß sie jemand anderer zu lange ansieht. Eine violette Krawatte zu einer kanariengelben Hose, na, so was!« Da erinnerte sich unser Freund plötzlich daran, daß seine Frau für einige Tage zu ihrer Mutter gereist war und er sich an diesem Morgen seine Kleidung selbst zusammengestellt hatte, und zwar in den einzigen beiden Farben, die er erkennen kann: Gelb und Violett.

Alle Löwe/Hähne haben eine Unmenge Freunde. Wenn die Menschen einen Löwe/Hahn mögen, gehen sie mit ihm durch Dick und Dünn. Und da es im turbulenten Leben eines Löwe/Hahns mehr dünn als dick zugeht, sind seine Freundschaften eher von kurzer Dauer. Löwe/Hähne sind lustig und interessant. Sie sind schlau und talentiert und haben eine Stehaufmännchen-Natur. Neue Projekte und Träume sind der Stoff, aus dem ihr Leben gemacht ist. Vor Gefahr haben sie jedoch Angst. Und das sollten sie auch, denn Gefahr lauert in ihrem hektischen Leben überall. Löwe/Hähne müssen daher lernen, ein mäßigeres Tempo anzuschlagen und sich mit zuverlässigen Menschen zu umgeben, die sich für sie einsetzen, wenn sie wieder einmal in Schwierigkeiten sind. Löwe/Hähne sind liebenswürdig, warmherzig und weise.

Liebe

Der Löwe/Hahn ist stolz auf seine Leidenschaft. Wenn es überhaupt eine ergebene Seele in langfristigen Beziehungen gibt, dann ist es ein Löwe/Hahn. Er wählt seine Partner immer für das ganze Leben und will mit ihm eine Familie gründen. Löwe/Hähne sind so vielseitig begabt, daß ihnen eine monogame Beziehung kaum langweilig wird. Es gibt viel interessantere Dinge zu tun, als seinen Partner zu betrügen. Also was soll's?

Wenn Sie einen Löwe/Hahn lieben, müssen Sie sich in Geduld üben, denn er ist ausgesprochen launenhaft. Manchmal vergräbt er sich tagelang unter der Bettdecke und beklagt sich über das Unrecht, das ihm zugefügt worden ist. Er jammert: »Ach ja, würdest du bitte den Gashahn aufdrehen und die Türen abschließen, bevor du gehst?« Plötzlich ist seine Depression dann wie weggeblasen, und er zündet Kerzen an, stellt Blumen auf den Tisch und legt schöne Musik auf, als wäre nichts geschehen. Auf und ab, so geht es bei diesen Menschen. Sie können den Löwe/Hahn lieben oder es bleiben lassen. Aber wenn Sie ihn lieben, werden Sie es sicher genießen.

Dem Löwe/Hahn muß man vor allem zuhören und ihm Verständnis entgegenbringen. Wenn Sie sich um das Essen und den Haushalt kümmern, wird er Ihnen viele lustige, unterhaltsame und fröhliche Jahre bescheren.

Passende Partner

Ochsen, Schlangen und Drachen erobern Ihr Herz im Sturm. Sie brauchen jemanden, der Sie mitreißt und anspornt. Nach einer festen Beziehung sollten Sie sich bei den Zeichen Widder, Waage, Schütze und Steinbock umtun. Stier-, Skorpion- und Wassermann-Geborene wissen jedoch nicht, wie sie mit Ihnen umgehen sollen. Halten Sie sich fern von Katzen und Hähnen. Auch der Umgang mit Wassermann/Hunden ist nicht gut für Sie.

Heim und Familie

Der Löwe/Hahn stolziert in seinem Haus herum wie der Gockel im Hühnerstall. Er ist ein besorgter Familienvater. Obwohl ihn so manche Sorge plagt, würde es niemand anderes in der Familie wagen, die Klempner-Arbeiten im Haus zu machen. Ja, der Löwe/Hahn ist sehr häuslich. Trotzdem liebt er das Abenteuer. Um es mit den Worten von Roman Polanski (Löwe/Hahn 1933) zu sagen: »Wo immer ich meinen Hut aufhänge, ist mein Zuhause.« Aber obwohl Löwe/Hähne gerne auf Reisen gehen und ihre Neugierde gerne mit allen möglichen Abenteuern befriedigen, bekommen sie immer Heimweh. Sie sind »Möchte-gern-Weltenbummler«, denn sie lieben ihr Heim über alles und sehnen sich nach Sicherheit.

Das Heim eines Löwe/Hahns ist meistens sehr schön eingerichtet. Ganz bestimmt ist es komfortabel und in konservativem Stil sehr geschmackvoll ausgestattet. Löwe/Hähne brauchen eine gewisse Ordnung im Haus. Sie sind ausgezeichnete, ernsthafte Eltern. Ihr Interesse an Windeln und Milchfläschchen hält sich jedoch in Grenzen. Löwe/Hähne bevorzugen größere Kinder, mit denen man sich schon wie mit einem Erwachsenen unterhalten kann.

Das Löwe/Hahn-Kind interessiert sich schon sehr früh für Kleidung und seine äußere Erscheinung. Der kleine und schon sehr selbstbewußte Löwe/Hahn fühlt sich zur Schauspielerei hingezogen und träumt davon, selbst etwas vortragen zu dürfen. Ermutigen Sie ihn dazu, oder lassen Sie ihn schon sehr früh in Schauspiel-Unterricht gehen. Sie können sicher sein, daß Ihr Löwe/Hahn-Sprößling sehr intelligent ist. Gute Schulen mit hohem Niveau sind genau das Richtige für ihn.

Beruf

Der Erfolg stellt sich bei Löwe/Hähnen nicht von selbst ein. In jungen Jahren müssen sie einige Niederlagen einstecken, welche sie jedesmal fast zu ruinieren scheinen. Verluste, Krankheiten, Enttäuschungen und Unglücksfälle sind im Leben eines Löwe/Hahns nicht ungewöhnlich. Wenn er aber die Zähne zusammenbeißt und die Schwierigkeiten seines beruflichen Starts überwindet, wird seine Karriere sehr erfolgreich verlaufen. Da Löwe/Hähne mit einem recht ungewöhnlichen Schicksal geboren sind, kann es sein, daß ein Löwe/Hahn, der mit dreißig Jahren wegen des Verlustes eines Kindes, das bei einem Autounfall ums Leben gekommen ist, fast zum Alkoholiker wird. Da Löwe/Hähne aber auch Stehaufmännchen sind, wird derselbe Löwe/Hahn mit vierzig Jahren Präsident einer Bank sein, darüber hinaus noch Abstinenzler und vorbildlicher Bürger.

Löwe/Hähne sind natürlich Führernaturen. Ich würde aber nicht behaupten, daß sie gerne den Chef spielen. Ihre Art zu führen besteht eher darin, neue Trends und Projekte zu bestimmen. Der Löwe/Hahn zieht es vor zu lehren, anstatt auf seinem Thron zu sitzen. Gewöhnlich macht es ihm Spaß, aktiv zu sein. Löwe/Hähne starten gigantische Projekte, vor denen andere Zeichen zurückschrecken würden, und sie erledigen sie in atemberaubender Geschwindigkeit. Löwe/Hähne sind talentiert und wissen, wie man es in dieser Welt zu etwas bringt. Aber sie brauchen immer jemanden, der ihnen zur Seite steht. Sie haben zwar nichts dagegen, alleine zu arbeiten, brauchen aber immer die Bestätigung anderer Menschen. Aus diesem Grund fühlen sie sich in Berufen wohl, in denen ihnen die Zuwendung anderer Menschen zum Erfolg verhilft, wie zum Beispiel: Filmdirektor, Schriftsteller, Politiker, Musiker, Journalist, Skilehrer.

Einige berühmte Löwe/Hähne: Alex Haley, Roman Polanski.

LÖWE/HUND

»Ich will«
Feuer, Sonne, Fix

»Ich sorge mich«
Metall positiv, Yin

WÜRDE	MENSCHENLIEBE	BESTÄNDIGKEIT	PFLICHTGEFÜHL
KRAFT	WÄRME	HELDENMUT	INTELLIGENZ
LOYALITÄT	SCHUTZ	ACHTBARKEIT	ANSTAND
ARROGANZ	TYRANNISCH	UNSICHERHEIT	ZYNISMUS
SELBSTZUFRIEDEN	WECHSELNDE PARTNER	KRITIKSUCHT	UNSOZIAL
EITELKEIT	ANMASSEND	SELBSTGERECHT	TAKTLOS

Die Ehrbarkeit, der Heldenmut und die unerschütterliche Beständigkeit des Hundes in Verbindung mit der Menschenliebe, dem Edelmut und der Loyalität des Löwen ergeben einen der ernsthaftesten Menschen, die je geboren wurden. Dieser Mensch ist so nachsichtig gegenüber anderen, daß er die Greueltat, die sein Freund vor seinen Augen begangen hat, glatt verleugnen würde. Danach würde er einen Kuchen nach dem anderen backen und in jedem eine Feile verstecken, die er ihm mit den Kuchen ins Gefängnis schmuggeln würde. Der Löwe/Hund hinterlegt die Kaution, zahlt die Geldstrafen und besorgt den besten Anwalt für seinen Freund. Wenn sein krimineller Freund dann aufgrund seiner Bemühungen wieder auf freiem Fuß ist, sucht er ihm als erstes ein Feriendomizil, das er natürlich auch finanziert. Löwe/Hunde sind unverbesserlich fürsorglich.

Aus den obengenannten Gründen sind Löwe/Hunde kaum jemals enttäuscht, gleich was ihnen widerfährt. Sie betrachten das Leben als eine Art Hölle der Missetaten und Ungerechtigkeiten, auf die sie sich stürzen und mit ihrem lauten Bellen zu vertreiben versuchen. Sagen wir es, wie es ist: Löwe/Hunde sind Pessimisten. Allerdings kann nicht einmal dieser enorme Pessimismus ihren Glauben erschüttern. Im Gegensatz zu gewissen anderen Hunden, die dazu neigen, sich unter einem Stuhl zu verkriechen und dort den Rest ihres Lebens zu verbringen, scheint der Löwe/Hund viel mehr Schläge einstecken zu können. Er verliert niemals den Mut, sich der Verantwortung zu stellen, und thront frech und munter auf seinem Stuhl mit einem Ausdruck größter Offenheit, Liebe und Wärme im Gesicht.

Ich kenne ein paar Löwe/Hunde, die alle mehrmals verheiratet waren. Die Männer darunter könnte man zweifellos als »Weiberhelden« bezeichnen. Dasselbe gilt aber auch für die Löwe/Hund-Damen. Fünf oder sechs Ehen! Affären, neben denen eine Hollywood-Diva eine Nonne ist! Löwe/Hunde sind heiße Typen. Sie lieben Sex. Aber was noch wichtiger ist: Sie lieben die Leidenschaft. Sie brauchen Abwechslung, und jede Liebesaffäre ist für sie eine neue Art von Erregung. Und das »Verbotene und Unanständige« gibt ihrem Leben erst die richtige Würze.

Der Löwe/Hund ist dafür bekannt, daß er an mehreren schwierigen Projekten gleichzeitig arbeiten kann. Kein Löwe/Hund würde sich einbilden, daß Erfolg leicht zu erlangen ist und daß er die Beförderung eher verdient hätte, als sein weniger talentierter Kollege. Sein Lebensprinzip ist es, mit harter Arbeit und Tatkraft vorwärtszukommen. Löwe/Hunde sind keine Träumer, sie sind Tatmenschen.

Bekannt für ihre Langsamkeit, hassen es Löwe/Hunde, sich beeilen zu müssen. Sie ziehen Situationen vor, in denen man sich Zeit lassen kann. Sie sind bedachtsam und sorgfältig. Etwas um des Zieles willen zu erreichen, liegt ihnen nicht. Wenn sie es im Leben zu etwas bringen, wollen sie es mit ihrem eigenen Schweiß verdient haben. Sie schätzen das geplante Vorgehen und müssen sich manchmal vorwerfen lassen, etwas schwerfällig zu sein.

Löwe/Hunde sind meistens auf der Hut und können sogar recht kämpferisch wirken. Auf jeden Fall neigen sie dazu, Streit vom Zaun zu brechen. Der Löwe/Hund achtet auf jedes Detail. Er weiß genau, daß Sie letzte Woche sagten, Sie würden ein Huhn kaufen, und nun kommen Sie mit einem Truthahn nach Hause! Und seine Mißbilligung reicht, daß Sie sich fühlen, als hätten Sie ein Verbrechen begangen. Aber seien Sie versichert, es dauert nicht lange. So schnell, wie er Sie vor lauter Wut in Stücke reißen wollte, wird der Löwe/Hund auch wieder friedlich. Ein kleines Lächeln Ihrerseits kann sein Herz zum Schmelzen bringen. Sollten Sie gar weinen oder schluchzen, während er sie ankläfft, wird er Sie sofort zum Essen ausführen, um alles wiedergutzumachen.

Da der Löwe/Hund viele gute Taten vollbringt, ist er besonders empfänglich für Dankbezeugungen. Erweisen Sie ihm irgendeinen Gefallen, leihen Sie ihm Geld, oder schenken Sie ihm einen Schlüsselanhänger oder etwas anderes, und er wird Ihre Geste mit Sicherheit erwidern. Aber er zeigt auch, wie die Welt seiner Ansicht nach sein sollte. Und er geht mit seinem guten Beispiel voran und versucht, die Welt auf seine nette und feine Art zu verbessern. Natürlich gelingt das nicht ganz!

Löwe/Hunde sind im Gegensatz zu den meisten Löwen bescheiden und demütig. Sie wollen keinen Applaus und machen sich nichts aus Lob. Sie brauchen nichts anderes, als die Liebe und den Respekt ihrer Mitmenschen. Und selbst wenn sie nicht einmal das bekommen, bleiben sie standhaft loyal, fair und tolerant.

Da der Löwe/Hund sehr sentimental ist, kann man ihn nicht mit Logik oder Vernunft von seinen Gefühlen abbringen. Er hat starke Gefühle und scheut sich nicht, sie auch zu zeigen. Er ist auf angenehme Weise unanständig und ein wundervoller Freund.

Liebe

Wie bereits gesagt, ist der im Zeichen Löwe geborene Hund ein wahrer Liebhaber der Liebe. Die Notwendigkeit sexueller Treue sieht der Löwe/Hund nicht ein, aber seine moralischen und seelischen Motive sind über jeden Zweifel erhaben. Ein Löwe/Hund würde immer für seinen Partner eintreten, auch wenn dieser ein Verbrecher wäre. Wenn er einem Menschen einmal sein Vertrauen geschenkt hat, wird er ihm immer vertrauen.

Auch wenn Löwe/Hunde mehrere Partner und Affären haben, bleiben sie ihren ehemaligen Geliebten innerlich treu. Sie brechen Freundschaften nie absichtlich ab. Wenn sie jemanden ins Herz geschlossen haben, lieben sie ihn bis in alle Ewigkeit.

Um einen Löwe/Hund auf die richtige Weise zu lieben, müssen Sie für seinen Stolz Verständnis haben. Löwe/Hunde sind scheinbar bescheidene Leute. Sie prahlen nur wenig (außer in betrunkenem Zustand), aber in ihrem edlen Herzen verbirgt sich ein Seelchen, das so empfindlich ist, wie eine Mimose. Der Löwe/Hund zeigt sein zartes Seelchen nicht oft, und andere Menschen merken oft gar nicht, daß er so etwas wie ein Ego hat. Aber Sie, als sein Partner, müssen diese Mimose kennenlernen und lernen, wie sie behutsam mit ihr umgehen können. Am besten streicheln Sie sein Ego so, daß man es fast nicht merkt. Dann werden Sie für immer sein liebstes »Haustier« sein!

Passende Partner

Sie leiden unter Launenhaftigkeit und gelegentlicher Unruhe (von Ihrer leichten Paranoia einmal abgesehen). Halten Sie sich an Zwilling, Waage, Schütze und Steinbock-Menschen, die in Katzen- oder Tiger-Jahren geboren sind. Zwilling/Pferde sind auch eine gute Partie für Sie. Mit Stier, Skorpion oder Wassermann/Drachen oder Ziegen wären sie jedoch weniger zufrieden. Sie müssen nicht daran erinnert werden, wie schrecklich die Welt ist. Schließlich wollen Sie mit einem Menschen leben, der ein heiteres Gemüt und Moral besitzt und Ihnen genügend Beifall spendet.

Heim und Familie

Im Haus eines Löwe/Hundes brauchen Sie erst gar nicht nach Luxus zu suchen. Für ihn bedeutet sein Zuhause nur einen Ort, an dem er lebt. Normalerweise ist sein Heim komfortabel und sieht immer bewohnt aus. Vielleicht liegen die Bücher etwas verstreut herum und die Teller sind nicht immer abgespült, aber ansonsten ist er eher ordnungsliebend. Reichtum mißt der Löwe/Hund keine große Bedeutung zu.

Der Löwe/Hund ist ein wunderbares Familienmitglied. Man kann auf ihn zählen, wenn es darum geht, die Kinder vom Kino abzuholen oder deren Freunde nach dem Schlittschuhlaufen nach Hause zu fahren. Auf Parties ist er ein guter Unterhalter, aber ich warne Sie: Löwe/Hunde sind nicht sehr witzig. Ermuntern Sie sie also nicht, Witze zu erzählen. Löwe/Hunde sind ständig in Sorge. Ermuntern Sie sie daher auf allen Gebieten, die Verantwortungsgefühl erfordern. Scheuen Sie sich daher nicht, von Ihrem Löwe/Hund zu verlangen, daß er um drei Uhr morgens mit dem Baby aufsteht. Er wird es Ihnen nicht übel nehmen. Im Gegenteil, mit der Zeit macht er daraus ein wahres Ritual. Scheuen Sie sich auch nicht, ihn um Geld zu bitten, denn Löwe/Hunde sind großzügige Menschen (damit meine ich nicht, daß sie Verschwender sind!).

Das Löwe/Hund-Kind erscheint einem zu Anfang vielleicht ein wenig verschlossen. Aber seine Reserviertheit dient nur dazu, seine Umgebung erst einmal zu erkunden, bevor es sich auf eine Sache einläßt. Dieses Kind braucht viel Nestwärme und Aufmunterung. Es muß lernen, daß es nicht zu schmollen braucht. Es ist intelligent, aber etwas langsam. Versuchen Sie nicht, es zur Eile anzutreiben. Es läßt sich gerne Zeit zum Essen, bei seinen Hausaufgaben und beim Spielen. Denken Sie immer daran: Es tut alles mit großer Sorgfalt.

Beruf

Löwe/Hunde sind für alle komplizierten Aufgaben begabt, die analytisches und logisches Denken und genaue Planung erfordern. Sie können sehr gut alleine und selbständig arbeiten. Löwe/Hunde sind gewissenhaft und versuchen immer, ihre Sache richtig zu machen, wenn sie einmal etwas in Angriff genommen haben.

Als Chef ist der Löwe/Hund gerecht und läßt seinen Angestellten so manchen Unfug durchgehen. Wenn ich es mir recht überlege, gibt es diese Menschen im Alltag nur selten in einer Führungsposition. Sie kommen entweder im Alleingang zu Erfolg oder sie bleiben in der Masse als Angestellter. Oft haben sie unter den Kollegen aber eine wichtige Stellung. Löwe/Hunde sind aber nicht auf Macht aus und mögen es auch nicht besonders, wenn sie andere Menschen beaufsichtigen sollen. So findet man sie oft als Stütze der Firma oder als einer unter vielen in einem Büro. Neben ihrer täglichen Arbeit engagieren sie sich oft im Bereich der Politik oder Sozialarbeit. Auch im Showbusiness, als Schriftsteller oder Künstler machen sie sich nicht selten einen Namen.

Ingenieurwesen und Wissenschaft sind geeignete Tätigkeitsbereiche für Löwe/Hunde. Aber auch humanitäre Berufe passen gut zu ihnen. Ansonsten rate ich zu selbständigen Aufgaben, bei denen man nicht zu sehr von Streß geplagt wird. Löwe/Hunde sollten sich auch nicht stur an irgendwelche Regeln und Vorschriften halten müssen, da ihnen diese nur dumm und überflüssig erscheinen.

Berühmte Löwe/Hunde: Norman Lear und Alain Robbe-Grillet.

LÖWE/SCHWEIN

»Ich will«
Feuer, Sonne, Fix

»Ich zivilisiere«
Wasser negativ, Yin

WÜRDE	MENSCHENLIEBE	SKRUPEL	SINNLICHKEIT
KRAFT	WÄRME	GALANTERIE	KULTUR
LOYALITÄT	SCHUTZ	AUFRICHTIGKEIT	EHRLICHKEIT
ARROGANZ	TYRANNISCH	LEICHTGLÄUBIG	MATERIALISTISCH
SELBSTZUFRIEDEN	WECHSELNDE PARTNER	ZORN	FEINSCHMECKER
EITELKEIT	ANMASSEND	ZÖGERN	DICKKÖPFIGKEIT

Diese feurige und gewissenhafte Seele wird Sie immer zum Lachen bringen. Sogar in tragischen Situationen haben Löwe/Schweine immer noch einen kleinen Scherz parat, der Ihnen ein Lächeln entlockt. Löwe/Schweine sind nun einmal recht komische Leute. Wahrscheinlich liegt es an der Löwe-Sonne, die das aufrichtige Schwein bescheint und an der Ehrlichkeit des Schweins, die sich mit der Menschenfreundlichkeit des Löwen verbindet. Was auch immer die Ursache dafür sein mag, Löwe/Schweine haben einen ausgesprochenen Sinn für Humor.

Zügellosigkeit ist die große Gefahr, die auf Löwe/Schweine lauert. Sie reißen nicht nur gerne schlechte Witze, sondern lieben den Sinnengenuß über alles: Essen, Sex, Gemütlichkeit, Arbeit, Liebe, Komfort, Konversation und Luxus. Und wie sie es genießen, im Luxus zu schwelgen! Reichtum ist das Zeug, aus dem ihr Leben besteht. Sie sind aber auch bereit, hart dafür zu arbeiten. Sie brauchen eine prachtvolle und teure Umgebung, kaufen ihre Lebensmittel gerne in den besten Geschäften. Sie kleiden sich am liebsten in irgendeinen »Fummel« von Yves Saint Laurent, natürlich aus seiner neuesten Kollektion, und der durchschnittliche Löwe/Schwein-Mensch sieht darin absolut verführerisch aus, obwohl er ständig gegen die Fettpolster an den Hüften ankämpfen muß. Wie soll man es anders sagen: Löwe/Schweine haben einfach Klasse.

Oftmals sind Löwe/Schweine sehr vermögend. Sie sind großzügig und teilen gerne. Man erkennt sie auch an ihrem Großmut und ihrer Gastfreundlichkeit. Sie würden ihr letztes seidenes Hemd von Christian Dior hergeben. Tags darauf kreuzen sie dann in einem Kaschmir-Modell von Givenchy auf. Sie sind so freigebig, daß sie oft für verschwenderisch gehalten werden. Was ihre Verschwendungssucht aber im Zaum hält, ist ihre Lieblingsbeschäftigung: ihr Heim und ihre Familie. Löwe/Schweine sorgen auch gut für sich selbst, sind zuverlässig und verantwortungsbewußt und strahlen Heiterkeit und Wärme aus, die sehr überzeugend wirken. Wenn Sie sich in Gesellschaft eines Löwe/Schweins befinden, haben Sie das Gefühl, als seien Sie der einzige Mensch, den es für diesen Menschen gibt und daß sein Glück nur von Ihnen abhängt. Es scheint, als wären Sie genau das, was der Arzt Ihrem Löwe/Schwein-Gesprächspartner verschrieben hat: »Du hast mir ja so gefehlt, mein Schatz«, sagt meine Freundin Monique immer zu mir. Na ja, ich bin mir sicher, daß sie wochenlang nicht an mich gedacht hat. Sie ist sehr aktiv und beschäftigt und wird von ihrer Familie und ihren Freunden geliebt und stark beansprucht. Aber die Art, wie sie zu mir sagt: »Mein Herz, ich bin ja so glücklich, daß du angerufen hast!« Nun, ich weiß nicht, wie es Ihnen dabei ergehen würde. Ich auf jeden Fall schmelze einfach dahin.

Die Anziehungskraft der Löwe/Schweine sichert ihnen auch ihren beruflichen Erfolg. Löwe/Schweine haben fast nie Schwierigkeiten, eine Stelle zu bekommen und diese auch zu behalten. Sie sind willig, begabt und darüber hinaus noch sehr amüsant. Allerdings empfinden sie es als unter ihrer Würde, beim Klettern auf der Erfolgsleiter kratzen und beißen und umsichschlagen zu müssen. Ihr Erfolg beruht immer auf harter und qualifizierter Arbeit.

In schwierigen Situationen beweisen Löwe/Schweine ungeheuer viel Mut. Natürlich würde dies kein Löwe/Schwein zugeben, das Selbstachtung hat: »Ich bin überhaupt nicht mutig. Ich bin nur ein Schlappschwanz, wenn es darum geht, gute Miene zu bewahren und etwas durchzustehen.« Der Löwe/Schwein-Mensch ist nicht nur mutig, er ist auch noch bescheiden. Er will kein Lob und keinen Beifall. Wirklich, kein Geschrei, bitte! Beruhigt Euch! Aber insgeheim will er doch gewürdigt werden. Natürlich sollte man ihn bewundern und zu ihm aufschauen, denn er mag ein Kavalier sein und ein wirklich reines Herz haben, aber dahinter verbirgt sich doch immer ein eitler alter Löwe.

Liebe

Was Gefühle anbelangt, so vergoldet die Tugendhaftigkeit des Schweins die warmherzige Löwe-Seite dieses Menschen. Obgleich der Löwe gerne einmal ein wenig herumstreunt und von Zeit zu Zeit den verlockenden Klängen der Sirenen lauschen muß, kommen bei diesem Zeichen die Diskretion und die Zurückhaltung des Schweins mit hinzu. Dieser Mensch macht vielleicht so manchen Seitensprung, aber er wird niemals indiskret sein. Sie werden nie etwas von seinen kleinen Fehltritten erfahren.

In einer Zweierbeziehung verlangt der Löwe/Schwein-Mensch absolute Treue von seinem Partner. Da er in seinem Leben einige Schicksalsschläge einstecken muß, braucht er einen Partner, der mit ihm durch Dick und Dünn geht. Löwe/Schweine nehmen die Liebe sehr ernst. Sie sind sehr verantwortungsbewußt. Daraus folgt, daß sie die Gefühle anderer nicht weniger ernst nehmen, als ihre eigenen.

Wenn Sie ein Löwe/Schwein lieben, zeigen Sie Ihre Klugheit, Ergebenheit und Vernunft. Das will heißen, daß er ermahnt werden will, wenn er sich gerade an einem ganzen Lachs und einem Kilogramm russischem Kaviar gütlich getan hat! »He, du willst dich wohl umbringen!«, ist ein sehr wirkungsvoller Ausruf. Ebenso: »Du willst wohl unbedingt im Krankenhaus landen!« Sagen Sie dies in freundlichem Ton, denn Löwe/Schweine mögen es nicht, wenn man sich als Polizist aufspielt. Sie bevorzugen einen Partner, der ein wenig darauf achtet, daß sie auf der geraden Bahn bleiben und ihre schlanke Linie behalten. Kaufen Sie ihm ein schmuckes mittelalterliches Schloß mit einem goldenen Schlüssel, und bringen Sie es am Kühlschrank an. Löwe/Schweine lieben traditionelles Dekor.

Passende Partner

Da Sie Humor schätzen (je schwärzer, desto besser), verstehen Sie sich gut mit Widder, Zwilling, Waage, Schütze oder Steinbock/ Ochsen, Katzen und Ziegen. Sie mögen es warm und bequem, wollen aber nicht erdrückt werden. Meiden Sie daher Schlangen, besonders Widder, Stier, Skorpion und Wassermann/Schlangen. Ihr Glück finden Sie bei einem Zwilling/Hund, der kochen kann!

Heim und Familie

Löwe/Schweine machen vor nichts halt, um es sich in einer geschmackvollen Umgebung bequem zu machen. Der Löwe/Schwein-Mensch hat immer den prächtigsten Garten und die schönsten preisgekrönten Rosen. Seine Urlaubspläne sind so aufwendig und kostspielig, daß andere vor Neid erblassen. Löwe/Schweine verwenden viel Zeit auf Luxus, wie Sie sehen. Sie würden sich in kein Bett legen, auf dem tagsüber keine Tagesdecke aus Samt und nachts keine Satinbettwäsche liegt. Damit meine ich nicht, daß sie sich nicht auch mit weniger zufriedengeben können, wenn es sein muß. Aber gewöhnlich tun sie das nicht gern. Es ist keine besonders gute Idee, wenn Sie ihren Löwe/Schwein-Bruder zu einem Rock-Konzert in den Park mitschleppen, vor allem, wenn es regnet. Er schätzt es nicht besonders, wenn er frieren muß, nur um sich ein »Yeah, yeah, yeah ...« anzuhören. Lieber setzt er sich daheim in einen bequemen Ledersessel und hört Musik aus seiner sündteuren Stereoanlage bei einem Glas Champagner.

In Familienangelegenheiten ist der Löwe/Schwein-Mensch ernst und etwas zynisch. Mit Enttäuschungen geht er auf ganz besondere Weise um: er reagiert mit Humor. »Nun, Judith hatte noch nie etwas übrig für Gänseleber«, sagt er zu seiner Tochter, die gerade durch das Examen gefallen ist. Ja, er ist enttäuscht. Aber kaum einer ist so loyal und tolerant wie er. Löwe/Schweine fühlen sich nicht überlegen. Sie sind es. Muß toll sein, ein Löwe/Schwein zu sein, habe ich mir sagen lassen.

Wenn Sie ein Löwe/Schwein-Kind haben, überlassen Sie es bitte nicht sich selbst und hoffen darauf, daß sich alles zum Besten entwickelt. Richtig, dieses Kind scheint von Geburt an etwas ganz Außergewöhnliches zu sein. Es ist zurückhaltend und tiefsinnig, ein wahrer Denker. Vielleicht scheint es ein wenig langsam, ist aber auf jeden Fall sehr außergewöhnlich. Aber es braucht dringend einen Halt und jemanden, der es führt. Man muß es auf sanfte Weise dazu anregen, seine Talente zu entfalten. Sonst kann es später zu einem Versager werden. Nur ein Löwe/Schwein kann auf so dramatische Weise versagen. Ja, dieser Mensch weiß, daß er ein Spaßvogel ist. Aber wissen Sie denn nicht, daß er faul und für den Lebenskampf nur schlecht gerüstet ist? Er fühlt sich unzulänglich. Eigentlich kann er ja gar nicht so gut Klavier spielen und hätte auch nichts dagegen, zu Hause zu bleiben und zu kochen und zu putzen. Aber er stellt so hohe Ansprüche an sich selbst, daß er von Kind an seine Begabung ausbilden muß, um auf einem bestimmten

Gebiet Vortreffliches leisten zu können. Ansonsten gibt dieser Mensch viel schneller auf als andere. Mittelmäßigkeit kann er nicht ausstehen. Daher: Lassen Sie Ihrem Löwe/Schwein-Kind Musikunterricht erteilen und schicken Sie es auf die besten Schulen. Ihr Junior-Löwe/Schwein braucht eine erstklassige Ausbildung.

Beruf

Einer meiner Löwe/Schwein-Freunde erzählt mir immer wieder, daß seine ehrgeizigen Pläne schon sehr früh in seinem Leben durch seine Faulheit zunichte gemacht wurden. Er nimmt für sich in Anspruch, so faul zu sein, daß ihn kein ernsthaftes Projekt länger als fünf Minuten interessiert. Natürlich weiß ich, daß es viele erfolgreiche Löwe/Schweine gibt, wie zum Beispiel Lindbergh, Amelia Erhardt, Jacques Costeau und Superman.

Löwe/Schweine geben oft auf, bevor sie überhaupt begonnen haben, weil es ihnen an Selbstvertrauen mangelt. Dies liegt daran, daß sie wiederholt von Mitarbeitern oder Vorgesetzten (Löwe/Schweine würden letztere ebenfalls als »Untergebene« bezeichnen) enttäuscht wurden, weil sie zu ehrlich oder leichtgläubig waren. Aber wie ich bereits gesagt habe: Dieser Mensch würde sich niemals erniedrigen, um etwas zu erreichen. Entweder Sie befördern ihn wegen seiner großen Verdienste oder Sie können ihm gestohlen bleiben!

Der Löwe/Schwein-Mensch ist dann glücklich, wenn sein Talent durch eine glückliche Wendung seines Schicksals oder die Hilfe eines Freundes aufblühen kann. In einer Umgebung, in der er sich sicher und geborgen fühlt, ermutigt wird, sich frei entfalten kann und sein Geldhunger gestillt wird, kann er wahre Wunder vollbringen.

Weitere berühmte Löwe/Schweine: C. G. Jung, Henry Ford, Lucille Ball, Alfred Hitchcock, Norbert Blüm.

JUNGFRAU/RATTE

»Ich analysiere«
Erde, Merkur, Veränderlich

»Ich regiere«
Wasser positiv, Yin

KLARHEIT	PRAKTISCHE VERANLAGUNG	ANZIEHUNGSKRAFT	SOZIAL
VOREINGENOMMENHEIT	HILFSBEREIT	EINFLUSS	INTELLEKTUELLE BEGABUNG
HÖFLICHKEIT	ANSTAND	SPARSAMKEIT	CHARISMA
PINGELIG	PEDANTERIE	NERVOSITÄT	MACHTHUNGER
VERSCHROBEN	NEGATIVITÄT	WORTSCHWALL	LIST
RESERVIERTHEIT	SNOBISMUS	GEWINNSUCHT	EINMISCHUNG

Unter dieser Zeichenkombination werden dynamische und analytische Menschen geboren. Ohne die Vehemenz, mit der andere Zeichen vorgehen, geht die Jungfrau/Ratte mit List, System und Fleiß ihren Geschäften nach. Die Aggressivität der Ratte wird hier durch die methodische Intelligenz der Jungfrau gemildert. Jungfrau/Ratten sind weder hitzköpfig noch töricht – außer in der Liebe.

Das Besondere, was Jungfrau/Ratten von der breiten Masse unterscheidet, ist ihre Unabhängigkeit von äußerem Druck. Sie tun, was sie für notwendig halten, dann, wenn sie das Gefühl haben, der richtige Zeitpunkt sei dafür gekommen. Sie lassen sich weder von ihren Geschäftspartnern noch von ihren Konkurrenten zur Eile antreiben oder unter Druck setzen. Auf einer wichtigen Sitzung erheben sie die Hand und sagen: »Warten Sie. Lassen Sie mich erst einmal darüber nachdenken.« Und der Jungfrau/Ratte-Mensch denkt so lange nach, bis er jedes Detail sorgfältig abgewogen hat. Er arbeitet am besten alleine und braucht niemanden, der ihn zur Arbeit anhält.

Da Jungfrau/Ratten aus eigenem inneren Antrieb heraus handeln, können sie schlecht auf andere hören oder eine fremde Meinung oder einen Ratschlag annehmen. Sie nehmen alle Informationen in sich auf und verwerten sie so, wie sie es brauchen. Und dann kommt die Überraschung! Sie verwenden nicht alles so, wie sie es aufnehmen, sondern geben einiges davon in ihre eigene innere Datenbank ein, in ihrer persönlichen sehr klaren Sprache. Daher blicken sie bei einer Sache so schnell durch, daß ein anderer kaum eine Chance hat, Luft zu holen.

Aber jede Medaille hat eine Kehrseite. Jungfrau/Ratten sind sehr hilfreich für Menschen, die zu emotionell und impulsiv sind. Durch ihre Fähigkeit, klar zu denken, können Jungfrau/Ratte-Geborene eine Situation in Sekundenschnelle durchschauen. Gehen Sie einmal weinend und schluchzend zu einem Jungfrau/Ratte-Menschen, und beobachten Sie seine Reaktion. Sanft und behutsam wird er zu Ihnen sagen: »Setzen Sie sich. Beruhigen Sie sich erst einmal. Sammeln Sie sich, und erzählen Sie mir der Reihe nach, was los ist.« Und wenn Sie dann hinter ihrem patschnassen Taschentuch hervorblinzeln, ist der Jungfrau/Ratte-Mensch bereits am Telefon. Meistens hat er bereits die Nummer Ihres Erzfeindes gewählt, bevor Sie noch nach Luft geschnappt haben. Er braucht gar nicht jedes winzige Detail zu kennen. Er blickt sofort durch und klick, hat er den Kerl auch schon am Apparat. Diese Menschen haben auch etwas von einem Samariter an sich. Die Vorstellung, anderen Menschen in einer Notsituation zu helfen, ist sehr verlockend für sie. Jungfrau/Ratten stürzen sich mit Vorliebe für andere in eine Schlägerei. Ich habe ein paar Jungfrau/Ratte-Freunde, die richtiggehend aufblühen, wenn ihnen andere Menschen Schwierigkeiten machen. Sie heiraten Probleme, brüten Probleme aus und verlieben sich in die Probleme ihrer Probleme. Sie erzeugen immer neues Chaos. Aber das scheint ihnen nicht viel auszumachen, denn sie gehen weiter regelmäßig zur Arbeit, rufen dann sofort den Psychiater ihres Schwiegersohns an, alarmieren dann die Feuerwehr, weil ihr Vetter wieder einmal Brandstiftung begangen hat. Danach schreiben sie einen Kurzbericht über die Messerstecherei, in die ihr Ehegatte verwickelt war, an die Polizei. Vielleicht glauben Sie jetzt, sie müßten bei all dem Durcheinander in die Luft gehen. Aber nein, ganz im Gegenteil, sie finden es ganz normal, daß ihre fünfundvierzigjährige Schwägerin einen Nervenzusammenbruch erlitten hat, weil sie herausgefunden hat, daß sie ein uneheliches Kind ist. Der Jungfrau/Ratte-Mensch geht sofort in das nächste Geschäft und kauft eine Zwangsjacke.

Jungfrauen und Ratten nehmen Verwandtschaft und Freundschaft sehr ernst. Sie vergessen einen alten Kollegen nie und geben buchstäblich ihr letztes Hemd, falls Sie es brauchen. Wenn ihnen jemand, den sie mögen, den Rücken kehrt, sind sie völlig vor den Kopf geschlagen. Als Wohltäter der Menschheit können sie nicht verstehen, daß sie von Leuten im Stich gelassen werden, denen sie einmal geholfen haben. Das Problem ist, daß Jungfrau/Ratten ihre Freunde oft etwas vernachlässigen, weil sie zu sehr mit ihren »Lieblingsproblemkindern« beschäftigt sind. Aber sie verstehen nicht, warum ihre Freunde dafür kein Verständnis haben und sind sehr verletzt.

Liebe

Was Herzensangelegenheiten angeht, ist Klarheit nicht gerade die Stärke der Jungfrau/Ratten. Obwohl sie genial sind, wenn es darum geht, anderen zu helfen, und sie mühelos einen komplizierten Filmvertrag für einen guten Freund prüfen können, können sie in ihrem Privatleben absolut nicht objektiv sein. Sie verlieben sich Hals über Kopf und mit völlig irrationaler Leidenschaft. Leider muß ich auch sagen, daß der Jungfrau/Ratte-Mensch seinen Partner idealisiert. Da er selbst so geradlinig ist, denkt er, daß alle anderen Menschen auch so sind. Was daraus folgt, ist klar: Jungfrau/Ratten haben kein besonderes Glück in der Liebe, weil sie den Wald vor lauter Bäumen nicht sehen. Sie bekommen ständig das Fell über die Ohren gezogen.

Aber Jungfrau/Ratten sind enorm liebesbedürftig. Sie reisen weit, nur um den richtigen Partner zu finden. Ich kenne eine Jungfrau/Ratte-Dame, die mit vierzig Jahren ihren wohlhabenden Gatten, der in einer Kleinstadt, in der jeder jeden kennt, als Pastor tätig ist, verließ, samt ihrer fünf Kinder, die alle unter zwölf Jahren waren. Sie folgte ihrer großen Liebe nach Indien. Indien? »Wieso nicht?« fragt die bis über beide Ohren verliebte Jungfrau/Ratte. »Schließlich liebe ich ihn!«

Wenn Sie einen Jungfrau/Ratte-Menschen lieben, tun Sie ihm einen Gefallen: Machen Sie ihm das Leben nicht allzu leicht! Machen Sie Szenen und Radau, und brennen Sie ab und zu ruhig einmal das Wohnzimmer nieder. Aber – und das ist das große »Aber« – bleiben Sie immer lieb und nett! Jungfrau/Ratten sind immer etwas förmlich und lieben es, wenn man nett und zahm ist. Sie mögen nette Menschen. Es ist ihnen egal, was Sie anstellen, Hauptsache, Sie bleiben dabei so nett wie möglich!

Passende Partner

Mit Stier, Krebs, Skorpion oder Steinbock/Ochsen, Affen oder Drachen können Sie sehr glücklich werden. Nicht so sicher bin ich mir allerdings bei Skorpion/Drachen. Die sind sehr furchtlos, und normalerweise spielen Sie selbst gerne den Unerschrockenen. An Ihrer Stelle würde ich die Finger von Zwillinge, Waage, Schütze und Fische/Pferden und Katzen lassen.

Heim und Familie

Jungfrau/Ratten sind ein Vorbild an Verantwortungsgefühl. Sie lieben es, für andere zu sorgen, ihnen alles zu geben, was sie haben, und sie sind darüber hinaus noch unglaublich nachsichtig. Aber trotz ihrer Gutmütigkeit wollen sie doch, daß man sich an die Regeln hält. Sie machen anderen zwar keine Vorschriften, respektieren aber selbst die Rechte der anderen und benehmen sich immer einwandfrei. Daher begreifen sie nicht, wenn ihr Ehepartner oder ihre Kinder sich nicht genauso verhalten. Jungfrau/Ratten wenden im Umgang mit ihren Angehörigen die »Goldene Sittenregel« an. Manche Kinder nützen die Gutmütigkeit und Fairneß dieser Eltern aus und enttäuschen sie, weil sie sich nicht an deren Regeln halten. Ich will hier keine Namen nennen, aber manchen Gören gehört eine Tracht Prügel!

Das Heim des Jungfrau/Ratte-Menschen ist ein Hafen für jeden, den er liebt. Man sitzt bis spät in die Nacht hinein gemütlich am Kamin und schwatzt, tratscht und lacht. Jungfrau/Ratte-Menschen schätzen auch den Sinnesgenuß und lieben gutes Essen und guten Wein. Sie teilen diese Köstlichkeiten mit Ihnen, als gäbe es kein Morgen. »Hier, probier' doch mal diesen Gevrey-Lambertin! Nein? Möchtest du vielleicht lieber einen Romanee-Conti? Warte, ich habe genau das richtige Tröpfchen für dich!«

Nirgendwo werden Sie soviel Üppigkeit finden wie im Eßzimmer einer Jungfrau/Ratte. Sie ist sowohl eine sparsame und vorsichtige Jungfrau, als auch eine hortende Ratte. In Zeiten von Lebensmittelknappheit wird sie daher Ihr wertvollster Freund sein. Die Jungfrau/Ratte hat immer einen Vorrat von allem und jedem. Sie sollten einmal die Vorratskammer meiner Freundin Irma sehen. Dort lagert Hundefutter für Jahre. Der Hund wird sicherlich schon längst tot sein, bevor das ganze Futter aufgebraucht ist! Irma kauft Lebensmittel nie einzeln, sondern immer gleich im Dutzend.

Jungfrau/Ratte-Kinder erscheinen oft unnormal ruhig und verschlossen. Aber keine Sorge, das liegt nur daran, daß sie sich gerne tadellos benehmen. Sie können allerdings nicht lange still sitzen, da sie viel Bewegung brauchen und an allem und jedem interessiert sind. Sie können fast jedes Handwerk erlernen und beweisen schon sehr früh einen guten Geschmack, angefangen beim Essen bis hin zur Musik. Diese Kinder brauchen ein geordnetes Familienleben und ein sauberes Heim. Verlangen Sie daher nicht, daß es seine Spielsachen mit Geschwistern teilt, die nachlässiger sind. Es lernt nichts dabei und sein überempfindliches Nervenkostüm würde nur unnötig strapaziert.

Beruf

Dieser Mensch ist überaus analytisch begabt. Sein Talent liegt auf Gebieten, die Forschung und systematisches Vorgehen verlangen. Er kann schnell handeln, trifft aber keine überstürzten Entscheidungen. Jungfrau/Ratten können auch gut mit Menschen umgehen und anderen helfen, ihre Ziele zu verwirklichen. Es macht ihnen Freude, wenn man sie ins Vertrauen zieht, und sie können auch ein Geheimnis für sich behalten – außer in ihrem Privatleben. Sie sind nicht besonders flexibel. Sie sind oft unzufrieden und ruhelos. Alle Berufe, die mit Menschen zu tun haben, sind für Jungfrau/Ratten bestens geeignet, da sie mit trockenen und nutzlosen Berufen sehr unglücklich wären. Verstehen Sie mich nicht falsch: Es macht ihnen nichts aus, Routinearbeit zu erledigen, denn sie sind sehr geduldig und können stundenlang über einer schwierigen Akte oder der Buchhaltung brüten. Als Chef sind sie ideal für hart arbeitende und fröhliche Angestellte. Wenn sie ihre Untergebenen aber zur Arbeit antreiben müssen, entlassen sie sie lieber. Jungfrau/Ratten können Unfähigkeit weder bei sich selbst noch bei anderen akzeptieren. Sie sind übrigens auch ausgezeichnete Angestellte, die fast etwas stur wirken. Aber lieber etwas Strenge als Schlamperei, nicht wahr?

Einige berühmte Jungfrau/Ratten: Leo Tolstoi, Joseph Kennedy sen., Maurice Chevalier.

JUNGFRAU/OCHSE

»Ich analysiere«
Erde, Merkur, veränderlich

»Ich bewahre«
Wasser negativ, Yin

KLARHEIT	PRAKTISCH	INTEGRITÄT	PIONIERGEIST
VOREINGENOM-	HILFSBEREIT	ZIELSTREBIG-	FLEISS
MENHEIT	ANSTAND	KEIT	BEREDSAMKEIT
HÖFLICHKEIT	PEDANTERIE	STABILITÄT	RESERVIERT-
PINGELIG	NEGATIVI-	STARRSINN	HEIT
VERSCHROBEN	TÄT	FANATISMUS	BEFANGENHEIT
RESERVIERTHEIT	SNOBISMUS	SCHUFTEREI	RACHSUCHT

»Wertvolle Dinge erreicht man nicht ohne Anstrengung«, ist das Motto dieses schwerfälligen Inbilds menschlicher Redlichkeit, namens Jungfrau/Ochse. Dieser Mensch hat etwas Asketisches an sich. Er ist bedachtsam, sorgfältig, genau, fleißig, traditionsverbunden und ehrlich. Und er schließt sich niemandem an, der nicht mindestens eine der oben erwähnten Qualitäten besitzt. Jungfrau/Ochsen müssen ihr Leben selbst in die Hand nehmen und fragen nur in Notfällen um Rat, und auch dann nur Menschen, die sie schon sehr lange kennen.

Diese Zeichenkombination ist so schwerfällig, daß man eine Menge Kritik an ihr üben könnte. Aber was soll's, Sie können sich sicher selbst ausmalen, daß die beiden Zeichen Jungfrau und Ochse nicht gerade eine »federleichte« Kombination ergeben. Dieser Mensch ist daher bestenfalls höflich und erfinderisch, damit hat es sich auch schon mit seinen gemütlichen Seiten. Alles in allem ist er ein Meister an Steifheit und Verschlossenheit.

Was diesen Menschen davor bewahrt, von seinem eigenen Gewicht erdrückt zu werden, ist sein Sinn für Klarheit und seine Wortgewandtheit. Aus seinem wählerischen Geschmack macht der Jungfrau/Ochse-Mensch fast eine Religion. Er glaubt nicht daran, daß man etwas auch einfach haben kann. Für ihn gilt der Grundsatz: »Recht ist Recht.« Ebenso denkt er in Schwarz und Weiß und versuchen Sie bitte nicht, seinen Verstand mit Farbnuancen zu belasten.

Jungfrau/Ochsen sind stolz darauf, so respektwürdig zu sein. Und das sind sie auch mit Recht, denn sie sind tatsächlich so verläßlich und gutmütig, daß man ihnen alles anvertrauen kann: das Haus, den Ehemann, die Gattin, sein Leben, die Kinder, die Haustiere etc. In ihrer schwerfälligen und mürrischen Art sind diese Menschen doch recht umgängliche Zeitgenossen und vor allem sind sie treu und ehrlich. Sie können auch so manche List aushekken, machen aber selten Gebrauch davon, weil sie immer eine saubere Weste haben wollen. Wenn sie in eine krumme Sache verwickelt wären, wäre das ihr sicherer Untergang. Ein schlechtes Gewissen ist für sie unerträglich. Es geht in ihrem Leben immer um alles oder nichts und falls Sie einen Jungfrau/Ochsen jemals dabei erwischen sollten, daß er aus der Kasse stiehlt, würde er sich bestimmt erschießen.

Die Fähigkeit, durch harte Arbeit zu Erfolg zu gelangen, ist bei diesen Menschen besonders ausgeprägt. Man könnte die Jungfrau/Ochsen sogar als »arbeitssüchtig« bezeichnen. Manche Leute halten die Jungfrau/Ochsen für unsozial, da sie sich für oberflächliches Party-Geschwätz überhaupt nicht interessieren. Aber wenn sie eine Geschichte erzählen, sind sie wahre Redekünstler. Und wenn ihre Geschichte zu Ende ist, sind sie wieder still.

Der Jungfrau/Ochse-Mensch haßt Veränderungen. Wenn er schon seit langem alles zur vollsten Zufriedenheit auf diese Weise erledigt hat, gibt es doch auch wirklich keinen Grund, etwas zu ändern. Es kann auch sein, daß er eine todsichere Erfindung macht, die er dann aber erst einmal zehn Jahre lang testet, bis er sie vermarktet. Der Jungfrau/Ochse-Mensch ist konservativ und blüht auf, wenn er sich anstrengen muß. Und man muß ihm eines lassen: Wo es auf Ausdauer, Beharrlichkeit und stetes Bemühen ankommt, gewinnt er jedes Rennen!

Liebe

Beständigkeit ist das besondere Kennzeichen der Jungfrau/Ochsen. Sie sind praktische Menschen und verlieben sich meistens in jemanden, der nützlich für sie ist, aber auch hübsch, sexy und brilliant sein soll. Eine ihrer hervorstechendsten Eigenschaften ist ihr gutes Urteilsvermögen und daher sind sie sehr wählerisch in bezug auf die Menschen, mit denen sie Umgang pflegen. Ihre Freunde müssen vor allem fleißig und redlich sein. Leidenschaftliche Liebesaffären sind für den geradlinigen Jungfrau/Ochsen zu chaotisch.

Falls Sie sich zu einem dieser bulligen, witzigen und wohlhabenden Pedanten hingezogen fühlen, zeigen Sie ihm ihre abgearbeiteten Hände, und erzählen Sie ihm, daß sie als Fünfjährige ganz alleine in aller Frühe die Kühe im ungeheizten Stall melken mußten. Geben Sie ihm eine Menge Grund, Sie zu bewundern und dann verzichten Sie für alle Zukunft darauf, jemals wieder so hart zu arbeiten! Jungfrau/Ochsen haben es nicht gerne, wenn ihnen ihr Partner Konkurrenz macht. Sie sind damit zufrieden, wenn sie selbst fleißig und arbeitsam sind.

Passende Partner

Mit Stier-, Krebs-, Skorpion- und Steinbock-Geborenen passen Sie gut zusammen. Unter den Stieren gefallen Ihnen besonders die Schlangen und Drachen. Bei den Krebs-, Skorpion- und Steinbock-Menschen dürften die Hunde und Pferde die richtigen Partner für Sie sein. Gehen Sie nicht bis zum letzten bei Zwillinge/Drachen, Pferden und Ziegen. Halten Sie sich fern von Schütze/Ziegen und Tigern. Und lassen Sie sich ja nicht auf Fische/Ziegen und Tiger ein! Sie würden in ihrer übermäßigen Wässrigkeit ertrinken!

Heim und Familie

Die häusliche Umgebung dieses Menschen ist bis zu einem gewissen Grad konservativ und komfortabel. Er ist nicht der Typ, der sich weiche Lehnsessel oder Kissen aus Samt und Seide kauft. Vielmehr sollen seine Möbel geschmackvoll, praktisch, solide und vor allem strapazierfähig sein. Luxus? Das hat Zeit. Ich kenne einen Jungfrau/Ochsen, der seiner Frau nach fünfzig Ehejahren endlich eine neue Küche gekauft hat. »Sie war geduldig«, sagte er mir.

Falls Ihre Mutter oder Ihr Vater ein Jungfrau/Ochse ist, sollten Sie wissen, daß Sie genauso werden sollen wie er oder sie, wenn Sie erwachsen sind, oder zumindest Arzt oder Rechtsanwalt werden müssen. Jungfrau/Ochsen opfern sich für ihre Familie auf und erwarten als Dank von ihren Kindern, daß diese in ihre Fußstapfen treten. In allen Familien führt der Jungfrau/Ochse das Zepter. Er hat die Hosen an und verwaltet das Geld.

Das Jungfrau/Ochse-Kind ist hartnäckig und bedächtig. Es läßt sich nur schwer aufmuntern. Sorgen Sie dafür, daß es schon früh seine Talente entfalten kann. Es braucht die Herausforderung. Beschäftigen Sie es von früh bis spät mit Sport, Hausaufgaben und Pflichten im Haushalt. Es braucht geordnete Familienverhältnisse und kann Untätigkeit nicht ertragen.

Beruf

Jungfrau/Ochsen ziehen eine ruhige Gegend außerhalb der Hektik der Stadt vor. Sie haben Talent für landwirtschaftliche Berufe, ein Überbleibsel aus der Zeit der vornehmen Gutsherrn. Jungfrau/Ochsen sind gründlich und genau, überaus zuverlässig und ehrlich und darüber hinaus auch noch intelligent, was gewährleistet, daß sie jeden Job zur vollsten Zufriedenheit erledigen.

Dieser Mensch ist ein toller Chef. Er kann autoritär sein und anderen Aufgaben übertragen, und er achtet auch darauf, daß diese ausgeführt werden. Er scheut sich auch nicht, seine Angestellten zu tadeln, wenn diese schlechte Arbeit geleistet haben. Oft sind Jungfrau/Ochsen gute Geschäftsleute und können gut wirtschaften. Dasselbe gilt für den Jungfrau/Ochsen im Angestelltenverhältnis. Auch hier ist er diszipliniert und auch nicht zu stolz zu gehorchen, wenn es nötig ist. Die natürliche Autorität des Jungfrau/Ochsen hat nichts mit Egozentrik zu tun. Diese Menschen können sowohl Befehle erteilen als auch ausführen.

Einige Berufe, die sich für Jungfrau/Ochsen eignen, sind: Marktforscher, Kunsthandwerker, Hundetrainer, Athlet, Viehzüchter oder Landwirt.

Berühmte Jungfrau/Ochsen: Lafayette, Julien Green, Peter Sellers.

JUNGFRAU/TIGER

»Ich analysiere«		*»Ich beobachte«*	
Erde, Merkur, Veränderlich		*Holz positiv, Yang*	
KLARHEIT	PRAKTISCH	LEIDENSCHAFT	GLÜCK
VOREINGENOM-	HILFSBEREIT-	MUT	WOHLWOLLEN
MENHEIT	SCHAFT	ANZIEHUNGS-	AUTORITÄT
HÖFLICHKEIT	ANSTAND	KRAFT	PRAHLEREI
PINGELIG	PEDANTERIE	HEFTIGKEIT	ZÜGELLOSIG-
VERSCHROBEN	NEGATIVITÄT	HITZKÖPFIGKEIT	KEIT
RESERVIERTHEIT	SNOBISMUS	UNGEHORSAM	WANDERVOGEL

Der Jungfrau/Tiger ist ein zähes Luder mit einem Herz aus Gold, der keine Gelegenheit ungenutzt läßt. Dieser Mensch nimmt jedes Detail wahr, kalkuliert, zählt zusammen, plant und berechnet wieder und sofort. Diese Zeichenkombination ist unschlagbar, auch für den, der damit leben muß. Seine Mitmenschen halten den Jungfrau/Tiger für ein wenig launenhaft und besserwisserisch. Und welche Eigenschaften gleichen das wieder aus? Es gibt genügend!

Die Jungfrau zähmt das ungestüme Wesen des Tigers, so daß er jedes Wort im Mund umdreht, bevor er es ausspricht. Sie formt seinen normalerweise recht chaotischen Lebenswandel in etwas ganz Wunderbares um.

Dieser Mensch ist in erster Linie pflichtbewußt und scheut vor keiner noch so schweren Aufgabe zurück. Nichts macht ihm etwas aus, nicht wie viele Personen zum Essen erwartet werden oder wie oft er unterwegs halten muß, weil sein Sohn aufs Töpfchen muß oder seine Schwester ein bißchen frische Luft braucht.

Allerdings macht er dies alles nicht, ohne sich zu beklagen. Der Jungfrau/Tiger mag zwar ein Sklave sein, aber er ist es nicht gerne. Vielmehr ist er ein Gefangener seines eigenen Pflichtgefühls. Er geht jeden Morgen, ohne einen Seufzer von sich zu geben, zu Fuß in das langweilige Büro und fehlt keinen einzigen Tag. Das macht er jahrein, jahraus, aber wehe dem, der nicht zu schätzen weiß, was er durchsteht. Jungfrau/Tiger sind wunderbare Freunde und schreckliche Feinde. Sie vergeben nie.

Wie Sie wissen, fällt es Jungfrau-Geborenen nicht schwer, ernsthaft zu sein. Das ist ihr Schicksal. Aber in diesem Fall kommt der Tiger mit seinem frechen Grinsen mit ins Spiel. Die Jungfrau verurteilt seine Possen, aber wenn er nicht über die Stränge schlägt, kann er mit ihr zusammen ein tolles Leben führen! Tiger sind natürlich ganz anders als Jungfrauen, aber sie können dieses Zeichen verstehen. Wenn der Tiger richtig gehandhabt wird, verleiht er der steifen Jungfrau Schwung.

Jungfrau/Tiger besitzen auch einen Hang zur Nächstenliebe und Wohltätigkeit. Sie verstehen die Probleme anderer und können sich gut einfühlen. Sie sind gute Ratgeber. Sie sind einfühlsam, liebevoll und klug, können ihren Freunden aber auch einmal offen die Meinung sagen. Sie sind pedantisch und pingelig mit dem Essen und sehr wählerisch in ihrem Umgang. Jungfrau/Tiger sind nicht direkt herrschsüchtig. Man könnte sie als aggressiv, jedoch nicht als autoritär bezeichnen. Oft findet man Jungfrau/Tiger in einer konservativen Umgebung. Sie gehen gerne in Museen und zu archäologischen Ausgrabungsstätten. Sie brauchen viel Bewegung und wandern und reisen gerne. Da sie aber aus allem das Beste machen wollen, sind sie nie nur zum Spaß unterwegs.

Dieser Mensch ist ein Snob. Tiger haben eine hohe Meinung von sich selbst, und Jungfrauen sind sehr elitär. Sie haben gerne das Gefühl, die »richtigen« Leute zu kennen. Es kann deshalb recht anstrengend sein, wenn man von dem Jungfrau/Tiger-Gastgeber ständig darüber aufgeklärt wird, wer wie ist, anstatt den Betreffenden kennenzulernen. Diese Neigung, mit Namen zu protzen, ist für Jungfrau/Tiger typisch. Die gesellschaftliche Stellung eines Menschen ist ihnen oft wichtiger, als dessen Charakter.

Der Jungfrau/Tiger-Mensch prahlt mit seinem guten Benehmen, und obwohl er nicht im üblichen Sinn schön ist, weiß er, wie man das Beste aus sich macht. Hier beweist er auch, daß er sich selbst objektiv beurteilen kann. Er macht sich nichts vor, auch wenn er manchmal versucht, anderen etwas vorzumachen.

Jungfrau/Tiger wurden auch mit sehr viel Fröhlichkeit geboren. Sie haben gerne Spaß und bringen andere gerne zum Lachen. Oft sind sie sehr sportlich und treiben regelmäßig Sport, wie Tennis, Golf oder Squash. Sie geben sich große Mühe, sich ihr Leben schön zu machen. Sie teilen gerne, und es macht ihnen wirklich Vergnügen, anderen eine Freude zu machen. Ohne viel Anerkennung dafür zu erwarten, tun sie einfach ihr Bestes, was immer viel mehr wert ist als das Beste von Leuten, die weniger Pflichtgefühl besitzen als sie.

Liebe

Einen anständigeren Lebenspartner, der auch noch zuverlässig und gut im Organisieren ist, kann man sich kaum erträumen. Aber wenn es darum geht, wollüstig im Bett herumzutollen, können Sie nicht auf den Jungfrau/Tiger zählen. Jungfrau/Tiger haben Spaß an Sex und stürzen sich genauso begeistert hinein, wie ins Kochen oder Autofahren oder Joggen. Aber das Problem ist, daß Sie den Eindruck nicht loswerden, daß ihre Jungfrau/Tigerin ständig um ihren Kuchen besorgt ist, den sie gerade in den Ofen geschoben hat, während sie mit Ihnen im Bett mitten im Liebesspiel ist. Fällt er zusammen oder geht er auf, der Kuchen? Jungfrau/Tiger können einfach nichts dafür. Sie sind nun mal hoffnungslos praktisch veranlagt.

Wenn Sie einen Jungfrau/Tiger lieben und ihm gefallen wollen, schlage ich Ihnen vor, daß Sie jede nur mögliche Anstrengung unternehmen, ein Mitglied der »High Society« zu werden. Jungfrau/Tiger sind sehr an der gesellschaftlichen Stellung interessiert. Sie fühlen sich zu Menschen hingezogen, die sie bewundern und zu denen sie aufschauen können. Faule Menschen, die es gerade so schaffen, bringen ihre kritische Seite zum Vorschein. Sie können ein Leben lang schlecht gelaunt sein, wenn sie mit einem Partner zusammenleben müssen, den sie zwar lieben, aber nicht respektieren. Obwohl der Jungfrau/Tiger alles tun wird, um den Schein zu wahren, werden Sie es zu spüren bekommen, wenn er Sie nicht mehr respektiert, spätestens, wenn Sie neben Ihrem geliebten Jungfrau/Tiger im Bett liegen. Für diesen Menschen gibt es nur alles oder nichts, kein »Vielleicht«.

Passende Partner

Zu Steinbock-Geborenen fühlen Sie sich hingezogen. Das trokkene Benehmen der Steinbock/Pferde und Hunde ist dem Ihren ähnlich. Sie werden sich gut mit ihnen vertragen. Stier, Krebs und Skorpion/Pferde und Hunde sind ebenfalls eine gute Partie für Sie. Für den unerschütterlichen Widder/Ochsen sind Sie zu feurig, und für die gute alte Zwilling/Ziege sind Sie nicht entspannt genug. Zwilling, Schütze und Fische/Schlangen oder Affen sind nicht gerade Ihr Fall.

Heim und Familie

Die Einrichtung des Jungfrau/Tiger-Menschen ist eher konservativ. Da dieser Mensch das Dauerhafte liebt, umgibt er sich gerne mit Gegenständen, die wertbeständig sind, wie zum Beispiel Antiquitäten. Was seine Lieblingsfarben angeht, bevorzugt er Gelb und Türkis. Jungfrau/Tiger beleben ihre häusliche Umgebung gerne mit kleinen Extras. Blumen gehören zu ihrem wöchentlichen Einkaufsbudget, und sie lieben exotische Teesorten und Marmeladen.

Wenn der vielbeschäftigte Jungfrau/Tiger dazu kommt, eine Familie zu gründen, wird diese der Mittelpunkt seines Lebens sein. Viele Kinder sind ihm jedoch nicht bestimmt. Eine lärmende Kinderschar, die in seinem eleganten Salon die Blumenvasen umwirft, paßt nicht in seine Vorstellung vom idealen Familienglück. Wenn er jedoch ein oder zwei Kinder hat, wird er ein liebevoller Familienvater sein, dessen ganze Sorge der Zukunft seiner Sprößlinge gilt. Ihren eigenen Eltern gegenüber zeigen sich Jungfrau/Tiger verantwortungsvoll. Sie rufen ihre Mutter an ihrem Geburtstag an und bringen ihren Vater zum Arzt. Sie erlauben ihren Eltern jedoch nie, sich in ihr Leben einzumischen, und wohnen auch nie mit ihnen unter einem Dach, wenn sie erwachsen sind.

Jungfrau/Tiger-Kinder sind wunderbare »Haustierchen«. Man kann sich darauf verlassen, daß sie ihr Zimmer aufräumen, Besorgungen machen und das Geschirr abspülen. Sie können allerdings sehr nervös und launisch sein. Wahrscheinlich sind sie gute Schüler und Studenten, aber nicht lange. Es liegt ihnen, schon früh eine eigene Familie zu gründen. Sie machen sich gerne selbständig und unabhängig.

Beruf

Die bodenständige und energische Natur der Jungfrau/Tiger macht sie für einen Beruf geeignet, der Mobilität und Verantwortungsgefühl verlangt. Allerdings halten sie nichts von improvisierten und planlosen Unternehmen.

Jungfrau/Tiger sind ein wenig hitzköpfig. Aber sie setzen ihre Impulsivität mehr in vernünftigen Aktionen ein. Sie werden nicht viele Jungfrau/Tiger finden, die Söldner werden oder im dunkelsten Afrika Lepra-Kranke pflegen. Sie lieben den Komfort und ein angenehmes Leben und sorgen auch dafür, daß sie es bekommen.

Jungfrau/Tiger eignen sich auch für soziale Berufe und sind vielleicht sehr glücklich in einer kirchlichen Wohltätigkeitsorganisation oder beim »Roten Kreuz«. Auch als Geschäftsleute, Buchprüfer oder Bankiers machen sie sich ausgezeichnet. Da der Jungfrau/Tiger aber auch sein Heim liebt und um sein soziales Ansehen bemüht ist, ist er auch eine gute Hausfrau, die es für ihre tägliche Pflicht ansieht, darauf zu achten, daß sich ihre Lieben gut entwikkeln. Meistens sind sie auch gute Gastgeber. Ihre Kreativität können Jungfrau/Tiger in Berufen entfalten, die mit Stilgefühl oder Dekoration zu tun haben.

Einige berühmte Jungfrau/Tiger: K. Carlisle, Karl Lagerfeld, Elliot Gould.

JUNGFRAU / KATZE

»Ich analysiere«
Erde, Merkur, Veränderlich

»Ich ziehe mich zurück«
Holz negativ, Yin

KLARHEIT	PRAKTISCHE	TAKT	VORSICHT
VOREINGENOM-	VERANLAGUNG	ELEGANZ	LANGES LEBEN
MENHEIT	HILFSBEREIT	TUGEND	EHRGEIZ
HÖFLICHKEIT	ANSTAND	HEIMLICHTUEREI	DILETTANTISMUS
PINGELIG	PEDANTERIE	ÜBEREMPFIND-	HYPOCHONDRIE
VERSCHROBEN	NEGATIVITÄT	LICHKEIT	KOMPLIZIERT-
RESERVIERTHEIT	SNOBISMUS	PENDATERIE	HEIT

Jungfrau/Katzen sind der Inbegriff eines vorsichtigen Menschen. Sie entwickeln sich langsam und bedächtig. Jungfrau/Katze-Menschen klagen nie oder jammern anderen Menschen etwas vor. Sie sind bereit, etwas für sie sehr Wichtiges aufzugeben, nur um den Frieden zu wahren und Konflikten aus dem Weg zu gehen.

Dies führt oftmals dazu, daß Jungfrau/Katzen ziemlich alleine sind. Sie lieben ihr Zuhause und sitzen bequem neben dem Kamin, die Beine hoch, und lesen Bücher. Um sie herum ist absolute Ruhe und Stille. Aber diese Idylle ist nur dann möglich, wenn die Türen verriegelt sind, an den Fenstern eine Alarmanlage angebracht ist und die Mauern rund um das Besitztum zehn Meter dick sind. Katzen, die im Zeichen Jungfrau geboren sind, wollen von niemandem gestört werden.

Diesen Menschen fällt es schwer, sich mitzuteilen. Sie arbeiten, bauen, restaurieren oder beschäftigen sich lieber mit irgendeiner Aufgabe, anstatt sich dem süßen Nichtstun hinzugeben. Dummes Geschwätz langweilt sie nicht nur, es macht ihnen sogar angst, und oberflächliche Unterhaltungen finden sie schlicht und ergreifend idiotisch. Wenn über andere Menschen »getratscht« wird, was viele Leute sehr unterhaltsam finden, fühlt sich der Jungfrau/Katze-Mensch sehr unwohl. »Warum beschäftigen sich diese Klatschmäuler nicht mit etwas Sinnvollerem?« fragt sich die Jungfrau/Katze.

Ich möchte damit nicht sagen, daß Jungfrau/Katzen bessere

Menschen sind. Nicht die Spur! Sie stellen sich absolut nicht als Vorbild für gutes Benehmen hin, vielmehr ist ihnen ihr beispielhaftes Verhalten angeboren. Sie müssen sich nicht im geringsten dazu zwingen, tugendhaft zu sein. Und es stört sie auch nicht, wenn andere nicht so tugendhaft sind. Jungfrau/Katzen sind äußerst tolerant gegenüber den Fehlern und Unzulänglichkeiten anderer Menschen.

Der Jungfrau/Katze-Mensch ist im allgemeinen sehr ehrgeizig und strebt auf seine eigene, ruhige Art nach Erfolg. Er sucht nach der äußeren Umgebung, die für ihn richtig ist. Er ist sehr pflichtbewußt und ständig auf der Suche nach einer idealen Welt, in der er von jedem respektiert und in Ruhe gelassen wird. Er geht nur dann mit der Masse, wenn er weiß, daß er dadurch schließlich seinen eigenen Seelenfrieden erlangt.

Da der Jungfrau/Katze-Mensch Kontaktschwierigkeiten hat, wirkt er eigenbrötlerisch und sogar tyrannisch. Von seinen Mitmenschen erwartet er wahre Höchstleistungen, und dasselbe verlangt er von sich selbst, wenn nicht sogar mehr. Wenn er selbst zu solchen Anstrengungen fähig ist, warum sollten seine Kollegen nicht danach streben, es ihm gleichzutun?

Jungfrau/Katzen wird oft vorgeworfen, daß sie Streber sind. Dieser Ehrgeiz resultiert aus ihrem Bedürfnis nach Verschönerung und aus ihrem Wunsch, an allem, was Tradition hat, festzuhalten. Diese Menschen nehmen es mit der Höflichkeit sehr genau und sind sehr darauf bedacht, sich nicht danebenzubenehmen. Sie ziehen es vor, keine allzu großen Risiken einzugehen, und sind doch in der Lage, sehr mutig zu sein, wenn es nötig ist. Routine langweilt sie nicht übermäßig, und sie sind auch bereit, sich zu unterwerfen, solange sie in dieser Position vor Unglücksfällen und Gefahren geschützt sind. Jungfrau/Katzen verabscheuen unvorhergesehene Ereignisse und lehnen Veränderungen ab.

Liebe

Das Liebesleben dieser Menschen ist zweigeteilt. In ihrer Jugend haben sie oft recht zwielichtige Bekanntschaften, da sie ein wenig dazu neigen, sich am Rande der Gesellschaft zu bewegen. In dieser Phase ihres Lebens kann es sein, daß sie sich in einen Außenseiter verlieben. Aber diese »ausgeflippte« Liebesbeziehung hält meistens nicht sehr lange. Der Jungfrau/Katze-Mensch sucht kein Strohfeuer oder Leben im Rampenlicht. Normalerweise legen diese Menschen ihre romantischen Fehltritte, noch bevor sie dreißig Jahre alt sind, zu den Akten. Jahre später tauchen sie dann als Frau eines reichen Ölmagnaten oder als gut verheiratete Besitzerin eines Schuhgeschäfts in Topeka wieder auf.

Diese Menschen neigen jedoch ein wenig dazu, vom Pech verfolgt zu sein. Jungfrau/Katzen verwechseln ihre Tugendhaftigkeit oft mit ihrer Tendenz, sich aufzuopfern. Dann kann es passieren, daß sie einem Partner in die Falle gehen, der sie für den Rest ihres Lebens zu seinem unfreiwilligen Sklaven macht.

Wenn Ihnen ein Jungfrau/Katze-Mensch nahesteht, tun Sie ihm einen großen Gefallen: lassen Sie ihn in Frieden! Sprechen Sie nur mit ihm, wenn es absolut notwendig ist. Schleichen Sie nicht um ihn herum, und jammern Sie ihm nicht die Ohren voll. Schalten Sie ja nicht den Fernseher ein, und gehen Sie auf Ihr Zimmer und lesen! Für dieses zartbesaitete Wesen bedeutet Ruhe alles!

Passende Partner

Mit Stier, Krebs, Skorpion und Steinbock/Schweinen sind Sie ein Herz und eine Seele! Diese Heimchen am Herd sind dazu geboren, Sie glücklich zu machen. Sie können es auch einmal mit Stier, Skorpion und Steinbock/Ziegen und Hunden versuchen. Mit Stier/Katzen vertragen Sie sich auch ausgezeichnet. Von Zwilling, Schütze oder Fische/Hähnen rate ich Ihnen allerdings ab. Die sind viel zu beweglich, um zu Ihrem vorsichtigen Lebensstil zu passen. Zwilling und Schütze/Ratten kommen genausowenig in Frage wie Fische/Drachen.

Heim und Familie

Außer mit all den Schlössern und Riegeln und Alarmanlagen ist das Haus dieses Menschen dezent mit antiken Kunstgegenständen ausgestattet, die dazu gedacht sind, gemeinsam mit ihrem Besitzer langsam älter zu werden. Jungfrau/Katzen bevorzugen Beige- und Goldtöne, sowie elfenbeinfarbene und weiße Einrichtungsgegenstände. Sie sind traditionsverbunden, angefangen von der Suppe bis hin zur Spüle in der Küche.

Diese Menschen sind verantwortungsbewußte Eltern. Sie verbringen viel Zeit damit, Klein Jakob und Sarah ins Museum zu begleiten und ihnen alte Kinderlieder beizubringen. Natürlich sind Jungfrau/Katzen auch gute Familienväter, die sehr viel verdienen und die Kleinfamilie für die Rettung der Menschheit halten. Ich hätte nichts dagegen, ein Kind von Jungfrau/Katze-Eltern zu sein. Ich würde bestimmt ein bequemes und gesichertes Leben führen.

Das Jungfrau/Katze-Kind ist ängstlich und empfindlich. Alle Jungfrau/Katzen haben großen Respekt vor Gefahren, und man muß sie in allen Situationen unterstützen, die Mut verlangen. Veränderungen verkraften sie nicht gut. Versuchen Sie daher möglichst, einem Jungfrau/Katze-Kind eine Scheidung zu ersparen. Dieses Kind braucht ein geordnetes Familienleben mehr als alle anderen Tierkreiszeichen.

Beruf

Da Jungfrau/Katzen Sicherheit brauchen und ihre Besitztümer immer sicher anlegen wollen, eignen sie sich für alle Berufe, die ein regelmäßiges, gutes Einkommen garantieren. Natürlich gelingt es ihnen nicht immer, Karriere zu machen und ihr ersehntes Vermögen anzuhäufen, weil sie »Angsthasen« sind. Wie wir alle wissen, gilt im Leben der Spruch: »Wer wagt, gewinnt.« Jungfrau/Katzen können das einfach nicht. Sie arbeiten mit Ernst und Eifer, aber sie trauen sich nicht, einmal etwas zu riskieren.

In Führungspositionen sind diese Menschen streng und fühlen sich anderen ein wenig überlegen. Sie sind tatsächlich ein Vorbild an Fürgsorglichkeit, indem sie nicht nur gut für ihre Angestellten sorgen, sondern auch noch für deren Familien. Darüber hinaus kommen sie für die Schulden ihrer Mitarbeiter auf. Das ist zwar ärgerlich, aber wirksam. Als Angestellter ist der Jungfrau/Katze-Mensch einfach mustergültig. Er ist so tugendhaft und ehrbar, daß er niemals hinausgeworfen wird. Was sehr zu seinem Nachteil ist, fürchte ich. Denn diese Menschen sind dafür bekannt, daß sie ihr Leben lang in ein und demselben blöden Job hängenbleiben, nur aus Angst, daß sie keinen anderen bekommen.

Berufe, die gut zu Jungfrau/Katzen passen, sind: Museums-Direktor, Bibliothekar, Archivar, Marktforscher, Reisebürokaufmann, Diplomat, Gärtner, Dekorateur, Musiker.

Ruhm ist zwar nicht gerade das Ziel der Jungfrau/Katzen, aber es gibt doch ein paar, die berühmt geworden sind, z. B. Ingrid Bergman.

JUNGFRAU / DRACHE

»Ich analysiere«
Erde, Merkur, Veränderlich

»Ich präsidiere«
Holz, positiv, Yang

KLARHEIT	PRAKTISCHE VERANLAGUNG	KRAFT	ENTHUSIASMUS
VOREINGENOMMENHEIT	HILFSBEREIT	ERFOLG	MUT
HÖFLICHKEIT	ANSTAND	GUTE GESUNDHEIT	SENTIMENTALITÄT
PINGELIG	PEDANTERIE	STARRHEIT	VERBLENDUNG
VERSCHROBEN	NEGATIVITÄT	MISSTRAUEN	AUFSCHNEIDEREI
RESERVIERTHEIT	SNOBISMUS	UNZUFRIEDENHEIT	REDSELIGKEIT

Dieser Drache hat genug Feuer und Zündstoff, um ganz Australien in die Luft zu jagen. Nach außen hin zeigt er die Reserviertheit der Jungfrau, um seinen Durst nach frischem Blut zu verstecken. Jungfrau/Drache ist eine Verbindung von gutem Benehmen und innerem Knistern.

Falls Sie auf Leistung aus sind, ist es schwer, diese Zeichenkombination zu schlagen. Die feurige Drachenseele dieses Menschen wird durch das Anstandsgefühl der Jungfrau gemildert. Jungfrau/Drachen sind sehr ehrgeizig und haben einen messerscharfen Verstand.

Dieser kritische Mensch ist nicht so großspurig und wortgewandt wie andere Drachen-Arten. Wenn er jedoch wütend wird (was häufig der Fall ist), explodiert unweigerlich ein wahres Feuerwerk. Die Verbindung von Jungfrau und Drache mit all den damit verbundenen Charakterzügen ist eine Spur zu egoistisch, um harmonisch genannt werden zu können. Jungfrau/Drachen sind wählerisch und willensstark. Sie haben eine spitze Zunge und strahlen nicht gerade eine gemütliche Atmosphäre aus.

In seiner Kindheit ist der Jungfrau/Drache noch sehr weichherzig und sentimental. Darauf folgt die Ernüchterung des Erwachsenwerdens. Das Ergebnis ist ein gehetzter und manchmal sogar gefährlicher Mensch.

Dieser Mensch stürzt sich mit solcher Begeisterung ins Leben, daß es fast schon an Fanatismus grenzt. Natürlich wartet auf so wild entschlossene Typen viel Erfolg im Leben. Aber in ihrem Kielwasser schwimmen auch viele Leichen. Was der Jungfrau/Drache will, bekommt er auch!

Jungfrau/Drachen können sehr attraktiv sein. Sie bewegen sich mit einer gewissen Arroganz und wissen, wie man sich gut kleidet. Sie haben eine gute Gesundheit und halten sich fit, um in Form zu bleiben. Der Jungfrau/Drache-Mensch will es im Leben zu etwas bringen, jeden Konkurrenten ausschalten und einen Weltmeistertitel erringen. Dabei steht ihm nichts im Wege außer seinem ungezügelten Temperament.

Jungfrau/Drachen sind leicht auf die Palme zu bringen. Sie regen sich ständig auf und sind ungefähr ein Drittel ihrer Zeit wütend – auf ihre Familie, ihren Chef oder über sich selbst. Sie hassen Mißerfolge und hassen sich sogar selbst dafür, wenn ihnen ein kleines Mißgeschick passiert ist, beispielsweise, wenn sie sich mit dem Hammer auf den Daumen geschlagen haben. Solch aufbrausendes Verhalten schreckt sogar die Leute ab, die den verführerischen Dämon eigentlich gerne haben. Jungfrau/Drachen sind selbst ihre schlimmsten Feinde. Sie sind keck und dreist und können schlecht im Verborgenen bleiben.

Diese resoluten Menschen haben auch nicht viel Zeit für leeres Geschwätz. Sie kommen sofort zum unangenehmen Teil der Sache. Poesie ist daher nicht gerade ihre bevorzugte Unterhaltungslektüre. Der Jungfrau/Drache-Mensch mag sportliche Wettkämpfe, Krieg, Geschäftemachen, Handel und Hauptrollen. Vergessen Sie das »Süßholzraspeln«! Geben Sie ihm lieber einen fleischigen Knochen, auf dem er herumbeißen kann!

Aber nun im Ernst. Dieser Mensch hat das Glück, ein ausgesprochen starkes Selbstvertrauen zu besitzen. Er behält immer einen klaren Kopf, und man kann sich darauf verlassen, daß er alles zu Ende führt, was er einmal in Angriff genommen hat. Seine Kollegen oder Partner enttäuscht er nur selten. Jungfrau/Drachen fordern vom Leben, was ihnen zusteht, und in den allermeisten Fällen bekommen sie es auch.

Liebe

Das Privatleben der Jungfrau/Drachen verläuft weniger glücklich. Natürlich werden sie ständig vom anderen Geschlecht umschwärmt, weil sie eine starke erotische Ausstrahlung haben. Aber unglücklicherweise ist dieser Mensch mehr von seiner Karriere und seiner gesellschaftlichen Stellung fasziniert als von einer intimen Beziehung mit irgendeinem Menschen.

Falls Sie eine dieser Kämpfernaturen lieben, müssen Sie sich damit abfinden, ständig unter den Zuschauern zu sitzen und Ihrem Jungfrau/Drachen lächelnd Applaus für seinen Erfolg zu spenden. Er wird auf Ihre Mithilfe bei »seiner« Sache zählen. Das Leben mit einem Jungfrau/Drachen ist niemals zweigleisig. Kurz, in dieser Beziehung ist viel Bewunderung nötig und wenig Platz für Zärtlichkeiten.

Passende Partner

Im allgemeinen bevorzugen Sie Ratten. Stier und Steinbock/Ratten sind Ihre Schwachpunkte, was die Liebe angeht. Stier und Krebs/Hähne halten Sie auch ganz schön auf Trab, ebenso Stier, Krebs und Steinbock/Affen. Die attraktive Skorpion/Schlange wirft Sie glatt um. Zwilling, Schütze und Fische/Hund irritieren Sie mit ihren ewigen Zweifeln und ihrem ständigen Zaudern. Ihre Erzfeinde sind Ochsen, die in den Zeichen Schütze oder Fische geboren sind.

Heim und Familie

Die Einrichtung des Jungfrau/Drache-Menschen ist streng und ausgesprochen geschmackvoll. Ihre Möbel sind gewöhnlich eher konservativ und nicht sonderlich bequem. Man sollte sich nicht auf das Sofa legen oder sich bequem im Sessel zurücklehnen. »Seien Sie willkommen, aber bleiben Sie nicht zu lange«, ist das Motto der Jungfrau/Drachen.

Der Jungfrau/Drache-Mensch braucht eine ganze Weile, bis er eine Familie gründet. Für Kinder entscheidet er sich erst, wenn er schon lange verheiratet ist. Als Eltern sind Jungfrau/Drachen verantwortungsbewußt, aber streng und autoritär. Wenn sie älter werden, werden sie oft wieder so sentimental, wie sie als Kind waren. Drachen, die im Zeichen Jungfrau geboren sind, gehören zu der Sorte von Menschen, die mit dem Alter weicher werden. Sie sind nachsichtige Großeltern, die all die Härte und Strenge wieder gutmachen, die sie früher gezeigt haben.

Das Jungfrau/Drache-Kind hält sich in der Schule an die Vorschriften. Es ist sicherlich der Klassenbeste, der einen Blick für all die Preise hat, die es dafür gibt. Dieses Kind ist aber auch verwundbar und leicht verletzt. Keine Angst, mit den Jahren hält es mehr aus! Aber als kleines Kind braucht es viel Aufmerksamkeit und Fürsorglichkeit. Sie werden sicherlich viel Grund haben, auf Ihr Jungfrau/Drache-Kind stolz zu sein. Aber falls das nicht der Fall ist, machen Sie sich keine Sorgen: Es hat genug Stolz für Sie beide!

Beruf

Der im Zeichen Jungfrau geborene Drache blüht in seiner Arbeit so richtig auf. Er ist für jede Karriere talentiert, die ihm persönlichen Erfolg verspricht und an die Spitze führt. Aber Jungfrau/Drachen halten sich mehr als andere Drachen im Zaum. Dieser Mensch verliert den Ball nie aus den Augen, und wenn er schießt, trifft er mit Sicherheit ins Tor. Jungfrau/Drachen sind temperamentvolle, feuerspeiende Chefs. Sie versuchen immer, fair zu sein, solange man ihnen nicht in die Quere kommt. Wenn das aber der Fall ist, verfahren sie nach dem Motto: »Der Zweck heiligt die Mittel.« Als Angestellte sind Jungfrau/Drachen sehr kompetent. Ihr Hauptinteresse besteht darin, ihre Arbeit zu erledigen. Für einen gestreßten Chef kann das eine große Erleichterung sein. Allerdings werden sie immer versuchen, ihren Chef zu überholen, und sie werden sich immer ihren Weg zum besten Job in der Firma erkämpfen.

Berufe, die sich für Jungfrau/Drachen eigenen, sind: Politiker, Theater- oder Filmdirektor, Richter, Börsenmakler, Unternehmer, Athlet.

Einige berühmte Jungfrau/Drachen: Paul Williams, Raquel Welch, Jimmy Connors, Heidelinde Weis.

JUNGFRAU/SCHLANGE

»Ich analysiere«
Erde, Merkur, Veränderlich

»Ich empfinde«
Feuer negativ, Yang

KLARHEIT	PRAKTISCHE VERANLAGUNG	INTUITION	KLUGHEIT
VOREINGENOMMENHEIT	HILFSBEREIT	ATTRAKTIVITÄT	HELLSICHTIGKEIT
HÖFLICHKEIT	ANSTAND	DISKRETION	MITGEFÜHL
PINGELIG	PEDANTERIE	HEUCHELEI	HABGIER
VERSCHROBEN	NEGATIVITÄT	EXTRAVAGANZ	ANPASSUNG
RESERVIERTHEIT	SNOBISMUS	FAULHEIT	AUSSCHLIESSLICHKEIT

Analytisches Denken und Intuition sind zwei wesentliche Elemente in der Persönlichkeit der Jungfrau/Schlange. Diese Jungfrau ist sowohl gefühlvoll als auch attraktiv. Sie besitzt Weisheit und tiefes Verständnis. Sie wirkt mitunter ernst und vielleicht sogar etwas feierlich, aber wie Sie feststellen werden, hat sie doch ein recht lockeres Mundwerk. Jungfrau/Schlangen stehen über den weltlichen Dingen, was ihre Stärke ausmacht. Sie stehen immer über den Dingen und haben ein geheimnisvolles Lächeln um die Lippen.

Für den scharfen Intellekt und die ausgeprägte Wahrnehmungsfähigkeit dieses Menschen ist kein technisches Problem zu kompliziert. Auch metaphysische Themen entziehen sich nicht ihrer Kenntnis. Wir haben es hier mit einem Typen zu tun, der so reizvoll und anziehend ist und eine so kühle Sinnlichkeit ausstrahlt, daß er das Blut des distanziertesten Beobachters zum Sieden bringt. Jungfrau/Schlangen sind berechnend und wollen immer wissen, wo es lang geht. Bevor sie ein Projekt in Angriff nehmen, haben sie jedes noch so kleine Detail genau unter die Lupe genommen. Jungfrau/Schlangen können herrlich unaufrichtig sein.

Ich würde sagen, daß der Jungfrau/Schlange-Mensch ein introvertierter Typ ist, der regen Anteil an anderen Menschen nimmt. Das Motiv, das hinter seiner Geselligkeit steckt, ist ganz einfach sein Bedürfnis nach Bewunderung. Und Bewunderer hat er immer mehr als genug, ist er doch ein treuer Freund und guter Zuhörer, der andere aufmuntern kann. Es ist nicht so, daß den Jungfrau/Schlangen der Schalk angeboren wäre. Aber sie haben einen verschmitzten Charme, der unwiderstehlich und amüsant ist. Für eine Schlange ist dieser Mensch bemerkenswert kämpferisch veranlagt. Er ist ein ziemlicher Raufbold, wenn man sich ihm entgegenstellt, und liefert einem gigantische Wortgefechte und Auseinandersetzungen, wenn es darum geht, seinen Stolz zu verteidigen. Jungfrau/Schlangen haben es nicht gerne, wenn man mit ihnen spielt. Sie sind würdevoll und wollen ihre Würde auch behalten. Wenn sie merken, daß sie sich offensichtlich lächerlich gemacht haben, können sie aber auch über sich lachen. Aber hören Sie einmal hin, welch zischenden Laut sie dabei von sich geben!

Die unter diesem Zeichen Geborenen scheinen von Streß und Alter unberührt zu sein. Sie gleiten mit einer ungewöhnlichen Abgeklärtheit durch das Alltagsleben. In ihrem Privatleben bestehen sie auf Beständigkeit und Ausgeglichenheit. Sie machen nie unnötige Schwierigkeiten.

Da sogar die tüchtige Jungfrau nicht von der Trägheit der Schlange verschont bleibt, ist Faulheit der schlimmste Feind der Jungfrau/Schlangen. Von Zeit zu Zeit bricht jedoch die analytische Seite dieses Menschen durch, und – zu Ihrer großen Verwunderung – springt er vom weichen Sofa auf und stürzt sich wie ein Wirbelwind in die Aktivität. Dieser Mensch ist sehr talentiert, wird jedoch leicht träge, wenn das Wetter schön ist und ihm ein angenehmes Leben beschert ist. Er ist auch ein Feinschmecker und sollte alle Speisen meiden, die dick machen, und ein regelmäßiges Fitneßprogramm einhalten.

Die Offenheit der Jungfrau/Schlange-Geborenen ist beeindrukkend. Diese Menschen sind immer aufgeschlossen für neue Erfahrungen und bereit, alles wenigstens einmal auszuprobieren. Sie sind gute Begleiter für Menschen, die das Abenteuer lieben.

Dieser Mensch ist auch sehr kritisch. Da er jedoch eher scharfsinnig und intuitiv ist, hält sich seine Kritiksucht und Pedanterie in Grenzen. Allerdings ist er geschwätzig und liebt den »Tratsch« und, obwohl er diskret ist und sich nie unaufgefordert in die Angelegenheiten anderer Leute mischt, kann es passieren, daß man ihn dabei erwischt, wie er sich lautstark über die grelle Farbe des Autos seines Nachbarn ausläßt.

Jungfrau/Schlangen sind herrschsüchtig, oder besser gesagt, sie regieren. Basta! Ihre Autorität zeigt sich durch stillen Druck und klare Vorschriften, die eingehalten werden müssen, ohne daß dafür große Reden notwendig sind. Für die Menschen, die unter ihrer Fuchtel stehen, haben sie aber viel Sympathie und reden sich gewöhnlich selber ein, daß ihr Despotismus wohlwollend gemeint ist. Aber erwarten Sie nicht immer nur das Beste von diesem Schauspieler! Er hat alles genau geplant und berechnet und weiß genau, wie er es anstellen muß, daß immer alles nach seinem Plan verläuft.

Liebe

Das Liebesleben der Jungfrau/Schlangen ist nicht ganz einwandfrei. Wie Sie wissen, neigen Schlangen dazu, ihr Leben lang von einer Affäre in die andere zu schlittern. Jungfrau-Geborene sind zwar beständiger, aber auch sehr sinnlich. Daher neigt der Jungfrau/Schlange-Mensch wohl eher zu einem »Ausrutscher«! Bei Jungfrau/Schlangen ist der Übergang von Leidenschaft zu Kameradschaft sehr fließend. Mit ihren Verflossenen bleiben sie immer gute Freunde.

Wenn Sie in einen Jungfrau/Schlange-Menschen verliebt sind, sind Sie wahrscheinlich so verrückt nach ihm, daß es Ihnen gar nicht in den Sinn kommt, ihn an die Kandare nehmen zu wollen. Und tatsächlich ist es auch das Beste, das erst gar nicht zu versuchen. Manipulieren Sie einen Jungfrau/Schlange-Menschen nie, denn auf Machenschaften hinter seinem Rücken reagiert er sehr ungehalten. Machen Sie sich nicht lustig über ihn, sonst ist er schwer beleidigt. Respektieren Sie ihn und erkennen Sie seinen offenen Charakter, der allen Menschen, die unter diesem Zeichen geboren sind, eigen ist. Bewundern Sie den Intellekt Ihrer Jungfrau/Schlange, aber versuchen Sie, um Himmels willen, nicht, sich bei ihm einzuschmeicheln!

Passende Partner

Ochsen und Hähne gefallen Ihnen. An Ihrer Stelle würde ich mich an jene halten, die im Zeichen Stier, Skorpion oder Steinbock geboren sind. Verlieren Sie nicht den Kopf bei Zwilling, Schütze oder Fische/Tigern. Nehmen Sie auch das »Nein« eines Zwilling/Affen für bare Münze. Was auch immer Sie tun, lassen Sie sich nicht von einem Schwein einwickeln. Das könnte für Ihre Gesundheit sehr schädlich sein.

Heim und Familie

Jungfrau/Schlangen genießen ihre Freiheit und schätzen ihre Unabhängigkeit. Daher ist ihre häusliche Umgebung nicht besonders wichtig für sie, zumal sie oft unterwegs sind. Sie lieben den

Komfort, weshalb sie immer ein paar bequeme Lehnsessel herumstehen und einige Leckerbissen in der Vorratskammer haben. Aber sie gehören nicht zu den häuslichen Typen.

Falls diese Menschen Eltern werden, verwöhnen sie ihre Kinder mit allen möglichen ausgefallenen Dingen. Sie lassen sie viel allein und hoffen das Beste. Jungfrau/Schlangen sind autoritär, aber nicht herrschsüchtig oder daran interessiert, anderen Vorschriften zu machen. Sie haben viel Spaß mit ihren Kindern, weil sie gerne lachen und sich für einen Blödsinn unter jede Altersgruppe mischen können.

Das Jungfrau/Schlange-Kind ist eine wahre Augenweide und zeigt das bereits erwähnte kühle und würdevolle Verhalten. Vermutlich mag es Parties und überrascht seine Eltern und seine Lehrer mit seinen intellektuellen Fähigkeiten. Es gibt nicht mehr viel, mit dem Sie dieses Kind verwöhnen könnten, denn seine Anwesenheit bringt ihm schon soviel Aufmerksamkeit ein, wie es zu verdienen glaubt. Dieses Kind kann keine sarkastischen Eltern vertragen. Es würde nur sehr wütend werden.

Beruf

Die Jungfrau/Schlange ist fast immer fleißig und verfällt nur selten ihrem Hang zur Faulheit. Von Kind an ist dieser Mensch für alle technischen Dinge begabt und baut gerne Modellflugzeuge und bastelt viel. Im Zusammenhang mit seiner außergewöhnlichen Intelligenz eignet sich der Jungfrau/Schlange-Mensch für alle wissenschaftlichen Gebiete und für Tätigkeiten, die eine mathematische Begabung erfordern.

Als Vorgesetzter folgen Jungfrau/Schlangen dem Wahlspruch: »Adel verpflichtet.« Sie sind den anderen selbstverständlich immer ein Stück voraus, und es wäre unsinnig, ihre Autorität anzuzweifeln. Sie sind wahrscheinlich fair und gerecht, aber nicht, weil sie besonders altruistisch sind. Auf alle Fälle sind sie in der Regel immer tüchtig. Sie sind für jedes Arbeitsteam eine Bereicherung. Jungfrau/Schlange-Angestellte sind verantwortungsbewußt und erledigen jede Aufgabe, die man ihnen überträgt, zur vollsten Zufriedenheit. Sie können auch gut alleine arbeiten und können Arbeiten übernehmen, die Selbstdisziplin und Präzision erfordern. Jungfrau/Schlangen arbeiten meistens, um zu leben, und nicht umgekehrt. Sie geben gerne Geld aus, und deshalb verdienen sie es. Jedoch haben sie keine übertriebene Arbeitsmoral und lieben ihre Ferien.

Berufe, die für diese Menschen geeignet sind: Programmierer, Forscher, Volkswirt, Verleger, Ingenieur, Architekt, Buchprüfer.

Einige berühmte Jungfrau/Schlangen: Goethe, Greta Garbo, Larry Collins.

JUNGFRAU/PFERD

»Ich analysiere«
Erde, Merkur, Veränderlich

»Ich fordere«
Feuer positiv, Yang

KLARHEIT	PRAKTISCHE VERANLAGUNG	ÜBERZEUGUNGS-KRAFT	STIL
VOREINGENOM-MENHEIT	HILFSBEREIT	AUTONOMIE	GERADLINIG-KEIT
HÖFLICHKEIT	ANSTAND	POPULARITÄT	TALENTIERTHEIT
PINGELIG	PEDANTERIE	SELBSTSUCHT	HAST
VERSCHROBEN	NEGATIVITÄT	SKRUPELLOSIGKEIT	ÄNGSTLICHKEIT
RESERVIERTHEIT	SNOBISMUS	AUFLEHNUNG	PRAGMATISMUS

Die Kombination Jungfrau/Pferd bringt einen Menschen hervor, der zugleich hochtrabende Pläne und Sinn für Eleganz hat. Pferde sind Streber, die sich selbst motivieren, große Leistungen vollbringen und trotz ihrer Großspurigkeit manchmal etwas dumm und übereifrig wirken. Wie wir bereits wissen, ist die Jungfrau reserviert. Sie achtet darauf, im Leben niemals über die Stränge zu schlagen. Sie besitzt einen guten Geschmack und ist obendrein ziemlich pedantisch.

Verstehen Sie langsam, was ich meine? Hier verbindet sich das Talent und die Großspurigkeit des Pferdes mit dem mäßigenden Einfluß der Jungfrau, die verschwiegen ist und ein kritisches Urteilsvermögen besitzt. Umgekehrt wirkt das Pferd auf die Jungfrau noch stärker ein und lockert ihre Reserviertheit gerade so viel auf, daß sie genau weiß, wie sie sich in der Öffentlichkeit zeigen kann. Wie Sie wissen, leiden manche Jungfrau-Geborene wirklich sehr darunter, daß sie so verschlossen und distanziert sind. Sie sind ausgesprochen kontaktscheu. Wir bezeichnen Jungfrau-Menschen als scharfsinnig und kritisch, aber manch anderer könnte dieses Verhalten schlicht »kompliziert« nennen. Das Pferd beeinflußt die muffige, alte Jungfrau also sehr positiv und gibt ihr einen »Tritt in den Hintern«, so daß sie ihre Lebensfreude wiederfindet. Ein gesundes Maß an Selbstbewußtsein hilft der im Zeichen Pferd geborenen Jungfrau wieder auf die Sprünge.

Normalerweise sind Pferde für ihren Eigennutz und ihre ausgefallene Kleidung bekannt. Aber der Jungfrau/Pferd-Mensch ist nüchterner als die meisten Pferde und daher auch konservativer. Der Jungfrau/Pferd-Mensch ist eine wahre Augenweide. Er besitzt den überwältigenden Charme, der alle in seinen Bann zieht, angefangen von seiner Großmutter bis zu seinem Hund.

Jungfrau/Pferde sind auch sehr begabt. Ihre Phantasie wird bei dieser Zeichenkombination zwar etwas gebremst, aber nicht unterdrückt. Ihre Kreativität wird in feste Bahnen gelenkt und ihre rebellische Art gezügelt, da die Jungfrau Pflichtgefühl und Menschlichkeit besitzt. Jungfrau/Pferde haben viele gute Eigenschaften. Sie können sich selbst zur Arbeit antreiben. Sie machen Erfindungen und können anderen etwas beibringen. Und sie bringen brillante Leistungen zuwege.

Ein oder zwei kleine Details sollen an dieser Stelle noch erwähnt werden: Jungfrau/Pferde neigen dazu, eingebildet zu sein. Pferde-Geborene leiden an sich schon unter Arroganz, und der Snobismus der Jungfrau ist nicht gerade ein Gegenmittel dafür. Der Jungfrau/Pferd-Mensch arbeitet an seinem sozialen Aufstieg, der mühsam nach oben führt. Darüber hinaus sind Jungfrau/Pferde auch sehr pragmatisch. Um zum Ziel zu gelangen, ist diesen Menschen jedes Mittel recht. Es macht ihnen nichts aus, wenn sie auf dem Weg zur »Vorstands-Toilette« ein oder zwei Untergebene über den Haufen rennen müssen. Was Gewinn und Erfolg anbelangt, sind Jungfrau/Pferde ziemlich skrupellos. Sie sind gründlich und ausgesprochen gute Arbeiter. Aber die Lorbeeren heimsen sie für sich selbst ein!

Nach all dem sind Jungfrau/Pferde auch noch wohltätig. Sie nehmen sich der Angelegenheiten anderer Menschen an und freuen sich, wenn andere ebenso fürsorglich sind wie sie. Alles in allem haben wir es hier mit einer ausgeglichenen Persönlichkeit zu tun, die sich ihrer Rolle, die sie im Leben spielt, bewußt ist, eine reine Weste haben will und sich nicht übertrieben wichtig nimmt. Jungfrau/Pferde sind gesellig, und die Menschen mögen sie im allgemeinen wirklich gern.

Kurzum, dieser Mensch ist eine solide und integere Persönlichkeit und zeigt das auch ohne falsche Bescheidenheit. Er ist begeisterungsfähig und verdient es, respektiert zu werden.

Liebe

»Sex-Appeal« ist kaum der richtige Ausdruck, um die verführerische Ausstrahlung der Jungfrau/Pferde zu beschreiben. Die Menschen werfen sich ihnen buchstäblich zu Füßen. Natürlich wissen Jungfrau/Pferde auch, wie liebenswert und anziehend sie sind. Sie sind für die Liebe begabt und ausgesprochen phantasievoll, was Sex angeht. Tatsächlich erscheinen sie auf den ersten Blick etwas würdevoll und trocken. Aber im Bett sind sie einfach umwerfend.

Wenn Sie einen Jungfrau/Pferd-Menschen lieben, sollten Sie von vornherein wissen, daß Sie mit Ihrer Leidenschaft nicht alleine sind. Jungfrau/Pferde flirten gerne und sind oft auf Abenteuer aus. Sie brauchen zwar eine feste Bindung im Hintergrund, aber wenn sie dann alleine unterwegs sind und einen ihrer Streifzüge machen . . ., nun, wer könnte da widerstehen? Sicherlich nicht das schöne Jungfrau/Pferd!

Passende Partner

Die Jungfrau in Ihnen fühlt sich natürlich zu Stier-, Krebs-, Skorpion- und Steinbock-Geborenen hingezogen, aus deren Reihen Sie Hunde oder Tiger wählen sollten. Ihre Gefühle passen gut mit denen der Skorpion oder Krebs/Ziegen zusammen. Mit Zwilling, Schütze oder Fische/Ratten sind Sie nicht leicht in Harmonie, und es ist kein Kinderspiel für Sie, sich mit Fische/Affen zu verständigen. Halten Sie sich lieber an Menschen, die Ihre Zuneigung erwidern.

Heim und Familie

Jungfrau/Pferde sind eindeutig auf der konservativen Seite. Ihr Heim ist perfekt eingerichtet. Alles paßt zusammen, und die Möbel sind nur vom Feinsten. Wenn sich der Jungfrau/Pferd-Mensch Dienstpersonal leisten kann, gibt es in seinem Haus sicherlich auch ein paar Diener. Aber er ist sehr freundlich zu seinem Personal. Die Parties und Feste, die dieser Mensch gibt, sind so toll, daß sie sicherlich in der Zeitschrift »Vogue« erwähnt werden.

Jungfrau/Pferde sind begeisterte Eltern. Sie haben Freude daran, mit ihren Kindern etwas zu unternehmen, und bestehen darauf, daß ihre Sprößlinge hervortreten und in der Schule ganz besondere Glanzleistungen vollbringen. Da der Jungfrau/Pferd-Mensch unübersehbar attraktiv ist, werden sich seine Kinder in ihn verlieben und ihn bewundern und anbeten. Daher muß der Jungfrau/Pferd-Mensch immer darauf achten, daß er seine Kinder nicht herablassend behandelt.

Das Jungfrau/Pferd-Kind ist eine wahre Freude für seine Eltern, obwohl es viel Aufmerksamkeit verlangt. Doch es ist einfach so süß, daß selbst die grausamste Stiefmutter dahinschmilzt. Seine Talente sollten schon sehr früh erkannt und gefördert werden. Dieses Kind ist etwas ganz Besonderes und braucht eine gute Erziehung und Ausbildung, damit es in seinem späteren Leben zu seinem Erfolg gelangt.

Beruf

Jungfrau/Pferde sind für das öffentliche Leben begabt. Sie haben die Fähigkeit, Tausende von Menschen in ihren Bann zu ziehen, und es fällt ihnen alle paar Sekunden etwas Neues ein, mit dem sie ihr Publikum begeistern. Sie sind auch sehr kreativ und können stundenlang an einem künstlerischen Projekt arbeiten. Was auch immer dieser Mensch tut, er betrachtet es als seine Aufgabe, es besser zu machen als andere. Für Niederlagen hat er keine Zeit, und sollte er doch eine erleiden, kann er nicht leicht damit fertig werden.

Als Chef ist der Jungfrau/Pferd-Mensch fordernd und streng. Er möchte, daß alles richtig gemacht wird. Er kann auch niedere Arbeiten selbst erledigen. Das bedeutet, daß seine Angestellten entweder hart arbeiten und ihn respektieren müssen, oder sie müssen eben gehen. Als Angestellte sind Jungfrau/Pferde ernsthaft und ehrgeizig. Sie wollen an die Spitze kommen und wissen, daß sie das irgendwie auch schaffen. Sie akzeptieren es, anderen zu dienen, solange sie am Ende des Tunnels einen Lichtschimmer erkennen können und wissen, daß sie in diesem Licht erstrahlen werden.

Berufe, die sich für diesen Menschen eignen, sind: Public-Relations, Fernseh- oder Unterhaltungsstar, Grundstücksmakler, Verleger, Politiker, Komponist, Journalist.

Berühmte Jungfrau/Pferde: Leonard Bernstein, Sean Connery, Konrad Adenauer, Mario Adorf.

JUNGFRAU/ZIEGE

»Ich analysiere«
Erde, Merkur, Veränderlich

»Ich bin abhängig«
Feuer negativ, Yang

KLARHEIT	PRAKTISCHE VERANLAGUNG	ERFINDUNGSGEIST	ORIGINELL
VOREINGENOMMENHEIT	HILFSBEREIT	SENSITIVITÄT	GUTE MANIEREN
HÖFLICHKEIT	ANSTAND	AUSDAUER	GESCHMACK
PINGELIG	PEDANTERIE	SCHMAROTZER	PESSIMISMUS
VERSCHROBEN	NEGATIVITÄT	MANGEL AN VORAUSSICHT	RESERVIERTHEIT
SNOBISMUS	UNPRAKTISCH	UNPÜNKTLICHKEIT	SORGENVOLL

Die Kombination der Tugendhaftigkeit der Jungfrau mit der Abhängigkeit und Luxusliebe der Ziege ergibt einen recht unsicheren Menschen. Die stabile Jungfrau-Seite dieses Menschen will sich in seriöser und produktiver Arbeit entfalten, um dadurch sein Selbstwertgefühl zu steigern. Aber die faule Ziege durchkreuzt die Pläne der Jungfrau. Daraus entsteht ein Charakter, der einerseits zwar starre Ansichten hat, aber andererseits auch sehr leicht zu beeinflussen ist. Jungfrau/Ziegen sind eine leichte Beute für listige und berechnende Menschen.

Jungfrau/Ziege-Menschen müssen über alles einen Kommentar abgeben: »Es ist viel zu heiß hier drinnen. Die Bilder hängen schief. Die Autos verpesten die Luft. Diese Frisur steht dir überhaupt nicht. Wieso trägst du solche Schuhe? Deine Beine wirken viel zu plump darin.« Und so weiter.

Manchmal kann ihr Geschwätz aber auch recht unterhaltsam sein. Wenn Jungfrau/Ziegen unsicher sind, lästern sie etwas weniger. Diese Menschen brauchen geordnete und gesicherte Verhältnisse, einen sicheren Arbeitsplatz, und sie wollen beschützt werden – in ihrem Privatleben von einem starken Partner und in der Gesellschaft vom System.

Der Jungfrau/Ziege-Mensch produziert sich gewöhnlich auch gerne. Er ist zwar kein Clown, sondern eher ein etwas hochnäsiger, pedantischer Besserwisser. Aber wenn Sie ihn etwas besser kennenlernen, werden Sie sehen, daß all sein Gehabe um seine Antiquitäten und ausgefallene Kleider nur dazu dient, seine Unsicherheit zu kaschieren. Die Jungfrau/Ziege ist unsicher. Sie versucht sich durch die Art, wie sie sich kleidet und dadurch, daß sie immer Namen bekannter Persönlichkeiten im Munde führt, vor den Angriffen anderer zu schützen, die stärker sind als sie.

Die Jungfrau/Ziege ist eigentlich ein Sonderling. Dieser Mensch lebt im Idealfall in einer ländlichen Umgebung in einem gemütlichen Heim, das ein anderer für ihn bezahlt. Am besten wäre es, wenn er seine Arbeit nur tun müßte, um dann nach Hause kommen und die Füße hoch legen zu können und das Leben zu genießen. In seinem Beruf ist dieser Mensch nicht nur sehr talentiert, sondern auch noch ausgesprochen einfallsreich und phantasievoll. Sein Ideenreichtum fließt in seine Arbeit ein, was aber recht anstrengend für ihn ist. Er ist nur halb so stark, wie er scheint.

Jungfrau/Ziegen haben geschickte Hände. Es kann sein, daß sie bis spät in die Nacht hinein daran arbeiten, die neuen Bezüge für das Sofa zu nähen oder den Christbaum mit den Kugeln zu schmücken, die sie schon seit dreißig Jahren aufbewahren. Bei allem, was sie tun, geben sie ihr Letztes, so daß das Resultat ästhetisch perfekt ist. Jungfrau/Ziegen sind künstlerisch veranlagt und sehr genau. Am wohlsten fühlen sie sich, wenn sie ihr Talent zu Hause in ihrem eigenen Studio entfalten können. Die Ansprüche, die die Gesellschaft an sie stellt, sind für ihr zartes Nervenkostüm fast unerträglich. Die große, böse Welt macht ihnen ganz schön zu schaffen.

Der Scharfsinn und die Klarheit der Jungfrau verbinden sich bei diesem Zeichen mit dem Pessimismus der Ziege und verursachen, daß der unter diesem Zeichen Geborene ziemlich stark gegen seine Negativität und seine Vorurteile ankämpfen muß. Der Jungfrau/Ziege-Mensch versteht nicht, warum andere nicht sehen, was er sieht: »Siehst du denn nicht, daß das Mädchen da drüben schwanger ist?« »Hast du nicht bemerkt, daß Jim beleidigt war?« Dieser Mensch ist das Opfer seiner eigenen gesteigerten Wahrnehmungsfähigkeit, und er tut gut daran, sich einen sicheren Arbeitsbereich zu schaffen und einen sanftmütigen Partner zu suchen, der auf »Zack« ist.

Liebe

Die Zweisamkeit ist für Jungfrau/Ziegen das ideale Liebesleben. Aber mit ihrer herablassenden Art halten sie es in einer Zweierbeziehung oft gar nicht lange aus. Sie sind kapriziös und launenhaft und besitzen ein so herausforderndes Selbstbewußtsein, daß es sogar den einfühlsamsten Partner verdrießt. Bevor der Jungfrau/Ziege-Mensch nicht demütiger wird und seine Abhängigkeit erkennt, wird er kein Glück in einer langfristigen Beziehung oder in der Ehe finden.

Wenn Sie einen dieser zartbesaiteten Menschen lieben, rate ich Ihnen dringend, vorher Ihr eigenes seelisches Gleichgewicht zu finden, bevor Sie sich gefühlsmäßig an Ihre Jungfrau/Ziege binden. Die Unsicherheit des Jungfrau/Ziege-Menschen untergräbt das Selbstvertrauen ihrer Freunde und Partner, ohne daß er es böse meint. Hier spielt sich eine Art »Schneeball-Effekt« ab: die Jungfrau/Ziege kritisiert ihren Partner in mißbilligender Weise, worauf dieser an sich zu zweifeln beginnt, was die Jungfrau/Ziege wiederum noch mehr verunsichert. Ihr Inbild von Sicherheit, ihr starker und mutiger Partner hat versagt. Passen Sie auf, die Beziehung mit einer Jungfrau/Ziege ist ein Teufelskreis!

Passende Partner

Mit Stier, Krebs, Skorpion und Steinbock/Katzen und Schweinen harmonieren Sie bestens. Auch Krebs und Skorpion/Pferde sind eine gute Partie für Sie. Von Zwilling, Schütze oder Fische/Ochsen oder Hunden rate ich Ihnen ab. Fische/Tiger können Sie zwar verführen, aber ihre Geduld mit Ihnen wird bald zu Ende sein, denn sie können Ihnen nicht genug Sicherheit bieten, und lassen Sie auch nicht ihr Leben für sie organisieren.

Heim und Familie

Das Heim der Jungfrau/Ziegen ist geschmackvoll und individuell eingerichtet. Diese Menschen bevorzugen elegante Stoffe – Samtvorhänge und Damasttischdecken. Ihre Gäste empfangen sie stilvoll und sind ausgezeichnete Gastgeber.

Als Eltern schwanken Jungfrau/Ziegen zwischen Herrschsucht und Nachgiebigkeit. Sie sind zwar nicht gerade glücklich, wenn sie anderen Geborgenheit geben müssen, und es ist eine schwere Aufgabe für sie, die »Brötchen« verdienen zu müssen. Auf lange Sicht zehrt das ganz schön an ihren Kräften. Natürlich können sie ausgesprochen gut mit Kindern umgehen, da sie selbst immer noch ein bißchen kindlich sind. Manche Jungfrau/Ziegen heiraten nie und bleiben immer in der Nähe ihrer alternden Eltern, die ihnen Sicherheit und Bequemlichkeit bieten.

Das Jungfrau/Ziege-Kind ist liebenswert und bereit und willig, etwas zu leisten. Es macht bei allen Spielen oder romantischen Dingen mit. Tatsächlich ist die Kindheit die Zeit im Leben der Jungfrau/Ziegen, in der sie sich am besten entfalten können. Solange sie eine anregende Umgebung haben, fühlen sie sich wohl. Aber verlangen Sie von diesem Kind nicht, daß es Weltmeister wird. Geben Sie ihm vielmehr Gelegenheit, sich künstlerisch zu betätigen. Dann werden Sie nicht enttäuscht sein!

Beruf

Jungfrau/Ziegen fühlen sich zu Berufen hingezogen, die Sicherheit bieten. Sie sind redebegabt, und man findet sie deshalb oft in Berufen, wo sie vor Gruppen sprechen müssen. Jungfrau/Ziegen sind voller Vorurteile und lassen nur ihre eigene Meinung gelten. Sie eigenen sich für Berufe, wo man ihre ungewöhnlichen Ansichten schätzt und ihre Fähigkeit anerkennt, rund um die Uhr für eine Sache einzustehen.

Als Chef ist dieser Mensch ein hoffnungsloser Fall. Entweder ist er nachtragend und sarkastisch, oder er schmilzt in den Händen seiner Angestellten dahin wie Wachs. Allerdings eignet er sich ausgezeichnet als Angestellter, der sich durch harte Arbeit Anerkennung verschafft und seine Individualität in Bereichen entfaltet, an denen er ein persönliches Interesse hat.

Einige geeignete Berufe für Jungfrau/Ziegen sind: Soziologe, Bühnenbildner, Hebamme, Landschaftsgestalter.

Einige berühmte Jungfrau/Ziegen: W. C. Williams, George Wallace.

JUNGFRAU/AFFE

»Ich analysiere«
Erde, Merkur, Veränderlich

»Ich plane«
Metall positiv, Yin

KLARHEIT	PRAKTISCH	SCHLAUHEIT	INTELLIGENZ
VOREINGENOMMENHEIT	HILFSBEREITSCHAFT	STABILITÄT	EIFER
HÖFLICHKEIT	ANSTAND	IMPROVISATIONSTALENT	FÜHRUNGSNATUR
PINGELIG	PEDANTERIE	TÄUSCHUNG	SELBSTBEZOGENHEIT
VERSCHROBEN	NEGATIVITÄT	TRICKREICH	ALBERNHEIT
RESERVIERTHEIT	SNOBISMUS	GESCHWÄTZIG	OPPORTUNISMUS

Die im Zeichen des Affen geborene Jungfrau führt sich auf wie eine Prinzessin. Frauen, die unter diesem Zeichen geboren sind, fallen durch ihre Eleganz auf und strahlen eine Überlegenheit aus, die der der bösen Stiefmutter im »Schneewittchen« ähnelt. Trotzdem haben es Jungfrau/Affen nicht leicht. Sie doktern an allem im Leben herum, und das von Kind an, um wenigstens einen winzigen Erfolg zu erringen.

Jungfrauen neigen dazu, sich mit »wichtigen« Persönlichkeiten zu umgeben. Snobismus verleiht der Jungfrau Sicherheit. Affen dagegen beschäftigen sich selten mit Oberflächlichkeiten, außer sie dienen einem praktischen Zweck. Wenn es zu seinem Vorteil ist, eine langweilige Cocktail-Party zu besuchen oder einen wichtigen Namen zu erwähnen, wird der Affe das gerne tun. Aber meistens kann er mit der »High Society« nichts anfangen.

Dieser Zwiespalt bringt den Jungfrau/Affe-Menschen in einen ständigen inneren Kampf. Auf der einen Seite hat die Jungfrau in ihm das Gefühl, sie sollte zu Herrn »Neureich« hinübergehen und ein wenig mit ihm plaudern. Andererseits ist der Affe in ihm hungrig und möchte sich am liebsten gleich auf das kalte Büffet stürzen, anstatt sich Herrn »Neureichs« langweiliges Geschwätz anzuhören. Der Affe in ihm sagt: »Was kümmert mich dieser Idiot.«

Was daraus entsteht, ist ein machthungriger und nervöser Charakter. Jungfrau/Affen wollen ihr eigenes Leben und auch das Leben anderer unter Kontrolle haben. Aber die Umstände zwingen sie oft, ihre Macht aufzugeben, noch bevor sie Gelegenheit hatten, sie auszuüben. Das führt dazu, daß sich der Jungfrau/Affe-Mensch bitter enttäuscht fühlt und in Selbstmitleid verfällt. Er schiebt den anderen die Schuld in die Schuhe und jammert: »Wenn niemand bei mir bleiben will, werde ich mich in meinen Turm zurückziehen und mein »Spieglein« befragen – das liebt mich wenigstens!«

Jungfrau/Affen haben einen guten Sinn dafür, was für andere richtig ist, und mischen sich gerne in die Angelegenheiten anderer Leute ein. Oft liegen sie in der Beurteilung eines fremden Dilemmas genau richtig. Sie sind auch wohltätig und fürsorglich zu Menschen, die weniger glücklich sind als sie. Bei Leuten, die in Not sind, zeigen sie sich sehr großzügig und lassen auch einmal Bargeld springen. Das Problem ist, daß sich Jungfrau/Affen jeden Gefallen, den sie einem anderen erweisen, zurückzahlen lassen. Ich würde sagen, Jungfrau/Affen sind auf egoistische Weise altruistisch.

Das innere Wesen der Jungfrau/Affen könnte man als temperamentvolle, trockene Autorität bezeichnen. Sie sind gewinnsüchtig und ergreifen von materiellen Dingen und von Menschen Besitz. Sie haben recht mit Ihrer Vermutung, daß sie sich mit ihrem Besitzstreben nur gegen ihre Unsicherheit schützen wollen. Jungfrau/Affen sind pedantisch und können sich ganz schön abrackern. Sie sind intelligent und zu tiefem Mitgefühl fähig. Sie können gut mit Geld umgehen und es gut anlegen. Sie sind gastfreundlich, aber auch dominant, und scheuen vor nichts zurück, ihre Dominanz auch zu behalten.

Das Zeichen Jungfrau steht für Intelligenz, der Affe für Schlauheit. Die Jungfrau ist reserviert, der Affe ist extrovertiert und fröhlich. Dieser Mensch ist innerlich immer zerrissen, welche Seite ihres Wesens sie in einer Situation zeigen soll. Oft überwiegt ihre »Pingeligkeit«.

Liebe

In Liebesangelegenheiten ist der Jungfrau/Affe-Mensch sehr ernsthaft. Er ist auch ein großer Romantiker. Den Menschen, den er liebt, will er mit Haut und Haaren besitzen. Er macht ihm auf schlaue und listige Art den Hof und wendet alle möglichen Verführungskünste an. Aber denken Sie daran, er hat einen schwachen

Punkt! Er möchte alles, was er liebt, total in Besitz nehmen. Daher wird es nach einer Weile ziemlich eng, mit ihm in einem Raum zu sein, und wenn er die Arme um Ihren Hals schlingt, kann Ihnen schon einmal die Luft weg bleiben.

Wenn Sie einen Jungfrau/Affe-Menschen lieben, lassen Sie ihn glauben, daß er der einzige in Ihrem Leben und im ganzen Universum ist. Gehen Sie mit ihm vereint durchs Leben und verbünden sich mit ihm gegen die ganze Welt. Opfern Sie Ihren Lebensstil für seinen! Der Jungfrau/Affe-Mensch wird es Ihnen danken, indem er dafür sorgt, daß Sie es warm und gemütlich haben, gut ernährt und unterhalten werden. Es kann aber auch vorkommen, daß er die Tür zu seinem Turm verriegelt und den Schlüssel wegwirft!

Passende Partner

Mit Stier, Krebs und Skorpion/Ratten und Drachen liegen Sie richtig. Die unter diesen Zeichen Geborenen haben wirklich viel Bewunderung für Sie übrig und wissen, wie man sich erkenntlich zeigt. Auch für Steinbock/Drachen und Ratten haben Sie großes Interesse. Diese Menschen spüren Ihre Liebe zur Reinheit und respektieren Ihre Integrität. Ich warne Sie davor, sich in Zwilling, Schütze oder Fische/Tiger zu verlieben. Sie riskieren dabei, verletzt zu werden. Zwilling und Schütze/Schweine sind für Ihre Mätzchen nicht tolerant genug. Fische/Schlangen sind zu aufgedonnert und Schütze/Ochsen zu heißblütig für Ihren Geschmack.

Heim und Familie

Ich habe noch kein Heim eines Jungfrau/Affen gesehen, das nicht das Inbild von Kostspieligkeit und Tradition gewesen wäre. Die gleiche Unsicherheit, die das Leben dieses Menschen beherrscht, zeigt sich auch in seiner Einrichtung. Jungfrau/Affen machen viel selbst, wie Wände streichen und gipsen. Sie sind handwerklich sehr begabt und praktisch veranlagt. Sie können alles, angefangen vom Tischlern bis hin zum Kochen.

Als Eltern sind Jungfrau/Affen natürlich fürchterlich besitzergreifend. Sie benehmen sich wie Feudalherren und sagen mit Vorliebe: »Das ist mein Haus.« Kommen Sie ja nicht auf den Gedanken, das Haus eines Jungfrau/Affe-Elternteils verlassen zu wollen. Er wird alle möglichen Mittel und Wege finden, seinen »verlorenen Sohn« wiederzubekommen. Meistens kommt es aber gar nicht dazu, da seine Kinder überhaupt nicht auf die Idee kommen, eigene Wege zu gehen.

Das Jungfrau/Affe-Kind hat vor vielen Dingen Angst, wie zum Beispiel vor der Dunkelheit, vor Menschenansammlungen und Alpträumen. Dieses Kind braucht eine komfortable Umgebung und viel Zärtlichkeit. Man muß ihm viel Verständnis entgegenbringen und ihm Sicherheit bieten.

Beruf

Der Jungfrau/Affe-Mensch hat viel Talent für Details. Er ist immer pünktlich und fehlt fast nie. Was seine Arbeit anbelangt, ist er der Inbegriff eines Perfektionisten. Er ist nicht nur praktisch, sondern auch vorsichtig und ehrgeizig. Der Jungfrau/Affe-Mensch ist ein fleißiger Angestellter. Als Chef ist es wieder etwas anderes. Natürlich wird er das Kommando führen wollen. Insgeheim möchte er, daß sein Name auf dem Briefpapier größer gedruckt steht als Ihrer, und möglichst in goldenen Lettern. Jungfrau/Affe ist ein methodisches und anspruchsvolles Zeichen, voller Ideen, wie man zu Geld kommen kann. Diese Menschen wollen keinen Millimeter ihrer Popularität oder ihrer Macht abgeben. Aber ihre Habgier ist auch ihr Verderben.

Geeignete Berufe für Jungfrau/Affen sind: Friedensstifter, Philanthrop, Sekretärin, Unternehmer, Verwaltungsangestellter.

Einige berühmte Jungfrau/Affen: Lyndon B. Johnson, Craig Claiborne, Jacqueline Bisset, Reinhold Messner.

JUNGFRAU/HAHN

»Ich analysiere«		*»Ich besiege«*	
Erde, Merkur, Veränderlich		*Metall negativ, Yang*	
KLARHEIT	PRAKTISCHE VERANLAGUNG	BIEGSAM	KONSERVATIV
VOREINGENOMMENHEIT	HILFSBEREIT	ENTHUSIASMUS	CHIC
HÖFLICHKEIT	ANSTAND	OFFENHEIT	HUMOR
PINGELIG	PEDANTERIE	KECKHEIT	PEDANTERIE
VERSCHROBEN	NEGATIVITÄT	ÜBERHEBLICHKEIT	DIKTATORISCH
RESERVIERTHEIT	SNOBISMUS	BLINDES VERTRAUEN	VERSCHWENDUNG

Dieser Hahn ist eine ganz besondere »Stehaufmännchen-Natur«. Jungfrau und Hahn sind beides Zeichen, die von Mut und Bestimmtheit gekennzeichnet sind. Sie sind überaus ausdauernd und voll von Führungsqualitäten, und ihre Liebe zum Detail, ihre Genauigkeit und ihr Realismus kommt nicht nur den Jungfrau/Hähnen selbst zugute, sondern auch anderen Menschen.

Jungfrau/Hähne sind sich ihrer gesellschaftlichen Stellung bewußt. Wenn sie in armen Verhältnissen aufgewachsen sind, werden sie als Erwachsene unbeirrbar danach streben, zu Geld zu kommen. Wenn es ihnen an Stil mangelt, werden sie alles daransetzen, sich ein vornehmes und angemessenes Benehmen anzueignen. Sie sind sich nie darüber im Zweifel, wo sie herkommen und zu welcher Gesellschaftsschicht sie gehören wollen. Sie ärgern sich sehr darüber, wenn man sie nicht als Mitglied der »High Society« betrachtet.

Jungfrau/Hähne sind für alle intellektuellen Aufgaben talentiert. Sie sind intelligent und sprachlich und mathematisch begabt. Sie stellen sich rasch auf neue Situationen ein und sorgen immer dafür, daß ihre Busenfreunde die Anführer des Teams sind. Sie sind diskret und wissen, wann sie etwas besser für sich behalten. Darüber hinaus sind diese Menschen auch noch geschickt, und wenn es sein muß, wenden sie auch einmal eine List an.

Obwohl der Jungfrau/Hahn-Mensch etwas altmodisch ist, kann

man doch nicht behaupten, er wäre ein Konformist. Er ist ein entschiedener Individualist und gehört nicht zu den Menschen, die zu Hause bleiben und ihre Karriere opfern, nur um dem Wunsch seiner Eltern oder seiner Familie zu entsprechen. Was auch immer der Jungfrau/Hahn will, er tut es für sich selbst. Er ist nicht übermäßig altruistisch und hat nichts für liberale Politik übrig. Jungfrau/Hähne sind ihr eigener Antrieb.

Um der Freundschaft willen nehmen sie manchmal aber Jobs an oder tun jemandem einen Gefallen, der jeden anderen, weniger hingebungsvollen Menschen, entmutigen würde. Sie wollen von ihren Mitmenschen gemocht werden und geben sich große Mühe, ihre Popularität zu sichern. Dieser Mensch ist sehr liebenswert und ist eine Bereicherung für jeden Bekanntenkreis. Jungfrau/Hähne reisen gerne, und wenn sie von einer Reise zurückkehren, berichten sie alles, was sie erlebt haben. Auch für Musik und Theater haben sie großes Interesse und können sich stundenlang über irgendeine Theateraufführung unterhalten. Sie sind auch gute Kritiker, und man kann sie um jeden Rat fragen, angefangen bei der Frisur bis hin zu Herzensangelegenheiten.

Die wertvollste Eigenschaft dieser Menschen ist ihre Selbstdisziplin. Jungfrau/Hähne können um sechs Uhr morgens aufstehen, um russische Grammatik zu pauken, gehen dann mit dem Hund im Wald spazieren und brüten über einigen Kalkulationen, bevor sie den Bus zur Arbeit nehmen. Sie sind initiativ und kühn. Ich würde nicht unbedingt sagen, daß sie gar keine Angst haben, aber sie sind mit Sicherheit besser in der Lage, ihre Angst zu überwinden, als die meisten von uns.

Liebe

Romantik ist ein Problem für Jungfrau/Hähne. Ihr natürlicher Drang, in der Öffentlichkeit zu glänzen, ist bei geselligen Anlässen eher reduziert. Sie wissen zwar, wie man sich auf Situationen einstellt und wie man sich geben muß, um gemocht zu werden. Aber um geliebt zu werden ... – nun, der Jungfrau/Hahn-Mensch ist in Liebesangelegenheiten ziemlich unflexibel. Er will, daß immer alles nach seinem Kopf geht, und wird lieber bewundert, als daß er andere bewundert. Es gefällt ihm, seinen Partner zu beeindrucken und vielleicht sogar ein wenig einzuschüchtern. Ist er sadistisch? Vielleicht ein bißchen!

Wenn Sie einen Jungfrau/Hahn-Menschen lieben, bereiten Sie sich auf einen eher rasanten Lebenswandel vor. Wenn er sich entschließt, Sie auf seinem Raubzug nach sozialer Anerkennung mitzunehmen, halten Sie Ihren Hut gut fest. Aber falls er Sie zu Hause läßt, und das ist selten der Fall, müssen Sie lernen, alleine Karten zu legen, weil er fast immer unterwegs ist. Wenn Sie das Alleinsein lieben und Ihnen hohe Telefonrechnungen nichts ausmachen (diese Woche ist er nämlich gerade in Peru), angeln Sie sich einen Jungfrau/Hahn. Er wird Sie auf jeden Fall gut unterhalten und Sie vielleicht sogar mit Diamanten und Pelzen überschütten.

Passende Partner

Halten Sie sich an Schlangen, wenn es um die Wahl Ihres Partners geht. Besonders glücklich werden Sie mit Stier, Krebs, Skorpion oder Steinbock/Schlangen. Ihnen liegt sehr viel an der äußeren Verpackung eines Menschen, und Schlangen verstehen sich darauf gut. Auch mit einem beständigen Stier oder Steinbock/Ochsen tun Sie keinen falschen Griff, und der skrupellose Steinbock/Drache ist genau das Richtige für Sie, um Sie zu noch größeren Höhenflügen zu inspirieren. Aber lassen Sie die Finger von Zwilling, Schütze oder Fische/Katzen. Halten Sie sich fern von Schütze/Hähnen, die Ihnen einerseits viel zu ähnlich und auf der anderen Seite viel zu verschieden von Ihnen sind. Heiraten Sie auch keinen Fische/Hund. Hunde beißen nämlich!

Heim und Familie

Das Heim eines Jungfrau/Hahn-Menschen ist ein unordentliches Museum oder zumindest ein bewohnter Lesesaal oder eine Bibliothek. Überall liegen halbgelesene Bücher herum, neben tiefen Lehnsesseln und Sofas und präkolumbianischen Skulpturen und offenen Kisten. »Leg das aufs Klavier, oder nein, lieber hierhin. Ach, leg es doch einfach auf die Sitar, die ich letzte Woche in Neu-Delhi erstanden habe.«

In der Regel haben Jungfrau/Hähne nicht viele Kinder. Sie sind so individualistisch, daß sie sich im Höchstfall von einem Hund oder einer Katze stören lassen. Die Aussicht auf Schwiegereltern und sonntägliche Besuche bei der Großmutter mit den Kinderchen ist wahrscheinlich mehr, als sie sich antun wollen. Der Jungfrau/Hahn-Mensch ist egozentrisch und genügt sich selbst.

Das Jungfrau/Hahn-Kind wird Sie mit seiner Fähigkeit, Dinge auswendig zu lernen, faszinieren. Es kann einen ganzen Shakespeare-Akt rezitieren, noch bevor es die Worte überhaupt versteht. Vermutlich ist es künstlerisch begabt, findet das einfache Künstlerleben aber zu langweilig und läßt deshalb schnell wieder von der künstlerischen Laufbahn ab. Jungfrau/Hahn-Kinder brauchen Gesellschaft und sind sehr ehrgeizig, was ihre gesellschaftliche Stellung anbelangt.

Beruf

»Eines Tages werde ich ein schönes Haus auf einem Hügel in einem Vorort besitzen. Ich werde ganze Regalwände voll Bücher haben, ein Jahresabonnement für dic Oper und einen fabelhaften Partner, der mich überall hin begleitet, mir aber nie im Wege steht.« Das ist der Traum eines Jungfrau/Hahns. Geld ist natürlich inbegriffen.

Obwohl Jungfrau/Hähnen der Alltagsstreß nichts ausmacht, sind sie mit ihrem Routine-Job doch niemals ganz glücklich. Sie sehnen sich nach Abwechslung in ihrem Berufsleben, nach einer Arbeit, die Gefahren, Abenteuer und Herausforderung mit sich bringt. Als Angestellte sind sie jemand, der ständig von besseren Zeiten träumt. Als Arbeitgeber sind sie genauso. Sie sind zu allem fähig, ziehen es aber meistens vor, genau das zu tun, was ihnen gefällt.

Berufe, die sich für Jungfrau/Hähne eignen, sind: Anthropologe, Forscher, Klatschkolumnist, Filmdirektor, Geheimagent.

Berühmte Jungfrau/Hähne: Richelieu, D. H. Lawrence, Elia Kazan.

JUNGFRAU/HUND

»Ich analysiere«
Erde, Merkur, Veränderlich

»Ich sorge mich«
Metall positiv, Yin

KLARHEIT	PRAKTISCHE	BESTÄNDIGKEIT	PFLICHTGEFÜHL
VOREINGENOM-	VERANLAGUNG	HELDENMUT	INTELLIGENZ
MENHEIT	HILFSBEREIT	ACHTBARKEIT	ANSTAND
HÖFLICHKEIT	ANSTAND	UNSICHERHEIT	ZYNISMUS
PINGELIG	PEDANTERIE	KRITIKSUCHT	UNSOZIALES
VERSCHROBEN	NEGATIVITÄT	SELBSTGERECHTIG-	VERHALTEN
RESERVIERTHEIT	SNOBISMUS	KEIT	TAKTLOS

In diesem Charakter verbindet sich Freundlichkeit mit Bissigkeit. Egal wie schlecht gelaunt dieser Mensch manchmal erscheint, in seinen Augen liegt ein warmer, heller Schimmer. Jungfrau/Hunde versuchen ihre Verletzlichkeit oft hinter dem Deckmäntelchen der weltmännischen Abgeklärtheit zu verbergen, aber darunter sind sie so weich und zart wie Daunen.

Jungfrau/Hunde sind verläßlich. Sie glauben an die Gerechtigkeit und sind immer bereit, gute Taten zu vollbringen. Sie tun nichts unbeabsichtigt oder überlassen es dem Zufall. Sie können sich immer auf die Hilfe eines Jungfrau/Hund-Menschen verlassen. Er wird Ihnen immer zehn Pfennige spendieren. Fragen Sie jemanden, der mit einem Jungfrau/Hund befreundet ist. Er wird es Ihnen bestätigen. Jungfrau/Hunde lächeln zwar nicht die ganze Zeit, aber sie sind immer bereit, Ihnen einen Gefallen zu tun und sich hilfreich zu betätigen. Sie nehmen ihre Verpflichtungen sehr ernst.

Dieser Mensch ist berechnend und schafft es nur durch harte Arbeit, ein Vermögen anzuhäufen. Er ist gründlich und sogar ein wenig zwanghaft. Schließlich kann man nicht jedem im Leben vertrauen. Man weiß ja, wo das hinführt! Genauso denken Jungfrau/Hunde. Sie riechen die Gefahr und sind immer darauf bedacht, jedes Übel von sich abzuwenden. Hochtrabende Pläne reizen sie nicht. Sie sind sowohl großzügig, als auch sehr sparsam. Jungfrau/Hunde sorgen für sich selbst, und wie!

Hunde, die im Zeichen Jungfrau geboren sind, sind keine Einzelgänger. Sie fühlen sich in Gesellschaft von Menschen wohl, die sie lieben und denen sie vertrauen. Sie mögen es, im Mittelpunkt einer gemütlichen Runde von »guten Leuten« zu sein, und tun alles, um ihre Loyalität zu beweisen und die anderer Leute auf die Probe zu stellen.

Was immer Jungfrau/Hunde tun, sie tun es in guter Absicht, obwohl Sie sich vor ihren Versuchen etwas in acht nehmen sollten, alles wieder gut machen zu wollen, was andere angestellt haben. Aber unterschreiben Sie ruhig die Petition des Jungfrau/Hund-Menschen. Er schadet niemandem damit.

Der Jungfrau/Hund-Mensch ist im allgemeinen konservativ. Er gehört nicht zu den Leuten, die auf ein Gratis-Mittagessen spekulieren. Er glaubt an harte Arbeit und ist intelligent genug, auf die richtigen Pferde zu setzen. Aus diesem Grund sieht er nicht ein, warum sich andere Menschen mehr Freiheiten herausnehmen sollten. Seine Großzügigkeit erstreckt sich nicht auf Schmarotzer und Faulpelze.

Die Kombination der Besorgtheit des Hunds mit der Pedanterie und Scharfsinnigkeit der Jungfrau kann dazu führen, daß dieser Mensch unter Angstzuständen leidet. Er nimmt jedes noch so unwichtige Detail ernst und denkt über jede Kleinigkeit nach. Das kann ihn so gefangen nehmen, daß ihm Erfolg verschlossen bleibt. Wenn das passiert, braucht er die Hilfe seiner Freunde, die ihn aus seinem Sumpf herausziehen und ihm seine lähmende Angst durch konkrete und realisierbare Lösungen nehmen. Der Jungfrau/Hund nimmt gerne einen Ratschlag an und schätzt die Menschen, die er für weiser hält, als sich selbst.

Die größte Schwierigkeit für den Jungfrau/Hund liegt darin, daß er schwer »Nein« sagen kann zu Menschen, die in einer weniger glücklichen Lage sind als er. Er ist ein so guter Mensch, daß er sich oft von Gesindel und Gaunern hereinlegen läßt. Wenn das passiert, ist er zutiefst verletzt und läuft dann lange Zeit mit traurigen »Hundeaugen« herum. Auch Doppelzüngigkeit macht den Jungfrau/Hund sehr wütend. Hüten Sie sich vor seinem Temperament, denn vielleicht haben Sie bislang noch nicht gewußt, was »Weißglut« ist! Wahrscheinlich haben Sie noch keinen Hund verrückt spielen sehen! Er gerät völlig außer Kontrolle und beißt auch!

Liebe

In Liebesangelegenheiten ist der Jungfrau/Hund sehr vorsichtig. Er macht keinen Wirbel, nur um die Aufmerksamkeit auf sich zu lenken, die er sowieso nicht verdient hat. Vielmehr entscheidet er selbst, wann er heiraten will, und tut das dann auch und bleibt es für immer – in mehr oder weniger Ruhe und Frieden. O ja, er kann schnippisch und kaltschnäuzig sein. Aber er übersteht so manchen Sturm, weil er den Mut seiner Überzeugung hat.

Wenn Sie einen Jungfrau/Hund lieben, müssen Sie immer Fröhlichkeit verbreiten und versuchen, ihn zum Lachen zu bringen. Der Jungfrau/Hund kichert gerne und albert gerne herum. Er hat einen ausgeprägten Sinn für Humor. Aber da er oft übertrieben pflichtbewußt ist, muß man ihn oft dazu ermuntern, sich ein wenig Vergnügen im Leben zu gönnen. Wenn Ihr Jungfrau/Hund Ihre Liebe erwidert, sind Sie wirklich ein Glückspilz! Er wird Sie niemals im Stich lassen.

Passende Partner

Alle Stier, Krebs, Skorpion und Steinbock/Tiger verzaubern Sie. Auch Katzen unter diesen Sternzeichen gefallen Ihnen. Sie sind ruhig – und intelligent. Auch Skorpion und Steinbock/Pferde können Ihnen lange Zeit Freude machen und Sie aufheitern. Ich rate Ihnen von Zwilling, Schütze und Fische/Ziegen ab und beschwöre Sie, Schütze oder Fische/Drachen zu meiden!

Heim und Familie

Im Gegensatz zu Ochsen oder Krebsen, die ihr Heim lieben, weil es da ist, liebt der Jungfrau/Hund sein Heim, weil er es sich selbst geschaffen hat. Die meisten Jungfrau/Hunde haben ihre Umgebung sorgfältig selbst gestaltet. Sie haben sich und ihrer Familie ein Leben aufgebaut, auf das sie stolz sind und sich für ihr Heim aufgeopfert. Die Möbel sind praktisch und vielleicht sogar etwas nüchtern. Aber überall findet man etwas, das Gemütlichkeit verbreitet, sei es eine selbstgehäkelte Decke oder eine Wärmflasche im Bett. Der Jungfrau/Hund sorgt selbst für sein Wohlbefinden.

Als Eltern sind Jungfrau/Hunde fraglos völlig normal und vernünftig. Sie nehmen ihre Verantwortung sehr ernst und setzen sich zu ihren Kindern, um mit ihnen die Hausaufgaben zu machen, und backen Plätzchen für sie. Ihre Kinder müssen gute Manieren haben und Fremden gegenüber ein tadelloses Benehmen zeigen. Aber zu

Hause dürfen sie sich entspannen und sich wohl fühlen. Jungfrau/Hund-Eltern sollten vielleicht versuchen, ein bißchen weniger kritisch zu sein. Aber alles in allem sind sie gute Eltern.

Das Jungfrau/Hund-Kind hat es am besten, wenn es das älteste Kind in der Familie ist. Diese Rolle spielt es mit Bravour. Es macht ihm nichts aus, seine Geschwister herumzukommandieren, und es hilft seinen Eltern mit Vergnügen. Tatsächlich überrascht es seine Eltern mit seiner Frühreife. Ob Ihnen das gefällt oder nicht, dieses Kind macht sich viele Sorgen. Sie müssen es beruhigen und damit rechnen, daß es von Alpträumen geplagt wird.

Beruf

Sein Pflichtbewußtsein ermöglicht dem Jungfrau/Hund, sich in einer Vielzahl von Tätigkeitsbereichen zu entfalten, die Sorgfalt, detailliertes Arbeiten und gesunden Menschenverstand erfordern. Wenn dieser Mensch nur schwer vorwärtskommt, liegt das womöglich daran, daß er mit seinen Mitarbeitern zu nachsichtig ist. Er hält sich oft zurück, wenn andere faul sind oder etwas falsch machen und erledigt die zusätzliche Arbeit lieber selbst. Das erschöpft ihn und strapaziert seine Nerven, und er setzt damit womöglich seine Karriere aufs Spiel.

Ich kann mir kaum einen faireren und gerechteren Chef vorstellen, als den Jungfrau/Hund. Er gibt jedem seiner Angestellten genau soviel Arbeit, wie dieser bewältigen kann, und verteilt auch mal einen verständnisvollen »Klaps«, wo es gerade nötig ist. Wenn er im Angestelltenverhältnis ist, gilt dasselbe. Er ist tugendhaft und manchmal etwas zänkisch, aber nie unehrlich oder boshaft.

Einige Berufe, die sich für Jungfrau/Hunde besonders gut eignen, sind: Psychiater, Musiker, Kindergärtnerin, Ingenieur, Computer-Fachmann, Professor.

Berühmte Jungfrau/Hunde: Sophia Loren, Barry Gibb, Michael Jackson, Jean-Louis Barrault, Mutter Theresa.

JUNGFRAU/SCHWEIN

»Ich analysiere«
Erde, Merkur, Veränderlich

»Ich zivilisiere«
Wasser negativ, Yin

KLARHEIT	PRAKTISCHE	SKRUPEL	SINNLICHKEIT
VOREINGENOM-	VERANLAGUNG	GALANTERIE	KULTUR
MENHEIT	HILFSBEREIT	AUFRICHTIGKEIT	EHRLICHKEIT
HÖFLICHKEIT	ANSTAND	LEICHTGLÄUBIG-	MATERIA-
PINGELIG	PEDANTERIE	KEIT	LISTISCH
VERSCHROBEN	NEGATIVITÄT	ZORN	FEINSCHMECKER
RESERVIERTHEIT	SNOBISMUS	ZÖGERN	DICKKÖPFIGKEIT

Die Kombination Jungfrau/Schwein läßt sich mit Perlen vergleichen, die auf einer elfenbeinfarbenen Satindecke liegen. Bei diesem Zeichen ist die Reinheit der geistigen Gesinnung einfach unglaublich. Jungfrau/Schweine sind naiv und fleißig, sinnlich und sensibel, methodisch und pedantisch und wirklich gute Kerle, wobei die Betonung auf »gut« liegt.

Für Jungfrau/Schweine existiert der Begriff »Bosheit« eigentlich gar nicht. Sie können sich fast nicht vorstellen, daß es immer und überall auf der Welt gemeine, listige, üble und niedere Seelen gibt. Jungfrau/Schweine sind mit dem Glauben an den Edelmut des Menschen geboren. Sie haben vor allen Menschen, Tieren und sogar Gegenständen Achtung. Es kann vorkommen, daß Menschen auf Abwege geraten, aber daran ist immer die Gesellschaft schuld.

Wie Sie sehen, sind Jungfrau/Schweine selbst von so edler Gesinnung, daß sie anderen ihre Schlechtigkeit niemals vorwerfen könnten. Sie sehen den Jungen einfach nicht, der aus dem Geldbeutel seiner Mutter stiehlt. Sie wandeln den Dieb sofort in ein Opfer um, dem sie helfen wollen. Wenn dieser Junge ihr Sohn wäre, müßte er keine Verbrechen begehen. Er würde gut erzogen und würde ein kultiviertes Benehmen erlernen und hätte nur hohe Ideale, die des Sohnes eines Jungfrau/Schwein-Menschen würdig sind.

Man könnte meinen, diese Einstellung sei etwas naiv. Man könnte in Versuchung geraten, Jungfrau/Schweine für leichtgläubig zu halten, und ihnen vorwerfen, daß sie sich Sand in die Augen streuen lassen. Tatsache ist, daß man sie auf das Böse aufmerksam machen muß, denn in Folge ihrer Blauäugigkeit werden sie oft getäuscht.

Dieser Mensch ist sehr praktisch veranlagt. Es gibt nur wenig, was Jungfrau/Schweine nicht mit ihren Händen ausführen können. Keine handwerkliche Aufgabe ist ihnen zu schwer. Kunst ist ihre zweite Natur, sei es, daß sie sich in ihrem Kunstverstand oder in Form einer künstlerischen Tätigkeit äußert. Jungfrau/Schwein ist ein Zeichen, das mit Sicherheit etwas mit Kunst zu tun hat.

Auf den ersten Blick macht dieser Mensch den Eindruck, als führe er das Zigeunerleben eines Bohemiens. In seinen Augen liegt etwas Poetisches und ebenso ist der Stil seiner Kleidung. Wenn Sie den Jungfrau/Schwein-Menschen näher kennenlernen, werden Sie feststellen, daß sein farbverschmierter Frack und seine unordentliche Frisur sein tiefinneres Bedürfnis nach Luxus nicht verbergen können. Hier haben wir das Inbild eines Künstlers: Ringe unter den Augen, völlig kaputt, nervös und so schüchtern! Aber er hat gerade seine Küche renovieren lassen, und der Preis dafür ist so hoch wie Ihr halbes Jahreseinkommen. Wenn der Jungfrau/Schwein-Mensch kein Geld hat, ist er sehr unglücklich. Kunst ist ja ganz schön, aber Gold hält die Wölfe fern!

Jungfrau/Schweine hassen Korruption, haben aber nichts gegen die Vorteile, die sich daraus ergeben. Diese Widersprüchlichkeit verursacht eine leichte Schizophrenie. Sie behaupten, daß sie ein einfaches Leben auf dem Land führen wollen, und doch sind sie begierig darauf, einen echten Picasso zu ergattern. Sie haben nach außen hin den Anschein, als bräuchten sie nur das Lebensnotwendigste, aber innerlich sehnen sie sich nach Luxus. Jungfrau/Schweine sind manchmal so makellos und gut, daß sie sich insgeheim zu unanständigen Dingen hingezogen fühlen. Wenn es am wenigsten so aussieht, können Sie sicher sein, daß der Jungfrau/Schwein-Mensch etwas im Schilde führt – ganz diskret, versteht sich!

Liebe

Loyalität und Liebe passen gut zusammen. Dieser Mensch ist seinem Partner oder seinen Freunden wirklich treu ergeben. Umgekehrt verlangt er von den Menschen, die er liebt, dasselbe. Er kann große Opfer bringen, um eine Beziehung zu retten, und er schreckt vor nichts zurück, wenn er jemanden verführen will, den er unwiderstehlich findet. Im Namen der Liebe macht er Geschenke und erweist seinem Geliebten unsagbar viele Dienste.

Hüten Sie sich vor dem Zorn eines Jungfrau/Schweins! Zwar kommt es bei diesem von Natur aus so guten und nachsichtigen Menschen selten vor, daß er wütend wird, aber wenn seine Grenze überschritten ist und er keine weitere Enttäuschung mehr ertragen kann und sein Vertrauen lange genug mißbraucht worden ist, gerät er in blinde Raserei – und dieses Wort ist noch viel zu schwach, um seine Reaktion zu beschreiben. Jungfrau/Schweine sind fähig, jemandem für immer den Rücken zu kehren. Für ein wütendes Jungfrau/Schwein ist ein Feind »gestorben«. Und davon gibt es nur wenige. Wenn Sie einen Jungfrau/Schwein-Menschen lieben, zeigen Sie ihm Ihre Ehrerbietung. Wenn Sie ihn behalten wollen, dürfen Sie das Wort »Vertrauensbruch« nicht einmal erwähnen!

Passende Partner

Ein Widder/Ochse wäre ein ausgezeichneter Partner für Sie. Sie sind solide und lieben den Luxus. Ein Widder/Ochse kann Ihnen diesen Lebensstil bieten. Ansonsten sollten Sie sich unter den Stier, Krebs, Skorpion und Steinbock/Katzen und Ziegen umschauen. Diese Menschen sind ruhig und lieben die Natur. Auch ein Stier/Tiger oder Schwein könnte eine gute Partie für Sie sein. Zwilling, Schütze oder Fische/Schlangen würde ich an Ihrer Stelle meiden. Sie sind zwar ein Symbol für Wohlstand, engen einen Schwein-Menschen aber zu stark ein. Mit Zwilling und Fische/Affen werden Sie kein besonderes Glück haben. Und vergessen Sie den Fische/Drachen, den Sie letzte Woche kennengelernt haben!

Heim und Familie

Jungfrau/Schweine lieben den Komfort. Sie leben immer in einer schönen häuslichen Umgebung und bevorzugen Einrichtungsgegenstände, die einen dauerhaften Wert besitzen. Antiquitäten und schöne Gemälde kommen bei diesem Menschen noch vor seiner Liebe zu gutem Essen. Von allen Schweine-Geborenen besitzt das Jungfrau/Schwein vielleicht den ausgeprägtesten Sinn für Ästhetik. Dieser Mensch wird niemals zu dick und seine Einrichtung ist niemals überladen.

Elternschaft ist ein natürliches Ventil für die Tugend. Und Jungfrau/Schweine sind Meister der Tugendhaftigkeit. Sie gehören zu den Eltern, die für ihre Kinder zu Weihnachten die Puppenkostüme für die Krippe selbst nähen und in der Kälte im Schnee stehen, um ihren Sprößlingen bei ihren ersten Versuchen auf Skiern zu applaudieren. Sie vergessen nie, die Hausaufgaben zu unterschreiben und die Kinder alle sechs Monate zur Routineuntersuchung beim Zahnarzt anzumelden. Da sie auch sehr pflichtbewußt sind, werden sie ihre Kinder zum Gehorsam anhalten, ihnen gute Manieren beibringen und sie bestrafen, wenn sie aus der Reihe tanzen. Sie sind streng, verantwortungsbewußt und fähig.

Wenn Sie ein Jungfrau/Schwein-Kind haben, werden Sie Gott dankbar sein, daß er Sie mit diesem Kind beschenkt hat. Dieses Kind ist zwar etwas affektiert, aber intelligent und beweist schon sehr früh seinen Sinn für Diskretion und für Details. Es kann seine Zuneigung nicht leicht zum Ausdruck bringen, und es tut ihm gut, wenn man mit ihm schmust. Diese Knirpse sind alle künstlerisch begabt, und man sollte ihnen schon frühzeitig Unterricht im Schreiben und Malen erteilen.

Beruf

Jungfrau/Schweine können fast jede Aufgabe gut erledigen, ausgenommen solche, die fortgeschrittene wissenschaftliche Kenntnisse erfordern. Denn dieser Mensch ist vorwiegend künstlerisch begabt. Wissenschaft langweilt ihn. Er weiß sehr genau, wie man mit Geld verschwenderisch umgeht, weshalb er wahrscheinlich auch sehr genau weiß, wie man gut verdienen kann. Jungfrau/Schweine sind von Natur aus fleißig und arbeiten hart.

Der Jungfrau/Schwein-Mensch gibt einen ausgezeichneten Chef ab. Er ist bei seinen Angestellten beliebt und geachtet, da er mit gutem Beispiel vorangeht. Er ist sich nicht zu gut dafür, jede Arbeit selbst zu erledigen. Als Angestellter ist dieser Mensch zuverlässig und über jeden Zweifel erhaben. Er strebt immer nach einer höheren Position, da er immer aufsteigen will, gleich wo er in die Rangordnung der Vorgesetzten hineinpaßt. Jungfrau/Schweine können auch sehr gut selbständig arbeiten.

Einige Berufe, die sich für diese gewissenhaften Menschen eignen, sind: Nonne, Priester, Bühnenbildner, Musiker, Schriftsteller, Maler, Kurator, Archivar.

Berühmte Jungfrau/Schweine: Jorge Luis Borges, Stephen King.

WAAGE/RATTE

»Ich gleiche aus«
Luft, Venus, Kardinal

»Ich regiere«
Wasser positiv, Yin

GERECHTIGKEITS-	CHARME	ANZIEHUNGS-	SOZIALE
SINN	IDEALISMUS	KRAFT	EINSTELLUNG
LIEBENSWÜRDIG	ÄSTHETIK	EINFLUSS	INTELLEKTUELLE
HARMONIE-	SELBSTGEFÄLLIG-	SPARSAMKEIT	BEGABUNG
STREBEN	KEIT	NERVOSITÄT	CHARISMA
STREITSUCHT	UNENTSCHLOS-	WORTSCHWALL	MACHTHUNGER
MANIPULATION	SENHEIT	GEWINN-	LIST
ZAUDERND	GESCHWÄTZIG	STREBEN	EINMISCHUNG

Vorsichtig ausgedrückt, handelt es sich hier um eine sehr talentierte Kombination. Die Waage/Ratte lebt ständig in Hoffnungen. Sie möchte die Spielbank von Monte Carlo sprengen und in einem Stück am Broadway mitspielen, einen Bestseller schreiben und den Präsidenten der Vereinigten Staaten zeugen, oder noch besser, selbst Präsident werden. Wenn sie all diese Nebensächlichkeiten erreicht hat, möchte sie sich die Zeit nehmen, den Nobelpreis zu bekommen.

Der Ehrgeiz der Waage/Ratten ist schon fast selbstzerstörerisch. Sie können es einfach nicht lassen, nach Überlegenheit zu streben. Da ihr wahres Talent aber auf dem Gebiet der Poesie und Phantasie liegt, schaffen sie es kaum, Macht über andere Menschen zu gewinnen. Überdies sind sie sehr redselig und mitteilsam. Sie wollen alles erzählen, ständig und bis ins kleinste Detail.

Da der Waage/Ratte-Mensch so gesellig und offen ist, ist es allerdings ein Vergnügen, in seiner Gesellschaft zu sein. Dieser Mensch interessiert sich für andere und kann sich gut in seinen Gesprächspartner einfühlen. Waage/Ratte ist ein faszinierendes Zeichen. Ihre Vertreter intrigieren, planen und schwätzen ihr ganzes Leben lang. Sie sind furchtbar kompliziert. Sie sind sowohl geizig, als auch großzügig. Sie haben gerne viel Geld, um es mit den Menschen zu teilen, von denen sie glauben, daß sie es wert sind. Sie sind idealistisch und extrem.

Waage/Ratten wollen dominieren, sind aber keine bösartigen oder autoritären Menschen. Ihre Methode, andere Leute zu beherrschen, ist ziemlich außergewöhnlich. Sie manipulieren mit ihrem Charme. Sie machen sich mit ihrer scheinbaren Arglosigkeit bei den Menschen beliebt, von denen sie anerkannt werden wollen. Sie machen sich unersetzlich für die Menschen, die sie lieben. Wenn Sie einen Waage/Ratte-Menschen zum Freund haben, werden Sie nie mehr einsam sein. Sie werden aber auch nie mehr alleine sein können.

Die beiden Zeichen Waage und Ratte haben die Neigung, über ihre Gefühle zu sprechen. Das ist ihre Art, mit Problemen fertig zu werden. Keines der beiden Zeichen ist gewalttätig oder schwerfällig. Aus diesem Grund strahlt der Waage/Ratte-Mensch Leichtigkeit, Liebenswürdigkeit und eine fast naive Offenheit aus. Aber seine Aufrichtigkeit ist nur gespielt. Waage/Ratten geben nur vor, ganz einfache Menschen zu sein. Sie kommen mit einem freundlichen »Na, wie geht's uns denn heute?« auf Sie zu. Aber seien Sie vorsichtig, denn eh Sie sich's versehen, hat sie dieses verschmitzte Sonnenscheinchen auch schon ausgetrickst.

Waage/Ratten sind überaus feinfühlig. Sie können andere Menschen für ihre Ideale begeistern. Waage-Menschen, die im Ratte-Jahr geboren sind, haben ein bemerkenswert gutes Gedächtnis für Details und besitzen ein gigantisches Potential an Kreativität. Sowohl das Zeichen Ratte als auch das Zeichen Waage ist traditionsverbunden. Waage/Ratten bleiben altem Brauchtum und ihrem Glauben treu.

Für die kämpferische Ratte ist es ein wahrer Segen, im Zeichen der ästhetischen Waage geboren zu sein. Die Sanftheit der Waage mildert die herbe Wesensart der Ratte. Die oft voreingenommene Ratte profitiert von dem Gerechtigkeitssinn der Waage, was auch ihren Geschäftssinn verfeinert. Diesen Menschen mangelt es nicht an Charisma und der Fähigkeit, zu manipulieren.

Liebe

Waage/Ratten nehmen ihre Gefühle sehr ernst. Emotionen behandeln sie wie einen Gegenstand, mit dem man sehr vorsichtig und klug umgehen muß. Wenn sich der Waage/Ratte-Mensch mit jemandem einläßt, wird die Sache schnell ernst. Liebe ist für ihn kein Spiel. Er ist auch nie der Liebe untreu, sondern nur seinem Partner!

Falls Sie eine dieser listigen Schönheiten lieben, rate ich Ihnen, sich ein Paar Samthandschuhe zuzulegen. »Vorsicht! Zerbrechlich!« steht dem Waage/Ratte-Mensch auf der Stirn geschrieben. Er ist ein sehr redegewandter Liebhaber und schreitet forsch ans Ziel. Seine anfänglichen Werbungsversuche sind bemerkenswert. Sie können diesen stürmischen Charakter einfach nicht ignorieren. Sie sollten es mit ihm machen wie mit Champagner: Rühren Sie ein wenig um, damit die Kohlensäure weniger wird. Dann können Sie ihn in kleinen Schlucken genießen!

Passende Partner

Ihre Vorliebe für Zwilling-, Löwe-, Schütze- und Wassermann-Geborene ist schicksalhaft. Unter diesen sollten Sie sich Partner wählen, die in Affe-Jahren geboren sind. Sie sind nicht nur sehr anziehend, sondern haben Ihnen auch wirklich etwas zu bieten. Auch Drachen und Ochsen der obengenannten Zeichen sind eine gute Partie für Sie. Löwe/Drachen bringen Ihr seelisches Gleichgewicht durcheinander. Daher lassen Sie möglichst die Finger davon! Ich kann mir nicht vorstellen, daß Sie auf Dauer mit einem Widder, Krebs oder Steinbock/Pferd, oder überhaupt mit einem Pferd-Geborenen glücklich werden. Krebs oder Steinbock/Katzen sind zu ängstlich, um in Zeiten der Not zu Ihnen halten zu können.

Heim und Familie

Niemand liebt ein gemütliches Heim mehr, als eine Waage/Ratte. Die Sache ist jedoch so, daß dieser Mensch selbst nicht der Fachmann dafür ist, eine angenehme häusliche Atmosphäre zu schaffen. Er braucht jemanden, der ihm sein Zuhause schön einrichtet. Wenn es nach ihm ginge, würde er einen Dekorateur einstellen, der sein Heim nach seinen Entwürfen einrichtet. Diese Ratte fackelt nicht lange herum und ist an manuellen Tätigkeiten, wie Rasenmähen oder mit Modellflugzeugen spielen, nicht besonders interessiert. Es liegt daher an dem Geschmack des Raumausstatters, wie schön das Heim eines Waage/Ratte-Menschen ist. Allerdings wird die Einrichtung eher praktisch sein.

Als Eltern sind Waage/Ratten verläßlich, verantwortungsbewußt, warmherzig, aufrichtig, mitteilungsbedürftig bis zum Extrem und nicht besonders nachgiebig. Waage/Ratten erwarten von ihren Kindern erstklassige Leistungen auf allen Gebieten. Sie nehmen die Siege und Niederlagen ihrer Sprößlinge sehr persönlich. Da sie von Natur aus sehr gesellig sind, wollen sie bei allem, was ihre Kinder tun, mit dabei sein.

Das Waage/Ratte-Kind ist eine überempfindliche »Plaudertasche«. Auf Kritik reagiert es sehr empfindlich und kann es nur schwer ertragen, wenn es von seinen Eltern oder Lehrern getadelt wird. Waage/Ratte-Kinder haben eine starke Persönlichkeit und sind daher bei ihren Spielgefährten sehr beliebt. Regen Sie dieses Kind geistig an. Geben Sie ihm viel zu lesen. Worte bereiten ihm das reinste Vergnügen und sind die Basis für seinen späteren Beruf.

Beruf

Den Wortschwall eines Waage/Ratte-Menschen zu bremsen, würde bedeuten, ihn an seinem Fortkommen zu hindern. Waage/Ratten denken laut. Sie sind ausgesprochen talentiert für alle Berufe, die Kommunikation, Umgänglichkeit und Überredungskunst erfordern. Dieser Mensch kann vorwitzig und auch streitsüchtig sein. Er braucht ab und zu einen Rüffel von seinen Vorgesetzten, damit er nicht über die Stränge schlägt. Er feilscht gerne um Preise und weiß den Wert des Geldes zu schätzen. Was ihre Karriere betrifft, sind Waage/Ratten sehr idealistisch und betrachten sich nicht als »kleine Nummer«. Sie sind intellektuell und dynamisch.

Ratten, die im Zeichen Waage geboren sind, geben weniger dominante Chefs ab, als man meint. Die Waage lockert den festen Griff der Ratte auf, mit dem diese ihre Angestellten anpackt, und macht sie umgänglicher und diplomatischer. Ja, natürlich plappert er viel. Aber immerhin ist es besser, einen Chef zu haben, der viel redet, als einen der ruhig, aber bösartig ist. Falls Sie daran interessiert sind, den Waage/Ratte-Menschen vorteilhaft einzusetzen, sollten Sie ihn besser in einen Schrank sperren, wo kein Telefon ist. Er läßt sich sehr leicht durch eine Unterhaltung von der Arbeit ablenken und ist der Star der Kaffeepausen, wenn man ihm keine Grenzen setzt. Sobald es aber darauf ankommt, am Telefon charmant zu sein, ist er genau der Richtige, und die Höhe der Telefonrechnung entspricht den Erfolgen, die er per Telefon erzielt.

Berufe, die sich für Waage/Ratte-Menschen eignen, sind: Schriftsteller, Werbefachmann, Lehrer, Komponist, Verkäufer, Journalist, Unterhalter, Telefonist, Psychologe, Prediger.

Einige berühmte Waage/Ratten: T. S. Elliot, Thomas Wolfe, Eugene O'Neill, Truman Capote, Jimmy Carter.

WAAGE/OCHSE

»Ich gleiche aus«
Luft, Venus, Kardinal

»Ich bewahre«
Wasser negativ, Yin

GERECHTIGKEITSSINN	CHARME	INTEGRER CHARAKTER	PIONIERGEIST
LIEBENSWÜRDIG	IDEALISMUS	ZIELSTREBIGKEIT	FLEISS
HARMONIESTREBEN	ÄSTHETIK	STABILITÄT	BEREDSAMKEIT
STREITSUCHT	SELBSTGEFÄLLIGKEIT	STARRSINN	RESERVIERTHEIT
MANIPULATION	UNENTSCHLOSSENHEIT	FANATISMUS	BEFANGENHEIT
ZAUDERND	GESCHWÄTZIG	SCHUFTEREI	RACHSUCHT

Die Schönheit und die Bestie. Dieser Mensch ist voller Gegensätze. Jedes Detail muß stimmen, jeder Strich muß gerade sein und jeder Fehler vertuscht werden. Schwäche und Faulheit müssen bekämpft werden. Aber unter dieser scheinbar perfekten Fassade verbirgt der Waage/Ochse-Mensch ein Geheimnis. Oberflächlich betrachtet scheint er die Leistungsfähigkeit, Macht und Sicherheit in Person zu sein. Aber darunter ist er wie ein Ameisenhaufen voll widerstreitender Gefühle.

Reinheit entzückt diesen tugendhaften Charakter. Der Waage/Ochse gibt einem sehr deutlich zu verstehen, daß er keine Unordnung duldet. Er kann unmöglich in chaotischen Verhältnissen leben und braucht seine Ruhe. Und doch befindet sich dieser Mensch gefühlsmäßig immer wieder in der Klemme. Obwohl er über alles erhaben zu sein scheint, läßt er sich immer wieder mit Menschen ein, die ein wenig verrückt, kompliziert und unzuverlässig sind.

Tatsache ist, daß Waage-Menschen, die im Jahr des Ochsen geboren sind, eigentlich sehr sanftmütige Naturen sind. Sie sind geradezu süchtig nach Schönheit und können dieser Neigung auch nicht widerstehen. Sie träumen von einem absolut perfekten Leben. Saubere, wohlerzogene Kinder und Haustiere. Eine wundervolle häusliche Umgebung. Leise Musik im Hintergrund. Eine erstklassige Küche, überladene Louis-XV-Eßtische, ein einfühlsamer und faszinierender Partner, auf den der Waage/Ochse stolz sein kann, und obendrein noch nette Schwiegereltern. Aber Waage/Ochsen sind zu intelligent, um nicht zu wissen, daß diese Traumwelt, auch wenn sie sie erreichen, beim geringsten Windhauch wieder einstürzen kann, wie ein Kartenhaus.

Enttäuschung ist der große Feind der Waage/Ochsen. Die anderen sind immer weniger perfekt, als sie es sich wünschen. Oft werden sie von Menschen, die sie lieben, betrogen und fallen doch immer wieder auf sie herein. Wenn wir wiederholt aus demselben Grund enttäuscht werden, sollten wir doch eigentlich lernen, diesen Fehler in Zukunft nicht mehr zu machen. Aber Waage/Ochsen weigern sich strikt, aus Fehlern zu lernen. Sie sind anscheinend blind für jedes drohende Unheil und erleben so manches böse Erwachen. Doch sie rappeln sich wieder auf und machen den gleichen Blödsinn gleich noch einmal. Dieses Mal wird es anders sein, hofft der Waage/Ochse ernsthaft. Und es passiert ihm wieder genau das gleiche, nur die Kulisse hat sich verändert.

Waage/Ochsen sind wunderbare Geschichtenerzähler. Wenn Ihnen ein Waage/Ochse seine Lebensgeschichte erzählt, welch bittere Enttäuschung und welche Tiefschläge er einstecken mußte, sitzen Sie wie gebannt auf Ihrem Sessel. Sie können es kaum glauben, daß dieser solide, anspruchslose, offenherzige und schlichte Charakter in so seltsame Umstände verwickelt war. Sie können sich kaum vorstellen, daß sich in seinem hausbackenen Herzen Dramen dieses Ausmaßes abspielen können. Ehrlich gesagt, kann man sich tatsächlich nur wundern, wie diese Gefühle in das Bild dieses häuslichen Typen passen.

Waage/Ochsen sind natürlich sehr familiär und häuslich. Sie gehen nicht oft auf Parties und sind kein schillernder Jet-set-Star. Sie ziehen ihr relativ überschaubares Privatleben dem Chaos der großen Welt vor. Wenn man Glück hat, schafft es dieser in der Waage geborene Ochse, etwas mehr Distanz zu seinen Gefühlen zu bekommen. Dann kann er aufgrund seiner angeborenen Beredsamkeit ausgesprochen lustig sein.

Die Waage ist von Natur aus redselig, aber nicht besonders schlau. Ochsen dagegen reden nicht viel, aber wenn sie etwas sagen, hat es gewöhnlich Hand und Fuß. Die Verbindung der beiden Zeichen ergibt das, was man ein »gutes Mundwerk« nennt. Waage/Ochsen wissen, wie man Worte weise gebraucht.

Liebe

Das Liebesleben dieses Menschen ist, gelinde gesagt, ziemlich lebhaft. Wenn Sie die Vielfalt und die Widersprüchlichkeit seines Wesens berücksichtigen, können Sie vielleicht verstehen, welches Gefühlschaos sich hinter der unerschütterlich wirkenden Fassade verbirgt. Dieser Mensch täuscht vor, ein fröhlicher Partner zu sein. Innerlich aber brodeln seine Gefühle, seine Hemmungen und seine Ansprüche. Der Waage/Ochse-Mensch ist oft gereizt, oder er versucht zu manipulieren. Vergessen Sie das ja nicht!

Was das schwierige Zusammenleben mit einem Waage/Ochse-Menschen wieder etwas ausgleicht, ist, daß Ihnen ein absolut sicheres und geborgenes Heim garantiert ist. Außerdem dürfen Sie ruhig vollkommen verrückt spielen, wenn Sie Lust dazu haben. Der Waage/Ochse-Mensch wird Sie gerade wegen Ihrer Exzentrik, Ihrer ungewöhnlichen Ansichten und Ihrer schweren Probleme noch mehr lieben. Aber vergessen Sie dabei bitte nicht, daß seine Stärke nur eine dünne Schicht seiner Persönlichkeit ausmacht. Spielen Sie also ruhig verrückt, aber behalten Sie doch immer einen klaren Kopf dabei. Es könnte sein, daß Ihr experimentierfreudiger Waage/Ochse einmal Ihre Meinung brauchen kann.

Passende Partner

Ihre Partner finden Sie normalerweise unter den Zwilling-, Löwe-, Schütze- und Wassermann-Geborenen. Schlangen, die in diesen Zeichen geboren sind, sind eine vortreffliche Wahl. Auch mit Löwe, Schütze oder Zwilling/Ratten kommen Sie gut aus. Zwilling und Schütze/Ochsen tun Ihnen ebenfalls gut. Dasselbe gilt für Löwe und Wassermann/Hähne. Nun, das ist doch eine ganz schöne Auswahl, oder? Widder, Krebs und Steinbock/Tiger können mit ihren chaotischen Machenschaften Sie nicht gerade in Verzückung bringen. Ebensowenig wie Krebs/Drachen, Pferde oder Affen. Bei Steinbock/Ziegen gilt ein ganz klares »Nein«!

Heim und Familie

Das Motto der Waage/Ochsen sollte lauten: »Gemeinsam siegen. Getrennt verlieren.« Seine Ergebenheit gegenüber der Gemeinsamkeit, einer gemeinsamen Sache, der Ordnung und dem System ist einfach beispielhaft. Als Familienoberhaupt sind

Waage/Ochsen am glücklichsten. Sie halten sich selbst gerne für die wohlwollendsten, großzügigsten und menschfreundlichsten Despoten der Welt. Als Mitglied seines Klans sollten Sie sich geehrt fühlen! Gähn!

Ich habe schon erwähnt, daß Waage/Ochsen sehr viel Wert auf eine schöne Einrichtung legen. Wie hausbacken ihr Heim auch erscheint, irgendwo findet man immer seine »Spitzenvorhang-Mentalität«, die ihre Vorliebe für Luxusgegenstände zeigt. Nirgendwo anders wird die Schizophrenie der Waage/Ochsen so deutlich, wie in ihrem Zuhause. Das Schwere und Bedrückende lebt Seite an Seite mit dem Leichtsinnigen. Eine edle Porzellantasse auf einer rustikalen Keramikuntertasse, das ist Waage/Ochse.

Als Eltern sind Waage/Ochsen anspruchsvoll und liebevoll. Sie halten sich an starre Regeln und sind mit ihren Kindern doch auch sehr nachsichtig. Das Waage/Ochse-Kind hat sowohl Phantasie als auch Pflichtbewußtsein. Es braucht Sicherheit und Teamgeist. Es ist ein guter Schüler, weil es sich gut an geordnete und geregelte Verhältnisse anpassen kann. Seien Sie nicht von seinem steifen Benehmen überrascht! Andererseits lassen Sie sich nicht von seiner Vorliebe schockieren, dem Dobermann eine Schleife umzubinden! Diese Kinder lieben eben hübsche Sachen!

Beruf

Waage-Menschen, die im Jahr des Ochsen geboren sind, bringen es im Leben zu etwas. Ein geregelter Tagesablauf ist ganz nach ihrem Geschmack. Sie halten sich an die Abmachungen, halten ihre Termine problemlos ein und liefern die versprochenen Waren pünktlich. Sie sind fleißig und (das ist bei Ochsen die Ausnahme) sehr kooperativ. Waage/Ochse-Menschen sind sogar diplomatisch. Sie sind zwar pedantisch, aber scheuen nicht davor zurück, die schwierigsten Arbeiten zu übernehmen.

Ich bin mir nicht so sicher, ob ich einen Waage/Ochsen als Chef haben möchte. Diese Menschen sind ein solches Vorbild an gutem Benehmen, daß ich mir im Vergleich mit ihnen immer schlecht vorkommen würde. Als Vorgesetzter geht der Waage/Ochse immer mit gutem Beispiel voran. Das ist der härteste Weg. Er ist aber auch ein hervorragender Angestellter, der sich auch nicht vor den weniger angenehmen Arbeiten drückt. Außerdem steht er auf Erfolgskurs und ist immer bereit, Überstunden zu machen. Natürlich ist er stur, aber im Grunde genommen, will er mit anderen zusammenarbeiten. Sie können ihn durch Ihr eigenes tadelloses Benehmen beeindrucken.

Einige Berufe, die sich für Waage/Ochsen eignen, sind: Schriftsteller, Prediger, Nachrichtensprecher, Erzieher, Antiquitätenhändler, Sozialarbeiter.

Berühmte Waage/Ochsen: Gore Vidal, Margaret Thatcher und Udo Jürgens.

WAAGE/TIGER

»Ich gleiche aus«
Luft, Venus, Kardinal

»Ich beobachte«
Holz positiv, Yang

GERECHTIGKEITS-	CHARME	LEIDENSCHAFT	GLÜCK
SINN	IDEALISMUS	MUT	WOHLWOLLEN
LIEBENSWÜRDIG	ÄSTHETIK	ANZIEHUNGS-	AUTORITÄT
HARMONIE-	ZAUDERND	KRAFT	PRAHLEREI
STREBEN	SELBSTGEFÄLLIG	HEFTIGKEIT	ZÜGELLOSIG-
STREITSUCHT	UNENTSCHLOSSEN	HITZKÖPFIGKEIT	KEIT
MANIPULATION	GESCHWÄTZIG	UNGEHORSAM	WANDERVOGEL

Wenn es je einen originellen Menschen gab, dann ist es der Waage/Tiger. Er ist unvergeßlich gewinnend und will andere beeindrucken und ihnen gefallen. Es kann sein, daß Sie sein Verhalten kalt läßt, aber was viel wahrscheinlicher ist: sein Charisma wird Ihr Herz erwärmen, und Sie wollen mehr – viel mehr – über ihn wissen! Attraktiv? Mein Gott, diese Menschen haben eine magnetische Anziehungskraft und eine Ausstrahlung, die ihre ganze Erscheinung prägt. Waage/Tiger scheinen jeden Augenblick bereit zu sein, in schallendes Gelächter auszubrechen. Es ist einfach bewundernswert, faszinierend und sehr gefährlich ..., man verliert leicht sein Herz!

Mit Anziehungskraft allein kann man natürlich nicht die Miete bezahlen. Und mit einem Pfund Charme kann man auch keinen Tauschhandel abschließen. Aber irgendwie schaffen es die Waage/Tiger doch, jeden mit ihrem Charme um den Finger zu wickeln, und wenn sie mit dem Finger schnippen, kommt jeder sofort gerannt. Ich möchte damit nicht sagen, daß Waage/Tiger Scharlatane sind, die auf der Jagd nach einer Anhängerschar sind. Sie haben sehr wohl Verständnis dafür, warum ein harter Arbeitstag notwendig ist, und sie sind bereit, sich für alle möglichen Projekte einzusetzen. Aber das Faszinierendste an einem Waage/Tiger-

Menschen ist sein Selbstbewußtsein und seine magische Anziehungskraft. Damit wird er es im Leben sehr weit bringen.

Waage/Tiger haben einen ausgeprägten Gerechtigkeitssinn, und es liegt ihnen sehr viel daran, das Richtige zu tun. Sie sind allerdings ausgesprochen respektlos. Systeme und gesellschaftliche Konventionen, überholte Traditionen und sogar zeitgemäße Gesetze scheinen einem Waage/Tiger nicht vereinbar mit seiner luftig leichten Natur. Der Waage/Tiger-Mensch hat das Gefühl, daß er dank seiner Überlegenheit alles am Besten weiß, und dies gilt für ihn und für alle anderen, mit denen er zu tun hat. Es ist ihm fast nicht möglich, sich an die Regeln zu halten, aber die Waage verleiht ihm gerade soviel Ausgewogenheit, daß er nicht ins Gefängnis kommt.

In gewisser Weise ist es für einen Waage-Menschen recht mühsam, als Tiger geboren zu sein. Die Waage fühlt sich zu allen »weiblichen« Dingen im Leben hingezogen. Sie sucht das Schöne in allem und ist im Prinzip ein friedliebender Mensch. Wie wir bereits wissen, ist der Tiger absolut nicht an Frieden interessiert, sondern vielmehr haben sie Interesse an der Wahrheit, an ihren Idealen und im Höchstfall an anderen Tigern. Das führt zu einem inneren Zwiespalt in der Waage/Tiger-Persönlichkeit. Der dreiste Tiger, der absolut keine Sicherheit braucht und sich überhaupt nicht um gesellschaftliche Anstandsregeln kümmert, treibt die vornehme Waage, in deren Kopf er herumspukt, zur Verzweiflung und bringt sie völlig durcheinander.

Ihre Verwirrung hält aber nicht lange an. Der Waage/Tiger ist unermüdlich in seiner Suche nach einem Platz an der Sonne und danach, sich einen Namen zu machen und ein Stern am Himmel der Berühmtheiten zu werden. Sein Wunsch, berühmt zu werden, ist sehr stark, und oft gelingt es ihm auch, ein Ziel auf brillante Weise zu verwirklichen. Der Waage-Mensch ist durch den Einfluß des Tigers ziemlich hitzköpfig und benimmt sich manchmal fast dumm. Aber Waage/Tiger haben einen Funken Feingefühl und einen Sinn für Eleganz, der sie immer wieder rettet. Diesen Eigenschaften haben sie es zu verdanken, daß sie immer wieder gnädig angenommen werden von denen, die sie durch ihre Hitzköpfigkeit verletzt haben.

Das Besondere an den Waage/Tigern ist ihre Genialität. Ob es sich um die Weltpolitik oder schlicht und einfach um das Organisieren eines Sonntags-Picknicks handelt, der Waage/Tiger-Mensch ist immer genial. Ja, er hat Charisma, aber er ist auch intelligent. Nichts, was er anfaßt, ist gewöhnlich. Es kann zwar sein, daß er etwas »Ungehöriges« macht, aber es wird nie banal sein!

Liebe

Waage-Menschen, die in Tiger-Jahren geboren sind, sind sehr gute Partner. Sie sind zwar nicht sexbesessen, aber gerade so viel an Sex interessiert, daß ihr seelisches Gleichgewicht gewahrt bleibt. Dadurch sind sie den meisten ihrer Mitmenschen einen großen Schritt voraus. Für einen Tiger ist dieser Mensch eher gutartig und sentimental. Der Waage/Tiger-Mensch ist auch verletzlich, also seien Sie nicht zu hart zu Ihrem Liebling! Dieser flotte Typ bringt immer einen Zauber in eine Beziehung. Er ist zwar etwas voreilig und waghalsig und diskutiert gerne, aber es macht Spaß, mit ihm zu streiten.

Wenn Sie das Glück haben sollten, einen dieser wunderbaren Menschen kennenzulernen oder sich gar in ihn zu verlieben, sind Sie zu beneiden. Waage/Tiger gehören zu den größten Aufschneidern der Welt, sie verstehen es, sich gut zu kleiden und führen alles, was sie anpacken, mit Geschick und Stil zu Ende. Überdies sind sie geradezu süchtig danach zu renommieren, und wenn Sie diesen Menschen für sich behalten wollen, müssen Sie ihm ständig Gelegenheit geben, Aufsehen zu erregen. Der Waage/Tiger möchte nicht nur in seinem engsten Familienkreis berühmt werden, sondern im ganzen Kosmos. Am besten gefällt es ihm, wenn Sie ihm nicht in die Quere kommen, nie abfällige Bemerkungen machen und ihn diskret darauf aufmerksam machen, wann er besser den Mund halten sollte!

Passende Partner

Sie lieben alle Zwilling, Löwe, Schützen und Wassermann/Pferde und Hunde. Zwischen Ihnen und Menschen, die unter diesen Zeichen geboren sind, besteht eine ganz natürliche Harmonie. Auch Schütze und Wassermann/Drachen sind ein Volltreffer. Sie tun gut daran, sich nicht mit Widder, Krebs oder Steinbock/Katzen einzulassen. Auch mit Widder/Schlangen und Steinbock und Krebs/Ochsen und Ziegen werden Sie Probleme bekommen.

Heim und Familie

Du meine Güte! Was soll ich dazu sagen? Der Waage/Tiger-Mensch ist im Haushalt schrecklich verschwenderisch. Dieser impulsive Charmeur schmückt seine Umgebung teuer und aufwendig aus. »Wechsle diesen ordinären Türgriff aus! Besorge mir einen goldenen Rahmen für dieses Bild! Hänge diesen seidenen Wandteppich aus Thailand auf! Und vergiß nicht, mein Badewasser einzulassen (mindestens drei Vollbäder pro Tag)! Oh, welch ein verschwenderischer Luxus herrscht im Hause eines Waage/Tiger-Menschen!

Als Eltern sind Waage/Tiger liebevoll. Sie machen sich sehr viel Gedanken darüber, wie sie mit ihren Kindern umgehen und wie sie sie erziehen wollen. Der Waage/Tiger-Mensch verzaubert seine Kinder wie ein lustiger Clown. Diese Eltern-Kind-Beziehung wird auch von Fairneß und Zusammenarbeit gekennzeichnet. Oft sind Waage/Tiger-Eltern viel außer Haus, aber wenn sie zu Hause sind, machen sie aus der Zeit, die sie mit ihren Kindern verbringen, etwas ganz Besonderes.

Beruf

Ich kann ohne Zögern behaupten, daß diese Menschen tüchtig sind und ganze Arbeit leisten. Sie haben auch nichts dagegen, sich einmal die Hände schmutzig zu machen, und beklagen sich selten, überarbeitet zu sein. Sie sind drahtig und widerstandsfähig. Sie besitzen eine natürliche Anmut und zögern nicht, ihren Charme für ihren eigenen Vorteil einzusetzen. Allerdings haben sie kein besonderes Interesse an der sozialen Hühnerleiter, außer, die »richtigen« Leute erweisen sich als nützlich für sie. Waage/Tiger sind Führernaturen und gehorchen nicht gerne. Sie brauchen weise Berater, da ihre Voreiligkeit ihre große Schwäche ist.

Natürlich will dieser Mensch der Chef sein. Sie würden sich schwer tun, ihm diese Rolle streitig zu machen. Aber er ist ein fairer und objektiver Chef. Tiger, die im Zeichen Waage geboren sind, sind fair und geradlinig, sogar ein wenig idealistisch im Umgang mit anderen. Sie nehmen oft einen unpopulären Standpunkt ein und erwarten von ihren Angestellten und Teilhabern, daß sie absolut loyal sind. Als Angestellter ist der Waage/Tiger-Mensch umsichtig und kann es abwarten, bis er zum Chef ernannt wird. Er wird kaum eine untergeordnete Stelle annehmen, aber wenn es trotzdem einmal sein muß, wird er vor Gram schlicht und ergreifend vergehen.

Einige Berufsmöglichkeiten für Waage/Tiger: Regierungsoberhaupt, Modeschöpfer, Dekorateur, Revolutionär, Verfasser von Reden, Abenteurer, Philosoph, Drehbuchautor.

Berühmte Waage/Tiger: Rimbaud, Oscar Wilde, Dwight D. Eisenhower, Thor Heyerdahl, Michel Foucault, Valery Giscard d'Estaing, Romy Schneider.

WAAGE/KATZE

»Ich gleiche aus«
Luft, Venus, Kardinal

»Ich ziehe mich zurück«
Holz negativ, Yin

GERECHTIGKEITSSINN	CHARME	TAKT	VORSICHT
LIEBENSWÜRDIG	IDEALISMUS	ELEGANZ	LANGES LEBEN
HARMONIESTREBEN	ÄSTHETIK	TUGEND	EHRGEIZ
STREITSUCHT	ZAUDERND	HEIMLICHTUEREI	DILETTANTISMUS
MANIPULATION	SELBSTGEFÄLLIG	ÜBEREMPFINDLICHKEIT	HYPOCHONDRIE
	UNENTSCHLOSSEN	PEDANTERIE	KOMPLIZIERTHEIT
	GESCHWÄTZIG		

Ziel dieser Menschen ist es, einen geschmackvollen und eleganten Lebenswandel zu haben. Schließlich ist er unter dem Zeichen geboren, bei dem der Sinn für Ästhetik gleich doppelt vorhanden ist. Waage-Menschen, die im Katze-Jahr geboren sind, bleiben gerne zu Hause und sind mißtrauische und überempfindliche Seelen. Sie fassen nur sehr schwer Vertrauen zu anderen Menschen. Die Zurückhaltung der Waage, die dazu führt, daß dieser Mensch keine voreiligen Schlüsse zieht, wird bei diesem Zeichen so verstärkt, daß es fast so scheint, als weigere sich dieser Mensch, überhaupt ein Urteil zu fällen. Waage/Katzen warten oft so lange mit einer Entscheidung, bis sie ihre Chance verpaßt haben.

»Oh, würde dieser Mensch nicht einen wundervollen Partner für den und den abgeben?« hört man oft im Zusammenhang mit einem Waage/Katze-Menschen. Nach außen hin scheint dieser ruhige, zarte, sensible und graziöse Mensch auch wirklich die Veranlagung zu einem perfekten Partner zu haben. Aber das Bild täuscht. Vergessen Sie nicht, daß Katzen Auseinandersetzungen meiden und sich schnell auf dem Staub machen, falls es dazu kommen sollte. Sie hassen es, wenn sie persönlich von einer Sache betroffen sind, und packen das Problem nicht einfach an, sondern sie schleichen sich davon. Nun, Waage/Katzen sind die größten Drückeberger, die man sich vorstellen kann. Man kann sie nie zur Rede stellen oder zum Kampf herausfordern. Überdies ist es ihnen praktisch unmöglich, sich an eine Sache oder einen Menschen zu binden. Waage/Katzen sind das Paradebeispiel der Unentschlossenheit und Unentschiedenheit, und das Schlimmste ist, es gefällt ihnen auch noch, so zu sein!

Bei einem jungen Menschen kann man Wankelmut ja noch verstehen, vor allem, da heutzutage fast alle jungen Leute erst einmal »zu sich finden« wollen. Wenn ihnen dies aber mit dreißig immer noch nicht gelungen ist, können Sie sicher sein, daß sie in Ruhe so weiter machen wie vorher. Waage/Katzen erreichen oft das hohe Alter von achtzig Jahren – und sind immer noch auf der Suche nach sich selbst! Diese Menschen machen ständig »Hm« und nichts ist für ihren anspruchsvollen Geschmack gut genug. So bleiben sie oft, wo sie sind (sogar wenn das noch zu Hause bei Mutter ist), nur weil sie sich zu nichts entschließen können.

Waage/Katzen sind nicht starrköpfig, aber wenn sie eine dringende Entscheidung treffen müssen, sind sie oft schlecht gelaunt und streitsüchtig und erwecken absichtlich den Eindruck von finsterem Ernst, damit keiner auf die Idee kommt, sie anzusprechen. Waage/Katze-Menschen lassen sich selten auf zwischenmenschliche Beziehungen ein, aber es kann sein, daß sie genau den gegenteiligen Eindruck machen, weil sie so gerne auf Gesellschaften gehen.

Waage/Katzen lieben es nämlich, Gäste zu unterhalten. Sie gehen gerne zu Parties und lernen berühmte Persönlichkeiten kennen (und lassen auch ein paar abfällige Bemerkungen fallen, könnte man hier noch hinzufügen), oder sie unterhalten sich angeregt mit Leuten, die ihnen nützlich sein könnten oder die sie zumindest sehr amüsant finden. Sobald der Waage/Katze-Mensch aber eine Party verlassen hat, schließt er die Fensterläden, zieht die Vorhänge vor und verkriecht sich in seinem sicheren Heim. Waage/Katzen schätzen ihren häuslichen Komfort über alles und passen gut darauf auf. Oft werden sie sogar das Opfer ihres eigenen Sicherheitsbedürfnisses. Der Lebensstil eines Bohemiens oder unsichere Verhältnisse versetzen sie in Panik. Gleichgültig wie progressiv ein Waage/Katze-Mensch erscheint, es ist immer nur seine Fassade, denn jede Waage/Katze ist ein eingefleischter »Bourgeois«.

Liebe

Romantische Beziehungen erfreuen das Herz dieses geschmackvollen und anmutigen Wesens. Der Waage/Katze-Mensch ist sehr oft verliebt. Er ist ein angenehmer und liebenswürdiger Partner, der gerne lacht und überall im Leben das Schöne erkennt. Wie alle Waage-Geborenen, zeigen auch Waage/Katzen offen ihre Gefühle. Sie sind zärtliche, großzügige und leidenschaftliche Liebhaber. Aber ihre Zuneigung beschränkt sich nicht auf einen einzigen Menschen.

Wenn Sie einen Waage/Katze-Menschen lieben, tun Sie gut daran, nie mit ihm zusammenzuziehen. Sie müssen ihn umwerben und umschmeicheln und ihm etwas von den Wohltaten erweisen, die er Ihnen zuteil werden läßt. Seien Sie nicht immer erreichbar, und machen Sie ihm nicht zu viele Komplimente über sein gutes Aussehen! Der Waage/Katze-Mensch will selbst derjenige sein, der auf der Jagd ist. Halten Sie das Wollknäuel gerade in Reichweite und beobachten, wie er es zu fangen versucht. Die einzige Möglichkeit, einen Waage/Katze-Menschen zufriedenzustellen ist, ihn immer etwas im unklaren zu lassen.

Passende Partner

Unter den Zeichen Zwilling, Löwe, Schütze und Wassermann finden Sie Ihre besten Partner. Für eine Liebesaffäre eignen sich darunter am besten Vertreter der Ziegen, Hunde oder Schweine. Mit Widder/Ochsen verstehen Sie sich nicht besonders gut, und mit Krebs oder Steinbock/Hähnen und Ratten kommen Sie überhaupt nicht klar. Lassen Sie sich Zeit mit dem Heiraten! Sie sind ein eher vorsichtiger Typ.

Heim und Familie

Das Heim eines Waage/Katze-Menschen ist phantasievoll, luxuriös und konventionell eingerichtet. Dieser Mensch bevorzugt Samt und Seide und Häuser aus Stein oder Marmor. Er umgibt sich mit verschwenderischem Luxus und schwelgt darin: große Badewannen mit duftenden Schaumbädern, Tapeten mit Rosenbouquets, dicke Teppiche, die bis an den Rand der Wanne reichen und bequeme Bademäntel, die auf der Heizung angewärmt werden. Und denken Sie daran, der Waage/Katze-Mensch möchte niemand anderen beeindrucken außer sich selbst!

Wenn dieser Mensch jemals dazu kommt, eine Familie zu gründen, wird er ein passabler Familienvater sein. Ich sage »passabel«, weil Kinder-Haben mit Schmutz und Auseinandersetzungen verbunden ist. Und Streiten ist nun einmal absolut nicht seine Sache. Der Waage/Katze-Mensch eignet sich eher für die angenehmen Seiten des Familienlebens. Die unangenehmen Pflichten scheut er, und ihm graut vor Unordnung und der Anwendung von Autorität. Nicht, daß er nicht die besten Absichten hätte. Er liebt Kinder. Aber sie machen halt schrecklich viel Wirbel, nicht wahr?

Das Waage/Katze-Kind ist am glücklichsten, wenn es ein Einzelkind ist. Es braucht Ruhe und will in Frieden gelassen werden. Die Rivalität unter Geschwistern scheut es. Wenn es hingegen das älteste Kind ist, kann es viel Verantwortung übernehmen, und das ist eine ausreichende Motivation. Sonst wird es unter seinen groben und raufl ustigen Geschwistern leiden. Verschaffen Sie Ihrem Waage/Katze-Kind eine gepflegte und geborgene häusliche Atmosphäre, in der es sich sicher fühlt und entwickeln kann. Wenn es erwachsen wird, müssen Sie es wahrscheinlich aus dem Haus jagen, denn wenn es ihm dort zu gut gefällt, wird es dieses womöglich nie verlassen.

Beruf

Erwarten Sie von einem Waage/Katze-Menschen nicht, daß er sich hinaus ins Leben stürzt, um sein eigenes Geschäft zu eröffnen, es zu einem millionenschweren Unternehmen macht und sich seinen Weg in die besten Kreise erkämpft. Waage/Katzen eignen sich am besten für Berufe, die ihnen die Möglichkeit geben, selbständig zu Hause zu arbeiten. Da diese Menschen so liebenswürdig sind und große Charakterstärke besitzen (unter der weichen Schale verbirgt sich ein kraftvoller Motor), hinterlassen sie, wo immer sie hingeraten, einen unauslöschlichen Eindruck.

Wenn ein Waage/Katze-Mensch Chef sein muß, wird er alles dransetzen, seine Verantwortung auf jemanden zu übertragen, der härter ist als er. Er gehört zu dem Typ »Chef«, der sich einen Handlanger engagiert, welcher die Dreckarbeit für ihn macht und die »Sklaven« zur Arbeit antreibt. Waage/Katzen bleiben lieber im Hintergrund und spielen den »Kopf« der Firma. Waage/Katzen haben auch Schwierigkeiten, wenn sie als Angestellte arbeiten. Sie führen Befehle nicht mit derselben Anmut aus, mit der sie sich beispielsweise auf einer Party bewegen. Ihre Nackenhaare sträuben sich, wenn sie sich ungerecht behandelt fühlen oder wenn man ihnen eine Arbeit überträgt, die ihnen primitiv erscheint. Waage/Katzen sind immer ein schöner Anblick. Man sollte aber nicht von ihnen verlangen, die Fenster zu putzen!

Einige Berufe, die sich gut für Waage/Katzen eignen, sind: Buchhändler, Diplomat, Übersetzer/Dolmetscher, Klavierstimmer, Innenarchitekt, Museums-Kurator, Schauspieler/in (klassisches Theater), Schriftsteller.

Einige berühmte Waage/Katzen: George C. Scott, Arthur Miller, Günter Grass, Roger Moore.

WAAGE/DRACHE

»Ich gleiche aus«
Luft, Venus, Kardinal

»Ich präsidiere«
Holz positiv, Yang

GERECHTIGKEITS-	CHARME	KRAFT	ENTHUSIASMUS
SINN	IDEALISMUS	ERFOLG	MUT
LIEBENSWÜRDIG	ÄSTHETIK	GUTE GESUND-	SENTIMEN-
HARMONIE-	ZAUDERND	HEIT	TALITÄT
STREBEN	SELBSTGEFÄLLIG	STARRHEIT	VERBLENDUNG
STREITSUCHT	UNENTSCHLOSSEN	MISSTRAUEN	AUFSCHNEIDEREI
MANIPULATION	GESCHWÄTZIG	UNZUFRIEDENHEIT	REDSELIGKEIT

Waage-Menschen sind geborene Manipulatoren. Drachen neigen dazu, mißtrauisch zu sein. Waage-Menschen streben immer nach Harmonie. Drachen wollen gehört und gesehen werden. Keines der beiden Zeichen ist besonders schweigsam. Ahnen Sie etwas? Ja, diese Kombination ist ziemlich stürmisch. Aber trotz des ungestümen Wesens des Drachen ist dieser Mensch zu ganz besonderen Taten bestimmt. Waage/Drachen sind nun einmal keine gewöhnlichen Sterblichen.

Da Waage-Menschen immer diskret und harmonisch sein wollen, können sie sich sehr gut im Zaum halten – und sei es nur, um kein Aufsehen zu erregen. Aber im Falle eines Waage/Drache-Menschen kommt der Einfluß des sensationellen Drachen zur Geltung. Der Drache ist lautstark und weiß immer alles besser. Er will konkurrieren und gewinnen. Ich habe das Gefühl, daß die Waage in diesem Menschen viel Energie darauf verwenden muß, den Drachen zu überreden, sich etwas im Zaum zu halten. Aber es gelingt ihr selten, und falls Sie einen dieser feuerspeienden Vulkane kennen, werden Sie verstehen, was ich meine.

Im Zeichen Waage geborene Drachen bringen es im Leben zu etwas. Wo sie auch beginnen, sie werden niemals am Ausgangspunkt bleiben. Diese Menschen wissen, was das Sprichwort bedeutet, daß man im Leben genau soviel zurückbekommt, wie man investiert. Sie tragen zu ihrem Erfolg im Leben selber bei, machen etwas aus sich und haben auch keine Angst davor, einmal ihren Stolz aufs Spiel zu setzen, wenn es darum geht, ein Ziel zu erreichen.

Waage/Drache ist ein kreatives Zeichen. Und mehr noch. Es ist ein Zeichen der darstellenden Kunst. Menschen, die unter dieser Zeichenkombination geboren sind, vereinen in sich Scharfsinn mit Energie, Idealismus mit Mut und Redseligkeit mit Prahlerei. Sie können einem manchmal schon ziemlich auf die Nerven gehen. Aber lassen wir das! Schließlich nimmt uns dieser quirlige Mensch doch mit auf abenteuerliche Reisen durch seine faszinierenden Phantasiewelten. Waage/Drachen unterscheiden sich dadurch von anderen Menschen, daß sie trotz ihrer Selbstverherrlichung ungeschoren bleiben. In den Augen eines Waage/Drache-Menschen existiert das Leben nur zu seinem eigenen Vergnügen und zu seinem eigenen Gebrauch. Er kennt keine Skrupel, sich zu nehmen, was er braucht, und den Rest links liegen zu lassen. Sein Ego ist in Höchstform. Waage/Drachen geben nie auf. Sie gehören nicht zu den Menschen, die ihr Schicksal geduldig ertragen. Ganz im Gegenteil! Sie sind brillant und sogar fanatisch. Und wenn ich sage: »Sie geben niemals auf«, meine ich, daß sie Widerstände nicht einmal erkennen. Für sie existiert Widerstand überhaupt nicht. Hindernisse lösen sich bei ihnen einfach in Luft auf. Man fragt sich, ob das Zauberei ist. Und ich meine, hier ist eine Art Zauberei am Werke! Nehmen wir einmal ein Beispiel: Eigentlich steht der Jungfrau/Waage-Mensch den Bedürfnissen anderer ziemlich gleichgültig gegenüber. Aber er weiß immer ganz genau, was er tun muß, um der breiten Masse zu gefallen und trifft immer genau ins Schwarze. Mit anderen Worten, er bringt immer den »Verkaufsschlager« auf den Markt. Er läßt einfach seine Phantasie spielen – und gewinnt!

Der Waage/Drachen steht immer im Mittelpunkt der Aufmerksamkeit und zieht jeden in seinen Bann. Solange er mitten im Rampenlicht steht, gibt es keine Probleme. Solange Sie auf seine Wellenlänge geschaltet sind, wird er Sie ausgezeichnet unterhalten und eine brillante Show abziehen. Wenn ihr Ego zufrieden ist, können Waage/Drachen sogar freundlich, sentimental und weichherzig sein. Aber Vorsicht! Lassen Sie den Waage/Drachen nie wissen, wenn Sie einmal einen anderen Sender einstellen wollen! Wenn man ihn versetzt, kann er sehr böse werden.

Liebe

Das Liebesleben der Waage/Drachen ist ein einziges Auf und Ab, bis sie nach langem Herumexperimentieren endlich den Partner ihrer Träume finden. Wie Sie sehen, braucht der Waage/Drache-Mensch einen Partner, der gleichzeitig sein Publikum ist. Er braucht ständig Feedback. Leidenschaft bedeutet ihm viel, aber Schmeichelei noch viel mehr. Er liebt es, wenn er angebetet wird. Alles, was nicht einer Art Huldigung gleichkommt, läßt ihn ziemlich kühl.

Wenn Sie sich einen dieser ausgefallenen Typen für immer ins Haus holen wollen, haben Sie alle Hände voll zu tun. Sie werden bestimmt nicht mehr viel Geld für Unterhaltung ausgeben müssen, denn Sie brauchen weder Radio noch Fernsehen, Video oder eine Stereoanlage. Waage/Drachen sind Alleinunterhalter, eine »Ein-Mann-Show«. Und was ist Ihre Aufgabe? Seien Sie feinfühlig, und lassen Sie Ihren Waage/Drachen nicht allzu sehr über die Stränge schlagen. Falls Sie Probleme mit ihm haben, versuchen Sie, ihm ans Herz zu rühren. Dies ist die einzige Methode, die ich kenne, um das anmaßende Wesen dieses attraktiven Biests zu zügeln.

Passende Partner

Zu Ratten, die im Zeichen Zwilling, Löwe, Schütze oder Wassermann geboren sind, fühlen Sie sich immer hingezogen. Auch mit Zwilling, Löwe und Wassermann/Affen harmonieren Sie bestens. Auch Löwe und Schütze/Hähne tun Ihnen gut, sowie auch die liebreizende Löwe/Schlange. Vermeiden Sie jedoch längerfristige Beziehungen mit Widder, Krebs und Steinbock/Katzen oder Hunden. Und was auch immer Sie tun, lassen Sie sich nicht auf einen Krebs/Ochsen ein!

Heim und Familie

Körperlich sind Waage/Drachen vielleicht gar nicht so attraktiv, aber sie wissen genau, wie man das Beste aus allem macht. Sie richten sich mit sehr ausgefallenen Möbeln ein, da sie andere Menschen gerne beeindrucken. Und gleich, worum es sich handelt, alles dient nur dazu, den Waage/Drache-Menschen ins beste Licht zu rücken.

Waage-Menschen, die in Drache-Jahren geboren sind, sind gute Eltern. Sie mögen es, wenn ihre Kinder zu ihnen aufschauen. Infolge ihrer außergewöhnlichen Ansichten über sich selbst und ihres Drangs, um jeden Preis zu glänzen, haben Waage/Drachen oft Probleme mit ihren älteren Kindern. Sie können es nur schwer ertragen, wenn man ihnen widerspricht. Und niemand widerspricht lieber, als ein Heranwachsender.

Viele Waage/Drachen haben aus beruflichen Gründen keine Kinder. Unter Waage/Drachen ist Kinderlosigkeit gang und gäbe.

Beruf

In diesem Bereich kann der Waage/Drache-Mensch wirklich glänzen. Er liebt seine Karriere mehr als alles andere auf der Welt. Hier kann sich seine unwiderstehliche Anziehungskraft endlich entfalten. Wenn der Waage/Drache-Mensch in die Arbeit kommt, sei es in einem Geschäft, einem Restaurant, einer Fernsehsendung oder am Fließband in einer Fabrik, geht der Vorhang für ihn auf. Bühne frei für den einzigartigen Weltstar! Macht Platz, denn jetzt kommt der Größte!

Ich kann mir nicht vorstellen, daß dieser Mensch lange Zeit in einem Angestelltenverhältnis verbringt. Ihm mangelt es an Geduld und Strenge. Aber als Chef ist er sehr liebevoll und warmherzig. Er ist von sich selbst und seinen Projekten begeistert. Seine Weltsicht ist die einzig gültige für ihn. Aber er ist nicht dominant und will immer nur seinen Kopf durchsetzen. Er möchte nur, daß immer alles so gemacht wird, wie er es will, denn so ist es natürlich am Besten, oder?

Einige Berufe, die sich für Waage/Drachen eignen: Fernsehstar, General, Unternehmer, Persönlichkeit des öffentlichen Lebens (Politiker?), Geschäftsinhaber, Pilot, Musiker.

Berühmte Waage/Drachen: Friedrich Nietzsche, Sarah Bernhardt, Graham Greene, John Lennon, Christopher Reeve.

WAAGE/SCHLANGE

»Ich gleiche aus«
Luft, Venus, Kardinal

»Ich empfinde«
Feuer negativ, Yang

GERECHTIGKEITS-	CHARME	INTUITION	KLUGHEIT
SINN	IDEALISMUS	ATTRAKTI-	HELLSICHTIGKEIT
LIEBENSWÜRDIG	ÄSTHETIK	VITÄT	MITGEFÜHL
HARMONIE-	ZAUDERND	DISKRETION	HABGIER
STREBEN	SELBSTGEFÄLLIG	HEUCHELEI	ANMASSUNG
STREITSUCHT	UNENTSCHLOSSEN	EXTRAVAGANZ	AUSSCHLIESSLICH-
MANIPULATION	GESCHWÄTZIG	FAULHEIT	KEIT

Diese Menschen sind die Anziehungskraft in Person. Waage-Menschen, die in einem Schlange-Jahr geboren sind, sind vor allem anziehend. Dies ist eine vorwiegend glückliche Verbindung. Und Menschen, die unter dem Zeichen Waage/Schlange geboren sind, sind auch meistens glücklich. Das kommt daher, daß sie nicht nur unwiderstehlich sind, sondern auch noch stur und willensstark. Sie wollen, daß alles nach ihrem Kopf geht und kommandieren andere Menschen auf subtile Weise herum. Oft tun bereitwillige Lakaien die Arbeit für sie. Diese Menschen haben einen umwerfenden Charme.

Waage/Schlangen beherrschen andere Menschen mit ihrem Gefühl. Sie fühlen genau, was andere von ihnen brauchen. Sie haben eine bemerkenswerte Wahrnehmungsfähigkeit und sogar übersinnliche Kräfte. Waage-Menschen, die in Schlange-Jahren geboren sind, können ein Publikum mit ihrer kühlen, vernünftigen und doch betont sentimentalen Art zu reden begeistern. Diese Menschen sind zum Hirten von Menschenherden, Moralapostel und Verkünder der Verbrüderung aller Menschen geboren.

Der Waage/Schlange-Mensch hat etwas von einem Heiligen Valentin an sich. Er hat eine warme und etwas schrullige und doch bemerkenswerte Persönlichkeit und besitzt eine starke Ausstrahlung. Ich würde sagen, daß dieses Zeichen eher einen »femininen« als »maskulinen« Charakter besitzt. Waage/Schlangen lieben alle schönen Dinge des Lebens. Sie bemuttern andere gern. Und sie verkörpern eine Art beispielhafter Passivität, die ihnen eine gewisse »Weiblichkeit« verleiht. Sie wollen keine Macht über ihre Mitmenschen ausüben, außer ihre Anhänger fordern das von ihnen. In der Tat müssen Waage/Schlangen gegen ihre Faulheit, Luxusliebe, Verschwendungs- und Vergnügungssucht ankämpfen. Sie sind exzessiv und müssen jeden Tag wieder gegen ihr monumentales Phlegma angehen.

Der fatale Schwachpunkt in all dem ist natürlich ihre Unfähigkeit, ihrer eigenen Verführbarkeit zu entrinnen. Nach vielen Jahren, in denen der Waage/Schlange-Mensch erlebt hat, wie ihm die Menschen vor lauter Bewunderung zu Füßen gefallen sind, wird er schließlich eine Art Wegbereiter. Waage/Schlangen engagieren sich sehr friedlich und gewaltlos für eine Sache. Sie wollen der Gefahr vernünftig aus dem Wege gehen, über Meinungsverschiedenheiten reden und über Friedensangebote diskutieren. Dann hält er eine berührende Rede über dieses Thema und noch mehr Menschen werden ihm zu Füßen fallen. Waage/Schlangen brauchen ihre Macht nicht zu demonstrieren. Sie müssen lediglich von ihrer Anziehungskraft Gebrauch machen.

Waage/Schlangen sind sehr humanitär und leben diese Einstellung oft in ihrem Beruf aus. Die Waage-Seite dieses Menschen möchte, daß alle Menschen gerecht behandelt werden. Die Schlange ist die Güte in Person, immer voller Mitgefühl und Verständnis und bereit, jedem zuzuhören und ihm Trost zu spenden, der sich ausweinen will. Die Verbindung der beiden Zeichen ergibt einen ausgesprochen altruistischen Menschen, der nicht davor zurückschreckt, etwas gegen Hunger, Armut und Ungerechtigkeit zu unternehmen. Auf den Namenslisten internationaler Hilfsorganisationen sind viele Waage/Schlangen zu finden, die sich mit Zeit und Geld für ihre notleidenden Mitmenschen einsetzen.

Nicht daß Waage/Schlangen grundsätzlich großzügig sind. Sie sind es nicht. Es ist sogar möglich, daß sie ziemlich vorsichtig mit dem Geldausgeben sind. Doch wenn sie den Drang dazu verspüren, kaufen sie sich auch schon einmal etwas sehr Kostspieliges. Waage/Schlangen sind Gelegenheits-Verschwender, die einem manchmal auch etwas vorflunkern, was den wahren Preis ihrer Spielereien betrifft.

Liebe

Gibt es etwas, was der Waage/Schlange-Mensch besser kann als die Liebe? Waage/Schlangen sind die Liebe, Sinnlichkeit und die romantischen, attraktiven Liebhaber in Person. Natürlich sind sie zu vergnügungssüchtig, um ein Leben lang einem einzigen Menschen treu zu sein. Aber in jeder anderen Beziehung sind sie hingebungsvolle Partner. Waage/Schlangen mit ihrer ganzen Schönheit und Faulheit sind einfach eine wahre Freude. Sie sind chaotisch und ein wenig verrückt und können über sich selbst lachen.

Falls Sie sich zu einem dieser Wunder an Charme hingezogen fühlen, schlage ich Ihnen vor, seine Ideale sofort zu übernehmen. Sie werden all Ihre Geduld und Ihre Friedliebe brauchen, wenn Ihr Waage/Schlange-Partner ohne Sie nach Afrika in die Hungergebiete reist und Sie zu Hause läßt, damit Sie die Kinder versorgen. Sie werden viel Kraft und eine Menge Würde brauchen, wenn Sie Ihr Leben an der Seite eines Waage/Schlange-Menschen verbringen wollen. Halten Sie Ihren Kopf hocherhoben, und lassen Sie sich nichts anmerken!

Passende Partner

Hähne stehen ganz oben auf der Liste Ihrer Favoriten. Versuchen Sie sich an Hähne zu halten, die in den Zeichen Zwilling, Löwe, Schütze und Wassermann geboren sind. Auch Löwe, Schütze und Wassermann/Ochsen sind eine gute Partie für Sie. Widder und Steinbock/Affen gehen Ihnen auf die Nerven. Krebs und Steinbock/Schweine sind zu kritisch und zu tugendhaft, um zu Ihren etwas halbseidenen Ansichten zu passen. Und Krebs/Tiger sind so launisch und sprunghaft, daß sie jemanden wie Sie glatt auf die Palme bringen!

Heim und Familie

Sie können damit rechnen, daß Waage-Menschen, die in Schlange-Jahren geboren sind, Plüsch bevorzugen und ihre Wände mit wertvollen Kunstgegenständen schmücken. Dieser Mensch liebt den Luxus. Trotz seines Ticks, in »Sack und Asche Buße tun« zu müssen, hat er eine Vorliebe für den Komfort und haßt es, wenn er ohne ihn leben muß. Im Haus eines Waage/Schlange-Menschen werden Sie auch immer willkommen sein. Sie können jederzeit einfach vorbeikommen. Er hat immer genug Platz für ein paar ungeladene Gäste.

Waage/Schlangen wollen viele Kinder haben. Dieser Mensch

liebt es, wenn er für andere sorgen kann. Aus diesem Grund bemuttert er seine Kinder vielleicht etwas zu sehr. Aber seine Kinder haben es sehr gut bei ihm. Waage/Schlange-Eltern begeistern ihre Kinder genauso wie jeden anderen. Sie neigen jedoch dazu, lange Predigten zu halten. Wenn sie einen ihrer Sermone halten, muß man sie in ihre Grenzen weisen. Ihr moralischer Anspruch kann es ihren Kindern ganz schön schwer machen.

Das Waage/Schlange-Kind ist entzückend und schon recht altklug. Es spricht schon wie ein kleiner Erwachsener. Es ist nicht gut für dieses sensitive Kind, wenn es von seiner Mutter zu sehr verwöhnt und verhätschelt wird. Man muß ihn den Wert von Grundsätzen vermitteln. Ausflüge in die Natur und Campingurlaube werden ihm die Großstadtflausen ein wenig austreiben. Ich empfehle Ihnen dringend, dieses Kind zum Sport oder zu den Pfadfindern zu schicken. Wenn man es nicht durch Routine und ein geordnetes Familienleben immer wieder zurück auf den Boden bringt, kann es sein, daß es für psychosomatische Allergien anfällig ist.

Beruf

Waage/Schlangen sind Führernaturen. Aber sie wollen nicht mit anderen in Konkurrenz treten und keinesfalls einen Krieg beginnen. Die Begabung dieses Menschen ist seine Attraktivität. Die Menschen verehren ihn bereitwillig, hängen an seinen Lippen und wollen so sein wie er. Wenn man dieses Talent mißbraucht, kann es natürlich sehr gefährlich sein. Aber da der Waage/Schlange-Mensch nicht in dem Maße machthungrig ist, wie er bereit ist, die Zügel in die Hand zu nehmen, wenn man sie ihm übergibt, ist die Gefahr gar nicht so groß, wie man denkt.

Waage/Schlangen können sich schlecht unterordnen. Nicht, daß sie die Notwendigkeit von Demut nicht verstehen, aber eine untergeordnete Position verärgert sie einfach. Sie wissen genau, daß sie den ganzen Laden »schmeißen« können, und fragen sich deshalb, warum niemand ein Schild an Ihre Tür hängt, auf dem »Chef« steht. In der Regel mißbrauchen sie ihre Macht nicht und sind ebenso gewissenhaft bei der Arbeit wie ihre Mitarbeiter. Waage/Schlangen sind ausgezeichnete Partner für Leute mit weniger Ausstrahlung, die aber gut mit allen irdischen Tätigkeiten zurechtkommen, wie addieren und subtrahieren und Steuern zahlen. Waage/Schlangen sind nur mit einem Spitzengehalt zufrieden, sind aber nicht knauserig, wenn es darum geht, die Gewinne zu teilen.

Einige Berufe, die sich für Waage/Schlangen eignen: Religionsführer, Mannequin, Schauspieler, Sänger, Talkmaster, Nachrichtensprecher, Politiker.

Berühmte Waage/Schlangen: Mahatma Gandhi, Jesse Jackson.

WAAGE/PFERD

»Ich gleiche aus«
Luft, Venus, Kardinal

»Ich fordere«
Feuer positiv, Yang

GERECHTIGKEITS-SINN	CHARME	ÜBERZEUGUNGS-KRAFT	STIL
LIEBENSWÜRDIG	IDEALISMUS	AUTONOMIE	GERADLINIG-KEIT
HARMONIE-STREBEN	ÄSTHETIK	POPULARITÄT	TALENTIERTHEIT
STREITSUCHT	ZAUDERND	SELBSTSUCHT	HAST
MANIPULATION	SELBSTGEFÄLLIG	SKRUPELLOSIGKEIT	ÄNGSTLICHKEIT
	UNENTSCHLOSSEN	REBELLION	PRAGMATISMUS
	GESCHWÄTZIG		

Für einen Pferde-Charakter ist dieser in der graziösen Waage geborene Mensch sehr vornehm und würdevoll. Pferde sind manchmal rebellisch und hartherzig. Waage-Menschen sind es praktisch nie. Waage-Menschen sind friedliebend und harmonisch. In dieser Zeichenkombination setzt sich die Waage auf das Pferd und zähmt es so lange, bis sie aus dem wilden und egoistischen Roß einen ausgesprochen zivilisierten Menschen gemacht hat.

Verbunden mit dem Zeichen Waage, kann der Pferd-Mensch viele seiner weltlichen Gaben entfalten. Er hat ein großes Interesse an Eleganz und Stil. Er strebt nach Popularität und ist voller Idealismus. Die Waage verleiht dem Pferd einen ausgezeichneten Geschmack. Überdies braucht das Pferd kein Gramm von seiner Phantasie aufzugeben, wenn es der Waage die Zügel überläßt. Sie wissen bereits, daß Pferd-Geborene immer alles nach ihrem Kopf machen wollen. Nun, die Waage hat dagegen nichts einzuwenden. Tatsächlich ermutigt sie das Pferd noch, kapriziös zu sein, da sie genau weiß, daß ihr gut entwickelter Sinn für das rechte Maß es daran hindert, allzu sehr über die Stränge zu schlagen.

Diese Zeichenkombination bringt oft exzellente Redner hervor. Das Pferd hat etwas Befehlshaberisches an sich. Es zieht sein Publikum mit seinem sicheren Auftreten und seiner Selbstsicherheit in Bann. Die Waage verleiht seinem Image noch Charme und einen Hauch von Ästhetik. Der im Pferd geborene Waage-Mensch kann ein eindrucksvoller Künstler sein.

Pferde, die unter dem Zeichen Waage geboren sind, haben oft ein ungewöhnliches Schicksal. Das hat offensichtlich damit zu tun, daß sie immer genau zur richtigen Zeit am richtigen Ort sind. Der Waage/Pferd-Mensch ist sehr mobil und ehrgeizig. Er hat viel Glück und einen Riecher für günstige Gelegenheiten, weshalb er ein Anwärter auf unerwarteten Ruhm oder plötzlichen Reichtum ist.

Kein Pferd-Geborener ist jemals faul. Aber Waage/Pferde sind ein bißchen weniger hektisch als andere Vertreter des Zeichens Pferd. Sie können sich entspannen und können auch einmal in Leichttrab fallen, wenn das von Vorteil für sie ist, und sie sind weniger pragmatisch, als die meisten anderen Pferde. Der Waage/Pferd-Mensch ist ein exaltierter Typ, der seine Ansichten und Meinungen sehr temperamentvoll und willensstark vertritt. Wenn Sie einen Waage/Pferd-Menschen kennenlernen, werden Sie ihn nicht so schnell wieder vergessen. Und da Waage/Pferde sehr gesellig sind, könnten Sie schon heute abend einem dieser Zeitgenossen begegnen. Parties und gesellige Zusammenkünfte, Empfänge und Versammlungen spielen eine große Rolle im Leben dieses Menschen.

Der Waage/Pferd-Mensch ist vor allem sehr überzeugend. Er ist beredt und kann andere Menschen von einer Sache überzeugen. Er ist nicht sehr einfühlsam oder sentimental. Aber für ein Ideal kann er Feuer und Flamme sein. In seiner Seele hat er etwas Poetisches, und er zeigt dies nach außen in seiner würdevollen und geschmackvollen Erscheinung. Wenn es um seine eigenen Interessen geht, kennt er keine Skrupel, und wenn er Sie überreden möchte, bei einer Sache mitzumachen, läßt er niemals ein »Nein« als Antwort gelten.

Der Waage/Pferd-Mensch möchte, daß allen Menschen Gerechtigkeit zuteil wird, und er wünscht sich für sich selbst, daß alles zu seinen Gunsten verläuft. Gewöhnlich erreicht er seine persönliche Autonomie, und er scheut auch nicht davor zurück, einen Skandal zu veranstalten, um seine Unabhängigkeit zu erlangen. Der Waage/Pferd-Mensch ist ein ausgeflippter Typ, der oftmals etwas Unerhörtes tut, um Menschen zu schockieren, die konservativer sind. Aber keine Sorge! Dieser Mensch leidet nicht unter

Selbstzweifeln, sondern setzt einem das Messer geradewegs an die Kehle – aber wie elegant er das macht!

Liebe

Leidenschaft spielt im Leben der Waage/Pferde eine größere Rolle als Zärtlichkeit. Die Ideale eines anderen Menschen oder irgendeine Begleiterscheinung außer seiner äußeren Erscheinung, wie zum Beispiel Geld, können sein Interesse wecken. Waage/Pferde erobern das Herz eines anderen gerne im Sturm, aber sie gehen dabei nicht ganz so raubgierig vor, wie andere Waage-Geborene. Sie sind sinnlich und flirten gerne.

Einen Waage/Pferd-Menschen zu lieben, kann ziemlich problematisch werden. Dieser Mensch ist eine Art »Insel« für sich. Sie sind von einer Beziehung nicht besonders abhängig und suchen einen Partner, der die Fähigkeit besitzt, sich selbst aufzuopfern, die ihnen selbst fehlt. Wenn Sie einen dieser Zeitgenossen lieben, seien Sie bereit, einen großen Teil Ihrer Zeit damit zu verbringen, seine prächtige Mähne zu bürsten und seinen wundervollen Körper zu striegeln. Der Waage/Pferd-Mensch putzt sich gerne und plustert sich gerne auf.

Passende Partner

Suchen Sie Ihren Lebensgefährten unter Zwilling, Löwe, Schütze oder Wassermann/Tigern. Aus einer Affäre mit Zwilling oder Löwe/Ziege könnte etwas Ernstes werden. Auch Schütze und Wassermann/Hunde geben treue Gefährten für Sie ab. Ich rate Ihnen jedoch, die Finger von Widder, Krebs und Steinbock/Ratten zu lassen. Auch die eifrigen Steinbock/Ziegen sind nichts für Sie.

Heim und Familie

Hier blüht der Waage/Pferd-Mensch so richtig auf. Dieser Mensch braucht eine angenehme häusliche Atmosphäre, wo er ganze Scharen von Freunden und Verbündeten empfangen kann. Er bevorzugt Samtsofas und schwere Vorhänge, die wahrscheinlich burgunderfarben oder in sanften Brauntönen gehalten sind. Waage/Pferde sind außergewöhnlich luxusliebend. Ihr Haushalt ist einfach perfekt ausgestattet. An jeder Lampe hat er einen Dimmerschalter angebracht und überall stehen frische Blumen. Waage/Pferde sparen keine Kosten, wenn es darum geht, ihr Publikum zu beeindrucken. Sie verabscheuen alles, was vulgär ist, und sind Gästen, die in zerrissenen Bluejeans ankommen, nicht besonders wohlgesonnen. Flair ist das, was sie wollen!

Mit ihren Kindern kommen Waage/Pferde womöglich in einen Konkurrenzkampf. Sie brauchen jemanden, der ihnen bei der Kindererziehung hilft, da sie sehr häufig außer Haus oder zu beschäftigt sind, um persönlich für ihre Kinder zu sorgen. Ich bin der Ansicht, daß Waage/Pferde am besten mit ihren Kindern zurechtkommen, wenn diese erwachsen werden. Wenn ihre Sprößlinge ihr kindliches Verhalten ablegen, werden sie für den geschmackvollen Waage/Pferd-Menschen annehmbarer. Er steht seinen Kindern etwas distanziert gegenüber.

Das Waage/Pferd-Kind ist vielversprechend und beeindruckt die Erwachsenen durch die Leichtigkeit, mit der es lernt, sich in Gesellschaft gut zu benehmen. Wenn es noch sehr jung ist, ist es ziemlich rebellisch, was sich aber legt, wenn es reifer wird. Dann sieht es nämlich ein, daß es mit seiner ungestümen Art nicht das erreicht, was es will. Das Waage/Pferd-Kind kann sehr witzig und quirlig sein – ein Schlingel, der immer draußen mit seinen besten Freunden herumtobt. Doch es wird immer gemocht und bewundert. Gleich, was Sie als Vater oder Mutter unternehmen, es wird immer seinen eigenen Weg gehen!

Beruf

Da dieser Mensch sowohl logisch als auch überzeugend ist, kann er sich am besten in Berufen verwirklichen, die Wortgewandtheit und Überzeugungskraft erfordern. Darüber hinaus ist der Waage/Pferd-Mensch immer sehr gut angezogen und kann daher sehr gut repräsentieren. Seine Schwäche ist, daß er nicht bereit ist, um des lieben Friedens willen das Spiel mitzuspielen. Denn Waage/Pferde kümmert der liebe Frieden weniger, als ihr persönliches Fortkommen. Sie sind nur dann kooperativ, wenn der Kompromiß ihren Fortschritt in keinster Weise behindert.

Je nachdem, in welcher Situation er sich befindet, kann dieser Mensch einerseits damit glänzen, daß er Autorität ausübt, oder aber darin, Befehle auszuführen. Was den Waage/Pferd-Mensch angeht, ist die einzige Voraussetzung, daß alles, was er tut, in seinem eigenen Interesse ist. Wenn es ihn an die Spitze bringt, der Chef zu sein, wird er diesen Führungsposten gerne annehmen. Ansonsten können Sie Ihre hochtrabenden Titel für sich behalten! Alles, was sich ein Waage/Pferd-Mensch von seinem

Beruf wünscht, ist, daß er dabei mobil sein und Karriere machen kann – und natürlich viel Geld verdient!

Berufe, die für Waage/Pferde geeignet sind: Städteplaner, Landschaftsarchitekt, Klatschkolumnist, Kritiker, Händler, Publizist, Schauspieler, Restaurantbesitzer, Dekorateur, Lehrer.

Einige berühmte Waage/Pferde: Schostakovitsch, Rita Hayworth, Penny Marshall.

WAAGE/ZIEGE

»Ich gleiche aus«
Luft, Venus, Kardinal

»Ich bin abhängig«
Feuer negativ, Yang

GERECHTIGKEITS-SINN	CHARME	ERFINDUNGSGEIST	ORIGINALITÄT
LIEBENSWÜRDIG	IDEALISMUS	SENSITIVITÄT	GUTE MANIEREN
HARMONIE-STREBEN	ÄSTHETIK	AUSDAUER	GESCHMACK
STREITSUCHT	ZAUDERND	SCHMAROTZER	PESSIMISMUS
MANIPULATION	SELBSTGEFÄLLIG	MANGEL AN VORAUSSICHT	SORGENVOLL
	UNENTSCHLOSSEN	UNPÜNKLICHKEIT	UNPRAKTISCH
	GESCHWÄTZIG		

Dieser Mensch scheint von Schönheit und Harmonie abhängig zu sein und behauptet, daß er eine friedliche Umgebung braucht. Aber wir wissen es besser! Waage-Menschen, die in Ziege-Jahren geboren sind, sind streitlustig und reizbar. Sie lieben ein Wortgefecht, eine hitzige Diskussion und eine Herausforderung. Der Waage/Ziege-Mensch möchte bei seinen Mitmenschen angesehen sein. Er möchte beachtet, ernst genommen und bewundert werden. Dafür tut der Waage/Ziege-Mensch fast alles – aber nur einmal!

Wenn sich die beiden Zeichen Waage und Ziege in einem Menschen vereinigen, wird seine Neigung zu Faulheit und Spitzfindigkeit verdoppelt. Sie bevorzugen es, ihr Leben mit Wertgegenständen auszuschmücken und ihre Wände mit Bücherregalen zu zieren, anstatt ihr Geld für modische Klamotten oder spritzige Sportwagen auszugeben. Wenn diese Menschen soziale Aufsteiger sind (und sie sind es), tun sie sich lieber durch ihre Kultiviertheit hervor, anstatt sich damit zu begnügen, sich in den Annalen des Jet-sets für ihr Party-Geben und Party-Gehen zu verewigen. Waage/Ziegen sind ein wenig leichtsinnig, aber nicht oberflächlich. Sie sind sehr kreativ. Sie können alle möglichen handwerklichen und künstlerischen Tätigkeiten ausüben, vorausgesetzt, sie leben in gesicherten Verhältnissen. Ich würde nicht sagen, daß der Waage/Ziege-Mensch in seinem künstlerischen Talent an einen Picasso heranreicht, aber er besitzt ungeheuer viel Phantasie. Er springt mit einer ganz besonderen Anmut in rasantem Tempo von einem Gedanken und einem Einfall zum nächsten. Er kennt sich in diesem Durcheinander aus. Er kann komplexe Zusammenhänge verstehen und ist für jede Art von Kommunikation sehr begabt.

Ein Handicap der Waage-Menschen, die in Ziege-Jahren geboren sind, ist ihr mangelndes Selbstvertrauen. Aber dabei handelt es sich weniger um einen Mangel, als um eine Weigerung, an sich selbst zu glauben. Waage/Ziegen sind einfach nicht bereit, an sich zu glauben. »Ich kann das nicht. Wen kümmert es schon? Wer wird mir kleinem Licht schon zuhören wollen? Es ist nicht wirklich wichtig. Mach dir keine Sorgen!« Dies ist die indirekte Redeweise einer Waage/Ziege.

Wie Sie sehen, sind Waagen, die in Ziege-Jahren geboren sind, ausgesprochen sensibel. Wenn sie jung sind, fühlen sie sich oft zu stabilen und starken Menschen hingezogen, deren bloße Gegenwart ihnen Schutz bietet. Nach einer Weile erkennen sie dann, welch hohen Preis sie dafür zahlen müssen, »normal« und »stabil« zu sein. Wenn sie begreifen, wie nutzlos diese ewige Gleichmäßigkeit ist und wie langweilig ihr Leben dadurch wird, brennen sie durch. Aber ihr Ausreißen ist ein erbärmlicher Ausbruchsversuch. Sie sind von dem Normalsein enttäuscht, geben sich aber selbst die Schuld dafür, weil sie nicht bereit sind, ehrlich zu handeln.

Dies wiederum verursacht, daß der Waage/Ziege-Mensch das Vertrauen zu sich selbst verliert. Da sein Selbstvertrauen noch nie besonders stark war, wird es jetzt noch schwächer und er befindet sich in einem Teufelskreis.

Waage/Ziegen sind exzessiv. Sie sind suchtgefährdet. Sie sind ehrgeizig und trendbewußt. Sie sind erfinderisch und für alle möglichen Aufgaben talentiert, die mit dem »süßen Leben« verbunden sind. Das Problem der Waage/Ziegen besteht darin, daß sie, außer ihrer mangelnden Selbstsicherheit, ihre Energie verschwenden, weil sie sich zu sehr verzetteln. Sie lassen sich leicht ablenken. Sie müssen lernen, einen Gedanken zu Ende zu führen. Und sie sollten sich von Menschen beraten lassen, die weiser und weitblickender sind, als sie. Wenn sie den Ratschlägen dieser Menschen folgen und nicht immer gleich in die Luft gehen und wie die Axt im Wald wüten, können Waage/Ziegen erfolgreich sein!

Liebe

In der Liebe fühlt sich der Waage/Ziege-Mensch wohl. Er ist sehr talentiert darin, seine Liebe kundzutun. Er läßt sich gerne auf die kleinen Liebesfallen ein: Abendessen bei Kerzenschein, Reisen auf tropische Inseln, das Necken, Flirten und natürlich den Sex. Waage/Ziegen sind sehr hübsch und sehen etwas zerbrechlich und zart aus. Sie ziehen sich immer sehr vorteilhaft an und haben einen guten Geschmack und Stilgefühl. Sie sind von ihrem Partner völlig abhängig. Alleine zu leben kommt für sie nicht in Frage. Diese Menschen blühen auf, wenn man zärtlich zu ihnen ist.

Wenn Sie einen Waage/Ziege-Menschen lieben, müssen Sie sich seine Gunst erst einmal durch kluges und ästhetisches Hofieren erwerben. Ihr Waage/Ziege-Partner ist einfach umwerfend attraktiv! Sie werden nicht der einzige sein, der um seine Zuneigung wirbt. Seien Sie ungewöhnlich! Waage/Ziegen lieben das Geheimnisumwitterte und sind von allem Fremdartigen fasziniert. Gewöhnliche und ganz alltägliche »Normalbürger« gefallen ihnen nur, solange sie noch in ihrer kindlichen Naivität gefangen sind.

Passende Partner

Mit Katze-Menschen können Sie gut zusammenleben. Sie sollten sich Partner aus den Reihen der Zwilling-, Löwe-, Schütze- und Wassermann-Geborenen suchen. Auch Pferde-Menschen bereiten Ihnen Vergnügen. Versuchen Sie auch in diesem Fall, sich an die Zeichen Zwilling, Löwe, Schütze und Wassermann zu halten. Sie haben die notwendige Kraft, genügend Geld zu verdienen, um Ihren Lebensstil finanzieren zu können. Auch Löwe und Wassermann/Schweine haben einen hohen Lebensstandard, der noch keinem Waage/Ziege-Menschen mißfallen hätte, den ich kenne. Widder, Krebs und Steinbock/Hunde kommen ebensowenig in Frage, wie Krebs und Steinbock/Ochsen. Steinbock/Tiger sind zu rauh für Sie.

Heim und Familie

Der Waage/Ziege liegt nicht übermäßig viel an der Einrichtung ihres Heims. Am glücklichsten fühlt sich dieser Mensch in einem rechten Durcheinander und Möbeln aus Samt, Ledersesseln und großzügigen Arbeitsflächen. Er ist nicht besonders daran interessiert, ob seine Einrichtung anderen gefällt. Er möchte es in erster Linie bequem haben und an zweiter Stelle schön. Waage/Ziegen sind begrenzt unordentlich.

Diese Menschen geben gewissenhafte Eltern ab, die nur das Beste für ihre Kinder wollen. Gelegentlich fühlen sich Waage/Ziegen von ihren Kindern überfordert und werden manchmal ein wenig beschwindelt. Sie sind nicht gerne streng zu ihren Kindern, wollen aber auch kein Punchingball für Klein Dieter oder Maria sein, an dem sie sich austoben können. So lassen sie die Schwierigkeiten erst einmal aufkommen, bevor sie einschreiten. Diese moderne Erziehungsmethode hat ihren Preis.

Waage/Ziege-Kinder sind einfach zu süß, um es in Worte fassen zu können. Sie sind liebenswert und faszinierend, und ihre Schönheit allein bringt Sie schon dazu, daß Sie diese Knirpse ständig knuddeln wollen. Wollen Sie meinen Rat hören? Verhätscheln Sie dieses Kind nicht zu sehr. Wie auch die erwachsenen Waage/Ziegen ist dieses Kind weniger zerbrechlich, als es aussieht. Es haßt es, wie ein Trottel behandelt zu werden!

Beruf

Waage/Ziegen sind keine unabhängigen Menschen. Sie brauchen geordnete Verhältnisse um sich herum, um ihre Ziele zu erreichen. Sie sind talentiert und erfinderisch. Waage/Ziege-Menschen haben ein sicheres Auftreten und gute Umgangsformen. Sie kleiden sich sehr geschmackvoll. Besonders begabt sind sie für alle kreativen Arbeiten, die Erfindungsgeist erfordern. Man kann sie leicht entmutigen und mit zuviel Arbeit leicht überfordern. Eins nach dem anderen! Mit Beständigkeit und Ausdauer kommt man zum Sieg, aber das ist fast mehr, als sich der flüchtige Verstand der Waage/Ziegen vorstellen kann.

Berufe, die sich für Waage/Ziegen am besten eignen: freischaffender Illustrator, Dichter, Modejournalist, Drehbuchautor, Haushaltsvorstand, Graphiker, Musiker.

Berühmte Waage/Ziegen: Franz Liszt, Pierre Trudeau, John LeCarre, Doris Lessing, Catherine Deneuve.

WAAGE/AFFE

»Ich gleiche aus«
Luft, Venus, Kardinal

»Ich plane«
Metall positiv, Yin

GERECHTIGKEITS-SINN	CHARME	SCHLAUHEIT	INTELLIGENZ
LIEBENSWÜRDIG	IDEALISMUS	STABILITÄT	EIFER
HARMONIE-STREBEN	ÄSTHETIK	IMPROVISATIONS-TALENT	FÜHRUNGSNATUR
STREITSUCHT	ZAUDERND	TÄUSCHUNG	SELBSTBEZOGEN-HEIT
MANIPULATION	SELBSTGEFÄLLIG	TRICKREICH	ALBERNHEIT
	UNENTSCHLOSSEN	OPPORTUNISMUS	GESCHWÄTZIG
	GESCHWÄTZIG		

Die Zeichenkombination Waage/Affe ist nicht gerade besonders erholsam. Diese Menschen brauchen die Bewegung um der Bewegung willen. Sie brauchen viel Abwechslung und reisen in Gebiete, die sie noch nicht kennen, nur weil es ihnen Spaß macht, oder zumindest um etwas Neues kennenzulernen.

Der im Zeichen Affe geborene Waage-Mensch ist manipulativ. Er scheut nicht davor zurück, andere Menschen auszunutzen. Der Waage/Affe-Mensch betrachtet die Welt als Spielplatz. Er sieht nicht ein, warum er aus Gefühlen nicht Gewinn ziehen sollte. Welchen faulen Zauber der Waage/Affe-Mensch auch ausheckt, er wird immer der erste sein, der sich und anderen versichert, daß er nur die besten Absichten hat. Waage/Affen sind keine Schmarotzer. Sie sind sehr aktiv und energiegeladen, überdurchschnittlich intelligent und sehr schlau.

Die Waage/Affe-Persönlichkeit ist sehr freiheitsliebend. Dazu ist sie ein Schlitzohr und hat immer ein verschmitztes Lächeln in den Augen, womit sie ihre ganze Umgebung zu durchschauen scheint. Damit meine ich nicht, daß Waage/Affen versuchen, ihre Umgebung zu kontrollieren. Aber sie haben eine fast außersinnliche Wahrnehmung. Sie können persönliche und soziale Veränderungen sehr stark empfinden. Oft findet man Waage/Affen an der

Spitze einer künstlerischen oder politischen Bewegung. Sie sind engagierte Beobachter.

Mit seinem erhöhten Empfindungsvermögen fällt es dem Waage/Affen manchmal schwer, das Leben zu ertragen. Er kann sehr euphorisch sein und ist anfällig für bewußtseinsverändernde Drogen. Er fühlt sich nicht immer stark genug, um mit einer Herausforderung fertig zu werden – obwohl er elegant genug ist, auf seine Weise mit Problemen fertigzuwerden. Nicht, daß Waage/Affen schwach sind. Das wäre weit gefehlt! Aber es mangelt ihnen an Selbstsicherheit, und sie zögern, es mit einem Konkurrenten aufzunehmen. Aber sie scheuen nicht davor zurück, durch List zu gewinnen. Denn sie ziehen es vor, Feindseligkeiten zu vermeiden. Was den Waage/Affe-Menschen betrifft, ist Macht niemals der richtige Weg. Seine Waffe ist die Satire. Er setzt lieber seinen Humor oder seinen Verstand ein, um sich gegen Feindseligkeit zu wehren.

Der Waage/Affe-Mensch ist begabt, mit seinem Publikum gut umzugehen. Er ist sehr würdevoll und schlagfertig. Seine Talente sind vielseitig, und er kann auf jedem beliebigen Gebiet großen Erfolg haben, weil er bereit ist, sich anzupassen und sich an den Gegebenheiten zu orientieren. Dieser Mensch ist das völlige Gegenteil von Sturheit. Obwohl er sehr leicht zu entmutigen ist und zeitweise resigniert, ist der Waage/Affe-Mensch flexibel und ausgeglichen.

Liebe

In Herzensangelegenheiten kann der Waage/Affe-Mensch scheinbar sehr egoistisch sein. Obwohl die Zweisamkeit von überaus großer Bedeutung in seinem Leben ist, besteht sein Hauptinteresse darin, eine Beziehung aufrechtzuerhalten. Waage/Affen sind sentimental und hängen an ihrem Partner, auch wenn sie die Liebe des anderen etwas ausnutzen. Sie suchen in Liebesbeziehungen oder in der Ehe die Harmonie zwischen zwei Menschen, die gegenseitige Zuneigung und Leidenschaft, wodurch eine Symbiose entstehen kann. Der Waage/Affe-Mensch gibt im selbem Maße, wie er nimmt.

Sollten Sie in einen Waage/Affe-Menschen verliebt sein, können Sie sicher sein, daß er aus Ihrem Verhältnis eine idealistische Mission macht und nach lebenslanger Harmonie strebt. Die Hoffnung des Waage/Affen ist in der Tat so groß, daß er seiner besseren Hälfte ziemlich viel Verantwortung aufbürdet. Der Waage/Affe möchte das stützende Element in einer Partnerschaft sein, und das gibt Ihnen die Chance, sich so verrückt aufzuführen, wie Sie wollen. Keine Sorge, Sie bekommen viel Gefühl!

Passende Partner

In Ihrer Zukunft könnte ein Drache-Geborener auftauchen. Wenn dem so ist, sollten Sie ihn aus den Zeichen Zwilling, Löwe, Schütze und Wassermann erwählen. Sie kommen auch mit den Zeichen Löwe und Wassermann/Ratte gut zurecht. Mit Widder und Krebs/Pferden harmonieren Sie nicht besonders gut, dasselbe gilt für Steinbock/Tiger. Krebs/Schweine und Steinbock/Ochsen sind einfach zuviel für ihre beschwingte und flexible Natur.

Heim und Familie

Das Heim eines Waage/Affe-Menschen ist dort, wo er sich gerade aufhält. Er liebt Schönheit und Luxus, braucht aber nicht unbedingt ein festes Zuhause, um sich zu beweisen, daß er Wurzeln hat. Waage/Affen wurzeln im Augenblick. Das scheint ihnen zu genügen. Sie sind aber auch keine Nomaden. Wenn sie einmal ein hübsches Heim haben, dient es mehr dem Zweck, anderen Menschen zu gefallen, als ihnen Sicherheit zu bieten.

Waage/Affe-Menschen sind ernsthafte und liebevolle Eltern. Was sie am meisten bedauern, daß man erwachsen und reif werden muß. Aus diesem Grund gehören sie zu der Sorte Eltern, die mit ihren Kindern spielen, in Vergnügungsparks gehen und Achterbahn fahren. Waage/Affen möchten, daß ihre Kinder Phantasie besitzen, und ermutigen sie, sich kreativ zu betätigen.

Waage/Affe-Kinder sind süße kleine Kerlchen. Sie lächeln gerne und sind immer bereit, mit der Tante spazierenzugehen oder dem ahnungslosen Onkel Oskar in die Arme zu fliegen. Sie sind gesellig und sonnig. Natürlich muß man darauf achten, daß sie nicht ungezogen werden. Diese Kinder stellen immer etwas an und treiben viel Unfug. Sie führen immer etwas im Schilde. Darüber hinaus neigen sie dazu, ständig zu reden. Achten Sie darauf, daß sie eine gute Erziehung bekommen, damit sie, wenn sie erwachsen sind, wenigstens etwas Interessantes zu erzählen haben.

Beruf

Der im Zeichen Waage geborene Affe hat ein aristokratisches Benehmen. Wie wir bereits wissen, ist er ein wahrer Redekünstler. Er hat die Gabe, alles mögliche aufzuschnappen. Er ist ein guter

Kollege und Partner und kann mit Geschäftsbeziehungen besser umgehen, als jeder andere Affe-Geborene.

Als Chef ist er nicht gerade furchteinflößend. Vielmehr beeindruckt er mit seiner Beredsamkeit und seinem messerscharfen Verstand. Seine Mitmenschen schätzen ihn wegen seiner noblen Gesinnung und seines politischen und sozialen Engagements. Wenn Sie die Dienste eines Waage/Affe-Menschen in Anspruch nehmen wollen, sollten Sie ihn entweder alleine in einem fensterlosen Raum arbeiten lassen, weil er sich so besser konzentrieren kann, oder Sie schicken ihn auf die Straße, um etwas zu verkaufen – wobei es unwichtig ist, was. Stellen Sie sicher, daß er sein tägliches Pensum erledigt. Waage/Affen neigen unglücklicherweise dazu, sich ständig ablenken zu lassen oder zu »tratschen«.

Für den Waage/Affe-Menschen ist jeder Beruf geeignet, wenn er Bewegung und Kontakt mit Menschen garantiert: Grundstücksmakler, Schauspieler, Professor, Versicherungsvertreter, Verfasser von Reden, Sozialarbeiter, Werbefachmann.

Berühmte Waage/Affen: Glenn Gould, Buster Keaton, F. Scott Fitzgerald, Jacques Tati (= Monsieur Hulot), Timothy Leary.

WAAGE/HAHN

»Ich gleiche aus«
Luft, Venus, Kardinal

»Ich besiege«
Metall negativ, Yang

GERECHTIGKEITSSINN	CHARME	BIEGSAM	KONSERVATIV
LIEBESNWÜRDIG	IDEALISMUS	ENTHUSIASMUS	CHIC
HARMONIESTREBEN	ÄSTHETIK	OFFENHEIT	HUMOR
STREITSUCHT	ZAUDERND	KECKHEIT	PEDANTERIE
MANIPULATION	SELBSTGEFÄLLIG	ÜBERHEBLICHKEIT	DIKTATORISCH
	UNENTSCHLOSSEN	BLINDES VERTRAUEN	VERSCHWENDUNG
	GESCHWÄTZIG		

Das Leben der Waage/Hähne ist ein einziges Auf und Ab und reicht von »himmelhoch jauchzend« bis »zu Tode betrübt«. Aber, Gott sei Dank, besitzt das Zeichen Waage einen so ausgeprägten Sinn für Harmonie und inneres Gleichgewicht. Die Waage verleiht der Strenge des Hahns Poesie und macht seinen Konservativismus etwas lockerer. Er hat gelegentlich phantasievolle Einfälle. Überdies wird die Tendenz des Hahns, übertrieben zu reagieren, von der Waage gemildert. Für einen Hahn ist dieser Mensch recht sanft, man könnte ihn sogar als ruhig bezeichnen.

Was gibt der Hahn nun der Waage? Eine Menge! Zum einen wird die Bequemlichkeit durch die Bodenständigkeit und die Begeisterungsfähigkeit des Hahns ausgeglichen. »Auf geht's, altes Mädchen! Es gibt viel zu tun. Du kannst hier nicht einfach im Bett herumliegen und Zeitung lesen! In der Küche gibt es etwas Neues auszuprobieren. Oder wir machen einen Spaziergang, um eine neue Bekanntschaft zu machen!« drängt der eifrige Hahn. Die Fähigkeit des Hahns, sich zurückzuziehen, spielt eine interessante Rolle in der Waage/Hahn-Persönlichkeit. Wie wir bereits wissen, kann das Zeichen Waage nur schwer Stellung beziehen. Diese Menschen urteilen nie voreilig. Der Hahn rettet sein Leben immer in letzter Minute, indem er mit einem Chaos fertig wird, das jeden anderen umbringen würde, der nicht so drahtig ist wie er. Diese Eigenschaften ergänzen sich sehr gut und verleihen dem Waage/Hahn-Menschen die Fähigkeit, auch die gefährlichen Situationen im Leben unbeschadet zu meistern. Hähne wissen, wie man heil aus jeder Situation herauskommt, und die Waage verurteilt ihn nicht dafür. Dieser Mensch hat wenig zu bedauern!

Der Hahn verleiht der Waage Energie, und seine Feurigkeit macht die manchmal ausladende Redeweise lebendig. Die Waage wiederum schenkt dem Hahn Selbstsicherheit und Gelassenheit, die dem herrischen und kecken Hahn-Menschen oft fehlt. Waage/Hähne haben angenehme Umgangsformen, sind gut gekleidet und scheinen nie eigennützig zu sein. Sie wirken sehr anziehend und sind bei ihren Mitmenschen sehr beliebt.

Dieser Mensch hat etwas von einem Besserwisser und schlängelt sich elegant durch. Ich nehme an, daß er das manchmal braucht. Er vermittelt den Eindruck: »Ich bin gut so, wie ich bin, weil ich ›Ich‹ bin.« Er kann einem schon auf die Nerven gehen.

Er schuftet nicht bis zum Umfallen. Er ist gerne brillant und schafft es, daß ihm die Menschen schon nach der ersten Vorstellung zu Füßen liegen. Wiederholungen liegen ihm nicht. Er möchte lieber, daß Sie ihm etwas Neues vorschlagen, oder seine Arbeit vorführen. Der Waage/Hahn-Mensch liebt die Neuerung, und es fehlt ihm nicht an Einfällen.

Alles in allem ist er talentiert und sensibel genug, um sich als Dichter oder Musiker zu betätigen. In künstlerischen Berufen kann er es sehr weit bringen. Waage/Hähne engagieren sich sehr stark für eine Sache. Sie zeigen ihr Können auf gewinnende (Waage) Art und Weise. Sie sind ein wenig angriffslustig und haben Spaß an philosophischen Diskussionen.

Liebe

Der Waage/Hahn-Mensch möchte seinen Partner sowohl respektieren als auch lieben. Er besitzt eine starke Hingabefähigkeit und Treue. Aber er möchte dieses Potential nicht leichtsinnig verschwenden. Hähne sind gewöhnlich einem einzigen Partner treu und können ihr Interesse für einen einzigen Menschen ein Leben lang aufrechterhalten. Nicht alle Hähne sind so glücklich. Aber die Waage-Seite verleiht diesem Menschen zusätzliche Sensibilität.

Wenn Sie einen Waage/Hahn lieben, müssen Sie sehr glücklich sein. Zum Waage/Hahn-Menschen können Sie aufschauen, ihn bewundern und sich bei ihm wohl fühlen. Waage/Hähne schätzen

Zärtlichkeit und können gut mit Zuneigung umgehen. Sie scheinen ein wenig zu sehr mit ihren künstlerischen Ambitionen beschäftigt zu sein. Wenn sie Ihnen einmal gesagt haben, daß sie Sie lieben, meinen sie es ernst. Wenn nicht, sollten Sie sich nach jemand anderem umsehen. Dieser Mensch ist in seiner Treue unerschütterlich.

Passende Partner

Am glücklichsten werden Sie mit Ochse- oder Schlange-Geborenen. Wählen Sie Ihren Partner unter den Zeichen Zwilling, Löwe, Schütze oder Wassermann aus. Lassen Sie die Finger von Widder/Schweinen, Krebs/Hähnen und Steinbock/Katzen. Diese Menschen sind gefühlsmäßig zu unbeständig, um Ihnen das zu geben, was Sie wirklich brauchen – einen kühlen Kopf und Ruhe!

Heim und Familie

Der Waage/Hahn möchte sich nicht mit seiner Einrichtung hervortun. Er ist nicht häuslich. Sein Zuhause ist geschmackvoll eingerichtet, aber er hält nichts davon, die Nägel selbst in die Wand zu klopfen und die Vorhänge einzusäumen. Waage/Hähne sind mehr an geistiger als an manueller Arbeit interessiert. Sie sind zufrieden damit, wenn ihr Heim praktisch und mit konventionellen Möbeln ausgestattet ist.

Die Talente der Waage/Hahn-Eltern beschränken sich darauf, ihren Kindern Führung und eine etwas distanzierte, liebevolle Zuneigung zuteil werden zu lassen. Waage/Hähne stellen lieber ein Kindermädchen ein, als ihren Kindern selbst die Windeln zu wechseln. Sie haben keinen übertriebenen Familiensinn. Sie sind lieber Teil einer Zweierbeziehung. Aber sie haben wirklich keine Zeit, für ihre Kinder Plätzchen zu backen.

Das Waage/Hahn-Kind ist aktiv und liebevoll. Es braucht schon sehr früh kulturelle Bildung. Seine ausgeprägte Sensitivität braucht Anregung. Die Natur hat seine beruhigende Wirkung auf das Waage/Hahn-Kind. Es ist eine gelungene Mischung aus Zurückgezogenheit und Aktivität. Wie Sie dieses Kind auch erziehen, es entwickelt sich völlig richtig. Aber je mehr Aufmerksamkeit Sie seiner intellektuellen Entwicklung schenken, um so besser.

Beruf

Der Waage-Hahn ist poetisch veranlagt und hat reale Chancen, seine künstlerischen Fähigkeiten auch zu verwirklichen und berühmt zu werden. Normalerweise vermeidet die Waage jede Auseinandersetzung und möchte nicht allzu sehr im Licht der Öffentlichkeit stehen. Aber in diesem Fall kommt der Hahn zum Zug und schaut hinter dem Vorhang hervor, um Ihnen ein kleines Liedchen vorzusingen, während Sie einen Vertrag durchlesen. Waage/Hahn ist eine Zeichenkombination, die beinahe dazu bestimmt ist, berühmt zu werden. Ein Mensch dieses Zeichens ist kein alltäglicher Normalbürger.

Um sein künstlerisches Talent auch nutzen zu können, muß er rechtzeitig anfangen, es zu trainieren (und er tut das auch meistens). Er könnte versuchen, sich in irgendein System einzufügen oder selbst eines zu erfinden. Aber gleich, für was er sich entscheidet, er muß immer das Gefühl haben, daß man ihn respektvoll behandelt. Es gefällt ihm nicht, wenn man nichts auf seine Meinung gibt. Sie könnten nun glauben, der Waage/Hahn gäbe einen guten Chef ab. Aber ich glaube nicht, daß er die Führung über jemand anderen haben sollte. Er möchte lieber frei sein, um schöpferisch zu sein, zu reagieren, zu erfinden und Theorien zu entwickeln. Waage/Hähne sind ergebene Angestellte. Sie verstehen, warum man arbeiten und Geld verdienen muß. Aber lieber wäre es ihnen doch, wenn das nicht so wäre. Sie wollen aktiv sein, aber auf ihre eigene Weise.

Einige Berufe, die sich für Waage/Hähne eignen: Naturkundler, Sänger, Dichter, Drehbuchautor, Fernsehproduzent, Photograph, Kritiker.

Einige berühmte Waage/Hähne: Giuseppe Verdi, Louis Aragon, William Faulkner, Al Capp, Yves Montand, Hoimar von Ditfurth.

WAAGE/HUND

»Ich gleiche aus«
Luft, Venus, Kardinal

»Ich sorge mich«
Metall positiv, Yin

GERECHTIGKEITS-SINN	CHARME	BESTÄNDIGKEIT	PFLICHTBE-WUSSTSEIN
LIEBENSWÜRDIG	IDEALISMUS	HELDENMUT	INTELLIGENZ
HARMONIE-STREBEN	ÄSTHETIK	ACHTBARKEIT	ANSTAND
STREITSUCHT	ZAUDERND	UNSICHERHEIT	ZYNISMUS
MANIPULATION	SELBSTGEFÄLLIG	KRITIKSUCHT	UNSOZIAL
	UNENTSCHLOSSEN	SELBSTGERECHTIG-KEIT	TAKTLOS
	GESCHWÄTZIG		

Der Waage/Hund ist ein Altruist, ein Idealist, ein Ästhet, ein Wissenschaftler, ein Handwerker, ein Lebenskünstler und ein Mensch, der sich immer Sorgen macht und viel jammert. Brauche ich noch mehr zu sagen? Natürlich! Schließlich will ich hier ein Buch schreiben!

Waage/Hunde sind würdig und brillant. Sie sind sehr humanitär und haben ein weiches Herz. Ein Waage/Hund-Mensch wird immer Mitgefühl mit Ihnen haben. Er wird Ihnen helfen, Sie aufmuntern und Ihren Mut loben. Er ist ein guter Freund, ein noch besserer Gefährte und ein Nervenbündel.

Waage-Menschen begegnen Konflikten mit Diplomatie und unparteiischem Verhalten. Tatsächlich stört mich an Waage-Menschen am meisten, daß sie sich weigern, einen eigenen Standpunkt zu vertreten. Sie sehen immer beide Seiten einer Medaille. Hunde sind genauso. Auch sie meiden Auseinandersetzungen, außer ein Konflikt läßt sich nicht vermeiden, um sich selbst zu verteidigen. Wenn man diese Zeichen miteinander verbindet, erhält man einen sehr friedliebenden und nachsichtigen Charakter, der keiner Fliege etwas zuleide tun kann – es sei denn, er fühlt sich persönlich bedroht. Wenn das geschieht, sollten Sie sich so schnell wie möglich aus dem Staub machen.

Waage/Hunde-Menschen murren viel. Sie beklagen sich darüber, wie schlecht das Leben ist und wie viele üble Gestalten es gibt, die die Armen bestehlen und die Schwachen verletzen. Sie bekritteln andere und können auch ganz schön bissig sein. Natürlich bellen sie genauso laut, wie sie fest zubeißen können. Aber dennoch ist es den Versuch wert, mit einem Waage/Hund zu leben.

Waage-Menschen, die in Hunde-Jahren geboren sind, versuchen immer, Meinungsverschiedenheiten durch einen Kompromiß zu schlichten. Sie haben Verständnis dafür, daß Sie Ihre Suppe nicht essen wollen, weil Sie keine Zwiebeln mögen. Weiß Gott, es gibt viele Gründe, Zwiebeln zu hassen! Als Kind mochte ich auch keine Zwiebeln, und meine Mutter zwang mich, sie trotzdem zu essen. Natürlich war mir das gar nicht recht. Deshalb kann ich verstehen, warum sie zögern würden ... Wo Sie oder ich sagen würden: »Iß jetzt endlich deine verdammte Suppe und sei froh, daß du überhaupt etwas zu essen bekommst!« und wir dadurch Tränen und sogar Übelkeit hervorrufen, wird der Waage/Hund-Mensch in so mitfühlender Weise um den heißen Brei reden, bis es mit Sicherheit Donnerstag wird, bis das arme Opfer seine Suppe ißt.

Natürlich werden Waage/Hund-Menschen von skrupellosen Bösewichten niedergemacht. Ihre Gastfreundlichkeit und ihre Gutmütigkeit wird von ihren Familienangehörigen und Freunden leicht ausgenutzt. Sie sind einfach viel zu nett! Und sie wissen und fühlen das auch. Aber mit der Zeit wird es ihnen dann doch zuviel mit den ganzen Speichelleckern und Schmarotzern. Aber dann hört keiner mehr auf die Klagen des Waage/Hund-Menschen. Denn jetzt ist jeder schon so daran gewöhnt, daß er sich aufopfert, daß seine Hilferufe kein Gehör finden.

Wird der Waage/Hund nun vorsichtiger werden? Nicht die Spur! Der Waage/Hund-Mensch hält immer an seinen Überzeugungen fest und engagiert sich mit einer Inbrunst und Begeisterung für seine Sache wie kein anderer. »Natürlich kannst du Weihnachten bei uns verbringen. Bring ruhig die Kinder mit!«

Waage/Hunde haben geschickte Hände. Sie können modellieren, Möbel zimmern, Karten zeichnen und wissen, wie man einen Garten zum Blühen bringt. Sie sind gütig und häuslich. Aber sie können schnippisch und trocken sein, zaudernd und auch launenhaft.

Liebe

Waage/Hunde sind sehr wählerisch. In demselben Maße, wie es ihnen nichts ausmacht, ihr Leben mit Unglücksraben und Versagern zu bevölkern, sind sie doch sehr darauf bedacht, keinen Partner zu wählen, der ihrer unwürdig ist. Sie sind sehr begabt für die Liebe, aber sie haben auch ein wenig Angst vor übertriebener Vertraulichkeit. Sie können Kritik schlecht vertragen, und ebensowenig können sie Kritik an anderen üben. Das Zusammenleben ist nicht gerade ihre Stärke.

Wenn Sie einen Waage/Hund-Menschen lieben, seien Sie geduldig! Lernen Sie zu warten (Jahre!), bis er sich entscheiden kann, eine Familie zu gründen. Zeigen Sie ihm, wie hilfsbereit Sie sein können, und stimmen Sie all seinen humanitären Anschauungen zu. Haben Sie keine Angst, ihn alleine zu lassen. Waage/Hunde können sich gut alleine beschäftigen. Hängen Sie nicht wie eine Klette an Ihrem Waage/Hund! Warten Sie ab!

Passende Partner

Seien Sie klug, und gehen Sie eine Beziehung mit einem großmütigen, attraktiven und doch verständnisvollen Tiger ein. Wählen Sie Ihren Tiger unter den Zeichen Zwilling, Schütze oder Wassermann. Auch mit Zwilling, Löwe oder Wassermann/Katzen kommen Sie gut zurecht. Die ideale Partnerschaft finden Sie bei Löwe und Schütze/Pferden, in deren aufregenden Lebensstil Sie sich sehr gut einpassen können. Auch Zwilling/Schlangen sind eine gute Partie für Sie. Diese bewundern Ihre fröhliche und pfiffige Natur. Drachen sind nichts für Sie, schon gar nicht, wenn sie in den Zeichen Widder, Krebs oder Steinbock geboren sind. Für Krebs und Steinbock/Ziegen haben Sie nicht viel übrig. Mit einem Krebs, der in einem Affe-Jahr geboren ist, werden Sie ganz krank vor Kummer.

Heim und Familie

Der Waage/Hund-Mensch ist am glücklichsten, wenn er auf dem Land lebt. Die Großstadt mit ihrer Hektik strapaziert sein empfindliches Nervenkostüm. Sein Zuhause ist ordentlich und sauber. Sein Geschmack ist modern und flott. Dennoch sind seine Lieblingsfarben erdige Rot- und Gelbtöne.

Waage/Hund-Eltern sind aufopfernd. Aber gewöhnlich heiraten Waage/Hunde sehr spät (wenn überhaupt) und haben nur selten Kinder. Sollten sie aber doch Kinder haben, sind sie liebevoll und gütig, aber auch sehr kritisch und sarkastisch. Sie sorgen gut für ihre Kinder und lieben die behagliche Atmosphäre des Familienlebens.

Waage/Hunde-Kinder sind Charmeure. Jedermann in der ganzen Nachbarschaft mag diesen kleinen Schlingel. Dieses Kind ist ein Sonnenschein und sehr extrovertiert, aufrichtig und ein bißchen vorlaut. Überfordern Sie das Waage/Hund-Kind nicht zu früh damit, daß es zuviel leisten muß. Es ist bereits im Kindergarten der »Klassenbeste« und bleibt es auch sein ganzes Leben lang. Pflicht- und Verantwortungsgefühl sind bei ihm schon sehr früh ausgeprägt. Necken Sie dieses Kind jeden Tag wenigstens eine Minute!

Beruf

Menschen, die unter diesem Zeichen geboren sind, sind für alle Berufe geeignet, die technische Begabung und menschliches Verständnis erfordern oder ihnen Gelegenheit bieten, ihren Mitmenschen gefällig zu sein. Waage/Hunde lieben die Natur und Tiere. Sie kümmern sich um die soziale Ordnung und sind an Recht und Politik interessiert. Ein Waage-Hund ist aber auch ein Poet. Seine Güte ist seine Stärke – und auch seine Schwäche!

Als Chef sind Waage/Hunde sehr beliebt. Sie sind demokratisch und kameradschaftlich, was sich immer in der Atmosphäre widerspiegelt, die er im Büro verbreitet. Ihre Angestellten respektieren ihre humane Einstellung und arbeiten hart, um ihren hohen Maßstäben gerecht zu werden. Dem Waage/Hund fällt es aber auch nicht schwer, angestellt zu sein. Er gehört nicht zu den Menschen, die etwas beweisen, sich an die Spitze stellen oder konkurrieren wollen. Der Waage/Hund-Mensch braucht ein angenehmes, sicheres und normales Leben. Waage/Hunde können ihr Leben lang Routinearbeiten verrichten, um sich das Privatleben zu schaffen, das für sie ideal ist.

Berufe, die sich für Waage/Hunde eignen, sind: Tierarzt, Sozialarbeiter, Arzt, Hebamme, Dompteur, Landschaftsarchitekt und Forscher.

Berühmte Waage/Hunde: George Gershwin, Brigitte Bardot.

WAAGE/SCHWEIN

»Ich gleiche aus«
Luft, Venus, Kardinal

»Ich zivilisiere«
Wasser negativ, Yin

GERECHTIGKEITS-	CHARME	SKRUPEL	SINNLICHKEIT
SINN	IDEALISMUS	GALANTERIE	KULTUR
LIEBENSWÜRDIG	ÄSTHETIK	AUFRICHTIGKEIT	EHRLICHKEIT
HARMONIE-	ZAUDERND	LEICHTGLÄUBIG-	MATERERIALI-
STREBEN	SELBSTGEFÄLLIG	KEIT	STISCH
STREITSUCHT	UNENTSCHLOSSEN	ZORN	FEINSCHMECKER
MANIPULATION	GESCHWÄTZIG	ZÖGERN	DICKKÖPFIGKEIT

Was der Waage/Schwein-Mensch am besten kann, ist lieben. Dieser Mensch ist hingebungsvoll, exklusiv, eifersüchtig und treu bis ins Extrem. Nichts bedeutet ihm im Leben mehr als seine Partnerbeziehung. Alles dreht sich um seinen Partner und die Beziehung. Haushaltsführen, Geld, Kinder, Hobbies, Freundschaften – Sie sagen es – kommen erst an zweiter Stelle. Die Ehe (oder Liebesbeziehung) ist der Mittelpunkt der Welt für ihn. Sie bestimmt jede seiner Gesten, Anstrengungen und jede Freude und Sorge dieses Menschen.

Waage-Geborene brauchen Schönheit, um zu überleben. Schweine brauchen Luxus. Waage-Menschen schaffen sich immer eine schöne und friedvolle Umgebung, die sie genießen wollen. Auch Schweine wollen in einer friedlichen Atmosphäre leben. Sie sind kulturell engagiert. Im Reichtum blühen sie auf. Wenn ein Waage/Schwein-Mensch sein Scherflein im trockenen hat, macht er es sich für den Rest seines Lebens in einer Liebesbeziehung bequem.

Das Lebensziel der Waage/Schweine liegt darin, verwöhnt zu werden, obwohl das nach außen hin oft nicht so scheint. Und er träumt davon, berühmt zu werden. Insgeheim wünscht er sich, ein Filmstar zu sein oder wenigstens Prinzessin oder Königin. Das Alltagsleben bedeutet nichts anderes für ihn als das Sprungbrett in seine Traumwelt, in der er sein Glück finden wird. In seinen Träumen wird er mit kostbaren Ölen einbalsamiert und mit teuren Geschenken verwöhnt. Er sieht sich in allen möglichen Kostbarkeiten schwelgen.

An dieser Stelle möchte ich erwähnen, daß Waage/Schweine ihr ganzes Leben durch den Schleier der oben beschriebenen Traumwelt betrachten. Und aus gutem Grund tun sie sich wirklich schwer, wenn sie mit widrigen Umständen konfrontiert werden. Der Waage/Schwein-Mensch kann jede Routinearbeit zufriedenstellend erledigen, und er leistet erstaunlich viel, wenn es sich um monotone Arbeiten handelt. Aber er ist nie ganz bei der Sache. Er wartet darauf, daß der nächste Augenblick romantischer Ekstase eintrifft. Er macht zwar den Abwasch und schrubbt den Fußboden, aber seine Seele ist ganz woanders.

Viele Träume dieses Menschen gehen niemals in Erfüllung. Er ist kein Erfolgsmensch. Das Wort »talentiert« kommt einem in den Sinn. Waage/Schweine sind sehr kreativ. Aber der dornenreiche Weg zur Verwirklichung ihrer Talente entmutigt die zerbrechliche Seele des künstlerischen Waage/Schwein-Menschen, so daß er oft ein Projekt aufgibt, bevor er es zu Ende geführt hat. Im Geiste stellt er sich vor, wie er sein Ziel erreicht, und das Projekt bleibt dabei natürlich auf der Strecke.

Das Beste, was ein Waage/Schwein-Mensch tun kann, ist sich einen Partner suchen, der seinen Pazifismus und seine Fähigkeit, aus jeder Bruchbude einen Palast zu machen, bewundert. Die stärksten Eigenschaften der Waage/Schweine ist ihr Charme, ihre Sinnlichkeit und ihre Hingabefähigkeit. Falls sie darauf bestehen zu herrschen, dann sollten sie dies von einem sicheren und schönen Haus auf dem Land aus tun, von wo aus sie sich nicht oft in das hektische Großstadtleben stürzen müssen. Waage/Schweine brauchen Harmonie und reagieren sehr empfindlich auf äußeren Widerstand gegen ihre Schrullen.

Liebe

Auch auf die Gefahr hin, mich zu wiederholen, möchte ich an dieser Stelle noch einmal erwähnen, daß die beste Eigenschaft dieses Menschen seine Liebesfähigkeit ist. Er ist fähig, sich in eine Beziehung mehr einzubringen als jeder andere Mensch. Was seinen Partner betrifft, opfert er sich auf. Seine Lebensfreude steht in direktem Zusammenhang mit den Erfolgen seiner Lieben. Und was ist mit ihm selbst? Nun, er kennt gar keine ganz eindeutigen Vorlieben. Wahrscheinlich braucht er nicht viel mehr als Liebe, Komfort und ein paar künstlerische Hobbies.

Wenn Sie einen Waage/Schwein-Menschen lieben, müssen Sie wissen, daß er alles für Ihr Glück und Ihren Erfolg opfert (obwohl er anfangs einigen Widerstand dagegen zeigt). Was Sie ihm dafür zurückgeben müssen, ist keine mittelmäßige Gegenleistung. Waage/Schweine wollen Luxus, Komfort und äußerste und vollkommene Hingabe und Treue. Enttäuschen Sie Ihr Waage/Schwein nicht! Sonst müssen Sie es teuer bezahlen!

Passende Partner

Ihre romantischen Neigungen lassen sich gut mit Katzen und Ziegen vereinbaren. Sie schätzen ihre Diskretion. Versuchen Sie, eine Verbindung mit einem Katze- oder Ziege-Menschen einzugehen, der unter den Zeichen Zwillinge, Schütze, Löwe oder Wassermann geboren ist. Schlangen sind nichts für Schweine. Ganz schlecht sind Widder, Krebs oder Steinbock/Schlangen. Auch mit Steinbock/Affen kommen Sie nicht gut zurecht. Sie sind zu kopflastig für ihre sinnliche Veranlagung.

Heim und Familie

Das Heim eines Waage/Schwein-Menschen ist der Inbegriff von Luxus. Eines können sie wirklich: ihre häusliche Umgebung verschönern. Sie schmücken alles Praktische und verleihen dem Gewöhnlichen etwas Majestätisches. Sie haben einen sehr kostspieligen Geschmack.

Bei Waage/Schwein-Eltern kommen die Kinder erst an zweiter Stelle. Sie sind zwar sehr verantwortungsbewußt, schenken ihrem Partner aber mehr Liebe und Aufmerksamkeit als ihren Sprößlingen. Dennoch runden die Kinder ihr Familienglück ab, und daher sorgen sie für ihr Wohlergehen. Ihre Kinder können sie fast um jeden Gefallen bitten. Waage/Schweine können nicht »nein« sagen, vor allem, wenn es um ein Eis oder eine Extraportion Nachtisch geht.

Beruf

Der Waage/Schwein-Mensch ist immer an sozialem Aufstieg interessiert. Aber der soziale Aufstieg hängt auch hier mit seiner Partnerschaft zusammen. Erst die Liebe, dann der Erfolg! Der Waage/Schwein-Mensch ist sehr talentiert und eignet sich für die verschiedensten Unternehmungen. Aber er möchte nichts alleine machen. Er engagiert sich beruflich nur, wenn dies seinem Privatleben zugute kommt.

Als Chef ist er sehr zurückhaltend. Es liegt ihm nicht viel daran, andere Menschen zu beherrschen. Andere Menschen beaufsichtigen zu müssen, findet er nervtötend. Der Waage/Schwein-Mensch läßt sich lieber beherrschen, als daß er andere beherrschen will. Als Angestellter ist er verantwortungsbewußt und fleißig, solange in seiner Beziehung alles glatt verläuft. Aber wenn der Haussegen schief hängt, ist sein ganzer Tag im Eimer, und eine schwarze Wolke der Unsicherheit schwebt über seinem Kopf. Für Waage/Schweine ist nichts anderes von Bedeutung, als das, was ihnen gehört, und die Menschen, die ihnen nahestehen. Alles andere ist nebensächlich.

Waage/Schweine eignen sich für alle Tätigkeiten, die mit ihrem Heim zu tun haben. Sie sind gute Familienväter und Hausfrauen, gute Landwirte, Chefs, Restaurateure und Weinbauern.

Berühmte Waage/Schweine: Le Corbusier, Julie Andrews.

SKORPION/RATTE

»Ich erschaffe
Wasser, Pluto, Fix

»Ich regiere«
Wasser positiv, Yin

HINGABE	INSPIRATION	ANZIEHUNGSKRAFT	SOZIAL
SOUVERÄN	ZÄRTLICHKEIT	EINFLUSS	INTELLEKTUELLE BEGABUNG
ANZIEHUNGSKRAFT	DISZIPLIN	SPARSAMKEIT	CHARISMA
ERBARMUNGSLOS	SADISMUS	NERVOSITÄT	MACHTHUNGER
FANATISMUS	ARGWOHN	WORTSCHWALL	LIST
KOMPROMISSLOS	RACHSUCHT	GEWINNSUCHT	EINMISCHUNG

Wenn es jemals einen Schwätzer mit einer spitzen Zunge gab, dann den Skorpion-Menschen, der im Ratte-Jahr geboren ist. Er ist geschwätzig und schneidend. Im allgemeinen ist er beweglich und agil und besitzt eine rasche Auffassungsgabe. Wahrscheinlich gefällt ihm jede anmutige Sportart, und er erweist sich als guter Wettkämpfer.

Der Skorpion/Ratte-Mensch ist ein liebenswürdiger Zeitgenosse. Die Menschen finden ihn sympathisch und kämen nie auf den Gedanken, daß sich hinter seinem Lächeln ein Drang nach Macht verbirgt. Es liegt ihm nicht unbedingt daran, einen anderen Menschen zu beherrschen, aber er möchte auf jedem Gebiet, das er als sein eigenes betrachtet, eine Machtposition innehaben.

Der Skorpion/Ratte-Mensch besitzt einen starken Charakter. Er ist nicht oberflächlich und weiß genau, was er will. Der heimtückische Skorpion mäßigt seine Aggressivität. Daher ist diese Ratte reservierter als der durchschnittliche Ratte-Geborene. Sicherlich hat sie gerne Gäste, die sie großzügig bewirtet und gut unterhält. Der Skorpion/Ratte-Mensch ist oft verschwenderisch, wenn es um seine eigenen Interessen geht. Aber es ist seine Art von Charme, diese Tatsache nicht zu verbergen. Er scheut sich nicht zuzugeben, daß es ihm in erster Linie um ihn selbst geht und um die Menschen, die ihm nahe stehen, und daß er beabsichtigt, sie mit allen verfügbaren Mitteln zu beschützen.

Eine der faszinierendsten Charaktereigenschaften dieses Menschen ist sein Gefühl und seine Vision von der Zukunft. In der Kunst und in der Politik ist er ein guter Kritiker, und er scheint einen sechsten Sinn dafür zu haben, was in den kommenden Jahren populär sein wird. Der Skorpion/Ratte-Mensch ist überdurchschnittlich intelligent. Er ist gewieft, schlau und listig. Wenn er seine List für gute Zwecke einsetzt, wird sich sein Schicksal sehr glücklich gestalten. Er ist ein fürsorglicher und verständnisvoller Mensch und kann der Menschheit viel Gutes tun. Wenn er jedoch in die Versuchung gerät, seine Fähigkeiten auf hinterhältige Weise einzusetzen, wird Unheil über sein Leben hereinbrechen. Der Skorpion/Ratte-Mensch ist gegenüber Mißbilligung verletzlicher als es scheint.

Dieser Mensch ist in seinem Innersten ein nobler Charakter, dem es sehr am Herzen liegt, daß anderen nichts Böses geschieht. Er ist sowohl nervös als auch argwöhnisch, weshalb er sich viele Sorgen macht und von Angstgefühlen geplagt wird. Er besitzt eine magnetische Anziehungskraft und gibt eine sympathische Erscheinung ab. Er hat es nicht besonders gerne, wenn sich andere Menschen in seine Angelegenheiten mischen, aber man kann ihm sehr wohl den Vorwurf machen, daß er sich umgekehrt in das Leben anderer Menschen mischt. Skorpion/Ratten kritisieren andere Menschen gerne und nageln sie auf ein delikates Thema fest. Sie können sich mit ihren Anfeindungen sehr unbeliebt machen, da sie nicht immer darauf achten, wen sie vorschnell verurteilen.

Ihre Kreativität wird häufig durch ihr Bedürfnis, mit anderen zu konkurrieren und zu gewinnen, gebremst. Der Skorpion/Ratte-Mensch kann eine Niederlage schlecht ertragen. Wenn er Rückschläge einstecken muß, ist es möglich, daß er alles aufgibt und sich auf das Land zurückzieht, wenn ihm die Gesellschaft in die Quere kommt.

Der Skorpion/Ratte-Geborene ist ein Mensch, der sich selbst genügt. Obwohl er sich gerne hervortun möchte und über seine Gegner triumphieren will, kann es sein, daß er eines Tages erstaunt feststellt, daß er sich nicht ständig mit anderen messen muß, um seinen Wert zu beweisen. Dafür muß er aber lernen, ruhig zu werden und über seine Probleme nachzudenken.

Schließlich ist es ganz offensichtlich, daß der Skorpion/Ratte-Mensch sehr viel wert ist!

Liebe

Der Skorpion/Ratte-Mensch ist in viele komplizierte Liebesaffären verwickelt. Aber sogenannten Eintagsfliegen kann er nichts abgewinnen. Skorpion-Menschen, die in einem Ratte-Jahr geboren sind, brauchen einen Partner, mit dem sie schließlich eine Familie gründen können. In jungen Jahren sind sie ausgesprochen sinnlich und leidenschaftlich. Da sie jedoch wissen, daß sie von ihrem Eroberungsdrang leicht in Versuchung geführt werden, entscheiden sie sich oft, einen häuslichen Partner zu heiraten, dessen Seriosität dazu beiträgt, daß der Skorpion/Ratte-Mensch auf der rechten Bahn bleibt. Sie werden nicht viel von dem Ehepartner dieser geschäftigen und manchmal treulosen Seelen hören. Das liegt daran, daß der ideale Partner eines Skorpion/Ratte-Menschen zu Hause bleibt und darauf achtet, daß das Herdfeuer nicht ausgeht.

Wenn Sie einen Skorpion/Ratte-Menschen lieben, sollten Sie Unterricht in Selbstverteidigung nehmen. Der Skorpion/Ratte-Mensch ist ein harter und herausfordernder Kritiker. Wenn es sich um eine Beziehung handelt, ist er ein schrecklicher Perfektionist, der jedes Detail unter die Lupe nimmt, um sicherzugehen, daß die Gefühle auch wirklich echt sind. Dieser Mensch gerät auch schnell in einen Konkurrenzkampf und kann rasend eifersüchtig sein. Wenn er durchdreht, dann haben Sie seiner Meinung nach auch noch schuld daran. Dies ist zwar ein recht abwegiger Gedanke, aber das ist die Spezialität der Skorpion/Ratten.

Passende Partner

Mit Krebs, Jungfrau und Fische/Ochsen können Sie wahrscheinlich Hand in Hand durchs Leben gehen. Gute Aussichten auf eine dauerhafte Beziehung haben Sie auch bei Krebs, Steinbock oder Fische/Drachen oder Affen. Alle Menschen, die unter einem der oben genannten Zeichen geboren sind, können sich bis spät in die Nacht hinein Ihre Sorgen anhören. Weniger Gehör finden Sie bei Stier, Löwe oder Wassermann/Pferden. Halten Sie sich in sicherer Entfernung von Stier und Wassermann/Katzen.

Heim und Familie

Ratte-Menschen, die unter dem Zeichen des Skorpions geboren sind, haben einen starken Willen. Sie wollen, daß ihre häusliche Umgebung etwas über sie aussagt, ihren Erfolg zeigt, und ihr Heim soll als ihres zu identifizieren sein und nicht als das Zuhause von irgendjemandem. Die Einrichtung vieler Skorpion/Ratten ist ultramodern. Sie denken immer voraus und sehen sich selbst immer sehr progressiv. Skorpion/Ratten sind auch kreativ und neigen dazu, ihre Kunstwerke in ihrem Zuhause vorteilhaft zur Schau zu stellen.

Skorpion/Ratte-Eltern sind zuverlässig und fürsorglich. Sie sind auf jedes unvorhergesehene Ereignis oder jeden Notfall vorbereitet. Da man bei Kindern immer mit unvorhergesehenen Vorfällen rechnen muß, sind Skorpion/Ratten Improvisationskünstler, wenn es darum geht, ihrem Sohn nach Mitternacht eine Skizze der Göttin Venus anzufertigen, die er am nächsten Tag in der Schule braucht. Skorpion/Ratten sind zärtliche und kommunikative Eltern.

Das Skorpion/Ratte-Kind hat viel Schwung und hat schon als Baby ein freundliches Lächeln. Dieses Kind ist ein Charmeur. Es möchte die Aufmerksamkeit seiner Eltern, Lehrer, Nachbarn und seiner Spielgefährten. Es weiß, wie man sich Beifall für seine Leistungen holt. Es ist dazu bestimmt, sehr mächtig zu sein, oder anders ausgedrückt, es ist eifrig um Macht bemüht. Die unter diesem Zeichen Geborenen kämpfen ihr ganzes Leben lang gnadenlos um den ersten Platz. Solche Kinder müssen von ihren Eltern in all ihren Interessen gefördert werden.

Beruf

Die ideale Tätigkeit für einen Skorpion/Ratte-Menschen besteht darin, lautstark Kritik zu üben. Am besten eignet er sich dazu, Situationen auseinanderzunehmen, bei denen man der Wahrheit auf den Grund gehen muß. Eine kluge Berufswahl für ihn wäre es, wenn er sich auf juristischen oder analytischen Gebieten betätigen würde, sich in der Industrie oder Unterhaltungsbranche als Spezialist für Problemlösungen einsetzt oder Dinge erfindet, bei denen man jedem Detail vollste Aufmerksamkeit schenken muß. Dieser Mensch hat ein sonniges Gemüt, ist aber gewinnsüchtig und machthungrig.

Sie können einen Skorpion/Ratte-Menschen ruhig einstellen, aber er wird immer mit einem Auge auf den Thron schielen. Skorpion/Ratten ziehen es vor, an der Spitze zu stehen, anstatt in einem Untergebenen-Verhältnis zu sein. Gewöhnlich haben sie auch keine größeren Zweifel, wie sie ihre Ziele erreichen können. Sie lernen oder trainieren so lange, bis sie das ganze System durchschaut haben und dann – peng! –, und sie sind der Chef der Firma! Intrigen sind der Stoff, aus dem das Leben der Skorpion/Ratten gemacht ist. Als Chef ist der Skorpion/Ratte-Mensch fordernd und fürsorglich zugleich, ja sogar etwas väterlich. Da er auf jedem Gebiet sehr erfolgreich ist und alles aus dem Stegreif machen kann, erwartet er von seinen Untergebenen, daß sie sich genauso verhalten.

Einige Berufe, die sich für diesen Wettkämpfer eignen: Modejournalist, Versicherungsvertreter, Erfinder, Künstler, Kritiker, Politiker.

Berühmte Skorpion/Ratten: Claude Monet, Dick Cavett, Prinz Charles.

SKORPION/OCHSE

»Ich erschaffe« *Wasser, Pluto, Fix*		*»Ich bewahre«* *Wasser negativ, Yin*	
HINGABE	INSPIRATION	INTEGRITÄT	PIONIERGEIST
SOUVERÄN	ZÄRTLICH-	ZIELSTREBIG-	FLEISS
ANZIEHUNGS-	KEIT	KEIT	BEREDSAMKEIT
KRAFT	DISZIPLIN	STABILITÄT	RESERVIERT-
ERBARMUNGSLOS	SADISMUS	STARRSINN	HEIT
FANATISMUS	ARGWOHN	FANATISMUS	BEFANGENHEIT
KOMPROMISSLOS	RACHSUCHT	SCHUFTEREI	RACHSUCHT

Der in einem Ochse-Jahr geborene Skorpion ist ein toller Kerl, der etwas verrückt ist. Ochsen sind bedächtige, schlichte Menschen, die sich in der Regel ihren Weg zum Erfolg bahnen, komme, was da wolle. Sie sind langsam und sorgfältig. Skorpione sind sehr trickreich, fanatisch, mißtrauisch und anziehend. Sie umkreisen die Ziele, die der Ochse mit gesenkten Hörnern aufs Korn genommen hat. Skorpion/Ochsen verfolgen all ihre Ziele sehr beständig. Diese Zeichenkombination bringt einen schwungvollen Charakter hervor, der so stark ist wie die Mauern des Kreml.

Skorpion/Ochsen sind unheimlich treffsicher. Sie scheinen instinktiv zu wissen, wie man sich seinen Weg durch die Menge mit den Ellbogen bahnt, ohne dabei in große Konflikte zu geraten. Diese Menschen sind immer irgendwie unterwegs. Der Staub, den sie aufwirbeln, läßt die Raumkapsel Challenger wie einen drittklassigen Eisenbahnwagen in Hinterindien erscheinen. Nicht, daß der Skorpion/Ochse-Mensch hektisch wäre – o nein! Er ist ganz einfach unbarmherzig und sadistisch und dazu bestimmt, das zu erreichen, was er will, und das bedeutet in seinem Fall immer eine Spitzenposition mit einem Spitzengehalt und höchsten Auszeichnungen.

Das Kuriose an dem Charakter dieses Menschen ist seine unausgesprochene Überlegenheit, die er deutlich zeigt. Es besteht nie ein Zweifel daran, wer der Chef ist, wenn ein Skorpion/Ochse anwesend ist. Wie Sie sehen, ist dieser Mensch sowohl mit der natürlichen Überlegenheit des Skorpions als auch mit der Stärke und Zielstrebigkeit des Ochsen ausgestattet. Der Skorpion/Ochse ist der Meinung, daß Entscheidungen ohne Rücksicht auf Gefühlsduselei getroffen werden müssen. Skorpion/Ochsen verstehen die Notwendigkeit von Gefühlen und haben in der Tat ein bewegtes Gefühlsleben. Aber gewöhnlich lassen sie nicht zu, daß sich ihr Privatleben mit ihrem beruflichen Fortschritt vermischt. Wenn es so weit kommt, sind sie sich voll und ganz darüber im klaren, daß dies ihr sicherer Untergang ist.

Natürlich sind Skorpion/Ochsen dominant. Sie müssen andere beherrschen. Aber sie tun es auf angenehme Art und Weise und besitzen das notwendige Redetalent, um ihre Botschaft auf charmante Weise unters Volk zu bringen. Diese Menschen sind oft ziemlich humorvoll und wissen, wie sie andere zum Lachen bringen können. Über sich selbst können sie jedoch nicht so gut lachen, da ihr Ego viel stärker ist als ihr Selbstbewußtsein.

Skorpion/Ochsen sind beneidenswert. Andere Menschen werden leicht eifersüchtig auf sie und versuchen oft, ihren Fortschritt gewaltsam zu hemmen. Aber der Skorpion/Ochse ist ein zähes Luder. Er gibt sein Territorium nicht freiwillig auf. Er wahrt rücksichtslos seinen Vorteil. Er ist ein schrecklicher Feind und ein treuer Freund. Skorpion/Ochsen sind egozentrische Menschen, deren schwerer Schritt ganze Kontinente erbeben läßt, und sie zögern nicht, viel Wind zu machen, damit sie selbst gut auf den Wellen dahinsegeln können (Windsurf-Bedingungen!).

Kein Skorpion-Geborener ist rachsüchtiger als der Skorpion/Ochse. Er vergißt niemals, wenn ihm jemand etwas Böses getan hat, und wird sich auch nach Jahrzehnten stiller Wut an eine Schuld erinnern, sei diese nun moralischer und finanzieller Art. Verweichlichung kann er nicht ausstehen, und es kann ihm kaum passieren, daß er mit anderen Menschen zu nachsichtig ist oder sie verwöhnt. Was ist mit den »Einfaltspinseln«? Entweder er nützt sie aus oder »Rübe ab«! Da Skorpion/Ochsen darauf bestehen, stur an ihrem Standpunkt festzuhalten, und ein hektisches Leben führen, leben sie oft gefährlich.

Liebe

Da der Skorpion/Ochse-Mensch attraktiv und auch mächtig ist, hat er viele Bewunderer. Aus dieser Schar seiner Bewunderer wird er sich wahrscheinlich Partner wählen, die gefügig und schön sind, aber nicht besonders gescheit. Dieser Mensch ist nicht allzu interessiert am intellektuellen Austausch mit seinem Partner, sondern er ist vielmehr von den Gewittern in einer Partnerschaft fasziniert, den Wutausbrüchen, den Trennungen und den Nervenzusammenbrüchen. Skorpion/Ochsen finden emotionelle Krisen sehr anregend.

Es ist eine ziemlich riskante Sache, der Ehepartner oder auch nur der gelegentliche Liebhaber eines so Verrückten zu sein. Skorpion/Ochsen sind leidenschaftlich und sexy. Aber sie haben auch immer recht, sind immer ganz oben und immer ein wenig plem-plem. Manchmal ist ihre Verrücktheit ganz nett, aber trotzdem ist es eben Verrücktheit. Wenn ich mich zu einem Skorpion/Ochsen hingezogen fühlte, würde ich es mir zweimal überlegen, ob ich mit ihm eine dauerhafte Bindung eingehen soll. Der Skorpion/Ochse ist ein Halunke und noch dazu ein Schuft!

Passende Partner

Ratte-Geborene passen gut zu Ihnen – besonders diejenigen, die unter dem Zeichen Krebs, Jungfrau, Steinbock und Fische geboren sind. Hähne sind für Sie die idealen Partner. Wählen Sie diese ebenfalls unter den Zeichen Krebs, Steinbock oder Fische. Auch Krebs, Jungfrau oder Steinbock/Schlangen werden Sie glücklich machen. Beziehungen mit Zwilling, Stier, Löwe und Wassermann/Ziegen werden nicht so glücklich verlaufen. Viele Enttäuschungen stehen Ihnen mit Stier und Zwilling/Drachen bevor. Ihre düsteren Stimmungen lassen sich nicht gut mit Stier/Affen, Zwilling/Pferden oder Wassermann/Tigern vereinbaren.

Heim und Familie

Die Skorpion-Seite dieses Menschen verleiht ihm etwas Zügelloses, aber sein Lebensstil wird viel bodenständiger sein, als seine Persönlichkeit nach außen hin scheint, was dem soliden und häuslichen Ochsen zuzuschreiben ist. Der Skorpion/Ochse liebt das Landleben und fühlt sich in einer ruhigen und behaglichen häuslichen Atmosphäre wohl. Sie können sicher sein, daß er in allen Zimmern seines Landhauses alle Scheinwerfer angemacht hat, um seine Pracht zu beleuchten.

Das Familienleben dieses strammen Burschen hängt davon ab, wie klug seine Partnerwahl war. Da der Skorpion/Ochse oft unterwegs ist, braucht er entweder ein treues Dienstpersonal, das sich zu Hause um den Kleinkram kümmert, wie die Kinder und Haustiere, oder er muß mit seiner ganzen Familie im Schlepptau in der Welt herumreisen. Die Geschäftigkeit, die im Leben dieses

Menschen herrscht, erfordert Mobilität. Skorpion/Ochsen sind liebevolle Eltern und bleiben mit ihren Kindern auch noch in Kontakt, nachdem diese schon lange das Elternhaus verlassen haben.

Beruf

Skorpion/Ochsen fühlen sich zu Berufen hingezogen, die mit Macht zu tun haben. Aufgrund ihrer Beredsamkeit interessieren sie sich aber auch für alle Bereiche der darstellenden Kunst. Dieser Mensch ist ein geborener Tatmensch. Er ist auch dazu in der Lage, die Massen für große Taten zu begeistern. Er kann sogar eine Revolution anzetteln. Er ist ein wenig zu verrückt, um mit militärischer Macht betraut zu werden. Außerdem zieht er Lachen der Aggressivität vor.

Berufe die für Skorpion/Ochsen geeignet sind: Künstler, Entertainer, Schauspieler/in, Spitzenpolitiker, Lehrer, Schriftsteller, Filmregisseur, Theaterdirektor, Kommunikationswissenschaftler, Komiker.

Berühmte Skorpion/Ochsen: André Malraux, Nehru, Robert Kennedy, Vivien Leigh, Richard Burton.

SKORPION/TIGER

»Ich erschaffe«
Wasser, Pluto, Fix

»Ich beobachte«
Holz negativ, Yang

HINGABE	INSPIRATION	LEIDENSCHAFT	GLÜCK
SOUVERÄN	ZÄRTLICHKEIT	MUT	WOHLWOLLEN
ANZIEHUNGSKRAFT	DISZIPLIN	ANZIEHUNGSKRAFT	AUTORITÄT
ERBARMUNGSLOS	SADISMUS	HEFTIGKEIT	PRAHLEREI
FANATISMUS	ARGWOHN	HITZKÖPFIGKEIT	ZÜGELLOSIGKEIT
KOMPROMISSLOS	RACHSUCHT	UNGEHORMSAM	WANDERVOGEL

Auch auf die Gefahr hin, daß man mir vorwirft, ich würde meine eigene Autobiographie schreiben, muß ich bekennen, daß Skorpion/Tiger mein eigenes Tierkreiszeichen ist. Darüber hinaus mag ich mein Tierkreiszeichen und habe viele Freunde, die derselben Überzeugung sind. Verzeihen Sie mir deshalb, wenn ich bei diesem Tierkreiszeichen etwas sentimental werde.

Als erstes muß ich Ihnen sagen, daß alle Skorpion/Tiger exzessiv sind. Sie sind in allem, was sie tun, extrem. Sie nehmen das Leben nie so, wie es kommt, sondern stürzen sich ins Leben und versuchen, es nach ihrem Willen zu gestalten. Sie sind ständig in gefährlichen Situationen, in die sie aus eigenem Verschulden hineingeraten sind. Sie tun nicht etwas besonnen oder lassen sich für alles Zeit, planen jedes Detail oder schreiben eine Liste, um sicherzugehen, daß in den Winterkleidern auch wirklich Mottenkugeln sind. Statt dessen sind sie hektisch und hitzköpfig und, ehrlich gesagt, ziemlich verrückt. Skorpion/Tiger sind wie ein Blitz. Sie stürzen sich in jede neue Erfahrung und toben sich darin aus, um sich gleich darauf ins nächste Abenteuer zu stürzen. Skorpion-Menschen, die in Tiger-Jahren geboren sind, versuchen immer, aus einem Leben drei zu machen.

Die magische Anziehungskraft des Skorpions, verbunden mit der Großtuerei des Tigers, führt dazu, daß dieser Mensch ziemlich faszinierend ist. Dies wiederum hat zur Folge, daß Skorpion/Tiger bei ihren Mitmenschen ziemlich beliebt sind. Die Menschen schauen zu diesem Charakter auf, und Skorpion/Tiger lieben es, wenn man zu ihnen hinaufschaut, ihnen sagt, wie wunderbar sie sind, und als Gegenleistung für die Bewunderung und den Beifall setzen sie alles daran, damit das beifällige Klatschen niemals endet. Skorpion/Tiger sind egozentrisch, aber sie sind dabei sehr nett.

Diese willensstarken Persönlichkeiten sind Führernaturen. Aber sie sind nicht unbedingt verrückt danach, der Führer zu sein. Skorpion/Tiger sind immer mit vielen verschiedenen Dingen gleichzeitig beschäftigt, eine Art »Hansdampf in allen Gassen«. Daher ist es der Traum dieser widersprüchlichen Seele, einmal eine Sache gut zu machen. Skorpion/Tiger sind stolz. Aber sie verurteilen sich für ihren Stolz und stellen sich deshalb ständig in den Hintergrund und sagen sich: »Sei etwas bescheidener. Sei nicht so überzeugt von dir! Trag deine Nase nicht so hoch in der Luft!« Und das Schlimmste ist, daß Skorpion/Tiger Kämpfer sind. Sie sind wild und als Feinde sogar gefährlich. Sie sind boshaft und blutrünstig. Aber eigentlich hassen sie es, so gemein zu sein. Sie sehnen sich danach, nette Menschen zu sein.

Jetzt, wo Sie das schizophrene Wesen der Skorpion/Tiger verstehen, möchte ich Ihnen sagen, was diese Menschen tun müssen, um nicht sehr jung sterben zu müssen: Skorpion/Tiger müssen sich schon in jungen Jahren Weisheit aneignen. Diese Weisheit kommt nicht aus ihnen selbst. Sie wird ihnen immer von einer Quelle in der Außenwelt geliefert. Skorpion/Tiger müssen immer darauf achten, daß ihre kleinen Öhrchen geputzt sind, und den weisen Menschen in ihrem Leben aufmerksam zuhören. Sie haben zwar Schwung, aber Klugheit ist nicht gerade ihre Sache. Wenn dieser Mensch schließlich lernt, vernünftig zu sein und sich zu mäßigen, kann er Berge versetzen. Ohne gesunden Menschenverstand und Sinn für das rechte Maß ist er erledigt.

Wenn der Skorpion/Tiger erst einmal Vernunft angenommen hat, kann er es in der Tat sehr weit bringen. Diese Menschen strahlen eine gewisse Brillanz aus, sind überaus großspurig und extrem kompetent. Es gibt nichts, was Sie ihnen nicht anvertrauen könnten. Sie haben Eigeninitiative, sind draufgängerisch, aber sympathisch, und gegen Ungerechtigkeit kämpfen sie wie um ihr Leben. Skorpion/Tiger hassen Vorschriften, außer es handelt sich um ihre eigenen. Sie sind immer der Meinung, daß sie alles am besten wissen. Sie sind hitzköpfig, eifersüchtig und erbarmungslos, wenn man ihnen in die Quere kommt. Sie scheuen nicht davor zurück, rohe Gewalt anzuwenden, aber sie hassen es zu betrügen. Unaufrichtigkeit ahnden sie grausam im Dunkel der Nacht.

Liebe

Der Skorpion/Tiger findet seine wahre Liebe nicht innerhalb von zwei Wochen. Zunächst einmal hat er einen recht bewegten Lebensstil, voller Abenteuer und Veränderungen. Ohne diese Abwechslungen würde der Skorpion/Tiger anfangen zu trinken oder Drogen zu nehmen. Er braucht nicht unbedingt die Partner zu wechseln, und ich würde sogar sagen, daß der Skorpion/Tiger treu ist, aber er braucht Szenenwechsel, muß seine Gewohnheiten ändern und die Möbel umstellen. Wenn er jemanden findet, der sein ruheloses Leben teilt, kann er sich fest an einen Partner binden. Der Skorpion/Tiger ist sehr an Sex interessiert, und er ist verspielt wie ein Kätzchen.

Wenn Sie einen Skorpion/Tiger-Menschen lieben und ihm für immer nahe sein wollen, müssen Sie als erstes eine respektwürdige Persönlichkeit sein. Skorpion/Tiger wollen die Ausgeflippten in der Familie sein. Wenn es um ihre Verrücktheit geht, wollen sie keinen Konkurrenten. Überdies möchte der Skorpion/Tiger seinen Partner bewundern können. Sonst verliert er das Interesse an Ihnen. Daher sollten Sie auf Ihren eigenen Füßen stehen und bedächtig und klug sein. Ich wiederhole es noch einmal, klammern Sie sich nicht an diesen Menschen, werfen Sie sich ihm nicht zu Füßen oder schwänzeln um ihn herum! All das würde dazu führen, daß Sie ihren Tiger aus dem Haus treiben.

Passende Partner

In einer Beziehung mit Krebs, Jungfrau, Steinbock oder Fische/Pferden könnten Sie Ihr Glück finden. Bei einem Hund-Geborenen der oben genannten astrologischen Zeichen liegen Sie richtig. Das Feuer der Fische/Drachen wird Ihr Leben erhellen. Mit Widder, Stier oder Wassermann/Ziegen vertragen Sie sich nicht besonders gut. Stier/Schlangen, Affen und Schweine könnten Sie in inneren Aufruhr versetzen. Mit Zwilling/Tigern betreiben Sie Haarspaltereien. Bei Wassermann/Ochsen ist das Thema Geld mit im Spiel.

Heim und Familie

Das Heim dieser Menschen ist ein wunderlicher Schlupfwinkel. Skorpion/Tiger sind an einer schmuckvollen Umgebung nur insofern interessiert, als sie ihre Persönlichkeit ausdrückt. Der Skorpion/Tiger zieht in ein Haus, stellt erst einmal alles auf den Kopf, nimmt Balken heraus oder setzt neue Balken ein, je nach seinen Gewohnheiten, baut noch einen Hobbyraum an und installiert eine so große Spülmaschine, daß er darin das schmutzige Geschirr mehrerer Wochen sammeln kann. Skorpion/Tiger wollen niemanden beeindrucken und richten sich so ein, wie es ihnen und den Menschen, die sie lieben, gefällt – basta!

Als Eltern sind Skorpion/Tiger liebevoll, aber streng. Sie wollen nicht, daß Klein-Mary oder Betty so ungezogen werden wie sie selbst. Sie erwarten von ihren Kindern eigentlich, daß sie sie nicht mehr brauchen. Skorpion/Tiger sind zu Hause ziemlich zurückgezogen und nicht besonders erpicht darauf, bei den Hausaufgaben zu helfen oder den Christbaum zu schmücken. Sie sind verantwortungsvolle Eltern, die sehr um das Wohlergehen ihrer Kinder besorgt sind, denen es aber noch lieber wäre, wenn sie nicht für sie sorgen müßten. Ihren Kindern die Nase putzen zu müssen geht ihnen auf die Nerven.

Kleine Skorpion/Tiger sind trotzig und ein bißchen seltsam. Sie spielen nicht mit anderen Kindern und sind immer mit tausend Projekten auf einmal beschäftigt. Sie sind von Natur aus widerspenstig und hecken allerlei Schabernack aus, um ihren Eltern einen Streich zu spielen. Man muß sie in Ruhe lassen, außer sie sind gerade wieder einmal dabei, einen Fehler zu machen – und das ist oft der Fall.

Wenn dieser Skorpion/Tiger etwas gemäßigter und vernünftiger geworden ist, ist ihm keine Karriere verschlossen. Er ist klug und gewieft, stark und zuverlässig, kompetent und vertrauenswürdig. Das Problem besteht darin, daß er, wenn er jung ist, ungefähr zehn zusätzliche Jahre braucht, um zu einem geordneten Leben zu finden. Er probiert gerne alle möglichen Berufe aus, nimmt die verschiedensten Projekte in Angriff, schließt sich verschiedenen Gruppen an und reist erst einmal in der Weltgeschichte herum, bevor er bereit ist, sich auf ein bestimmtes Gebiet zu beschränken. Sie werden niemals einen Skorpion/Tiger treffen, der Ihnen erzählt, daß er schon immer Bäcker werden wollte und bereits im Alter von zwölf Jahren eine Bäckerlehre begonnen hat und jetzt mit vierzig immer noch Brot bäckt. Auf keinen Fall! Skorpion/

Tiger haben immer mindestens hundert verschiedene Jobs gemacht, bis sie vierzig sind.

Wenn ich einen Skorpion/Tiger-Menschen anstellen müßte, würde ich sehr darauf achten, wie er die Dinge anpackt. Diese Menschen mögen keine Vorschriften, erinnern Sie sich? Sie neigen dazu, ihre eigenen Regeln aufzustellen, und es kann passieren, daß er Ihre Kartei umorganisiert hat, noch bevor der Morgen graut. Skorpion/Tiger sind sehr produktiv und gehorsam – bis zu einem gewissen Maß. Als Chef sind Skorpion/Tiger liebevoll und zäh. Sie werden leicht respektiert und lieben es nicht besonders, den Chef zu spielen, weshalb sie aus Befehlen Vorschläge machen. Sie sind sich auch nicht zu gut dafür, die Toiletten zu putzen. Sie tun das genauso gerne, wie sie beispielsweise lehren. Sie können gut selbständig arbeiten.

Einige Berufe, die sich für Skorpion/Tiger eignen: Prediger, Goldsucher, Psychiater, Politiker, Handelsreisender, Personalchef, Publizist, Journalist, Verleger, Söldner, Führer.

Berühmte Skorpion/Tiger: Mohammed, Turgenjew, Dylan Thomas, Charles de Gaulle, Pete Townshend, Jean Seberg, Ted Turner, Jeane Kirkpatrick.

SKORPION/KATZE

»Ich erschaffe«
Wassser, Pluto, Fix

»Ich ziehe mich zurück«
Holz negativ, Yin

HINGABE	INSPIRATION	TAKT	VORSICHT
SOUVERÄN	ZÄRTLICH-	ELEGANZ	LANGES LEBEN
ANZIEHUNGS-	KEIT	TUGEND	EHRGEIZ
KRAFT	DISZIPLIN	HEIMLICHTUEREI	DILETTAN-
ERBARMUNGSLOS	SADISMUS	ÜBEREMPFIND-	TISMUS
FANATISMUS	ARGWOHN	LICHKEIT	HYPOCHONDRIE
KOMPROMISSLOS	RACHSUCHT	PEDANTERIE	KOMPLIZIERTHEIT

Skorpion/Katzen sind imposante Menschen. Sie sind respektabel, können gut Geld verdienen und gut mit Geld umgehen, und sie wollen von ihren Mitmenschen respektiert werden. Nach außen hin wirken Sie ruhig und zeigen gute Manieren. In ihrem Innern hingegen sind sie feurig und zielstrebig. Der Skorpion/Katze-Mensch meint, was er sagt, und sagt nur, was er meint. Er denkt immer erst alles durch und glaubt inbrünstig an die Theorien oder Anschauungen, die er vertritt.

Die Gegenwart des Skorpion/Katze-Menschen wirkt inspirierend auf andere. Er ist listig und kann mit vertrackten Situationen gut umgehen. Der Skorpion/Katze-Mensch weiß genau, wie er aufgebrachte oder wild gewordene Menschenmengen beruhigen kann. Die Skorpionseite dieses Menschen hat Verständnis für die täglichen Bereiche des Lebens und weiß genau, was angst macht. Die Katze verleiht diesem Menschen Taktgefühl und Feinheit. Diese Zeichenkombination ist ungeheuer selbstsicher. Der Skorpion zügelt die Überempfindlichkeit der Katze und verleiht ihr den Mut, sich den Problemen zu stellen. Die Katze wiederum mildert den Sadismus des Skorpions und erhöht sein Mitgefühl.

Die äußere Erscheinung dieser humanitären Seele ist daher die Würde in Person. Innerlich aber zittert er vor Schreck, wenn er daran denkt, was er gemacht hat. Doch keine Sorge! Sein Lampenfieber ist nur vorübergehender Natur. Und wenn der Skorpion/

Katze-Mensch dann vor Publikum steht, mit perfekt sitzender Frisur und perfekt gekämmtem Bart, ist die Wirkung ganz enorm.

Der Skorpion-Mensch weiß, wie man aus einem Schweinsohr eine seidene Geldbörse macht. Er gehört zu den Menschen, die, ohne mit der Wimper zu zucken, aus der Armut und aus dem Nichts heraus zu großem Erfolg kommen. Dieser Mensch träumt vom Unmöglichen und versteht es, seine Träume Wirklichkeit werden zu lassen, ruhig und ohne unnötige Aufregung.

Der Skorpion-Mensch, der im Katzen-Jahr geboren ist, ist schauspielerisch begabt. Er fühlt sich wohl, wenn er vor einer Gruppe steht, der er eine Botschaft überbringen oder ein Konzept vermitteln kann. Doch er ist nicht besonders flexibel, und man könnte ihm vorwerfen, daß er etwas bigott oder engstirnig ist. Er glaubt so inbrünstig an seine Ideen, daß er sie niemals aufgeben möchte. Er hält an seinen Glaubensüberzeugungen fest und bleibt strikt bei seiner Meinung.

Der Skorpion/Katze-Mensch hat gewöhnlich einen ausgeprägten Sinn für Humor. Katzen sind umsichtig und neigen dazu, die Welt von einer sehr privilegierten Position aus zu betrachten und sich anderen Menschen überlegen zu fühlen. Skorpione haben eine spitze Zunge und sind immer bereit, eine ätzende Bemerkung fallenzulassen. Sie sind ausgesprochen satirisch und zynisch. Die Intimsphäre des Skorpion/Katze-Menschen ist etwas überentwikkelt. Der Skorpion verleiht der ohnehin schon eher verschlossenen und zurückhaltenden Katze Argwohn. Ich würde nicht versuchen, in das Privatleben dieses Menschen einzudringen. Er kann schlecht Kritik vertragen, weil er der Meinung ist, daß er selbst am besten weiß, was für ihn richtig ist. Skorpion/Katzen können bewundernswert sein, aber auch überheblich und manchmal etwas prahlerisch.

Liebe

Liebe ist für den Skorpion/Katze-Menschen von großer Bedeutung. Da er meistens eine Mission oder Aufgabe im Leben zu erfüllen hat, kann er sich den Luxus vieler oberflächlicher Affären nicht erlauben. Es kann sein, daß er gelegentlich einmal einen Seitensprung macht, aber er wird mit seinen Fehltritten sehr taktvoll und feinfühlig umgehen. Skorpion/Katzen suchen einen Partner, der gut mit den alltäglichen Pflichten zurechtkommt und sich um den Haushalt kümmert, damit sie sich mit den ernsten Aufgaben im Leben befassen können.

Wenn Sie einen Skorpion/Katze-Menschen lieben, liegt das wahrscheinlich daran, daß sie ihn anfangs bewundert haben. Diese Menschen lassen sich gerne anbeten. Da sie sehr enge Ansichten darüber haben, wie sie als ihr Partner und Lebensgefährte erscheinen sollten, müssen sie anpassungsfähig sein und bereit, in Gesellschaft angenehm aufzufallen.

Passende Partner

Sehr wahrscheinlich werden sie ihre Flitterwochen mit Krebs, Jungfrau, Steinbock oder Fische/Ziegen, Hunden und Schweinen verbringen. Diese Menschen lieben die Natur und das schöne Leben, was ihre gelegentlichen emotionalen Krisen positiv beeinflussen wird. Die Meinungsverschiedenheiten, die sie mit Stier, Löwe und Wassermann/Hähnen haben, werden sich kaum aus dem Wege räumen lassen. Auch mit Löwe/Ratten geraten Sie in Schwierigkeiten.

Heim und Familie

Hier ist der Skorpion/Katze-Mensch der König. Das ganze häusliche Leben muß sich um ihn und seine Bedürfnisse drehen. Das wichtigste Zimmer im Haus ist wahrscheinlich das Büro des Skorpion/Katze-Menschen. Die übrigen Zimmer sind komfortabel und geschmackvoll eingerichtet. Aber der Mittelpunkt des Hauses wird nach dem Geschmack der zentralen Figur in der Familie eingerichtet sein, nämlich dem Geschmack des Skorpion/Katze-Menschen. Seine Kinder dürfen sich ihre Zimmer nach ihrem eigenen Geschmack einrichten, und doch wird man das Gefühl nicht los, daß der Skorpion/Katze-Mensch überall seine Hände mit im Spiel hat. Raufereien sind nicht erlaubt. Harmonie ist erwünscht.

Als Eltern sind Skorpion/Katzen zuverlässig und verantwortungsbewußt, wenngleich ein wenig zu autoritär. Sie sprechen ihre Vorschriften nicht aus, dennoch sind die ungeschriebenen häuslichen Regeln Gesetz, das zu befolgen ist. Der Skorpion/Katze-Mensch hat es wahrscheinlich aufgrund von harter Arbeit und Fleiß zu einer angesehenen sozialen Stellung gebracht. Daher toleriert er es nicht, wenn seine Kinder nicht folgsam sind oder sich schlecht benehmen. Skorpion/Katzen wollen ihr Gesicht nicht verlieren.

Als Kinder sind Skorpion/Katzen geheimnistuerisch und spielen gerne alleine. Sobald sie alt genug sind, zu lesen und sich selbst etwas auszudenken, suchen sie sich ein Publikum, bei dem sie ihre Pläne und Theorien entwickeln können. Diese Kinder brauchen

Sicherheit. Meinungsverschiedenheiten begegnen sich philosophisch und taktvoll. Sie können auch recht frech sein. Es ist besser, mit ihnen vernünftig zu reden, anstatt eine Ohrfeige zu geben. Sie hassen Gewalt.

Beruf

Für mich ist es ganz klar, daß diese Menschen für verantwortungsvolle Aufgaben geschaffen sind. Es macht ihnen große Freude, für andere Menschen zu sorgen und sich für das Wohlergehen einer Gruppe zu engagieren. Sie sind sehr ernsthaft, und ihre Arbeitgeber schätzen es, daß sie so konzentriert bei der Arbeit sind und nichts für Unfug übrig haben. Da sie überheblich sind und eine so spitze Zunge haben, ist es nicht leicht, bei ihnen angestellt zu sein. Skorpion/Katzen haben die Einstellung: »Dies geschieht nur zu deinem eigenen Besten!«, was sehr provozierend sein kann.

Berufe, die sich für diese Menschen eignen: Astrologe, Musiker, Psychiater, Forscher, Prediger, Reiseleiter, Lehrer.

Berühmte Skorpion/Katzen: Martin Luther, Evelyn Waugh, Marie Curie, Roland Barthes.

SKORPION/DRACHE

»Ich erschaffe«
Wasser, Pluto, Fix

»Ich präsidiere«
Holz positiv, Yang

HINGABE	INSPIRATION	KRAFT	ENTHUSIASMUS
SOUVERÄN	ZÄRTLICH-KEIT	ERFOLG	MUT
ANZIEHUNGS-KRAFT	DISZIPLIN	GUTE GESUND-HEIT	SENTIMEN-TALITÄT
ERBARMUNGSLOS	SADISMUS	STARRHEIT	VERBLENDUNG
FANATISMUS	ARGWOHN	MISSTRAUEN	AUFSCHNEIDEREI
KOMPROMISSLOS	RACHSUCHT	UNZUFRIEDENHEIT	REDSELIGKEIT

Wenn Sie einen Drachen mit einem Skorpion verbinden, ergibt dies eine geballte Ladung. Der Skorpion verleiht dem ohnehin schon draufgängerischen und großtuerischen Drachen etwas Mysteriöses und Erbarmungsloses. Wenn Sie der Rachsucht und Eifersucht des guten alten Skorpions noch eine Prise Großspurigkeit hinzufügen, erhalten Sie schon einen recht machtvollen, barocken Charakter. Diese Zusammenstellung ist würzig und reichhaltig.

Aber nun im Ernst! Der Skorpion/Drache-Mensch ist der Superlativ des Zeichens Drache und auch des Zeichens Skorpion. Die charakteristischen Eigenschaften jedes der beiden einzelnen Zeichen wird durch die Verbindung der beiden noch verstärkt. Der Skorpion/Drache-Mensch ist ehrgeizig. Er besitzt eine Unmenge von Charme und weiß genau, wie er bekommt, was er will. Er sieht keinen Grund, warum er nicht die ganze Welt beherrschen sollte, wenn er sich dazu entschlossen hat. Skorpion/Drachen tragen ihren Kopf so hoch, daß sie über die Berge hinweg schauen können in das üppige grüne Tal ihres Erfolges. Doch oft sind ihre Augen größer als ihr Magen. Der Berg, den der Skorpion/Drache auf dem Weg zu seinem Erfolg bezwingen muß, stellt ihn vor unzählige unüberwindliche Hindernisse. Es kann schon ganz schön entmutigend sein, wenn man über ein Hindernis nach dem anderen stolpert, und dabei versucht, seinen Stolz zu bewahren. Es soll einige Skorpion/Drachen geben, die aufgegeben haben. Aber meistens steigen sie aus ihrer eigenen Urne wie Phönix aus der Asche, um wieder von vorn zu beginnen. Skorpion/Drache-Menschen sind stark und besitzen eine Unmenge Mut und List. Sie wollen es in ihrem Leben zu etwas bringen. Sie sind streitlustig und charmant. Aber ihr größter Fehler besteht darin, daß sie eine Huldigung dafür wollen.

Das moderne Leben fällt diesen überheblichen Menschen nicht leicht. Der Skorpion, der im Drache-Jahr geboren ist, hat große Schwierigkeiten, bescheiden zu sein. Es zieht ihn zu einem exzessiven Lebensstil, er neigt zur Selbstgefälligkeit, und es ist hart für ihn, der Verschwendung seiner Talente zu widerstehen. Seine magnetische Anziehungskraft ist in der Tat ein hervorragender Trumpf im Spiel des Lebens. Aber das reicht noch lange nicht aus, um Erfolg oder Glück zu garantieren. Er muß schon sehr früh in seinem Leben Wärme, Mitgefühl und Intensität erlernen. Er muß lernen, mit den grundlegenden Lebensnotwendigkeiten fertigzuwerden, damit er nicht eines Tages verängstigt, nackt und bloß auf dem Gipfel seines Berges steht – alleine! Der Skorpion/Drache-Mensch kann unbesiegbar wirken, aber er ist immer noch ein Drache und deshalb sentimental. Tief in seinem Inneren weint er über seine Verluste. Er ist ein Draufgänger, aber auch ein zartes Seelchen. Vielleicht ist das der Grund, warum er eine so unbewegliche Miene aufsetzt und keinen Sinn für Humor zu haben scheint. Er möchte nicht zeigen, was wirklich in ihm vorgeht.

Skorpion-Menschen, die in Drache-Jahren geboren sind, sind sehr individualistisch. Sie besitzen sehr viel Phantasie und haben jede Minute hundert neue Einfälle. Die Menschen finden sie sympathisch und sind sogar bereit, sie bei sich aufzunehmen, sie durchzufüttern und für sie zu sorgen, weil sie so ungewöhnlich sind. Doch Tatsache ist, daß Skorpion/Drachen nicht immer kooperativ sind und deshalb oft nach ein paar Tagen gebeten werden, doch wieder zu gehen. Warum? Weil sich diese Menschen in ihrem Kampf um Einzigartigkeit oft von den einfachen Menschen entfremden, indem sie sie verächtlich behandeln oder deren Bedürfnisse ganz einfach ignorieren. Es macht einem Skorpion/Drachen nichts aus, beim Abwasch zu helfen. Aber irgendwie kommt es ihm gar nicht in den Sinn, daß es so niedere Arbeiten überhaupt gibt. Damit möchte ich nicht den Eindruck erwecken, daß Skorpion/Drache-Menschen Snobs sind. Was die einfachen und alltäglichen Dinge des Lebens angeht, sind sie ganz einfach vergeßlich.

Liebe

Sie können nicht erwarten, daß dieser leidenschaftliche Fanatiker seinen Elan auf irgendeinem Gebiet mäßigen kann – besonders nicht im Schlafzimmer! Der Skorpion/Drache-Mensch ist bewundernswert und weiß, wie verführerisch er auf seine potentiellen Liebhaber und Geliebten wirkt. Manchmal aber, und das scheint für ihn fast pervers, ist er einem einzigen Menschen treu ergeben. Und dieser einzigartige Partner weiß genau, wie er dem Skorpion/Drachen Beifall spenden und ihn dennoch dazu bringen kann, sich zu benehmen.

Skorpion/Drachen glauben gerne, daß sie sexuell ungebunden seien. Wenn Sie einen dieser interessanten und unwiderstehlichen Charaktere lieben, rate ich Ihnen, ihm viel Freiraum zu lassen und so zu tun, als würde es Sie gar nicht interessieren, mit wem er eine Affäre hat. Diese gleichgültige Haltung wird ihn dazu bringen, zu Hause zu bleiben. Ihre scheinbare Gleichgültigkeit ist eine Herausforderung für ihn. Es war vorauszusehen, wie eifersüchtig Skorpion/Drachen sind!

Passende Partner

Angeln Sie sich einen Jungfrau, Steinbock oder Fische/Ochsen oder Affen. Ihre zweite Ehe könnten Sie mit einem Krebs, Steinbock und Fische/Tiger eingehen. Krebs/Ratten und Fische/Ratten sind toll im Bett. Auch Krebs und Jungfrau/Hähne machen Sie ganz wild. Und die luxusliebende Krebs/Schlange ist wie geschaffen für Sie. Drache-Geborene passen praktisch mit jedem anderen Zeichen zusammen, mit Ausnahme von Löwe und Wassermann/Ochsen, Stier und Löwe/Katzen und Stier, Löwe und Wassermann/Hund.

Heim und Familie

Der Skorpion/Drache-Mensch liebt ein komfortables Heim, aber er ist nicht besonders versessen darauf, die Hecken zu schneiden und das Unkraut aus den Blumenbeeten zu zupfen. Skorpion/Drachen sehen keine Notwendigkeit darin, um ihre Wohnungseinrichtung großes Getue zu machen. Sie brauchen eine saubere Wohnung, in der sie arbeiten und/oder ihre zahllosen Gäste empfangen können. Sie beeindrucken mit ihrer persönlichen Erscheinung ebenso wie mit ihrer Wohnungseinrichtung, und daher machen sie mit ihrer Wohnung oft nicht viel Getöse.

Skorpion/Drache-Eltern sind ganz verrückt nach ihren Kindern.

Diese Menschen sind aber sehr stolz, denken Sie daran! Sie setzen große Hoffnungen in ihre Kinder und das, was aus ihren Kindern werden soll. Ihre Liebe ist bedingungslos, und doch erwarten sie dafür große Leistungen. Skorpion/Drachen können gut mit ihren Kindern spielen, erfinden Spiele und verbringen viel Zeit mit den Kleinen. Es kann auch sein, daß sie viel herummeckern. Ich möchte keine Skorpion/Drache-Frau als Schwiegermutter haben!

Das Skorpion/Drache-Kind ist ungeheuer frech. Es ist so bezaubernd, daß Sie es am liebsten behalten würden! Es lächelt, kichert, trällert ein Liedchen und macht allen möglichen Unsinn, um Sie mit seinem Charme zu umgarnen und Ihre Aufmerksamkeit zu gewinnen. Skorpion/Drache-Kinder können auch trotzig sein. Aber trotzdem wird es Ihnen schwerfallen, diesen kleinen Schlingel nicht allzu sehr zu verwöhnen. Wenn Sie der Versuchung widerstehen können, ihn mit Ihrer Bewunderung und Anbetung zu überschütten, wird dieses Kind die Chance haben, Demut zu lernen. Ein gewisses Maß an Bescheidenheit wird diesem stolzen kleinen Liebling später sehr zugute kommen.

Beruf

Die berufliche Laufbahn des Skorpion/Drachen ist oft von kleinen Mißerfolgen gezeichnet. Ich möchte ja niemanden entmutigen, aber der Skorpion/Drache hat mehr Inbrunst als Ausdauer und erwartet manchmal mehr, als er für seine Leistung verdient. Wenn dieser Mensch Erfolg haben will, muß er in erster Linie lernen, seine Gefühle im Zaum zu halten und eine Sache nicht immer als schon halb gewonnen anzusehen, bevor nicht alle Wetten eingegangen sind. Er profitiert von einer soliden Ausbildung, gegen die er sich möglicherweise auflehnen wird. Suchen Sie jemanden, der einen Skorpion/Drachen um den Finger wikkeln kann, und übergeben Sie ihm den Fall!

Der Skorpion/Drache möchte Macht über andere haben. Jedoch gelingt ihm dies nicht leicht. Einem Menschen Autorität zu geben, der so von sich selbst besessen ist, ist gefährlich und tückisch. Als Chef kann dieser Mensch wirklich fürchterlich sein. Als Angestellter mit einem beeindruckenden Titel sind sowohl der Skorpion/Drache als auch seine Kollegen besser dran. Achten Sie auf seine Neigung, sich anderen Menschen gegenüber aufzuspielen. Beschäftigen Sie den Skorpion/Drachen und bestehen Sie darauf, daß er seine ausgeprägte Phantasie darauf verwendet, zu konkreten Ergebnissen zu gelangen. Ein beschäftigter Skorpion/Drache ist ein glücklicher Skorpion/Drache.

Berufe, die sich für diesen kopflastigen Menschen eignen, sind: Fernsehstar, Politiker, Modedesigner, Werbefachmann, Söldner, Unternehmer, Klatschkolumnist, Religionsführer.

Berühmte Skorpion/Drachen: Elke Sommer, François Mitterrand – das wär's!

SKORPION/SCHLANGE

»Ich erschaffe«		*»Ich empfinde«*	
Wasser, Pluto, Fix		*Feuer negativ, Yang*	
HINGABE	INSPIRATION	INTUITION	KLUGHEIT
SOUVERÄN	ZÄRTLICH-KEIT	ATTRAK-TIVITÄT	HELLSICHTIGKEIT
ANZIEHUNGS-KRAFT	DISZIPLIN	DISKRETION	MITGEFÜHL
ERBARMUNGSLOS	SADISMUS	HEUCHELEI	HABGIER
FANATISMUS	ARGWOHN	EXTRAVAGANZ	ANMASSUNG
KOMPROMISSLOS	RACHSUCHT	FAULHEIT	AUSSCHLIESSLICH-KEIT

Für einen Skorpion/Schlange-Menschen ist ein Leben ohne Schönheit, Luxus, Zärtlichkeit, Bewunderung und Extravaganz nicht lebenswert. Dieser Mensch ist sensibel bis ins Extrem und für eine kühle Schlange bemerkenswert warmherzig und liebevoll. Die Menschen schätzen den Skorpion/Schlange-Charakter wegen seiner angeborenen edlen Gesinnung, die unerschütterlich und sehr wohltuend ist. Skorpione sind sehr sinnliche Menschen, die dazu neigen, umsichtig und argwöhnisch zu sein. In Verbindung mit der Klugheit, Hellsichtigkeit und Intuition der Schlange wird die philosophische Seite der Skorpion-Natur sicherlich in keinster Weise beeinträchtigt. Die Skorpion/Schlange ist sehr tiefsinnig, und manchmal innerlich sehr aufgewühlt.

Skorpion/Schlange-Menschen legen ausgesprochen großen Wert auf ihre äußere Erscheinung und kleiden sich mit einer Sorgfalt, die sie von anderen Normalsterblichen unterscheidet. Sie werden niemals eine schäbig gekleidete Skorpion/Schlange sehen. Man kann von ihnen behaupten, daß ihnen ihre persönliche Erscheinung und Aufmachung äußerst wichtig ist. Die Art und Weise, wie sie sich aufmachen, könnte man fast als »kostümieren« bezeichnen. Ihre Kleidung ist so ungewöhnlich elegant und paßt so genau zu ihrem Persönlichkeitstyp, daß es einfach phänomenal ist.

Die Skorpion/Schlange besitzt die angeborene Fähigkeit, die Wünsche und Bedürfnisse anderer Menschen intuitiv zu erfassen. Sie erkennt die kleinste Nuance, die sogar den Kritischsten unter uns entgehen würde. Skorpione, die in Schlange-Jahren geboren sind, besitzen eine ganz besonders geniale Art, versteckte Hinweise aufzunehmen und ihren inneren Eingebungen zu folgen, was in ihrem Leben von großem Vorteil ist. Dabei handelt es sich um so einfache Dinge, wie zum Beispiel zu erraten, ob eine Aktie fallen oder steigen wird, oder vorauszusehen, welche Nachfrage nach bestimmten Waren auf dem Markt besteht. Skorpion/Schlangen sind nur selten arm.

Die Überlegenheit, die ein Skorpion/Schlange-Mensch ausstrahlt, hat beinahe kosmische Ausmaße. Sie werden niemals von einem Treffen mit einem Skorpion/Schlange-Menschen nach Hause kommen, ohne ihn noch lange lebhaft in Erinnerung zu haben. Skorpion/Schlangen hinterlassen nicht nur einen sehr positiven Eindruck, sondern sie wirken immer beeindruckend auf Sie! Wie Sie sehen, verkörpern sie eine Art Arroganz, die der Tatsache entspringt, so nehme ich wenigstens an, daß sie im Leben leicht zu Erfolg gelangen, leicht Geld verdienen und im allgemeinen nur unter Kummer zu leiden haben, den sie selbst verursacht haben. Skorpion/Schlangen prahlen viel und haben ihre Nase sehr hoch in die Luft gestreckt. Das hat aber nicht den Effekt »Schau mich an!« wie bei den Drachen- oder auch Ratte-Geborenen. Vielmehr erzwingen Skorpion/Schlange-Menschen, daß man auf sie aufmerksam wird. Ihr Charisma ist einfach nicht zu übersehen.

Wie Sie sich wahrscheinlich schon denken können, ist das Ego der Skorpion/Schlangen ziemlich stark ausgeprägt. Diese Menschen besitzen ein ausgesprochen gesundes Selbstwertgefühl. Aber Skorpion/Schlangen bleiben immer mit ihrer inneren Logik in Verbindung und lassen nie zu, daß ihr Ego übermütig wird. Sie halten das Gleichgewicht zwischen Traum und Wirklichkeit immer aufrecht. Oh, diese Menschen sind wirklich fähig zu lügen! Die Heuchelei der Schlange ist bei diesen Menschen sehr aktiv. Aber Skorpion/Schlange-Menschen belügen sich nur selten selbst. Sie behalten gerne einen kühlen Kopf, gleich, wie sehr sie von einem ihrer Höhenflüge in Versuchung geführt werden.

Skorpion/Schlangen sind eifersüchtig. Sie wollen alles behalten – für sich und ihre Lieben – besonders Macht! Sie lassen sich nicht gerne die Schau stehlen und machen keinen Hehl daraus. Skorpion/Schlange-Menschen sind nicht gerade faul. Sie sind so gierig nach Gewinn und Beachtung, daß ihr Ehrgeiz sie immer in Bewegung hält. Tatsache ist, daß sie sich nicht besonders anstrengen müssen, um zu Erfolg zu gelangen. Ihre Erfolge stellen sich ganz von selbst ein!

Liebe

Jedermann möchte einen Skorpion/Schlange-Menschen lieben! Diese Charaktere sind so fantastisch und so unglaublich kühl, daß sie buchstäblich für jeden attraktiv sind. Aber keine Sorge! Der Skorpion/Schlange-Mensch ist sehr wählerisch darin, mit wem er sich einläßt. Oft sucht er sich einen Partner, den er manipulieren oder sogar unterjochen kann.

Wenn sie einen Skorpion/Schlange-Menschen lieben, treten Sie in den Club ein. Stellen Sie sich in die Warteschlange! Wenn Sie sich zu diesen Menschen hingezogen fühlen, ist es wirklich kein Wunder! Es ist nicht einmal Ihr Fehler! Wenn Sie in der Öffentlichkeit in den Schatten gestellt werden wollen, gehen Sie eine Beziehung mit einem dieser Stars ein. Das Beste ist aber, Sie bleiben zu Hause und achten darauf, daß sich Ihre Liebe nicht abkühlt, weil Ihr Skorpion/Schlange-Mensch ständig unterwegs sein wird und sich durch die Scharen seiner Bewunderer schlängelt, ob Ihnen das nun paßt oder nicht.

Passende Partner

Drachen-Geborene sind Ihre Freunde. Wählen Sie Ihre Drachen-Partner aus den Zeichen Jungfrau, Steinbock und Fische aus. Es gibt vier Hahn-Geborene, die Ihre Gesellschaft lieben. Dies sind Krebs, Jungfrau, Steinbock und Fische/Hähne. Akzeptieren Sie keine Ersatz! Und dann wäre da noch der Krebs/Ochse. Was für eine Zuneigung! Weniger vorteilhaft für Sie sind Beziehungen mit Stier, Löwe und Wassermann/Affen. Auch Stier und Löwe/Tiger passen nicht besonders gut zu Ihnen. Wenn Ihnen an Ihrer Selbstachtung liegt, meiden Sie Stier und Zwilling/Schweine.

Heim und Familie

Das Heim eines Skorpion/Schlange-Menschen ist luxuriös und eindrucksvoll eingerichtet. Seide und Brokat herrschen vor. Sogar das einfachste Küchenmesser ist aus handgearbeitetem Silber. Das Wort »Luxus« reicht hier fast nicht mehr aus; »pikfein« trifft es schon besser. Der Skorpion/Schlange-Mensch residiert in einer schmuckvollen Umgebung, die seiner Statur und seinem Selbstbild entspricht. Skorpion/Schlange-Eltern sind ernsthaft, aber ziemlich nachsichtig mit ihren Kindern. Sie verwöhnen ihre Kinder mit materiellen Dingen, verlangen aber von ihnen auch, daß sie sich wie kleine Ladies und Gentlemen benehmen. Hier kann Eifersucht zu einem Problem werden. Skorpion/Schlangen haben es nicht gerne, wenn man ihnen die Schau stehlen will. Wenn ihre Kinder zu charmant sind, flippen Mama oder Papa aus. Das Haus sollte vielleicht Spotlights haben!

Skorpion/Schlange-Kinder sind außerordentlich attraktiv. Man muß sie vielleicht vor ihren Bewunderern beschützen und ihnen beibringen, daß das Leben mehr ist, als immer nur alle Blicke auf sich zu ziehen. Diese Kinder schwindeln auch gerne. Aber bestrafen Sie sie nicht zu hart dafür. Zeigen Sie ihnen vielmehr, daß Sie sie durchschaut haben. Skorpion/Schlange-Kinder parieren am besten, wenn ihre Eltern streng, aber liebevoll sind. Lassen Sie sich von dieser listigen Schönheit nicht verführen! Das Skorpion/Schlange-Kind braucht Sie, seinen Vater oder seine Mutter, als Verkörperung der Wahrheit.

Beruf

Diese Menschen sind meistens sehr kreativ. Sie haben an allen Aktivitäten Interesse, bei denen ihr Erfindungsgeist nützlich ist und sich realisieren läßt. Skorpion/Schlangen können sehr gut alleine arbeiten, sich aber auch in ein System einpassen, vorausgesetzt dieses System erkennt ihre Überlegenheit an und entlohnt sie entsprechend dafür. Die Rolle des Chefs paßt zum Skorpion/Schlange-Geborenen am besten. Denn er ist ein sehr widerwilliger Angestellter. Wenn er der Chef ist, können Sie erwarten, daß er sich seinen Arbeitern gegenüber demokratisch und verständnisvoll zeigt. Er hat es gerne, wenn er die Macht hat, aber er wird sie nicht ausüben, außer man bedrängt ihn oder kommt ihm in die Quere. Falls das der Fall ist, seien Sie auf der Hut! Skorpion/Schlangen sind erbarmungslos und greifen ihre Feinde ohne Mitleid an. Wettbewerb? Kennen Sie nicht.

Berufe, die sich für diese Superschlange eignen, sind: König, Königin, Filmstar, Papst und so weiter. Aber wenn sie tatsächlich arbeiten müssen, sollten sie im wirklichen Leben folgende Berufe versuchen: Töpfer, Schauspieler, Werbefachmann oder Börsenmakler. Sie geben auch hervorragende Künstler ab.

Berühmte Skorpion/Schlangen: Pablo Picasso, Grace Kelly, Indira Gandhi, Henri Gault.

SKORPION/PFERD

»Ich erschaffe«	*»Ich fordere«*
Wasser, Pluto, Fix	*Feuer positiv, Yang*

HINGABE	INSPIRATION	ÜBERZEUGUNGSKRAFT	STIL
SOUVERÄN	ZÄRTLICHKEIT	AUTONOMIE	GERADLINIGKEIT
ANZIEHUNGSKRAFT	DISZIPLIN	POPULARITÄT	TALENTIERTHEIT
ERBARMUNGSLOS	SADISMUS	SELBSTSUCHT	HAST
FANATISMUS	ARGWOHN	SKRUPELLOSIGKEIT	ÄNGSTLICHKEIT
KOMPROMISSLOS	RACHSUCHT	AUFLEHNUNG	PRAGMATISMUS

Dieses muntere Wesen verkörpert überwiegend die positiven Eigenschaften der beiden Zeichen, die es in sich verbindet. Skorpion/Pferde sind anziehend, beliebt, diszipliniert und haben gute, vollendete Manieren. Sie sind überzeugend und inspirierend, engagiert und modebewußt. Skorpion-Menschen, die in Pferde-Jahren geboren sind, sind unabhängig und autonom. Es gibt kaum etwas, was diese Menschen daran hindern könnte, in materieller Hinsicht erfolgreich zu sein.

Dieser Mensch besitzt die Voraussicht und die Umsicht des Skorpions und versteht es, diese Eigenschaften mit der angeborenen Vitalität des Pferdes zu verbinden. Er nimmt Projekte in Angriff, die jeden anderen, der weniger kompetent ist, einschüchtern würden, und führt sie mit bemerkenswertem Erfolg zu Ende. Der Skorpion/Pferd-Mensch ist ein Tatmensch, der fähig ist, das Unmögliche möglich zu machen. Alles, was er in die Hand nimmt, ist von Erfolg gekrönt. Er scheut keine Arbeit, und er hat die unglaublichsten phantastischen Anschauungen, von denen Sie jemals gehört haben.

Seine Phantasie kann manchmal sein Untergang sein. Der Skorpion/Pferd-Mensch kann sich schlecht an andere Menschen anpassen. Er ist zwar beliebt und wird bewundert, aber die Menschen verstehen ihn nicht besonders gut. Er ist einfach zu verschieden von ihnen. Er ist etwas zu extravagant, als daß sich andere wirklich vollkommen wohl bei ihm fühlen. Über dies lassen sich Skorpion/Pferde von der Meinung der Allgemeinheit nicht einschüchtern und stehen zu ihren ausgefallenen Ideen, gleich, wer sich ihnen in den Weg zu stellen versucht. Das Skorpion/Pferd ist nicht grausam. Es ist nur erbarmungslos und entschlossen, dorthin zu gelangen, wo es hin will.

Skorpion/Pferde machen auch keinen Umweg. Sie reden auch nicht um den heißen Brei herum. Der Skorpion/Pferd-Mensch sagt, was er denkt, und lehnt sich dann ruhig zurück und beobachtet das Feuerwerk, das er ausgelöst hat. Er ist die Stimme der Wahrheit. Er spricht auch unerhörte Dinge offen aus. Wenn Sie diesen Menschen erst einmal besser kennen und verstehen, wie außerordentlich individualistisch er in Wirklichkeit ist, entdecken Sie auch, daß in ihm ein satirischer Spaßvogel steckt, der Sie in schallendes Gelächter ausbrechen lassen kann.

Der Skorpion/Pferd-Mensch hat einen ziemlich schwierigen Start ins Leben. Er ist von seiner Umwelt leicht zu beeinflussen, und wenn sein Familienleben nicht friedlich verläuft, kann es sein, daß er unter unnötigen Schuldgefühlen leidet. Er ist ängstlich und so sensibel für das, was um ihn herum vorgeht, daß er sich für alles verantwortlich fühlt und sich als Kind ins Schneckenhaus zurückzieht. Als Erwachsener wird er alles daran setzen, seinen Weg zu finden. Wenn er erst einmal die Dreißig überschritten hat, kann ihn nichts mehr aufhalten. Dann ist er ein Gewinner, ein Exzentriker und auch ein großer Denker.

Skorpion/Pferde kleiden sich gerne in ausgefallene Klamotten. Sie fühlen sich zwar eher zum konservativen Stil hingezogen, finden aber immer irgendein ausgefallenes Accessoire, dem sie nicht widerstehen können. Sie möchten eine gute Figur abgeben und schenken ihrer körperlichen Erscheinung und auch dem Äußeren anderer viel Aufmerksamkeit. Der Skorpion/Pferd-Mann ist besorgt, ob er eine Glatze bekommt. Die Skorpion/Pferd-Frau ist bekümmert, wenn sie ein Fältchen entdeckt.

Dieser Mensch ist für manuelle Dinge ausgesprochen begabt. Er kann Zimmer anbauen, alte Häuser restaurieren, Tapeten entwerfen oder Schals mit komplizierten Mustern stricken. Der Skorpion/Pferd-Mensch hat in der Tat auch ein wenig von einem Bohemien, und er zögert nicht, sich gegen die Konvention zu stellen oder Handlungen zu begehen, die die Gesellschaft »schockieren«. Skorpion/Pferd-Menschen sind mitfühlend und helfen den Menschen, die weniger glücklich sind als sie. Mit Geld können sie nicht besonders gut umgehen. Sie sind abwechselnd verschwenderisch und geizig.

Liebe

Das Liebesleben der Skorpion/Pferd-Menschen wächst nur selten auf dem Boden unsterblicher Leidenschaft. Skorpion/Pferde sind wie alle anderen Pferde in erster Linie praktisch veranlagt. Ihr Partner soll ihnen ihr Leben angenehm machen. Wenn sie sich austoben wollen, nehmen sie sich einen Liebhaber. Aber in der Ehe sind sie beständig und perfektionistisch.

Haben Sie einen Skorpion/Pferd-Geliebten? Wenn dem so ist, dann wissen Sie ja bereits, daß er ziemlich kompliziert und wundervoll ist. Sein Charakter verrät Tiefe und Charme. Sie werden unterhalten und amüsieren sich. Der Skorpion/Pferd-Mensch liebt Sport und Spiele. Am besten können sie ihm Ihre Zuneigung beweisen, wenn Sie ihm in Krisenzeiten zur Seite stehen und ihm ansonsten aus dem Wege gehen. Der Skorpion/Pferd-Mensch braucht im wahrsten Sinne des Wortes »eine helfende Hand«. Am liebsten möchte er zwar mit allem alleine fertig werden und könnte dies sicherlich auch – aber lieber ist es ihm, wenn er einen netten Kumpan hat.

Passende Partner

Wenn Sie einen schwarzgestreiften Tiger oder einer anmutigen Ziege begegnen, werden Sie sich wahrscheinlich in denjenigen verlieben, der unter den Zeichen Jungfrau, Steinbock oder Fische geboren ist. Jungfrau oder Fisch/Hunde wirken anziehend auf ihre Fürsorglichkeit, trotz ihrer scheinbaren Unruhe. Ratten passen niemals zu Pferden. Seien Sie besonders vorsichtig bei Stier, Zwilling, Löwe und Wassermann/Pferden, besonders wenn es um häusliche Angelegenheiten geht. Ein Wassermann/Katze-Geborener ist der letzte Mensch auf Erden, mit dem Sie sich einlassen sollten.

Heim und Familie

Mit ihrer Wohnungseinrichtung nehmen es Skorpion/Pferde peinlich genau. Alles muß genau zueinander passen, bequem und geschmackvoll sein. Dieser Mensch möchte, daß seine Wohnung ordentlich ist, aber er ist kein Sauberkeitsfanatiker. Der Skorpion/Pferd-Mensch geht gewissenhaft mit seinen Sachen um, und wenn seine häusliche Umgebung behaglich ist, dann weil er sie so gestaltet hat.

Skorpion/Pferd-Eltern könnten beschuldigt werden, fanatische Eltern zu sein. Skorpion/Pferde bewundern ihre Kinder. Sie lieben ihre Sprößlinge und tun viel zu viel für sie. Sie geben ihren Kindern alles, was sich ein Kind nur wünschen kann, und noch mehr. Sie verbringen viel Zeit mit ihnen und spielen mit ihnen. Skorpion/Pferde sollten ganze Scharen von Kindern haben. Sie sind wirklich tolle Eltern.

Die Kinder aus diesem Zeichen sind kuschelig und klug, sensibel und vernünftig. Wenn man zu ihnen sagt: »Heute kannst du das nicht haben«, wird das Skorpion/Pferd-Kind vernünftig antworten: »Gut. Ich kann es ja ein andermal bekommen.« Diese Kinder sind liebevoll und machen einem kaum Schwierigkeiten. Sie sind sehr selbständig und brauchen kaum mehr als Liebe und Nahrung. Sie beschäftigen sich gern alleine, und Sie müssen ihnen viele Hobbies erlauben.

Beruf

Der Skorpion/Pferd-Mensch ist ein Erfolgstyp, der von Geburt an ausruft: »Ich habe Anspruch, etwas zu erschaffen.« Dieses Motto ist ihm wie auf den Leib geschneidert. Er ist für alle Berufe begabt, aber am besten geeignet ist er für künstlerische Tätigkeiten.

Als Angestellter wird der Skorpion/Pferd-Mensch aufsässig sein. Er haßt Routine. Er kann sich zwar an alltägliche Gewohnheiten anpassen, aber er zieht es vor, Dinge auf seine Weise und dann, wenn er Lust hat, zu erledigen. Ich kann mir den Skorpion/Pferd-Menschen am besten in der Chefrolle oder sogar in einem unabhängigen oder selbständigen Geschäft vorstellen. Er beißt immer die Zähne zusammen, um ein Projekt zu Ende zu führen. Er braucht niemanden, der ihn zur Arbeit antreibt. Ich sehe keinen Grund, warum Skorpion/Pferde kein Chef sein sollten. Aber ich gehe davon aus, daß es ihnen schwerfallen würde, anderen Menschen Autorität zu übertragen, und daß sie dazu neigen würden, die meiste Arbeit selbst zu erledigen.

Berufe, die sich für diesen Menschen eignen sind: Rechtsanwalt, Unternehmer, Chef, Choreograph, Sänger, Städteplaner, Graphiker, Schauspieler.

Einige berühmte Skorpion/Pferde: Teddy Roosevelt, Paul Simon, Daniel Barenboin.

SKORPION/ZIEGE

»Ich erschaffe«
Wasser, Pluto, Fix

»Ich bin abhängig«
Feuer negativ, Yang

HINGABE	INSPIRATION	ERFINDUNGSGEIST	ORIGINELL
SOUVERÄN	ZÄRTLICH-KEIT	SENSITIVITÄT	GUTE MANIEREN
ANZIEHUNGS-KRAFT	DISZIPLIN	AUSDAUER	GESCHMACK
ERBARMUNGSLOS	SADISMUS	SCHMAROTZER	PESSIMISMUS
FANATISMUS	ARGWOHN	MANGEL AN VOR-AUSSICHT	UNPÜNKTLICH-KEIT
KOMPROMISSLOS	RACHSUCHT	UNPRAKTISCH	SORGENVOLL

Wenn man Kreativität mit Abhängigkeit verbindet, könnte man meinen, es käme eine Art brillanter Faulenzer dabei heraus. Doch Skorpione, die in Ziege-Jahren geboren sind, sind eifrig und erfinderisch und vielleicht die am wenigsten faulen Ziege-Charaktere. Dennoch lassen sich Skorpion/Ziegen immer von anderen Menschen aushalten. Damit meine ich nicht, daß sie arbeitsscheu sind, das wäre weit gefehlt! Aber die Arbeit, die sie tun wollen, hängt immer von einer äußeren Struktur ab. Skorpion/Ziegen sind nicht diszipliniert. Wenn sie diese Tatsache erst einmal erkannt haben, können sie darauf achten, daß ihr Leben von äußeren Kräften strukturiert wird. Diese Kraft kann in Form einer Ehe, eines Geschäfts, eines oder zweier Kinder, einem Kurs oder einer Ausbildung oder sogar einem Liebhaber oder einer Geliebten auftreten.

Aber um welche Struktur es sich auch handelt, Sie können sicher sein, daß sie nicht aus dem Inneren eines Skorpion/Ziege-Menschen kommt. In seinem Inneren ist der Skorpion/Ziege-Mensch ein Dampfkessel von Erfindungen, neuen Ideen, Methoden, Plänen und Träumen – von denen einige realisierbar, die meisten aber völlig nutzlos sind. Wie Sie sehen, ist der Skorpion/Ziege-Mensch das Gegenteil von einem praktischen Menschen. Er ist exzentrisch und sprunghaft. Er hat geniale Einfälle und ist wirklich künstlerisch begabt. Aber, was seine Projekte angeht, ist er übertrieben idealistisch. Er möchte, daß seine Pläne (natürlich von anderen) genauestens ausgeführt werden. Das meisten unternimmt er für seinen eigenen Vorteil. Er möchte sowohl den Ruhm als auch die Gegenleistung. Dies macht ihn, trotz seiner guten Absichten, zu einem Schmarotzer.

Skorpion/Ziegen sind an allem und jedem interessiert. Sie wollen über alle Neuigkeiten Bescheid wissen und immer auf dem Laufenden sein. Sie verfolgen die Karriere junger Künstler und ähnlicher Persönlichkeiten. Sie sind sogar ein kleines bißchen versnobt und intellektuell, und darüber hinaus sind sie schreckliche Besserwisser. Es gibt kein Thema, über das dieser Mensch nicht Bescheid weiß. »Weißt du, warum die Verkehrsregelung am Flughafen Schiphol geändert worden ist?« Sie haben natürlich nicht die geringste Ahnung. »Weil die Reisenden von Malaysia...« Wenn Sie ein Rendevous mit einem Skorpion/Ziege-Menschen haben, brauchen Sie überhaupt nicht zu sprechen. Sie brauchen nur mit offenen Ohren dazusitzen. Sie erzählen Ihnen alles, was Sie wissen müssen und oder nicht.

Auf den ersten Blick erscheint dieser Mensch zerbrechlich und zart, so als ob ihn der kleinste Windstoß umwerfen könnte. Doch hinter diesem zerbrechlichen Äußeren verbirgt sich eine Persönlichkeit, die die Stärke eines Gorillas besitzt. Die exzentrische Kleidung und das bizarre Benehmen dienen nur dazu, Sie an der Nase herumzuführen und Ihnen zu zeigen, daß in seinem Inneren gar kein Skorpion ist. Aber fallen Sie nicht darauf herein! Dem Skorpion/Ziege-Menschen ist es nicht fremd, mit Macht umzugehen. Er nimmt sich selten die Zeit, über Alternativen nachzudenken. Er möchte sich auseinandersetzen, alles andere interessiert ihn nicht.

Doch hinter diesem Schleier übertriebener Großzügigkeit, ihrem Hang, sich armer Menschen anzunehmen und Bettlern auf der Straße Silberstücke hinzuwerfen, sind diese Menschen hinter jedem Pfennig her. Sie halten sich gerne für philanthropisch. Aber in Wirklichkeit sind sie unverschämt geizig.

Die Schönheit eines Skorpion/Ziege-Menschen ist seine schillernde Neugierde. Dieser Mensch möchte wissen, wie man Klavier spielt, Tango tanzt, reitet und Computer programmiert. Er interessiert sich ernsthaft für kulturelle Ereignisse und hat selber großes Talent. Wenn er die notwendige Struktur findet, können seine Talente aufblühen. Ohne die nötige Struktur wird er seine Energie verschwenden und enttäuscht werden.

Liebe

Die Liebe ist eine Möglichkeit für diesen Menschen, sein Leben von außen strukturieren zu lassen. Oft suchen sich Skorpion/Ziegen einen starken und klugen Partner, der ihnen subtile Regeln und Vorschriften auferlegt, so daß der Skorpion/Ziege-Mensch mit seinem Leben zurecht kommt. Sein Partner wirkt nach außen hin vielleicht gar nicht stark, ebenso wie die Zerbrechlichkeit der Skorpion/Ziege-Menschen nur dazu dient, sein Inneres zu verbergen. »Patricia ist krank. Wir können heute abend nicht ausgehen. John ist deprimiert. Leider kann ich heute nicht mit dir Klavier spielen.« In Wahrheit sind Patricia und John quietschfidel. Aber Skorpion/Ziegen wollen, daß wir etwas anderes glauben.

Wenn Sie einen Skorpion/Ziege-Menschen lieben, richten Sie sich auf einen lebenslangen Kampf ein. Skorpion/Ziegen lieben nichts mehr als einen guten Kampf. Sie sind willensstark und egoistisch. Doch sie sind faszinierend, interessant und ihrem Partner ausgesprochen treu ergeben. Sie gewinnen etwas, aber sie verlieren auch etwas.

Passende Partner

Mit Krebs, Jungfrau, Steinbock und Fische/Schweinen vertragen Sie sich ausgezeichnet. Suchen Sie sich einen dieser Menschen als Partner. Oder folgen Sie ihrer Zuneigung zu Katzen, und versuchen Sie es mit einer Jungfrau, Steinbock oder Fische/Katze. Auch mit Jungfrau und Fische/Pferden können Sie eine harmonische Beziehung eingehen. Eine gewisse Feindseligkeit besteht zwischen Ihnen und Stier oder Wassermann/Ochsen. Eine leichte Aversion haben Sie auch gegen Löwe/Hunde, und Sie sind auch nicht gerade verrückt nach Wassermann/Tigern.

Heim und Familie

Die Einrichtung der Skorpion/Ziegen ist oft sehr beeindruckend. Diese Menschen lieben schöne Dinge und haben nichts gegen Luxus einzuwenden. Ihr Zuhause ist geschmackvoll eingerichtet und hat sogar eine etwas kunstvolle Note. Skorpion/Ziege-Menschen halten sich nicht besonders viel in der Küche auf, so daß diese etwas spärlich ausgestattet ist. Aber schauen Sie einmal nach dem Stapel von Kunstzeitschriften auf dem handgearbeiteten Kaffeetisch, nach dem kleinen Giacometti in der Ecke, nach dem Picasso über dem Cemballo. Gottvoll, nicht wahr?

Diese Menschen behaupten, daß sie sehr daran interessiert

seien, Kinder zu haben. Aber ich bin mir dessen nicht so sicher. Sie verlangen, daß sie von ihren Kindern ebenso geliebt werden, wie sie ihre Kinder lieben. Mit dem Unfug, den ihre Kinder anstellen, wissen sie nicht besonders gut umzugehen. Sie lassen zu, daß die ferngesteuerten Autos ihres Sohnes über ihre Füße (und die ihrer Gäste) rollen und das Sissys Hamster über ihren Schoß krabbelt. In den Zimmern ihrer Kinder herrscht eine ziemliche Unordnung, und Mama oder Papa Skorpion/Ziege hat auch nichts dagegen, wenn das Durcheinander noch ein bißchen schlimmer ist. Sie sind fröhliche Eltern, aber ein bißchen zu nachsichtig. Skorpion/Ziege-Kinder sind niedlich und sind gerne das einzige Kind. Sie wollen alles wissen, und auf Reisen, in Museen und ähnliches mitgenommen werden. Sie streben danach, von den Erwachsenen beachtet zu werden, und geben tolle Gefährten für jungfräuliche, alte Tanten ab. Diese Kinder brauchen gelegentlich eine strenge Hand, um zu verhindern, daß sie verwöhnte Gören werden.

Beruf

Wenn der Skorpion/Ziege-Mensch eine gute Ausbildung und in seiner Kindheit das richtige Maß an Disziplin erhält, kann er einen ernsthaften Beruf erlernen, wie Bildhauer, Arzt, Cutter, Direktor, Schriftsteller oder sogar noch mehr. Er ist ein Allround-Talent, was eine wichtige Trumpfkarte im Leben sein kann. Aber das Problem liegt darin, daß man ihn nur schwer dazu bewegen kann, sich lange genug für einen Beruf zu interessieren, um etwas daraus zu machen. Skorpion/Ziegen eignen sich gut für Bürojobs, solange sie genügend Aufmerksamkeit erhalten.

Als Chef ist dieser Mensch liebenswert und meistens bankrott – oder zumindest behauptet er das. Ich habe immer wieder festgestellt, daß Skorpion/Ziegen ihren Reichtum vor ihren Angestellten verstecken. Sie können also davon ausgehen, daß es Ihnen Spaß macht, für einen Skorpion/Ziege-Chef zu arbeiten, aber erwarten Sie nicht, daß Sie dabei reich werden. Als Angestellte sind Skorpion/Ziegen fleißig (wenn es sein muß, arbeiten sie rund um die Uhr), aber sie sind etwas sprunghaft. Doch sie erledigen jede Arbeit zur vollsten Zufriedenheit und erwarten viel Lob dafür.

Einige Berufe, die sich für Skorpion/Ziegen eignen, sind: Sänger, Poet, kommerzieller Künstler, Maler, Bildhauer, Raumausstatter, Friseur, Tanzlehrer, Psychologe, plastischer Chirurg, Videoclip-Regisseur.

Berühmte Skorpion/Ziegen: Schah Reza Pahlevi Joni Mitchell, Boris Becker.

SKORPION/AFFE

»Ich erschaffe«
Wasser, Pluto, Fix

»Ich plane«
Metall positiv, Yin

HINGABE	INSPIRATION	SCHLAUHEIT	INTELLIGENZ
SOUVERÄN	ZÄRTLICHKEIT	STABILITÄT	EIFER
ANZIEHUNGSKRAFT	DISZIPLIN	IMPROVISATIONSTALENT	FÜHRUNGSNATUR
ERBARMUNGSLOS	SADISMUS	TÄUSCHUNG	SELBSTBEZOGENHEIT
FANATISMUS	ARGWOHN	TRICKREICH	ALBERNHEIT
KOMPROMISSLOS	RACHSUCHT	GESCHWÄTZIG	OPPORTUNISMUS

Wenn man die Fähigkeit zu intrigieren mit Kreativität verbindet, ist das Ergebnis eine Art Feuerwerk in Menschengestalt. Der in einem Affe-Jahr geborene Skorpion trägt alle Merkmale der komplexen Skorpion-Natur. Er ist listig, rätselhaft, stark und hat eine spitze Zunge. Doch er versucht, seine dunklen Seiten durch sein unbeschwertes Auftreten zu verstecken, und gibt sich bisweilen dümmer, als er ist. Affen und Skorpione sind manchmal – aber nur manchmal – Verbündete. Beide Zeichen sind listig und gerissen. Beide Zeichen bringen eine Führernatur hervor. Doch dann sind diese beiden Zeichen wieder uneins miteinander. Affen sind zwar oft heuchlerisch, aber sie juxen nur herum. Skorpione blödeln fast nie. Das Zeichen Skorpion ist immer geschäftstüchtig. Affen sind Erbauer, Skorpione können Zerstörer sein. Affen sind fanatisch, Skorpione sind eifersüchtig.

Dieser innere Konflikt ist bei Skorpion/Affen nichts Ungewöhnliches. In seinem Innern tobt ein wahrer Sturm an widerstreitenden Gefühlen. »Sollte ich nicht lieber die Hände in den Schoß legen und jemand anderen die Arbeit tun lassen und mich selbst nur als den Kopf der ganzen Operation betrachten?« fragt der beschlagene Skorpion in diesem Affen-Menschen. »Oder«, piepst der Affe, der immer fair und ehrlich ist, »wie wäre es, wenn ich diesen Plan nicht nur ausdenken würde, sondern ihn auch selber ausführen würde, damit jeder sehen kann, was für ein fleißiger, kleiner

Arbeiter ich bin?« Wie auch immer, die Arbeit wird durchgeführt und die Schlacht gewonnen. Aber die Methode kann im Mund unseres Helden einen bitteren Nachgeschmack hinterlassen. Er ist oft unzufrieden über seine eigene Unvollkommenheit. Er würde gerne lange und eingehend in den Spiegel schauen und sagen: »Ich bin ein vollkommener Mensch, und ich bin stolz darauf.« Aber statt dessen ist sein Spiegelbild ein enttäuschendes Mosaik aus »vielleicht das nächste Mal«, »hätte ich nur« und »das nächste Mal strengst du dich eben noch mehr an«. Diese entmutigende Sichtweise ist für den Skorpion/Affe-Menschen sehr unangenehm. Doch er konfrontiert sich sehr stark mit seinem Doppelwesen.

Der Skorpion/Affe-Mensch ist schlagfertig und lebhaft. Wenn man ihn auf eine Sache festlegt, ändert das nichts an seinem Wunsch, alles so zu machen, wie er will, zu kommen und zu gehen, wann er will, Umwege zu machen, wenn er will, und den richtigen Weg zu finden, indem er viele verschiedene Wege ausprobiert. Dieser Mensch ist im Wesentlichen an sich selbst interessiert und möchte, daß ihm alleine die Anerkennung für seine Erfolge zuteil wird. Er findet es vollkommen abwegig, sich mit den Problemen anderer zu belasten, die weniger intelligent und erfinderisch sind als er. Der Affe möchte führen. Er glänzt und er triumphiert. Aber erst einmal muß er dafür sorgen, diesen verführerischen Skorpion auszuschalten.

Der Skorpion/Affe-Mensch strebt nach großen Erfolgen. Er ist in der Lage, schwierige und wirklich bedeutende Projekte in Angriff zu nehmen und zu Ende zu führen. Der Affe allein ist eine bemerkenswert gemäßigte Persönlichkeit. Der Skorpion verleiht diesem Charakter Inspiration und bringt ihn dazu, sich in abenteuerlichere Gebiete zu wagen als die meisten anderen Affe-Geborenen. Anfangs versucht er sich noch dagegen zu wehren und fühlt sich leicht beschwipst von der Reise und der dünnen Luft. Aber warten Sie, bis der Skorpion sich mit seinem Affen im Inneren beschäftigt. Dieser paßt sich sofort an neue Gegebenheiten an, wenn er sich erst einmal entschieden hat, bei einem Projekt mitzumachen.

Es kann sein, daß Sie diesen Menschen ziemlich aufgeblasen und zu geschwätzig finden. Bei manchen Skorpion/Affe-Menschen scheint die Platte hängen geblieben zu sein, da sie Ihnen immer wieder dieselbe Geschichte erzählen, die Sie schon hundertmal gehört haben. Man muß sie an ihre übertriebene Schwatzhaftigkeit erinnern. Aber leider tun sie Kritik mit einem Lächeln ab. Für Skorpione sind diese Menschen eigentlich gar nicht trotzig. Es kann sein, daß sie ängstlich und von Selbstzweifeln geplagt sind. Aber Skorpion/Affen bekommen immer wieder Oberwasser. Das ist ganz einfach ihre Natur.

Liebe

Dieser Mensch ist nicht so supersexy wie andere Skorpione. Er ist auch ein erotisch aktiver Affe. Die Kombination dieser beiden ausgesprochen stark sexuellen Zeichen ergibt einen energievollen, dennoch etwas übereifrigen Liebhaber. Der Skorpion/Affe-Mensch möchte zum Ausflippen gebracht werden. Für lauwarme Affären hat er keine Zeit und ist hauptsächlich an langfristigen und ausgedehnten Liebesbeziehungen interessiert.

Es ist nicht so wichtig, den Skorpion/Affe-Menschen zu bewundern, da seine sexuellen Bedürfnisse vor fast allen anderen Dingen Vorrang haben. Manche Leute behaupten, daß Sex sie zu Tode langweilt. Dem Skorpion/Affe-Menschen verleiht sexuelle Aktivität im Gegenteil Selbstvertrauen, stärkt sein manchmal bedrücktes Ego und lädt sein Kreativitätszentrum mit Energie auf. Wenn Sie einen dieser fleißigen Menschen lieben, unterschätzen Sie seine Bedürfnisse im Bett nicht, sonst werden Sie daheim neben dem Telefon hocken und Kreuzworträtsel lösen, während Ihr Skorpion/Affe auf der Jagd nach Abenteuern ist. Nageln Sie diese Menschen niemals fest. Reden Sie ihm zu, daß er ohne Sie auf Reisen geht. Oft reicht die Illusion von Freiheit aus, um den Skorpion/Affe-Menschen dazu zu bringen, daß er für immer häuslich bleibt.

Passende Partner

Wenn Sie mit einem Ratte-Menschen zusammenleben, der im Zeichen Krebs, Jungfrau, Steinbock oder Fische geboren ist, sind Sie zu beglückwünschen. Krebs, Steinbock und Fische/Drachen schaffen eine angenehme Atmosphäre, die Sie beeindruckt. Stier und Löwe/Tiger halten Sie davon ab, Entscheidungen zu treffen. Dann wären da auch noch Löwe/Pferde und Schweine, die Ihnen im Weg stehen. Wassermann/Ochsen und Ziegen stellen Sie auf eine Geduldsprobe.

Heim und Familie

Der Skorpion/Affe hätte lieber drei verrückte Häuser als einen Palast. Er ist ein Vagabund. Seine Wände sind mit Souvenirs und Reiseandenken aus exotischen Ländern gepflastert. Sein Klavier hat meistens keinen Deckel mehr, und er fährt ein absolut fürchterliches und angsteinflößendes Auto. Für diesen Menschen ist Schick wirklich out. Skorpion/Affen sind der Ansicht, daß ihre Einrichtung praktisch und individuell sein sollte.

Alle Skorpion/Affe-Menschen sollten Kinder haben. Dieser Charakter hat etwas von Peter Pan an sich. Er bringt seinen Kindern gerne etwas bei und erfreut sie mit Witzen. Skorpion/Affen nehmen ihre Kinder auch gerne in den Arm. Sie spüren die faszinierende Unbeschwertheit und Unschuld, die Kinder ausstrahlen. Es kann sein, daß ein Skorpion/Affe versucht, autoritär zu sein, aber wahrscheinlich wird er mitten in seiner ernsthaften Lektion über Tischmanieren zu kichern anfangen.

Das Skorpion/Affe-Kind ist beunruhigt, wenn es im Leben nicht erfolgreich ist. Dieses Kind ist sehr sensibel, und seine Gefühle entwickeln sich langsamer als sein Intellekt. Der beste Rat, den ich den Eltern eines Skorpion/Affe-Kindes geben kann, ist: Lassen Sie es in Frieden, bis es seinen Weg gefunden hat. Dann sollten Sie die Gelegenheit beim Schopf packen und ihrem Skorpion/Affe-Kind die Möglichkeit geben, alles zu lernen, was es über sein Interessengebiet wissen muß. Dieses Kind braucht Ermutigung, Handlungsfreiheit und ein Vorbild, dem es folgen kann.

Beruf

Die Talente der Skorpion/Affen liegen oft auf kreativen Gebieten, aber sie sind auch ausgezeichnete Interpreten. Sie sind gute Geschichtenerzähler, da sie gerne reden und einen klaren Verstand haben. Ein Skorpion/Affe arbeitet am besten in kleinen Gruppen, wo seine künstlerischen Fähigkeiten von den anderen Gruppenmitgliedern anerkannt werden. Auch in beruflicher Hinsicht muß er den Eindruck haben, daß er Handlungsfreiheit hat, um sein Talent am besten nutzen zu können. Wenn Skorpion/Affen sich in die Enge getrieben fühlen, können sie sehr aufbrausend sein, oder sie sind unsicher, ob ein Projekt auch erfolgreich sein wird.

Offen gesagt glaube ich nicht, daß Skorpion/Affe-Menschen der Chef sein wollen. Dieser Mensch möchte vor allem unabhängig sein und sich auf einem Gebiet betätigen, das ihn am meisten interessiert. Eine Führungsposition bringt Einschränkungen mit sich, die der Skorpion/Affe-Mensch mehr als Gefängnis als als Privileg empfindet. Er ist ein fleißiger Angestellter, solange er nicht übermäßig zu Routinearbeiten gezwungen oder zu viele Kompromisse in bezug auf seine Ideen eingehen muß. Dieser Mensch ist am glücklichsten, wenn er in einem Angestelltenverhältnis ist, das ihm ermöglicht, seine eigene Sache zu machen. Der Skorpion/Affe-Mensch ist ein Original. Sich anzupassen gehört nicht zu seinen Lebenszielen.

Einige Berufe, die sich für Skorpion/Affen eignen, sind: Photograph, Musiker, Roadie, Florist, Töpfer, Choreograph, Schiffsbauer, Tontechniker, Historiker.

SKORPION/HAHN

»Ich erschaffe«
Wasser, Pluto, Fix

»Ich besiege«
Metall negativ, Yang

HINGABE	INSPIRATION	BIEGSAM	KONSERVATIV
SOUVERÄN	ZÄRTLICH-	ENTHUSIASMUS	CHIC
ANZIEHUNGS-	KEIT	OFFENHEIT	HUMOR
KRAFT	DISZIPLIN	KECKHEIT	PEDANTERIE
ERBARMUNGSLOS	SADISMUS	ÜBERHEBLICHKEIT	DIKTATORISCH
FANATISMUS	ARGWOHN	BLINDES VER-	VERSCHWEN-
KOMPROMISSLOS	RACHSUCHT	TRAUEN	DUNG

Menschen, die unter diesem Zeichen geboren sind, werden von einer inbrünstigen Lebenslust gekennzeichnet. Der Skorpion, der immer mysteriös und geheimnistuerisch ist, verbindet sich hier mit Keckheit und Großspurigkeit und einer Liebe zu äußerlichen Dingen. Diese Verbindung bringt keinen Konflikt hervor, sondern erzeugt vielmehr eine gelungene Verbindung und einen überaus vitalen und lebenslustigen Charakter.

Talent ist dem im Zeichen des Skorpion geborenen Hahn nicht fremd. Dieser Mensch besitzt gewöhnlich ein ganzes Paket von Fähigkeiten. Skorpion/Hähne sind Idealisten und werden weniger Schicksalsschläge einstecken müssen als andere Menschen, da sich die Zielstrebigkeit des Skorpions mit der Zurückgezogenheit des Hahnes kreuzt. Skorpion/Hähne erklimmen die höchsten Gipfel und fallen dann wieder hinab. Aber obwohl sie in die tiefsten Abgründe stürzen, scheinen sie kaum Federn zu lassen. Es ist erstaunlich, wie sie sich von Sorgen, Scheidung, Verlusten und menschlichen Bankrotten aller Art wieder erholen. Diese Menschen wirken zerbrechlich, bisweilen sogar überempfindlich. Aber in Wirklichkeit sind sie sehr stark.

Dieser Typ möchte immer entspannt und gelassen wirken – kühl, wenn Sie so wollen. Aber wenn man hinter die Fassade eines Skorpion/Hahnes blickt, findet man statt dessen einen ziemlich starren Konservativismus in seinem Inneren. Der Playboy mit dem

Grinsen im Gesicht und dem ausgefallenen, schnittigen Sportwagen ist im Gegenteil alles andere als ein Verschwender oder Schürzenjäger. Skorpione sind sexy. Aber der Skorpion/Hahn-Mensch ist nicht so sinnlich, wie er gerne wirken möchte, obwohl er ein ziemlicher Draufgänger ist. Er ist ein etwas frustrierter Skorpion, der große Reden schwingt aber absolut nicht so verrückt ist, seinen kostbaren Körper für niedere körperliche Vergnügen zu mißbrauchen.

Skorpion/Hähne sind sehr direkt. Sie sprechen ihre Wünsche und Bedürfnisse offen aus. Sie reden viel, haben auch ständig etwas zu meckern. Der Skorpion/Hahn-Mensch fühlt sich manchmal von anderen ausgenutzt. Er schiebt sich selbst mehr Schuld zu, als notwendig wäre. Diese traurige Geschichte, bei der Jimmy Sie verlassen hat, um Francine zu heiraten, weil sie so verführerisch ist, ist wirklich bedauerlich. Aber waren Sie nicht zum Teil auch daran schuld? Sind Sie sicher, lieber Skorpion/Hahn, daß Jimmy nicht seine guten Gründe gehabt hat? Waren Sie nicht ein wenig zu leicht gereizt? Haben Sie nicht verlangt, daß er Ihnen die Welt zu Füßen legt, und ihm dafür nichts zurückgegeben? Waren Sie nicht manchmal übernervös und durcheinander? Komm schon, Skorpion/Hahn, gib es schon zu! Du neigst dazu, dir selbst leid zu tun!

Der talentierte Skorpion/Hahn-Mensch hat etwas Altjüngferliches an sich. Er möchte immer, daß alles an seinem Platz ist, und bei ihm hat auch alles seinen angestammten Platz. Er ist sehr pingelig und hat einen enormen Respekt vor Spontaneität. Dieser Charakterzug ist nicht immer negativ. Der Skorpion/Hahn kann sich spielend an Routine anpassen und seine Trägheit überwinden. Die Verbindung dieser beiden Zeichen verursacht ein wählerisches Verhalten, das sogar etwas snobistisch sein kann, aber es verleiht diesen Menschen einen unfehlbaren Geschmack und treibt ihn frühmorgens aus den Federn.

Hähne, die im Zeichen Skorpion geboren sind, besitzen viel Eigeninitiative. Sie kämpfen sich ihren Weg durch alle möglichen Schwierigkeiten und sind der lachende Gewinner. Sie sind fast unbesiegbar, und wenn es einmal vorkommt, daß sie entmutigt worden sind, dann bekämpfen sie ihre Depressionen, indem sie aktiv sind. Skorpione, die in Hahn-Jahren geboren sind, personifizieren den eingeschworenen Individualisten, der trotz seiner Exzentrik fest in den gesellschaftlichen Konventionen verankert ist.

Liebe

Himmelhoch jauchzend und zu Tode betrübt! Das Liebesleben der Skorpion/Hähne sieht aus wie ein Kriegsgebiet nach einem schweren Bombenangriff. Diese Menschen sind Perfektionisten. Sie sind aber auch Utopisten. Flüchtige Liebesaffären bringen ihre feinen Sinne wirklich durcheinander. Was erwartet der Skorpion/Hahn von der Liebe? Dauerhaftigkeit. Geborgenheit und Zärtlichkeit. Ewige Treue. Eine Ehe, die stimmt und auf Dauer funktioniert – eine Liebesbeziehung für alle Ewigkeit. Dies ist eine schwierige Aufgabe, besonders in unserer heutigen Zeit. Infolgedessen halten die Beziehungen vieler Skorpion/Hähne nicht besonders lange. Skorpion/Hähne sehen in dem kleinsten Fehltritt in einer Beziehung einen Scheidungsgrund. Und sie gehen. Der Skorpion/Hahn-Mensch möchte kein unvollkommenes Liebesleben. Deshalb hat er oft überhaupt keines. Aber die Isolation ist ihm lieber als eine unbefriedigende Beziehung.

Sollten Sie in einen Skorpion/Hahn-Menschen verliebt sein, benehmen Sie sich! Wenn Sie diesen pingeligen Charakter behalten wollen, liegt es an Ihnen, Ihren Teil dazu beizutragen, daß er Sie bewundert und zu Ihnen aufschaut. Wenn Sie sich einmal einen Skorpion/Hahn eingefangen haben, müssen Sie akzeptieren, daß Sie nach ein paar sehr strengen Lebensregeln leben müssen, die ein unvermeidlicher Bestandteil dieser Persönlichkeit sind. Wenn der Skorpion/Hahn-Mensch um drei Uhr morgens aufsteht, um sein Tagebuch zu schreiben, dann sind Sie gut beraten, wenn Sie Ihren Tagesplan nach ihm richten. Skorpion/Hähne wollen, daß alles nach ihrem Kopf geht. Als Gegenleistung dafür sind sie überaus treu und fürsorglich. Sie kämpfen für Ihre Rechte sowie für ihre eigenen. Aber versuchen Sie niemals, Ihren Skorpion/Hahn zu betrügen. Skorpion/Hähne vergeben niemals. Sie gehen einfach!

Passende Partner

Schlangen in ihrer unbegrenzten Weisheit und Attraktivität entsprechen Ihrem ausgeprägten Sinn für guten Geschmack. Die besten Schlangen finden Sie unter den Zeichen Krebs, Jungfrau, Steinbock und Fische. Das liebevolle und gütige Verhalten der Steinbock und Fische/Ochsen gefällt Ihnen ebenfalls. Auch Steinbock und Fische/Drachen passen gut zu ihrem sensiblen Charakter. Sie selbst finden diese unwiderstehlich. Ich bezweifle, ob Sie mit Stier/Schweinen zusammenleben könnten. Löwe/Katzen und Hähne sind absolut nicht Ihr Typ. Was Wassermann/Ratten angeht, sollten Sie nicht einmal den Versuch unternehmen, eine Beziehung mit ihnen aufzubauen. Sie stimmen in nicht vielem mit diesen Menschen überein.

Heim und Familie

Das Heim eines Skorpion/Hahn-Menschen ähnelt einer Heldengedenkstätte, voller echter Antiquitäten und perfekter Stereoanlage. Seine Wohnung ist mit allem ausgestattet, was man jemals gesehen hat. Es kann auch sein, daß er ein Billardzimmer hat. Der Skorpion/Hahn-Mensch ist ein munterer Bursche, der es liebt, andere Menschen zu unterhalten und bewundert zu werden. Sie dürfen ruhig seinen Whisky trinken und seinen ganzen Kuchenvorrat aufessen, solange Sie daran denken, ihm zu sagen, wie sehr Ihnen seine letzte Fernsehshow gefallen hat.

Als Eltern sind Skorpion/Hähne liebevoll und fürsorglich. Sie denken an jeden Geburtstag und führen ihren Kindern Zirkusnummern und Zaubertricks vor. Sie gehören zu der Sorte Eltern, die möchten, daß ihre Kinder das Leben genießen können, solange sie jung sind. Skorpion/Hähne bleiben manchmal kinderlos, weil sie sich nicht entschließen können zu heiraten und einen unerfüllbaren Wunsch nach einem vollkommenen Partner haben. Aber wenn sie keine Familie haben, bedauern sie das. Kinder mit ihrer Spontaneität und ihrer Natürlichkeit geben diesem ziemlich steifen Menschen die Möglichkeit, sich zu entspannen ohne deswegen ein schlechtes Gewissen zu haben.

Das Skorpion/Hahn-Kind ist unproblematisch. Wahrscheinlich kann es sich in Bereichen am besten entfalten, die Genauigkeit erfordern. Dieses Kind ist bei seinen Freunden beliebt und wird von seinen Tanten und Onkeln bevorzugt, weil es so hervorragende akademische Fähigkeiten besitzt. Das Skorpion/Hahn-Kind interessiert sich zweifellos sehr für Sport und wird in Sportarten erfolgreich sein, die Klasse und Eleganz verkörpern, wie Fechten, Tennis und Reiten.

Beruf

Talente hat der Skorpion/Hahn-Mensch im Überfluß. Er wird in vielen verschiedenen Berufen erfolgreich sein. Er nimmt gerne schwierige Projekte in Angriff, die persönliches Engagement und Selbstdisziplin erfordern. Flexibilität und Ausdauer sind die Spezialität der Skorpion/Hähne. Es kann sein, daß sie drei Sprachen sprechen. Auch hat er wahrscheinlich einige Medaillen bei Tennisturnieren gewonnen und ist darüber hinaus ein toller Maler. Skorpion/Hähne räumen Schwierigkeiten gerne aus dem Weg und begeben sich nur dann in eine Situation, wenn sie das Gefühl haben, daß sie darin Erfolg haben werden.

Ob an der Bürotür eines Skorpion/Hahn-Menschen nun »Angestellter« oder »Chef« geschrieben steht, ist eigentlich gleich, denn es bedeutet beides das gleiche: Chef. Dieser Skorpion-Geborene läßt sich keine Vorschriften machen, außer er hat es auf den Posten desjenigen abgesehen, der die Befehle erteilt. Der Skorpion/Hahn-Mensch ist ein geborener Pedant und arbeitet sehr hart. Überdies ist er auch noch ausgesprochen kreativ. Skorpion/Hähne haben viele neue Ideen und führen sie auch aus.

Einige Berufe, die sich für Skorpion/Hähne eignen, sind: Verleger, Photograph, Rechnungsprüfer, Filmproduzent, Werbefachmann, Einkäufer, Schauspieler, Schauspielerin, Marktforscher, Linguist.

Einige berühmte Skorpion/Hähne: Ezra Pound, Katherine Hepburn, Neil Young.

SKORPION/HUND

»Ich erschaffe«
Wasser, Pluto, Fix

»Ich sorge mich«
Metall positiv, Yin

HINGABE	INSPIRATION	BESTÄNDIGKEIT	PFLICHTBE-
SOUVERÄN	ZÄRTLICH-	HELDENMUT	WUSSTSEIN
ANZIEHUNGS-	KEIT	ACHTBARKEIT	INTELLIGENZ
KRAFT	DISZIPLIN	UNSICHERHEIT	ANSTAND
ERBARMUNGSLOS	SADISMUS	KRITIKSUCHT	ZYNISMUS
FANATISMUS	ARGWOHN	SELBSTGERECHTIG-	UNSOZIAL
KOMPROMISSLOS	RACHSUCHT	KEIT	TAKTLOS

Wenn das komplizierte Gefühlsleben des Skorpions mit dem offenherzigen, direkten und altruistischen Hund-Charakter zusammentrifft, wird es ein Reinfall. Der Hund, dieser sorgenvolle, von Zweifeln geplagte und gutherzige Kerl, wird zunächst einmal völlig verblüfft darüber sein, daß er ein Skorpion-Geborener ist. »Ein Skorpion?« fragt unser Hundebaby erstaunt. »Was ist das?«

Natürlich haben diese beiden Zeichen auch positive Gemeinsamkeiten. Sowohl Skorpione als auch Hunde sind hingebungsvolle treue Leute. Der Skorpion verleiht dieser Hingabe Feurigkeit und unverhohlene Eifersucht, falls seine Treue betrogen werden sollte. Sowohl Hund- als auch Skorpion-Geborene vertreten gerne einen festen Standpunkt. Der Hund ist noch eine Nuance mehr besserwisserisch, als der geheimnistuerische Skorpion. Aber der Skorpion kann ein ziemlicher Schwätzer sein, und darüber hinaus meckern Hunde eine Menge herum. In Verbindung mit der spitzen Zunge des Skorpions, die die verbalen Ohrfeigen des Hundes verteilt, kann man erkennen, daß es sich hier nicht um einen Menschen handelt, der jedes Wort auf die Waagschale legt.

Der Skorpion/Hund-Charakter ist ätzend und sarkastisch. Gleichzeitig ist dieser Mensch aber auch sehr nett und voller Mitgefühl und Fürsorglichkeit für andere. Wenn man ihn ärgert (und das ist bei dieser querköpfigen, unruhigen Seele nicht schwer), beißt der Skorpion/Hund um sich. Diese Menschen können ausgesprochene Raufbolde sein und, obwohl sie selten wirklich körperliche

Gewalt gebrauchen, können sie in ihren Kommentaren extrem sadistisch sein. Man könnte sagen, daß der Skorpion/Hund-Mensch seine Zunge und seine Schlagfertigkeit gebraucht, um sich seinen Weg durchs Leben zu bahnen.

Skorpion/Hunde sind analytisch und sehnen sich schon sehr früh danach, die Welt zu verändern. Sie sind kritisch. Kompromisse einzugehen, finden sie fast unmöglich. Sie sind von Natur aus keine freundlichen und extrovertierten schwanzwedelnden Hunde. Skorpion/Hunde kommen immer gleich zur Sache. Sie sind leicht verletzt. Aber wenn sie erst die Dreißig überschritten haben, haben sie sich gewöhnlich mit ihrem unzufriedenen Wesen abgefunden. Dann tritt ihre Skorpionseite in Aktion, und sie beginnen, ihre kritische und sarkastische Natur publik zu machen. Im Falle von Skorpion/Hunden ist Resignation nur von Vorteil. Sie ermöglicht ihnen, nicht nur über die Welt, sondern auch über sich selbst zu lachen. Mit dem Alter entwickeln sie eine Lebenseinstellung, die sie dazu geeignet macht, komische und geistreiche Satiriker zu werden.

Aber dieser verrückte Hund-Geborene hat auch etwas Goldiges an sich. Man kann von ihnen behaupten, daß in seinem Inneren menschliches Verständnis und ein aufrichtiger guter Wille vorhanden sind – trotz seiner spitzen Bemerkungen und seiner trockenen, witzigen Kommentare. Der Skorpion/Hund-Mensch möchte niemandem etwas zu Leide tun. Er liebt die Menschheit. Aus diesem Grund reißt er sie in Stücke, um ein besseres Verständnis über ihre inneren Zusammenhänge erlangen und gegebenenfalls etwas ändern zu können. Es besteht kein Zweifel daran, daß Skorpion/Hunde Gutes tun wollen.

Aber, wie wir wissen, ist dort, wo viel Gutes ist, auch viel Schlechtes vorhanden. Das Böse führt den guten Menschen in Versuchung und stellt seine Rechtschaffenheit auf die Probe. Der Skorpion ist ein Verführer ersten Ranges. »Komm schon! Greif schon in die Kasse! Keiner wird es jemals erfahren. Mach dir nicht so viele Sorgen. Nimm dieses Collier einfach . . .« Skorpion/Hunde leiden sehr unter ihrem inneren Teufel. Sie müssen all ihre Kraft aufbieten, diesen inneren Schweinehund zu überwinden. Sie finden, daß Lachen ein ausgezeichnetes Gegenmittel gegen das Böse ist.

Liebe

Ich liebe diese Skorpion/Hund-Geborenen! Sie sind warmherzig und nervös, und man möchte sie immer trösten und besänftigen. Natürlich würde der gesamte Seelenbalsam nicht ausreichen, um diesen argwöhnischen Hund zu beruhigen. Auch würde er nicht dazu dienen, seine spitze Zunge im Zaum zu halten. Was sich dieser Mensch von seinem Liebhaber wünscht, ist, daß er sein Gefährte ist. Er möchte jemanden, den er respektieren kann, der sich ihm nicht zu Füßen wirft und der hundertprozentig seinen Teil zur Beziehung beiträgt. Der Skorpion/Hund-Mensch verteilt keine Freikarten. Wenn er einmal von der Liebe enttäuscht ist, möchte er keinen zweiten Versuch mehr unternehmen. Skorpion/Hunde müssen auf sanfte Weise davon überzeugt sein, daß sie in der Liebe glücklich werden können. Da dieser Mensch immer herummekkert und die Fehler in einer Beziehung sucht, müssen Sie so ausgeglichen wie möglich sein, wenn Sie einen Skorpion/Hund-Geborenen lieben. Legen Sie sich einen Schutzpanzer zu, der die scharfen Pfeile seines Sarkasmus abwehrt, und – ich betone es – seien Sie ja nicht defensiv. Tun Sie so, als würden Sie gar nichts hören. Skorpion/Hunde werden durch Gleichgültigkeit abgelenkt.

Passende Partner

Mit Tigern, die in den Zeichen Krebs, Jungfrau, Steinbock und Fische geboren sind, könnten Sie eine harmonische Beziehung eingehen, Krebs, Steinbock und Fische/Katzen und Pferde wissen Ihre besondere Toleranz und Ihr Verständnis zu schätzen. Dagegen gehen Ihnen Zwillinge und Wassermann/Drachen auf die Nerven. Ihre vertrauenswürdige Persönlichkeit hält Stier/Hähne oder Schweine nicht gerade für ein würdiges Subjekt Ihrer Treue. Wassermann/Ziegen führen Sie zwar in Versuchung, aber Sie sollten lieber Ihre Finger davon lassen!

Heim und Familie

Zu Hause fühlt sich der Skorpion/Hund-Mensch weniger von der Schlechtigkeit der Welt bedroht. Er schafft sich eine behagliche und komfortable Umgebung. Der Skorpion/Hund-Mensch legt nicht besonders viel Wert auf Kinkerlitzchen, sondern möchte vielmehr, daß sich andere bei ihm zu Hause willkommen fühlen. Bestimmt hat er einen offenen Kamin und eine Unmenge Bücher. Aber wahrscheinlich sehen Sie nichts herumliegen, was aus Gold ist – denn sein Gold hat er in der Matratze versteckt.

Skorpion/Hund-Eltern vergöttern ihre Kinder. Kinder bedeuten für diesen Idealisten die Hoffnung für die Zukunft. Kinder sind noch unverdorben. Der Skorpion/Hund wird sich mit der Erziehung und Führung seiner Kinder große Mühe geben. Er glaubt ernsthaft daran, daß er durch eine vorzeitige gute Erziehung Einfluß auf den Verlauf eines Lebens nehmen kann. Er trägt viel Schmerz aus seiner eigenen Kindheit mit sich und möchte das an seinen eigenen Kindern wiedergutmachen.

Das Skorpion/Hund-Kind ist kein niedliches Pummelchen, sondern eher etwas knochig und zäh. Dieses Kind hat viele Zukunftsträume, und kluge Eltern sollten diese Träume unterstützen, indem sie ihm ermöglichen, in Kontakt mit der Natur und dem Guten in der Welt zu bleiben. Die ausgesprochene Sensibilität des Skorpion/Hund-Kindes kann leicht verderben, wenn es zu sehr mit der Realität konfrontiert wird, bevor es alt genug ist, seine eigenen Schlachten zu kämpfen. Beschützen Sie daher Ihr Skorpion/Hund-Kind, und versuchen Sie, ihm beizubringen, über sich selbst zu lachen.

Beruf

Der Skorpion/Hund-Mensch sollte in seinem Büro seine analytische und kritische Fähigkeit entfalten können. Wenn der Skorpion/Hund-Mensch erst einmal erwachsen ist, wird er sich bereitwillig dafür einsetzen, Ordnung in das soziale Chaos zu bringen, das er so deutlich erkennt. Dieser Mensch hat ein Problem im Handumdrehen erfaßt.

Der Skorpion/Hund-Mensch ist weniger herrisch als schnippisch. Autorität als solche bedeutet ihm nicht besonders viel. Er braucht bei der Arbeit Handlungsfreiheit und sollte nicht in die Routine gepreßt werden, andere zu beherrschen, und man sollte ihm auch keine Routinearbeit aufzwingen. Soviel Monotonie läßt keinen Platz mehr für die Herausforderung im Leben, die der Skorpion/Hund-Mensch braucht. Er ist mit Sicherheit ein zuverlässiger Angestellter, aber Stempeluhren und nörgelnde Bürovorsteher vergraulen ihn. Da Skorpion/Hunde von Natur aus fleißig sind, können Sie sicher sein, daß dieser Mensch alles daransetzen wird, nicht unbeschäftigt zu sein.

Einige Berufe für Skorpion/Hunde: Schriftsteller, Städteplaner, Toningenieur, Photograph, Humorist, Journalist, Psychiater, Sozialarbeiter.

Berühmte Skorpion/Hunde: Voltaire, Magritte, Carl Sagan, Sally Field.

SKORPION/SCHWEIN

»Ich erschaffe« *Wasser, Pluto, Fix*		*»Ich zivilisiere«* *Wasser negativ, Yin*	
HINGABE	INSPIRATION	SKRUPEL	SINNLICHKEIT
SOUVERÄN	ZÄRTLICH-KEIT	GALANTERIE	KULTUR
ANZIEHUNGS-KRAFT	DISZIPLIN	AUFRICHTIGKEIT	EHRLICHKEIT
ERBARMUNGSLOS	SADISMUS	LEICHTGLÄUBIG-KEIT	MATERIA-LISTISCH
FANATISMUS	ARGWOHN	ZORN	FEINSCHMECKER
KOMPROMISSLOS	RACHSUCHT	ZÖGERN	DICKKÖPFIGKEIT

In seinem Buch »Die Farm der Tiere« schreibt George Orwell im Spaß, daß »alle Schweine gleich erschaffen sind . . ., aber einige etwas gleicher sind als die anderen«. Dieses Schwein hier besitzt eine natürliche Großartigkeit. Es ist düsterer als die meisten. Der Skorpion hat genau das, was der Arzt dem dummen und leichtgläubigen Schwein verschrieben hat: Argwohn. Dies ist eine gute Verbindung. Dieser Mensch wird es im Leben sicherlich weit bringen. Überdies kann er sich der Bewunderung seiner Mitmenschen erfreuen.

Oft sind Skorpion-Menschen, die in Schwein-Jahren geboren sind, ausgesprochen gutaussehend. Sie haben eine Anziehungskraft, um die andere, etwas direktere Schweine, sie beneiden würden. Darüber hinaus weiß das Skorpion/Schwein, wie man sich kleidet. Beide Zeichen haben einen guten Geschmack dafür, wie man sich verführerisch anzieht. Schauen sie einmal nach eleganten, tief dekolletierten Roben und schicken Smoking-Jacketts.

Es wäre mir lieber, wenn ich es nicht sagen müßte, aber unser Freund, der Skorpion/Schwein-Mensch, nimmt den Mund ziemlich voll und ist recht draufgängerisch. Dieser Bursche weiß, was er will, und zögert nicht, alles daran zu setzen, es auch zu bekommen. Er kann laut und großspurig sein. Er liebt es, Witze zu reißen und zweideutige Geschichten zu erzählen. Der Skorpion/Schwein-Mensch ist ein ziemlicher Schürzenjäger. In jungen Jahren stößt er sich die Hörner mehr ab, als ihm zusteht. Der Grund für das aggressive und dynamische Verhalten der Skorpion/Schweine ist ihr starker Ehrgeiz. Diese Menschen sind nicht gerne arm. Sie kämpfen sehr hart, um ihre Ideen zu verwirklichen. Sie haben keine Angst davor, den Direktor des Metropolitan Museum of Art aus irgendeinem obskuren Nest anzurufen und ihm mitzuteilen, daß er der beste Maler in Illinois ist – vielleicht sogar in der ganzen Welt – und daß er der Meinung ist, der Kurator sollte ihm eine eigene Ausstellung geben. Seltsamerweise funktioniert diese Angriffstaktik sogar, und sogar sehr gut. Auf jeden Fall wird das Skorpion/Schwein alles versuchen, um seine eigenen Interessen verwirklichen zu können.

Der Skorpion/Schwein-Mensch ist weniger tugendhaft als andere Schweine. Er weiß, wie man schwindelt, und ist versucht, es auch zu tun, um seine materiellen Ziele zu erreichen. Leider ist das Schwein von dieser Unredlichkeit tief enttäuscht. Die geringste Unaufrichtigkeit kann einen Skorpion/Schwein-Menschen völlig aus dem Gleichgewicht bringen. Er scheut nicht vor krummen Geschäften zurück. Mit Schuld kann er nicht besonders gut umgehen. Das Beste ist, wenn er seine Finger von Betrügereien läßt. Wenn er sich Schwierigkeiten provoziert, wird er sie gewöhnlich auch bekommen.

Jede Handlung eines Skorpion/Schwein-Menschen ist eigennützig, auch wenn es sich um eine Einladung oder einen Gefallen handelt. Dieser Mensch ist nicht böse, aber er ist sehr begierig darauf, zu erreichen, was er will. Er ist in der Tat sehr unbarmherzig. Seine Parties sind spektakulär und seine Geschenke sehr großzügig. Aber all dem haftet immer etwas Egozentrisches an. Möglicherweise braucht er eine Telefonnummer für eine Autoreparaturwerkstatt, oder Sie haben einen Bekannten, der seiner Tochter eine Stelle verschaffen könnte. Skorpion/Schweine geben nie nur um des Gebens willen.

Der Skorpion/Schwein-Mensch kann enorm rechthaberisch und wütend sein. Skorpione sind nicht berühmt für Selbstkontrolle. Aber ein Skorpion, der in einem Schwein-Jahr geboren ist – du meine Güte! Wenn Sie zufällig einem dieser Menschen begegnen und er einen seiner berühmten Wutanfälle bekommt, schließen Sie die Luken, und rennen Sie um Ihr Leben. Die Wut eines Skorpion/Schwein-Menschen ist mörderisch – aber das kommt, Gott sei Dank, nicht häufig vor. Alles in allem ist der Skorpion/Schwein-Mensch ein fröhlicher und attraktiver Typ. Er hat einen starken Willen, ist liebevoll und kompromißfähig – wenn es zu seinem Nutzen ist. Er haßt es zu verlieren, und es passiert ihm auch selten. Er kann engstirnig und konservativ sein, aber es ist eine Freude, in seiner Gesellschaft zu sein.

Liebe

Der Skorpion/Schwein-Mensch tut auf allen Gebieten, in denen er sich engagiert, nur sein Bestes. Aber er ist selbstsüchtig. Und er ist fordernd. Die Sache ist die, daß diese Menschen sehr intelligent und komisch sind. Sie sehen auch gut aus. Sie lieben Sex und alles, was davor und danach kommt. Sie sind teuflisch und verführerisch. Sie lieben tief und ausschließlich.

Sollten Sie von einem dieser Skorpione begeistert sein, schlage ich Ihnen vor, daß Sie niemals seine Eifersucht wecken. Ihre Eifersucht ist genauso monströs wie ihre Wutanfälle. Skorpion/Schweine wollen bewundert werden und hassen es, wenn man sie für selbstverständlich nimmt. Sie spielen mit den Gefühlen aller Menschen, mit denen sie zusammen sind, aber umgekehrt können sie es nicht ertragen, wenn man mit ihnen spielt. In einen Skorpion/Schwein-Menschen verliebt zu sein, ist schon eine heikle Angelegenheit. Fragen Sie König Ludwig XVI.: Marie-Antoinette war eine Skorpion/Schwein-Dame.

Passende Partner

Ihre wohlmeinende Art wird Krebs, Jungfrau, Steinbock und Fische/Ziegen gefallen. Auch mit Krebs, Jungfrau und Fische/Katzen harmonisieren Sie gut. Diese sind häuslich und suchen die Verschönerung im Leben, die Ihnen eigen ist. Versuchen Sie den attraktiven Stier und Löwe/Schlangen zu widerstehen. Sie könnten Ihre Menschenfreundlichkeit ausnutzen. Stier/Pferde könnten unter dem Joch der Ehe zusammenbrechen, das sie mit einem Menschen wie Ihnen erwartet. Ich rate Ihnen, Ihre Begeisterung für Wassermann/Affen zu zügeln.

Heim und Familie

Schmuck ist im Leben eines Skorpion/Schwein-Menschen ein Muß. Sein Heim ist eines der äußeren und sichtbaren Zeichen seines Erfolgs. Die Aussicht darauf, sich ein wirkliches Zuhause zu schaffen, wo jeder Zaun, jedes Kunstobjekt und jeder Ritz von dem Menschen zeugt, der es bewohnt, ist für den domestizierten Skorpion/Schwein-Menschen ein reines Vergnügen. Seine Möbel sind eher konventionell, die mit Monogramm versehene Bettwäsche frisch gebügelt und von feinster Qualität. Der Skorpion/Schwein-Mensch macht viel aus seinem Zuhause. Er ist klug und ein geschickter Handwerker und Innenarchitekt. Skorpion/Schweine geben gerne große Empfänge und laden all die »wichtigen« Leute ein.

Skorpion/Schweine haben auch gerne Kinder. Sehr wahrscheinlich sind sie sehr herrisch und dominant. Aber sie lieben ihre Kinder leidenschaftlich. Für den Skorpion/Schwein-Menschen bedeutet jedes Kind eine weitere Zierde seiner Person. Er ist stolz und fordernd und gleicht seine Strenge durch viel Zärtlichkeit und Fürsorglichkeit aus. Der Skorpion/Schwein-Mensch verbringt viel Zeit mit seinen Kindern, hat aber Schwierigkeiten zu akzeptieren, daß sie erwachsen werden. Seine Selbstsicherheit wird durch die kritische Haltung von Teenagern bedroht. Er möchte, daß man ihm gehorcht – und das man niemals anderer Meinung ist.

Das Skorpion/Schwein-Kind ist ein wahres Vergnügen. Erstens ist es mit Sicherheit sehr hübsch. Zweitens kichert es mit Vorliebe und genießt mit Freuden die Annehmlichkeiten der Kindheit. Fahren Sie mit ihrem Skorpion/Schwein-Kind hinaus in die Natur, und gehen Sie mit ihm schwimmen. Es wird sich nach dem Baden vergnüglich im hohen Gras räkeln. Von seinen Wutanfällen einmal abgesehen, haben wir hier ein süßes Kind, daß in seinem jungen Leben kaum mehr braucht als liebevolle Eltern und ein geborgenes Heim.

Beruf

Der Beruf dieses Menschen ist nur ein Mittel, mit dem er zum Erfolg gelangt. Der Skorpion/Schwein-Mensch hat nichts für ein niedriges Gehalt und lebenslange Sicherheit übrig. Er bemüht sich darum, an die Spitze zu gelangen, eine Menge Geld zu verdienen und in einer luxuriösen Umgebung zu leben. Er ist ehrgeizig und tatkräftig. Am Anfang seiner beruflichen Laufbahn wird er Schwierigkeiten haben, eine Spitzenposition zu erhalten. Er wird für andere Vorgesetzte eine Bedrohung sein, und seine Wut kann ihm Schwierigkeiten bereiten. Wenn der Skorpion/Schwein-Mensch lernt, seine Wut zu mäßigen, werden die Menschen weniger Bedenken haben, ihm Aufgaben zu übertragen, die Autorität erfordern. Auf jeden Fall sind diese Menschen meist reich, wenn sie in die mittleren Jahre kommen. Ihr Reichtum steht in direktem Zusammenhang mit dem Territorium, das sie sich erkämpft haben.

Herrisch? Ja. Aber dennoch menschlich und so kreativ, daß ihr herrisches Verhalten oft verständlich ist. Skorpion/Schweine wollen, daß alles zur Zufriedenheit erledigt wird. Sie sind ungeduldig und können sehr ungehalten werden. Ob als Chef, Angestellter oder Selbständiger, dieser Mensch wird Erfolg haben oder zumindest bis an sein Lebensende versuchen, Erfolg zu erlangen.

Einige Berufe, die zu Skorpion/Schweinen passen: Maler, Schauspieler, Schauspielerin, Viehzüchter, Restaurantbesitzer, Raumausstatter, Börsenmakler, Politiker.

Berühmte Skorpion/Schweine: Marie-Antoinette, Alain Delon, Richard Dreyfuss, Vico von Bülow (Loriot).

SCHÜTZE/RATTE

»Ich sehe«
Feuer, Jupiter, Veränderlich

»Ich regiere«
Wasser positiv, Yin

FRÖHLICHKEIT	HELDENMUT	ANZIEHUNGS-KRAFT	SOZIAL
FREIGEBIGKEIT	EHRGEFÜHL	EINFLUSS	INTELLEKTUELLE BEGABUNG
EIFER	VERNUNFT	SPARSAMKEIT	CHARISMA
UNVERBLÜMTHEIT	UNSCHLÜSSIGKEIT	NERVOSITÄT	MACHTHUNGER
SORGLOSIGKEIT	LEICHTSINN	WORTSCHWALL	LIST
SCHLECHTE MANIEREN	WIDERSPRÜCH-LICHKEIT	GEWINNSUCHT	EINMISCHUNG

Die Verbindung der beiden Zeichen Schütze und Ratte ergibt einen gesunden und lebhaften Menschen, der voller Energie und Tatendrang ist. Der Schütze, der im Ratte-Jahr geboren ist, sitzt fast nie still. Er liebt es, in Gesellschaft zu sein, und ist fast immer von Gästen, Freunden und Familienangehörigen umgeben. Der Schütze/Ratte-Mensch ist weniger auf seinen Charme bedacht als andere Ratte-Geborene. Er ist ungeduldig, wenn es darum geht, etwas zu erreichen, macht sich aber nicht viel daraus, was andere Menschen von ihm denken. Er hat ein starkes Selbstbewußtsein ohne großes Getue. Wenn Sie Menschen mögen, die einfach und geradeheraus sind, werden Sie die Gesellschaft einer Schütze/Ratte schätzen. Wenn nicht, sollten Sie sich auch nicht mit diesem Menschen einlassen, denn er hat keine Zeit, anderen Menschen schönzutun.

Obwohl Schütze/Ratten die besten Gastgeber und Unterhalter sind, sind sie an sich sehr verschlossen und reserviert. Schütze/Ratten sind nicht gerade die Party-Hengste schlechthin. Für den Schütze/Ratte-Menschen geht es nicht darum, selbst auf einer Party im Mittelpunkt zu stehen. Vielmehr liegt ihm daran, andere Menschen glücklich zu machen, zu beobachten, wie sie sich amüsieren, und zuzuschauen, was sich zwischen ihnen abspielt. Der Schütze/Ratte-Mensch ist der erste, der in den Keller geht, um den

Wein zu holen, und der Ihnen einen bequemen Sessel anbietet. Machen Sie es sich bequem und genießen Sie es!

Ebenso fürsorglich geht er mit den Menschen um, die ihm nahestehen. Dieser Mensch besitzt eine Ruhe, um zehn aufgebrachte Hunde beruhigen zu können. Er scheint immer alles im Griff zu haben. Nicht, daß er seinen Lieben stundenlang über den Kopf streichelt, aber er strahlt eine Sicherheit aus, bei der man immer das Gefühl hat, sich hundertprozentig auf ihn verlassen zu können. Er wird niemals vergessen, vor dem Zubettgehen die Lichter auszumachen und die Haustür abzuschließen.

Menschen, die unter dem Zeichen Schütze/Ratte geboren sind, sind opportunistisch. Sie können eine Situation schnell einschätzen und erkennen den Wert eines Menschen oder einer Sache sofort. In Notfällen handeln sie rasch und klug und behalten trotz ihrer fieberhaften Aktivität immer einen kühlen Kopf. Sie wissen, wie man einem Problem auf den Grund geht, und finden immer eine Lösung. Sie sind in der Lage, eine glückliche Gelegenheit beim Schopfe zu packen und für sich zu nutzen.

Schütze/Ratten sind Glücksspieler. Sie stürzen sich auf eine Sache, wenn sie das Gefühl haben, daß die Zeit dafür reif ist. Oft ernten sie viel Erfolg, weil sie einen so guten Riecher hatten. Sollten Sie sich über eine neue Bekanntschaft einmal nicht ganz im klaren sein, bitten Sie einen Schütze/Ratte-Menschen, sich Ihren neuen Bekannten einmal anzusehen. Er weiß genau, wann Sie einen Treffer gelandet haben.

Die Schütze/Ratte ist sehr reiselustig. Es kann sein, daß sie ihr Elternhaus schon sehr früh verläßt, um sich, frei von Familienbanden, ein eigenes Leben aufbauen zu können. Schütze/Ratten besitzen einen scharfen Verstand und gehen mit dem Leben sehr kreativ um. Sie haben das Zeug, in wohltätigen Aktivitäten eine führende Rolle zu spielen, da sie für Menschen, die weniger glücklich sind als sie, sehr viel Mitgefühl haben. Schütze/Ratten sind in der Lage, sehr viel Geld zu verdienen, aber sie können nicht sehr gut mit Geld umgehen. Sie neigen zu Verschwendungssucht und sind oft am falschen Platz zu großzügig.

Liebe

In Liebesangelegenheiten ist dieser Mensch sehr idealistisch. Schütze/Ratten sind in der Liebe schnell enttäuscht, und es kann sein, daß sie nie heiraten. Da sie allen gesellschaftlichen Zwängen gegenüber sehr mißtrauisch sind, scheuen sie die Sicherheit des häuslichen Herds und die Enge der Zweierbeziehung. Das Exotische fasziniert sie, und sie sind so abenteuer- und reiselustig, daß sie nur schwer einen Lebensgefährten finden, der zu ihnen paßt.

Sollten Sie sich in einen Schütze/Ratte-Menschen verliebt haben und seinem unvergleichlichen Zauber erlegen sein, rate ich Ihnen, zwei Sitzplätze nach Hongkong oder den Seychellen zu buchen und ihren Liebsten zu einer Reise einzuladen. Sie werden ihm niemals ausreden können, unter Palmen oder in einer Rikscha leben zu wollen. Aber Sie dürfen sich jederzeit auch dort niederlassen, wenn Sie gerne mehr in seiner Nähe sein wollen. Aber lassen Sie sich nicht zu fest nieder, denn der Schütze/Ratte-Mensch liebt die Veränderung. Wer weiß? Vielleicht ziehen Sie nächstes Jahr an die Costa del Sol um.

Passende Partner

Mit Widder, Löwe, Waage und Wassermann/Drachen harmonieren Sie gut. Mit diesen Zeichen können Sie enge Bindungen eingehen und profitieren von deren Schlagfertigkeit. Waage/Ziegen üben eine starke Anziehung auf Sie aus. Spannungen ergeben sich jedoch mit Zwilling, Jungfrau und Fische/Pferden und Katzen.

Heim und Familie

Die im Schütze geborene Ratte lebt in echtem Luxus. Der Schütze/Ratte-Mensch umgibt sich gerne mit den modernsten Gemälden junger Künstler und Stilmöbeln aus Italien oder Schweden. Jedoch opfert er dem Luxus niemals die Bequemlichkeit. Er sorgt immer für das Wohl seiner Familie und schafft sich eine häusliche Umgebung, die für große Empfänge geeignet ist. Schütze/Ratten haben nichts dagegen, wenn sie in ihren Palästen auch Hilfe haben. Zu ihren Bediensteten sind sie ebenso freundlich wie zu ihrer Familie. Sie sind keine Snobs. Zu ihren Kindern sind Schütze/Ratten wie zu allen Menschen, die ihrer Hilfe und Aufmerksamkeit bedürfen, sehr fürsorglich. Sie engen ihre Kinder nicht ein und regen sich kaum über sie auf. Aber diese gütigen Eltern lassen ihre Kinder keine Minute aus den Augen. Sie sind nachsichtig und liebevoll, aber auch streng. Kinder, die Schütze/Ratte-Eltern haben, werden immer grüßen, wenn ein Erwachsener den Raum betritt.

Das Schütze/Ratte-Kind verstreut seine Spielsachen überall und hat schon einen großen Einfluß auf andere, kaum daß es aus den Windeln ist. Es läßt sich nicht gerne einengen und lernt schon sehr früh, aus seinem Laufstall und über hohe Geländer zu klettern. Die

Reiselust zeigt sich bei diesem neugierigen und aktiven Kind schon sehr früh. Sie machen gerne Ausflüge und Urlaubsreisen mit ihren Eltern, bis sie alt genug sind, alleine durch die Welt zu reisen. Achten Sie auf Anzeichen von Auflehnung, wenn es erwachsen wird. Dieses Kind kann in keiner heuchlerischen Umgebung existieren. Wenn ihm die familiäre Atmosphäre zu spannungsgeladen ist, kann es sein, daß es im Alter von sieben Jahren seine Teddybären unter den Arm nimmt und das Elternhaus verläßt. Dann ist es Zeit, die Karten offen auf den Tisch zu legen!

Beruf

Die Qualitäten der Schütze/Ratten sind sehr selten. Ihre Fähigkeit, Menschen zu durchschauen und schon bei einem flüchtigen Eindruck die Wahrheit herauszufinden, ist nicht gerade weitverbreitet. Das beste Betätigungsfeld für Schütze/Ratten sind Berufe, bei denen Entscheidungen getroffen werden müssen. Diese Menschen sind ausdauernd und mutig. Abenteuerliche Berufe kommen ihrem Freiheitsbedürfnis entgegen.

Der Schütze/Ratte-Chef übt nicht gerne Macht über andere aus, außer er erkennt ihre ehrliche Notwendigkeit. Wenn man ihm vorwirft, autoritär zu sein, ist ihm diese Situation unerträglich. Obwohl der Schütze/Ratte-Mensch kein Hitzkopf ist, kann es vorkommen, daß er einen Angestellten hinauswirft, wenn dieser zuviel herummeckert und jammert. Was er will, ist Kontakt, keinen Gehorsam. Dieser Mensch ist kein zufriedener Angestellter. Er wird immer versuchen, in die Chefetage zu kommen. Er ist fleißig und pflichtbewußt, bleibt aber niemals lange in einer untergeordneten Position. Wenn dieser Mensch selbständig arbeitet, gelangt er auf bewundernswerte Weise zu Erfolg.

Einige Berufe, die Schütze/Ratten gefallen könnten, sind: Journalist, Skilehrer, Soziologe, Nachrichtensprecher, Sozialarbeiter, Krankenwagenfahrer, Vulkanforscher, Geologe, Sportreporter, Personalchef, Rechtsanwalt, Tierarzt.

Berühmte Schütze/Ratten: Toulouse-Lautrec, Eugene Ionesco, Carlo Ponti.

SCHÜTZE/OCHSE

»Ich sehe«
Feuer, Jupiter, Veränderlich

»Ich bewahre«
Wasser negativ, Yin

FRÖHLICHKEIT	HELDENMUT	INTEGRITÄT	PIONIERGEIST
FREIGEBIGKEIT	EHRGEFÜHL	ZIELSTREBIG-	FLEISS
EIFER	VERNUNFT	KEIT	BEREDSAMKEIT
UNVERBLÜMTHEIT	UNSCHLÜSSIGKEIT	STABILITÄT	RESERVIERT-
SORGLOSIGKEIT	LEICHTSINN	STARRSINN	HEIT
SCHLECHTE	WIDERSPRÜCH-	FANATISMUS	BEFANGENHEIT
MANIEREN	LICHKEIT	SCHUFTEREI	RACHSUCHT

Ochsen können wirklich große Leistungen vollbringen. Aber Schütze/Ochsen können noch mehr. Sie sind sowohl feurig als auch gelassen. Sie sind unvorstellbar beredt. Sie sind direkt, human, freigebig und stark. Und noch dazu streben sie nach Macht, Einfluß und Ansehen. Auch gegen Geld haben sie absolut nichts einzuwenden.

Hier verbinden sich Voraussicht und Vernunft miteinander, wodurch sich der Schütze/Ochse von anderen besonnereren und streitsüchtigeren Ochsen unterscheidet. Dieser Ochse ist mit einem ganz besonderen Flair geboren und besitzt Charme, Stil und Anziehungskraft. Was Schütze/Ochsen im Leben anfassen, gelingt ihnen auch. Für sie ist Erfolg etwas ganz Einfaches. Mißerfolg ist etwas, das sie nicht kennen und sich daher auch nicht vorstellen können. Für den Schütze/Ochsen ist das Leben gleichbedeutend mit Erfolg. Man fängt klein an, arbeitet hart und erreicht genau das, was man sich vorgenommen hat. Ganz einfach, oder?

Nun, lieber Schütze/Ochse, ich frage mich ernsthaft, warum dir immer alles gelingt, während andere eine Niederlage nach der anderen einstecken müssen? Gibt es unter den Schütze/Ochsen mehr tapfere Männer und Frauen als unter anderen Zeichen? »Alles im Leben ist relativ«, antwortet der Schütze/Ochse. Das ist wahr. Schütze/Ochsen sind durch nichts zu erschüttern. Sie sind unvergleichlich idealistisch und frech. Sie haben vor nichts und niemandem Angst. Sie packen das Leben an wie eine Armee von Legionären, die eine strikte Diät aus Getreideprodukten und Vitamin B 12 einhalten. Aber sie sind keine Hektiker. Sie tun nichts anderes, als die »Wissenschaft des Erfolgs im Alleingang« zu praktizieren und haben dabei lediglich einen unerschütterlichen Glauben an dieses Erfolgsrezept.

Feurig und beständig, mutig und unbekümmert wie sie sind, können Schütze/Ochsen alles leiten, angefangen von einer Dixieland-Band bis hin zu einem Empire. Dabei behalten sie immer ihre gute Laune und ihr sicheres Auftreten bei. Schützen wollen Gutes tun, anderen helfen und die Welt und die Menschen verbessern. Mord verabscheuen sie. Und sie kennen keinen Schmerz. Sie lieben die Gefahr und nehmen alle möglichen unüblichen Chancen wahr, um ein gewünschtes Ziel zu erreichen. Sie riskieren Leib und Leben für ihre Ideale. Sie sind nicht nur an sich selbst interessiert, und ich muß ihnen dieses Kompliment machen: sie opfern viel von ihrer Bequemlichkeit und ihrer Sicherheit für Dinge, für die sie sich einsetzen. Schütze/Ochsen haben unterschiedliche Meinungen darüber, was man unter der Verbesserung der Menschheit verstehen sollte. Aber sie alle sind engagierte Weltverbesserer. Schütze/Ochsen können ziemlich rücksichtslos vorgehen und zögern nicht, sich zu einer unpopulären Meinung zu bekennen. Es kann aber auch sein, daß sie erzkonservativ sind. Wie auch immer, das Ziel bleibt das gleiche: seine Sachen durchzusetzen, gleich wie viele kleine Buben man dafür verschrecken muß.

Aber nein! Schütze/Ochsen gehen nicht über Leichen, nur um ihr Ziel zu erreichen. Sie bearbeiten die Leute so lange, bis sie vor Erschöpfung tot umfallen. Dann decken sie sie liebevoll mit einer hübschen blauen Decke zu und gehen ihrer Wege.

Liebe

Der Schütze/Ochse ist gewöhnlich verheiratet. Oder vielleicht sollte ich besser sagen: Sie sind »ungewöhnlich« verheiratet. Diese Menschen legen nämlich eine Treue an den Tag, die unvergleichlich ist. Damit meine ich, daß sie mit ihrer Liebe hausieren gehen. Sie machen eine Art Reklame dafür. Sie erzählen Ihnen, wie wunderbar Marsha ist, was für ein wundervoller Arzt Sam doch geworden ist und was Jim alles tut, um die Welt zu retten. Das kann sowohl für den Schütze/Ochsen als auch für seinen Gatten oder seine Gattin sehr schmeichelhaft sein. Sonst bin ich mir nicht sicher, ob sich der Schütze/Ochse so verhalten würde. Diese hartnäckigen Burschen stellen sich gerne ein bißchen zur Schau – nicht großspurig, außer sie haben etwas zu sagen, aber sie haben immer eine Menge zu sagen!

Wenn Sie einen Schütze/Ochsen lieben und er erwidert ihre Liebe nicht, werden Sie zutiefst unglücklich sein. Es ist sehr schwer, einen Menschen wie ihn zu verlieren. Aber wenn Sie doch noch eine kleine Chance sehen, diesen Volltreffer an Land zu ziehen, rate ich Ihnen, zu lernen, wie man in einem Team arbeitet, in dem Sie sicher nicht der Anführer sind. Tun Sie das, bevor Sie mit einem Schütze/Ochsen in den Ehestand treten. Lernen Sie, im Sommer den Fußspuren des Ochsen durch die Wüste zu folgen. Sie werden jeden Krümel brauchen, den Sie beiseite schaffen können.

Passende Partner

Ihre Lieblingspartner finden Sie unter Löwe, Waage und Wassermann/Ratten und Schlangen. Auch mit Wassermann/Hähnen kommen Sie bestens zurecht. Versuchen Sie es nicht mit Drachen. Die größten Schwierigkeiten haben Sie mit den Zeichen Zwilling, Löwe, Jungfrau und Fische. Zwilling und Jungfrau/Affen bringen Sie zur Raserei, ebenso Zwilling/Pferde, Zwilling und Jungfrau/Ziegen und Fische/Tiger.

Heim und Familie

Wie alles andere in seinem Leben, ist auch das Heim des Schütze/Ochsen ein Ort, wo Geschäftigkeit, gute Laune und persönlicher Stil herrschen. Gleich, wer alles in seinem Haus (oder seinen Häusern) wohnt, es ist ein genaues Abbild seiner Vorlieben, seines Geschmacks und seiner Lebenseinstellung. Wenn der Schütze/Ochse gerne segelt, gibt es im Wohnzimmer eben Bullaugen statt Fenster. Wenn Bogenschießen sein Steckenpferd ist, ziehen Sie lieber den Kopf ein!

Diese Führernaturen geben gute Eltern ab. Alles, was Schütze/Ochsen tun, hat Hand und Fuß. Warum sollten sie also nicht auch ein paar Kinder großziehen können? Was spräche dagegen? Nun, diese Menschen müßten eigentlich verständnisvoll und einfühlsam sein, aber sie sind eher unnachgiebig und ungeduldig mit Kindern. Aber sicherlich sind sie auch pflichtbewußt und nehmen ihre Aufgabe sehr ernst. Auch können sie gut Geschichten erzählen. Und Kinder lieben Geschichten!

Sie können sich kaum vorstellen, wie ehrgeizig ein Schütze/Ochse-Kind ist. Es ist wahrscheinlich ein guter Schüler (außer jemand, der über ihm steht, versucht, ihm einen Strich durch die

Rechnung zu machen) und leitet die Wohltätigkeitsveranstaltungen in der Schule. Zuhause ist dieses Kind eher introvertiert und liest viel. Es ist sicherlich sehr an Sport interessiert. Wettkämpfe machen dem Schütze/Ochsen Spaß – sogar, wenn er mit sich selbst um die Wette läuft.

Beruf

Dieser Mensch ist dazu geboren, es im Leben zu etwas zu bringen. Obwohl bei ihm der Beruf nicht an erster Stelle steht, wird diese Kämpfernatur wahrscheinlich Multimillionär werden. Der Schütze/Ochse ist so engagiert und hat wirklich auch noch das kleinste Detail im Kopf, daß er nicht einmal einen unbedeutenden Fehler auf seinem Kontoauszug übersieht und ihn sofort berichtigen läßt. Schütze/Ochsen streben nach Sicherheit, aber das ist nicht der springende Punkt. Ihr moralischer Antrieb ist ihr »Guter-Hirte-Komplex«. Sie kümmern sich um alles und jeden, ob das nun nötig ist oder nicht.

Als Chef? Schütze/Ochsen sind absolut machthungrig. Ihr Wille, andere zu beherrschen, ist sehr ausgeprägt. Selbstverständlich reicht niemand an einen Schütze/Ochsen heran. Wenn er daher nicht zum Präsidenten oder Direktor ernannt oder gewählt wird, nimmt er sich den Posten ganz einfach. Als Angestellter zu arbeiten fällt diesem herzlichen Ungeheuer nicht einmal im Traum ein. Wenn Schütze/Ochsen alleine arbeiten, haben sie die Antriebskraft einer ganzen Fabrik.

Berufe, die zu einem Schütze/Ochsen passen, sind: Berühmtheit jeder Art, Bestseller-Autor, Rennfahrer, Cartoonist, Wissenschaftler, Historiker, Präsident, Papst, König, Königin, Herrscher, Stationsschwester, Schwester Oberin, Ordnungshüter, Gott, Pilot.

Berühmte Schütze/Ochsen: Walt Disney, William Blake, Willy Brandt, Alexander Godunov, Gary Hart, Sammy Davis jr., Margaret Meade, Jane Fonda, Jean Marais.

SCHÜTZE/TIGER

»Ich sehe«
Feuer, Jupiter, Veränderlich

»Ich beobachte«
Holz positiv, Yang

FRÖHLICHKEIT	HELDENMUT	LEIDENSCHAFT	GLÜCK
FREIGEBIGKEIT	EHRGEFÜHL	MUT	WOHLWOLLEN
EIFER	VERNUNFT	ANZIEHUNGSKRAFT	AUTORITÄT
UNVERBLÜMTHEIT	UNSCHLÜSSIGKEIT	HEFTIGKEIT	PRAHLEREI
SORGLOSIGKEIT	LEICHTSINN	HITZKÖPFIGKEIT	ZÜGELLOSIGKEIT
SCHLECHTE MANIEREN	WIDERSPRÜCHLICHKEIT	UNGEHORSAM	WANDERVOGEL

Der im Tiger geborene Schütze ist ein Mensch, der stur aber charmant, daran festhält, ein Kind bleiben zu wollen. Diese Menschen lieben jede Form von Abenteuer und sind sehr, sehr reiselustig. Natürlich sind Kinder nicht in der Lage, solche hochfliegenden Pläne und Träume zu verwirklichen. Sie malen sich nur in ihrer Phantasie aus, wie es ist, in einem Raumschiff zu fliegen oder in tausend Metern Tiefe im Meer zu tauchen. Nun, mit Schütze/Tigern verhält es sich genauso. Sie träumen von großen Abenteuern. Aber sie kommen niemals über ihren eigenen Gartenzaun hinaus. O ja, sie unternehmen ausgedehnte Bergwanderungen, entdecken Ruinen und prägen sich jeden Stein ein. Aber diese lieben und ein wenig komischen Leute verlassen ihr Zuhause nie für lange.

Nicht, daß Schütze/Tiger nicht viel unterwegs wären. Im Gegenteil! Sie gehören zu den Menschen, die für eine Nacht mal kurz zu Jerry fahren und dann eine zwölfstündige Autofahrt über kurvenreiche Straßen in Kauf nehmen, um am nächsten Morgen pünktlich um acht Uhr ihr Geschäft aufzuschließen. Oder sie machen Geschäftsreisen, ohne Heimweh zu bekommen. Schütze/Tiger kleben nicht zäh an einer Sache. Aber sie bevorzugen den Weg des geringsten Widerstandes. Sie bleiben lieber bei den Menschen, bei denen sie sich sicher fühlen, anstatt auf die Jagd nach neuen Freunden zu gehen oder jemanden zu verführen, der ihnen nicht vertraut ist. Auch wenn sich vieles im Leben der Schütze/Tiger um Abenteuer dreht, bleibt es meistens nur Phantasie.

In gesellschaftlicher Hinsicht sind Schütze/Tiger abwechselnd extrovertiert und distanziert. Dieses wechselhafte Verhalten resultiert meiner Meinung nach daraus, daß sie durch ihre impulsive Tiger-Seite häufig zu Unternehmungen gedrängt werden. Doch wenn sie dann auf einer Party sind, langweilen sie sich sofort wieder und wünschten, sie könnten sich zu Hause ihren Träumen hingeben. Der Tiger versucht, diesen Menschen in die Gesellschaft zu treiben, aber der Schütze ist viel mehr daran interessiert, ihn mit Büchern und Plänen zu beschäftigen. Es kann vorkommen, daß sich der Schütze/Tiger bei geselligen Anlässen so unwohl fühlt, daß er sich aus lauter Verlegenheit daneben benimmt. Der Schütze/Tiger kann die Frau sein, die in einer Gesellschaft die »große Klappe« führt und dumme Witze reißt, sich aber insgeheim wünscht, sie könne irgendwo anders sein, nur nicht auf dieser blöden Party!

Der Schütze/Tiger ist ein genauer Beobachter. Es kann sein, daß er Veranstaltungen und gesellschaftliche Zusammenkünfte besucht, nur um des Beobachtens willen. Schütze/Tiger sind sich über alles bewußt und nehmen jede Kleinigkeit wahr. Sie sind von allem, was neu oder exzentrisch ist, fasziniert. Wenn sich ein Schütze/Tiger für etwas interessiert, geht er der Sache genau auf den Grund und findet alles heraus, was es darüber zu wissen gibt. Auf diese Weise sammelt er einen enormen inneren Wissensschatz an. Er kennt die Menschen, für die er sich interessiert, in- und auswendig. Dies ist ein einzigartiges Hobby, das den Schütze/Tigern eigentümlich ist. Ich nenne es »Menschen-Sammeln«.

Schütze/Tiger haben einen verwegenen und freimütigen Charakter. Sie sind ein Opfer der Verwegenheit und Übermütigkeit, der Hitzköpfigkeit und des Wankelmuts der beiden Zeichen Schütze und Tiger. Daher hat es manchmal den Anschein, als würden sie sich in die Angelegenheiten anderer Leute einmischen, obwohl sie nur versuchen, behilflich zu sein. Aber diese Charakterzüge verleihen allem, was sie im Leben tun, Schwung und Schlagkraft. Wie bei anderen Tiger-Geborenen, liegt das innere Ziel dieser Menschen in der Mäßigkeit. Mach ein wenig langsamer, Schütze/Tiger, und denke erst, bevor du handelst. Drehe jedes Wort lieber siebenmal im Mund um, bevor du es aussprichst, und sei dir nicht so sicher, daß die Meinung der anderen immer verkehrt ist. Jedesmal, wenn du dich ins Leben stürzt, versuche daran zu denken, ein Quäntchen Weisheit aufzuschnappen.

Liebe

Die Liebe ist ein schwieriges Gelände für Schütze/Tiger. Erstens haben sie nicht leicht Vertrauen zu anderen Menschen. Tiger achten immer auf die Fehler und Schwächen der anderen und registrieren das kleinste negative Anzeichen. Tiger besitzen eine magnetische Anziehungskraft. Schützen sind freigebig und fürsorglich. Der Schütze/Tiger gibt sich den Anschein, als wäre er für eine Beziehung offen. Aber verstehen Sie ihn nicht falsch. Was Sie sehen, ist nur die Spitze eines riesigen Eisbergs. Die Großzügigkeit des Schütze/Tigers kann sich sehr schnell ins Gegenteil verkehren. Wenn man sie enttäuscht, werden sie leicht zynisch. Sie wollen mit äußerster Sorgfalt behandelt werden. Auf ihrem T-Shirt sollte die Aufschrift stehen: »Betrachten Sie mich nicht als selbstverständlich!« Der Schütze/Tiger ist ein falscher »kleiner Prinz«. Aber andererseits trägt dieses gütige und aufgeblasene Wesen sein Herz auf der Zunge.

Wenn Sie sich zu einem Schütze/Tiger hingezogen fühlen, gehen Sie langsam vor. Wenden Sie alle möglichen Tricks an, und handeln Sie vorsichtig. Der Schütze/Tiger braucht Sicherheit und will liebevoll umsorgt sein, aber er wird niemals direkt darum bitten. An ihrer Stelle würde ich mir eine vernünftige Erklärung einfallen lassen, warum dieser »Licht-in-Ihrem-Leben-Typ« zu Ihnen nach Hause kommen sollte: bitten sie ihn, Ihnen das Kochen beizubringen, oder fragen Sie ihn, ob er nicht einmal vorbeikommen könnte, um Ihnen zu zeigen, wie man einen Park anlegt.

Passende Partner

Auf die Liebe von Widder, Löwe, Waage und Wassermann/Pferden können Sie sich verlassen. Sie entsprechen Ihren Vorstellungen und erteilen Ihnen gute Ratschläge. Auch Löwe, Waage und Wassermann/Hunde erwärmen Ihr Herz. Sie können sich ihrer Hingebung sicher sein. Aber lassen Sie die Finger von Jungfrau, Zwilling oder Fische/Ochsen, Katzen oder Schlangen. Jungfrau und Fische/Affen gehen Ihnen gegen den Strich. Und Zwilling/Ziegen erscheinen Ihnen unheilbar leichtsinnig.

Heim und Familie

Dem Schütze/Tiger bedeutet sein Heim nicht besonders viel. Sicherlich will er es bequem und praktisch haben, aber da er oft bis in die mittleren Jahre hinein Junggeselle bleibt und eigentlich nicht wirklich erwachsen werden will, kümmert ihn seine Wohnungseinrichtung nicht besonders. Doch er hat immer ein paar Drinks kalt gestellt und besitzt eine ausgezeichnete Stereoanlage, um gute Musik zu hören. Was ein Schütze/Tiger jedoch am nötigsten braucht, ist ein Nest, in dem er von einsamen Inseln träumen kann, wo sein Nest aus Stroh gemacht ist und die Sonne niemals untergeht.

Der Schütze/Tiger hat keinen besonders ausgeprägten Familiensinn. Doch jeder Mensch kann Kinder haben. Wenn Schütze/Tiger also Kinder haben, gehören sie vermutlich zu der Sorte Eltern, die die besten Kumpel ihrer Kinder sind, mit ihnen zum Baseball-Spiel gehen und ihnen Wasserski-Fahren beibringen. Schütze/Tiger sind sehr besorgt um das Wohlergehen anderer. Sie werden sich immer Zeit nehmen, sich die Sorgen ihrer Kinder anzuhören, sie zu trösten, wenn sie traurig sind, und sie wirklich zu stärken, wenn sie sich mißverstanden fühlen. Schütze/Tiger-Eltern sind nicht autoritär. Sie sind der Meinung, daß jeder Mensch das Recht auf seine Freiheit hat – besonders sie selbst!

Das Schütze/Tiger-Kind ist warmherzig und liebevoll und eine Freude für seine Eltern. Es genießt die häuslichen Vergnügungen, wie zum Beispiel Spiele, eine Partie Monopoly mit Mama und Papa oder die gemeinsamen Vorbereitungen für das Weihnachtsfest. Das Beste an diesem Kind ist seine Bereitschaft, auf Gefahren zu achten und auf sich selbst und andere Kinder aufzupassen. Es ist erfinderisch und fleißig. Und es liebt elektronische Spiele.

Beruf

Der Schütze/Tiger-Geborene ist sowohl ehrgeizig als auch fleißig. Menschen dieses Zeichens besitzen einen starken Ehrgeiz und kümmern sich nicht darum, was andere über die Methoden denken, die sie anwenden, um ihre Ziele zu erreichen. Aus letzterem Grund eignen sich Schütze/Tiger für noch nicht erprobte und bewiesene Aufgaben, die Außenstehende womöglich nicht billigen würden. Sie nehmen oft große Risiken auf sich. Ein breites Betätigungsfeld entspricht ihrer unerschrockenen Forschernatur. Sie malen sich gerne aus, wie sie zu Ruhm und Ehren gelangen, machen sich aber nichts aus Befehlen oder heuchlerischer Unterwürfigkeit.

Den Schütze/Tiger kümmert es gewöhnlich nicht, wer der Chef ist. Was ihn am meisten interessiert, ist, mit seiner Arbeit voranzukommen und dabei nicht an Routine gebunden zu sein. Schütze/Tiger leben immer in der Hoffnung, der Langeweile zu entfliehen und den Alltagsjobs zu entrinnen.

Obwohl sie ausgezeichnete Angestellte abgeben können, kann es sein, daß der Schütze/Tiger alles besser weiß, als sein Chef. Daher sind sie am besten beraten, wenn sie selbständig arbeiten und ihr eigenes Geschäft führen oder Gedichte schreiben. Berufe, bei denen man häufig auf Reisen ist, eignen sich hervorragend für diese Menschen. Gleich, welche berufliche Laufbahn dieses feurige Wesen wählt, Sie können sicher sein, daß sein Beruf von früh bis spät eine einzige Reise sein wird. Arbeit ist seine beste Ausdrucksmöglichkeit.

Berufe, die sich für diesen Menschen eignen, sind: Physiker, Städteplaner, Postbote, Roadie, Prediger, Schauspieler/in, Athlet, Journalist, Stiftungsgründer, Reise-Verkäufer, NASA-Ingenieur.

Einige berühmte Schütze/Tiger: Ludwig van Beethoven, Emily Dickinson, Christina Onassis, Martin Benrath, Herbert Achternbusch.

SCHÜTZE/KATZE

»Ich sehe«
Feuer, Jupiter, Veränderlich

»Ich ziehe mich zurück«
Holz negativ, Yin

FRÖHLICHKEIT	HELDENMUT	TAKT	VORSICHT
FREIGEBIGKEIT	EHRGEFÜHL	ELEGANZ	LANGES LEBEN
EIFER	VERNUNFT	TUGEND	EHRGEIZ
UNVERBLÜMTHEIT	UNSCHLÜSSIGKEIT	HEIMLICHTUEREI	DILETTANTISMUS
SORGLOSIGKEIT	LEICHTSINN	ÜBEREMPFINDLICHKEIT	HYPOCHONDRIE
SCHLECHTE MANIEREN	WIDERSPRÜCHLICHKEIT	PEDANTERIE	KOMPLIZIERTHEIT

Die vorsichtige Natur der Katze hemmt die Sorglosigkeit des Schützen etwas. Oder umgekehrt, die Zügellosigkeit des Schützen wird von der Mäßigkeit und Tugendhaftigkeit der Katze gemildert. Dieser Schütze ist nicht so frech wie andere unter diesem Zeichen Geborene. Ein Schütze, der im Katzen-Jahr geboren ist, wird seiner Umgebung gegenüber sehr sensibel sein, um die Notwendigkeit der Diplomatie wissen und, aufgrund des starken Ehrgeizes der Katze, sehr auf seine Karriere bedacht sein.

Dieser Mensch kann sehr melancholisch sein. Sorgen, Verlust oder Verletzungen scheinen ihn gemäßigt, aber auch gestärkt zu haben. Er besitzt ein heiteres Gemüt und ist doch von einigen bitteren Wahrheiten geprägt, die andere Menschen lieber ignorieren. Die Schütze/Katze gibt sich ihrer düsteren Stimmung nicht hin, zeigt sie aber nach außen in Form eines schmerzvollen Lächelns, mit dem sie die Sympathie von Millionen von Menschen gewinnen kann. Der Schütze ist durch die sorgfältige Natur der Katze wie ein geschliffener Edelstein und kann seine Energie so gebündelt einsetzen, daß er nach außen hin ein machtvolles Image abgibt. Bewaffnet mit diesem starken Selbstbewußtsein, kann der Schütze/Katze-Mensch fast jedem Angriff standhalten. Nicht, daß er Streit sucht, aber er hat keine Angst vor Auseinandersetzungen. Widerstand zu bieten, ist ihm angeboren. Er ist mutig und kühn und traut sich, andere zu besiegen und die Herrschaft an sich zu reißen.

Der Schütze/Katze-Mensch ist auch intelligent genug, um zu

wissen, wie man seine harterarbeitete Position erhält. Er gibt seinem Publikum gerade soviel, wie nötig ist, um es bei der Stange zu halten. Die Schütze/Katze verteilt viel Zuneigung unter ihre Fans und erreicht infolgedessen, daß sie weiterhin auf ihrer Seite sind. Die Menschen glauben an Schütze/Katzen, weil sie es verstehen, Fürsorglichkeit mit Befehlen zu verbinden, was notwendig ist, um die Massen zu verführen.

Daß sich Schütze/Katzen selbst so ernst nehmen, kann ihren Vertrauten und Zuschauern ganz schön auf die Nerven gehen. Aber im Falle so zielstrebiger und geradliniger Menschen, wie Schütze/Katzen es sind, scheint ein Hauch von Arroganz und Selbstzufriedenheit ganz natürlich. Es ist wahr, daß sich der Schütze/Katze-Mensch auf ein Podest stellt und seine Persönlichkeit unantastbar macht. Aber das gehört alles zu seiner magischen Ausstrahlung, die ja so enorm wirkt.

Der Schütze/Katze-Mensch ist ausgesprochen individualistisch. Seine Methoden sind immer ungewöhnlich. Es kann sein, daß sie ziemlich skrupellos sind, und wenn es ihnen nicht gelingt (was bei nur wenigen Schütze/Katzen der Fall ist), ihr Publikum für sich zu gewinnen und die Masse in ihren Bann zu ziehen, sind Schütze/Katzen klug genug, um zu erkennen, wann sie geschlagen sind.

Im allgemeinen sind Schütze/Katzen sehr umgängliche Zeitgenossen. Sie strahlen gute Laune aus. Der Sinn der Katze für Eleganz und Repräsentation gleicht seine anmaßende Haltung fast vollständig aus. Was bleibt, ist ein winziger ordinärer Hauch, den man die »menschliche Note« nennen könnte. Katzen, die im Zeichen Schütze geboren sind, gehen mit den sozialen Normen konform, und es macht ihnen eine Menge aus, was andere von ihnen denken. Sie sind nicht leicht zu durchschauen und haben auch nicht die Absicht, das zu ändern. Hier haben wir es mit einer tapferen Katze und einem gemäßigten Schützen zu tun. Es ist eine starke Verbindung, die von einem Band der Selbstbezogenheit zusammengehalten wird.

Liebe

Dieser Mensch neigt dazu, viele aufeinanderfolgende Beziehungen einzugehen. In diesem Zeichen konzentriert sich eine Menge sexueller Energie. Natürlich ist diese Energie versteckt. Man würde keinen Katze-Geborenen für sexbesessen halten. Aber Schütze/Katzen haben schon etwas katerhaftes. Sie stecken mit Vorliebe ihr Revier ab, dringen aber auch in Gebiete ein, die ihnen nicht gehören. Was die weiblichen Schütze/Katzen angeht, haben auch sie nichts dagegen, die Ehemänner anderer zu umgarnen. Aber der Schütze/Katze-Mensch ist nicht wirklich treulos. Nur ist sein Bedürfnis, bewundert zu werden, so groß, daß sexuelle Treue unmöglich ist. Doch mit der persönlichen Treue nimmt er es sehr ernst. Es kann sein, daß er viele liebt und wieder verläßt, aber er vergißt die Menschen, die ihm nahestehen, niemals und ist sehr darum bemüht, alte Freundschaften zu pflegen.

Sind Sie in eine Schütze/Katze verliebt? Dann würde ich Ihnen empfehlen, zu ihr aufzusehen. Streicheln und liebkosen Sie diese feurige Katze, aber versuchen Sie nicht, sie an die Leine zu nehmen. Denken Sie immer daran, daß ihr Ihre Zuneigung zwar gefällt, aber sie ist ihr noch lange nicht genug. Dieser Mensch braucht die Liebe von Tausenden. Wenn Sie in der Lage sind, Ihre Eifersucht zu bezwingen und sich mit einem ständigen Gefolge von Bewunderern abfinden können, könnten Sie es vielleicht mit diesem Menschen aushalten. Aber ich glaube kaum, daß sich jemand mit diesem Publikumsliebling verheiraten oder langfristig an ihn binden würde, außer er ist bereit, sich selbst aufzugeben.

Passende Partner

Widder, Löwe und Wassermann/Hunde wissen instinktiv, wie sie Ihre tiefsten Gefühle anrühren können, und geben wunderbare Liebhaber für Sie ab. Auch Löwe, Waage und Wassermann/Schweine sind Ihnen sympathisch, sowie Widder und Wassermann/Ziegen. Die Widder/Schlange umwirbt sie, ohne sich dafür sehr anstrengen zu müssen. Aber Zwilling, Jungfrau und Fische/Hähne und Tiger versuchen, Sie in die Enge zu treiben. Raten Sie ihnen, sich jemand zu suchen, dem sie besser gewachsen sind als Ihnen!

Heim und Familie

Das Heim der Schütze/Katze befindet sich an vielen Orten gleichzeitig. Dieser Mensch ist sehr reiselustig, und da er so hohe Ziele hat, muß er viel herumreisen – erster Klasse, versteht sich. Aber da dieser Mensch trotz allem eine Katze ist, gibt es einen Ort, den er sein Zuhause nennt. Sehr wahrscheinlich befindet sich dieses Zuhause in einer abgeschiedenen, ländlichen Gegend. Dort hat sich die Schütze/Katze sehr komfortabel eingerichtet, und es gibt hier ein paar Bedienstete oder sogar eine zweite Familie – und natürlich, ich hätte es beinahe vergessen, die Leibwächter.

Als Eltern sind Schütze/Katzen sehr mit sich selbst beschäftigt. Sie heiraten oft und haben Kinder, aber das Aufziehen der Kinder überlassen sie lieber ihrem Partner, der häuslicher sein muß als sie. Für »junges Gemüse« sind Schütze/Katzen nicht besonders zugänglich. Aber wenn die Kinder erwachsener werden und man sich wirklich mit ihnen unterhalten kann, wächst ihr Interesse an ihren Sprößlingen. Sie erziehen ihre Kinder in dem Stil: »Tu, was ich dir sage, und nicht, was ich tue.« Sie sind streng und schicken ihre Kinder gerne in Internate.

Das Schütze/Katze-Kind ist sicherlich schauspielerisch begabt oder musikalisch, sportlich oder auch rhetorisch veranlagt. Seine Fähigkeit, sein Publikum zu fesseln, zeigt sich schon im Säuglingsalter, wenn es anfängt zu lächeln. Man muß es ermutigen, diese Talente zu entfalten, und ihm jede Gelegenheit bieten, diese diszipliniert anzuwenden. Versuchen Sie, seine Bereitschaft mit anderen auf gleicher Ebene zu kommunizieren, zu fördern, solange es noch jung und formbar ist. Es kann sein, daß dieses Kind introvertiert erscheint, außer wenn man es bittet, eine Solo-Nummer darzubieten. Es wird sich zu Großem berufen fühlen und eine starke Anziehungskraft besitzen.

Beruf

Die Talente der Schütze/Katze sind sehr breitgefächert – ob sie nun auf künstlerischem, kommerziellem, mechanischem oder technischem Gebiet liegen. Mit anderen Worten, sie besitzt ein ausgeprägtes Talent für ein spezielles Gebiet und ist in der Lage, etwas daraus zu machen. Sie sollten sich davor hüten, ihre Energie nicht in persönlichen Tragödien zu verschwenden oder ihr Talent dadurch zu vergeuden, daß sie es in einer Vielzahl von Dingen anwenden, die nichts mit ihrer eigentlichen Begabung zu tun haben. Wenn sie ihr Augenmerk auf den Erfolg auf einem bestimmten Gebiet gerichtet halten – nämlich ihr eigenes –, sind sie bereit und fähig, große Leistungen zu vollbringen.

Der Schütze/Katze-Mensch ist ein Einzelgänger. Er kann sein eigenes Geschäft führen, seine eigene Firma leiten und mit fast jeder Aufgabe fertigwerden. Darüber hinaus besitzen Schütze/Katzen eine starke Anziehungskraft. Daher können sie im Büro eine verantwortungsvolle Stellung einnehmen. Aber man muß ihnen freie Hand lassen, und da dies nicht immer möglich ist, schlage ich vor, daß Schütze/Katzen lieber selbständig sein sollten. Sie wollen zu sehr ihre eigenen Wege gehen, als daß sie sich an Vorschriften und geregelte Arbeitszeiten anpassen könnten. Sie sind gerne ihr eigener Herr.

Einige berufliche Laufbahnen für Schütze/Katzen könnten sein: Politiker, Jockey, Reiseführer, Diplomat, Schauspieler/in, Tänzer, Sänger, Restaurantbesitzer, Supermarkt-Manager, Religionsführer, Musiker.

Einige berühmte Schütze/Katzen: Edith Piaf, Augusto Pinochet, Frank Sinatra, Tina Turner.

SCHÜTZE/DRACHE

»Ich sehe«	*»Ich präsidiere«*
Feuer, Jupiter, Veränderlich	*Holz positiv, Yang*

FRÖHLICHKEIT	HELDENMUT	KRAFT	ENTHUSIASMUS
FREIGEBIGKEIT	EHRGEFÜHL	ERFOLG	MUT
EIFER	VERNUNFT	GUTE GESUND-HEIT	SENTIMEN-TALITÄT
UNVERBLÜMTHEIT	UNSCHLÜSSIGKEIT	STARRHEIT	VERBLENDUNG
SORGLOSIGKEIT	LEICHTSINN	MISSTRAUEN	AUFSCHNEIDEREI
SCHLECHTE MANIEREN	WIDERSPRÜCH-LICHKEIT	UNZUFRIEDENHEIT	REDSELIGKEIT

Der Schütze/Drache ist ein bewundernswerter, aber nicht gerade sanfter Charakter und ein Kämpfer ersten Ranges. Diese Menschen sind attraktiv und ehrgeizig. Sie glauben an ihren Erfolg und stürmen mit Bravour auf ihr Ziel zu. Diese Menschen sind niemals hitzköpfig oder trampelig, sondern immer würdevoll und »gentleman-like«. Schütze/Drachen haben keine Angst vor Gefahr. Sie nehmen große Risiken auf sich und liebäugeln sogar etwas mit der Gefahr. Sie tanzen wie die Motte um die Flamme des Abenteuers, aber verbrennen sich niemals ernsthaft. Drachen, die im Zeichen Schütze geboren sind, überlisten ihre Feinde, schlagen sie mit ihren eigenen Waffen und laden sie am nächsten Tag zum Lunch ein. Trotz allem muß der Sieg gefeiert werden.

Diese Methode ist nicht arrogant. Der Schütze/Drache-Mensch sieht keinen Grund, anderen Menschen gegenüber überheblich zu sein oder seine Überlegenheit zu demonstrieren. Im Gegenteil, er gehört zu der heiteren Sorte von Idealisten, der alles unternimmt, um seine Träume zu verwirklichen. Schütze/Drachen sind nicht egoistisch oder stur. Sie wollen für jeden das Beste – doch sie sind absolut der Meinung, daß sich jeder an ihrem Projekt beteiligen sollte.

Der Schütze/Drachen ist ein Visionär und kann ein Unternehmen ganz alleine auf die Beine stellen. Ohne mit der Wimper zu zucken, kann er Geschäfte abschließen, Schlußfolgerungen ziehen und Entscheidungen treffen. Aber Schütze/Drachen lieben keine

Komplikationen. Sie verabscheuen Betrug. Wehe dem, der sich über einen Schütze/Drache lustig machen will. Der Drache wird dem Übeltäter nichts zuleide tun. Nicht im Leben! Er wird ihm nur ganz einfach nie mehr vertrauen, was bei diesem ehrenwerten Charakter ein ziemlicher Tiefschlag ist.

Wie sie sehen, ist der Schütze/Drache ein Optimist. Er möchten an das Gute im Menschen glauben. Schütze/Drachen sind nicht naiv oder unschuldige Menschen, die geschützt werden müssen. Vielmehr sind sie geborene Führernaturen, die gute Gefolgsleute, Ratgeber, Minister, Ehefrauen, Ehemänner und gewissenhafte und treu ergebene Helfer brauchen, die diesen hektischen Idealisten vor sich selbst schützen.

Schützen sind vorlaut und freigebig. Auch Drachen sind sehr großzügig. Beide Zeichen lieben Parties und wollen ihr Leben festlicher gestalten. Sowohl der Schütze als auch der Drache will sein Tätigkeitsgebiet erweitern und immer mehr Einfluß auf immer größere Gruppen gewinnen, wo er dann seine Theorien darlegen und seine Methoden ausprobieren kann. Wenn man diesen wohlwollenden Despoten ganz auf sich alleine gestellt läßt, kann es sein, daß er sich selbst über den Haufen rennt. Daher braucht er weise Ratgeber und sollte den Ratschlägen konservativerer Menschen folgen.

Der Schütze/Drache-Geborene muß gegen eine innere Stimme ankämpfen, die ihn, komme was wolle, vorwärts drängt. Er möchte mehr als alles andere auf der Welt beweisen, daß er etwas erreichen kann. Gewöhnlich zweifelt niemand daran, außer der Schütze/Drache selbst. Trotzdem kann er überaus optimistisch und lebenslustig sein, weil er der Welt zeigen möchte, wie recht er doch hat. Und sehr oft hat er auch recht. Aber ab und zu muß er sich selbst wieder aufrappeln, wenn er eine übereilte Entscheidung getroffen hat oder den falschen Eingebungen folgend gehandelt hat.

Der im Zeichen Schütze geborene Drache kann schnippisch und manchmal sarkastisch sein, meistens ist er anderen gegenüber aber sehr nachsichtig und gütig. Er ist kein behagliches Feuer, sondern vielmehr eine knisternde Feuersbrunst, die für Menschen, die ihm nahe stehen und denen er helfen möchte, als Leitstern dient. Dieser Mensch hat etwas von einem Prinzen an sich, der nobel und sagenumwoben ist und Freigebigkeit und Macht verkörpert. Eine machtvollere Kombination läßt sich kaum finden.

Liebe

Der im Zeichen Schütze geborene Drache heiratet dann, wenn er die Zeit dafür gekommen hält. Natürlich sind diese Menschen mit ihrem herzlichen Enthusiasmus und ihren lebhaften Einfällen sehr anziehend. Doch der Schütze/Drache ist nicht nur daran interessiert, attraktiv zu sein. Er sucht nach einem wirklichen Partner, wenn er sich ins Erwachsenenleben stürzt. Kein Drache – am wenigsten ein Schütze/Drache – denkt in kleinen Maßstäben. Dieser Drache malt sich eine gigantische Zukunft aus, mit einer gewaltigen Kinderschar, einer großen Verwandtschaft, Pferden und erfolgreichen geschäftlichen Unternehmungen. Dieser Drache möchte keine Mickymaus heiraten. Er möchte Qualität. Und Sie sollten eigentlich wissen, daß er gewöhnlich genau das bekommt, was er will.

Wenn einer dieser Schwadroneure ein Auge auf Sie geworfen hat, würde ich behaupten, daß Sie sich auf einem ziemlich heißen Ritt befinden. Ihr Schütze/Drache-Partner wird Sie immer auf Trab halten. Wenn Sie nur ein bißchen phlegmatisch sind, bleiben Sie von diesem lebenden Dynamo weg. Aber wenn Sie Seite an Seite mit einem Menschen arbeiten wollen, dessen Ideale Ihnen zusagen und für dessen Sache Sie sich bis zum Äußersten einsetzen können, dann sollten Sie mit Ihrem Schütze/Drache eine Beziehung eingehen. Aber enttäuschen Sie diesen Menschen niemals – und versäumen Sie niemals, Ihren Teil zur Partnerschaft beizutragen. Schütze/Drachen sind außerordentlich sentimental. Nichts tut mehr weh als die Gleichgültigkeit einer solch heldenmütigen Seele.

Passende Partner

Sie sind in der Tat ein sehr beliebter Partner. Unter den westlichen Tierkreiszeichen passen Widder, Löwe, Waage und Wassermann am besten zu ihnen. Ihre besten Partner darunter finden sie bei dem Widder/Ochsen, Tigern, Affen und Schweinen; Löwe/Ratten, Affen oder Hähnen; Waage/Tigern und Affen oder Wassermann/Ratten und Affen. Dies sind ihre Verbündeten. Und nun zu ihren Widersachern: alle Hunde, die unter den Zeichen Zwilling, Jungfrau oder Fische geboren sind. Nun, das war doch gar nicht so schlimm, oder?

Heim und Familie

Luxus kommt für Schütze/Drachen nicht an erster Stelle. Aber Status. Dieser im Drachen-Jahr geborene Schütze möchte seinen Waffenrock nicht gerne an die Tür eines Hauses in einem miesen Stadtviertel hängen. Dieser Mensch möchte in der besten Gegend wohnen, seine Kinder auf die besten Schulen schicken und sicher sein, in den feinsten Läden einkaufen zu können. Dezenter Luxus und Originalität charakterisieren das Heim eines Schütze/Drache-Menschen. »Laß uns aus dem Speicher ein Büro machen und im Badezimmer ein Aquarium einbauen.« Schütze/Drachen machen alles mit viel Phantasie und Stilgefühl.

Schütze/Drachen sind wunderbare Eltern. Sie nehmen ihre Verantwortung sehr ernst und sind gute Erzieher. Darüber hinaus gibt es dem Schütze/Drachen sehr viel, andere Menschen zu umsorgen und für sie da zu sein. Er ist streng und besteht darauf, daß seine Kinder immer in Kontakt mit der Familie bleiben, wenn sie erwachsen werden. Kein Kind braucht sich unsicher fühlen, wenn es einen Schütze/Drache-Geborenen zum Vater oder zur Mutter hat. Diese Menschen sind bekannt dafür, daß sie auch für ihr eigenes Wohl sorgen. Sie packen Kind und Kegel ins Auto und fahren mit der ganzen Sippe in Urlaub, machen Picknicks oder radeln mit ihnen in den Bergen.

Schütze/Drache-Kinder sind sprudelnd und enthusiastisch. Sie engagieren sich in gemeinsamen Unternehmungen in Gruppen, wo sie der Chef sind. Diese Kinder sind gewöhnlich bei ihren Schulfreunden und Spielkameraden sehr beliebt. Ihre Lehrer schätzen ihre Bereitschaft zu führen, fühlen sich aber manchmal von der Überlegenheit, die das Schütze/Drache-Kind ausstrahlt, bedroht. Es gibt nichts, was das Schütze/Drache-Kind nicht kann, daher ist es manchmal tief enttäuscht von sich selbst, wenn ihm etwas mißlingt. Sie können mit diesem Kind sehr offen sprechen und brauchen keine Angst zu haben, daß sie seinen Willen brechen. Diese Kinder sind zäh und talentiert. Man sollte ihnen beibringen, Geduld zu üben.

Beruf

Was der Schütze/Drache anpackt, möchte er auch beenden. Dieser Mensch weiß wirklich ganz genau, was er will und wann er es will. Nun hat dieses offensichtliche Selbstvertrauen auch seine Schattenseite. Keiner ist unbesiegbar, am wenigsten der sentimentalste aller Drachen, der Schütze/Drache. Aber diese tiefe emotionale Verletzbarkeit ist genau das, was ihn so charmant macht. Viele seiner Schlachten gewinnt der Schütze/Drache mit seinem Einfallsreichtum. Was nach außen hin wie ein Fels erscheint, ist in der Tat weich wie Butter. Aber da dieser Mensch spricht und handelt wie ein Fels, kann niemand den Unterschied erkennen. Es ist schon sehr verzwickt, oder nicht?

Der Schütze/Drache-Mensch möchte wahrscheinlich kein Spiel mitspielen, bei dem er nicht der Führer ist. Als Chef ist er sehr beliebt, ein Mensch, dem seine Angestellten und Geschäftspartner großen Respekt erweisen. Schütze/Drachen sind auch so klug, daß sie genau wissen, wann sie sich besser zurückhalten und die Ereignisse ihren Lauf nehmen lassen. Dieser Mensch kann sehr hektisch und voreilig sein, manchmal ist er aber auch erstaunlich weise.

Berufe, die zu diesem Menschen passen: Volksschuldirektor, Buchhändler, Fernsehproduzent, Versicherungsmagnat, Bankier, Unternehmer, Architekt, Politiker, Senator, Rechtsanwalt, Theologe, Unternehmensberater, Schriftsteller, Buchverleger, Redakteur.

SCHÜTZE/SCHLANGE

»Ich sehe«
Feuer, Jupiter, Veränderlich

»Ich empfinde«
Feuer negativ, Yang

FRÖHLICHKEIT	HELDENMUT	INTUITION	KLUGHEIT
FREIGEBIGKEIT	EHRGEFÜHL	ATTRAK-	HELLSICHTIGKEIT
EIFER	VERNUNFT	TIVITÄT	MITGEFÜHL
UNVERBLÜMTHEIT	UNSCHLÜSSIGKEIT	DISKRETION	HABGIER
SORGLOSIGKEIT	LEICHTSINN	HEUCHELEI	ANMASSUNG
SCHLECHTE	WIDERSPRÜCH-	EXTRAVAGANZ	AUSSCHLIESSLICH-
MANIEREN	LICHKEIT	FAULHEIT	KEIT

Das ist die Besorgtheit in Person. Der Schütze/Schlange-Mensch sorgt für die Menschen, die er liebt und bewundert, und kümmert sich um alles, von der Wohnung bis zum Auto, mit einer Gewissenhaftigkeit, die Florence Nightingale dagegen schlaff erscheinen läßt. Dieser Mensch ist würdevoll und besitzt ausgezeichnete Manieren und einen guten Geschmack, was nur noch durch seine unvergleichliche Tugendhaftigkeit übertroffen wird. Der Schütze/Schlange-Mensch ist ein Luxusgeschöpf ohne Preisschild.

Der Schütze/Schlange-Mensch ist niemals laut oder großspurig. Dennoch wird viel ausgedrückt. Er schwingt keine großen Reden und macht kein großes Aufsehen. Doch er ist sehr engagiert, Meisterleistungen zu vollbringen. Dieser Mensch behält seine Ansichten für sich und schreckt vor Konflikten zurück. Doch er kann meisterhaft kommunizieren und schwierige Diskussionen führen, wobei er immer am Ruder bleibt.

Tatsache ist, daß Menschen, die unter dieser Zeichenkombination geboren sind, sehr stark motiviert sind, sich über ihre Herkunft hinaus zu entwickeln. Der durchschnittliche erfolgreiche Schütze/Schlange-Mensch ist derjenige, der klein angefangen hat und genau wußte, wie man sich durch die Reihen schlängelt, ohne zu jammern, weil er ein besseres Leben wollte. Dieser Mensch ist ein Idealist. Er hat ein reines Herz und ist sehr offen und direkt, doch dabei sehr diskret.

Für den Schütze/Schlange-Menschen ist die Selbstverwirklichung der sichtbare Beweis seiner moralischen Rechtschaffenheit.

Ganz anders als viele anderen Schlangen, ist der Schütze/Schlange-Mensch nicht faul und hat wirklich nichts dagegen, aufzustehen und Ihnen einen Drink zu holen oder fünf Kilometer am Tag draußen im Schnee zu laufen. In ihrer ruhigen Art sind diese Menschen wahre Energiebündel. Da sie bedachtsam sind und niemals in Eile zu sein scheinen, würden Sie nie vermuten, daß sie so ungeheuer produktiv sind. Aber es ist erstaunlich, was sie an einem Tag leisten können, ohne großen Wind darum zu machen.

Schütze/Schlangen sind wahre Organisationstalente. Überlassen Sie einer solchen ein Büro, in dem das totale Chaos ausgebrochen ist, oder eine ungezogene Horde Kinder, und in ein paar Tagen wird sie alles wieder in Ordnung gebracht haben. Ihre Vorgehensweise und ihre Methoden sind niemals sensationell oder hart. Aber der feste und entschlossene Zug um ihren Mund sagt Ihnen, daß es dieser unverdorbene Charakter ernst meint. Wenn es darum geht, das Kellergeschoß zu putzen, achten Sie einmal darauf, wie sie das anstellen.

Schütze/Schlangen sind nicht risikofreudig. Aber sie sind auch nicht feige oder ängstlich. Sie treiben gerne Sport und machen, ohne eine Sekunde zu zögern, jeden Sport mit, angefangen beim Skifahren bis hin zum Fallschirmspringen. Aber sie suchen auch nicht die Gefahr oder das Abenteuer der Höhlenforscher oder der Großwildjagd. Das gleiche gilt für ihren Alltag. Schütze/Schlangen fordern den Teufel nicht heraus. Sie haben nichts dagegen, die Annehmlichkeiten einer guten Sache zu genießen, und wissen, wann sie eine Gelegenheit beim Schopf packen können.

Der Schlange-Mensch, der im Zeichen Schütze geboren ist, mischt sich nicht in die Angelegenheiten anderer Leute ein. Er tratscht nicht über andere oder mischt sich in Affären ein, die ihn nicht selbst betreffen. Diese Menschen sind zwar neugierig, aber es ist ihnen nicht besonders wichtig, die versteckten Motive eines anderen zu entlarven. Sie sind an den Geschäften anderer interessiert, aber sie handeln von Natur aus wohlüberlegt. Der Schütze/Schlange-Mensch hat das Gefühl, daß sich jeder Mensch im Leben sein Nest gebaut hat, und er möchte, daß seines recht angenehm ist. Er hofft, daß auch Sie sich in ihrem Nest wohl fühlen, aber wahrscheinlich wird er seine Nase nicht tief genug hineinstecken, um das herauszufinden.

Liebe

Schützen heiraten oft spät. Schütze/Schlangen heiraten oft überhaupt nicht. Doch sie genießen ein paar dauerhafte und sehr tiefe Beziehungen. Schütze/Schlangen verwickeln ihre Geliebten oder Partner oft in lange und ernsthafte Diskussionen. Sie sind so geheimnisvoll, daß in manchen Leuten der Schnüffler erwacht. »Was er wohl denkt?« fragt man sich womöglich. »So ein ruhiger, starker Typ«, könnten andere bemerken. Wenn sie verliebt sind, sind Schütze/Schlangen erstaunlich hingebungsvoll. Gewöhnlich sind sie treu, da es ihnen vulgär und oberflächlich erscheint, mehrgleisig zu fahren.

Wenn Sie einen dieser Klassemenschen lieben, rate ich Ihnen, sollten Sie schnell einen Großputz veranstalten. Wenn Sie wollen, daß Ihr Schütze/Schlange-Partner den Lebensstil beibehalten kann, an den er gewöhnt ist, müssen Sie lernen, ruhig und elegant zu leben, niemals die Stimme zu erheben, und Sie müssen womöglich lernen, zu joggen und eine Diät einzuhalten. Weisheit über alles, ist das Motto des Schütze/Schlange-Menschen. Sorglosigkeit verletzt seine sensiblen Gefühle. Daher bleiben Sie kühl und legen Sie Ihre Karten nicht offen auf den Tisch. Schütze/Schlangen lieben das Geheimnisvolle.

Passende Partner

Beziehungen mit Löwe, Waage und Wassermann/Ochsen sind sehr günstig für Sie und fördern Ihren Wohlstand. Auch Widder und Wassermann/Hähne könnten Ihre Komplizen sein. In einer städtischen Umgebung gedeihen diese Beziehungen am besten. Jungfrau, Zwillinge und Fische gehören nicht zur Ihren Favoriten, besonders Zwilling/Affen, Jungfrau/Tiger und Schweine und Fische/Tiger, Affen und Schweine.

Heim und Familie

Das Heim der Schütze/Schlange wird immer und ausnahmslos attraktiv sein. Die Basis seines Lebensstils ist Friedliebe und eine ständige Suche nach Verschönerung. Schütze/Schlangen ziehen Antiquitäten den modernen Möbeln vor. Sie suchen nach echten Juwelen, Gemälden und sogar einem echten Fachwerk und altem Gemäuer. Der Schütze/Schlange-Mensch begeistert sich für alles, was echt ist, bis zum letzten Mohair-Pulli. Wenn es geht, trägt dieser Mensch nur Cashmere-Pullover.

Schütze/Schlangen sind kreative und interessierte Eltern. Häusliche Annehmlichkeiten bieten sie Klein Georg und Lisa massenhaft. Sie sorgen dafür, daß jedes ihrer Kinder nur die beste Behandlung bekommt, angefangen beim Hautarzt bis zum Ohrloch-Stechen. Vielleicht könnte man Schütze/Schlangen vorwerfen, daß sie ihre Kinder zu sehr verwöhnen. Die Badewanne muß wirklich nicht nach jedem Bad mit einem weichen Schwamm geschrubbt werden, oder? Im Ernst, Kinder brauchen die Improvisation. Lassen Sie sie ruhig einmal ein Risiko eingehen, auch wenn sie sich dabei ein Bein oder beide Beine brechen. Dies wird ihnen helfen, etwas über die Realität außerhalb ihres geborgenen Elternhauses zu lernen.

Das Schütze/Schlange-Kind wird schon sehr früh Anzeichen von Überempfindlichkeit zeigen und leidet enorm unter häuslichen Zwistigkeiten. Dieses Kind braucht eine ruhige, intellektuelle Umgebung und viel Zeit in der Natur, um ihm eine glückliche Zukunft zu ermöglichen. Es ist extrovertiert und liebevoll zu anderen Kindern. Daß es seinen Eltern gefallen will, ist ein Nebenprodukt seiner ganzen Persönlichkeit. Die kleine Schütze/Schlange will, daß ihre Leute auf sie stolz sein können. Sie wird brav sein, nur damit ihr trauriger Papa oder ihre traurige Mama wieder lächelt.

Beruf

Für diesen soliden bürgerlichen Typen eignen sich alle Berufe, die irgendwie damit zu tun haben, für andere Menschen zu sorgen. Die Schütze/Schlange wird natürlich Berufe bevorzugen, die den Umgang mit anderen Menschen beinhalten oder damit zu tun haben, menschliche Probleme zu lösen. Auch Papierkram stört Schütze/Schlangen nicht besonders, und sie arbeiten auch gut in Berufen, die detailliertes und aufmerksames Arbeiten erfordern. Der Schütze/Schlange-Mensch gibt einen exzellenten, vernünftigen und ruhigen Chef ab. Er wird sich bemühen, die Arbeit gerecht zu verteilen, und hat wahrscheinlich keinen Favoriten. Dieser Mensch ist aber auch ein vorbildlicher Angestellter. Solange ihr Haar nicht durcheinander kommt oder ihr persönlicher Tagesablauf nicht gestört ist, machen sie kaum Schwierigkeiten. Diese Menschen eignen sich aber ebenso ausgezeichnet zum Unternehmer, weil sie sehr viel Eigeninitiative besitzen – und auch alles zu Ende führen, was sie einmal angefangen haben!

Berufe, die zu Schütze/Schlangen passen: Hotelier, Hosteß, Physiker, Krankenschwester, Philosoph, Psychiater, Dekorateur, Chirurg, Zahnarzt, Gärtner, Florist, Hundedresseur, Astrologe, Forscher, Chef, Schäfer.

Einige berühmte Schütze/Schlangen: Papst Johannes XXIII., Franz Josef Degenhard.

SCHÜTZE/PFERD

»Ich sehe«
Feuer, Jupiter, Veränderlich

»Ich fordere«
Feuer positiv, Yang

FRÖHLICHKEIT	HELDENMUT	ÜBERZEUGUNGS-KRAFT	STIL
FREIGEBIGKEIT	EHRGEFÜHL	AUTONOMIE	GERADLINIGKEIT
EIFER	VERNUNFT	POPULARITÄT	TALENTIERTHEIT
UNVERBLÜMTHEIT	UNSCHLÜSSIGKEIT	SELBSTSUCHT	HAST
SORGLOSIGKEIT	LEICHTSINN	SKRUPELLOSIGKEIT	ÄNGSTLICHKEIT
SCHLECHTE MANIEREN	WIDERSPRÜCH-LICHKEIT	AUFLEHNUNG	PRAGMA-TISMUS

Diese starke Pferde-Persönlichkeit ist zu drei Vierteln Pferd und nur zu einem Teil Mensch. Oder wie es in Western so schön heißt: »Viel Pferd fürs Geld!« Interessanterweise ist dieser Mensch mehr Kopf als Tier. Der Schütze, der in einem Pferde-Jahr geboren ist, handelt zunächst aus seinen eigenen Wertvorstellungen heraus, als zweites aus Streben nach Selbstdisziplin, und drittens konzentriert er sich darauf, ein Ziel zu finden und zu erreichen.

Schütze/Pferde sind niemals müde. Dunkle Ringe unter den Augen kennt dieser Tatmensch nicht. »Du mußt doch völlig erschöpft sein?« sagt man zu ihm, nachdem er drei Tage und drei Nächte an einem Organisationsplan gearbeitet hat. Der Schütze/Pferd-Mensch starrt Sie an, als ob Sie ihn nach seinem Namen gefragt hätten. »Ich? Müde? Niemals!« Und das ist wahr. Diese Menschen schuften bis zum Umfallen.

Der Schütze/Pferd-Mensch hat gute Manieren. Diese entwickelt er mit den Jahren ganz natürlich, weil er an seinem Sozialprestige interessiert ist. Ich möchte nicht sagen, daß der Schütze, der im Pferd-Jahr geboren ist, ein Snob ist, aber beinahe. Auf jeden Fall ist er jemand, der sich von der Menge absondern möchte. Schütze/Pferde haben Vergnügen daran, anders zu sein als die anderen.

Das Schütze/Pferd repräsentiert die ideale Verbindung der beiden Zeichen, die sich in ihm vereinigen, und der zugehörigen Eigenschaften Fürsorglichkeit und Pragmatismus. Es engagiert sich sehr stark und setzt sich auf Schütze-Art in Komitees ein, aber es opfert seine Zeit nur für solche Themen und Glaubensvorstellungen, die erfolgversprechend sind. Diese Menschen sind zu praktisch, um vom Unmöglichen zu träumen.

Der Schütze/Pferd-Mensch möchte der Star in seinem eigenen Leben sein. Diese Menschen sind nicht besonders an weltlichem Ruhm interessiert, sondern vielmehr daran, durch ihren Erfolg zu Selbstachtung zu gelangen. Der Schütze/Pferd-Mensch steckt sich selbst hohe Ideale, sowie für seine Arbeit und für die Arbeit derer, die ihm nahestehen. Das Vergnügen ist nur insofern wichtig, als es einem Entspannung von Streß und Angst verschafft und auf diese Weise die Produktivität in der Arbeit steigert. Dieses Pferd ist der Mittelpunkt seines Privatlebens und seines Arbeitsplatzes. Die Menschen, die um ihn kreisen, verhalten sich so, weil er sowohl in seiner Gesinnung als auch mit seiner Brieftasche sehr großzügig ist.

Wenn Armut dem Schütze/Pferd Glück und ein sorgenfreies Leben bringen würde, glaube ich nicht, daß er etwas dagegen hätte, ohne Geld auszukommen. Aber hier handelt es sich um eine Person, die einen soliden Lebensrahmen verlangt, in dem sie alles unter Kontrolle hat. Gesicherte Lebensverhältnisse sind heutzutage nicht gerade billig. Jemand muß die Miete, die Versicherung, den Strom und die Müllabfuhr bezahlen. Aus diesem Grund bedroht Armut das Wohlergehen des Schütze/Pferdes. Seine Sicherheit kommt von außen. Daher muß er sie kaufen.

Bei manchen Menschen erweckt der Schütze/Pferd-Mensch den Eindruck, als ob er sich immer am Rande der Gesellschaft bewegen würde. Manchmal hat er sehr unkonventionelle Ansichten. Tatsache ist, daß ihr Abweichen von der Norm nur insofern befremdlich ist, als es die Konventionen nur deutlicher hervorhebt. Obgleich der Schütze/Pferd-Mensch manchmal etwas sonderbar und ungewöhnlich erscheinen kann, ist seine Seltsamkeit abhängig davon, in welchem Gegensatz die Eintönigkeit der gesellschaftlichen Konventionen dazu steht. Schütze/Pferd-Menschen sind nicht so sehr Bohemiens, daß sie Einsiedler oder Poeten werden, die sich an entlegene Orte zurückziehen und jeden Kontakt mit der Welt vermeiden. Sie sind viel zu gerne aktiv, als daß sie sich für immer aus der Masse zurückziehen könnten.

Der Leichtsinn, den das Schütze/Pferd in jungen Jahren zeigt, kann zu unklugen Entscheidungen führen. Aber mit zunehmendem Alter werden Schütze/Pferde weiser. Sie lernen sehr bald, ihr Wort zu halten, für ihre Familie zu sorgen, sich um ihre Kollegen zu kümmern und sich ruhig zurückzuhalten, um die richtige Gelegenheit abzuwarten. Im Galopp zu reiten ist etwas für Kinder. Aber der reife Schütze/Pferd-Mensch sollte eher im leichten Galopp durch sein Leben reiten, nie zu schnell und nie zu langsam, aber immer in dieselbe Richtung – vorwärts.

Liebe

In jungen Jahren wird das Schütze/Pferd mindestens ein oder zwei Fehler in der Liebe machen, denn dieser Mensch ist ein feuriger Liebhaber. Er muß sich die Hörner genügend abstoßen können. Aber wenn er älter wird, lernt er, seine Wildheit zu zähmen, und sucht einen Partner, der in seinen bereits bekannten Lebensraum hineinpaßt. Schütze/Pferde möchten keinen seichten, folgsamen Partner, der ihre Ansichten nie in Frage stellt. Vielmehr möchte er einen Partner, der den Haushalt in Ordnung hält, während das Schütze/Pferd damit beschäftigt ist, die Brötchen zu verdienen. Vor allem aber möchte es, daß sich sein Partner nicht in seine Angelegenheiten einmischt, und dies stellt es von dem Tag an klar, an dem aus der Beziehung Ernst wird. Jeder Hokuspokus ist ausgeschlossen, damit er sich voll und ganz auf seine Arbeit konzentrieren kann.

Wenn Ihnen ein Schütze-Pferd am Herzen liegt, hängen Sie nicht wie eine Klette an ihm. Stehen Sie auf eigenen Beinen. Fordern Sie ihn geistig heraus. Spielen Sie ihm vor, daß Sie nur schwer zu überzeugen sind. Aber glauben Sie niemals, daß Sie diesen eigenständigen Menschen dazu bringen könnten, sich Ihrem Lebensstil anzupassen. In dieser Beziehung sind Sie es, der lernen muß, um fünf Uhr morgens aufzustehen und die Katze hereinzulassen, Kaffee zu kochen und den Koffer ihres Schütze/Pferd-Partners für seine Reise nach London zu packen. Und was macht der Schütze/Pferd-Mensch in dieser Zeit? Er hängt am Telefon und spricht mit Bonn oder Rom oder Paris über die Geschäftsabschlüsse, Pläne und wieder über Geschäfte. Die Mission des Schütze/Pferd-Menschen kommt zuerst. Welche Mission auch immer die Ihre ist, sie ist ganz automatisch weniger wichtig als seine.

Passende Partner

Mit Ihrem Ehrgeiz nach persönlichem Erfolg brauchen Sie einen geduldigen und ernsthaften Lebensgefährten. Suchen Sie sich Ihren Ehepartner unter den Zeichen Widder, Waage, Löwe oder Wassermann, die in einem Tiger-Jahr geboren sind. Oder noch besser wäre es, wenn Ihnen ein Widder, Löwe oder Waage/Ziege-Geborener ins Netz ginge. Diese Menschen sind in bezug auf Ihr ewiges Kommen und Gehen so überaus geduldig. Ein Waage oder Wassermann/Hund wird mit Ihnen durch dick und dünn gehen. Doch von Jungfrau, Zwilling oder Fische/Ratten rate ich Ihnen ab.

Heim und Familie

Das Heim eines Schütze-Menschen, der in einem Pferde-Jahr geboren ist, ist entweder nach dem Geschmack eines anderen Menschen eingerichtet oder bestenfalls nach dem seines Ehegatten. Der einzige Bereich in seinem Heim, der den Schütze/Pferd-Menschen wirklich interessiert, ist sein Arbeitszimmer. Dies kann eine gemütliche Bude, ein Abstellraum im Keller, ein Atelier, ein Studio, ein Büro oder eine Vorratskammer sein, aber dieser Raum muß ihm ganz allein gehören. Hier wird er so richtig aufblühen. Hightech wäre stark untertrieben. Beleuchtung, Schreibtische, riesige Arbeitsflächen und Computerterminals en masse! Und der Rest? Die Couchgarnitur von Roche Bobois, die Sie haben wollten ... gut, sicher, kaufen Sie sie. Der Schütze/Pferd-Mensch ist großzügig, aber er hat keine Lust, solchem Firlefanz Aufmerksamkeit zu schenken. Mit seiner Kleidung ist es dasselbe: sie muß bequem und klassisch sein, in den Farben beige und marineblau und graues Flanell. Gelb? Nur für Kostümbälle.

Das Schütze/Pferd ist ein guter Familienvater. Es sieht und hört seine Kinder zwar, aber Mutter oder Vater Schütze/Pferd werden nicht sehr viel Zeit dafür haben, mit ihnen Flohhüpfen zu spielen. Diese Eltern sind beschäftigt und energiegeladen und üben ihre sportlichen Talente nur in ihren eigenen Sportarten. Sie haben gewisse Schwierigkeiten, mit ihren Sprößlingen auf dem Boden herumzukrabbeln. Ihre Vornehmheit hindert sie daran.

Das Schütze/Pferd-Kind ist überaus sportlich begabt. Seine Lehrer könnten ihm vorwerfen, daß es bei seiner Arbeit zuviel Phantasie hat. Dieses Kind malt in seine Mathematikhefte ständig Bilder seines Hundes. Seinem Lehrer kommt es nicht in den Sinn, daß es sich womöglich tödlich langweilt. Statt dessen wird es oft geschimpft, weil es sich seinen Tagträumen hingibt. Daheim ist dieses Kind gehorsam und liebevoll. Es möchte in alle Aktivitäten einbezogen werden und vielleicht sogar die Führung und die Organisation von gemeinsamen Unternehmungen übernehmen. Offen gesagt, hätte das Schütze/Pferd-Kind nichts dagegen, wenn es das einzige Kind wäre. Diese Menschen lieben es, alles unter Kontrolle zu haben.

Beruf

Die Talente dieses Menschen liegen in Bereichen, die Einsicht und einen ausgeprägten Sinn für Beobachtung und Fürsorge erfordern. Alle Berufe, die mit Menschen und ihren Problemen zu tun haben, passen gut zum Schütze/Pferd. Es ist für organisatorische und für Führungsaufgaben talentiert. Schütze/Pferde haben ein sicheres Auftreten und wissen, wie man sich in der Öffentlichkeit präsentiert.

Dieser Führernatur fällt es leicht, der Chef zu sein. Aber Schütze/Pferde sind nicht im üblichen Sinne herrschsüchtig. Sie geben Anweisungen und sind autoritär. Aber ihre Anordnungen oder Forderungen sind immer von einem Lächeln begleitet. Schütze/Pferde geben aber auch tolle Angestellte ab. Sie sind ernsthaft, verantwortungsbewußt und sehr daran interessiert, an die Spitze zu gelangen. Was könnte ihr Arbeitgeber noch mehr wollen? Was seine Arbeit betrifft, ist der Schütze/Pferd-Mensch kreativ und besitzt Eigeninitiative, aber er zieht es vor, in einer Gruppe zu arbeiten, als alles alleine machen zu müssen.

Einige Berufe, die sich für Schütze/Pferde eignen sind: Sportlehrer, Viehzüchter, Grundstücksmakler, Schriftsteller, Diplomat, Golfprofi, Fußballtrainer, Schauspieler, Schauspielerin, Journalist, Marktforscher, Politiker, Dirigent, Psychiater.

Berühmte Schütze/Pferde: Leonid Breschnjew, James Thurber, Alexander Solschenizyn, Jean-Luc Godard, Jimi Hendrix, Jean-Louis Tritignant, Armin Müller-Stahl.

SCHÜTZE/ZIEGE

»Ich sehe«		*»Ich bin abhängig«*	
Feuer, Jupiter, Veränderlich		*Feuer negativ, Yang*	
FRÖHLICHKEIT	HELDENMUT	ERFINDUNGSGEIST	ORIGINELL
FREIGEBIGKEIT	EHRGEFÜHL	SENSITIVITÄT	GUTE MANIEREN
EIFER	VERNUNFT	AUSDAUER	GESCHMACK
UNVERBLÜMTHEIT	UNSCHLÜSSIGKEIT	SCHMAROTZER	PESSIMISMUS
SORGLOSIGKEIT	LEICHTSINN	MANGEL AN VORAUSSICHT	UNPÜNKTLICHKEIT
SCHLECHTE MANIEREN	WIDERSPRÜCHLICHKEIT	UNPRAKTISCH	SORGENVOLL

Schütze/Ziegen sind überaus kreativ. Erfindungsgabe und Unternehmungsgeist sind die zweite Natur dieser dynamischen und klar denkenden Seele. Doch die Sache hat einen Haken. Ziegen können nur dann etwas leisten, wenn sie sich sicher fühlen. Wenn sie nicht genügend Geld haben, vom finanziellen Ruin bedroht sind oder vor zerrütteten Familienverhältnissen oder persönlichen Risiken stehen, gerät diese Ziege in Panik und wird völlig aus der Bahn geworfen. Der Lebenskampf dieses tapferen und mutigen Charakters dreht sich in der Hauptsache darum, für den eigenen Schutz und den seiner Familie zu sorgen.

Die Ziege mit ihrer angeborenen Anmut und ihrem natürlichen Charme verleiht dem manchmal etwas ungehobelten Schützen gute Manieren und Stilgefühl. Im Falle dieser Zeichenkombination scheint der Schütze all seine fürsorglichen und sozialen Instinkte entfalten zu können und zeigt eine große Bereitwilligkeit, anderen Menschen zu helfen. Aber er hilft nicht unüberlegt oder mischt sich einfach in die Angelegenheiten anderer Leute ein. Diese Ziege hat eine Antenne, die ihr genau sagt, wann sie gebraucht wird. Dann genügt ein Wink, und der Schütze/Ziege-Mensch springt ins Auto, um das schöne Mädchen aus der Gefahr zu retten. Schütze/Ziegen haben für jedes Problem eine Lösung. Es kann sein, daß sie eine etwas ungewöhnliche Antwort auf Ihr Dilemma haben, auf die Sie nie im Leben gekommen wären. Oder sie nehmen Ihr Problem mit sich nach Hause und enträtseln bis drei Uhr morgens.

Zeit und Tagesablaufpläne, Arbeitsstunden und Freizeit usw. bedeuten den Schütze/Ziegen nichts. Sie sind relativ spontan, da sie um andere besorgt sind und höflich sein wollen. Aber ein wirklicher Zeitplan existiert nicht im Kopf dieser altruistischen Schöpfer. Schütze/Ziegen machen zwischen vier und sechs Uhr nachmittags gerne ein kleines Nickerchen, stehen dann auf und fahren von Kalifornien nach Florida durch und schlafen dann drei ganze Tage hintereinander. Wenn der Schütze/Ziege-Mensch Schlaf braucht, dann nimmt er ihn sich. Aber in der Zwischenzeit ist das Projekt, das Unternehmen, das augenblickliche Abenteuer wichtiger. Wenn das erledigt ist, können sie ruhen. Vorher nicht.

Und bei diesen ausdauernden Erfindern, deren Enthusiasmus für Details und komplizierte Aufgaben unerschöpflich und deren Kreativität endlos scheint, liegt immer bereits das nächste Unterfangen in der Luft. Wundern Sie sich jetzt nicht, aber dieser Schütze/Ziege-Mensch, der gerade sein Zehn-Zimmer-Haus im Eigenbau hergestellt hat, ist gerade dabei, sich nach einer Studienreise nach Tibet einzuschiffen. Natürlich reist dieser Mensch nicht ab, bevor er nicht eine neue Operette für eine kirchliche Wohltätigkeitsveranstaltung einstudiert hat und seine eigene Heizanlage installiert hat. Die Schütze/Ziege ist unermüdlich konstruktiv.

Der Schütze/Ziege-Mensch besitzt ein ausgesprochen gutes Urteilsvermögen. Er ist in der Lage, Ihnen genau zu sagen, welches neue Beleuchtungssystem oder welcher Sägebock genau das richtige für Sie ist. Diese Menschen haben ein gutes Gedächtnis für Details, und dennoch vernachlässigen sie sie manchmal, wenn es darum geht, sie zu beachten. Einer Sache den letzten Schliff zu geben liegt den im Zeichen Schütze geborenen Ziege-Menschen nicht besonders. Er ist zufrieden damit, den Plan und die Architektur auszuarbeiten und Ihnen sogar Ihr nächstes Buch zu konzipieren, aber wenn es daran geht, die Rechtschreibfehler zu korrigieren, geben Sie es lieber jemand anderem. Ihr Geschäft ist die Phantasie.

Da diese Menschen besonders darauf ausgerichtet sind, Konzepte auszudenken, erfinden sie mitunter recht unpraktische Methoden. In der Schublade dieses Menschen liegt nicht nur ein unvollendetes Projekt, sondern einunddreißig. Manche Pläne hauen einfach nicht hin. Aber Schütze/Ziegen beklagen sich niemals über die vergebliche Mühe. Lieber denken sie sich eine neue weltbewegende Erfindung aus und machen sich daran, die Einzelteile zu besorgen um diese neue Erfindung zusammenzusetzen.

Liebe

In Liebesbeziehungen sind Schütze/Ziegen sehr vorsichtig und passen daher nicht in das Bild von Braut und Bräutigam. Wie wir bereits wissen, braucht die Ziege Sicherheit. Ohne sie kommt sie total ins Schwimmen. Daher wird diese Ziege wahrscheinlich keine Verantwortung für einen anderen Menschen übernehmen, bevor sie nicht genügend finanzielle Mittel angespart und ihre Alltagsprobleme so in den Griff bekommen hat, daß ihr eigenes Bedürfnis nach Sicherheit erfüllt ist. Was die Liebe betrifft, haben diese Menschen ein sehr starkes Bedürfnis nach Unabhängigkeit und möchten nicht eingeengt oder in irgendeiner Weise eingeschränkt werden. Freiheit ist dem Schütze/Ziege-Menschen fast ebenso wichtig wie die Liebe.

Wenn Sie eine Schütze/Ziege lieben, werden Sie das anfangs sicherlich zu schätzen wissen. Diese erfinderischen, interessanten Leute haben immer Dutzende von Bewunderern um sich. In Liebesbeziehungen sind sie meistens treu, da sie gewöhnlich mit ihren Projekten zu beschäftigt sind, um Seitensprünge zu machen. Außerdem haben sie genug damit zu tun, einem einzigen Menschen zu helfen, für ihn zu sorgen, ihn irgendwo hinzufahren und von ihm unterbrochen zu werden. Den größten Gefallen tun Sie diesem Menschen damit, wenn Sie lernen, auf Details zu achten, die er verabscheut. Wenn Sie kochen und den Haushalt in Ordnung halten können, können Sie sich sehr schnell unentbehrlich machen. Der Schütze/Ziege-Mensch vergißt manchmal zu essen, und schmutziges Geschirr ist bei ihm die Regel. Gehen Sie viel auf Zehenspitzen. Das Genie arbeitet!

Passende Partner

Mit Widder, Waage und Wassermann/Katzen passen Sie gut zusammen. Auch Löwe, Waage und Wassermann/Schweine sind ausgezeichnete Partner für Sie. Sie fördern Ihre Kreativität. Wenn Sie etwas zusätzliche Aktivität suchen, versuchen Sie es einmal mit einem Widder/Pferd. Sie rufen Ihre Bewunderung hervor. Ein Zwilling, Jungfrau oder Fische/Hund wird Sie zermürben und dazu bringen, daß Sie zu trinken anfangen. Gehen Sie Zwilling/Tigern und Jungfrau und Fische/Ochsen aus dem Weg.

Heim und Familie

Wenn es möglich ist, wird dieser Mensch ausnahmslos auf dem Land leben wollen. Städte, mit ihrem Lärm und ihrer Hektik, widerstreben dem ruhigen Wesen des Schütze/Ziege-Menschen. Er fühlt sich zu Einsamkeit und Stille hingezogen. Sternenklare Nächte beruhigen ihn. Gewitter inspirieren seinen poetischen Geist. Schütze/Ziegen brauchen die Nähe der Elemente, um ihren Energievorrat wieder aufzuladen, der durch ihre übermenschlichen Anstrengungen, für die sie so berühmt sind, erschöpft wird. Daher wird das Heim einer Schütze/Ziege nicht besonders ausgefallen sein, aber es ist mit Sicherheit solide und komfortabel, und es liegt so abgelegen, wie möglich.

Schütze/Ziegen sind wunderbare Eltern. Sie sorgen sich sehr um ihre Kinder und sind an ihrer Persönlichkeit wirklich interessiert. Schütze/Ziegen mögen die Art, wie Kinder denken, und bewundern ihre kindliche Spontaneität und ihre Begeisterungsfähigkeit. Trotz seiner progressiven und kreativen Einstellung ist der Schütze/Ziege-Vater nicht übermäßig tolerant. Vielmehr wird er seinen Kindern beibringen, höflich und aufmerksam zu sein. Doch Schütze/Ziegen sind progressiv. Sie bringen ihren Kindern ein Handwerk bei oder helfen ihnen bei den Schulaufgaben.

Das Schütze/Ziege-Kind unterscheidet sich von anderen durch seine außergewöhnlichen Ansichten. Dieses Kind wird häufig das Gefühl haben, daß es ein Außenseiter ist, und unter seiner Einsamkeit leiden. Seine Eltern sind gut beraten, wenn sie es in seinen kreativen Interessen fördern und ihm, wo immer es möglich ist, Unterricht geben lassen. Dieses Kind ist oft ein echtes Genie. Aber Unsicherheit ist oft sein Feind. Alle Unstimmigkeiten zwischen seinen Eltern und Familienstreits strapazieren das Nervenkostüm dieses sensitiven Kindes. Es nimmt sich alles sehr zu Herzen und möchte dazu beitragen, daß alles wieder in Ordnung kommt. Beschützen Sie dieses Kind, wenn Sie können!

Beruf

Gewöhnlichen Ziege-Geborenen mangelt es oft an Voraussicht. Sie gehören zu den Menschen, die einen Viertelliter Milch für hungrige Sechslinge kaufen. Aber hier kommt der Schütze mit seinem Willen, die Zukunft zu verändern, mit ins Spiel, weshalb Schütze/Ziegen ziemlich sorgsame Wesen sind. Sie haben Familiensinn und sind sicherheits-orientiert und daher weniger abhängig oder schmarotzerhaft als viele andere Ziege-Geborene. Sie haben einen Blick für soziale Zusammenhänge. Sie sind extrem kooperativ und scheuen gewiß keine harte Arbeit – natürlich nur dann, wenn sie alles auf ihre Weise machen können. Oft wissen sie auch, wie man aus einem kleinen Vermögen viel Geld macht.

Der Schütze/Ziege-Chef ist bei seinen Angestellten sehr beliebt. Allenfalls wird er dafür kritisiert, daß er nicht hart genug ist. Aber der im Ziege-Jahr geborene Schütze regiert mit Freundlichkeit. Seine Befehle sind mit Zuckerguß überzogen, und die Ergebnisse, die er damit erzielt, sind oft gar nicht so schlecht, wie man glaubt. Wenn der Schütze/Ziege-Mensch in einem lukrativen Job angestellt ist, wird er von seinen Vorgesetzten außerordentlich geschätzt. Schütze/Ziegen sind eine Bereicherung für jedes Büro. Sie eignen sich gut für Berufe, die persönlichen Einsatz erfordern und persönlichen Erfolg ermöglichen. Dem Schütze/Ziege-Menschen ist sehr wichtig, was andere über ihn denken, und er versucht immer, den anderen zu gefallen.

Berufe, die zu einem Schütze/Ziege-Menschen passen, sind: Psychiater, Versicherungsmakler, Künstler (aller Art), Malermeister, Choreograph, Weinbauer, Arzt, Rechtsanwalt, Missionar, Bauer, Modeschöpfer, Musiker, Lehrer, Pfarrer, Näherin, Bilderrahmen.

Berühmte Schütze/Ziegen: Jane Austen, Mark Twain, Andrew Carnegie, Anna Freud, Alberto Moravia, Randy Newman.

SCHÜTZE/AFFE

»Ich sehe«		*»Ich plane«*	
Feuer, Jupiter, Veränderlich		*Metall positiv, Yin*	
FRÖHLICHKEIT	HELDENMUT	SCHLAUHEIT	INTELLIGENZ
FREIGEBIGKEIT	EHRGEFÜHL	STABILITÄT	EIFER
EIFER	VERNUNFT	IMPROVISATIONSTALENT	FÜHRUNGSNATUR
UNVERBLÜMTHEIT	UNSCHLÜSSIGKEIT	TÄUSCHUNG	SELBSTBEZOGENHEIT
SORGLOSIGKEIT	LEICHTSINN	TRICKREICH	ALBERNHEIT
SCHLECHTE MANIEREN	WIDERSPRÜCHLICHKEIT	GESCHWÄTZIG	OPPORTUNISMUS

Schützen sind immer Freidenker. Sie sind bahnbrechend für die Zukunft. Sie sind gewandt und humanitär. Sie sind direkt und fröhlich. Viele der oben beschriebenen Eigenschaften treffen auch auf den Affe-Charakter zu. So ist der Schütze/Affe-Geborene mit den beiden Seiten seiner Natur in Harmonie. Seine extrovertierte Natur braucht nicht ständig gegen die introvertierte Neigung anzukämpfen, sich vor anderen Menschen zu verkriechen. Der Schütze/Affe fühlt sich wohl in seiner Haut.

Aber trotzdem besteht zwischen Schützen und Affen ein grundlegender Unterschied. Schützen sind altruistisch und auf andere Menschen bezogen. Schützen sind aufrichtig und spielen gerne den Draufgänger. Affen haben davon kein bißchen. Der Affe ist listig und gewieft und sorgt dafür, daß er niemals zu direkt ist, und er kann gerade zu episch breit und umschweifig sein. Nur selten fordert er den Teufel heraus, außer er weiß, daß er ihn besiegen kann. Er ist eher egozentrisch als altruistisch.

Was geschieht also? Nun, das ist ganz einfach. Der Affe verwandelt den Schützen in eine Führernatur. Diese Mischung hat den nötigen Enthusiasmus und die nötige Kraft, um Berge zu versetzen, und besitzt darüber hinaus auch noch die Listigkeit und den Opportunismus, an deren Stelle seinen Regierungsbesitz aufzubauen.

Schütze/Affen übernehmen gerne die Zügel. Sie nehmen die Dinge in die Hand, treffen Entscheidungen, kommandieren Menschen herum, verabschieden Gesetze und führen Veränderungen ein. Und bevor Sie noch die Worte »Schütze/Affe« ausgesprochen haben, hat dieser trickreiche kleine Schlingel bereits eine Straße nach sich selbst benannt – und, weil er gerade dabei ist, benennt er vielleicht eine andere nach seiner Freundin.

Große Anstrengungen machen dem Schütze/Affen nichts aus. Diese Menschen gehen methodisch vor und kommen immer gleich zur Sache. Sie sind ernst und gewissenhaft und glauben inbrünstig an ihre Ideale und Vorstellungen. Sie sind attraktiv. Und sie sind sehr überzeugend. Schütze/Affen reden gerne in der Öffentlichkeit und debattieren über heikle Themen, ohne dabei in Schwierigkeiten zu geraten. Sie diskutieren immer mit gesundem Menschenverstand. Sie haben gerne Geld und wissen, wie man es klug und großzügig ausgibt.

Der Affe aus dem Zeichen Schütze spart sich seine Blödeleien für private Parties auf. Das Image des machthungrigen Dynamos, das er in der Öffentlichkeit zeigt, wird gewichtig sein. Schütze/Affen wollen ernst genommen werden. Bei Freunden oder Menschen, mit denen er sehr vertraut ist, kann der Schütze/Affe der perfekte Clown sein, auf den Tischen tanzen und ein Fest mit seinen witzigen Kommentaren und seinen verrückten Einfällen beleben. Aber als sein Image macht sich dieses helle Köpfchen für niemanden zum Narren.

Schütze/Affen denken immer in großen Maßstäben. Sie geben sich niemals mit Kleinigkeiten ab. Diese Menschen sind an Erfolg und Autorität interessiert. Sie sind ausgezeichnete Verwaltungsangestellte und gehen einer direkten Konfrontation immer aus dem Weg. Im wesentlichen sind sie konservativ, und auch wenn sie eine liberale Seite an sich haben, versuchen sie immer, neutral zu wirken. Schütze/Affen mögen die Herausforderung. Sie sind Experten für Public Relations. Sie können sich selbst am besten vertreten und scheinen instinktiv zu wissen, wie sie behutsam die öffentliche Meinung zu ihrem eigenen Vorteil wenden können.

Liebe

Im Gefühlsbereich fühlen sich Schütze/Affen ein wenig unwohl. Es fällt ihnen nicht leicht, Gefühle zu zeigen, und sie schrecken vor den Fesseln zurück, die ihnen eine Partnerschaft auferlegt. Schütze/Affen zögern, zu heiraten oder mit jemandem ein Leben lang zusammen zu sein. Dieser Mensch blickt in die Zukunft und fragt sich, ob ihn sein Partner in ein paar Jahren nicht langweilen wird. Er weigert sich, Verantwortung für irgend etwas anderes als für seine Missionen zu übernehmen. Es ist zwar ein Vergnügen, in seiner Gesellschaft zu sein, aber ich bin mir nicht sicher, ob ich mir wünschen würde, daß er meine Schwester heiratet.

Wenn Sie sich von einem provozierenden Schütze/Affe-Menschen angezogen fühlen, benutzen Sie ihre List, um gegen seine Listen anzukämpfen. Lassen Sie sich nicht allzu leicht durchschauen, sonst wird er über Nacht das Interesse an Ihnen verlieren. Am besten werden Sie diesem schwierigen Menschen gefallen, wenn Sie seinen Intellekt herausfordern, seinen Mut auf die Probe stellen und von Zeit zu Zeit alleine auf kleinere Reisen gehen, nur um ihn bei der Stange zu halten. Aber erzählen Sie ihm um Himmels willen nicht, daß Sie nur in den Nachbarort fahren. Geben Sie vor, in Staatsangelegenheiten unterwegs gewesen zu sein.

Passende Partner

Widder, Waage und Wassermann/Ratten spornen Sie zu größerer Leistung an. Es wird ihnen nicht leid tun, eine Beziehung mit Löwe, Waage oder Wassermann/Drachen einzugehen. Keine Zukunft haben Beziehungen mit Jungfrau, Zwilling oder Fische/Schweinen. Zwilling oder Fische/Ochsen erwarten für Ihren Geschmack viel zu viel Stabilität. Und Jungfrau/Katzen und Tiger hindern Sie, auf Ihrer eigenen Reise vorwärts zu kommen. Fische/Schlangen sind sehr sympathisch, aber zu Ihnen passen sie nicht. Es würde einfach nicht gut gehen.

Heim und Familie

Die Einrichtung dieses Menschen ist praktisch und geschmackvoll. Wahrscheinlich besitzt er ein paar Kunstgegenstände, die er von seinen vielen Reisen mitgebracht hat. Aber sein Geschmack ist eher dezent. Der Schütze/Affe möchte mit seinen Möbeln keinen Eindruck schinden. Ein komfortables, praktisches und gut organisiertes Heim ist sein Ziel. In der Öffentlichkeit wird er sich gut bürgerlich, in seinem Privatleben eher nachlässig kleiden.

Der Schütze/Affe ist nicht bereit, jung zu heiraten und eine Schar Kinder zu haben, die er bis zu ihrem fünfundzwanzigsten Lebensjahr durchfüttern muß. Nein. Ihm ist sein persönliches Vorwärtskommen wichtiger als alles andere. Wenn er sich erst einmal eine solide Karriere aufgebaut hat, ist immer noch genug Zeit, Kinder in die Welt zu setzen. Aber nicht mehr als ein oder zwei. Herzlichen Dank! Schütze/Affen sind besorgte Eltern, die gut für die Zukunft ihrer Kinder sorgen. Sie wollen in der Öffentlichkeit eine gute Figur abgeben und werden ihren Kindern daher beibringen, sich zu benehmen.

Wenn Sie ein Schütze/Affe-Kind haben, haben Sie wahrscheinlich schon bemerkt, wie ernsthaft es werden will. Obwohl diese Kinder zu Hause ziemlich viel herumtollen, werden sie sich in der Schule gewöhnlich zusammenreißen. Dieses Schütze/Äffchen besitzt Organisationstalent und ist eine Führungsnatur. Es profitiert davon, wenn es schon frühzeitig lernt, in der Öffentlichkeit zu reden, oder Schauspielunterricht bekommt. Kleine Schütze/Affen sind sehr sensibel, können ihre Gefühle aber nicht sehr gut zeigen. Es ist ziemlich schwer, herauszubekommen, was sie denken. Drängen Sie es nicht. Fragen Sie behutsam, was es hat!

Beruf

Der Schütze/Affe geht nur selten den Weg des geringsten Widerstandes. Er besitzt ausgezeichnete Führungsqualitäten und Organisationstalent. Diese Persönlichkeiten sind sehr begabt, Probleme zu lösen. Sie sehen für jedes Rätsel eine konkrete Lösung, die ganze Kommissionen von Spezialisten vor Neid erblassen ließe. »Warum machen wir nicht einfach ein Stadion daraus«, schlagen sie in der Stadtplanungskommission vor. »Wir könnten Profit daraus schlagen, wenn wir eine Parkgarage darunter bauen.« Der Schütze/Affe hat immer eine Antwort parat, und wenn er einmal nicht weiß, worum es eigentlich geht, hört es sich zumindest so an, als wüßte er genau darüber Bescheid.

Natürlich ist dieser Mensch eine Führernatur und möchte der Chef sein. Der Schütze/Affe-Mensch ist zu seinen Untergebenen nicht sarkastisch oder gemein, aber er spielt seine Überlegenheit oft auf eine Art und Weise aus, die seinen Angestellten unter die Haut geht. Doch insgesamt kann man darauf vertrauen, daß er sich auf allen Gebieten hervortun wird, die Verwaltungsarbeit und einen gesunden Menschenverstand erfordern. Der Schütze/Affe bleibt nicht lange in einem Untergebenenverhältnis, aber er weiß, daß man flexibel und kooperativ sein muß, wenn es zum eigenen Vorteil ist. Diese Menschen können sehr gut alleine arbeiten.

Berufe, die sich für Schütze/Affen eignen: Politiker, Schriftsteller, Botschafter, Bürovorsteher, Buchhalter, Lobbyist, Vermittler, Personalchef, Ökonom.

Berühmte Schütze/Affen: John Milton, Claude Levi-Strauss, Larry Bird.

SCHÜTZE/HAHN

»Ich sehe«
Feuer, Jupiter, Veränderlich

»Ich besiege«
Metall negativ, Yang

FRÖHLICHKEIT	HELDENMUT	BIEGSAM	KONSERVATIV
FREIGEBIGKEIT	EHRGEFÜHL	ENTHUSIASMUS	CHIC
EIFER	VERNUNFT	OFFENHEIT	HUMOR
UNVERBLÜMTHEIT	UNSCHLÜSSIGKEIT	KECKHEIT	PEDANTERIE
SORGLOSIGKEIT	LEICHTSINN	ÜBERHEBLICHKEIT	DIKTATORISCH
SCHLECHTE MANIEREN	WIDERSPRÜCHLICHKEIT	BLINDES VERTRAUEN	VERSCHWENDUNG

Großspurigkeit charakterisiert den Schütze/Hahn. Er ist ein Schwätzer, der große Reden schwingt, und sich mit den abenteuerlichsten Geschichten brüstet. Wer unter diesen beiden ausgesprochen reizbaren Zeichen geboren ist, ist nervös, offen, freimütig und ziemlich von sich eingenommen. Er ist mehr als enthusiastisch. Schütze/Hähne sind voller Schwung und Elan. Sie hinterlassen überall einen starken Eindruck, wohin sie auch kommen – und sie kommen überall hin!

Trotz seiner Bestimmung, im Alter von dreizehn Jahren bereits den halben Globus bereist zu haben, ist der Schütze/Hahn-Mensch tief in seinem Innern vernünftig und viel vorsichtiger, als es nach außen hin erscheint. Er hat sehr noble Züge. Schütze/Hähne scheinen sich ein wenig wie Robin Hood zu fühlen und wollen die Reichen bestehlen und den Armen geben. Nicht, daß Schütze/Hähne Diebe wären. Dafür gibt es keine Beweise. Aber sie sind heimliche Piraten, die auf Schiffe schielen, die nachts mit Juwelen und Pelzen beladen an ihnen vorbeiziehen. Doch sie versagen sich das Vergnügen, Tricks anzuwenden. Der Schütze/Hahn ist wahrheitsliebend. Er verabscheut Falschheit.

Schütze/Hähne sind schon in jungen Jahren von ihren edlen Zielen besessen. Sie fühlen sich dazu berufen, »Gutes zu tun« im Sinne altmodischer Missionsarbeit. Möglicherweise reisen sie nach Afrika oder Indien, um den Armen zu helfen, oder sie bleiben zu

Hause und lassen sich als Seelsorger in einem Zentrum für Selbstmörder anstellen. Aber welche Aktivität sie auch anpacken, ihre Aufrichtigkeit wird dabei oft enttäuscht. Keine Wohltätigkeitsorganisation ist vollkommen. Die Sache hat immer einen Haken. Jemand greift in die Kasse, oder Wohltätigkeitsfonds werden zu falschen Zwecken benutzt, oder arme Menschen in einem fernen Land lehnen die Hilfe aus religiösen Gründen ab. Philanthropie geht immer Hand in Hand mit Enttäuschung.

Aus diesem Grund sind Schütze/Hähne oft desillusioniert und klammern sich an ein Ideal, das sie nicht los läßt, sich aber nicht verwirklichen läßt. Bei Menschen, die weniger zurückgezogen sind als der Schütze/Hahn, könnte diese Desillusionierung zur Resignation und sogar zu Selbstmitleid führen. Aber nicht bei einem Schütze/Hahn. In kürzester Zeit wird dieser wieder auf den Beinen sein und schon wieder die Koffer packen, um sich erneut in den Dschungel humanitärer Arbeit zu stürzen. Es ist immer die gleiche Geschichte: einen guten Menschen kann man nicht unterkriegen.

Alles in allem besitzt der Schütze/Hahn viel Feingefühl. Er wirkt nur nach außen hin leichtsinnig, großspurig und keck. Innerlich behält er immer den Tacho im Auge und beobachtet seinen eigenen Fortschritt sehr kritisch. Diesen Menschen ist bewußt, daß Freiheit und Abenteuer zu anziehend auf sie wirken, und wissen, daß sie sich eines Tages ruhiger werden müssen, wenn sie sich nicht lächerlich machen wollen. Wenn dieser Tag gekommen ist, ziehen sich Schütze/Hähne einen angenehmen Job an Land, bei dem sie einen angesehenen Titel an der Bürotür haben, oder sie setzen sich ganz einfach hin und beginnen, Bücher über ihre Entdeckungsreisen zu schreiben. Schütze/Hähne haben gute Manieren, können aber bisweilen schnippisch und brüsk sein. Eine grobe Bemerkung inmitten einer ganz normalen, ruhigen Unterhaltung ist für diese Leute nichts Ungewöhnliches. Sie sind brutal offen. Bei Auseinandersetzungen und Provokationen blühen sie regelrecht auf. Sie haben keine Angst, um etwas zu kämpfen, und sorgen wirklich großartig für ihre Freunde und ihre Familie. Man kann tatsächlich sagen, daß dieser Mensch die Verantwortung und Pflichten, die er zu Hause hat, niemals vernachlässigt, wohin er in seinem Leben auch reist. Man könnte ihn mit einem Freidenker vergleichen, der im Körper eines pflichtbewußten Wohltäters der Menschheit wohnt. Vielleicht ist das der Grund, warum Schütze/Hähne immer die Haustür angelehnt lassen, wenn sie verreisen, so daß sie in ihr Lieblingsgefängnis zurückkehren können, wenn ihnen das Geld ausgeht.

Liebe

Schütze/Hähne haben nicht immer Glück in der Liebe. Sie sind abwechselnd zu fordernd oder allzu fügsam. In Liebesbeziehungen gibt es immer eine heikle Grauzone der gegenseitigen Täuschung. Wenn Eifersucht und Leidenschaft im Spiel ist, sollte man bestimmte Dinge besser nicht diskutieren. Mit Betrug will der Schütze/Hahn-Mensch nichts zu tun haben. Er möchte, daß die Karten immer offen auf dem Tisch liegen und kein doppeltes Spiel gespielt wird. Überdies ist er so unverbesserlich dynamisch, daß er sich oft auf eine Beziehung mit einem Partner einläßt, der Hilfe braucht und dessen Ziele nicht klar sind. Dieses Helfersyndrom nenne ich den Samariter-Komplex des Schützen. Natürlich ist Mitleid nicht Liebe. Aber der Schütze/Hahn kann Ihnen manchmal nicht sagen, was der Unterschied ist.

Wenn Sie einen Schütze/Hahn lieben, versuchen Sie ihn aus seinem starren Pflichtgefühl aufzurütteln, indem Sie ihn aufmuntern und zum Lachen bringen. Gehen Sie mit ihm ins Theater und kaufen Sie ihm Spielzeug. Holen Sie diesen Menschen aus seiner Tretmühle der Pflichterfüllung heraus. Und vor allem, nutzen Sie seine Gutmütigkeit und seine fürsorgliche Art nicht aus! Ein verletzter Schütze/Hahn ist kein schöner Anblick.

Passende Partner

Widder, Löwe, Waage und Wassermann/Schlangen finden Sie unwiderstehlich, und dieses Gefühl beruht auf Gegenseitigkeit. Löwe, Waage und Wassermann/Ochsen geben ihnen Sicherheit und Vergnügen zugleich. Die wahren Freuden der Liebe bereiten Ihnen Löwe und Waage/Drachen. Sie sind ja so eindrucksvoll. Jungfrau und Zwilling/Hähne passen nicht besonders gut zu Ihnen. Fische/Hunde machen Sie mit ihren unaufhörlichen Sorgen verrückt, und Jungfrau und Fische/Katzen sind Ihnen zu herrschsüchtig und viel zu wenig abenteuerlustig, um eine dauerhafte Beziehung mit ihnen einzugehen.

Heim und Familie

Das Heim des Schütze/Hahn-Menschen wird sparsam, aber elegant möbliert sein. Komfort steht nicht an erster Stelle. An erster Stelle kommt bei diesem Menschen die Wirkung. Auch eine »gute

Adresse« ist sehr hilfreich. Nicht, daß der Schütze/Hahn-Mensch ein Snob ist, weit gefehlt! Aber im wesentlichen ist dieser Mensch konservativ, zieht die Sicherheit der Gefahr vor und kann Chaos und Unordnung nicht ertragen. Daher läßt sich der Schütze/Hahn-Mensch oft in einer angesehenen Gegend nieder.

Dieser Mensch ist zwar sehr kinderlieb, aber wann soll er die Zeit dazu finden, Kinder zu erziehen. Schließlich hat er seine Indianer in Bolivien, seine Puertoricaner in Harlem und seine illegalen Einwanderer in Texas, um die er sich in erster Linie kümmern muß. Nachdem er seine Missionsarbeit beendet hat, muß er nach Hause flitzen, um Weihnachten mit seiner Familie zu feiern und die ganzen Geschenke für die Nichten und Neffen zu kaufen. Und wenn sie selbst eine Familie gründen, wie können sie dann noch jemals so frei sein, nach Brasilien zu fahren? Das Thema Kinder ist für Schütze/Hähne sehr tückisch. Es ist ein einziges Hin und Her, bis es eines Tages sowieso unmöglich erscheint. Schütze/Hähne sind einfach zu reiselustig, um Eltern zu werden.

Das Schütze/Hahn-Kind spielt gerne Abenteuerspiele. Sie können zwar versuchen, sein Interesse für Klavierstunden oder Sticken zu wecken, aber wahrscheinlich wird es keinen Spaß daran haben. Und wenn es sich dafür interessieren läßt, dann nur, weil es zuviel Pflichtgefühl besitzt und die Gefühle seiner Eltern nicht verletzen möchte. Dieses Kind ist ein Einzelgänger. Mit der Enge eines Klassenzimmers kommt es nicht besonders gut zurecht. Es träumt immer davon, eine berühmte Ballerina zu werden, die ihr ganzes Geld an die Armen verschenkt. Diese Kinder werden die Schule zu Ende machen, wenn ihre Eltern klarstellen, daß es keinen anderen Weg gibt. Ansonsten wird das Schütze/Hahn-Kind wahrscheinlich weit weg gehen und versuchen, in der Ferne zu sich selbst zu finden.

Beruf

Alle Berufe, die mit Bewegung und Reisen zu tun haben, passen zu diesem Menschen. Schütze/Hähne sind gesprächig und sprechen oft drei Sprachen. Sie haben einen guten Blick für Details und haben einen guten Riecher für zukünftige Trends und die Richtung der Mode. Der Schütze/Hahn möchte seine Umgebung und eigentlich das ganze Universum von einem kosmischen Standpunkt aus betrachten. Er besitzt Feingefühl und zögert nicht, Entscheidungen zu treffen. Schütze/Hähne packen die Dinge an.

Obwohl der Schütze/Hahn als Chef geboren ist, ist er sich dennoch nicht sicher, ob er den Spitzenposten überhaupt haben möchte. Wenn er zustimmt, eine Chefposition in Chicago zu bekleiden, was wird dann aus seinen Indianern in den Anden? Die Antwort darauf ist ein Beruf, in dem der Schütze/Hahn viel auf Reisen ist, und in kurzer Zeit gute Karrieremöglichkeit für sich erkennt. Als Angestellter ist dieser Mensch nur glücklich, solange er Licht am Ende des Tunnels sieht – eine Beförderung zum Reiseleiter zum Beispiel.

Berufe, die Schütze/Hähnen gefallen könnten: Fotograf für die Zeitschrift »National Geographic«, Volontär in der UNESCO oder Freiwilliger im Friedenscorps, Verleger von Reiseliteratur, Autor, darstellender Künstler, Journalist, Geologe, Kartograph, Arzt, Missionar, Roadie, Pirat, Logbuchführer, Goldsucher, Reiseverkehrskaufmann.

Ein berühmter Schütze/Hahn: Horst Buchholz.

SCHÜTZE/HUND

»Ich sehe«
Feuer, Jupiter, Veränderlich

»Ich sorge mich«
Metall positiv, Yin

FRÖHLICHKEIT	HELDENMUT	BESTÄNDIGKEIT	PFLICHTBEWUSSTSEIN
FREIGEBIGKEIT	EHRGEFÜHL	HELDENMUT	INTELLIGENZ
EIFER	VERNUNFT	ACHTBARKEIT	ANSTAND
UNVERBLÜMTHEIT	UNSCHLÜSSIGKEIT	UNSICHERHEIT	ZYNISMUS
SORGLOSIGKEIT	LEICHTSINN	KRITIKSUCHT	UNSOZIAL
SCHLECHTE MANIEREN	WIDERSPRÜCHLICHKEIT	SELBSTGERECHTIGKEIT	TAKTLOS

Dieser trockene Held namens Schütze/Hund verkörpert all die idealistischen Charakterzüge des Schützen, seine Abenteuerlust, seine Zukunftsvisionen, seine Bravour und sein Feuer. Aber ihm sind darüber hinaus auch die anerkennenswerten Qualitäten zueigen, die allen Hunde-Menschen angeboren sind: Ehrwürdigkeit und Aufrichtigkeit, Loyalität und Achtbarkeit. Beide Zeichen haben ein lockeres Mundwerk. Schütze-Menschen neigen zu Offenherzigkeit und sprechen alles aus, was sie bewegt. Hunde machen gerne viele Worte, obwohl sie eher mißtrauisch und vorsichtig sind. Dies ist ein sehr wertvoller Mensch, der eine untrügliche Nase dafür besitzt, was in der Welt geschieht und wie man die Dinge wieder in Ordnung bringen kann.

Schütze/Hund ist ein freches und dogmatisches Zeichen. Dieser Mensch hat zu allem und jedem eine feste Meinung, und da seine Integrität unzweifelhaft ist, neigen die Menschen dazu, das, was er sagt, für das Evangelium zu halten. Der Schütze/Hund ist auch alles andere als feige. Er wagt vieles, was andere als schlichtweg verrückt erklären würden. Diese Menschen sprechen all ihre Gedanken offen aus und werden mit einer Herausforderung fertig, indem sie sie mit einer Herausforderung beantworten. Stellen Sie einem Schütze/Hund eine Frage, und er wird sofort eine Gegenfrage stellen. In der Öffentlichkeit kennt dieser Typ in bezug auf seine Ideale keinen Spaß. Er verkehrt in den besten Kreisen und macht es zu seinem Geschäft, auf den »richtigen« Dinner-Parties und Kolloquien gesehen zu werden. Der Schütze/Hund wird immer ernst genommen.

Diese Persönlichkeit ist von Natur aus großzügig. Überdies ist sie auch noch außerordentlich sensibel. Und sie sind sehr pflichtbewußt. Da der Schütze/Hund der Achtbarkeit so viel Bedeutung beimißt, hat er auch in seinem Privatleben sehr hohe Maßstäbe. Er stürzt sich in seine privaten Vergnügungen mit derselben Begeisterung, wie er ein Geschäft abschließt. Schütze/Hunde arbeiten dafür, sich eine schöne Zeit zu machen. Und da sie sehr gründliche Menschen sind, geben sie auch in ihrem Privatleben ihr Bestes.

Schütze/Hund ist das Zeichen der Führerschaft und unverdorbener Ansichten. Seine Vertreter haben viele kreative Gedanken und sind in der Lage, ihren Erfindungsgeist in einen Beruf einzubringen, da sie sehr erdverbunden und selbstdiszipliniert sind. Sie verstehen das Bedürfnis des Schützen nach Abenteuer und Selbstausdruck mit der angeborenen Vorsicht des Hundes zu mischen. Oft werden sie berühmte Denker, Schriftsteller oder Linguisten. Schütze/Hunde wissen, wie man Ideen entwickelt und sie gekonnt und logisch in Worte faßt.

Der Schütze/Hund-Mensch ist eigentlich ziemlich optimistisch. Der Pessimismus des Hundes wird hier von der Fröhlichkeit des Schützen aufgewogen. Der Schütze verleiht dem Hund auch vorbildliche Einstellung zu Sauberkeit und Haushalten. Aber keine Frage, der Hund revanchiert sich für diesen Gefallen, indem er den Schützen kritischer und weniger impulsiv macht, als der gewöhnlich ist. Die Verbindung von Schütze und Hund ergibt einen starken Menschen, der bequem auf seinem Thron sitzt.

Wenn man dem Schütze/Hund unrecht tut, beißt er. Dieser Mensch ist auf Unehrlichkeit nicht gut zu sprechen. Seine Methoden sind dreist und seine Waffen sehr gefährlich. Kommen Sie einem Schütze/Hund niemals in die Quere, wenn Sie nicht den Rest Ihrer Tage seinen Hieb spüren wollen. Dieser Hund ist im Grunde genommen friedlich, aber behandeln Sie ihn sanft und versuchen Sie, keine krummen Touren mit ihm zu machen, sonst stellt er Ihnen ein Bein. Und wenn Sie dann noch nicht verstehen, stellt er Ihnen gleich noch einmal eines.

Liebe

In ihrem Privatleben sind diese starken Menschen bemerkenswert warmherzig. Sie wollen aufrichtig, daß man sie mag, und – obwohl sie in der Partnerschaft etwas schüchtern sind – sie engagieren sich sehr leidenschaftlich für eine Beziehung und bleiben ihrem Partner lange Zeit treu. Gewöhnlich lassen sie von ihrem Privatleben nichts an die Öffentlichkeit dringen. In Liebesaffären sind sie Meister der Diskretion. Schütze/Hunde waschen ihre schmutzige Wäsche niemals vor der ganzen Welt. »Seifenopern« finden sie vulgär und stumpfsinnig.

Sollten Sie in einen Schütze/Hund verliebt sein, werden Sie ihn nicht lange zu Hause behalten können. Der Schütze/Hund ist immer in Bewegung. Er übernimmt große Aufgaben im öffentlichen Leben und verfügt über soviel Vitalität, daß er kaum zu bändigen ist, der Verwirklichung seiner Ziele nachzujagen. Ihre Aufgabe besteht darin, diese nervöse und manchmal unruhige Seele zu trösten und zu beruhigen. Das Beste ist, Sie haben selbst viel zu tun und warten nicht darauf, daß Ihr Schütze/Hund-Liebhaber nach Hause kommt. Schütze/Hunde können sich kaum daran erinnern, wann sie einmal vor drei Uhr morgens ins Bett gekommen sind.

Passende Partner

Sie sind ein Tiger-Fan. Gemeinsam mit Löwe, Waage und Wassermann/Tigern werden Sie es weit bringen. Auch mit Pferde-Menschen, die unter diesem Tierkreiszeichen geboren sind, passen Sie gut zusammen. Auch Löwe/Katzen machen Sie glücklich. Sie verleihen Ihnen Optimismus. Liebesbeziehungen mit Zwilling, Löwe, Jungfrau und Fische/Drachen geben Ihnen nicht besonders viel. Zwilling, Jungfrau und Fische/Ziegen bereichern Ihr Leben nicht besonders, außer mit Angst, die Sie nicht brauchen. Mit Zwilling/Affen kommen Sie überhaupt nicht zurecht.

Heim und Familie

Dem Schütze/Hund bedeuten seine Familie, seine Traditionen, sein Benehmen, seine Festtage und seine Beerdigungen, seine Ideale und seine Waffenröcke sehr viel. Für sein eigenes Leben aber ist sein Zuhause praktisch überhaupt nicht wichtig. Er wünscht sich ein hübsch eingerichtetes Bauernhäuschen oder ein Haus nahe seinem Büro oder Arbeitsplatz. Aber er macht nicht viel Getue darum, die Wände selbst zu tapezieren oder die Küche selber zu kacheln. Der Schütze/Hund ist an seiner Arbeit und einem Leben außer Haus interessiert. Wenn er es sich leisten kann, hat er Dienstmädchen und Butler, die sich um den Haushalt kümmern.

Vorausgesetzt, sie können sich die besten Erzieher für ihre Kinder leisten, sind Schütze/Hunde ernsthafte, aber anspruchsvolle Eltern. Da ihnen das Ansehen eine Menge bedeutet, erwarten sie von ihren Kindern, daß sie sich anständig benehmen und gute Manieren zeigen. Da es Schütze/Hunden etwas schwerfällt, ihre Gefühle zu zeigen, müssen sie sich bewußt darum bemühen, ihren Kindern gegenüber herzlich und warm zu sein. Darüber hinaus kann es vorkommen, daß sie ihre Kinder ungewollt zum Widerstand erziehen, wenn sie zu konservativ und streng mit ihnen umgehen. Dann kommen vielleicht ihre Kinder im Alter von zwanzig Jahren nach Hause, und hissen die Flagge der Anarchie.

Das Schütze/Hund-Kind ist ein zerbrechliches kleines Kerlchen, dessen Ernsthaftigkeit und Wunsch, zu gefallen und zu glänzen, einfach rührend ist. Ich würde sagen, daß dieses Kind viel Ruhe und Entspannung in der Natur braucht, und daß es auch einmal kleinen Ängsten ausgesetzt sein soll, solange es noch jung ist, damit es lernt, wie andere Menschen leben. Dieses Kind kann pingelig und nervös sein. Seine Eltern sollten sein schriftstellerisches Talent fördern und es auf Gebieten anspornen, auf denen es glänzen kann. Was Sie auch anstellen, das Schütze/Hund-Kind interessiert sich genau für das, was es in seinem Leben schließlich auch machen wird. Diese Kinder sind, wie sie sind – sehr zielstrebig und unabhängig.

Beruf

Der Schütze/Hund eignet sich sehr gut für Berufe, die seinen Intellekt herausfordern. Schütze/Hunde haben keine Zeit, sich mit tobenden Chefs abzugeben oder dem Büroklatsch zuzuhören. Sie gehen ganz einfach an ihren Schreibtisch und schuften bis zum Umfallen, dann verlassen sie ihren Schreibtisch wieder. Sie sind abrupt und aufbrausend bei Geschäftsverhandlungen. Effektivität ist das einzige Ziel dieses schlagfertigen und freiheitsliebenden Menschen. Er möchte nicht länger in einem Job festhängen, als es sein muß. Und er möchte in seinem Beruf nicht eingeschränkt sein, wenn es nicht unbedingt notwendig ist.

Diese Menschen geben ausgezeichnet gute Chefs ab. Doch sie sind sarkastisch und bissig. Sie sind zäh und verstehen keinen Spaß, aber in ihrem Herzen sind sie sehr gütig. Verständnisvolle

Angestellte finden den Schütze/Hund-Chef tatsächlich auch sehr sympathisch. Aber schwache Menschen können mit der groben Art dieses Chefs schlecht umgehen. Als Angestellter ist der Schütze/Hund wahrscheinlich sehr gewissenhaft, aber dumme Anweisungen befolgt er mit Sicherheit nicht. In Wirklichkeit träumt der Schütze/Hund davon, an einer dauerhaften Aufgabe alleine zu arbeiten, oder er möchte Bücher schreiben oder ein Hotel führen – oder beides zugleich.

Einige Berufe, die sich für Schütze/Hunde eignen, sind: Journalist, Politiker, Romanschriftsteller, Linguist, Übersetzer, Forscher, Dramaturg, Geschäftsmann, Künstler, Rechtsanwalt, Diplomat, Redenschreiber, Professor.

Berühmte Schütze/Hunde: Jean Genet, Winston Churchill.

SCHÜTZE/SCHWEIN

»Ich sehe«		*»Ich zivilisiere«*	
Feuer, Jupiter, Veränderlich		*Wasser negativ, Yin*	
FRÖHLICHKEIT	HELDENMUT	SKRUPEL	SINNLICHKEIT
FREIGEBIGKEIT	EHRGEFÜHL	GALANTERIE	KULTUR
EIFER	VERNUNFT	AUFRICHTIGKEIT	EHRLICHKEIT
UNVERBLÜMTHEIT	UNSCHLÜSSIGKEIT	LEICHTGLÄUBIGKEIT	MATERIALISTISCH
SORGLOSIGKEIT	LEICHTSINN	ZORN	FEINSCHMECKER
SCHLECHTE MANIEREN	WIDERSPRÜCHLICHKEIT	ZÖGERN	DICKKÖPFIGKEIT

Stille Wasser sind tief. Der Schütze/Schwein-Mensch ist über jeden moralischen und sozialen Zweifel erhaben und macht es zu seiner Lebensaufgabe, seinen makellosen Ruf aufrechtzuerhalten. Aber glauben Sie nicht, daß das Schütze/Schwein ein Heiliger ist, oder auch nur ein Pfadfinder-Typ. Nicht im geringsten. Dieser Mensch achtet nur auf seinen guten Namen, indem er sich aus allen Schwierigkeiten heraushält und die Rolle des Moralisten spielt.

Schütze/Schweine sind geborene Beobachter. Sie sehen alles, was um sie herum vorgeht, und noch einiges mehr. Sie nehmen jedes Detail wahr und behalten sprachliche Eigentümlichkeiten und Ticks im Gedächtnis. Sie erkennen auf einen Blick Fehler und Schwächen und finden das alles sehr amüsant. Wenn sie dann bereit sind, dann fügen sie all ihre so gesammelten Fundstücke zusammen und geben sie der Welt in der Form von Kunst zurück. Schütze/Schwein-Menschen sind populäre Künstler. Sie sind niemals zu abstrakt, und ihr Stil ist niemals zu konfus; das Ziel des Schütze/Schweins liegt darin, sich über die Gesellschaft (und sich selbst) kaputtzulachen.

Diese Menschen sind in der Öffentlichkeit enorm beliebt. Niemand fühlt sich von einem Schütze/Schwein wirklich bedroht. Dieser Mensch hat keine Angst, zu geben und für andere Menschen zu sorgen. Der Schütze/Schwein-Mensch ist von Natur aus tugendhaft und besitzt eine Attraktivität, die über das Äußerliche hinausgeht. In der Tat könnte ich sagen, daß die meisten Schütze/Schwein-Menschen nicht im klassischen Sinne gutaussehend sind. Aber sie haben einen so aufrechten Charme, daß sie ganze Völker dazu bringen können, sich von ihrem schlichten Stil hinreißen zu lassen.

Diese Menschen sind aufrichtig an anderen interessiert. Und was gefällt den Menschen besser, als über sich selbst zu reden? Das Schütze/Schwein ist ein außergewöhnlich guter Zuhörer, der immer an der richtigen Stelle nickt und ausgesprochen gute Ratschläge erteilt. Auch ist er gegenüber menschlichen Fehltritten sehr nachsichtig. Er hat wirklich Verständnis dafür, wenn Sie mit Ihrer kleinen Schwester an deren Hochzeitstag gestritten haben. Er ist sogar sehr gerührt wegen Ihrer Schwäche. Wie könnte da jemand widerstehen? Das Schütze/Schwein ist Seelsorger und Beichtvater in einer Person, und Sie müssen zur Strafe nicht einmal Gebete sprechen. Ich bezeichne Schütze/Schweine als großherzig.

Aber diese Menschen können auch sehr starrköpfig sein. Der Schütze, der in einem Schwein-Jahr geboren ist, kann so in seiner Tugendhaftigkeit befangen sein, daß er manchmal vergißt, flexibel zu sein. Dies verursacht in seiner Umgebung eine Menge Schwierigkeiten. Natürlich bewahrt ihn sein Sinn für Humor vor der völligen Starrsinnigkeit. Aber sein Widerstand gegen die Ideen und Vorstellungen anderer kann einen schon, gelinde gesagt, zur Verzweiflung bringen.

Schütze/Schweine haben manchmal etwas von einem Don Quichote an sich, und obwohl ihre Absichten immer ehrenwert sind, kann ihre Einstellung oft dreist oder recht provozierend sein. Der Schütze/Schwein-Mensch neigt ein wenig dazu, in Anfälle von Humor auszubrechen. Ich empfehle Ihnen, sehr taktvoll und aufmerksam zu sein! Wenn der Schütze/Schwein-Mensch behauptet, daß er keinen Beifall braucht, geschieht das nur, weil er sich schämt, zuzugeben, wie sehr er nach Anerkennung strebt. Vergessen Sie nicht, Schweine sind sehr kultivierte Menschen. Das arme Schwein, das im Schützen geboren ist, muß sich wahrscheinlich manchmal fragen, wer dieses ungehobelte und feurige Biest eigentlich ist, das ihm da mit in die Wiege gelegt worden ist. Furchtlos und sogar machthungrig segelt das Schütze/Schwein auf sicherem Kurs. Aber unter Deck findet womöglich eine fröhliche Party statt, deren Ausgefallenheit Fellini schockieren würde.

Liebe

Schütze/Schweine heiraten aus Liebe und bleiben oft auch aus Liebe verheiratet. Diese Menschen sind wirklich großzügig und aufopfernd. Sie sind auch äußerst diskret und aufrichtig. Natürlich lassen sich Schütze/Schweine von ihrem Partner gerne herausfordern, besonders auf intellektueller Ebene. Dieser Mensch könnte niemals zufrieden sein, wenn er sein Leben mit jemandem teilen müßte, dessen Meinungen er nicht respektieren kann.

Wenn Sie sich in einen dieser professionell guten Menschen verliebt haben, dann weiß ich, daß Sie einen ausgeprägten Sinn für Humor haben müssen. Denn der Schütze/Schwein-Mensch ist sehr witzig. Er sieht in allem eine Komödie. Mit ihrer ständigen Beobachtung und ihrem Sinn für Menschlichkeit, sind Schütze/Schweine auch immer sehr anziehend. Ihre Aufgabe – als Partner oder Lebensgefährte dieses Menschen – besteht darin, Ihre Selbständigkeit und Ihren guten Ruf zu wahren, so daß das Schütze/Schwein stolz auf Sie sein kann. Das Schütze/Schwein ist nicht nur daran interessiert, ob Ihre Krawatte gerade sitzt. Dieser Mensch möchte, daß Sie kluge Dinge sagen und wissen, wie Sie Ihren Standpunkt vertreten können. Für einen Schütze/Schwein-Menschen ist das Image, das Sie darstellen, nur ein Spiegelbild seiner Wunschvorstellung von sich selbst. Um Sie zu lieben, muß der Schütze/Schwein-Mensch auch an Sie glauben.

Passende Partner

Sie lieben die Natur und die Sinnlichkeit und wissen, den Wert des heimischen Herdes zu schätzen. Katze-Menschen passen zu Ihrem Bedürfnis nach einem ruhigen Familienleben. Wählen Sie Ihren Katze-Partner unter dem Zeichen Löwe, Widder, Wassermann oder Waage. Löwe und Wassermann/Ziegen sind gute Partner für Sie. Gehen Sie keiner Zwilling, Jungfrau oder Fische/Schlange in die Falle, und retten Sie sich, bevor sie Sie erdrücken. Zwilling/Hähne sind für Ihre solide Natur zu flatterhaft und Jungfrau/Affen zu besitzergreifend.

Heim und Familie

Der Schütze, der in einem Schwein-Jahr geboren ist, ist ein so geschäftiger Mensch, daß sein Heim in erster Linie ein praktischer Ort sein muß, an dem er arbeiten kann. Er gehört nicht zu den Menschen, die nach Hause kommen, ihre Schuhe ausziehen und sich auf eine Couch legen. Der Schütze/Schwein-Mensch geht ausnahmslos von der Arbeit geradewegs nach Hause, um zu arbeiten. Es kann sein, daß sein Schreibtisch mitten im Wohnzimmer steht. Dieser Mensch liebt wertvolle Dinge, aber er kann auf Reichtum zugunsten der Produktivität verzichten.

Kinder groß zu ziehen, interessiert den Schütze/Schwein-Menschen, weil er an der menschlichen Natur interessiert und von all ihren Aspekten fasziniert ist. Er wird sehr viel Zeit mit seinen Kindern verbringen. Er wird ihnen vorlesen und ihren Geschichten von Rivalitäten in der Schule und schwierigen Lehrern mitfühlend zuhören. Der Schütze/Schwein-Mensch gehört zu den größten Schmusern unter den Schützen. Kinder, deren Eltern unter diesen Zeichen geboren sind, müssen hohen Ansprüchen genügen.

Das Schütze/Schwein-Kind wird schon sehr früh großes Interesse an der Welt zeigen. Es ist nicht introvertiert und schmollt auch nicht viel. Sie können erwarten, daß dieses Kind gut in der Schule ist und an allen kreativen Dingen und allem, was mit dem Theater zu tun hat, Freude hat. Über seine zynischen Kommentare werden Sie häufig in schallendes Gelächter ausbrechen. Diese Kinder überleben fast alle Familienstreitigkeiten. Sie sind auf einzigartige Weise dazu fähig, sich selbst im Leben vorwärts zu kämpfen.

Beruf

Zurückhaltung und Willenskraft sind die besonderen Kennzeichen des Schütze/Schweins. Bei seiner Berufswahl hat es wahrscheinlich keine Probleme. Schütze/Schweine sind mit Sicherheit künstlerisch veranlagt, und sie sind in der Lage, ihre kreativen Fähigkeiten in die Realität umzusetzen und sie für alle möglichen Gebiete zu nutzen, angefangen vom Geschäftemachen über die Unterhaltungsbranche bis hin zum Dienstleistungssektor. Dieser Mensch kann ein erfolgreicher Künstler oder ein geschickter Puppenspieler sein. Was immer er tut, er macht es mit viel Geschmack und einer herzhaften Portion Fröhlichkeit.

Der Schütze/Schwein-Mensch ist ein gerechter und großzügiger Chef. Das einzige, was er von Menschen, die mit ihm und für ihn arbeiten, erwartet, ist Perfektion. Aber Schweine sind aufrichtig und Schützen ebenso. Niemand kann diesen galanten Menschen hassen. Als Angestellter ist das Schütze/Schwein ernsthaft und angesehen. Sie können ihm ruhig die Lohnliste anvertrauen. Natürlich können diese Menschen ausgezeichnet alleine arbeiten. Sie übernehmen schwierige Projekte und erledigen sie immer wieder mit großem Erfolg.

Einige Berufe, die sich für Schütze/Schweine eignen, sind: Dramaturg, Film- oder Theaterregisseur, Schauspieler, Opernsänger, Komponist, Fernsehstar, Lobbyist, Pfarrer, Ökologe, Filmemacher, Fotograf, Erfinder.

Berühmte Schütze/Schweine: Hector Berlioz, Noël Coward, Woody Allen, Jules Dassin.

STEINBOCK/RATTE

»Ich benutze«
Erde, Saturn, Kardinal

»Ich regiere«
Wasser positiv, Yin

ENTSCHLOSSENHEIT	GROSSZÜGIGKEIT	ANZIEHUNGSKRAFT	SOZIAL
WEISHEIT	ÜBERLEGENHEIT	EINFLUSS	INTELLEKTUELLE BEGABUNG
ZUVERLÄSSIGKEIT	EHRGEIZ	SPARSAMKEIT	MACHTHUNGER
STARRHEIT	EINSAMKEIT	CHARISMA	LIST
SCHWERFÄLLIG	GENUSSUCHT	NERVOSITÄT	EINMISCHUNG
DÜNKEL	SELBSTZWEIFEL	WORTSCHWALL	GEWINNSUCHT

Sowohl Steinböcke als auch Ratten wollen zum Erfolg gelangen. Ratten wollen Macht. Steinböcke wollen über andere Menschen herrschen. Die habgierige Ratte und der einzelgängerische Steinbock werden es gemeinsam weit bringen (manchmal zum Nachteil des Rufs ihrer Familie oder sogar zum Schaden ihrer Gesundheit). Der Steinbock, der in einem Ratte-Jahr geboren ist, ist, wie ansonsten nur der Tiger, ständig in ernster Gefahr.

Wie es in dem alten Lied so schön heißt, »Jeder liebt einen Geliebten«. Und das ist zum Teil auch wahr. Liebe ist eine anstrengende Krankheit. Doch niemand liebt einen Machthungrigen. Macht ist nicht unbedingt ein übertragbares Gefühl. Macht bedeutet, daß auf dem Weg nach oben jemand anderer auf der Strecke geblieben ist. Macht bringt Habgier mit sich. Ratten, die im Zeichen Steinbock geboren sind, leben, um Macht zu erlangen. Sie wollen über ihre Mitmenschen dominieren und immer der Beste sein, gleich was sie tun. Sie sind krankhaft konkurrenzsüchtig.

Es gibt keine schlechten Zeichen, Sie erinnern sich. Doch im Zeichen Steinbock/Ratte steckt die Möglichkeit zum Schlechten. Dieser Mensch ist gleichzeitig aalglatt und würdevoll. Er wirkt, als wäre er immer nur auf dem Weg nach oben. Er wirkt dabei sogar noch anziehend, wenn er seine scheinbar kristallklare Unschuldstour bringt.

Seine Reden sind klar, und man kann seinen Gedankengängen leicht folgen. Der Steinbock/Ratte-Mensch strahlt Zuverlässigkeit aus. Ich bin mir sogar sicher, daß diese Menschen daran glauben, daß ihre selbstsüchtigen Vorhaben nur zum Besten der Menschheit sind.

Es ist schwierig, unter diesem Zeichen zu leben. Und sogar wohl schwieriger, *mit* ihm zu leben. Der Erfolg dieses komplizierten und großartigen Menschen hängt vollkommen davon ab, wie er in seiner Kindheit auf die Moralerziehungen angesprochen hat. Wenn er in seiner Jugend eine strenge und liebevolle Beaufsichtigung erhalten hat, entwickelt er sich gewöhnlich sehr positiv.

Natürlich haben sich die meisten Steinbock/Ratten über die primitiven Stufen der Habgier hinaus entwickelt und in ihrem Bereich eine bemerkenswert wichtige Position erreicht. Diese Menschen sind sehr ernsthaft und sehr produktiv. Sie sind sympathisch und fleißig. Sie sind sorgfältig und konservativ, doch auch großzügig und auf ihre ruhige Art sehr liebevoll. Die Talente der Steinbock/Ratten liegen in Bereichen, in denen ein enormer Einsatz notwendig ist, um ein Meister darin zu werden. Sie scheuen vor nichts zurück, haben vor niemandem Angst und wissen oft genau, wie man nach einer Bauchlandung wieder auf die Beine kommt und dabei noch exklusiv duftet.

Im Kopf dieses Menschen entstehen Unmengen neuer Ideen, Projekte und großer Pläne. Steinbock/Ratten haben keine Angst, daß ihnen eine Erfindung oder eine Idee von jemandem geklaut wird, der skrupelloser ist als sie (ja, das gibt es). Sie haben einen so ausgeprägten Sinn dafür, wie hervorragend sie sind, daß sie ihre genialen Einfälle herschenken wie Handküsse. »Du kannst ruhig eine meiner unglaublichen Erfindungen unter den Nagel reißen«, sagt die Steinbock/Ratte, »ich habe eine Menge, die noch wesentlich besser sind.« überdies sind Steinbock/Ratten in dieser Beziehung sehr verständnisvoll, da sie selber sehr lange Finger haben.

Eine Idee zu haben, ist eine Sache. Sie auszuführen ist eine andere. Aber keine Sorge. Eine der größten Stärken der im Ratte-Jahr geborenen Steinböcke ist ihre Fähigkeit, ihre Ideen auf solide Weise in die Tat umzusetzen. Der Steinbock ist ein sehr konkreter Mensch. Träume reichen dem Steinbock/Ratte-Menschen nicht aus. Er ist dafür bekannt, abstrakte Konzepte auf reale Lebenssituationen zu übertragen. Das Umgekehrte trifft nicht zu. Steinbock/

Ratten können mit emotionellen oder subjektiven Geschehnissen nur sehr schlecht umgehen. Gefühle machen sie nervös, und sie müssen sich ständig mit ihrer Starrheit und Steifheit herumschlagen. Genau diese sture und unflexible Haltung ist es, die den Steinbock/Ratte-Menschen schließlich zu Fall bringen wird. Er braucht flexible, gewissenhafte Berater um sich herum, die ihn vor dem Kittchen bewahren.

Liebe

Das aufrichtige Bedürfnis nach einer dauerhaften Liebesbeziehung charakterisiert die Vorstellung von einer Partnerschaft, die dieser Mensch hat. Da Gefühle für ihn nicht von vorrangiger Bedeutung sind, kann sich der Steinbock/Ratte-Mensch vermutlich für Mondlicht und Rosen nicht besonders erwärmen (außer er kauft oder verkauft die eine oder andere dieser Annehmlichkeiten). Was er von einem Partner erwartet, ist Hilfe, wirkliche Hingabe und echten Schneid. Steinbock/Ratten wissen sehr genau, daß sie sich nicht alleine auf ihre eigene Energie verlassen können, um all die Millionen notwendiger Details zu erledigen, die in ihrem Familienleben getan werden müssen. Diese Steinbock/Ratten sind schon sehr helle Köpfe. Sie lassen sich auf keine Sentimentalitäten ein, außer sie sind sich ganz sicher, daß sie damit umgehen können.

Sollte Ihnen eines dieser Ungeheuer am Herzen liegen, schlage ich vor, daß Sie selbst ein ganz wunderbarer Mensch sind. Ein Steinbock, der sein Geld wert ist, wird sich mit keiner Niete zufrieden geben. Dieses Zeichen beinhaltet Stärke. Am besten, Sie werden den Bedürfnissen und Maßstäben dieses fordernden Menschen gerecht, indem Sie selber stark sind. Die Liebe eines Steinbock/Ratte-Menschen basiert in erster Linie darauf, daß er seinen Partner bewundern und zu ihm aufschauen kann. Wenn Sie sich Ihrem Steinbock/Ratte-Partner nicht ebenbürtig fühlen oder er Ihnen das Gefühl gibt, daß Sie klein und unbedeutend sind, dann machen Sie sich wieder auf die Socken.

Passende Partner

Gemeinsam mit den Ochse-Geborenen können Sie zu Macht und Sicherheit gelangen. Suchen Sie sich Ihren Ochse-Partner unter folgenden Zeichen: Stier, Löwe, Jungfrau, Skorpion oder Fische. Affen, die unter den selben Zeichen geboren sind, machen Sie glücklich, mit Ausnahme vielleicht des Jungfrau/Affen, dessen Überempfindlichkeit Sie irritiert. Stier, Jungfrau und Fische/Drachen bringen Sie viel zum Lachen. Sie könnten es mit einem dieser Menschen versuchen. Verbindungen zwischen Pferden und Ratten sind niemals ideal, da ein Machtkampf mit diesen unvermeidlich ist. Daher lassen Sie die Finger von Pferden, besonders von Widder, Krebs oder Waage/Pferden. Es ist zweifelhaft, ob Sie sich zu Widder oder Waage/Katzen hingezogen fühlen. Aber sollte das der Fall sein, dann sagen Sie nicht, ich hätte Sie nicht gewarnt.

Heim und Familie

Steinbock/Ratte-Menschen verzichten niemals auf Komfort. Diese Menschen richten sich gerne in einem Stil ein, der zu ihrer hohen Meinung von sich selbst paßt. Die häusliche Umgebung dieses Menschen ist voller Annehmlichkeiten. Steinbock/Ratten sind auch sehr traditionsverbunden, weshalb die Möbel wahrscheinlich antik, aber nicht rustikal oder bäuerlich sind. Die Steinbock/Ratte möchte sich in bezug auf ihre Einrichtung gerne inspirieren lassen. Sie finden ganze Scharen von Steinbock/Ratten bei eleganten Möbelauktionen und Immobilienverkäufen.

Da der durchschnittliche Steinbock/Ratte-Geborene seine Gefühle nicht besonders gut zeigen kann, könnten Sie nun annehmen, daß er keine Kinder mag. Das ist natürlich Unsinn. Steinbock/Ratte-Geborene lieben ihre Kinder und wollen sie umsorgen. Dieser Mensch dürstet geradezu nach der Gesellschaft seiner Sprößlinge. Lange Spaziergänge und gemeinsame Unternehmungen gefallen diesem familienliebenden Steinbock. Er ist streng, daran besteht kein Zweifel. Aber er hat eine tiefe Liebe zu seinen Kindern, die sie instinktiv fühlen.

Das Steinbock/Ratte-Kind braucht eine frühzeitige moralische Erziehung, die sein überwältigendes Bedürfnis zu überwältigen mäßigt. Man könnte sagen, daß dieses Kind dazu bestimmt ist, an die Spitze zu gelangen, und es kennt nur wenige Hindernisse, die ihm dabei im Wege stehen. Militärische Disziplin tut ihm nicht besonders gut. Dieses Kind reagiert sehr heftig auf jede körperliche Bestrafung. Steinbock/Ratten haben eine ausgeprägte Begabung für Vernunft und Logik. Daher ist es leicht, zu erkennen, wie man am besten mit ihnen zurechtkommt. »Ich liebe dich, aber manchmal gefallen mir die Dinge, die du machst, nicht besonders«, ist ein guter Anfang. Erklären Sie ihm den Unterschied zwischen gut und böse. Scheuen Sie sich nicht, diesem Kind eine fundierte ethische und religiöse Erziehung zuteil werden zu lassen. Betonen Sie »die goldene Sittenregel«.

Beruf

Der siegreiche Steinbock/Ratte-Mensch ist die glücklichste Steinbock/Ratte. Dieser Mensch muß Ziele erreichen, eines nach dem anderen, und mit Riesenschritten den Gipfel erklimmen, die Alleinherrschaft. Ab und zu sollte dieser Mensch einen kurzen Blick zurück werfen. Er wird immer von mindestens einem erbitterten Feind verfolgt werden. Wenn er es im Leben zu irgend etwas bringen will, bedeutet das immer, daß man ein paar Kollegen über den Haufen rennen und einigen Menschen auf die Zehen treten muß. Steinbock/Ratten sind immer von einer erzürnten Menschenmenge umgeben, die niemals den Tag damals 1948 vergißt, »als dieser Kerl den Chefposten und ich nur die niedere Arbeit als Telefonist bekommen habe«. Das wird er mir büßen. Diese Menschen warten nur auf eine Gelegenheit, sich an der Steinbock/Ratte zu rächen. Diese müssen also sehr vorsichtig sein. Ich würde ihnen raten, etwas weniger ehrgeizig zu sein, aber ich weiß, daß das nicht in Frage kommt.

Steinbock/Ratten sind geborene Chefs. Eine Anstellung nehmen sie nur an, wenn sie eine Beförderung innerhalb weniger Minuten nach Arbeitsantritt garantiert. Als Autoritätspersonen sind sie sehr streng. Aber ihre Untergebenen bringen es kaum zu Wege, sie wirklich zu bewundern.

Diese Menschen sind von Natur aus so dominant, daß ich ihnen folgende Berufsmöglichkeiten anbieten möchte: Universitätsdekan, ausführender Angestellter, Schriftsteller, darstellender Künstler, Politiker, Musiker, Unternehmer, Rechtsanwalt, Bankier, Nachrichtensprecher.

Einige berühmte Steinbock/Ratten: Pablo Casals, Richard Nixon, Donna Summer.

STEINBOCK/OCHSE

»Ich benutze«
Erde, Saturn, Kardinal

»Ich bewahre«
Wasser negativ, Yin

ENTSCHLOSSEN-HEIT	GROSSZÜGIG-KEIT	INTEGRITÄT	PIONIERGEIST
WEISHEIT	ÜBERLEGENHEIT	ZIELSTREBIGKEIT	FLEISS
ZUVERLÄSSIGKEIT	EHRGEIZ	STABILITÄT	BEREDSAMKEIT
STARRHEIT	EINSAMKEIT	STARRSIN-NIGKEIT	RESERVIERT-HEIT
SCHWERFÄLLIG	GENUSSUCHT	FANATISMUS	BEFANGENHEIT
DÜNKEL	SELBSTZWEIFEL	SCHUFTEREI	RACHSUCHT

Der Steinbock, der im Ochse-Jahr geboren ist, ist ein häuslicher Mensch und ein konservativer Denker. Er ist ausdauernd, resolut, stur und etwas eng. Der Steinbock/Ochse-Mensch interessiert sich einzig und allein für seine hohen Meinungen und nimmt sich nur wenig Zeit, sich auch einmal die Ansichten eines anderen anzuhören. Man könnte ihm sogar vorwerfen, daß er eine gewisse geistige Brutalität besitzt. Steinbock/Ochsen sind nicht gewalttätig. Aber sie können roh – sogar fast grausam – in ihren Methoden sein.

Sprechen wir von der Zielstrebigkeit. Der Steinbock/Ochse ist ein Ungetüm an Bestimmtheit und Fleiß. Er gibt ein Vorhaben niemals auf, bevor er es nicht bis zum Äußersten vorangetrieben hat. Es kann sein, daß er seinen Hund völlig kahl schert, nur um den einen Floh zu finden, der ihn beißt. Er ist wie ein Berg, aber ich würde nicht erwarten, daß Sie auf ihm gelegentlich Ski oder Schlitten fahren können. Dieser Berg ist sehr wählerisch darin, wem er Erlaubnis zur Besteigung und zum Hinunterwedeln gibt. Um sich vor der Gewalt der Elemente zu schützen, müßten Sie am besten mit guten Empfehlungen kommen oder zu seiner Familie gehören. Sonst kann es geschehen, daß dieser pingelige, ehrenkäsige Steinbock den Nordwind heraufbeschwört, um Sie nach Sibirien zu wehen.

Wie Sie sehen, ist dieser Mensch ein wahrhafter Koloß. Sie werden niemals genau wissen, was in seiner Trickkiste so alles verborgen ist. Einmal glauben Sie, daß er der lustigste, sonnigste und sympathischste Mensch ist, den Sie jemals getroffen haben. Am nächsten Tag herrscht düstere Stimmung vor. Und sein Verhalten ist fast neurotisch. »Ich kann nicht, und ich will nicht, und keine zehn Pferde bringen mich da hin ...« O Gott, o Gott! So solide, konkret und handfest der Steinbock/Ochse auch wirkt, in Wirklichkeit ist er ziemlich zerbrechlich. In jedem Winkel seines Gehirns lebt ein Poet, und in seiner Seele haust ein sensibler Künstler. Bei seiner unbeweglichen Miene fragen Sie sich vielleicht manchmal, ob sein Herz überhaupt noch schlägt.

Der durchschnittliche Steinbock/Ochse ist ingelligent. Ich möchte sogar behaupten, daß die meisten Steinbock/Ochsen, die die Gelegenheit dazu haben, sich fortbilden. Unter diesen penetrant ehrgeizigen Seelen befinden sich ganze Scharen von Intellektuellen. Der Steinbock/Ochse ist wortgewandt, fühlt sich von der klassischen Literatur angezogen und besitzt gute Kenntnisse über traditionelle Themen. Wir haben es hier mit einem Menschen zu tun, der ein stillgelegtes Eisenbahndepot im finstersten Slowenien in eine Sehenswürdigkeit verwandeln kann, die für die anspruchsvollsten Leser des »Architectural Digest« fotografiert wird. Jeder Gegenstand wird mit maßstabgetreuer Perfektion restauriert und in seinen Urzustand versetzt. Steinbock/Ochsen sind Perfektionisten aus Leidenschaft.

Essen ist der Bereich, für den sich dieser Feinschmecker begeistert. Wir haben es jedoch nicht mit einem Vielfraß zu tun. Der Steinbock/Ochse geht seinen unbeholfenen Eßgewohnheiten in den elegantesten Umgebungen nach. Alles, was auf seinen Tisch kommt, muß außergewöhnlichen Maßstäben genügen. Dieser Mensch hält nichts von »Kebab« oder »Pommes an der Ecke«. Vielmehr sehnt er sich danach, knietief in Gänseleberpastete zu schwelgen. Der Geschmack des Steinbock/Ochsen ist genauso überzogen, wie sein übriges Wesen.

Es ist schwierig, diesen Menschen von seiner voreingenommenen Meinung abzubringen. Der Steinbock/Ochse ist der unangefochtene Herrscher über das Königreich der fixen Ideen. Was er einmal zu Füßen der Großmutter gelernt hat, ist im Granit seines Verstandes eingraviert und geistert maximal herum bis zur Wand der betreffenden Gehirnzelle, wo es glücklich bis ans Ende seiner Tage lebt.

»Nehmen Sie den Bus stadteinwärts bis zur Fifth Avenue«, insistiert er, auch wenn Sie protestieren, »aber die Fifth Avenue liegt doch stadtauswärts in der anderen Richtung!«

Wollen Sie meinen Rat hören? Nehmen Sie den Bus in die Richtung, die er Ihnen beschrieben hat, und reden Sie nicht mehr davon. Steinbock/Ochsen sind so viel angenehmer, wenn sie glauben, daß sie recht haben.

Liebe

Der beständige Steinbock/Ochse ist bemerkenswert stark an Sex interessiert und führt ein abwechslungsreiches Liebesleben. Die Ehe ist ein Muß. Sein Familiensinn ist viel zu stark, um die Idee einer dauerhaften Beziehung mit Kind und Kegel aufgeben zu können. Es kann sein, daß der Steinbock/Ochse-Mensch außerhalb der Ehe gerne flirtet. Aber keine Sorge. Der ernsthafte und solide Steinbock/Ochse würde sein Zuhause nicht wegen eines dieser kleinen Seitensprünge verlassen. Wenn der Steinbock/Ochse bemerkt, daß aus einem Seitensprung Ernst wird, dann rennt er eilends nach Hause, wo er hingehört. Eine Scheidung kann diesen feinfühligen Koloß völlig aus der Bahn werfen. Scheidung bedeutet für einen Steinbock/Ochsen eine Niederlage. Steinböcke aller Art hassen Niederlagen und nehmen diese immer persönlich.

Wenn Sie eisern nach einem beständigen Partner suchen, der die Brötchen für Sie verdient, dann angeln Sie sich einen aufrichtigen Steinbock/Ochsen. Verzeihen Sie ihm seine gelegentlichen Fehltritte und geben Sie ihm viel Grund, Sie zu achten. Steinbock/Ochsen reagieren auch stark auf hohe Dosen ihrer eigenen Medizin. Haben Sie daher keine Angst, sich das Leben schön zu machen.

Passende Partner

Stier, Löwe, Jungfrau, Skorpion und Fische/Schlangen passen am besten zu Ihnen. Die Skorpion/Schlange macht Sie ganz verrückt. Ansonsten können Sie es mit einem Hahn unter den oben erwähnten Tierkreiszeichen versuchen. Auch Stier, Löwe, Jungfrau oder Fische/Ratten sind keine schlechte Partie für Sie. Mit Löwe/Schweinen oder Skorpion/Drachen haben Sie viel Spaß. Widder/Drachen sind zu hektisch und Krebs/Drachen zu launisch für Ihren Geschmack. Krebs oder Waage/Ziege sind nicht gut für Sie. Waage/Ochsen, Tiger und Affen kommen auch nicht in Frage, ebensowenig das konkurrenzsüchtige Krebs/Schwein.

Heim und Familie

Das Innere und Äußere des Heimes eines Steinbock/Ochsen zeugt von Schick und Eleganz. Dieser Mensch protzt mit seiner guten Adresse, und er ist gleichbleibend stolz, zu verkünden, wie alt das Gebäude ist, in dem er wohnt. Und den Namen des berühmten, historischen Architekten, der es gebaut hat, bekommen Sie gratis dazu. Wenn er ein Landhaus besitzt (was sage ich da – natürlich hat er einen Bauernhof!), wird dies absolut echt und völlig original sein. Eine restaurierte Steinmühle, die immer noch funktioniert und den Weizen mahlt, den er anbaut, und die er benutzt, um das Mehl für dieses ganz besonders wohlschmekkende, selbstgebackene Brot zu mahlen, das sie gerade essen. Oder es handelt sich um eine alte Kapelle mit handgearbeiteten gotischen Mosaikfenstern, die direkt mit einem antiken Segelschiff aus Chartres importiert wurden. Diese Menschen lieben das Echte und dulden keinen Ersatz.

Steinbock/Ochsen sind stolze Eltern. Sie fahren Klein Julia und Alexander in dem aus London importierten Kinderwagen in einem vornehmen Park spazieren. Was den Steinbock/Ochsen betrifft, kann sein Kind praktisch nichts verkehrt machen. Tatsache ist, daß das Kind wahrscheinlich nicht recht viele Streiche aushecken kann, solange Mama oder Papa in der Nähe sind, die darauf achten, was es anstellt. Der Steinbock/Ochse-Mensch ist ein ehrgeiziger Lehrmeister, der ebensoviel von seinen Kindern zurückerwartet, wie er an Zeit und Mühe für sie verwendet.

Unser Steinbock/Ochse-Kind ist in erster Linie ernst. Wenn es dann ein wenig älter geworden ist und in die Schule geht, wird es noch etwas ernsthafter werden. Ein richtiger kleiner Schüler. Ein Abschiedsredner. Ein Musterschüler. Ein kleiner Streber. Wenn er dann langsam erwachsen wird und die Vision von Liebe an seinem Horizont auftaucht, beginnt er, sich einige neue Aufgaben zu setzen. Die Früchte seiner frühreifen Jugendzeit sind, wenn er lernt, wie anziehend er auf andere wirkt, sexueller Charme und satirischer Humor. Dieses Kind braucht viel mehr als nur ein Dach über dem Kopf und lauter gute Sachen zum Essen. Sein Weg ist von Geburt an bereits vorgezeichnet. Es wird aufwachsen, um ein richtiger Steinbock/Ochse zu sein. Unerschütterlich, aber komisch.

Beruf

Von Ruhm steht nichts in den Karten dieses zielstrebigen Büffels. Es kann zwar vorkommen, daß ein Steinbock/Ochse Berühmtheit erlangt, aber da dies nicht ihr wirkliches Ziel ist und da Steinbock/Ochsen nur für ihre Ziele leben, geschieht es nicht oft, daß sie berühmt werden. Doch der Steinbock/Ochse wird in seinem Leben eine respektable Position erreichen. Die Menschen schauen zu ihm auf und wünschen sich, so zu sein wie er. Indem er anderen als Vorbild dient, erhält der Steinbock/Ochse-Mensch reichlich Aufmerksamkeit von seinen Mitmenschen, unabhängig davon, wie gering sein Bedürfnis nach Aufmerksamkeit scheint. Die größte Sorge eines jeden Steinbock/Ochse-Geborenen besteht darin, seinen eigenen hohen Maßstäben nicht gerecht werden zu können. Der Steinbock/Ochse-Mensch möchte das Gefühl haben, daß er jedes Gramm seines Talents und seines Verstands, mit dem er geboren wurde, ausgenutzt hat, bevor er stirbt. Er ist sehr hart zu sich selbst, um dieses ehrenvolle Ziel zu erreichen.

Der Steinbock/Ochse-Mensch arbeitet am besten alleine. Er ist ein so großer Individualist, daß Gruppenarbeit ihm oft gegen den Strich geht. Eine Zusammenarbeit mit ihm kann wiederum auch für die Gruppe sehr schwer sein. Steinbock/Ochsen wissen immer alles am besten und halten ewig an ihren Idealen und Gewohnheiten fest. Sie sind unnachgiebige Chefs und sture Angestellte, außer sie erhalten grünes Licht, in ihrem eigenen Tempo (langsam) und ihren eigenen Methoden (vorsichtig und bedächtig) vorzugehen.

Was Berufe angeht, bin ich der Meinung, daß die folgenden die geeignetsten sind: Lehrer, Farmer, Theologe, Lebensmittelprüfer, Modejournalist, Bilderrahmer, Architekt, Kunstdirektor, Berater.

Berühmte Steinbock/Ochsen: Chuck Berry, Hildegard Knef.

STEINBOCK/TIGER

»Ich benutze«
Erde, Saturn, Kardinal

»Ich beobachte«
Holz positiv, Yang

ENTSCHLOSSEN-	GROSSZÜGIG-	LEIDENSCHAFT	GLÜCK
HEIT	KEIT	MUT	WOHLWOLLEN
WEISHEIT	ÜBERLEGENHEIT	ANZIEHUNGS-	AUTORITÄT
ZUVERLÄSSIGKEIT	EHRGEIZ	KRAFT	PRAHLEREI
STARRHEIT	EINSAMKEIT	HEFTIGKEIT	ZÜGELLOSIG-
SCHWERFÄLLIG	GENUSSUCHT	HITZKÖPFIGKEIT	KEIT
DÜNKEL	SELBSTZWEIFEL	UNGEHORSAM	WANDERVOGEL

Dies ist ein Feuerwerk kurz angebundener Bemerkungen und brüsken Verhaltens und zugleich eine lebende Festung liebenswürdiger Gutmütigkeit. Mal läßt er sich sehen, mal wieder nicht. Und was Sie sehen, ist genau das, was im Steinbock/Tiger steckt – Sympathie und Tempo. Dem Steinbock, der im Tiger-Jahr geboren ist, ist es schnell langweilig. Das konkrete und ehrgeizige Wesen des Steinbocks verbindet sich mit dem hektischen und einfühlsamen und lustigen Tiger. Es ist mir schleierhaft, wie dieser Mensch überhaupt zwei Sekunden Zeit aufwendet, um ein Hundchen zu streicheln oder das Baby zu küssen. Der Steinbock/Tiger ist ein wahrer »Düsentrieb«. Er schwirrt herum wie vier Kolibris und besitzt wahrhafte Gutmütigkeit.

Wie alle Steinböcke ist auch der Steinbock/Tiger ein sonderbarer Kauz. Sie können damit rechnen, daß er sich in Gesellschaft immer daneben benimmt. Soziale Umgangsformen sieht er als das, wofür er sie grundsätzlich hält – reiner Humbug! Er ist immer zu sehr in Eile, um galant zu sein und die beringte Hand von Madame Soundso zu küssen, oder draußen so lange zu warten, bis der Butler ihn einläßt. Der Steinbock/Tiger gehört zu den Menschen, die wahrscheinlich tropfnaß mitten auf ihrem Wohnzimmerteppich stehen, nachdem sie gerade zur Tür hereingestürzt sind. »Hallo«, ruft er fröhlich, »wie gefällt dir dieses Wetter?«

Da Steinbock/Tiger in punkto gesellschaftliche Umgangsformen so schrecklich nachlässig sind und immer in Hektik, führen sie eine Art Doppelleben. Ihre Arbeit verlangt ihnen so manche unerträgliche und unmenschliche Anstrengung ab. Aber sie erledigen das mit einem Lächeln. Sie lieben die Herausforderung. Erfolge sind ihnen lieber als Beifall. Der Steinbock-Tiger ist auf echte und greifbare Beweise seiner eigenen Fähigkeit aus. Was andere Leute von ihm denken, hat praktisch überhaupt keine Bedeutung für ihn.

Steinböcke, die in Tiger-Jahren geboren sind, haben häufig drahtige, kräftige Körper, und sie rasen in körperlicher Hochform durchs Leben. Obgleich sie so hektisch und gehetzt wirken, fühlen sich diese Menschen in ihrer eigenen Haut erstaunlich wohl. Es ist ein Vergnügen, in ihrer Gesellschaft zu sein, und sie wirken ausgesprochen anziehend auf das andere Geschlecht.

Hat dieser engagierte Langstreckenläufer keine Fehler? Natürlich. So ist eben die Astrologie! Es gibt niemanden, der nicht sein Fett wegbekäme. Steinbock/Tiger verschwenden ihre Energien sehr leicht. Sie tun so vieles gleichzeitig, daß sie oft aus dem Auge verlieren, worauf sie ursprünglich hinauswollten. Dazu haben sie einen sehr teuren Geschmack und sind mit ihrem Geld recht verschwenderisch. Über materielle Dinge verlieren sie leicht den Überblick.

Aber alles in allem sind diese Menschen erstaunlicherweise prima. Sie sind vernünftig und erfolgreich genug, um ihrer Familie ein schönes Zuhause bieten zu können. Sie sind von Natur aus sehr überschwenglich und mögen ihre Mitmenschen wirklich. Sie haben mehr Selbstvertrauen als der durchschnittliche Steinbock-Geborene, der an sich selbst und seinen Methoden zweifelt. Für einen Tiger ist dieser Charakter ziemlich gesetzt. Er ist zuverlässig und vertrauenswürdig, wenn er nicht gerade zerstreut ist, und tut immer, worum man ihn bittet, um einem bedürftigen Mitmenschen zu helfen.

Liebe

Hinter seinem gelegentlichen Flair von Schlampigkeit verbirgt sich in dem Steinbock/Tiger-Geborenen eine tiefe Empfindsamkeit für alle Lebewesen. Dieser Charakter hat etwas Nobles und Wildes an sich. Wahrscheinlich ist er tierlieb und liest streunende Tiere von der Straße auf. Doch als Lebenspartner wählt er sich sehr sorgfältig jemanden aus, der seiner tiefsten inneren Lebenseinstellung entspricht. Diese Menschen wollen sich eine gesunde Umgebung schaffen, um eine Familie zu ernähren. Der Steinbock/Tiger-

Mensch braucht einen festen Standort, von dem aus er der Verwirklichung seiner Ideen und Pläne nachgehen kann. Er braucht viel Liebe und Zärtlichkeit und revanchiert sich dafür mit sehr viel Großzügigkeit und einer Unmenge Spaß.

Wenn Sie einen dieser Menschen für sich gewinnen, halten Sie ihn fest! Seien Sie nicht dumm! Nur weil er nach Chile gereist ist, um Skunks für ein weltweites Parfümprojekt zu jagen, sollten Sie nicht verzweifeln. In ein paar Tagen wird er sich mit derselben Verliebtheit wie vorher zu Ihnen ins Bett kuscheln. Ihre Aufgabe als Partner eines dieser verrückten Typen besteht darin, sich zu beschäftigen, während er unterwegs ist, und vor allem zu lernen, wie Sie sich das Leben selbst schön machen, ohne ständig an Ihrem alten Steinbock/Tiger zu hängen. Dieser Mensch haßt es, wenn man ihn einengt, aber er liebt es, wenn man ihn heiratet. Es ist ein wenig paradox, aber für ihn ganz natürlich. Seien Sie kein Griesgram. Das wird Ihnen nichts einbringen.

Passende Partner

Sie sind von Natur aus ein Hunde-Liebhaber. Wählen Sie Ihren Schoßhund unter den Zeichen Stier, Löwe, Jungfrau, Skorpion und Fische aus. Wenn es nicht klappt, versuchen Sie es mit einem Löwe, Jungfrau, Skorpion oder Fische/Pferd. Mit einem Skorpion/Drachen könnten Sie ein kurzes romantisches Abenteuer haben, aber eine ernste Beziehung mit diesen Menschen ist nicht halb so spaßig. Widder, Krebs oder Waage/Ziegen stehen nicht gerade auf Ihrer Favoritenliste. Auch Widder oder Krebs/Katzen, Widder oder Waage/Affen, Widder/Schweine oder Krebs/Ochsen oder Schlangen sind nichts für Sie.

Heim und Familie

Der Steinbock/Tiger-Mensch möchte Dinge besitzen und alle möglichen Besitztümer anhäufen, aber er gehört nicht zu den Menschen, die sich besonders um ihr Eigentum kümmern. Dieser Mensch hält nichts von Do-it-yourself-Arbeiten. Rufen Sie einen Experten herbei. Holen Sie einen Spezialisten, aber bitten Sie Ihren sorglosen Steinbock/Tiger nicht, irgend etwas zu reparieren, es sei denn, Ihr gebrochenes Herz. Das Heim dieses Menschen ist behaglich, aber anspruchslos. Ziehen Sie Ihre Schuhe aus und legen Sie Ihre Füße hoch. Dieser Gastgeber möchte, daß sich seine Gäste entspannen. Er kümmert sich schon selbst darum, geschäftig herumzurennen. Sie brauchen ihm nicht zur Hand zu gehen, nein, vielen Dank.

Der Steinbock/Tiger ist natürlich ein guter Familienvater. Seine Kinder bedeuten Sicherheit und Wirklichkeitsbezug für diesen Springinsfeld. Wenn die Kinder seine Geduld überstrapazieren, kann der Steinbock/Tiger ziemlich barsch zu ihnen sein, und, was er wunderbar kann, ist bei Auseinandersetzungen ganz schön lautstark aufbrausen. Aber meistens schenken Steinbock/Tiger ihren Kindern gar nicht so viel Beachtung und lassen ihnen viel Freiraum. Das ist einfach ihre Art. In ihrem eigenen Leben ist Freiheit gleichbedeutend mit Liebe. Warum sollte das bei ihren Sprößlingen anders sein.

Das Steinbock/Tiger-Kind zeigt schon alle Kennzeichen von Überdrehtheit. Es ist wild und kasperlt viel herum. Das Beste, was Sie mit diesem Kind machen können, ist, es herumtollen zu lassen. Aber natürlich geht das nicht immer. Wir leben nicht alle auf dem Land, wo wir die kinetischen Anfälle des Kleinen in den Garten verlegen können, bis er sich ausgetobt hat. Ich rate Ihnen daher, dieses Kind mit so vielen verschiedenen Aufgaben zu beschäftigen, wie es nur bewältigen kann. Dieses Kind besitzt dazu sehr viel Intelligenz, weshalb aus dem kleinen Randalierer ein Prachtexemplar eines überaktivierten Erwachsenen werden kann, mit viel Köpfchen (wenn er mit einer liebevollen, aber strengen Hand geführt wird).

Beruf

Dieser Mensch ist für Berufe geeignet, die ihm Bewegungsfreiheit lassen. Er kann sich an Vorschriften anpassen, vorausgesetzt, er sieht den Sinn dieser Vorschrift ein. Tiger sind nicht sehr folgsam. Der Steinbock erweist sich hier als sehr nützlich. Aber dennoch bleibt ein Tiger immer ein Tiger. Handlungsfreiheit und viel Herausforderung stellen diesen Menschen zufrieden. Er hat unzählige Talente, und merkwürdigerweise liebt er den Konkurrenzkampf. Um was für ein Hindernis es sich auch handelt, Sie können damit rechnen, daß der Steinbock/Tiger versucht, eine schnelle und effiziente Lösung zu finden. Steinböcke, die in Tiger-Jahren geboren sind, sind der Meinung, daß das, was gerade jetzt in diesem Augenblick geschieht, am wichtigsten ist. Sie machen sich keine Gedanken über die Zukunft.

Wenn Sie es schaffen, diesen Menschen lange genug festzuhalten, bis er hinter einem ausladenden Mahagoni-Schreibtisch sitzt, wird er sicher ein gerechter und verständnisvoller Chef sein. Steinbock/Tiger gehören zu den Chefs, die hundertfünfzig Jahre lang die gleiche Sekretärin behalten.

Steinbock/Tiger sind auch gute Angestellte. Da diese Leute nicht unbedingt nach sozialem Aufstieg streben, sind sie mit einer untergeordneten Position zufrieden, solange diese interessant sind. Steinbock/Tiger sind treue und beständige Arbeiter.

Karrieren, die sich für Steinbock/Tiger eignen: Arzt, Sportlehrer, Veterinär, Viehzüchter, Cowboy, Förster, Buchkritiker, Übersetzer, Drehbuchautor, Schauspieler, Schauspielerin.

STEINBOCK/KATZE

»Ich benutze«
Erde, Saturn, Kardinal

»Ich ziehe mich zurück«
Holz negativ, Yin

ENTSCHLOSSENHEIT	GROSSZÜGIGKEIT	TAKT	VORSICHT
WEISHEIT	ÜBERLEGENHEIT	ELEGANZ	LANGES LEBEN
ZUVERLÄSSIGKEIT	EHRGEIZ	TUGEND	EHRGEIZ
STARRHEIT	EINSAMKEIT	HEIMLICHTUEREI	DILETTANTISMUS
SCHWERFÄLLIG	GENUSSUCHT	ÜBEREMPFINDLICHKEIT	HYPOCHONDRIE
DÜNKEL	SELBSTZWEIFEL	PEDANTERIE	KOMPLIZIERTHEIT

In dieser Zeichenkombination verbindet sich die vorsichtige Katze mit dem umsichtigen Steinbock, woraus eine Persönlichkeit entsteht, deren Ehrgeiz nur von ihrem Erfolgstalent übertroffen wird. Die Steinbock/Katze ist mit Charakterzügen ausgestattet, die sie langsam, aber sicher zu Reichtum gelangen lassen. Dieser Mensch trifft wichtige Entscheidungen niemals übereilt, läßt sich nie blindlings und unüberlegt auf ein Projekt ein oder geht eine Beziehung ein, ohne vorher eine Marktanalyse erstellt zu haben. Die Steinbock/Katze ist von Natur aus weise. Sie ist dynamisch, aktiv und ultramodern. Aber sie wittert auch überall Gefahren und riecht eine Bedrohung schon kilometerweit voraus.

Ein Steinbock, der in einem Katze-Jahr geboren ist, ist ein angenehmer Zeitgenosse. Für einen eher zurückgezogenen Katze-Geborenen ist dieser Mensch ausgesprochen extrovertiert. Nichts bereitet dem Steinbock/Katze-Menschen mehr Freude, als ein geselliger Abend, den er mit Freunden bei sich zu Hause bei gutem Essen und Trinken fröhlich verbringt. Die Steinbock/Katze wird immer Ihre Wunschplatte auflegen und Ihnen ihre neuesten Fotos zeigen. Aber sie wird das Gespräch nie an sich reißen oder jemand anderem die Schau stehlen.

Es ist wahr: bei Katze-Menschen, die im Zeichen Steinbock geboren sind, kommt der Komfort an erster Stelle. Bevor dieser Mensch sich in der Welt zu Hause fühlt, braucht er eine solide, materielle Basis, die ihn vor der Außenwelt schützt. Er konfrontiert sich nicht gerne mit dem grauen Alltag. Darüber hinaus ist er zu beschäftigt, Taktiken und Strategien auszuarbeiten und seine Prozente auszurechnen, als daß er sich mit den langweiligen Alltagspflichten abgeben könnte. Er muß vor dem faden Alltagstrott beschützt werden, wie zum Beispiel das Auto in Schuß halten, die Einkäufe machen und sich die rührseligen Geschichten anderer Leute anhören. Aus diesem Grund umgibt sich die Steinbock/Katze gewöhnlich mit Leuten, die den Alltagskram für sie erledigen, damit sie sich den wichtigeren Dingen in bezug auf ihre berufliche Karriere zuwenden kann.

Obwohl es die Steinbock/Katze sehr wohl zur Position eines Herrschers bringen kann, kann man sie nicht gerade den »König des Taktgefühls« nennen. Unser Held platzt immer im falschen Augenblick mit etwas heraus, das absolut unpassend ist. »Hey, wo hast du denn diese scheußliche Narbe her?« oder »Ist dir schon aufgefallen, wie dick du geworden bist?« Bemerkungen solcher Art können die besten Freunde vergraulen. Aber das kann unserer etwas aufgeblasenen Steinbock/Katze nicht passieren. Die Leute mögen diesen Kerl, trotz seiner gelegentlichen unangenehmen Kommentare und seiner allgemeinen Plumpheit. Der Steinbock/Katze-Mensch besitzt die liebenswerte Eigenschaft, über sich selbst lachen zu können, sich über seine eigenen Fehler lustig zu machen und dennoch seine Selbstsicherheit nicht zu verlieren.

Der Steinbock/Katze-Geborene ist altruistisch und sentimental. Aber er gehört nicht zu dem Typ Mensch, der sein letztes Hemd einer wohltätigen Sache opfert. Seine Auffassung von Freundschaft ist recht ausgewogen.

Steinbock/Katzen haben die Veranlagung, ständig in Panik zu geraten. Im Grunde ihres Wesens sind diese Menschen weder wechselhaft noch sprunghaft. Wenn sie daher mit einer plötzlichen Veränderung oder einer unvorhergesehenen Wende konfrontiert werden, schießt ihnen das Adrenalin in allen Richtungen gleichzeitig durch den Körper. Manche Leute behaupten, daß Steinbock/Katzen bei der kleinsten Kleinigkeit in Panik geraten.

Die Steinbock/Katze schläft morgens gerne lange, ist im Haushalt ziemlich schlampig und ist hoffnungslos ungeschickt. Man könnte sagen, daß dieser Steinbock von allen Steinbock-Geborenen die meiste körperliche Anmut besitzt.

Liebe

Ein Steinbock, der in einem Katze-Jahr geboren ist, ist verschmust und liebevoll. Aber niemals in der Öffentlichkeit! Dieser Mensch behält immer eine würdevolle Erscheinung bei und plaudert nicht über seine Liebesaffären. Steinbock/Katzen sind im wesentlichen praktische Menschen. Sie fühlen sich zu Partnern hingezogen, die zupacken. Sie bewundern das Konkrete und Handfeste und streben in allen Lebensbereichen nach sichtbaren Ergebnissen. Eine Steinbock/Katze wird kaum jemals mit jemandem eine Beziehung eingehen, nur weil er gut aussieht. Sie ist an seiner Persönlichkeit interessiert. Auch das Ausgefallene fasziniert sie, und sie kann sich auch einmal auf einen Menschen einlassen, der ganz anders ist und dessen künstlerischer oder zigeunerhafter Lebensstil sie fasziniert oder erstaunt.

Wenn Sie eine Steinbock/Katze lieben, beweisen Sie, wie tüchtig und kreativ Sie sind, was Ihr eigenes Leben angeht. Zeigen Sie ihr, was in Ihnen steckt. Seien Sie nicht schüchtern oder zaghaft. Die Steinbock/Katze betrachtet Zimperlichkeit als Schwäche, die sie selbst überwunden hat. So etwas interessiert sie nicht, weil sie es nur allzugut kennt. Stehen Sie daher auf Ihren eigenen Füßen und denken Sie sich Möglichkeiten aus, wie Sie die Steinbock/Katze überraschen können. Sie liebt Überraschungen und haßt es, wenn man sie langweilt.

Passende Partner

Stier, Löwe, Jungfrau, Skorpion und Fische/Hunde fügen sich sehr gut in Ihr stilvolles Leben ein. Stier, Löwe und Jungfrau/Schweine entsprechen Ihrem Bedürfnis nach Wohlstand und Kultur. Löwe, Jungfrau und Fische/Ziegen geben kreative und sanftmütige Partner für Sie ab. Um Konflikte zu vermeiden (denn Sie gehen Auseinandersetzungen gerne aus dem Weg!), sollten Sie sich von Zwilling, Krebs und Waage/Hähnen fernhalten. Mit Krebs und Waage/Ratten passen Sie überhaupt nicht zusammen, ebensowenig mit Waage/Tigern und Katzen.

Heim und Familie

Das Heim einer Steinbock/Katze muß sowohl gemütlich als auch individuell sein. Dieser ehrgeizige und aufstrebende Mensch ist etwas versnobt. Wie soll ich mich ausdrücken? Steinbock/Katzen wollen Sie beeindrucken. Sie tun alles, ihr Heim aufwendig und fast verschwenderisch gemütlich einzurichten. Das wichtigste ist für sie, daß Sie sich wohl fühlen. Aber sie wollen auch, daß Sie bemerken, daß das Sofa aus feinstem Cordoba-Leder und die Kerzenleuchter aus echtem Messing sind. Eine eindrucksvolle häusliche Umgebung verleiht dem Steinbock/Katze-Menschen Selbstvertrauen. Er mag es, wenn die Dinge »nach etwas aussehen«. Ich sage nicht, daß er spießig ist, aber beinahe.

Als Eltern wünschen sich Steinbock/Katzen ein Kind, das ihrem eigenen Selbstbild gerecht wird. Jammern oder schluchzen ist nicht erlaubt. Der Steinbock/Katze-Mensch sorgt gut für seine Kinder und läßt dem kleinen Alexander die beste Erziehung angedeihen. Aber wehe, wenn das faule Kind sich in der Schule nicht anstrengt, keine guten Noten nach Hause bringt und den hohen Ansprüchen von Mama oder Papa Steinbock/Katze nicht gerecht wird. Die Steinbock/Katze verschwendet keine Zeit damit, ihren Standpunkt klarzumachen. »Wenn du hier lebst, muß ich stolz auf dich sein. Ansonsten – dort ist die Tür!«

Das Steinbock/Katze-Kind ist viel klüger, als es seinem Alter entspricht. Es erkennt schon sehr früh im Leben, daß es notwendig ist, dem Geschäftsleben Aufmerksamkeit zu schenken. Es ist ihm nicht angenehm, wenn sich seine Eltern in seine Angelegenheiten einmischen. Steinbock/Katzen zeigen ihre Gefühle nicht gerne offen und schätzen keine Einmischung. Gütigen Eltern wird dieses Kind sehr wenig Schwierigkeiten machen. Es möchte gefallen und sich anpassen. Es braucht eine Menge Streicheleinheiten und hat lieber Stofftiere als lebende Haustiere. Das Steinbock/Katze-Kind ist bescheiden, doch selbstsicher. Sie müssen es nicht antreiben, wenn es etwas gerne tut. Wenn es etwa ums Klavierüben geht...

Beruf

Berufe, die ein hohes Maß an Ernsthaftigkeit und ein Übermaß an Ehrgeiz verlangen, passen zu diesem Menschen. Soziale Anerkennung ist für die Steinbock/Katze von überaus großer Bedeutung. Mit krummen Touren oder unsauberen Geschäften möchte dieser Mensch nicht in Verbindung gebracht werden. Alles, was unter der Hand gemacht wird, steht nicht zur Debatte und ist absolut tabu. Der Steinbock/Katze-Mensch nutzt keine Gesetzeslücken oder Steuervorteile aus. Sollte er einen Steuerinspektor oder zwei im Haus haben, erweist sich alles tip top in Ordnung. Steinbock/Katzen mögen vielleicht zu Hause etwas unordentlich sein, aber Sie können sicher sein, daß ihre Papiere in Ordnung sind.

Der Steinbock/Katze-Mensch bemüht sich aufrichtig, nicht die

Federn fliegen zu lassen, indem er seine Angestellten anschnauzt oder ihnen Befehle erteilt. Dieser Mensch arbeitet am besten in einer kooperativen Atmosphäre und es ist ihm lieber, wenn seine Arbeiter lächeln. Da er selbst gut mit Routinearbeiten zurechtkommt und für seine Ziele große Opfer bringt, hat er keine Zeit für Untergebene, die in bezug auf die Arbeit und ihr Engagement nicht ihr Letztes geben. Als Angestellter stellt sich der Katze/Steinbock nicht gegen das System. Aber er wird sicherlich mit allen vertretbaren Mitteln versuchen, sich eine gewisse Unabhängigkeit zu schaffen. Aber wenn diese Menschen für andere arbeiten, können sie gut Befehle entgegennehmen und tun zumindest so, als würden sie sich an die Regeln halten. Steinbock/Katzen sind mit einem enormen Erfolgshunger geboren – in privater und beruflicher Hinsicht. Nichts geringeres als uneingeschränkte berufliche Erfüllung wird ihn befriedigen.

Erfolgskarrieren passen zu Steinböcken, die in Katze-Jahren geboren sind, am besten. Unternehmer, Schriftsteller, Führer, Politiker, Unterhändler für internationale Beziehungen, Staranwalt, Lizenzgeber, ausführender Bankangestellter, General, Sportfunktionär, Universitätsdekan.

Einige berühmte Steinbock/Katzen: Henry Miller, Joseph Stalin, Cary Grant, Fritz Mondale.

STEINBOCK/DRACHE

»Ich benutze«
Erde, Saturn, Kardinal

»Ich präsidiere«
Holz positiv, Yang

ENTSCHLOSSEN-	GROSSZÜGIG-	KRAFT	ENTHUSIASMUS
HEIT	KEIT	ERFOLG	MUT
WEISHEIT	ÜBERLEGEN-	GUTE GESUND-	SENTIMEN-
ZUVERLÄSSIGKEIT	HEIT	HEIT	TALITÄT
STARRHEIT	EHRGEIZ	STARRHEIT	VERBLENDUNG
SCHWERFÄLLIG-	EINSAMKEIT	MISSTRAUEN	AUFSCHNEI-
KEIT	GENUSSUCHT	UNZUFRIEDEN-	DEREI
DÜNKEL	SELBSTZWEIFEL	HEIT	REDSELIGKEIT

Niemand verachtet Mittelmäßigkeit so sehr, wie der Steinbock/Drache. Menschen, die unter dieser Zeichenkombination geboren sind, halten Reichtum für das Ergebnis persönlicher Leistungen und das, was sich vom Gewöhnlichen abhebt. Der Steinbock/Drache-Mensch ist etwas Besonderes. Das fühlt er schon in sehr jungen Jahren. Er möchte, mehr als alles andere im Leben, seine Einzigartigkeit für immer behalten können. Der Steinbock/Drache ist sich seines überstarken Aufwärtsstrebens wohl bewußt. Dieser Mensch weiß genau, wie sehr man darum kämpfen muß, einen friedlichen Sieg oder einen Waffenstillstand mit seinen Feinden zu erringen. Aber dieses Wissen kann diesen barschen Drachen-Geborenen nicht entmutigen. Drohungen, Warnschüsse und rote Karten machen diesem wahrhaftigen Fanatiker nichts aus.

Die Strenge und Zurückhaltung des Steinbocks ist bei diesem Zeichen nicht besonders ausgeprägt. Wenn Sie diesem sonnigen Menschen das erste Mal begegnen und seinen herzlichen Händedruck und sein offenes Lächeln sehen, kämen Sie fast auf den Gedanken, daß Sie vielleicht von einem quirligen Zwilling oder einem großzügigen Löwen begrüßt wurden. Aber nein. Steinbock/Drache-Geborene sind von Natur aus fröhlich und aufgeschlossen – außer man widerspricht ihnen. Dann werden Sie plötzlich bemerken, wie eine kalte Spannung von ihm ausgeht. Das ist wahre Starrheit und Steifheit.

Der Steinbock/Drache ist für alle Projekte begabt, die Vehemenz und Geschmack erfordern. Er sorgt gerne für andere Menschen und sieht sich durch Dankesbezeugungen, mit denen ihn die anderen Menschen deswegen überschütten, wirklich belohnt. Er ist ein Publikumsliebling, aber nicht für seinen eigenen Gewinn. Seine Motive sind persönlicher Natur. Er braucht Aufmerksamkeit und weiß, wie er das auf die positivste Weise erreicht.

Drache-Geborene lieben Feste, Ferien, Parties und Menschenmengen. Der Steinbock/Drache ist da keine Ausnahme. Der einzige Unterschied besteht darin, daß Steinböcke die Parties gerne selbst geben und ihre Gäste mit ihrem typischen ihnen eigenen Charme verwöhnen wollen. Dieser Steinbock will sicher sein, daß sich jeder wohl fühlt und eine angenehme Zeit verbringt. Der Steinbock/Drache ist zum doppelt guten Gastgeber prädestiniert – aus zwei Tierkreisen. Er ist immer für eine Zusammenkunft zu haben und erledigt auch die Einkäufe, das Kochen und sogar das Aufräumen nach dem Fest, solange Sie versprechen, glücklich nach Hause zu gehen.

Der größte Fehler dieser Persönlichkeit liegt in ihrer Unfähigkeit, auszusprechen, was sie innerlich fühlt. Mißverstehen Sie mich nicht: der Steinbock/Drache ist sehr kommunikativ und beredt, wenn es sich um Dinge dreht, die die Außenwelt betreffen. Aber wenn es um seine Privatsphäre geht, hält sich der Steinbock, der im Drache-Jahr geboren ist, sehr zurück. Die Worte »ich liebe dich« oder »du hast wunderschönes Haar« oder »verlaß mich nie mehr« oder »oh, Adam, mein Liebling, du bist der beste Mann auf der ganzen Welt« kommen diesem Menschen nicht leicht über die Lippen. In ihrem Privatleben sind Steinbock/Drachen reserviert. Ihnen wird immer vorgehalten, daß sie in Herzensangelegenheiten sehr kühl sind.

Dieser wahrhaftige Mensch gibt einen guten Freund auf Lebenszeit ab. Er hält alle Verpflichtungen seinen Nächsten gegenüber ein und hält auch das eine oder andere Mal seinen Kopf hin, wenn es sein muß. Ein Steinbock/Drache geht für Sie durchs Feuer, wenn er Sie mag. Er ist nicht nur treu, sondern lebt auch seine Überzeugungen. Wenn Sie Schwierigkeiten haben, ein Radio zurückzubekommen, das Sie vor einem Jahr verliehen haben, klagen Sie dem Steinbock/Drachen Ihr Leid. Er wird dem Betreffenden ins Haus schneien und sich für Ihr Recht einsetzen. Er wird die Sache vor Gericht bringen. Steinbock/Drachen sind feine Kameraden. Aber, Gott stehe Ihnen bei, wenn Sie ihnen je unrecht tun: der Steinbock/Drache verliert ebenso schnell das Interesse an »Verrätern«, wie er denen, die er mag, seine Zuneigung zeigt.

Liebe

Der Wunsch nach Reinheit ist bei Steinbock/Drachen sehr ausgeprägt. Sie sind sehr aufrichtig in ihren Vorlieben, und obwohl sie in jedem anderen Lebensbereich sehr diplomatisch sind, treten sie in der Liebe manchmal ganz schön ins Fettnäpfchen. Ich glaube, der Steinbock/Drache lebt, um seßhaft zu werden, zu heiraten und eine Familie zu haben – basta! Doch ist dieser Mensch attraktiver, als es für ihn selbst gut ist. Und anderen Menschen zu gefallen, bereitet ihnen wahres Vergnügen. Und wenn jemand kommt, der ihn über alle Maßen bewundert, gerät der Steinbock/Drache leicht in Versuchung. Tatsache ist, daß Steinbock/Drachen ziemlich konservativ sind. Wenn sie einen Seitensprung begehen, glauben Sie, daß der Teufel seine Finger im Spiel hat. Und ihre übermäßige Eifersucht in Liebesbeziehungen ist wirklich erschreckend. Sie können rasen vor Eifersucht!

Wenn Sie einen Steinbock/Drachen lieben, zögern Sie nicht, ihn fest an die Kandarre zu nehmen. Geben Sie ihm zu verstehen, daß Sie ihn nicht nur wegen seines guten Aussehens und Sex-Appeals lieben. Und schieben Sie auch diesen ganzen Parties einen Riegel vor. Mit dieser gutherzigen Seele werden Sie es nicht gerade leicht haben. Steinbock/Drache-Menschen sind so davon ausgefüllt, nett zu sein, daß sie gar nicht merken, daß sie Ihnen nie sagen, wie sehr sie Sie bewundern. Man muß ihnen schon auf die Sprünge helfen. Aber sie haben auch nichts dagegen, wenn man ihnen die Meinung sagt. Sie gehören zu der Sorte Menschen, die ihren Beifahrer im Auto als hilfreich empfinden. »Oh, wirklich? Ein Stopschild? Wo?« Sie sind wirklich niedlich.

Passende Partner

Drache-Geborene sind enorm beliebt. Steinbock-Menschen ebenso. Daher gibt es Unmengen Menschen, mit denen Sie einen Versuch wagen könnten. Beginnen wir bei den Ratten. Löwe, Jungfrau, Skorpion oder Fische/Ratten wären geeignet. Oder versuchen Sie es einmal mit einem Stier oder Löwe/Tiger. Der Abenteurer in Ihnen fühlt sich zu Stier, Löwe, Skorpion oder Fische/Hähnen hingezogen. Dasselbe gilt für Schlange-Menschen, die in diesen vier Zeichen geboren sind. Unter den Affen bevorzugen Sie Jungfrau-, Skorpion- oder Fische-Geborene. Die Zeichen, die nicht zu Ihnen passen, beschränken sich auf Zwilling, Krebs und Waage/Hunde und Zwilling und Krebs/Ochsen. Ansonsten ist die Welt Ihr Spielplatz. Genießen Sie es!

Heim und Familie

Die meisten Steinbock/Drachen würden gerne in einem hübsch eingerichteten, ordentlichen Heim leben. Aber die Steinbock/Drachen leben meist in einer Art Künstlerbude. Ihre Stühle passen nicht zusammen, ihre Katze benutzt die Tischplatte als Bett, ihr Baby hat gerade wieder einmal das Telefonbuch aufgegessen, und – verdammt! – wo ist denn der zweite grüne Socken geblieben? Steinbock/Drachen sind sehr unordentlich im Haushalt. Sie lieben schöne Dinge, können aber auch ohne sie auskommen. Wenn Sie ein Beispiel haben wollen, würde ich sagen, daß der Durchschnitts-Steinbock/Drache sein Geld wahrscheinlich lieber in eine Kiste teuren Champagner investiert, als eine schicke Couch oder einen antiken Stuhl zu kaufen. Steinbock/Drachen sind nicht besonders materialistisch. Sie mögen schöne Sachen zu praktischen Zwecken. Aber sie halten nichts davon, Eindruck zu schinden oder wie jemand anderer sein zu wollen.

Diese Menschen sind glückliche Eltern. Der Steinbock/Drache mit seinen Durchhalteparolen und seinem verhaltenen Lachen hat an seinen Kindern wirklich viel Freude. Sie stehen für Unschuld, Kreativität und ein sorgenfreies Leben. Der Traum des Steinbock/Drachen wäre, daß ihm alle Verpflichtungen abgenommen würden, damit er sich wie Peter Pan in die Lüfte erheben und alle Verantwortung und Sorgen zurücklassen könnte. Natürlich tut er genau das Gegenteil und ist fast übertrieben zuverlässig und pflichtbewußt. Kinder sieht der Steinbock/Drache als Möglichkeit zukünftiger Freiheit. Er wünscht sich, daß seine kleine Melanie oder Mary Lee eine große Künstlerin wird, damit sie sich niemals mehr mit langweiligen Routinearbeiten abplagen oder sich bei ihren Vorgesetzten einschmeicheln muß. Der Himmel steh seinem Kind bei, wenn es selbst den Lebenstraum hat, Buchhalter bei der Firma Xerox zu sein.

Gleich welchen Platz das Steinbock/Drache-Kind in der Familie hat, es wird unbewußt die Rolle des Ältesten übernehmen. Führungsrollen fallen diesem Kind nicht schwer, und wenn seine Geschwister und Eltern nichts dagegen haben, daß der Steinbock/Drache den Haushalt führt, wird er binnen kurzem ein Vorbild für alle sein. Dieses Kind gehört nicht zu denen, die Macht und Herrlichkeit über andere wollen. Aber es ist eine Führernatur. Und gewinnend? Nun, Sie werden sich Hals über Kopf in dieses Kerlchen verlieben. Steinbock/Drache-Kinder sind unwiderstehlich attraktiv.

Beruf

Steinbock/Drache-Menschen erkennen ihre eigenen kleinen Fehler und Schwächen und sind sehr interessiert, zu erfahren, wer sie sind und wie sie dazu geworden sind. Man findet sie oft in Berufen, in denen es um die menschliche Psyche geht. Steinbock/Drachen verstehen sich selbst, und es liegt ihnen daran, auch die Bedürfnisse anderer Menschen zu verstehen. Sie sind großzügig, gehen aber dennoch sehr sorgfältig mit ihrem Geld um. Sie haben eine natürliche Begabung, Projekte zu leiten und Menschen zu führen. Wenn man ihnen in die Quere kommt, sind sie erbarmungslos rachsüchtig.

Der Steinbock/Drache gibt einen interessanten und liebenswerten Chef ab. Er spornt seine Angestellten zur Arbeit an, anstatt sie herumzukommandieren. Und da sich der Steinbock/Drache oft mit seinen guten Manieren brüstet, ist er natürlich auch sehr höflich. Als Angestellter schlägt dieser Mensch die Zeit tot und wartet darauf, daß er befördert wird. Der Steinbock/Drache-Mensch ist ganz entschieden nicht an niederen Arbeiten interessiert.

Geeignete Berufe für diesen wertvollen Menschen sind: Journalist, Maler, Astrologe, Psychiater oder Psychologe, Berater, Stiftungsgründer, Verleger, Pfarrer, Lobbyist, Vermittler, Werbefachmann, Professor, Gastwirt.

Einige berühmte Steinbock/Drachen: Jeanne d'Arc, Faye Dunaway.

STEINBOCK/SCHLANGE

»Ich benutze«	*»Ich empfinde«*
Erde, Saturn, Kardinal	*Feuer negativ, Yang*

ENTSCHLOSSENHEIT	GROSSZÜGIGKEIT	INTUITION	KLUGHEIT
WEISHEIT	ÜBERLEGENHEIT	ATTRAKTIVITÄT	HELLSICHTIGKEIT
ZUVERLÄSSIGKEIT	EHRGEIZ	DISKRETION	MITGEFÜHL
STARRHEIT	EINSAMKEIT	HEUCHELEI	HABGIER
SCHWERFÄLLIG	GENUSSUCHT	EXTRAVAGANZ	ANMASSUNG
DÜNKEL	SELBSTZWEIFEL	FAULHEIT	AUSSCHLIESSLICHKEIT

Diese Verbindung wird von einer Arroganz und einem Selbstbewußtsein charakterisiert, die noch den Godzilla erschrecken würde. Der Steinbock setzt in die Tat um, was er predigt, verwirklicht seine Ideen und hat keine Angst vor seinem eigenen Ehrgeiz. Schlangen fühlen die Dinge, spüren Lösungen auf und verbringen einen Großteil ihres Lebens damit, sich auf ihrem Weg zur Bank, zum Juwelier, zum Flughafen, zum Rechtsanwalt oder ins Gefängnis in Krisen hinein- oder herauszuschlängeln. Schlangen haben oft mehr Flair als Verstand. Aber wenn man einen Steinbock zum Partner hat, wozu braucht man noch Verstand?

Der Steinbock, der im Schlange-Jahr geboren ist, ist eine Klasse für sich. Er fühlt sich nicht nur jedem, der ihm über den Weg läuft, überlegen, sondern er sieht auch noch besser aus als jeder andere. Dies sind stattliche Menschen, die Persönlichkeit und Klasse haben. Allein ihre Garderobe kostet soviel wie die Hälfte des Staatsbudgets von Monaco – ganz zu schweigen von ihren Autos und Häusern, ihren Schiffen und Frisuren.

Steinbock/Schlangen sind ganz begeistert von Menschen, die weniger glücklich sind als sie (also jeder), sie nehmen streunende Tiere bei sich auf, adoptieren arme Kinder, stellen Nichtstuer ein und so weiter. Manche Menschen behaupten, daß sie sich mit Nieten umgeben, damit sie sich selber noch überlegener fühlen. Aber dieser Theorie stimme ich nicht zu. Steinbock/Schlange-Menschen sind überaus fürsorglich. Oftmals sind sie mit mehr Glück im Leben geboren als andere Menschen. Alles gelingt ihnen mühelos. Meine Theorie ist, daß Steinbock/Schlangen gerne ihren Wohlstand mit anderen teilen und sich nicht darum kümmern, was andere Menschen für Anschauungen haben.

Alleine schon die Präsenz dieses Menschen ist sehr machtvoll. Steinbock/Schlangen sind Publikumslieblinge. Sie ziehen die Blicke eines ganzen Saales auf einmal auf sich und schaffen es, nur durch ihr Auftreten die Aufmerksamkeit des Publikums zu fesseln, bis sie sich genügend darin gesonnt haben. O ja, Aufmerksamkeit ist die Droge des Steinbock/Schlange-Menschen. Er möchte bewundert, liebkost, umschmeichelt werden, daß man ihn anspricht und ihm lauscht, und er möchte auch immer als erstes die Hiebe und Schelte bekommen, gefüttert und gebadet werden. Nichts und niemand darf sich zwischen diesen hochmütigen Menschen und sein Publikum drängen, von dem er Aufmerksamkeit haben möchte. Dieser Mensch hat alle Qualitäten eines echten Stars.

Die Kehrseite der enormen Großzügigkeit der Steinbock/Schlangen ist ihre Verschwendungssucht. Diese Menschen kaufen für jeden, der auf den Wohlfahrtsball nächste Woche gehen möchte, drei Smokings. Sie kaufen Ihnen zwei verschiedene Autos zu Ihrem Geburtstag, nur im Falle, daß Ihnen das erste nicht gefällt. In ihrem eifrigen Bemühen, anderen Menschen zu gefallen und immer im Mittelpunkt zu stehen, wenden Steinbock/Schlangen auch schon mal eine List an. Wenn Lächeln nicht mehr wirkt, dann tun es auch mal Tränen, Wutanfälle, Hysterie oder psychosomatische Krankheiten. Sie wollen bemerkt werden. Wenn sie einen hassen, kann man nicht einmal ihrer Abneigung gegenüber gleichgültig bleiben. Steinbock/Schlangen finden immer Mittel und Wege, Sie daran zu erinnern. Der Steinbock ist zielstrebig, und Schlangen sind so verdammt clever. Eine Begegnung mit einem dieser Ungeheuer wird Sie nie gleichgültig lassen.

Jede Steinbock/Schlange hat eine übernatürliche Begabung. Diese Menschen könnten wahrscheinlich ein sehr erfülltes Leben führen, indem sie ganz einfach ihren Eingebungen und Vorahnungen folgen. Es klingt zwar etwas unheimlich, aber es stimmt. Diese Menschen besitzen eine Voraussicht wie kein anderes Tierkreiszeichen. Intuition ist fast ein zu schwacher Begriff dafür. Die Steinbock/Schlange spürt Trends, Gefahren, politische Bewegungen und Ereignisse aller Art voraus.

Zäh wie Leder und süß wie Honig handeln Steinbock/Schlangen fast ausschließlich aus Machthunger heraus und streben nach Ruhm, nach wahrer Größe in den Augen ihrer Zeitgenossen. Keine posthumen Ehren für diesen Menschen! »Schenk mir jetzt viele Dutzend Rosen!« befiehlt die aufsehenerregende Steinbock/Schlange. »Ich werde sie an Menschen verteilen, die weniger glücklich sind als ich.« Und das macht er dann auch. So macht sich die Steinbock/Schlange mit ihrer Diva-Persönlichkeit auf und zieht die Menschen überall in ihren Bann, wirft Handküsse unter das begeisterte Publikum und bringt Frieden und Liebe unter die Menschen (so lange diese ihre Regeln befolgen). Dieser Mensch ist ein so charmanter Herrscher, daß Sie kaum bemerken, daß er Ihnen gerade den Job als Vorstand der Putzkolonne übertragen hat.

Liebe

Wenn es jemals einen Romantiker gab, dann die Steinbock/Schlange. Sie ist ständig in jemanden verliebt. Jede Beziehung, die sie eingeht, kommt ihr als die vollkommene vor. Jeder Dahergelaufene braucht nur ein wenig aufgemöbelt zu werden, und bevor Sie das Wort »Mao Tse-tung« aussprechen können, ist aus diesem Hallodri der perfekte Liebhaber geworden, gehorsam, normal und gesund und in der Lage, auf eigenen Füßen zu stehen. (Normalerweise sind die Menschen, die Steinbock/Schlangen auflesen quasi bettlägerig.) Mit anderen Worten, Steinbock/Schlangen sind Schürzenjäger. Sie verlieren ihre Partner aufgrund ihrer Seitensprünge und ihrer Faulheit. Aber keine Sorge, es gibt genügend neue Anwärter. Die Menschen sind verrückt nach diesen Menschen. Steinbock/Schlangen mangelt es nie an Zärtlichkeit. Sie bekommen Zuneigung im Überfluß. Man könnte sagen, daß Steinbock/Schlangen die Liebe mit Löffeln essen.

Wenn Sie eine Steinbock/Schlange lieben, haben Sie sicher Ehrfurcht vor ihr. Wenn Sie ihre Steinbock/Schlange behalten wollen, sollten Sie dies aber ändern. Dieser Mensch schenkt letzten Endes demjenigen Bewunderer seine Zuneigung, der die meisten Erwartungen an ihn stellt. Steinbock/Schlangen müssen täglich mit einem starken, ernsthaften und kritischen Partner konfrontiert sein, der ihnen hilft, ihr Spiegelbild zu verzieren, und der weiß, wie man äußerste Sanftheit und wahre Erleuchtung erreicht. Alle Halunken des Universums würden dafür nicht genügen. Steinbock/Schlangen brauchen einen hartnäckigen Partner, der keinen Spaß versteht und weiß, wie man sie bei der Stange hält, und der – und das ist das Wichtigste – sie davon abhält, falsch zu sein. Da Schlangen Schwindler ersten Ranges sind, muß man bei der Steinbock/Schlange ständig auf Anzeichen von Heuchelei achten.

Passende Partner

Eine gute Partie für Sie sind Stier, Löwe, Jungfrau, Skorpion und Fische/Ochsen und Hähne. Auch ein Löwe/Drache oder Affe hat es Ihnen angetan. Beide besitzen enorm viel Charme und Vitalität. Außerdem finden sie Sie sympathisch. Wahrscheinlich empfinden Sie nicht dieselbe Zuneigung bei Krebs oder Waage/Schweinen. Auch Widder und Zwilling/Tiger und Affen haben eine andere Wellenlänge. Ärgern Sie sich nicht mit Widder/Hähnen herum. Sie sind zu hektisch und erreichen Ihrer Meinung nach nichts damit.

Heim und Familie

Das Heim eines Steinbock/Schlange-Menschen ist nicht nur elegant, es ist eine Festung, ein Modell und das Inbild erlesenen Schicks. Warum gebrauche ich überhaupt das Wort »Heim« in der Einzahl? Steinbock/Schlangen haben niemals nur ein Haus. Das mindeste, was dieser Mensch besitzt, sind ein Stadt- und ein Landhaus. Und später, wenn sie immer mehr Vermögen anhäufen, haben sie auch noch ein Haus in der Karibik, ein weiteres in Goa und eine Eigentumswohnung in St. Moritz. Und das Schiff liegt auf den Bahamas. Für diesen Klassizisten kann seine Veranda von gar nicht genug korinthischen Säulen getragen werden, und kein Teppich ist ihm zu dick und keine Antiquität zu teuer. Das Beste ist für diesen Menschen niemals gut genug. Ist er unordentlich? Mein Gott! Im Ankleideraum herrscht das reine Chaos. Aber keine Sorge, das Mädchen kommt jeden Tag. Zweimal. Manchmal auch dreimal.

Diese Menschen geben wunderbare Eltern ab. Kinder zu haben bedeutet soviel wie streunende kleine Hunde aufzusammeln. Steinbock/Schlangen überschütten ihre Kinder mit Annehmlichkeiten und Zuneigungen, bleiben die ganze Nacht lang auf und hüllen ihre Kinder in die nächstbeste Zobelstola, die sie bei der Hand haben. Klein Laura oder Hannes sollen niemals etwas entbehren müssen. Das ist das Ideal der Steinbock/Schlange – und wenn das Kindermädchen nett ist, geht es dem Kind gut. Sie können damit rechnen, daß der Steinbock/Schlange-Mensch viel unterwegs ist. Wenn er zu Hause ist, wird er viel Zeit mit seinen Kindern verbringen. Aber wir sprechen hier über einen Geschäftsmann mit Weltklasse. Sein Kind müßte davor verschont werden, allzusehr in seinem riesigen Schatten zu stehen. Es ist nicht unbedingt gesund, den Erwartungen eines solchen Monolithen gerecht werden zu wollen.

Das Steinbock/Schlange-Kind ist in erster Linie ergreifend liebevoll – einfach herzig. Zweitens ist es liebenswert – einfach süß. Und drittens ist es ganz entzückend – einfach hinreißend. Mehr als alles andere wünscht es sich, das am meisten bewunderte Kind in der Familie zu sein. Es braucht die volle Aufmerksamkeit der Eltern, und wenn es sie nicht bekommt, findet es Mittel und Wege, dies zu bewerkstelligen. Es ist ein gewissenhaftes und intelligentes Kind. Aber wenn es nicht bei allen an erster Stelle kommt, bekommt es Magenkrämpfe, Alpträume und beginnt, Nägel zu beißen. Aber das hält nie lange an, da das Steinbock/Schlange-Kind früher oder später immer triumphiert, gleich, worum es sich handelt. Doch solange dieses Kind noch sehr klein ist, muß es umsorgt, gehegt und gepflegt werden wie eine Orchidee, die später einmal preisgekrönt wird und die zwanzig Jahre braucht, um aufzublühen. In der Zwischenzeit muß es an Ihrem Rockzipfel hängen – sogar dann, wenn Sie schlafen.

Beruf

Die meisten Steinbock/Schlangen sind dazu ausersehen, prominent zu werden. Es kann sein, daß sie eines Tages ein großer Politiker werden oder daß sie aufgrund irgendeiner beruflichen oder menschlichen Leistung berühmt werden. Was auch immer ihnen den Ruhm einbringt, sie bekommen ihn. Sie glauben aufrichtig daran, daß sie die Besten und die Größten in ihrem Bereich sind, und aus dieser festen Überzeugung heraus überzeugen sie oft sich selbst und die anderen von dieser Tatsache. Steinbock/Schlangen streben nach Größe – und oft erreichen sie sie auch.

Die Steinbock/Schlange kann Befehle entgegennehmen, wenn sie weiß, daß dies nur vorübergehend ist. Diese Menschen sind gute Arbeiter (wenn sie morgens aus dem Bett kommen) und finden für Chefs, die sie entsprechend zu behandeln wissen, brillante Problemlösungen. Steinbock/Schlangen wollen jedoch nicht ihr ganzes Leben lang angestellt bleiben. Sie möchten sich die Butter viel zu dick aufs Brot schmieren, als daß sie sich lange aufhalten könnten, den Fußboden zu putzen. Wenn sie dann der Chef sind, spielen sie den Chef. Es besteht nie der leiseste Zweifel daran, wer den Laden schmeißt, und es ist auch keine Frage, daß der Steinbock den Laden am besten schmeißt. Die Steinbock/Schlange sollte nicht versuchen, ihrer Bestimmung zu entgehen. Sie wird sie doch ständig verfolgen. Geeignete Berufe für Steinbock/Schlangen sind: Unternehmer, Präsident, Millionär, reiche Erbin, Filmstar, Topmodell, Werbedirektor, Religionsführer, Ölmagnat, Choreograph, Regisseur.

Berühmte Steinbock/Schlangen: Edgar Allan Poe, Howard Hughes, Aristoteles Onassis, Mao Tse-tung, Mohammed Ali, Martin Luther King, Régine.

STEINBOCK/PFERD

»Ich benutze«	*»Ich fordere«*
Erde, Saturn, Kardinal	*Feuer positiv, Yang*

ENTSCHLOSSENHEIT	GROSSZÜGIGKEIT	ÜBERZEUGUNGSKRAFT	STIL
WEISHEIT	ÜBERLEGENHEIT	AUTONOMIE	GERADLINIGKEIT
ZUVERLÄSSIGKEIT	EHRGEIZ	POPULARITÄT	TALENTIERTHEIT
STARRHEIT	EINSAMKEIT	SELBSTSUCHT	HAST
SCHWERFÄLLIG	GENUSSUCHT	SKRUPELLOSIGKEIT	ÄNGSTLICHKEIT
DÜNKEL	SELBSTZWEIFEL	AUFLEHNUNG	PRAGMATISMUS

»Du kannst auf mich zählen!« sagt das zuverlässige Steinbock/Pferd. Und glauben Sie mir, Sie können es. Diese Verbindung wurde im Himmel geschlossen. Der Steinbock verleiht dem etwas draufgängerischen und auch unsicheren Pferd-Charakter Festigkeit und Ausdauer. Das Pferd seinerseits verleiht dem Steinbock manuelle Geschicklichkeit und einen ausgeprägten Sinn für seine eigene Beliebtheit.

Hier haben wir es mit einem Menschen zu tun, dessen persönliche Entwicklung oft den Bedürfnissen anderer geopfert wird. Steinböcke, die in Pferde-Jahren geboren sind, sind gute Menschen. Sie nehmen sich ärmerer Menschen mit einer ausgeprägten, detaillierten Fürsorglichkeit an. Sie wissen, wie man liebt. Für egoistischere Menschen sind sie ein Vorbild, werden aber oft mißverstanden, weil sie einerseits relativ beharrlich sind, andererseits aber fast abweisend wirken können. Steinbock/Pferde scheinen schnippisch und sogar ein bischen grob in ihrem Benehmen. Im wesentlichen sind sie aber selbstverständlich friedliebende Menschen. Nur verhalten sie sich etwas trocken und spröde.

Steinbock/Pferde sind gewissenhaft und verantwortungsbewußt bis zum Äußersten. Sie besitzen so viel Ausdauer, daß sie etwas immer und immer wieder versuchen, wenn sie nicht gleich beim ersten Anlauf Erfolg haben. Diese Menschen glauben an das Gute im Menschen. Sie sind streng mit sich selbst und anderen gegenüber nur dann nachsichtig, wenn diese vielversprechend scheinen. Nichtstuer und Faulenzer gehören nicht dazu. Das Steinbock/Pferd hat keine Zeit für Gammler. Es möchte sich mit ungewöhnlichen und kreativen Menschen umgeben. Dieser Mensch ist ein personifiziertes Perpetuum mobile. Er sitzt niemals still, es sei denn, das Projekt, an dem er arbeitet, erfordert eine sitzende Haltung. Steinbock/Pferde sind Tatmenschen und Trendsetter. Sie schaffen es jeden Tag wieder, daß alles glattläuft, und würzen jede Routinearbeit mit Phantasie, Aufregung und Kreativität.

Der Erfindungsgeist der Steinbock/Pferd-Menschen ist ebenso rührend wie bewundernswert. Trotz all der Tiefschläge wie Krankheit, Enttäuschungen, Armut, Verlust, die man im Leben einsteckt, schaffen es diese Menschen, zu sehen, daß das Leben immer weitergeht, es als eine Uhr zu betrachten, die man täglich aufziehen muß, damit sie einem nützlich ist, gleich welches Wetter draußen herrscht. Steinbock/Pferde gehen mit ihrem Leben sehr behutsam um, so als ob es ihnen nur für eine kurze Zeit gehörte. Sie scheinen sich bewußt zu sein, daß auch sie eines Tages sterben müssen. Diese Kombination von Unschuld und Resignation verleiht diesen Menschen ein starkes Bewußtsein, ja fast eine Angst älter zu werden. Heimlich beobachtet der Steinbock/Pferd-Mensch jedes Fältchen in seinem Gesicht.

Seltsamerweise gelangt dieser Mensch oft erst sehr spät in seinem Leben zu erfolgreichen Leistungen. Da er sehr gemächlich vorgeht und den Details nur wenig Beachtung schenkt, brauchen seine Arbeiten oft Jahre, um heranzureifen und dann erprobt zu werden und schließlich Früchte zu tragen. Zurückgezogenen und mit sich selbst beschäftigten Menschen ist kein früher Erfolg beschieden. Aber im Fall des talentierten und unbewußt glänzenden Steinbock/Pferdes stellt sich Erfolg immer irgendwann ein. Wie könnte auch so viel Klugheit und Kreativität auf lange Sicht übergangen werden?

Das Sympathischste an der Steinbock/Pferd-Persönlichkeit ist, daß er nicht darauf aus ist, irgend jemandem etwas beweisen zu wollen. Er lebt sein Leben auf seine Weise, und seine innere Stimme sagt ihm, daß es so genau richtig ist. Er muß sich nicht beweisen, noch ist er wirklich extrovertiert. Vielmehr legt das Steinbock/Pferd eine angenehme Zurückhaltung an den Tag, die aber nicht als Scheu bezeichnet werden kann, obwohl sie sehr nahe an Schüchternheit grenzt. Steinbock/Pferde sind nicht so selbstbewußt, wie andere Pferd-Geborene, aber sie arbeiten ebenso hart wie diese und sind ebenso praktisch und nobel.

Liebe

In der Liebe blüht dieser großzügige und friedliche Mensch auf. Überdies fällt es anderen Menschen leicht, Steinbock/Pferde zu mögen; daneben respektieren sie sie auch und bewundern ihren Einfallsreichtum und ihr Talent. Eigentlich kenne ich keine Steinbock/Pferde, die nicht von Fans umringt werden oder bei denen die Frauen nicht in Ohnmacht fallen. Tatsache ist, daß das Steinbock/Pferd grundsätzlich treu ist. Für Doppelverhältnisse oder oberflächliche Eintagsfliegen hat es nichts übrig. Wer würde auf das Labor aufpassen, während Monsieur Pasteur gerade mit einem Mädchen flirtet? Nein, mein Herr. Der Steinbock/Pferd-Mensch behält seine Reagenzgläser selbst im Auge und betraut niemanden mit den ernsthaften Aufgaben seines Lebens. Sein romantisches Ziel? Einen netten Partner zu finden, der ihm Zerstreuung bietet und ihm ein Leben lang treu ist. Ich kann verstehen, wenn Sie einen Steinbock/Pferd-Menschen lieben. Falls er Ihre Liebe nicht erwidert, sind Sie sicher am Boden zerstört. Aber Sie sehen natürlich ein, daß diese integere und verlockend unnahbare Zitadelle von einem Menschen den Eindruck, in den Sie sich so verliebt haben, nicht aufrechterhalten kann, wenn er aus einer intakten Beziehung ausbricht und sich mit Ihnen einläßt.

Falls Sie sich diesen Fisch nicht schon aus der Wiege heraus geangelt haben, werden Sie ziemlich früh aufstehen müssen, um seine Liebe zu gewinnen. Wenn Sie durch irgendeinen glücklichen Zufall einen dieser begehrenswerten Partner finden, der noch frei ist, erzählen Sie ihm einen Witz. Steinbock/Pferde sind sehr ernste Menschen. Alles, was sie aufheitert, bekommt sofort einen Pluspunkt.

Passende Partner

Ziegen passen sehr gut zu Pferden, die im Zeichen Steinbock geboren sind. Ihren idealen Partner finden Sie unter Stier, Löwe und Fische/Ziegen. Jungfrau, Skorpion und Fische/Tiger verleihen ihrem Alltagsleben Schwung, und mit Hunden, die in diesen Zeichen geboren sind, können Sie nichts falsch machen. Andererseits würde ich einen engen Kontakt mit Widder, Krebs und Waage/Pferden meiden, wenn ich Sie wäre. (Überhaupt können Sie alle Pferde bedenkenlos aus Ihrem Privatleben heraushalten.) Krebs und Waage/Affen lassen Sie kalt.

Heim und Familie

Steinbock/Pferde bevorzugen eine traditionelle häusliche Umgebung. Sie lieben das Praktische und geben ihm den Vorzug gegenüber dem Äußerlichen. Wie alle Pferde-Geborenen mögen sie lebhafte Farben, doch da diese Menschen auch Steinböcke sind, verwenden sie fuchsienrot und cadmiumgelb weniger protzig, als die meisten extravaganten Pferde. Eine mit Ornamenten bedruckte Decke liegt über der Couch, eine handgearbeitete Patchwork-Decke in verrückten Farben ziert ihr Bett. Aber alles in allem ist die Einrichtung eines Steinbock/Pferd-Menschen natürlich und praktisch. Es überwiegen Holz, Steine, Pflanzen und nochmals Holz.

Steinbock/Pferde sind wunderbare Eltern, da sie sich aufopfern können für die Bedürfnisse ihrer Familie. Sie sind gefühlvoll genug veranlagt, um nie zu vergessen, zu ihren Kindern zärtlich zu sein und sie für ihre Leistungen zu loben. Das Steinbock/Pferd ist aber auch streng und geht seinen Kindern mit gutem Beispiel voran. Er duldet zwar keine frechen Antworten, hat aber dennoch eine entspannte und vertraute Beziehung zu seinen Kindern. Steinbock/Pferde sind sehr stolz auf die Erfolge ihrer Kinder. Aber wenn ein Kind einmal versagt, weiß es, daß es als erstes immer zu Mama oder Papa Steinbock/Pferd kommen kann, um sich trösten zu lassen.

Das Steinbock/Pferd-Kind macht seinen Eltern viel Freude. Dieses Kind bleibt auch dann, wenn es erwachsen ist, noch in engem Kontakt zu seiner Familie. Es fällt ihm nicht schwer, die Vorschriften seiner Eltern zu befolgen. Es möchte seinen Eltern gefallen und ihnen Grund geben, stolz auf es zu sein; und für seine Anstrengungen einmal mehr über den Kopf gestreichelt werden. Das Steinbock/Pferd-Kind kann man alles mögliche lernen lassen. Es ist intelligent und willig und lernt gerne. Und da es eher ruhig ist, sollte es ermutigt werden, sich daheim am gemeinsamen Lesungen und Spielen zu beteiligen. Es besitzt Talent für großartige Darbietungen, ist aber zu bedachtsam, um sich damit hervorzutun.

Beruf

Berufe aus dem Dienstleistungssektor passen zu Steinbock/Pferd. Dieser Mensch fühlt sich Berufen hingezogen, die Experimentierfreudigkeit, Standhaftigkeit und Routine erfordern. Er ist kreativ. Aber im wesentlichen ist dieses Pferd eben ein Ackergaul. Und was ist mit dem Rampenlicht? Nehmen Sie bitte die Scheinwerfer fort! Steinbock/Pferde wollen nur, daß ihre Arbeit anerkannt wird. Starallüren liegen ihm nicht besonders. Er möchte sichtbare Resultate hervorbringen. Er ist sehr sozial eingestellt und sehr menschlich.

Berufe, die diesem Menschen entsprechen könnten, sind: Gesundheitsminister, Wissenschaftler, Chef, Veterinär, Handwerker, Stoffdesigner, Möbelschreiner, Architekt, Rechtsanwalt, Krankenschwester, Hundedresseur, Weinbauer.

Einige berühmte Steinbock/Pferde: Isaac Newton, Giacomo Puccini, Louis Pasteur, Mendès-France, Anwar el-Sadat, Helmut Schmidt.

STEINBOCK/ZIEGE

»Ich benutze«
Erde, Saturn, Kardinal

»Ich bin abhängig«
Feuer negativ, Yang

ENTSCHLOSSEN-HEIT	GROSSZÜGIG-KEIT	ERFINDUNGSGEIST	ORIGINELL
		SENSITIVITÄT	GUTE MANIEREN
WEISHEIT	ÜBERLEGENHEIT	AUSDAUER	GESCHMACK
ZUVERLÄSSIGKEIT	EHRGEIZ	SCHMAROTZER	PESSIMISMUS
STARRHEIT	EINSAMKEIT	MANGEL AN VOR-AUSSICHT	DÜNKEL
SCHWERFÄLLIG	GENUSSUCHT		UNPÜNKTLICH-KEIT
SELBSTZWEIFEL	UNPRAKTISCH	SORGENVOLL	

Die normalerweise affektierte Ziege-Persönlichkeit bekommt hier den Schwung, Geld zu verdienen, da sie sich mit der strengen, verläßlichen und ehrgeizigen Bergziege, dem Steinbock, verbunden hat. Das chinesische Zeichen Ziege und das westliche Tierkreiszeichen Steinbock sind Gegenpole. Die östliche Ziege ist überaus sensibel und denkt nur an Erfindungen und wunderliche Einfälle. Das westliche Tierkreiszeichen ist ein Gipfelstürmer, dessen Ehrgeiz es ist, ehrgeizig zu sein. »Schaffe es oder stirb!« sagt der zähe Steinbock. »Auh! Mir tun die Füße weh«, jammert die empfindsame Ziege. Menschen, die unter der Zeichenkombination Steinbock/Ziege geboren sind, sind in einem inneren Zwiespalt.

Dieser Effekt, einerseits vorwärtskommen zu wollen und andererseits gebremst zu werden, verursacht, daß dieser Mensch sehr oft ärgerlich auf sich selbst ist. Steinböcke, die in Ziege-Jahren geboren sind, wissen, daß sie ernst machen müssen. Sie arbeiten, um eine Machtposition zu erlangen. Sie kämpfen sich durch Fleiß nach oben, und ihr Weg zum Gipfel ist nicht gerade der leichteste Anstieg. Beide Zeichen sind ausdauernd.

Es ist ein Glück für die Ziege, im Zeichen Steinbock geboren zu sein. Die Erdverbundenheit, die der Steinbock der kapriziösen Ziege verleiht, schadet ihr nicht im geringsten und strafft ihre ansonsten eher schlaffen Segel genau im richtigen Maß. Ziege/

Steinböcke sind die verrücktesten Steinböcke überhaupt. Aber sie schaffen es in ungefähr neunzig Prozent aller Fälle besser als andere Ziegen, mit beiden Beinen auf dem Boden zu bleiben. Natürlich müssen sie für diese Sicherheit zahlen. Steinbock/Ziegen haben keine Zeit, so kreativ zu sein, wie sie gerne möchten. Sie sind völlig in Anspruch genommen von ihrem Erfolg. Sie werden von dem Bedürfnis angetrieben, Anerkennung zu erlangen. Sie haben sogar ein wenig einen Dünkel und möchten gern reich genug sein, um hin und wieder ein bißchen angeben zu können. Natürlich bleibt ihnen nicht mehr soviel Zeit für ihre Erfindungen, da sie sehr viel Zeit darauf verwenden, es in ihrem Beruf zu etwas zu bringen. Infolgedessen neigt die Steinbock/Ziege zu Tagträumen und stellt sich eine bessere Welt vor, in der sie die Möglichkeit hat, zu fliegen oder zu malen oder ein Konzert in der Carnegie Hall zu geben oder den Daviscup zu gewinnen.

Mit der Zeit aber wird dieser Mensch flexibler. Er lernt, mit seinem Alltag klarzukommen und in Erwartung kurzer Zeiten wonniger Verantwortungslosigkeit zu leben. Diese Ziege ist zu verläßlich, als daß es noch gut für sie wäre. Da ihre Gewissenhaftigkeit ihre Kreativität einschränkt, sägen die Weisheit und Moral des Steinbocks ziemlich an den Nerven der Ziege. Aber wie sehr dieser Mensch das auch zu leugnen sucht, seine erste Pflicht ist seine Arbeit.

Das Erfreulichste an diesem Menschen ist, daß er, obwohl er ein fast streng religiöser Steinbock ist, besser als andere Steinböcke auch einmal locker sein kann. In seiner Freizeit könnte man ihn für einen glutäugigen Stier/Drachen oder zumindest für einen Skorpion halten. Er tanzt und singt gerne und ist sehr unternehmungslustig. Steinbock/Ziegen besitzen auch einen Riesenvorrat an Charisma. Sie sind elegant und gefühlvoll. Sie lieben Gesellschaft. Sie streben nach Macht und sind bemerkenswert wortgewandt. Sie sind verschwenderisch und selten pünktlich.

Liebe

Die Steinbock/Ziege ist ein romantischer Idealist. Sie glaubt an Märchen. Obwohl diese Menschen nicht viele Worte um die Liebe machen, sind sie im Bett engagierte und begeisterte Partner. Der Ziege-Mensch, der im Zeichen Steinbock geboren ist, kann seine Zuneigung außerordentlich gut durch Geschenke und liebevolle Überraschungen zeigen. Wie ernst diese Menschen auch scheinen, sie sind immer darum bemüht, aus der Hülle des Steinbocks in die Rolle der Ziege zu schlüpfen, so daß sie wie der Gott Pan durch die Wälder ziehen können – und wehe den Arglosen, die sie in ihr Netz locken. Diese Menschen sind äußerst attraktiv. Häufig wechselnde Partner? Nun, vielleicht – naja, eigentlich schon. Aber sie können sehr diskret sein.

Wenn Sie einen Steinbock/Ziege-Menschen lieben, denken Sie daran, daß er ein Ziege-Geborener ist. Bedenken Sie, daß, wenn Sie diesen Menschen heiraten oder mit ihm zusammenleben, Sie sehr wahrscheinlich (kaum merklich natürlich) die Hosen anhaben. Auf den ersten Blick wirkt der Steinbock/Ziege-Mensch sehr stark und scheint autoritär. Aber in Wirklichkeit will er in Ruhe gelassen werden, mit seinem Spielzeug spielen und durch die Wälder streifen. Wenn Sie ihm sein Schicksal erleichtern können, indem Sie sich um den Haushalt kümmern oder die Brötchen verdienen, wird er Sie darum nicht weniger lieben.

Passende Partner

Es scheint mir, als ob Schweine ihre Favoriten wären, und ich könnte fast beschwören, daß ihre besonderen Favoriten in den Zeichen Stier, Löwe, Jungfrau, Skorpion und Fische geboren sind. Sie sind ganz verrückt nach Katzen, die im Zeichen Löwe, Jungfrau, Skorpion oder Fische geboren sind, und auch Löwe, Skorpion oder Fische/Pferde sind ihnen überaus sympathisch. Daß ihnen Widder, Krebs oder Waage/Tiger schlaflose Nächte bereiten, ist weniger wahrscheinlich. Widder und Waage/Hunde gehen ihnen mit ihrem Geschwätz über wohltätige Aktivitäten auf die Nerven, und Widder und Waage/Ochsen sind für Sie stur und starrköpfig und überhaupt nicht spaßig. Auch Waage/Pferde sind nichts für sie; sie sind zu sehr mit sich selbst beschäftigt.

Heim und Familie

Wenn der Steinbock/Ziege-Mensch zu Hause ist, möchte er, daß alles schön und in Ordnung ist. Aber meistens ist er unterwegs. Dieser Mensch ist quirlig. Er ist fähig, imstande und beschließt plötzlich, alle Möbel im ganzen Haus zu erneuern. Raus mit dem Alten und rein mit dem Neuen. Steinbock ist das Zeichen des Jahreswechsels. Und Ziegen? Nun, wenn es um materiellen Wohlstand geht, dann tauen sie auf. Verbrennen Sie die alten Sofas, oder stellen Sie sie auf den Gehsteig. »Und die neuen Möbel, Madame? Wohin damit?« »Wohin? Natürlich auf meine Kreditkarte!« sagt die Steinbock/Ziege. Luxus und Schulden. Die Nebenwirkungen des häuslichen Lebens der Steinbock/Ziegen.

Als Eltern sind Steinbock/Ziegen liebevoll, aber nicht immer selbstlos. Sie können ungeduldig und sogar sarkastisch zu ihren Kindern sein. Der Steinbock/Ziege-Mensch konkurriert immer etwas mit seinen Kindern, weil er nicht so frei ist wie sie. Die Freiheit der Kinder verdriest die Steinbock/Ziegen. Man könnte sagen, daß sie liebevolle, aber schwierige Eltern sind, die Verständnis brauchen von ihren Kindern, welche ja bekanntlich mit sorgenvollen und gestreßten Eltern nicht immer Mitleid haben. Steinbock/Ziege-Eltern lieben ihre Kinder ganz besonders, wenn diese alt genug sind, für sich selbst zu sorgen.

Das Steinbock/Ziege-Kind hat alle Möglichkeiten, der Sonnenschein im Leben seiner Eltern zu sein. Dieses Kind ist talentiert und kreativ, intelligent und komisch, und so reizend, daß Sie es zum Fressen gern haben. Aber bringen Sie es mal dazu, sich hinzusetzen und seine Mathematikaufgaben zu machen. Dieses Kind kann an den Nerven zehren. Aber es wird seine Eltern dafür entlohnen, wenn es erwachsen ist und es sich sehr liebevoll um sie kümmert. Wenn Steinbock/Ziege-Kinder klein sind, wissen sie, wie sie die Erwachsenen dazu bringen, nach ihrer Pfeife zu tanzen. Sie sollten schon sehr früh Disziplin beigebracht bekommen und lernen, daß man Wertvolles im Leben nicht bekommt, ohne etwas dafür zu tun. Dieses Kind braucht auch eine gründliche religiöse Erziehung.

Beruf

Ich möchte nicht sagen, daß dieser Mensch eine geborene Führerpersönlichkeit ist. Doch er ist trotz all seiner Geschäftigkeit geradezu magnetisch anziehend. Die Verbindung des klugen Steinbocks mit der sensiblen Ziege ist unschlagbar, wenn man sie richtig zu nutzen weiß. Die Ungleichheit dieser Charakterzüge hat etwas besonderes, das eine starke, fast unheimliche Anziehung ausübt. Der beständige Steinbock kann den Erfindungsgeist der Ziege am besten in materiellen Nutzen verwandeln. Wenn diese Kombination funktioniert, das heißt, wenn der Steinbock überwiegend die Oberhand über die Ziege hat, herrscht, vorsichtig ausgedrückt, zumindest eine elektrische Spannung, um nicht zu sagen Hochspannung.

In einer Machtposition ist dieser Mensch schlicht despotisch. Anweisungen zu geben, ist beinahe seine zweite Natur. »Hol mir dies, und bring mir das.« Doch da der Steinbock/Ziege-Mensch noch ausgeprägter humanitär als herrschsüchtig ist, bewundern ihn seine Angestellten. Er vergißt niemals ihre Geburtstage und fördert sie sehr, um sie moralisch zu stärken. Dieser Mensch kann auch Angestellter sein, aber nicht lange.

Einige Berufe, die der Steinbock/Ziege gefallen könnten, sind: Künstler, Physiker, Chirurg, Politiker, Produzent, Universitätsdekan.

Berühmte Steinbock/Ziegen: John Denver, Ben Kingsley, Johannes Rau.

STEINBOCK/AFFE

»Ich benutze«
Erde, Saturn, Kardinal

»Ich plane«
Metall positiv, Yin

ENTSCHLOSSENHEIT	GROSSZÜGIGKEIT	SCHLAUHEIT	INTELLIGENZ
WEISHEIT	ÜBERLEGENHEIT	STABILITÄT	EIFER
ZUVERLÄSSIGKEIT	EHRGEIZ	FÜHRUNGSNATUR	IMPROVISATIONSTALENT
STARRHEIT	EINSAMKEIT	TÄUSCHUNG	SELBSTBEZOGEN
SCHWERFÄLLIG	GENUSSUCHT	TRICKREICH	ALBERNHEIT
DÜNKEL	SELBSTZWEIFEL	GESCHWÄTZIGKEIT	OPPORTUNISMUS

Der im Zeichen Affe geborene Steinbock strahlt eine undefinierbare, verhaltene Melancholie aus. Obwohl ich nicht sagen kann, warum das so ist, bringt die Verbindung von Steinbock, dem Gestrengen, und Affe, dem Problemlöser, eine Art persönlichen Seelenschmerz in diesem Menschen hervor. Steinbock/Affen sind nicht augenscheinlich nervös. Tatsächlich zeugt ihr glattes und tadelloses Benehmen von einer sehr selbstsicheren Haltung. Steinbock/Affen haben eine gewisse Würde an sich. Sie sind das, was meine Mutter »höflich« nannte. Unter ihrer sanftmütigen und vornehmen Fassade verbirgt sich dennoch eine gequälte Seele.

Vielleicht paßt die Selbstsicherheit und Bescheidenheit des Affen nicht mit der Steifheit des Steinbocks zusammen. Vielleicht fürchtet sich der Steinbock ein wenig vor seiner Affenseite, anstatt von dessen fröhlicher und lustiger Seite zu profitieren und sich ein wenig von der affenartigen Beredsamkeit anzueignen. Vielleicht, so glaube ich manchmal, fühlt sich der Steinbock/Affe-Mensch wie eine dieser hübschen bunten, mit Bändern geschmückten Schachteln, in deren Innerem ein ungezogener, frecher lebender Pavian hockt. Mit anderen Worten, die Verpackung sagt überhaupt nichts über ihren Inhalt aus.

Steinbock/Affe-Geborene möchten ernsthaft erscheinen. In der

Tat kennen Sie wahrscheinlich nur die etwas düsterte Seite dieser Persönlichkeit, wenn Sie ihn nur oberflächlich kennen und nicht mit seinem Privatleben vertraut sind. Oberflächlich wirken diese Menschen sehr seriös. Aber in ihrem Inneren verbirgt sich ein kleiner Nichtsnutz. Ich möchte nicht den Eindruck erwecken, daß diese Menschen eine Doppelnatur besitzen. Aber der Affe, der im Zeichen Steinbock geboren ist, leidet unter einer Art Schüchternheit in der Öffentlichkeit, die man selten findet. Wenn Sie diesen Menschen in einer Bar treffen, wo eine fröhliche Atmosphäre herrscht und die Zungen durch exotische Drinks gelockert werden, ist seine Verklemmtheit kaum zu bemerken. Sie werden einen lustigen Geschichtenerzähler sehen, der über das ganze Gesicht strahlt und ein erstaunliches und amüsantes Gedächtnis für Geschichten hat. Er ist intelligent, gewandt, schlagfertig, ein bißchen unanständig und wirklich sehr witzig. Steinbock/Affen haben da ein perfektes Timing.

Doch wenn Sie diesen Menschen mit nach Hause nehmen und privat im Wohnzimmer erleben, löst sich dieses Bild in Wohlgefallen auf. Steinbock/Affen haben die Vorstellung, daß sie im Privatleben alles in die Hand nehmen müssen. Sie nehmen diese Verantwortung sehr ernst. »Wo sind die Lebensmittel, die du eingekauft hast?« »Warum ist das Abendessen noch nicht fertig?« »Warum hat Maria in der Bibliothek nicht sauber gemacht?« »Was ist mit deinen Socken passiert?« »Bist du verrückt? Du kannst doch nicht das Taschengeld von einer ganzen Woche nur für Comic-Hefte ausgeben!« Es scheint offensichtlich, daß ihre ungezwungene Affenseite mit dieser besorgten Ernsthaftigkeit des Steinbocks nicht zu vereinbaren ist. Dennoch ist es in diesem Fall möglich. Steinbock/Affen sind schrecklich kompliziert.

Im wesentlichen sind Steinbock/Affen theatralisch. Sie haben einen wachen und logischen Verstand, aber auch ein ausgesprochen starkes Talent, sich auszudrücken. Sie haben eine schlaksige Figur, sind drahtig und sehen so gut aus, daß Greta Garbo vor Neid erblassen würde. Steinbock/Affen sind sehr menschlich. Sie sind verständnisvoll und mitfühlend und teilen Freud und Leid mit anderen. Sie wissen, wie man diese Gefühle umwandelt und an den Mann bringt, damit andere sich dafür interessieren. Sie sind Interpreten. Sie sind nicht gewöhnlich und auch nicht oberflächlich, faul oder nichtsnutzig. Ihre Fassade bedeutet ihnen sehr viel. Imagepflege und gute Umgangsformen werden niemals untergehen, solange sie von Steinbock/Affen kultiviert werden.

Liebe

In dem ziemlich enthaltsamen Liebesleben der Steinbock/Affe-Menschen kommt Qualität vor Quantität. Dieser Mensch zieht es vor, dauerhaft in tiefer Liebe mit einem Menschen verbunden sein, anstatt sich leidenschaftlich, aber kurz zu verlieben. Überdies hat er sehr hohe Maßstäbe. Mit einem Menschen, der morgens nach dem Aufstehen völlig zerknittert aussieht, könnte er nicht glücklich werden. Steinbock/Affen machen sich nicht viel aus Samtmorgenmänteln und farblich abgestimmten Hausschuhen. Dieser Mensch genießt die Gemeinsamkeit, teilt seine Sorgen mit seinem Partner und auch seine wundervolle Gesellschaft. Er träumt von einem Leben nach dem Motto: »Ein ruhiges Leben ist ein glückliches Leben.«

Sollten Sie von dem Charme dieses umwerfenden Menschen umgarnt worden sein, schlage ich Ihnen vor, sich mit der Idee anzufreunden, so zimperlich zu werden wie ein Jungfrau-Geborener. Für diese Beziehung brauchen Sie allen Einfallsreichtum, den sie aufbieten können. Aber denken Sie daran, wenn der Steinbock/Affe Sie liebt, gibt es keine Liebe auf der Welt, die aufrichtiger ist als seine. Als Objekt seiner Liebe werden Sie der Himmel (und auch die Hölle) in seinem Leben sein – für immer und ewig. Das ist eine schwere Aufgabe. Doch Sie werden dafür reich belohnt. Sie bekommen viel Zuneigung, aber ebenso viele schlaflose Nächte.

Passende Partner

Sie sollten Ihr Glück mit Ratte-Geborenen versuchen. Geben Sie dabei die Ratten, die unter den Zeichen Löwe, Jungfrau, Skorpion oder Fische geboren sind, den Vorzug. Auch ein Stier, Jungfrau oder Fische/Drache wird Sie faszinieren, und Sie können sich jederzeit mit einer Stier/Ziege oder einem Skorpion/Tiger einlassen. Widder/Tiger passen jedoch nicht besonders gut zu Ihnen. Ebensowenig Krebs/Pferde oder Waage/Schlangen und Schweine. Schließlich wollen Sie der noble Teil des Pärchens sein. Heiraten Sie nicht überstürzt!

Heim und Familie

Der im Zeichen Steinbock geborene Affe träumt von einem großzügigen Haus, in dem er viel Platz zum Atmen (und für seine Darbietungen) und zum Entspannen hat. Er ist der Meinung, daß jeder sein eigenes Zimmer haben sollte, in dem er alleine sein kann. Sein Haus ist sehr großzügig und sehr geschmackvoll eingerichtet. Dieser Steinbock ist handwerklich etwas geschickter als die meisten anderen Steinböcke, da ihm der Affe Geschicklichkeit und Stilgefühl verleiht. Sogar in seiner strengen, fast uniformähnlichen Art, sich zu kleiden, bleibt dieser Mensch traditionellen Farben und schlichten Schnitten treu. Er hat viel Geschmack. Beige und Marineblau sind die vorherrschenden Farben. Er trägt auch diskrete Grautöne, und seine Lieblingsfarbe ist Dunkelgrün. Es scheint fast, als hätte der Steinbock/Affe-Mensch einen so bunten Zirkus im Kopf, daß er eine friedliche Umgebung haben will, in der er Ruhe und Entspannung findet.

Als Eltern sind diese Menschen gewissenhaft, haben aber keine große Kinderschar. Der Steinbock/Affe-Mensch hat nur wenig Geduld für die Späße der Kinder. Als Babys hat er sie jedoch gern, da diese unschuldig und liebenswert sind, aber wenn die Kinder älter werden und eine feste Hand brauchen, ist er oft recht aufbrausend. Er muß sich sehr zusammenreißen. Alle Fehltritte seiner Sprößlinge bedeuten eine persönliche Niederlage für ihn, die die Ordnung im Universum durcheinander bringt. Der Vorteil dieser Eltern besteht natürlich darin, daß sie mit ihrem guten Benehmen ein Vorbild sind. Steinbock/Affe-Mütter sind alles andere, als Glukken. Sie lieben ihre Kinder – das reicht.

Das Steinbock/Affe-Kind ist jedoch sehr liebenswert. Als geborener Künstler liebt es alles, was mit Theater und Kino zu tun hat, und möchte am liebsten neun Stunden am Tag fernsehen und die restliche Zeit im Kino verbringen. Das heißt, wenn es nicht gerade in der Theatergruppe seiner Schule ist. Dieses Kind ist interessant, etwas geheimnistuerisch und ein Einzelgänger. Seine Einfälle versetzen seine Mitmenschen immer wieder in Erstaunen. Das Steinbock/Affe-Kind ist auch sehr intellektuell, und seine Studien spielen eine bedeutende Rolle in seinem Leben. Es ist eine Freude, dieses Kind um sich zu haben. Es lernt schnell und ist gerne in Gesellschaft Erwachsener.

Beruf

Der Beruf und alle Aktivitäten, die mit Karriere zu tun haben, sind das Lebenselexier dieses Menschen. Steinbock/Affen sind alles andere als faul. Sie sind kreativ, können gut Geschichten erzählen und ihr Publikum fesseln. Ihr Ausdruck ist stark emotional und ihre Leidensgeschichten sind sehr bewegend. Sie sind trocken und fast ein wenig spröde. Doch unter ihrer rauhen Schale verbirgt sich ein weiches Herz. Der Steinbock/Affe-Mensch kann gut Gefühle ausdrücken.

Als Chef ist der Steinbock/Affe beständig und kann mit seinen Untergebenen lachen. Die Menschen mögen seine mitfühlende Autorität. Auch mit Hierarchien kommt er gut zurecht. Er kann recht gut in einer Gruppe an einem gemeinsamen Projekt arbeiten. Solange seine Kreativität nicht bedroht ist, nimmt er gerne Befehle entgegen.

Berufe, die Steinbock/Affen wahrscheinlich gefallen: Theaterdirektor, Schauspieler, darstellender Künstler (Sänger, Tänzer, Komödiant), Dramaturg, Schriftsteller, Klatschkolumnist, Fernsehproduzent, Historiker, Psychologe, Astrologe, Kameramann, Fotograf.

Berühmte Steinbock/Affen: Federico Fellini, Rod Stewart, Simone de Beauvoir.

STEINBOCK/HAHN

»Ich benutze«
Erde, Saturn, Kardinal

»Ich besiege«
Metall negativ, Yang

ENTSCHLOSSENHEIT	GROSSZÜGIGKEIT	BIEGSAM	KONSERVATIV
WEISHEIT	ÜBERLEGENHEIT	ENTHUSIASMUS	CHIC
ZUVERLÄSSIGKEIT	EHRGEIZ	OFFENHEIT	HUMOR
STARRHEIT	EINSAMKEIT	KECKHEIT	PEDANTERIE
SCHWERFÄLLIG	GENUSSUCHT	ÜBERHEBLICHKEIT	DIKTATORISCH
DÜNKEL	SELBSTZWEIFEL	BLINDES VERTRAUEN	VERSCHWENDUNG

Der Steinbock, der in einem Hahn-Jahr geboren ist, ist würdevoll und unfehlbar, eine faszinierende Persönlichkeit. Er ist willensstark, gut gekleidet und extrem aufrichtig. Die Reserviertheit des Steinbocks paßt zu dem konservativen Wesen des Hahns. Diese Zeichenkombination bringt nur wenige Konflikte hervor, dafür aber eine Menge Hemmungen. Der Steinbock/Hahn ist integer und autonom. Er kommt sehr gut alleine zurecht, wenn es sein muß. Aber lieber ist er in Gesellschaft.

Der Steinbock/Hahn ist ein toller Kerl. Sein Charme wird durch seine ausgezeichnete Manieren verstärkt, wie auch durch seine sorgsame Wortwahl und seine Fähigkeit, aus jeder Situation das Beste zu machen. Steinbock/Hähne machen sich sehr viel Gedanken darüber, was andere von ihnen halten, und geben sich viel Mühe, den Menschen zu gefallen, die ihnen wichtig sind. Ihr Image ist von großer Bedeutung für sie, aber sie würden niemals heucheln. Der Steinbock/Hahn-Mensch reist gerne. Sein wacher Verstand und seine Neugierde bewirken, daß er ständig auf Achse ist, um Neues kennenzulernen. Er ist lebhaft und sehr daran interessiert, Leute kennenzulernen und etwas über andere Länder und Sitten zu erfahren. Da dieser Mensch immer eine gute Figur macht, ist er ein gern gesehener Gast. Er wird in die besten Restaurants eingeladen oder zu einem Besuch im Sommerdomizil am Mittelmeer oder in der Karibik überredet. Seine Begeisterung für alles Neue garantiert seinen Gastgebern, daß er gutgelaunt an allen Aktivitäten teilnimmt – vor allem den Mahlzeiten.

Der Steinbock/Hahn-Mensch ist nicht besonders flexibel. Es ist nahezu unmöglich, diesen Realisten davon zu überzeugen, daß der Weg, den er eingeschlagen hat, der reine Selbstmord ist. Steinböcke, die in Hahn-Jahren geboren sind, glauben nicht nur, daß sie alles am besten wissen, sondern weigern sich glatt, einen Rat anzunehmen. Ihr Leben verläuft nicht gerade reibungslos, was zu ihrer unbeholfenen Gefühlsnatur paßt. Es hat keinen Sinn, Steinbock/Hähne zur Eile antreiben oder aufmuntern zu wollen, wenn sie deprimiert sind. »Zeit heilt alle Wunden«, sagt der philosophische Steinbock/Hahn.

Steinbock/Hähne beklagen sich oft über Langeweile. Routine ist ihr Feind. Ebenso hassen sie Formalitäten. Nichts kann einen Steinbock/Hahn-Menschen wütender machen, als die Bürokratie. Er kann es nicht ertragen, komplizierte Formulare auszufüllen, in einer Schlange stehen oder in einer Behörde herumzuhocken, nur um eine Heiratsurkunde oder eine Theaterkarte zu bekommen. Kurz, diese Menschen unternehmen gerne etwas, aber die Mittel, die dazu erforderlich sind, liegen ihnen oft nicht besonders.

Die vielleicht außergewöhnlichste der vielen guten Eigenschaften des Steinbock/Hahn-Mensch ist seine Vielseitigkeit. Dieser Mensch kann viele verschiedene Dinge gleichzeitig machen. Bei Steinbock/Hähnen ist es nicht ungewöhnlich, wenn sie sich für mittelalterliche religiöse Kunst, die Zucht der perfekten Cabernet-Traube, das Brotbacken und nebenberuflich auch noch für Gehirnchirurgie interessieren. Diese Menschen sind fähig und begabt.

Liebe

In der Liebe sind sie jedoch nicht ganz so begabt. Steinbock/Hähne sind etwas einsame Seelen, weshalb sie sich von Gefühlen distanzieren. Sie sind nicht gerade erpicht darauf, ihre Zuneigung in der Öffentlichkeit zur Schau zu stellen. Obwohl sie zu tiefen Gefühlen fähig sind, zögern sie, diese zu zeigen.

Sollten Sie in einen Steinbock/Hahn verliebt sein, schlage ich vor, daß Sie als erstes lernen, mit seiner Freundesschar umzugehen, die er ständig um sich hat. In dieser Hinsicht besteht kein Grund zur Eifersucht. Er liebt Sie wirklich am meisten. Aber neben seinem Vergnügen an Gesellschaft und Geselligkeit werden Sie Schwierigkeiten damit haben, die besondere Zärtlichkeit, die er für

Sie empfindet, zu erkennen. Beschäftigen Sie sich selbst, und verlangen Sie nicht allzuviel Aufmerksamkeit. Was noch besser wäre, lernen Sie, wie man Weinreben beschneidet.

Passende Partner

Ich sehe Sie mit einem Schlange-Partner. Sie sind gut beraten, wenn Sie diesen unter den Zeichen Löwe, Skorpion, Schütze oder Fische auswählen. Mit Stier, Skorpion oder Fische/Ochsen passen Sie gut zusammen. Auch ein Stier/Pferd kann Sie begeistern. Krebs und Waage/Katzen bringen Sie auf die Palme. Widder und Krebs/Schweine lassen Sie daran zweifeln, ob es sich überhaupt lohnt, sexy zu sein.

Heim und Familie

Der durchschnittliche Steinbock/Hahn ist nicht besonders handwerklich begabt. Er gehört absolut nicht zu den Menschen, die Vorhänge aufhängen und ihr Gästezimmer selbst einrichten. Wahrscheinlich wird er kaum einmal einen Hammer, Schraubenzieher oder eine Rohrzange in die Hand nehmen. Er liebt den Komfort, kann ihn sich aber nicht selbst schaffen. Er ist gerade so materialistisch, um solide Möbel anzuschaffen, aber sein Geschmack läßt zu wünschen übrig.

Der Steinbock/Hahn ist oft anderweitig so beschäftigt, daß er keine Familie gründen kann. Wenn er Kinder hat, ist er mit ihren Possen nicht recht einverstanden und möchte, daß sie sich möglichst wie Erwachsene benehmen. Der Steinbock/Hahn ist ein sehr genauer Mensch und läßt sich seinen Verstand niemals durch Gefühle verwirren.

Das Steinbock/Hahn-Kind erstaunt Sie wahrscheinlich mit seinen vielen Talenten und seinem Enthusiasmus. Es ist ein helles Köpfchen und etwas verschroben. Es braucht Geduld, Zuneigung und eine gute Ausbildung, da es später einmal allein in die Welt hinausziehen wird, um sein Glück zu machen.

Beruf

In beruflicher Hinsicht geht es bei den Steinbock/Hähnen, wie bei allen Hähnen, auf und ab. Dieser Mensch ist so vielseitig begabt, daß er oft in Versuchung gerät, den Beruf zu wechseln. Wenn man weiß, wie man ein Raumschiff steuert und Symphonien schreibt, ist es ganz natürlich, daß man mitunter nicht weiß, welche Richtung man nun einschlagen soll! Der Steinbock/Hahn kann sich mit schwierigen Themen befassen und gelangt in seinem Beruf immer zu Ruhm und Ehren. Es fällt ihm schwer, Prioritäten zu setzen, und er scheut sich, Beförderungen oder Gehaltserhöhungen zu fordern. Steinbock/Hähne sind fast selbstzerstörerisch bescheiden. Sie sind nicht besonders sportlich und eignen sich daher nicht für körperliche Arbeiten.

Wenn diesem Menschen Autorität übertragen wird, spielt er die Rolle des Chefs sehr gewissenhaft und gerecht. Doch er wird sehr ungeduldig, wenn seine Untergebenen dumme Fehler machen, und besonders, wenn sie faul sind. Er arbeitet sehr hart und kann es nicht haben, wenn andere nachlässig sind. Sein Wunsch zu glänzen, macht ihn zu einem vorbildlichen Angestellten. Der Steinbock, der ihm Hahn-Jahr geboren ist, wird Ihnen äonenlang gut dienen – wenn man ihn nicht schikaniert. Schikane bringt ihn auf die Palme. Er haßt Menschen, die ihre Macht ausnutzen.

Für diesen vielseitigen Menschen gibt es unzählige Berufsmöglichkeiten: Physiker, Opernsänger, Ornithologe, Buchprüfer, Romanschriftsteller, Komponist, Talkmaster, Journalist, Redakteur, Designer, Genetiker. Ich könnte noch endlos viele Berufe aufzählen.

Berühmte Steinbock/Hähne: Rudyard Kipling (Steinbock/Hahn 1865), Steve Allen.

STEINBOCK/HUND

»Ich benutze«
Erde, Saturn, Kardinal

»Ich sorge mich«
Metall positiv, Yin

ENTSCHLOSSEN-HEIT	GROSSZÜGIG-KEIT	BESTÄNDIGKEIT	PFLICHTBE-WUSSTSEIN
WEISHEIT	ÜBERLEGENHEIT	HELDENMUT	INTELLIGENZ
ZUVERLÄSSIGKEIT	EHRGEIZ	ACHTBARKEIT	ANSTAND
STARRHEIT	EINSAMKEIT	UNSICHERHEIT	ZYNISMUS
SCHWERFÄLLIG	GENUSSUCHT	KRITIKSUCHT	UNSOZIAL
DÜNKEL	SELBSTZWEIFEL	SELBSTGERECHTIG-KEIT	TAKTLOS

Dieser Mensch ist ein ziemlich harter Brocken. Er ist eine Mischung aus einem verschmusten Realisten und einem zynischen Realisten, der im Leben zu Unabhängigkeit gelangen und friedliebend sein möchte. Der Steinbock/Hund steht allem Abstrakten ziemlich ängstlich gegenüber. Alle vagen Sachen und metaphysischen Vorstellungen machen ihn mißtrauisch. Er verwendet sehr viel Energie darauf, daß das, was ihm gehört, auch da bleibt, wo es hingehört. Genauer gesagt: diese Menschen sind vorsichtig, konservativ und sehr gewissenhaft in bezug auf gesellschaftliche Anforderungen. Die sind alles andere als Snobs. Vielmehr sind sie aufmerksam und sorgsam, während sich der Rest der Menschheit durch einen liederlichen Lebenswandel zerstört. Der Steinbock/Hund-Mensch liebt Ordnung und möchte sie auch aufrechterhalten.

Nun, dieser willensstarke und revolutionäre Mensch hat nichts gegen einen fairen Kampf einzuwenden. Wenn er fest genug an ein Ideal glaubt oder die Zügel in die Hand nehmen muß, um einen Verwandten oder Freund zu schützen, kennt sein Engagement keine Grenzen. Der Steinbock/Hund sucht auf seine harte und spröde Weise Gerechtigkeit. Man kann nicht gerade behaupten, daß er besonders diplomatisch ist, ihm aber auch nicht vorwerfen, daß er ausgesprochen zurückhaltend ist. Für einen Steinbock ist er ziemlich unkonventionell. Er bellt – ja, er heult – den Mond an. Er ist quirlig und agil. Oft vollbringt er eine ungewöhnliche und tapfere und mutige Tat, was sowohl für Steinböcke als auch für Hunde ungewöhnlich ist.

Die Kraft, die aus dieser Verbindung entsteht, bringt einen konservativen, aber wortgewandten Menschen hervor. Der Steinbock/Hund verbirgt sich gerne hinter einer Maske, so daß man nie genau weiß, mit wem man es zu tun hat. Er ist einzigartig und geheimnisvoll. Er ist egozentrisch, schafft es aber, dies unter dem Deckmäntelchen von Umgänglichkeit und Witzigkeit zu verbergen. Er hat einen beißenden Humor und ist sehr sarkastisch. Dieser Hund geht gegen Verlogenheit und Scheinheiligkeit sehr vehement vor. Er sucht das Echte im Leben und – was für einen scheuen Hund sehr seltsam ist –, er weiß, wie man dies erreicht.

Normalerweise sind diese Menschen Feinschmecker. Sie lieben die gute Küche und lassen es sich auch schmecken. Sie geben gute Köche ab. Sie können komplizierte Rezepte befolgen und wissen genau, wie etwas zu sein hat. Wenn sie älter werden, können Steinbock/Hunde Gewichtsprobleme bekommen.

Dieser Mensch kann gut ohne Geld auskommen. Er hat zwar nichts gegen Geld und den Luxus, den er sich damit leisten kann, aber Komfort ist im Leben eines Steinbock/Hund-Menschen nur von zweitrangiger Bedeutung. Er kann sich ebenso in einer unordentlichen Mietswohnung wohl fühlen wie in einem Palast. Seine glänzende Erscheinung ermöglicht ihm eine gewisse Sorglosigkeit in bezug auf Luxus. Es kann sein, daß er ein teures Auto fährt oder aber in einem alten klapprigen Lieferwagen herumkarrt. Das ist ihm ziemlich gleichgültig. Diese Menschen haben aber auch eine schillernde Seite. Glitzer und Flitter zieht sie magisch an. Sie interessieren sich für das bunte Leben des Showbusiness. Großtuerei fasziniert sie. Gewöhnlich gehen sie nicht soweit, sich Glitzerzeug auf die Augenlider zu pinseln – aber es soll schon vorgekommen sein.

Liebe

Das Liebesleben dieser schillernden Persönlichkeiten ist sehr stürmisch und kompliziert. Oft bleibt der Steinbock/Hund fast sein ganzes Leben lang ledig und keusch. Nicht daß er etwas gegen Sex hätte, aber Sex ist einfach so ... naja, Sex ist eben einfach schmutzig! Der Steinbock/Hund hat einen fast zwanghaften Sauberkeitstrieb. Komplizierte Gefühle reizen ihn nicht besonders. Daher ist der stürmische Teil seines Gefühlslebens auf den gelegentlichen Versuch zurückzuführen, eine Beziehung oder Ehe einzugehen und eine Familie zu gründen. Aber das klappt meistens nicht.

Steinbock/Hunde lieben ihre Unabhängigkeit. Wenn man sie einsperrt, bellen sie so lange, bis man sie hört und befreit. Dann verstecken sie sich.

Falls Sie in einen Steinbock/Hund verliebt sind, finden Sie ihn sicherlich interessant, und es wird ihnen nie langweilig sein. Der Steinbock/Hund ist sehr kultiviert und er ist sehr an Bildung interessiert. Vielleicht kommt Ihr Liebesleben etwas zu kurz, weil er ziemlich prüde ist. Aber Sie werden niemals nach Hause gehen, ohne zum Nachdenken angeregt worden zu sein. Ich rate Ihnen, diesen Menschen aus Urgestein gut zu umsorgen. Und lassen Sie nicht zu, daß er auch am Eßtisch seine Maske trägt.

Passende Partner

Eine gute Partie sind Stier, Löwe, Jungfrau und Fische/Pferde. Gefallen finden Sie auch an Stier, Jungfrau, Skorpion und Fische/Katzen. Auch Löwe, Jungfrau, Skorpion und Fische/Tiger sind hervorragende Partner für Sie. Krebs/Hähne, die sowohl launisch als auch weitschweifig sind, frustrieren ihren Sinn für das, was richtig ist. Auch Widder/Hähne sind Ihnen nicht besonders sympathisch. Widder, Krebs und Waage/Ziegen gehen Ihnen mit ihrem Getue auf die Nerven. Auch Krebs und Waage/Drachen sind nichts für Sie. Ebensowenig der emotionelle Krebs/Affe.

Heim und Familie

Im Herzen dieses Menschen kommt die Familie an erster Stelle. Er eignet sich vielleicht nicht besonders, ein Nest zu bauen, aber sein Heim ist ein fester Bestandteil in seinem Leben. In seinem Haus gibt es sicherlich Regalwände voller Bücher. Dieser Mensch eignet sich viel Wissen an und liebt es, zu lernen und zu lehren. Seine Küche ist praktisch und sauber, und er kauft immer die richtigen Töpfe und Pfannen, um darin seine unvergleichlichen Saucen und Suppen zu zaubern. Was den Wohnraum angeht, ist dieser wahrscheinlich nicht besonders luxuriös ausgestattet. Dieser Mensch ist eher intellektuell als sinnlich veranlagt. Seine Vorstellung von Komfort hängt davon ab, wie sich ein Möbelstück zum Lesen eignet.

Steinbock/Hund-Eltern sorgen für ihre Kinder wie ein Schäferhund für seine Schafherde. Sie führen ihre Sprößlinge sicher durchs Leben und achten darauf, daß ihnen kein Schaden zugefügt wird. Sie gehören nicht zu der Sorte Eltern, die viel herumalbern und Klein Katja oder Matthias zum Achterbahnfahren mitnehmen. Statt dessen verbringen sie den ganzen Tag damit, eine Sandburg zu bauen, mit Burggraben und einem Burgfräulein, das in Gefahr schwebt, nur um das Interesse ihrer Kinder für Geschichte zu wekken.

Das Steinbock/Hund-Kind ist nicht ganz so streng wie die erwachsenen Steinbock/Hunde, aber beinahe. Manchmal fragen Sie sich vielleicht, wie dieses Kind ist. Es reagiert ziemlich schroff, wenn man mit ihm schimpft. Es ist still, aber so nervös. Lassen Sie es gut sein! Dieses Kind hat seine eigenen Pläne für die Zukunft, in der es unabhängig ist von der Öffentlichkeit, nur mit einer Maske verkleidet außer Haus geht und sein Leben lang mit einem alten kaputten Ford herumkarrt.

Beruf

Die Karriere dieses Sonderlings (Steinbock/Hunde sind wirklich sonderbar!) wird gewöhnlich eine intellektuelle Richtung haben. Wenn er in das Studentenalter kommt, hat er sich bereits damit abgefunden, daß er kein Bedürfnis nach allzu engem menschlichen Kontakt und täglicher Büroroutine hat. Von da an sieht er sich in einer Akademiker-Laufbahn oder in einer Tätigkeit, wo er in Ruhe und Frieden schreiben oder lehren kann. Oder er stellt fest, daß ihn sogar die Atmosphäre einer Universität zu sehr einschränkt. In diesem Fall ziehen Steinbock/Hunde ganz einfach hinaus in die Welt und werden Künstler oder Vagabunden, Strandparty-Intellektuelle oder berühmte Athleten.

Ich weiß nicht, wie dieser Mensch als Chef wäre, aber ich vermute, daß er sarkastisch und zynisch wäre. Auf jeden Fall wird es aber wahrscheinlich nicht so weit kommen, weil der Steinbock/Hund Autorität haßt. Seine politischen Ideale sind fast anarchistisch. Er kann Befehle entgegennehmen, solange er zu seinen Kollegen nicht nett oder am Telefon freundlich und gut gelaunt sein muß.

Berufe, die sich für diesen Menschen eignen, sind: Drehbuchautor, Mönch oder Nonne, Missionar, Abenteurer, Einsiedler, Zimmermann, Maurer, Lehrer, ewiger Student, Seemann.

Einige berühmte Steinbock/Hunde: Benjamin Franklin, Molière, David Bowie, Diane von Fürstenberg.

STEINBOCK/SCHWEIN

»Ich benutze«
Erde, Saturn, Kardinal

»Ich zivilisiere«
Wasser negativ, Yin

ENTSCHLOSSENHEIT	GROSSZÜGIGKEIT	SKRUPEL	SINNLICHKEIT
WEISHEIT	ÜBERLEGENHEIT	GALANTERIE	KULTUR
ZUVERLÄSSIGKEIT	EHRGEIZ	AUFRICHTIGKEIT	EHRLICHKEIT
STARRHEIT	EINSAMKEIT	LEICHTGLÄUBIGKEIT	MATERIALISTISCH
SCHWERFÄLLIG	GENUSSUCHT	ZORN	FEINSCHMECKER
DÜNKEL	SELBSTZWEIFEL	ZÖGERN	DICKKÖPFIGKEIT

Diese Mischung bringt einen Menschen mit unendlich vielen Talenten hervor. Der Himmel ist hier die oberste Grenze. Steinbock/Schweine sehen sich niemals geringer als weltberühmt und steinreich. Sie sind Spezialisten in Sachen Großartigkeit, deren Ziele kosmische Ausmaße haben und ihrem gleichfalls bombastischen Ego nicht im Wege stehen. Die Persönlichkeit des Steinbock/Schweins ist eine erfrischend reine Natur der Sehnsucht. Kein Steinbock/Schwein unterschätzt sich jemals. Manche Menschen behaupten, daß ein so klarer Egoismus und Ehrgeiz gesund sind. Nun, vielleicht stimmt das – bei Steinbock/Schweinen auf jeden Fall!

Wie wir bereits wissen, neigen Schweine zur Leichtgläubigkeit und sind gesetzestreu. Sie machen fast immer alles richtig. Sie arbeiten lange und hart. Sie lernen viel. Sie machen ihre Hausaufgaben. Sie sorgen für ihre Familie und ihr Eigentum. Sie sind verantwortungsbewußte Bürger. Gewöhnlich gehen sie auch zur Wahl. Auch Steinböcke sind solide. Auch sie befolgen die Regeln und Vorschriften. Auch sie arbeiten hart und studieren fleißig. Auch Steinböcke gehen zur Wahl.

Daher besitzt der Steinbock, der in einem Schwein-Jahr geboren ist, ein reines Herz und einen makellosen Charakter. Für ihr großes Wissen und ihre unvergleichliche Bereitschaft, ihre Fähigkeiten der Welt mitzuteilen, sollten Steinbock/Schweine einen Orden verliehen bekommen. Sie sind mitfühlend und verweigern niemandem ihre Hilfe. Sie sind großzügig, aber nicht verschwenderisch. Sie sind außerordentlich kultiviert und streben immer danach, ihre Bildung zu verbessern, da sie ausgesprochen wißbegierig sind.

Da das Steinbock/Schwein aufopfernd ist und selten vom geraden Weg abkommt, ist es wie vor den Kopf geschlagen, wenn andere Menschen weniger Skrupel haben und dennoch nicht ins Gefängnis kommen. Dieser Mensch ist kein Gesetzesbrecher. Eigentlich schockieren ihn krumme Geschäfte und Lügen. Er weiß gar nicht, was er von Unredlichkeit halten soll, und ist sogar ein ganz klein wenig fasziniert davon. Sie können darauf warten, daß Ihnen der Steinbock/Schwein-Geborene eines Tages vertraulich ins Ohr flüstert, daß er weiß, »wo Sie ein wirklich günstiges Farbfernsehgerät bekommen können«. Damit will er sagen, daß diese Fernseher gestohlen sind. Fragen Sie ihn, ob er eines dieser heißen Fernsehgeräte bei sich zu Hause hat. »O nein!« empört er sich voller Angst, Sie könnten ihn eines solchen Verbrechens für fähig halten. Steinbock/Schweine drehen niemals krumme Dinger!

Da starrsinnig und konventionell, sind Steinbock/Schweine ein wenig prüde. Künstlerische Aufgaben interessieren sie, und sie haben sehr viel Kunstverstand. Gute Manieren sind ihnen sehr wichtig, und sie haben ein vorbildliches Benehmen in der Öffentlichkeit. Dieser Mensch hat ein überdimensionales Ego. Nichts kann ihn entmutigen. Er hat einen klaren Verstand und sehr viel Selbstvertrauen. Er möchte es im Leben weit bringen, was ihm auch gelingt. Bescheidenheit ist nicht gerade seine Stärke.

Liebe

Der Steinbock/Schwein-Mensch bringt sich mit ganzem Herzen in seine Beziehung ein. Ja, er hat ein reines Herz und ist ein aufopfernder Partner. Aber seine große Hingabe und Engagement kann für den zur Last werden, dem diese Zuneigung zuteil wird. Er ist treu und leidenschaftlich, aber er kann auch ganz schön besitzergreifend sein. Er will seinen Partner mit Haut und Haaren besitzen und hat Angst, ihn zu verlieren. Eifersucht und Wutanfälle, Szenen und Skandale sind nicht unter seiner Würde.

Sein Bedürfnis, seinen Partner zu besitzen, erlegt diesem sehr viel Verantwortung auf. Es ist zwar schön und angenehm, mit dem Steinbock/Schwein zusammenzusein. Aber dieser Mensch möchte seinen Partner vor allen äußeren Einflüssen bewahren. Es kann sogar sein, daß er eifersüchtig auf Ihre Freunde und Ihre Hobbys ist. Es kann auch sein, daß er einen Wutanfall bekommt oder aber Ihnen in aller Öffentlichkeit um den Hals fällt. Der einzige Schutz gegen diese Flut der Liebe ist, sich von ihr überrollen zu lassen und zu warten, bis man wieder an die Oberfläche gespült wird. Sollten Sie jemals versuchen, ein Steinbock/Schwein zu verlassen – dann viel Glück!

Passende Partner

Sie machen nichts falsch, wenn Sie eine Beziehung mit einem Mitglied aus der Katze-Familie eingehen, das in den Zeichen Stier, Löwe, Jungfrau, Skorpion oder Fische geboren ist. Ihre Bewunderung zu Stier/Tigern beruht auf Gegenseitigkeit. Mit Löwe, Jungfrau, Skorpion oder Fische/Ziegen harmonieren Sie gut. Aber lassen Sie sich nicht auf eine Krebs oder Waage/Schlange ein. Diese Menschen sind nur hinter ihrem Geld her. Auch Widder und Krebs/Pferde passen nicht zu Ihnen. Zu viel Spannung!

Heim und Familie

Die häusliche Umgebung der Steinbock/Schweine ist weniger üppig als das Heim anderer Schweine, die luxusliebender sind. Der Steinbock möchte ein schönes Zuhause, kann aber auch ohne drei Satinkissen unter dem Hintern leben. Daher kann das Haus des Steinbock/Schweins behaglich, aber schlicht sein. Realistische Gemälde (natürlich von hohem Wert), Skulpturen, geometrische Muster und viel Grau, Rot und Blau sind vorherrschend. Auch die Farbe Grün gefällt ihnen. Im ganzen Haus stehen viele prächtige Zimmerpflanzen.

Das Steinbock/Schwein ist fast zu beschäftigt, um Zeit für eine große Familie zu haben. Sehr wahrscheinlich zieht es vor, nicht zu heiraten. Um seiner Mission oder Karriere willen, kann das Steinbock/Schwein auf die Freuden der Vater- oder Mutterschaft verzichten. Wenn er aber ein Kind hat, zieht er es natürlich mit großer Sorgfalt und Liebe auf. Steinbock/Schwein-Eltern neigen zu Strenge und übertriebener Sorge. Daher sollten sie sich einen Hund anschaffen und ihren Kindern einmal eine Pause gönnen.

Steinbock/Schwein-Kinder haben den Ehrgeiz, etwas zu leisten in einem Bereich, den sie schon sehr früh in ihrem Leben wählen. Sie sind wahrscheinlich sehr intelligent und kulturell interessiert. Sie können mit ihnen ins Museum und in Galerien, ins Theater und die Oper gehen, bis Ihnen die Füße weh tun.

Steinbock/Schwein-Kinder sind kleine Kulturgeier. Sie sind auch ganz herzig. Achten Sie auf ihren Süßigkeitskonsum!

Beruf

Der Steinbock/Schwein-Mensch ist ein Interpretationstalent. Seine Begabung liegt selten in kreativen Bereichen. Die Stärke dieser Menschen liegt darin, Dinge so aufzuarbeiten, daß sie von der Öffentlichkeit aufgenommen werden können. Sie sammeln enorm viel Wissen über Kunst, indem sie lesen, lernen und andere beobachten. Dann gehen sie mit ihrer Version des betreffenden Themas hinaus in die Welt. Sie sind nicht erfinderisch oder abstrakt. Aber sie sind geradezu genial darin, den Menschen ihr Spiegelbild vor Augen zu halten.

Ich nehme an, daß das Steinbock/Schwein ein anspruchsvoller, aber respektwürdiger Chef ist. Ich würde ihn nicht hintergehen. Steinbock/Schweine reagieren auf jeden Betrug hysterisch. Sie schlagen sich auf die Brust und jammern fürchterlich. Als Angestellte sind sie sehr pflichtbewußt, weil ..., nun weil Steinbock/ Schweine eben so sind. Sie wollen jedoch nicht als Untergebene behandelt werden und zögern nicht, ihrem Chef den Posten streitig zu machen – nicht gewaltsam, sondern fair und offen. Aber sie werden sich den Posten schnappen – und dabei ein schlechtes Gewissen haben!

Einige Berufe, die den Talenten dieses Menschen entsprechen: Schauspieler, Musiker, Sänger, Tänzer, Arzt, Linguist, Pfarrer (Bischof), Gallerist.

Berühmte Steinbock/Schweine: Albert Schweitzer, Humphrey Bogart, Maria Callas, Jean-Pierre Aumont, Roland Petit.

WASSERMANN/RATTE

»Ich weiß«
Luft, Uranos, Fix

»Ich regiere«
Wasser positiv, Yin

ZUKUNFTS-SICHT	TOLERANZ	ANZIEHUNGS-KRAFT	SOZIAL
ORIGINALITÄT	UNABHÄNGIGKEIT	EINFLUSS	INTELLEKUELLE BEGABUNG
NÄCHSTENLIEBE	INDIVIDUALITÄT	SPARSAMKEIT	BEGABUNG
EXZENTRISCH	UNGEHORSAM	CHARISMA	MACHTHUNGER
ISOLIERTHEIT	GEDANKENLOSIG-KEIT	NERVOSITÄT	LIST
NEUROTISCH	GRAUSAMKEIT	GEWINNSUCHT	EINMISCHUNG

»Auf und Ab« sollte das Motto dieses Idealisten und Experimentators sein. Die Verbindung des individualistischen Wassermanns mit der agressiven und charmanten Ratte bringt einen Menschen hervor, der eine enorm starke Ausstrahlung und viel Wagemut besitzt. Einerseits strebt der Wassermann/Ratte-Mensch danach, materiellen Besitz anzuhäufen. Andererseits kümmern ihn die irdischen Besitztümer genausowenig, wie mich die Fruchtbarkeitsriten der Eskimos. Dieser Mensch ist ein Bohemien mit einem leichten Hang zum Spießbürgertum. Ein höchst anspruchsvoller Hippie. Er möchte frei und unabhängig sein. Aber er kann es nicht ertragen, alleine zu sein. Er möchte auf einem schwarzen Hengst am Strand durch den Wind reiten, aber er ist nicht verrückt nach Pferden. Der Wassermann/Ratte-Mensch hat eine widersprüchliche Natur voll guter Absichten und geht durchs Leben, indem er ständig redet und nur selten zuhört.

Wassermann-Geborene wollen anders sein als die anderen. Sie sind visionär und tolerant. Ratten besitzen eine starke Anziehungskraft und sehnen sich danach, Macht ausüben zu können. Natürlich wird die Ratte in diesem Duo von dem altruistischen Wassermann neutralisiert, der ihr sagt, daß sie ihren Machttrip aufgeben soll, bis die Zeit gekommen ist, wo sich die Menschen lieben und es keine Kriege mehr gibt. Der Effekt ist verblüffend. Dieser Mensch strahlt wirkliche Kraft aus. Beobachten Sie einmal, wie er in irgendeiner Situation versucht, die Zügel in die Hand zu nehmen. Es kann sogar vorkommen, daß er versucht, ein harmloses krummes Ding zu drehen. Aber plötzlich kommt er dann wie aus dem Nichts wieder zurück auf die Erde. Unter dem Einfluß des Wassermanns kann die Verschlagenheit der Ratte nicht bestehen. Adieu, Betrug! Hallo, Freiheit und Liebe! Da die Wassermann/Ratte immer eine bessere Zukunft voraussieht, ist sie häufig auf der spirituellen Suche nach Wahrheit und Harmonie. Der Wassermann ist in erster Linie ein Denker. Auch das Zeichen Ratte ist intellektuell. Beide Zeichen sind ein bißchen neurotisch. Anstatt nach Stabilität auf erprobten Wegen zu suchen, fühlen sich diese Menschen leicht zu kosmischen Dingen hingezogen, zu übersinnlichen und außergewöhnlichen Methoden der Gedankenkontrolle. Wassermann/Ratten machen ständig Kurse in außersinnlicher Wahrnehmung, Hatha-Yoga, Mudra und Zen. Sie wollen weg von dem langweiligen Spießbürgerleben. Sie sehnen sich danach, durch spirituelle Erleuchtung inneren Frieden zu finden.

Gleich wie verstandesbetont dieser Mensch ist, er bleibt immer eine Ratte. Ratten müssen immer an einem gutbürgerlichen Leben festhalten. Sie sind gewinnsüchtig und machthungrig. Der Wassermann kann die Ratte zwar an einen klaren Gebirgsfluß bringen, aber er kann sie nicht zwingen zu trinken. Diese Uneinigkeit verursacht einen weiteren Verlust an Sicherheit. Die Wassermann/Ratte neigt dazu, alles etwas zu überstürzen, und wird launisch und sonderbar. Gefühle sind nicht gerade ihr Lieblingsthema, wie soll sie also sagen, daß es ihr leid tut? Wie kann sie sich an das Alltagsleben mit all ihren unmenschlichen Forderungen anpassen? Warum ist das Leben so todlangweilig?

Nun, wie Ihnen dieser ausgeflippte Typ antworten würde, »die Antwort kennt nur der Wind«. Das Problem ist, daß niemand seinen hohen Maßstäben gerecht werden kann. Daher ist er oft von den erfolglosen Gruppenunternehmungen enttäuscht und von der Selbstsucht seiner engsten Freunde verletzt. Doch er beobachtet bisweilen sogar an sich selbst, daß er seinem Anspruch nicht genügt. Dann ist er wirklich am Boden zerstört und verwirrt. Was hat er nur falsch gemacht?

Obwohl »sich auf den Hosenboden zu setzen« einer der Ratschläge ist, die ich immer parat habe, möchte ich in diesem Fall sagen, daß ich ihn diesem Menschen ganz besonders ans Herz lege. Wassermann/Ratten müssen lernen, langsam zu treten, ihren Weg zu fühlen, anstatt ihn sich auszudenken, und stillzusitzen, um wirklich etwas auf die Beine stellen zu können. Sie dürfen nicht zu bewußtseinsverändernden Mitteln greifen oder sich in ausgeflippte Bewegungen stürzen, es sei denn, sie haben einen konkreten und realistischen Grund dazu. Ohne Sicherheitsgurt in den Weltraum zu fliegen, ist ein gefährliches Unternehmen!

Liebe

Da die Wassermann/Ratte Einfallsreichtum und Charisma, neurotisches Verhalten und Nervosität vermischt, können Sie sich sicherlich vorstellen, welch aufgewühlte Emotionen hier am Werk sind. Dieser Mensch ist attraktiv und verletzlich. Seine Attraktivität zeigt er offen, seine Verletztheit verbirgt er. Seine emotionellen Bedürfnisse werden am besten von soliden Menschen erfüllt, die bereit sind, ihre Wassermann/Ratte zurück auf die Erde zu holen. Natürlich findet dieser Metaphysiker solche Arbeitstiere nicht gerade aufregend. Es ist ein Dilemma!

Wenn Sie eine Wassermann/Ratte lieben, engen Sie sie nicht ein! Aber nageln Sie sie fest! Ich weiß, daß das widersprüchlich klingt, aber stellen Sie sich Wassermann/Ratten vor wie zarte Blumen, beispielsweise Winden. Winden blühen nur, wenn ihre Wurzeln im Schatten, ihre Blüten aber im vollen Sonnenlicht sind. Das ist die Art, wie Sie Ihren Wassermann/Ratte-Menschen behandeln müssen. Geben Sie ihm das Gefühl, daß er so frei ist, wie ein Heißluftballon, aber binden Sie ihn fest, und lassen Sie nicht zu, daß er Blödsinn treibt. Ihr Wassermann/Ratte-Partner wird Sie dafür um so mehr lieben!

Passende Partner

Ochse-Geborene sind gerne mit Ihnen zusammen. Sie sind von Ihrem spontanen und wechselhaften Wesen begeistert. Wählen Sie Ihren Ochse-Partner unter den Zeichen Zwilling, Waage oder Schütze, wenn Sie sichergehen wollen, daß Sie auch zusammenpassen. Unter denselben Tierkreiszeichen werden Ihnen Drache-Geborene auf einem Silbertablett serviert. Diesmal ist die Bewunderung auf Ihrer Seite. Auch Widder, Waage und Schütze/Affen entsprechen Ihrem Lebensstil. Sie bereiten Ihnen viel Freude und geben Ihnen gute Ratschläge. Lassen Sie sich nicht von Stier, Löwe und Skorpion/Pferden einwickeln, und gehen Sie Löwe/Katzen und Skorpion/Hähnen aus dem Weg.

Heim und Familie

Obwohl Wassermann/Ratten ziemlich unstet sind, wenn sie ledig in der Welt herumziehen, zeigen sie diese Exzentrik zu Hause nicht. In der privaten Atmosphäre seines Heims richtet sich dieser Mensch schlicht, mit Geschmack und einer Sparsamkeit ein, die auf eine orientalische Denkweise schließen läßt. Zuviel materieller Wohlstand macht ihn nervös. Wenn er irgendwo ausgeflippt und angeberisch ist, dann in seiner Kleidung. Zu Hause ist alles schlicht und elegant.

Diese Menschen sind bemerkenswert gute Eltern. Wie Sie sehen, haben Kinder einen mäßigenden Einfluß auf Wassermann/Ratten. Für die Sicherheit, die sie ihr geben, ist die Wassermann/Ratte dankbar und strengt sich ihrerseits in ihrer Elternrolle sehr an. Sie interessiert sich sehr für die Interessen und Aktivitäten ihrer Kinder. Sie bespricht alles bis ins kleinste Detail mit ihnen und vermittelt ihnen eine umfassende Weltanschauung, lange bevor sie alt genug sind, das Elternhaus zu verlassen.

Das Wassermann/Ratte-Kind ist vor allem interessant. Es ist ein kleiner Draufgänger und fühlt sich zu allem Ungewöhnlichen hingezogen. Auch hier ist es die Aufgabe der Menschen, die ihm nahestehen (in diesem Falle seiner Eltern), darauf zu achten, daß es mit beiden Beinen auf dem Boden bleibt. Lassen Sie niemals zu, daß sich dieses Kind dem Übernatürlichen zuwendet und dabei seine Familie vernachlässigt. Das begabte und intelligente Wassermann/Ratte-Kind muß fest an die Kandare genommen, darf aber niemals eingeengt werden!

Beruf

Natürlich ist Arbeit für Wassermann/Ratte-Geborene sehr gesund, wie für alle Wassermann-Menschen, die mit der emotionellen Seite des Lebens kämpfen. Wenn dieser manchmal etwas sonderbare und freiheitsliebende Ratte-Geborene in der Lage ist, seine Aufmerksamkeit auf einen Beruf zu konzentrieren, kann er geniale Projekte verwirklichen. Er hat eine so ausgefallene Weltanschauung und ist so verrückt, daß er unschlagbar erfolgreich ist, wenn er diese Eigenschaften für realisierbare Projekte verwendet. Aber achten Sie auf seine ausgeflippte Natur! Wenn man ihm zuviel Freiheit läßt, kann er ganz schön über die Stränge schlagen.

Die Wassermann/Ratte ist eher kreativ, als herrschsüchtig. Sie freut sich, wenn sie versuchen kann, ein Büro oder ein Geschäft zu führen. Aber das Ergebnis wird nicht berühmt sein – kompetent, aber nicht überragend. Dasselbe gilt für einen Angestelltenposten. Die Stärke dieses Menschen liegt in seiner Individualität und seinem Ansatz, an Probleme vom Zuschnitt einer Leinwandtragödie heranzugehen. Eine Stempelkarte abzustempeln genügt ihm einfach nicht.

Einige Berufsmöglichkeiten für Wassermann/Ratten: Politiker, Künstler (aller Art), Journalist, Genie, Designer.

Berühmte Wasermann/Ratten: Wolfgang Amadeus Mozart, Jules Verne, Jean-Jacques Servan Schreiber.

WASSERMANN/OCHSE

»Ich weiß«
Luft, Uranos, Fix

»Ich bewahre«
Wasser negativ, Yin

ZUKUNFTSSICHT	TOLERANZ	INTEGRITÄT	PIONIERGEIST
ORIGINALITÄT	UNABHÄNGIGKEIT	ZIELSTREBIGKEIT	FLEISS
NÄCHSTENLIEBE	INDIVIDUALITÄT	STABILITÄT	BEREDSAMKEIT
EXZENTRISCH	UNGEHORSAM	STARRSINN	RESERVIERTHEIT
ISOLIERTHEIT	GEDANKENLOS	FANATISMUS	BEFANGENHEIT
NEUROTISCH	GRAUSAMKEIT	SCHUFTEREI	RACHSUCHT

Der eigensinnige und liebenswerte Wassermann/Ochse ist dazu bestimmt, sich ein Leben lang nach oben zu kämpfen und gegen seine eigene rebellische Art anzugehen. Wie Sie bereits wissen, sind Ochsen der Meinung, daß der Weg zum Glück darin besteht, sich von allen beliebten Freizeitbeschäftigungen zurückzuziehen. Ochsen wollen irgendwo auf dem Land in Ruhe gelassen werden. Der Wassermann ist umgänglich extrovertiert, flexibel und weniger naturverbunden als der Ochse. Die Verbindung dieser beiden Zeichen kann ziemlich problematisch sein.

Im Grunde genommen stimmt der Ochse mit seiner sprunghaften Wassermann-Seite nicht überein. Und der Wassermann? Nun, der schert sich einen feuchten Käse darum! Der Wassermann ist ein Phantast, dessen Geist so flexibel ist, wie der des Ochsen starr ist. Der vernünftige Wassermann, der sich nie in trivialen Emotionen verliert, sieht sich hier plötzlich seiner eigenen Neigung gegenübergestellt, in blindem Fanatismus festgefahren zu sein. Und was ist das Ergebnis? Schlechte Laune, Stimmungsschwankungen, unterdrückter Ärger, Bitterkeit, geheuchelte Apathie gegenüber allem und jedem. Das Bild, das daraus entsteht, ist ein feuriger und produktiver Mensch, der den Anschein erweckt, als wäre ihm alles schnuppe. Er lebt nach dem Motto: »Friß oder stirb!« Dieser Mensch kann seine Streitlust nicht verbergen.

Was den Wassermann/Ochsen davor bewahrt, doch nicht allzu lange in seinem eigenen Saft zu schmoren, ist sein messerscharfer Humor. Er ist ein guter Geschichtenerzähler, ein erstaunlicher

Künstler und ein lustiger Gefährte. Er besitzt ein ausgezeichnetes Gedächtnis für Details und kann Ihre Aufmerksamkeit stundenlang mit einer einzigen Anekdote über seinen Cousin aus Tours fesseln, der ein Einrad besitzt. Geschichten, die normalerweise langweilig sind, poliert er so auf, daß sie sich wie ein Märchen aus Tausendundeine Nacht anhören. Wenn sich die Beredsamkeit des Ochsen mit der originellen Denkweise des Wassermanns verbindet, ist das Ergebnis eine wahre »Scheherazade«.

Der Wassermann profitiert von seiner Ochsen-Seite, da er auf den Boden der Tatsachen zurückgebracht wird. Alle Ochse-Geborenen wissen, wie man die Arbeitsmoral auch in die Tat umsetzt. Wassermann-Geborene wollen frei sein und Unvorstellbares träumen. Dieser Mensch arbeitet bis zum Umfallen. Arbeit, gleichgültig wie undankbar oder monoton, bedeutet für den Wassermann/Ochsen das Heil. Arbeit hält ihn davon ab, völlig abzuheben.

Der Wassermann/Ochse-Geborene kümmert sich nicht besonders um soziale Anerkennung. Es stört ihn nicht, wenn er von Menschen kritisiert wird, die er seiner nicht würdig erachtet. Dieser Mensch geht langsam und sicher seinen eigenen Weg, wobei er seinen munteren Wassermann-Verstand benutzt und dabei keine Minute vergißt, sich mit den Ellbogen vorwärtszukämpfen. Natürlich erzürnt er seine Mitmenschen mit seiner rigorosen Bestimmtheit. Aber da andere fast nie so fleißig und pflichtbewußt sind wie er, müssen sie ihm den Sieg zugestehen.

Trotz seines enormen Arbeitstalents erstaunt Sie dieser Mensch mit einer sehr komischen Seite. Der Wassermann/Ochse-Mensch liebt das Vergnügen. Er kocht und schmückt das Zimmer oder den Christbaum bis morgens um vier, nur um anderen eine Freude zu machen. Obwohl er alles in allem nicht übertrieben sozial eingestellt ist, bereitet dieser aufopfernde Mensch vielen Herzen eine Freude. Sein Einfallsreichtum in bezug auf Überraschungen und Geschenke ist enorm. Und überdies ist er auch noch großzügig.

Liebe

Der Wassermann/Ochse-Geborene hat ein kompliziertes Privatleben. Erstens braucht er Anregung und langweilt sich schnell, weil er ein Wassermann ist. Zweitens drängt ihn seine häusliche Ochse-Seite und sagt: »Ich möchte seßhaft werden. Ich bin die Unsicherheit leid! Zu schade um dein intellektuelles und vernunftbetontes Wesen, ich aber möchte ein Zuhause.« Daher schafft er sich ein Zuhause und vielleicht ein oder zwei Kinder an. Aber bevor Sie sich versehen, denkt er schon wieder an neue Abenteuer. Das Auf und Ab im Liebesleben der Wassermann/Ochsen ist sehr ausgeprägt. Und er selbst scheint nichts dagegen zu haben. Er scheint wenig Sex zu brauchen und ist ständig von Sorgen und Enttäuschungen geplagt, die ihm seine Arbeit bereitet.

Wenn Sie sich zu einem dieser außergewöhnlichen Menschen hingezogen fühlen, müssen Sie als erstes erkennen, daß Sie niemals vor den Kindern oder seiner Arbeit kommen, wieviel Sie ihm auch wert sein mögen. Dieser Mensch ist geradezu süchtig nach der Liebe seiner Familie und nach seiner Arbeit. Sex und Liebe, Zärtlichkeit und Verliebtheit sind nur von zweitrangiger Bedeutung für sein Wohlbefinden. Er hat einige Affären und ist ein guter Liebhaber. Aber er ist nicht sentimental. Wassermann/Ochsen hassen zuckersüße Koseworte und haben keine Zeit, am Valentinstag Blumen zu kaufen.

Passende Partner

Sie sind ganz verrückt nach Schlangen. Halten Sie sich an Widder, Zwilling, Waage oder Schütze/Schlangen. Das sind diejenigen, die sehr wahrscheinlich auch verrückt nach Ihnen sind. Auch Zwilling, Waage und Schütze/Hähne gefallen Ihnen. Sie fühlen sich zu Ihrer offenen und freimütigen Art hingezogen. Für Stier, Löwe und Skorpion/Drachen bräuchten Sie zuviel Geduld. Stier und Löwe/Tiger können Sie nicht reizen. Auch Löwe und Skorpion/Ziegen sind nicht gut für Sie. Und versuchen Sie es bloß nicht mit einem Skorpion/Affen oder einem Stier/Pferd.

Heim und Familie

Das Heim des Wassermann/Ochsen ist sehr komfortabel eingerichtet. Da diese Menschen traditionsverbunden und kunstliebend sind, besitzen sie nur wertvolle Gegenstände und legen viel Wert darauf, diese pfleglich zu behandeln. Sie sind keine Angeber, daher sind die Möbel unauffällig, aber dennoch einladend. Es kann sein, daß in den grünen Samtsesseln ein paar Goldstücke eingenäht sind. Achten Sie daher darauf, worauf Sie sitzen! Wassermann/Ochsen können sehr gut mit Geld umgehen und wissen, wie man es festhält. Da sie es im Schweiße ihres Angesichts verdienen, geben sie es nie leichtfertig aus. Ihr Geldmotto lautet: »Du hast es dir verdient, jetzt behalte es auch!«

Wassermann/Ochsen geben fabelhafte Eltern ab. Sie lassen ihren Kindern Phantasie und Spinnereien und haben doch die manierlichsten und nettesten Kinder in der ganzen Gegend. Sie lieben die Gesellschaft ihrer Kinder und ihre Sprößlinge lieben sie dafür. Sie wissen, wie man Kindern etwas beibringt und ihnen eine Freude macht. Sie verwöhnen sie, aber sie bringen ihnen auch Gehorsam bei. Es ist fast ein Wunder, wie gut der Wassermann/Ochse mit Kindern umgehen kann. Keine Kinder zu haben, wäre eine Schande für diese liebevollen, fürsorglichen Eltern.

Das Wassermann/Ochse-Kind wirkt verträumt und idealistisch. Natürlich ist es sehr beredt, aber nur, wenn es eine Geschichte erzählen soll. Ansonsten ist es nicht besonders gesprächig. Dieser kleine Schlingel sollte viel Sicherheit bekommen. Mit krassen Veränderungen in der Familie kommt er schlecht zurecht. Dieses Kind liebt Theater und Kino und geht gerne in Shows und Theateraufführungen. Zwingen Sie es nicht, sich in eine Gruppe einzufügen. Wassermann/Ochsen können nichts mit Hierarchien anfangen.

Beruf

Wassermann/Ochsen sind handwerklich sehr geschickt. Sie können alles reparieren, bauen und sind erfinderisch. Da dieser Mensch auch sehr praktisch veranlagt ist, gibt es nur wenige Arbeiten, die er nicht erfolgreich ausführen kann. Er ist ernsthaft und gewissenhaft. Er möchte viel Geld verdienen und kann sich auch an Routinearbeit anpassen. Diese Menschen sind dazu sehr sozial eingestellt. Oft arbeiten sie in internationalen Hilfsorganisationen für das Wohl der Menschheit.

Der Wassermann/Ochse-Chef duldet keinen Widerspruch. Sie arbeiten für ihn! Er gibt die Anordnungen. Sie bekommen Ihren Lohn und müssen Ihre Kommentare für sich behalten. Wenn er Sie mag, haben Sie einen Freund (und einen Bankier) fürs Leben. Aber wenn er Sie nicht mag, sollten Sie lieber Ihre Sachen pakken. Sie können seinen eisernen Vorhang der Antipathie niemals durchdringen. Als Angestellter geht dieser Mensch seinen Pflichten zur vollsten Zufriedenheit nach. Er arbeitet langsam und im Grunde genommen kümmert es ihn überhaupt nicht, was Sie von ihm halten. Aber er erledigt seine Arbeit – und zwar besser, als wenn Sie sie selbst gemacht hätten. Wenn Sie einen solchen Menschen angestellt haben, reden Sie ihm nicht in seine Arbeit hinein. Sie können ihm nicht sagen, wie man etwas macht. Er weiß es selbst am besten!

Einige Berufe, die sich für diesen fleißigen Menschen eignen, sind: Farmer, Schiffsbauer, Zimmermann, Volksschullehrer, Krankengymnast, Elektriker, Professor, Berater.

Berühmte Wassermann/Ochsen: Charles Lindbergh, Jack Lemmon, Vanessa Redgrave, Paul Newman.

WASSERMANN/TIGER

»Ich weiß«
Luft, Uranos, Fix

»Ich beobachte«
Holz positiv, Yang

ZUKUNFTSSICHT	TOLERANZ	LEIDENSCHAFT	GLÜCK
ORIGINALITÄT	UNABHÄNGIGKEIT	MUT	WOHLWOLLEN
NÄCHSTENLIEBE	INDIVIDUALITÄT	ANZIEHEND	AUTORITÄT
EXZENTRISCH	UNGEHORSAM	HEFTIGKEIT	PRAHLEREI
ISOLIERTHEIT	GEDANKENLOS	HITZKÖPFIGKEIT	ZÜGELLOSIGKEIT
NEUROTISCH	GRAUSAMKEIT	UNGEHORSAM	WANDERVOGEL

Diese verstandesbetonte und quirlige Persönlichkeit personifiziert einen schlimmeren Grübler als alle Tiger, die wir bereits kennen. Der Wassermann verleiht dem Tiger die Vision. Und der Tiger läßt wenigstens einige der ständig schweifenden Gedanken des Wassermanns konkret werden. Diese Zeichenkombination schenkt der Welt viele Erfinder. Wassermann/Tiger sind verrückt nach modernen Methoden. Sie sind Vorreiter für alle möglichen neuen Verfahrensweisen. Sie beschäftigen sich mit allem, was progressiv ist, angefangen bei den neuesten Computerprogrammen für Haustiererziehung bis hin zu obskuren Entspannungstechniken, die von Astronauten unter den Bedingungen der Schwerelosigkeit entwickelt wurden.

Wassermann/Tiger wollen jung bleiben. Aus diesem Grund heiraten sie oft früh und gründen eine Familie. Nicht daß sie besonders flatterhaft sind, aber ihre sexuellen Abenteuer sprechen nicht gerade für eine ausgeprägte Monogamie. Der Wassermann/Tiger ist ständig auf Achse und braucht die Veränderung um der Veränderung willen. Sie können damit rechnen, daß Wassermann/Tiger ständig umziehen, nur weil es sie dazu drängt. Fahren Sie mit einem Wassermann/Tiger in die Alpen, und es kann Ihnen passieren, daß er fort ist, wenn Sie am nächsten Morgen aufwachen. Wassermann/Tiger hassen es, eingeschränkt zu werden – nur zum Spaß! Spontaneität ist ihr Lieblingsspiel.

Dieser Typ ist sehr wechselhaft und sprunghaft. Er verschwendet viel zu viel Energie darauf, viel zu viele Dinge gleichzeitig zu machen. Deshalb ist er von den Ergebnissen oft enttäuscht. Er ist erschöpft. Aber wo ist die Ausbeute? Wo bleibt der Erfolg? Dieser Mensch muß lernen, langsamer zu treten und nach Möglichkeiten suchen, anstatt alles zu überstürzen. Er sollte mehr nachdenken und sich nicht blind in alles hineinstürzen. Ansonsten wird er viel Zeit in einen Zustand von Verwirrung und Nervosität vergeuden.

Da Wassermann/Tiger keine besonders ausgeglichenen Menschen sind, lassen sie sich leicht von Scharlatanen beschwatzen. Es kann sein, daß sie sich einer obskuren religiösen Gruppe anschließen oder selbst zwielichtige Projekte in Angriff nehmen, nur weil es reizvoll ist. Für diese Menschen ist es von außerordentlicher Wichtigkeit, Kontakt mit Menschen zu pflegen, die klüger sind als sie und die ihnen raten, wie sie ihre Genialität am besten einsetzen können. Natürlich lehnt sich der Wassermann/Tiger bisweilen auf gegen Mäßigung und Klugheit. Er versucht immer, alles ganz anders zu machen, vom üblichen Weg abzuzweigen, weil er das aufregend findet. Der Wassermann/Tiger muß lernen, geradlinige Vernunft mit Würde zu tragen. Ansonsten kann er der Welt keinen besonderen Dienst erweisen. Ausgeflipptheit zahlt sich nicht aus.

In diesem ganzen Tohuwabohu schafft es der im Tiger-Jahr geborene Wassermann, an hohen Idealen festzuhalten. Er glaubt und weiß, was für die Menschen, die ihm am Herzen liegen, am besten ist. Dieser Tiger sehnt sich danach, seinen Angehörigen zu helfen und seinen Freunden zur Seite zu stehen. Aber oft fehlt ihm das nötige Kleingeld dazu. Wassermann/Tiger sind nicht unbedingt egoistisch. Sie übernehmen oft schwierige Aufgaben und führen sie sehr erfolgreich zu Ende. Aber genau diese Aufgaben nehmen viel Zeit in Anspruch, weshalb ihre Freunde und ihre Familie oft etwas zu kurz kommen. Wassermann/Tiger sind genial. Dieses Genie muß gefördert werden. Der Wassermann/Tiger-Mensch kann selbst am besten Werbung für sich machen. Wenn Sie sich nicht ganz sicher sind, ob der Wassermann/Tiger, den Sie gerade kennengelernt haben, ein wundervoller Mensch ist oder nicht, fragen Sie ihn selbst! Er wird der erste sein, der es Sie wissen läßt.

Liebe

Bloß keine dauerhaften Beziehungen für diesen Menschen. Möglicherweise können Sie beobachten, daß er für ein paar Monate oder sogar Jahre Feuer und Flamme für einen Partner ist. Solange die Beziehung die Merkmale von Flitterwochen zeigt, haben Wassermann/Tiger großen Spaß daran, verliebt zu sein. Aber bitten Sie diesen Mensch nicht, den Bund der Ehe zu schließen. Erwähnen Sie das Wort »heiraten« gar nicht erst! Machen Sie einen großen Bogen um Schaufenster von Juweliergeschäften und um alle Kirchen, Tempel und Standesämter. Er tut es zwar selten, aber wenn dieser Mensch heiratet, liegt die durchschnittliche Ehedauer bei ungefähr drei Wochen.

Wenn Sie einen dieser stürmischen Menschen lieben, erwarten Sie bitte nicht, daß diese Beziehung ewig hält. Wassermann/Tiger sind Einzelgänger. Sie tauchen erst einmal einen Zeh ins Wasser, um zu testen, wie kalt es ist. Wenn Sie Ihre Hoffnungen zu hochschrauben, werden Sie schnell ein gebrochenes Herz haben. Seien Sie ein gutes Publikum für diesen Menschen, und bitten Sie ihn nie darum, seßhaft zu werden. Man kann diese Leute nicht einsperren.

Passende Partner

Mit Hunden haben Sie die gleiche Wellenlänge. Sie beide sind Komplizen und finden sich wirklich sympathisch. Versuchen Sie, Ihren Hund unter den Zeichen Widder, Zwilling, Waage oder Schütze zu finden. Auch Pferde-Geborene verstehen Sie. Sie bleiben Ihnen zwar nicht so treu wie die Hunde, sind aber bessere Ratgeber. Versuchen Sie es mit Pferd-Partnern aus den Zeichen Zwilling, Waage und Schütze. Meiden Sie Stier und Löwe/Katzen, Jungfrau und Skorpion/Ochsen und Stier und Skorpion/Ziegen und rennen Sie um Ihr Leben, wenn Sie einer Stier/Schlange begegnen. Ihre Intuition prallt gegen die Intuition dieses Menschen, was verheerende Folgen hat.

Heim und Familie

Der Wassermann/Tiger-Mensch hat ein Zuhause. Die Tatsache, daß diese Menschen die Bewegung um der Bewegung willen lieben, heißt nicht, daß sie kein Heim wollen. Die Einrichtung ihres Heims ist schlicht und doch gemütlich, aber wahrscheinlich nicht von erlesener Eleganz. Womöglich steht eine mittelalterliche spanische Truhe offen, worin sich der neueste Laserstrahl-Plattenspieler befindet. Oder in seinem Haus gibt es eine ultramoderne Küche, in der ein Roboter kocht, während der Wassermann/Tiger in seinem Lieblingssessel mit eingebauter Bar sitzt und Hegel liest. Was seine Kleidung angeht, vermute ich, daß sie klassisch und von schlichter Eleganz ist und nur sehr gelegentlich ausgefallen.

Wassermann/Tiger-Eltern haben nicht besonders viel Geduld

mit dem Lärm, den ihre Kinder machen. Wenn dieser Mensch jemals Kinder hat, behandelt er sie als gleichberechtigt. Er erwartet, daß seine Kinder seinen Maßstäben gerecht werden, und spricht nicht in der Babysprache mit ihnen, sondern behandelt seine Kinder wie Erwachsene. Leider wollen nicht alle Kinder wie Erwachsene behandelt werden, wenn sie gerade drei Jahre alt sind.

Das Wassermann/Tiger-Kind ist beeindruckend. Es verhält sich sehr eindeutig. Sie können ohne Ausflüchte sagen, was Sie wollen. Dieses Kind ist an allem interessiert, was neu ist. Elektronik und Wissenschaft, moderne Literatur und neue Methoden Fahrrad zu fahren, fesseln seine Aufmerksamkeit. Gleich, wie Sie dieses Kind erziehen, Sie sollten versuchen, ihm beizubringen wie wertvoll Klugheit ist, und Ratschläge anzunehmen. Dieses Kind stellt sich wahrscheinlich immer gegen das System. Aber manchmal führt das zu sehr interessanten Ergebnissen.

Beruf

Wassermann/Tiger sind erfinderisch und mit einer Genialität gesegnet, mit der sie fast durch Wände schauen können. Weshalb sie sich für alle Berufe eignen, die eine neue Sichtweise erfordert. Was dieser Mensch auch anpackt, er modernisiert alles und gestaltet alles unkonventionell. Wenn seine verrückten Ideen realisierbar gemacht werden, können sie sich als phantastisch erweisen. Geben Sie einem Wassermann/Tiger ein eigenes Büro oder Labor und lassen Sie ihn experimentieren, solange er will. Geld? Noch nie mit zu tun gehabt!

Der Wassermann/Tiger-Chef ist zerstreut, sprunghaft und schrecklich launisch. Er ist sehr für Schmeicheleien empfänglich. Als Angestellter erweist sich der Wassermann/Tiger als brillant, wenn er Ideen entwickeln soll. Aber geregelte Arbeitszeiten von neun bis fünf? Da bin ich mir nicht so sicher. Die glücklichsten Tiger sind die, die selbständig arbeiten und ihr Genie und ihre modernen Erkenntnisse schöpferisch einsetzen können.

Einige Beschäftigungen, die sich für Wassermann/Tiger eignen, sind: Schriftsteller, Philosoph, Erfinder, Friseur, Modeschöpfer, Politiker, Masseur, Akupunkteur, Psychiater, Computerspezialist.

Einige berühmte Wassermann/Tiger: Georges Simenon, Heinz Drache.

WASSERMANN/KATZE

»Ich weiß«
Luft, Uranois, Fix

»Ich ziehe mich zurück«
Holz negativ, Yin

ZUKUNFTSSICHT	TOLERANZ	TAKT	VORSICHT
ORIGINALITÄT	UNABHÄNGIGKEIT	ELEGANZ	LANGES LEBEN
NÄCHSTENLIEBE	INDIVIDUALITÄT	TUGEND	EHRGEIZ
EXZENTRISCH	UNGEHORSAM	HEIMLICHTUEREI	DILETTANTISMUS
ISOLIERTHEIT	GEDANKENLOS	ÜBEREMPFINDLICH	HYPOCHONDRIE
NEUROTISCH	GRAUSAMKEIT	PEDANTERIE	KOMPLIZIERTHEIT

Hier haben Sie es mit einem hunderprozentigen Intellektuellen zu tun. Die Wassermann/Katze häuft aus reinem Vergnügen Wissen an. Sie ist an allem interessiert und studiert praktisch unterschiedslos alles, mit dem sie in Berührung kommt. Ob sich das Thema lohnt oder nicht, Wassermann/Katzen wollen jedes Detail darüber wissen. Dieser Mensch ist fasziniert von Wissen, Tatsachen, Informationen, Studien – und Erfahrungen. Er verbringt sein Leben damit, ein Buch nach dem anderen zu lesen, in ein Museum nach dem anderen zu gehen und sich mit einem Studienfach nach dem anderen zu befassen. Das ist genau das, was Wassermann/Katzen liegt – mehr wissen!

Wassermann/Katzen wollen mit ihrem Wissensdurst nicht andere überflügeln. Sie wollen einfach nur mehr wissen, weil es ihnen Spaß macht, Fakten zu sammeln. Doch sie haben etwas von einem »Klugscheißer« an sich, was sie lieber lassen sollten. Es ist zwar toll, viel zu wissen, ganze Passagen berühmter Gedichte im Gedächtnis zu behalten und ganze Szenen aus Shakespeare rezitieren zu können, aber Wissen (ganz besonders das von anderen) kann sehr langweilig sein. Wassermann/Katzen sind ziemlich pedantisch. Wenn sie mit ihrem Wissen prahlen, sind sie ziemlich nervtötend.

Besser wäre es, wenn diese Menschen ihr Wissen praktisch nutzen würden, um es in konkrete Taten umzusetzen. Aber hier wird es für die Wassermann/Katze schwierig. Sie kann sich nicht entscheiden, was sie aus ihrem Leben machen will. Sie ist ständig auf der Suche nach einer akzeptablen Form, in der sie ihre Großartigkeit zeigen kann. Die Wassermann/Katze leidet darunter, daß sie sich für nichts entscheiden kann. Sie kann fast alles, was sie will, daher weiß sie nie genau, was sie wirklich will.

Dieser Mensch handelt nach seiner Intuition. Er besitzt eine ausgesprochen gute Menschenkenntnis. Wassermann/Katzen können mit ihrer Intuition Schwächen oder Bedürfnisse anderer erkennen. Vielleicht ergibt sich dies daraus, daß sie jeden eingehend studieren. Aber diese Fähigkeit ist noch etwas unheimlicher. Wassermann/Katzen gehören zu den Menschen, die zu Ihnen sagen: »Hey, du hast mir ja gar nicht erzählt, daß Jane sich von Frank scheiden ließ.« Vor Schreck bleibt Ihnen der Mund offen stehen. »Woher weißt du das?« fragen Sie den Wassermann/Katze-Menschen, der wartet und sich die Lippen leckt. »Ich habe es einfach erraten«, antwortet er und grinst dabei über das ganze Gesicht.

Etwas besonders Auffallendes an Wassermann/Katzen ist, daß sie scheinbar keine Sorgen haben. Diese Menschen scheinen keine Zwänge oder Komplexe zu haben. Sie reisen viel und finden schnell Kontakt. Wassermann/Katzen lernen ständig neue Freunde kennen und schwärmen davon, wie sympathisch und furchtbar interessant der und der ist. Sie haben eine Unmenge Freunde. Doch eigentlich sind sie innerlich ziemlich konservativ und machen sich viele Gedanken darüber, wie sie auf andere wirken. Die Wassermann/Katze ist weniger ungezwungen, als sie selbst von sich glaubt.

Für einen Katze-Geborenen ist dieser Mensch sehr abenteuerlustig. Er macht Sachen, an die normale Katzen nicht mal im Traum denken würden. Er geht verrückten Hobbys nach wie Zaubern oder Flamenco-Tanzen. Er liebäugelt zwar nicht mit der Gefahr, da seien Sie unbesorgt, aber eine Wassermann/Katze läßt sich von allem, was mysteriös ist, leicht verführen. Wenn etwas ungewöhnlich ist, wird sie es zumindest einmal ausprobieren.

Die faszinierendste Eigenschaft dieses Menschen ist sein Wunsch, große Projekte oder Modelle zu entwerfen. Er sieht sich niemals in einer untergeordneten Position, wo er nur seinen Lebensunterhalt verdient und auf seine Pensionierung wartet. Nein. Wassermann/Katzen sehen sich als Menschen, die große und herausfordernde Experimente machen. Sie sind dazu geboren, sich über die Menge zu erheben. Sie machen sich nicht einmal die Mühe, Mittelmäßigkeit zu verabscheuen. Sie ignorieren sie einfach. Sie haben nur große Vorbilder und überlassen die fade Seite des Lebens denjenigen, die weniger genial sind.

Liebe

Die Wassermann/Katze möchte heiraten und Kinder haben. Da sie sich als Missionar für die Welt fühlt, möchte sie sicherlich einen Partner, der ruhig und sensibel ist und Verständnis für ihr Bedürfnis nach Aufmerksamkeit und Komfort hat. Diese Menschen verabscheuen ungehobelte Partner, da sie Auseinandersetzungen scheuen und um jeden Preis vermeiden. Sie suchen geistig ebenbürtige Partner, die wissen, wie man sich unterhalten läßt – einen netten aufgeschlossenen Menschen, der über ihre Witze lacht.

Sollten Sie beschlossen haben, einen Wassermann/Katze-Menschen zu lieben, wünsche ich Ihnen alles Gute. Dieser Mensch wird Sie niemals langweilen. Manchmal werden Sie sich wünschen, seinen Informationsfluß zu stoppen, der aus ihm heraussprudelt. Aber meistens ist dieser Mensch beständig und so respektabel. Wassermann/Katzen sind auch ziemlich ausgeglichen und kaum jemals neurotisch.

Passende Partner

Am glücklichsten sind Sie mit Widder, Zwilling, Waage und Schütze/Schweinen. Aus diesen Zeichen sind Ihnen auch Ziegen sehr sympathisch. Auf Waage/Hunde können Sie auch zählen. Stier, Löwe und Skorpion/Ratten liegen nicht auf Ihrer Wellenlänge. Stier und Löwe/Hähne nehmen keine Notiz von Ihnen. Ebensowenig wie Sie von ihnen. Und Skorpion/Pferde sind auf ihrem eigenen Trip, der Sie nicht mit einschließt.

Heim und Familie

Dieser Mensch braucht ein praktisches Heim, wo er gemütlich lesen und mit seiner Familie in einem guten Verhältnis leben kann. An der äußeren Erscheinung einer Wassermann/Katze ist fast alles klassisch. Ihre Einrichtung ist sicher konventionell und stilvoll, aber nicht prunkvoll oder aufdringlich. Wassermann/Katzen sind häuslich. Sie haben einen Hang zum Behaglichen und lieben eine angemessene Umgebung, in der sie plauschen können. Der Wassermann, der im Katze-Jahr geboren ist, ist ein klein wenig versnobt. Sehen Sie einmal die Bettwäsche von St. Laurent an.

Als Eltern sind Wassermann/Katzen etwas exzentrisch, indem sie wollen, daß ihre Kinder schon zu früh zu lernen beginnen. Da es ihr Ziel ist, immer mehr Wissen anzusammeln, sind sie der Ansicht, daß auch ihre Kinder davon profitieren sollten. Zu diesem Zweck verbringen sie viel Zeit mit ihren Sprößlingen und pauken ihnen das Alphabet ein und führen ihnen die kleinen Händchen bei den ersten Schreibversuchen. Was die Zärtlichkeit anbelangt, sind sie eher zurückhaltend. Sie haben den Kopf immer in den Wolken.

Das Wassermann/Katze-Kind macht seinen Eltern keine Schwierigkeit, solange es vierundzwanzig Stunden am Tag beschäftigt ist. Es ist sehr intelligent. Sie müssen seinen »Staubsauger-Kopf« mit Wissen füttern. Dabei haben Sie eine große Auswahl. Es kann sein, daß es sich für Hieroglyphen oder Voodoo interessiert. Sie müssen bitte nur bereit sein, den Unterricht zu bezahlen. Achten Sie auch auf seine Ernährung. Es kann sein, daß es ständig nascht, während es all die dicken Wälzer liest.

Beruf

Sie können nicht erwarten, daß dieser großartige Mensch bereit wäre, in einer Werkstatt oder so etwas zu arbeiten. Ich garantiere Ihnen, daß seine Berufswahl in erster Linie mit dem Verstand zu tun hat und erst in zweiter mit Muskelkraft. Nicht daß sich Wassermann/Katzen für körperliche Arbeit zu fein wären. Aber immer wieder ein und denselben Handgriff zu machen, langweilt ihr helles Köpfchen. Sie suchen die Herausforderung, und darüber hinaus wollen sie Geld – und zwar eine Menge. Sie halten an ihrem Reichtum fest und gehen damit nicht sehr großzügig um. Welchen Job sie auch haben, sie denken oft daran, ihn wegen eines besseren aufzugeben.

Die Wassermann/Katze besitzt eine natürliche Autorität, nimmt ihre Position aber nicht besonders ernst. Sie gehört nicht zum dominierenden Typ. Was sollte man sich auch noch beweisen, wenn man so schrecklich intelligent ist? Ich möchte nicht behaupten, daß Katzen, die im Zeichen Wassermann geboren sind, überheblich sind, aber sie fühlen sich überlegen. Sie sind ungern herrschsüchtig, sondern so präsent, daß sie ohnehin dominant wirken. Sie geben hervorragende Angestellte ab, aber nur für ein Königreich, das einen König oder eine Königin, eine Regierung, die einen Kanzler oder einen Geheimdienst, der einen Spitzenagenten sucht.

Einige Berufe, die sich mit der Wassermann/Katze-Natur vereinbaren lassen, sind: Staatsoberhaupt, Premierminister, Historiker, Psychoanalytiker, Politiker, Romanschriftsteller, Doppelagent,

Künstler (Stars bitte melden!), Prediger, Ölmagnat, Großreeder, Privatdozent.

Einige berühmte Wassermann/Katzen: Stendhal, Juliette Greco.

WASSERMANN/DRACHE

»Ich weiß«
Luft, Uranos, Fix

»Ich präsidiere«
Holz positiv, Yang

ZUKUNFTS-	TOLERANZ	KRAFT	ENTHUSIASMUS
SICHT	UNABHÄNGIGKEIT	ERFOLG	MUT
ORIGINALITÄT	INDIVIDUALITÄT	GUTE GESUND-	SENTIMEN-
NÄCHSTENLIEBE	UNGEHORSAM	HEIT	TALITÄT
EXZENTRISCH	GEDANKENLOSIG-	STARRHEIT	VERBLENDUNG
ISOLIERTHEIT	KEIT	MISSTRAUEN	AUFSCHNEIDEREI
NEUROTISCH	GRAUSAMKEIT	UNZUFRIEDENHEIT	REDSELIGKEIT

»Ich weiß« und »Ich präsidiere« gingen über eine Brücke. Einer der beiden fiel ins Wasser. Wer blieb übrig? Ja, so ist das! Von welcher Seite aus Sie diesen Charakter auch betrachten, er ist immer ganz oben in der Rangliste. Wie Sie sehen, sind Wassermann/Drachen immer am Ball. Nichts kann diesen Menschen aufhalten, da er mehr weiß und besser präsidieren kann als jeder andere. Er hat eine vorwärtsstrebende und beständige Wesensart. Was immer er tut, er macht es mit Stil und großem Erfolg. Wassermann/Drachen sind Besserwisser, doch sehr vorsichtig, dies zu zeigen. Sie haben Familiensinn und respektieren die gesellschaftlichen Konventionen.

Die Persönlichkeit dieses Kopf-durch-die-Wand-Menschen ist nicht leicht zu beeinflussen. Wenn er einmal eine Erklärung abgegeben hat, ist es unmöglich, seine Meinung zu ändern. Wassermann/Drachen strahlen Strenge aus. Sie sind Energiebündel, die alles in Angriff nehmen, um ihre Beute zu erobern. Sie wollen alles auf ihre Weise durchführen und hassen Konkurrenz. Sie unternehmen enorme Anstrengungen, um die Kontrolle über andere zu erlangen. Wenn der Wassermann/Drache-Geborene nach Anhängern sucht, ist ihm jedes Mittel recht: Dichtung, Logik, Charisma, Lärm, Begünstigung, Geld usw. Natürlich ist, was ich »jedes Mittel« meine, in Wirklichkeit nur Charme und Diplomatie. Aber wie Sie es auch nennen, dieser Mensch setzt diese Mittel täglich massenhaft ein. Er weiß seinen Charme wirklich vorteilhaft einzusetzen. Er ist höflich und galant. Er macht immer eine gute Figur und hat gute Manieren. Offen gesagt, bin ich der Meinung, daß das fast schon ein bißchen zuviel des Guten ist. Aber man kann die Tatsache nicht leugnen, daß dieser Mensch enorm erfolgreich ist.

Dieser Mensch ist ein Organisationstalent. Er hat einen logischen Verstand und kommt immer gleich zur Sache. Andere feurigere Drachen schießen manchmal am Ziel vorbei, weil sie ein so übersteigertes Ego haben. Der Drache, der im Zeichen Wassermann geboren ist, hat dieses Problem nicht. Der Wassermann verleiht dem dynamischen Drachen Klarheit. Dieser Mensch ist ein kühler Zeitgenosse. Die Menschen fühlen sich von seiner Fürsorglichkeit und seinem ernsthaften Wunsch zu gefallen angezogen.

Trotz all dieses Ruhms ist der Wassermann/Drache ein sorgenvoller Mensch. Trotz seiner äußeren Gelassenheit macht er sich große Sorgen über unvorhergesehene Ereignisse. Er ist ein wenig pessimistisch, was die Zukunft bringen wird. Er möchte die Kontrolle nicht verlieren. Alles, was nicht in seiner Hand liegt, da es noch ungewiß ist, bringt diesen mißtrauischen Menschen in Schwierigkeiten. Ereignisse, die sich seiner Kontrolle entziehen, machen ihn ganz verrückt und sogar neurotisch.

Was weltliche Dinge anbelangt, kann diese Besorgtheit sehr nützlich sein. Sie hält den Wassermann/Drachen auf Trapp. Aber im Privatleben, wo es um Liebe und Gefühle geht, gerät unser Held angesichts eines drohenden Verlustes in Panik, und dieses Gefühl droht in echte Hysterie auszuarten. Wenn Emotionen im Spiel sind, verliert der Wassermann/Drache-Mensch seinen kühlen Kopf in Sekundenschnelle. Er ist überaus sentimental und ist sich nicht immer sicher, welchen Platz er im Herzen seines Geliebten einnimmt. Seine scheinbare Ruhe dient ihm dann als Schutz, hinter dem er sein tiefes Angstgefühl vor Einsamkeit, seine private Hölle, verbirgt. Er kann nicht alleine sein.

Der Wassermann/Drache ist niemals absichtlich gemein oder kleinlich. Sein Vergnügen besteht darin, als Kontrollstation zu fungieren. Er möchte Mutter, Chef, Häuptling, Besitzer, Manager und alles mögliche andere in einer Person sein. Sein Ziel liegt darin, zu beschützen und zu dienen. Er möchte die Dinge wachsen sehen und dazu beitragen, daß alles wächst, was unter seiner Herrschaft steht. Da er selbst nicht besonders kreativ ist, ist sein Ziel in der Liebe oder Freundschaft oder auch im Arbeitsbereich, Verbesserungen einzuführen. Wassermann/Drache-Menschen haben nichts dagegen, hinter den Kulissen zu bleiben und von dort aus die Show zu dirigieren.

Liebe

In Liebesangelegenheiten ist der Wassermann/Drache erbarmungslos machthungrig. Er möchte seinen Partner mit Haut und Haaren und für alle Ewigkeit besitzen. Natürlich verbirgt sich hinter diesem Wunsch nach Herrschaft nichts Schlechtes. Er möchte seinem Partner helfen. Der Dienst, den er seinem Partner erweist, steigert sein eigenes Wohlbefinden. Je besser es seinem Partner geht, um so glücklicher ist er. Er kann rasend eifersüchtig werden.

Sollten Sie einem dieser dienstbaren Charmeure in die Fänge geraten sein, rate ich Ihnen, die Namen eventueller anderer Liebhaber niemals zu erwähnen, wenn Ihr zerbrechlicher und aufbrausender Wassermann/Drache in der Nähe ist. Dieser Mensch leidet unter einer panischen Angst, Sie zu verlieren. Spielen Sie nicht mit seinen zarten Gefühlen. Denken Sie daran, daß alle Wassermann-Geborenen sehr kopfgesteuert sind. Wenn es um Gefühle geht, flippen sie aus. Überdies sucht der Wassermann/Drache einen Partner, der etwas verrückter ist als er. In geistiger Hinsicht haben Sie jede Freiheit, aber flirten und Seitensprünge sind tabu!

Passende Partner

Widder und Zwilling/Tiger bereiten Ihnen viel Vergnügen. Ebenso Waage und Schütze/Ratten. Zwilling, Waage und Schütze/Affen sind eine faszinierende Gesellschaft und halten Sie auf Trab. Möglicherweise fühlen Sie sich auch zu einem Widder/Hahn hingezogen. Sie haben zwar nicht viel gemeinsam, aber das Spiel ist ein wahrer Genuß. Stier, Löwe und Skorpion/Hunde finden nicht gerade Ihren Gefallen. Und für Stier/Affen sind Sie viel zu provozierend.

Heim und Familie

Im Heim eines Wassermann/Drachen überwiegt das Praktische das Ästhetische. Obwohl dieser Mensch sehr schönheits- und kunstliebend ist, zeugt das Innere seines Heims nicht unbedingt von diesen Neigungen. Dieser Mensch ist praktisch veranlagt. Der Herd funktioniert, und die Spülbecken sind groß genug.

Da dieser Mensch extrem verantwortungsbewußt gegenüber seiner Familie ist, steht er seinen Eltern und Geschwistern nicht nur hilfreich zur Seite, sondern hat wahrscheinlich eigene Kinder. Wassermann/Drachen sind zuverlässige Eltern mit einem Hauch »Pygmalion«. Anstatt selbst kreativ zu sein, wünschen sie sich, menschliche Wesen so zu formen, als ob sie Puppen wären. Sie sorgen rührend für ihre Kinder, kochen, nähen, verdienen für sie, trösten, beschützen und lehren sie – in rauhen Mengen! Sie sagen es!

Auch Wassermann/Drache-Kinder machen sich viele Sorgen. Sie sorgen sich um ihre Zukunft und darüber, daß es ihren Eltern nicht gut geht oder sie nicht glücklich sind. Sie übernehmen die Schuld für das, was in ihrem Elternhaus passiert, und müssen lernen, nicht die ganze Verantwortung auf sich zu laden. Sie sind gute Schüler und hängen sehr an ihrer Familie. In jungen Jahren verlassen sie ihr Elternhaus oft für eine Weile, um ihre verborgene aufsässige Ader auszuleben. Aber im Falle des logisch denkenden Wassermann/Drachen hat der Aufstand keinen sehr langen Atem. Eltern, die ein Wassermann/Drache-Kind haben, sollten sich zweimal überlegen, ob sie sich scheiden lassen. Dieses anhängliche Wesen hat ein ziemlich empfindliches Nervensystem.

Beruf

Der Wassermann, der im Drache-Jahr geboren ist, ist ein Organisationstalent und eignet sich am besten für Berufe, die Führung und Gelassenheit erfordern. Dieser Mensch geht klug und vorsichtig mit Geld um und weiß, wie er es durch gute Investitionen vermehren kann. Gewöhnlich ist er ein fleißiger Student und beginnt schon sehr früh, seine Karriere aufzubauen.

Der Wassermann/Drache ist ein natürlicher Chef. Die Menschen mögen und respektieren seine Meinung. Er ist sehr diplomatisch, Sie erinnern sich. Er ist auch sehr weitschweifig, und er kommt mit den verschiedenen Rängen auf der Karriereleiter gut zurecht. Er eignet sich für Dauerjobs, die persönliches Engagement erfordern. Es liegt ihm nicht, sich nur aus einer Laune heraus beruflich zu verändern. Auch angestellt zu sein, bereitet ihm keine Schwierigkeiten. Auf seinem Weg nach oben macht er praktisch alles – den Boden fegen, Bleistifte spitzen, Fahrstühle bedienen –, aber er wird keinen untergeordneten Job lange machen müssen, da seine Führungsqualitäten schon sehr bald erkannt werden. Alle zwei bis drei Jahre befördert zu werden, ist bei diesen Menschen üblich.

Folgende Berufe könnten dem Wassermann/Drache-Menschen gefallen: Haushaltsvorstand, Börsenmakler, Bankier, Vizepräsident (dem die Investitionsabteilung untersteht), Geschäftsführer, Personalchef, Leiter eines Krankenhauses, Bibliothekar, Schriftsteller.

Einige berühmte Wassermann/Drachen: Neil Diamond, Placido Domingo, Prinzessin Stephanie von Monaco, Smokey Robinson, Jeanne Moreau.

WASSERMANN/SCHLANGE

»Ich weiß«
Luft, Uranos, Fix

»Ich empfinde«
Feuer negativ, Yang

ZUKUNFTSSICHT	TOLERANZ	INTUITION	KLUGHEIT
ORIGINALITÄT	UNABHÄNGIGKEIT	ATTRAKTIVITÄT	HELLSICHTIGKEIT
NÄCHSTENLIEBE	INDIVIDUALITÄT	DISKRETION	MITGEFÜHL
EXZENTRISCH	UNGEHORSAM	HEUCHELEI	HABGIER
ISOLIERTHEIT	GEDANKENLOSIGKEIT	EXTRAVAGANZ	ANMASSUNG
NEUROTISCH	GRAUSAMKEIT	FAULHEIT	AUSSCHLIESSLICHKEIT

Der Sonnenschein in Person. Die im Zeichen Wassermann geborene Schlange hat das doppelte Glück, klar denken und Dinge intuitiv erfassen zu können. Dieser »Klassetyp« steht mit beiden Beinen auf der Erde und schafft es immer zu lächeln. Er ist ein geborener Optimist und hält stur an diesem Image fest. Die Wassermann/Schlange macht sich niemals Gedanken, ob sie etwas nicht bekommt. Dennoch ist sie eifrig bemüht, das zu bekommen, was sie sich wünscht. Damit meine ich, daß der Wassermann/Schlange-Mensch ein kluges Köpfchen ist. Er versucht alles, andere zu verführen und zu besiegen, nur, weil ihm dieses Spiel gefällt. Aber dieser Mensch weiß schon im voraus ganz genau, wie seine Chancen stehen. Schlangen, die im Zeichen Wassermann geboren sind, spielen kein aussichtsloses Spiel.

Diese Selbstsicherheit ist natürlich ein Teil des Charmes der Wassermann/Schlangen. Sie haben immer ein paar Eisen im Feuer, woraus sich zahllose Möglichkeiten ergeben. Sie probieren alles Neue aus und springen von einer Erfahrung zur nächsten, wie der Nikolaus, der Freude in das Leben seiner Mitmenschen bringt. Eigentlich ist die Wassermann/Schlange nicht wirklich großzügig und möchte auch keine Reichtümer anhäufen. Aus Konkretem und Materiellem macht sie sich nicht besonders viel. Eigentlich will sie gar nichts besitzen und frei sein. Das sinnliche Gefühlsleben dieses Menschen wird von keinem inneren Einfluß gestört. Seine Abenteuer und Träume, seine Reisen und Pläne haben alle in seinem

Kopf Platz. Wenn ihn jemand schimpft, weil er zu spät kommt, faul ist, Verabredungen vergißt oder mit irgendwelchen Dingen achtlos umgeht, geht er auf »Mentalreise«. Er schweift einfach ab. Während ihn sein Gegenüber anschnauzt, liegt er in Gedanken in der Sonne auf einer einsamen Insel – ganz alleine. Für Wassermann/Schlangen ist das Wirklichkeit, was sie für wirklich halten. Der Rest ist Phantasie.

Diese intelligenten Menschen können in komplizierten und schweren Berufen hart arbeiten. Sie können auch bahnbrechende Experimente durchführen und wunderschöne Kunstwerke erschaffen. Die Wassermann/Schlange besitzt sehr viel Phantasie und Taktgefühl. Sie sagt immer das Richtige an der richtigen Stelle (nicht aus gesellschaftlichen, sondern aus menschlichen Gründen).

Die Wassermann-Geborene ist die gütigste aller Schlangen. Sie ist sehr fürsorglich und mitfühlend. Sie ist immer bereit, anderen Menschen tatkräftig zur Seite zu stehen. Wenn Sie eine Wassermann/Schlange zum Freund haben, sind Sie zu beneiden. Diese Menschen sind fürsorglich und liebevoll, großzügig mit ihrer Zeit und wirklich gutherzig. Sie nehmen nicht nur streunende Tiere bei sich auf, sondern füttern sie so lange durch, wie es notwendig ist, und geben ihnen ein warmes Zuhause. Darüber hinaus verstehen sie aber auch loszulassen. Wenn der gebrochene Flügel des Vogels wieder geheilt ist, und er alleine fliegen kann, nimmt ihn die Wassermann/Schlange mit ins Freie und läßt ihn fliegen. Sie will keinen Dank oder keine Belohnung. Die Freude, die die Wassermann/Schlange daran hat, jemandem zu helfen, genügt ihr. Diese Schlange strebt nicht nach Ruhm, Applaus oder Anerkennung für ihre Heldentaten.

Die Wassermann/Schlange ist exzentrisch und ziemlich unkonventionell. Sie ist etwas verantwortungslos und muß gegen ihre Faulheit ankämpfen. Alle Schlangen lügen. Dieser Schlange-Geborene flunkert aber nur, damit sich ein anderer Mensch besser fühlt. Aber Lügen fallen ihm leicht. Lügen und die Versuchung zu faulenzen. Nicht gerade, daß unter dieser Zeichenkombination Schwerverbrecher geboren werden. Aber die Versuchung, sich etwas am Rande der Gesellschaft zu bewegen, ist hier sehr stark.

Liebe

Der Wassermann/Schlange-Mensch weiß, wie er seine Emotionen mit kühlem Verstand unter Kontrolle hält. Er ist in erster Linie ein Denker und erst in zweiter Linie ein Gefühlsmensch. Gefühl ist nicht von vorrangiger Bedeutung für ihn und kommt immer nach dem Verstand. Bei seinem bewegten Lebensstil kann dieser Mensch nicht umhin, mehrgleisig zu fahren. Er selbst hat mehrere Verhältnisse, auf seine Partner aber ist er eifersüchtig.

Sollten Sie eine Wassermann/Schlange lieben, möchte ich Ihnen einen guten Rat geben. Versuchen Sie nie, sie festzunageln. Fordern Sie keine Rechenschaft für die Zeit, die sie ohne Sie verbringt. Aber geben Sie ihr auch keine Information über Ihre Privataffären. Machen Sie ein Geheimnis daraus. Wassermann/Schlangen lieben das Geheimnisvolle. Lassen Sie diesen Menschen im unklaren und er wird Ihnen ein Leben lang hinterherlaufen. Er niedrigen Sie ihn niemals. Das wäre fatal. Er würde sich fortschlängeln wie ein Aal, und Sie hören nie wieder von ihm.

Passende Partner

Die besten Partner finden Sie unter Zwilling, Waage und Schütze/Ochsen. Mit Ochsen passen Sie gut zusammen, da Weisheit und Vernunft für Sie Priorität haben. Widder, Waage und Schütze/Hähne machen Sie ein wenig nervös und unsicher, aber Sie haben Spaß mit ihnen. Widder/Katzen wirken anregend auf ihre kulturelle Seite. Mit Stier, Skorpion und Löwe/Schweinen werden Sie nicht sehr lange zusammen sein. Sie können nichts mit einander anfangen und langweilen sich. Stier/Tiger und Löwe/Affen amüsieren Sie zwar, aber da Sie lieber in die Sterne schauen, als sich mit handfesten Dingen zu beschäftigen, werden Sie schließlich aneinandergeraten.

Heim und Familie

Die Wassermann/Schlange macht sich nicht viel aus der Einrichtung ihres Heims. Sie möchte, daß alles praktisch und schön ist, aber will sich nicht um alles kümmern müssen und nicht damit belasten, ob ihre Möbel geplündert oder gestohlen werden. Dieser Mensch ist intellektuell, nicht materiell eingestellt. Was ihn allerdings kümmert, ist, ob sich die Menschen, die ihm am Herzen liegen, bei ihm wohl fühlen. Er wird alles für sie tun und installiert in ihren Zimmern eine Badewanne, wenn sie daran Spaß haben, oder nimmt Wände heraus, damit noch jemand Platz hat. Die Wassermann/Schlange zieht sich sehr sexy an und hat einen ausgefallenen Geschmack.

Die Familie bedeutet diesem selbstlosen Menschen alles. Er kümmert sich um seine Eltern und telefoniert mit alten Verwandten im Altersheim. Er geht mit seinen Kindern zum Schlittschuhlaufen, zum Rollschuhlaufen, in den Zirkus und überall hin, wo etwas geboten ist, und wartet, bis seine Kinder ihr Spiel beendet haben. Wassermann/Schlangen sind sehr nachsichtig gegenüber ihren Sprößlingen, schaffen es aber, ihnen gutes Benehmen beizubringen. Sie träumen davon, wie wundervoll es wäre, ihre ganze Familie glücklich und gesund zu sehen. Sie würden fast alles tun, um diesen Traum zu verwirklichen.

Das Wassermann/Schlange-Kind ist nahezu vollkommen. Es setzt sich sehr intensiv für den Familienzusammenhalt ein. Es ist sonnig, optimistisch und niedlich. Seine Talente für Metaphysisches sollten gefördert werden. Dieses Kind braucht eine gute Erziehung und sichere familiäre Verhältnisse – ansonsten landet es vielleicht wirklich auf dieser fiktiven einsamen Insel. Diese Kinder sind ausgesprochen phantasievoll und brauchen viel Selbstbestätigung und Liebe. Wenn sie das nicht bekommen, könnte es sein, daß sie auf die schiefe Bahn geraten. Man muß dem Wassermann/Schlange-Kind sanft den Rücken stärken, indem es das Verhalten lernt, das sein Elternhaus erwartet.

Beruf

Gewöhnlich sind Wassermann/Schlangen phantasievoll und philosophisch. Sie sind abenteuerlustig und vernünftig. Sie wollen sich in einer festen Struktur frei fühlen. Da sie sehr neugierig und sowohl handwerklich als auch künstlerisch begabt sind, gibt es nur wenige kreative Berufe, die ihnen nicht offen stehen.

Wassermann/Schlangen müßte man zu einem Chefposten überreden, ob in einem kleinen oder großen Unternehmen. Diese Menschen bleiben lieber hinter den Kulissen. Sie manipulieren andere gern und spielen mit ihren Gefühlen und Gedanken, sind aber nur ungern autoritär. Sie arbeiten gut in Gruppen, wenn es notwendig ist, aber sie zeigen in der Teamarbeit nur den winzigsten Teil von sich. Die größte Freude haben sie daran, anderen zu helfen. Am besten können sie selbständig und in ihrem eigenen Tempo arbeiten, während sie in ihrer Phantasie in unbekannte exotische Gegenden reisen.

Einige Karrieren, die Wassermann/Schlange-Menschen interessieren könnten, sind: Sozialarbeiter, Polizist im Untergrund, Rechtsanwalt, Diplomat, Prediger, Politiker, Reisebürokaufmann.

Berühmte Wassermann/Schlangen: Abraham Lincoln, Charles Darwin.

WASSERMANN/PFERD

»Ich weiß«
Luft, Uranos, Fix

»Ich fordere«
Feuer positiv, Yang

ZUKUNFTS-	TOLERANZ	ÜBERZEUGUNGS-	STIL
SICHT	UNABHÄNGIGKEIT	KRAFT	GERADLINIG-
ORIGINALITÄT	INDIVIDUALITÄT	AUTONOMIE	KEIT
NÄCHSTENLIEBE	UNGEHORSAM	POPULARITÄT	TALENTIERTHEIT
EXZENTRISCH	GEDANKENLOSIG-	SELBSTSUCHT	HAST
ISOLIERTHEIT	KEIT	SKRUPELLOSIGKEIT	ÄNGSTLICHKEIT
NEUROTISCH	GRAUSAMKEIT	AUFLEHNUNG	PRAGMATISMUS

Für diesen energiegeladenen und agilen Menschen bedeuten Vielfalt und Bewegung soviel wie Freiheit. Das Pferd leiht dem klaren Wassermann etwas Rebellisches und drängt ihn vorwärtszustreben. Pferde sind hektisch und gelangen leicht zu Erfolg. Wenn sich die beiden Zeichen verbinden, ergibt dies einen exzentrischen und flüchtigen Menschen. Das Wassermann/Pferd bleibt niemals lange bei einer Sache.

Dieser Mensch ist handwerklich begabt. Kein Beruf und keine Aufgabe, die Fingerfertigkeit erfordert, ist ihm zu schwer. Er ist auch sehr redegewandt und spricht vielleicht sogar mehrere Sprachen. Eine seiner Prioritäten im Leben besteht darin, herumzureisen und in die vielfältigsten Erfahrungen hineinzutauchen, weshalb er schnell auf ungewöhnliche Phänomene stößt und sich kopfüber in Ausgefallenes und Exotisches stürzt.

Dieser Mensch begeistert sich für das Künstlerische im Leben und sehnt sich nach einer schöneren und behaglicheren Welt. Daher verwendet er viel Zeit und Nachdenken darauf, sie zu verbessern. Wassermann/Pferde sind engagierte, aktive Bürger, die wissen, wie man sich für seine Ideale einsetzt.

Dieser Mensch hält viel von ausgefallenen Ideen und Methoden. Möglicherweise wünscht er sich, daß ein plätschernder Bach durch sein Wohnzimmer fließt. Vielleicht sehnt er sich auch danach, ein großes Schloß in Bulgarien mit vierzig Zimmern zu besitzen, wo Menschen für gemeinsame Aktivitäten zusammenkommen können. Diese Wassermann/Pferde sind Träumer und schmieden großartige Pläne, die ein ganzes Leben brauchen, um verwirklicht zu werden. Aber keine Angst. Das Wassermann/Pferd setzt seinen Plan selbst in die Tat um, in seiner eigenen Freizeit – am liebsten eigenhändig. Schwierige Projekte schrecken diesen brillanten Könner nicht. Er weiß, daß er alles alleine bis ins kleinste Detail bewerkstelligen kann. Alles, worum er bittet, ist ein wenig Mitarbeit. Und natürlich Geld.

Oft ist die Einkommensquelle des Wassermann/Pferdes tatsächlich jemand anderer. Nicht, daß er abhängig wäre – weit gefehlt. Aber der im Pferd-Jahr geborene Wassermann kann sich nicht vorstellen, warum ihm jemand nicht die nötigen Geldmittel zur Verfügung stellen sollte, die er braucht, um die Hilfsorganisation für fahrende Musikanten ins Leben zu rufen. Dies ist ein sehr nützlicher Zweck. Außerdem gehört das Wassermann/Pferd zu den großen Überzeugern und Überredern unter den Tierkreiszeichen. Es hört zwar auch zu – aber meistens nur sich selbst. Was es will, daß muß es auch bekommen. Ansonsten? Nun, dieses Sonst gibt es nicht.

Dieser Charakter eignet sich im wesentlichen für freiberufliche Tätigkeiten. Geregelte Einkommen und Arbeitszeiten sind ihm einfach dumm. Er ist immer auf den Hauptgewinn aus oder das Geschäft seines Lebens. Wenn er nicht sehr viel Geld haben kann, würde er wahrscheinlich sehr bald verhungern – oder schnorren. Der Wassermann/Pferd-Mensch ist liberal gesinnt und sorgt sich wirklich um das Wohl der Armen. Aber oft sieht er den Wald vor lauter Bäumen nicht. Auf jeden Fall ist das Motto der Wassermann/Pferde »Alles oder nichts«. Entweder halten sie gerade eine mitreißende Rede über ihr neuestes Interessengebiet und haben alle Fakten darüber bei der Hand, oder sie sind gerade abgereist, um die Sonnenuntergänge in Malaysien zu sehen.

Der Pferd-Mensch, der im Zeichen Wassermann geboren ist, ist meist auch ein wenig verrückt. Er ist überaus exzentrisch. Und da Wassermann/Pferde wahrhafte Visionäre sind, können sie unter der tiefen Einsicht in die Dinge so leiden, daß sich diese Fähigkeit zur Verrücktheit entwickeln kann, wenn sie nicht richtig eingesetzt wird. Doch meistens machen Wassermann/Pferd-Menschen einen ausgezeichneten Gebrauch dieser besonderen Qualitäten. Das Quentchen Verrücktheit, das den Wassermann-Geborenen eigen ist, dient dazu, das zu pragmatische Pferd zu vergeistigen. Pferde ihrerseits verhelfen dem distanzierten Wassermann dazu, ein Gefühl der Zugehörigkeit zu entwickeln, und sie bringen ihn von seinen häufigen Höhenflügen sicher zurück auf die Erde.

Dieser Mensch hat die Fähigkeit in sich, das Leben seiner Mitmenschen zu verzaubern. Gewöhnlich kann der Wassermann/Pferd-Mensch über sich selbst lachen und amüsiert andere entweder mit Absicht oder ganz einfach, weil er einfach zu komisch ist. Was Sie von dem Wassermann/Pferd-Menschen sehen, ist ungefähr ein Zehntel dessen, was in dieser ausgefallenen Persönlichkeit steckt.

Liebe

Auf diesem Gebiet glaubt das Wassermann/Pferd fest daran, daß es nichts falsch machen kann. Wenn es jemanden liebt, hat es das Gefühl, daß es seinem Partner immer genügend gibt. Dieser Mensch will ganz entschieden nicht mit komplizierten Liebesaffären belastet werden. Von Anfang an sollte klar sein, daß das Wassermann/Pferd im Mittelpunkt steht und bestimmt, wo es lang geht. Entweder ist sein Partner flexibel genug, nicht jedesmal in Panik zu geraten, wenn sich das Wassermann/Pferd in ein neues Abenteuer stürzt (ob nun Liebesabenteuer oder nicht), oder er sollte sich jemand anderen suchen. Empfindsamkeit ist nicht gerade die starke Seite der Wassermann/Pferde.

Die Schwierigkeit, die in einer Liebe zum Wassermann eines Pferd-Jahres auftaucht, ist nichtmaterieller Natur. Der einzige triftige Grund, verrückt zu sein nach diesen Spinnern ist, daß sie so ausgeflippt und faszinierend sind. Wenn Sie in einen solchen Menschen verschossen sind, machen Sie das Beste daraus. Sie können ihn nicht ändern. Meckern oder nörgeln Sie nie an ihm herum. Alles, was Sie tun oder sagen, wird sowieso keinen Erfolg haben. Versuchen Sie einfach, Ihren eigenen Kopf über Wasser zu halten, und vor allem – genießen Sie dieses Feuerwerk!

Passende Partner

Zwilling und Schütze/Hunde sind treu und haben Köpfchen. Sie brauchen einen so beständigen und intelligenten Partner. Eine Waage/Ziege braucht Ihren Schutz, und aus diesem Grund gefällt Sie Ihnen. Auch bei Schütze/Tigern haben Sie gute Aussichten, da sie sehr flexibel und unabhängig sind. Stier, Löwe und Skorpion/Ratten stehen nicht auf Ihrer Favoritenliste. Mit einem Löwe/Affen sollten Sie sich erst gar nicht einlassen.

Heim und Familie

Was heißt hier ausgeflippt! Das Haus dieses Menschen ist ein Museum von Fundsachen und den sonderbarsten Stilrichtungen. Wassermann/Pferde sind Sammler. Da sie ungewöhnlich viel reisen, bringen sie immer irgendwelchen Krimskrams mit, den sie in einem Tauschhandel von einem Sikh ergattert oder einem Scheich abgefeilscht haben. Es ist ein buntes Durcheinander. Stellen Sie sich Pferd und Wassermann zusammen vor, und schauen Sie einmal, was dabei in bezug auf seine Kleidung herauskommt. Sie sind ganz schön aufgedonnert und ausgeflippt angezogen. Rote Lederreitstiefel mit der passenden Reithose und dann noch den riesigbuntgemusterten Schal so locker ums Oberteil. Ui! Der Wassermann/Pferd-Mensch ist zwar ganz schön verrückt, aber er hat den Verstand noch nicht so völlig verloren, daß er verrückt danach wäre, Dutzende Kinder zu haben. Eine Kinderschar bedroht seine Bewegungsfreiheit. Dieser Mensch muß sich bewegen können. Wenn er jemals seßhaft wird und Kinder hat, wird dies erst sehr spät in seinem Leben sein. Aber dann passen Sie auf! Dieser Mensch kann Elternschaft in allen Einzelheiten so peinlich genaunehmen, daß es richtig lästig sein kann. Die Aufgabe als Vater oder Mutter ist eine Herausforderung, aber wenn man diese noch mit der Leidenschaft und Ekstase des Wassermann/Pferdes betrachtet – puh! Kinder, solltet ihr eine tolle Kindheit wollen, dann seht zu, daß ihr euch einen dieser ausgeflippten Muttis und Papas sucht. Schlafenszeiten und Haushaltspflichten könnt ihr für immer vergessen. Als Eltern sind Wassermann/Pferde nachgiebig, modern, progressiv und erliegen dem Charme ihrer Kinder.

Und nun zum kleinen Wassermann-Pferdchen. Dieses künstlerische Kind amüsiert seine Eltern mit Streichen und originellen Einfällen. Es ist sehr kreativ. Es möchte verwöhnt und verhätschelt werden, anstatt sich an die Vorschriften halten zu müssen. Es ist überzeugend und findet erstaunlich plausible Entschuldigungen für seine Streiche. Eine gute Erziehung und gute Manieren werden das Äußere dieses Menschen aufpolieren. Ansonsten gibt es nicht viel, was Sie tun können, außer diesem süßen Wesen viel Aufmerksamkeit zu schenken.

Beruf

So viel Talent sollte nicht unbelohnt bleiben. Der Wassermann/Pferd-Mensch ist nicht besonders ehrgeizig in seinem Leben. Er ist kein Mensch, der Geld investiert oder spart. Er interessiert sich nicht wirklich für Geld, aber er weiß, daß er viel Geld braucht, um seine extrem teuren Vorhaben zu finanzieren. Normalerweise hat er keine »Stelle«, sondern arbeitet selbständig in einem lukrativen Beruf, der ihm ermöglicht, in exotische Länder zu reisen. Der Wassermann/Pferd-Chef ist fair und geradlinig, aber sehr mit sich selbst beschäftigt. Sie können sich darauf verlassen, daß dieser Mensch spät ins Büro kommt und früh wieder geht und dennoch von Ihnen erwartet, daß Sie pünktlich sind und überdies auch Überstunden machen. Er ist ein bißchen verrückt, erinnern Sie sich? Aber, oho, so interessant! Und talentiert. Dieser Mensch ist auch als Angestellter nutzbringend, vorausgesetzt, sein Chef läßt ihn alle drei oder vier Tage auf Reisen gehen. Seine Talente sind enorm. Bitte sparsam anwenden.

Berufe, die den Wassermann/Pferden gefallen, sind: Filmstar, Photograph, Dolmetscher, Redenschreiber, Handelsreisender, Gründer von Fonds, Kunsterzieher, Söldner.

Berühmte Wassermann/Pferde: Franklin D. Roosevelt, John Travolta.

WASSERMANN/ZIEGE

»Ich weiß«	*»Ich bin abhängig«*
Luft, Uranos, Fix	*Feuer negativ, Yang*

ZUKUNFTS-	TOLERANZ	ERFINDUNGSGEIST	ORIGINELL
SICHT	UNABHÄNGIGKEIT	SENSITIVITÄT	GUTE MANIEREN
ORIGINALITÄT	INDIVIDUALITÄT	AUSDAUER	GESCHMACK
NÄCHSTENLIEBE	UNGEHORSAM	SCHMAROTZER	PESSIMISMUS
EXZENTRISCH	GEDANKENLOSIG-	MANGEL AN VOR-	UNPÜNKTLICH-
ISOLIERTHEIT	KEIT	AUSSICHT	KEIT
NEUROTISCH	GRAUSAMKEIT	UNPRAKTISCH	SORGENVOLL

Der Wassermann heiratet die Ziege. Klarheit und Sensitivität, Wissen und Verschrobenheit. Diese solide Verbindung zweier komplimentärer Zeichen steckt voller Möglichkeiten. Der Wassermann verleiht der abhängigen, inkonsequenten Ziege Unabhängigkeit. Die Ziege wiederum verleiht dem Wassermann emotionelle Tiefe. Dieser Wassermann fühlt intensiver als die meisten Wassermann-Geborenen. Und die Ziege profitiert von der Autonomie des Wassermanns. Dieser Mensch ist talentiert für Zukunftspläne, macht sich nichts aus Kritik und ist ziemlich originell und individualistisch.

Der Wassermann der Ziege-Jahre lebt im Augenblick und für den Augenblick. Ihn interessiert nur, was jetzt gerade im Augenblick passiert – basta! Diese Spontaneität ist natürlich ein zweischneidiges Schwert. Auf der einen Seite steigert sie die Kreativität. Dem Erfindungsgeist dieses Menschen steht nichts im Wege. Er hat keine Komplexe und braucht keine Bestätigung. Doch andererseits stürzt sich dieser Mensch so kopflos in Unternehmungen und fällt dabei oft auf die Nase, was er vermeiden könnte, wenn er einen Augenblick überlegte. Die Wassermann/Ziege muß Vorsicht und Umsicht lernen. Wenn nicht, wird sie ihr übergroßes Vergnügen am jetzigen Augenblick auf Abwege führen.

Das Vorwärtskommen wird aber auch durch einen Hang zur Lasterhaftigkeit behindert. Die Wassermann/Ziege ist aufgeschlossen und offenherzig. Sie gerät in die Versuchung, sich mit fast jedem Menschen abzugeben, nur weil es ihr Vergnügen macht,

Menschen kennenzulernen. Theoretisch ist das ein schöner Zug. Aber wie wir alle wissen, ist die Welt voller Speichellecker und Schmarotzer. Die Wassermann/Ziege wird leicht das Opfer skrupelloser Menschen und hat es schwer mit ihrer Gutmütigkeit und Sensibilität wieder auf die Füße zu kommen und sich von diesen Kreaturen zu befreien.

Die gescheite Wassermann/Ziege erkennt aber ihre Schwächen und sucht daher Orientierung in der Familie oder äußeren Strukturen. Dieser Mensch braucht einen festen Rahmen, in dem er seine Theorien entwickeln und seine Genialität entfalten kann. Er braucht inneren Frieden und keine Verwicklung oder Ablenkung. Isolation erschreckt diese eher geselligen Menschen natürlich, und daher kann es sein, daß sie ein oder zweimal durchbrennen, bevor sie seßhaft werden und sich dem Geschäft widmen.

Manche werfen diesem Charmeur vor, daß er unberechenbar sei. Andere glauben, daß Wassermann/Ziegen oberflächlich sind, weil sie leichter als Luft zu sein scheinen. Es ist wahr, daß Wassermann/Ziegen gerne lustig sind und herumalbern. Aber natürlich ist das nur das Image, das sie der Öffentlichkeit zeigen. Diese Menschen sind heimliche Grübler. Sie können von Brot und Wasser leben und tagelang rund um die Uhr an einem unwahrscheinlichen Experiment arbeiten, ohne dabei nur eine einzige Pause einzulegen. Sie sind eben anders. Sie sind wahre Künstler und Visionäre. Sie träumen nicht von Beifall, sondern haben nur Vergnügen an dem, was sie gerade machen.

Außer exzentrisch und erfinderisch ist die Wassermann/Ziege noch sehr nachsichtig gegenüber sich selbst. Es kann sein, daß sie, nachdem sie einen Monat lang durchgearbeitet hat, wieder hervorkommt und sich kopfüber in eine leidenschaftliche Liebesaffäre stürzt, die zweieinhalb Minuten dauert, oder sie beschließt, sich halbtot zu essen. Diese Menschen sind exzessiv, ohne besonders danach zu gieren. Ihre Freude am Übertreiben kommt aus ihrer Unbesonnenheit und aus reiner kapriziöser Launenhaftigkeit.

Liebe

Nun, der Wassermann/Ziege-Mensch ist ein hartnäckiger Fall. Die arme alte Wassermann/Ziege scheint niemals genug Liebe zu bekommen. Diese Menschen sind vor lauter Bedürfnis, Freude zu haben und zu machen, ohne böse Absicht unbeständig. Diese Laxheit in Liebesbeziehungen bringt den Wassermann/Ziegen leider einen schlechten Ruf ein. Im Grunde genommen sind sie sich über die Notwendigkeit von etwas so Einschränkendem wie sexueller Treue nicht einmal bewußt. Weswegen? Wozu? Wofür? denkt der Freidenker Wassermann/Ziege. Für diesen Menschen bedeutet Liebe nichts anderes als den Augenblick der Gemeinsamkeit.

Wenn Sie eines dieser gutherzigen Schätzchen lieben, kann ich verstehen, in welchem Dilemma Sie sich befinden. Das Beste (und einzige), was Sie tun können, ist, parat zu stehen und zu warten, bis ihr Wassermann/Ziege-Partner endlich nach Hause kommt. Wenn Sie der wahrlich weise Mensch sind, den er braucht, wird er Ihnen für Ihre Beständigkeit und Standhaftigkeit dankbar sein. Ihre Aufgabe ist es, dieses große Talent zu umsorgen. Ein Konkurrenzkampf steht außer Frage. Und Sie können Ihr eigenes Leben leben, ohne zu befürchten, daß der Wassermann/Ziege-Mensch etwas dagegen hat. Der Wassermann/Ziege-Mensch gesteht persönliche Freiheit, die er selbst braucht, auch dem anderen zu.

Passende Partner

Ihre Favoriten befinden sich unter den Zwillingen, Waagen und Schützen des Katze-Zeichens. Unter denselben Tierkreisen finden Sie auch die Partner, die am zweitbesten zu Ihnen passen, nämlich die sinnlichen und vermögenden Schweine. Auch Widder/Pferde passen gut zu Ihnen. Lassen Sie sich nicht mit Stier oder Löwe/Ochse oder einem Löwe oder Skorpion/Hund ein. Skorpion/Affen kommen für Sie absolut nicht in Frage.

Heim und Familie

Die Wassermann/Ziege ist überall dort zu Hause, wo sie sich wohl fühlt und willkommen ist. Ob dieses Zuhause ihr selbst gehört oder ihrem Partner oder ihrer Familie, ist ihr völlig gleich. Dieser Mensch läßt sich überall nieder, wohin ihn seine Laune gerade führt. Die Einrichtung wäre diesem schönheitsliebenden Zeichen schon wichtig. Aber wenn es darum geht, daß der Wassermann/Ziege-Mensch wirklich losgehen muß, um den Stoff auszuwählen, dann Maß zu nehmen und die Vorhänge einzusäummen und sich dann darum zu kümmern, ob sie gerade hängen oder nicht – vergessen Sie es! »Häng eine Decke vor das Fenster und leg dich hier auf diese Matratze, Schatz«, sagt der unbekümmerte Wassermann/Ziege-Mensch. »Und reich mir doch bitte mal die Dose mit den Erdnüssen, da du gerade stehst. Ich habe seit drei Tagen nichts gegessen.«

Für ein progressives Kind sind Wassermann/Ziegen fabelhafte Eltern, die mit all ihrem Schwung und ihrer Energie an den Kindheitsfreuden teilnehmen. Da er spontan ist und nicht besonders viel auf soziale Anerkennung gibt, paßt der Wassermann/Ziege-Typ sehr gut zu dem Lebensstil seiner Kinder. Die Ebene der Disziplin wird wahrscheinlich um den Nullpunkt liegen. Aber war das nicht ein Heidenspaß!

Das Wassermann/Ziege-Kind ist künstlerisch begabt. Die Erfolge, die es in seinen musikalischen oder künstlerischen Anstrengungen hat, werden Sie sehr zufrieden stellen. Diese Kinder haben absolut kein Zeitgefühl. Sie müssen ihnen mehrere Wekker kaufen, wenn Sie wollen, daß sie pünktlich von der Schule nach Hause kommen.

Beruf

Dieser Typ hat es nicht eilig, etwas zu erreichen.

Konventionen haßt er und auch Routine kümmert ihn herzlich wenig. Er ist ein ganz klein wenig habgierig, aber das macht ihn auch nicht ehrgeiziger. Meistens interessiert es die Wassermann/Ziege nur, was innerhalb ihres Empfindungsbereichs gerade im Augenblick vorgeht. Kunst und Berufe, die mit Kunst zu tun haben, sind die aussichtsreichsten Berufe für diese Menschen. Welche berufliche Laufbahn dieser Mensch auch einschlägt, er wird seine Aufgabe nur gerade so zufriedenstellend erledigen, wie es die äußere Umgebung erfordert. Diese Menschen sind weder Führernaturen noch besonders getreue Gefolgsleute. Fragen Sie den Wassermann/Ziege-Menschen einmal, was er von gestärkten Hemdkragen halten würde.

Ich kann mir nicht vorstellen, daß dieser Mensch ernsthaft jemand anderen herumkommandiert. Es kann sehr gut sein, daß er durch einen Glücksfall eine Führungsrolle erhält. Aber er meint das nicht so. Wie bei allem, was sie machen, übernehmen diese Menschen die Rolle des Chefs gerne, wenn es ihnen gefällt und ihr Bedürfnis nach Vergnügen befriedigt. Diese Menschen sind fähig, aber kapriziös. Wenn ich einen Wassermann/Ziege-Angestellten hätte, dann müßte ich mindestens ein Löwe/Drache sein. Auf Stärke spricht die Wassermann/Ziege an.

Einige Berufsmöglichkeiten für Wassermann/Ziegen: Künstler, Modeschöpfer, Dekorateur, Industriedesigner, Töpfer, Kunstkritiker, Illustrator, Trickfilmzeichner, Schaufensterdekorateur, Spielzeugdesigner, Erfinder, Musiker, Schauspieler, Schauspielerin.

Berühmte Wassermann/Ziegen: Thomas Edison, James Dean.

WASSERMANN/AFFE

»Ich weiß«
Luft, Uranos, Fix

»Ich plane«
Metall positiv, Yin

ZUKUNFTSSICHT	TOLERANZ	SCHLAUHEIT	INTELLIGENZ
ORIGINALITÄT	UNABHÄNGIGKEIT	STABILITÄT	EIFER
NÄCHSTENLIEBE	INDIVIDUALITÄT	IMPROVISATIONSTALENT	FÜHRUNGSNATUR
EXZENTRISCH	UNGEHORSAM	TÄUSCHUNG	SELBSTBEZOGENHEIT
ISOLIERTHEIT	GEDANKENLOSIGKEIT	TRICKREICH	ALBERNHEIT
NEUROTISCH	GRAUSAMKEIT	GESCHWÄTZIG	OPPORTUNISMUS

Aus der Verbindung von Wassermann und Affe ergibt sich eine Persönlichkeit mit einem breiten Horizont und großer Gefühlstiefe. Die natürliche Losgelöstheit des Wassermanns unterstützt den Affen darin, sein Schicksal ohne übertriebene Gefühlsduselei zu gestalten. Der Affe verleiht dem visionären Wassermann den Realitätssinn. Diese Kombination ist harmonisch und vielversprechend.

Der Wassermann/Affe ist ein guter Redner. Worte sind das Medium dieses Verstandesmenschen. Darüber hinaus hat er auch etwas von einem Revolutionär an sich oder zumindest ein Gefühl für soziale Veränderungen oder Durchbrüche. Der Wassermann/Affe wird vielleicht Macht über andere ausüben, aber wenn er das tut, ist das Ziel niemals die Macht alleine. Vielmehr möchte er die Menschheit in eine bessere Welt führen, wo die Wahrheit über die Falschheit siegt.

Der Wassermann/Affe geht dabei so vor, daß er sich erst einmal auf das menschliche Verhalten einstellt, sei es mögliches oder wirkliches, und die Ereignisse in eine vertretbare Form faßt. Sein Ideal ist die Wahrscheinlichkeit. Sein Plan besteht darin, den Menschen auf so kluge Art und Weise ihr Spiegelbild vorzuhalten, daß sie schließlich daraus etwas lernen. Geschichte, Literatur, Rechtsprechung, Journalismus und Film sind Möglichkeiten, die dieser Mensch für sein großes Talent nutzen kann.

Die Klarheit des Wassermanns harmoniert sehr gut mit der Brillanz des Affen. Wassermann/Affen sind starke, hartarbeitende Menschen, die sich danach sehnen, das Unmögliche zu erreichen, und oft gelingt ihnen das auch. Darüber hinaus sind sie sehr flexibel. Ein Wassermann/Affe-Dichter schreibt nicht unbedingt nur Gedichte. Es kann sein, daß er auch noch Wolkenkratzer entwirft und eine Elefantenfarm in Südafrika besitzt. Der Wassermann/Affe ist vor allem ein Tatmensch. Seine Arbeit und die Entwicklung der Menschheit interessieren ihn mehr als materieller Wohlstand oder Ruhm. Solange er beruflich aktiv ist, ist der Wassermann/Affe zufrieden.

Der Wassermann/Affe ist sehr engagiert. Bei manchen Zeichen kann sich dieses Engagement zu Fanatismus steigern. Aber das ist hier nicht der Fall. Der Wassermann/Affe behält immer einen kühlen Kopf. Wenn er fanatisch ist, dann deshalb, weil er mehr schaffen will, als an einem normalen Acht-Stunden-Tag menschenmöglich ist. Aus diesem Grund hat der Affe, der im Zeichen Wassermann geboren ist, häufig einen Zwölf-Stunden-Tag. »Er bringt sich noch einmal selbst um«, zetert seine Schwiegermutter. »Sie wird sehr jung sterben, wenn sie so weitermacht«, sagt der besorgte Freund. »Aber, was soll's?« denkt der eifrige Wassermann/Affe. »Zumindest werde ich etwas für die Welt getan haben.« Vollendung ist der Lebenssinn eines Wassermann/Affe-Geborenen.

Der Wassermann/Affe ist ständig am äußersten Rande der Gefahr. Er nimmt Gelegenheiten wahr. Wassermann/Affen haben überhaupt keine Angst, von großen Taten zu träumen oder große Pläne zu schmieden. Sie sind weise und begabt. Und darüber hinaus sind sie noble Menschen, deren Würde ihre Freunde und Feinde gleichermaßen beeindruckt. Sie sind kluge Taktiker und machen lieber ein Geschäft, als daß sie sich mit einem Gegner Auge in Auge vor Gericht oder in einem Duell gegenüberstünden.

Liebe

Dieser Wassermann/Affe versucht unbewußt, sich nicht in komplizierte Gefühlsangelegenheiten zu verstricken. Normalerweise vermeiden Wassermann/Affen Schwierigkeiten aller Art. Sie sind intelligent, denken Sie daran. Und erfolgsorientiert. Natürlich brauchen sie Liebe und suchen einen Partner, der Freud und Leid mit ihnen teilt. Aber dieser Mensch sucht in seiner Partnerschaft nicht das Allheilmittel. Er braucht nicht das ekstatische Gefühl einer großen Liebe, um zu überleben und sich wohl zu fühlen. Der Wassermann/Affe ist untreu. Nur so zum Spaß.

Was er an einem Partner am meisten braucht, ist, daß dieser für sein Wohlergehen sorgt. Der geschäftige, erfinderische Wassermann/Affe liebt Schönheit, aber ihn interessiert mehr der Wert eines Partners als die körperlichen Eigenschaften. Seine Partnerwahl hängt ab von dem inneren Wert der betreffenden Persönlichkeit als einem möglichen Gefährten, nicht als Objekt. Der Wassermann/Affe braucht eine hilfreiche Hand. Er ist zu beschäftigt, um alles alleine machen zu können. Wenn Sie einen Wassermann/Affen lieben, seien Sie hilfsbereit, diskret, und lernen Sie, auf Zehenspitzen zu gehen, während Ihr Genie arbeitet.

Passende Partner

Zwilling, Waage und Schütze/Ratten kommen Ihren emotionalen Bedürfnissen entgegen. Auch Widder, Waage, Skorpion und Schütze/Drachen motivieren Sie und können auf Ihre tiefsinnigen Fragen ernsthaft antworten. Stier, Löwe und auch Skorpion/Schweine finden Sie nicht besonders aufregend. Ihre Ziele sind zu verschieden. Stier und Löwe/Tiger regen Sie auf, weil sie sich zu wichtig nehmen. Und Skorpion/Schlangen törnen Sie zwar an, können aber auf Dauer mit Ihrem Verstand nicht mithalten.

Heim und Familie

Das Heim eines Wassermann/Affen ist praktisch und ohne großes Drumherum. Seine häusliche Umgebung zeugt normalerweise von seinem sensiblen Charakter. Seine Einrichtung ist solide, doch nicht konventionell. Wahrscheinlich bevorzugt er moderne und praktische Möbel. Seine Kleidung ist elegant, aber nicht aufgedonnert. Gewöhnlich hat er kein Bedürfnis, Eindruck zu schinden. Und wenn er es tut? Dann ist das wahrscheinlich ein Anzeichen dafür, daß in seinem Beruf nicht alles so läuft, wie er will.

Als Eltern sind Wassermann/Affen aufrichtig und ernsthaft. Sie haben große Zukunftspläne für ihre Kinder und versuchen, ihren Kindern beizubringen, wie sie ihre Talente gut nützen können. Sie haben Geduld und werden Klein-Lukas die Skier anschnallen und Barbara aus ihrem Parka und den Gamaschen helfen, wenn sie sie aus der Schule abgeholt haben. Dennoch ist der Wassermann/Affe kein Mensch, der seine Kinder zu sehr verwöhnt und verhätschelt. Verbal kann er sich mit seinen Kindern am besten verständigen.

Das Wassermann/Affe-Kind ist eine wahre Wonne. Seine vielfältigen Talente und lustigen Einfälle zeigen sich schon sehr früh. Die Schule dürfte diesem Kind Spaß machen (außer natürlich, die Lehrer geben ihm keine Möglichkeit zu zeigen, wie außergewöhnlich es ist). Es ist ein bißchen ungehorsam, da es alles andere als feige oder auch nur gefügig ist. Seine reifen Ideen setzen Erwachsene in Erstaunen. Es wird einen liebenden Vater oder eine liebende Mutter nicht ausnutzen. Das Wassermann/Äffchen ist ein durch und durch guter Kerl.

Beruf

Dieser Charakter ist im wesentlichen intellektuell. Ich würde ihn nicht festnageln auf einen Händler oder einen Beamten. Er hat viel zu viele revolutionäre Ansichten, um konform gehen zu können und bequem auf seinem Bürostuhl zu sitzen. Der Wassermann/Affe ist unabhängig und unternimmt eigene Projekte, sucht nach Geldquellen, um diese zu finanzieren, und geht mit diesen geliehenen Geldern sehr sorgsam um, um sicherzugehen, daß er das nächste Mal wieder bereitwillig Kredit bekommt.

Der Wassermann/Affe gibt einen ausgezeichneten Chef ab. Er ist liebenswert, und seine Angestellten und Helfer werden die Ansichten dieses interessanten Menschen, und auch was er schafft, respektieren. Als Angestellter bemüht sich der Wassermann/Affe gewissenhaft, für das Geld, das er verdient, entsprechende Arbeit zu leisten. Auf lange Sicht kann er sich als widerspenstig erweisen und wird sich wünschen, selbständig zu werden. Bei seiner großen Begabung, schwierige Projekte auszuarbeiten, ist dieser Wunsch nach Unabhängigkeit nicht verwunderlich.

Einige Berufe, die dem Wassermann/Affen gefallen könnten, sind: Schriftsteller (Romanschriftsteller, Drehbuchautor, Dichter, Komponist, Journalist, Dramaturg), Regisseur, Theaterdirektor, Schauspieler oder Schauspielerin, öffentlicher Redner, Richter oder Rechtsanwalt. Alle Berufe, die mit Sprache zu tun haben.

Berühmte Wassermann/Affen: Charles Dickens, Anton Tschechow, François Truffaut, Milos Foreman, Carl Bernstein, Angela Davis, Alice Walker.

WASSERMANN/HAHN

»Ich weiß«
Luft, Uranos, Fix

»Ich besiege«
Metall negativ, Yang

ZUKUNFTS-	TOLERANZ	BIEGSAM	KONSERVATIV
SICHT	UNABHÄNGIGKEIT	ENTHUSIASMUS	CHIC
ORIGINALITÄT	INDIVIDUALITÄT	OFFENHEIT	HUMOR
NÄCHSTENLIEBE	UNGEHORSAM	KECKHEIT	PEDANTERIE
EXZENTRISCH	GEDANKENLOSIG-	ÜBERHEBLICHKEIT	DIKTATORISCH
ISOLIERTHEIT	KEIT	BLINDES VER-	VERSCHWEN-
NEUROTISCH	GRAUSAMKEIT	TRAUEN	DUNG

Erstens ist der Wassermann, der in einem Hahn-Jahr geboren ist, oft erfolgreich. Und zweitens versagt er auch genauso oft. Glück und Pech wechseln sich im Leben eines Hahn-Geborenen ständig ab, unabhängig davon, unter welchem Tierkreiszeichen er geboren ist. Aber – und hier ist das große ABER! – der Wassermann, dieses unkonventionelle und unabhängige Zeichen der brüderlichen Liebe und des guten Willens, besitzt genau die Qualitäten, die der Hahn braucht, um nicht jahrelang nach einem Körnchen zu pikken, bis ihm das Glück endlich wieder hold ist. Der Wassermann ist ein intelligenter Visionär, dessen Losgelöstheit den Hahn rettet, auch wenn sie ihn bisweilen ein wenig verrückt macht.

Dieser Mensch hängt sich gefühlsmäßig niemals völlig an das Glück. Irgend etwas in seinem Inneren sagt ihm, daß das einzig Dauerhafte im Leben die Veränderung ist. Der Wassermann/Hahn weiß das zu gut, als daß er sich mit ganzer Seele in eines seiner tausend Projekte einbrächte, sei dies nun emotionaler, künstlerischer oder rein geschäftlicher Natur. Der Wassermann, der im Hahn-Jahr geboren ist, begreift die Flüchtigkeit des Glücks. Oh, natürlich kräht er ein wenig, wenn die Zeiten gut sind, und er beklagt sich bitterlich, wenn ihm das Schicksal nicht hold ist. Aber irgend etwas straft seine Resignation doch immer Lügen. Irgendwie merken Sie, daß der Wassermann/Hahn von Anfang an nie vollkommen überzeugt war von diesem Unsinn über die Gnade ewiger wonniger Glückseligkeit.

Nicht, daß der Wassermann/Hahn-Geborene zu den Menschen gehört, die immer mit den Achseln zucken. Weit gefehlt. Im allgemeinen ist er ein munterer Zeitgenosse und personifiziert Begeisterung und Engagement. Aber schauen Sie einmal etwas näher hin. Seine Narben verbirgt er geschickt unter seiner schicken Kleidung und geschmackvollen Accessoires. Seine Enttäuschung verbirgt er unter einem Teppich rosaroter Rosen, aber da ist sie trotzdem noch.

Die Vorliebe des Hahns, immer den Schein zu wahren, prallt hier auf die Wahrheitsliebe des Wassermanns. Das Problem ist, daß der Hahn stur ist und es nicht lassen kann, nach äußeren Zeichen von Erfolg zu streben. Sie erinnern sich, daß sich Hähne mehr zu Äußerlichkeiten hingezogen fühlen, da sie nicht besonders viel dafür übrig haben, nach wahren Gefühlen oder nach Verständnis zu suchen. Hähne wollen ganz einfach, daß es irgendwie weitergeht. Armer alter Wassermann, so helle, findig und weitsichtig du auch bist, wenn du in einem konservativen und angeberischen Hahn steckst, hast du gar keine Chance. Wenn der Wassermann auf den Knopf drückt, auf dem Brüderlichkeit steht, plustert sich der engstirnige Hahn auf und warnt: »Bist du verrückt? Laß diesen Quatsch. Bevor du dich versiehst, rennen uns religiöse Fanatiker und Hippies das Haus ein!« Peng! Das war's dann mit dem Altruismus des Wassermanns.

Was passiert, ist, daß der Wassermann schließlich mit dem dominanten Hahn in seinem Inneren einen Waffenstillstand schließt und sich damit zufriedengibt, dem Ehrgeiz des Hahns eine gewisse menschliche Note zu verleihen. Beide Zeichen sind offenherzig und aufrichtig. Der Wassermann/Hahn-Geborene hat ein tüchtiges Mundwerk und weiß sein Redetalent vorteilhaft einzusetzen.

Dieser Mensch wird im Leben das Opfer seiner eigenen Persönlichkeit. Er weiß um seine Fehler und Schwächen, da er sehr bewußt und klug ist. Aber er kann sehr neurotisch werden, wenn er den Tatsachen nicht ins Auge sehen will. Und, sich mit Tatsachen auseinanderzusetzen, ist nicht gerade die Stärke eines Wassermann/Hahns. Diese Menschen machen sich gerne etwas vor und scheuen sich nicht einmal, so zu tun, als träfe das, was für andere gilt, für sie nicht zu. Sage ich da, daß der Wassermann/Hahn ein Heuchler ist? Belügt er sich selbst, nur um seines inneren Friedens willen? Ja. Genauso ist es, der Wassermann/Hahn-Geborene verhehlt Wahrheiten, um sich selbst zu schützen. Er verdreht das

Gesetz ein wenig oder manipuliert hin und wieder eine Vorschrift. Aber die teuflische Versuchung ist immer da. Wassermann/Hähne nehmen es mit der Wahrheit nicht so genau und passen sie gegebenenfalls immer ihren Bedürfnissen an.

Der Wassermann/Hahn-Mensch ist irgendwie altmodisch und traditionsverbunden. Die Gesellschaft und die Sitten zerren die ganze Zeit an ihm. Eine Mischung aus Schuldgefühlen und Schwindeleien quält ihn. Er ist listig und gerissen, aber er möchte nicht, daß jemand es bemerkt – am wenigsten er selbst.

Liebe

Der im Wassermann geborene Hahn gibt sich einen so faszinierenden und phantastischen Anstrich, daß man glauben möchte, er werde einen wunderbaren, aufregenden und fantastischen Menschen heiraten, um den ihn seine weniger draufgängerischen Freunde beneiden würden. Aber lassen Sie sich nicht an der Nase herumführen. Der Wassermann/Hahn-Geborene wird sich niemals auf eine Beziehung einlassen, außer sie wäre für ihn in emotioneller, finanzieller, beruflicher oder sogar spiritueller Hinsicht von Vorteil. Der Wassermann/Hahn möchte zu Hause von seinem Partner umsorgt werden, damit er hinausgehen kann, um die Welt zu beherrschen, und eine Unmenge Geld verdienen. Dieser Mensch ist mit Sicherheit attraktiv und legt sehr viel Wert auf sein Äußeres.

Wenn Sie ganz verrückt nach einem dieser umwerfenden Menschen sind und dies zu sehr zeigen, verliert der Wassermann/Hahn das Interesse. Er braucht die Herausforderung. Er wird es vielleicht nicht zugeben, aber Sklaventypen langweilen ihn. Wenn Sie die Zuneigung dieses faszinierenden Zeitgenossen gewinnen und behalten wollen, stellen Sie hohe Anforderungen an ihn. Bestehen Sie darauf, daß Sie an erster Stelle kommen. Stampfen Sie mit dem Fuß auf, so lange, bis Sie bekommen, was Sie wollen. Seien Sie nach außen hin sanftmütig und innerlich zäh wie Leder und hart wie Stahl.

Passende Partner

Schlangen geben ausgezeichnete Partner für Wassermann/Hähne ab. Wahrscheinlich finden Sie ihren Schlange-Partner unter den Zeichen Widder, Zwilling, Waage oder Schütze. Auch Ochse-Geborene gefallen Ihnen und geben Ihnen ein Zugehörigkeitsgefühl. Versuchen Sie es mit Ochsen, die in den Zeichen Zwilling,

Waage oder Schütze geboren sind. Unbefriedigende Partner für Sie sind Stier, Löwe und Skorpion/Katzen. Meiden Sie sie. Nichts als Streit bekommen Sie mit einem Stier/Schwein.

Heim und Familie

Das Zuhause ist für das Selbstbild des Wassermann/Hahn-Menschen von großer Bedeutung. Es wird zweifellos in einer aufstrebenden und gesicherten Nachbarschaft liegen. Dieser Mensch gibt gerne an, und seine Einrichtung sieht entsprechend aus. Aber er ist auch konventionell. Sein Haus wirkt solide. Kein avantgardistischer Firlefanz schmückt sein Heim. Sein Wohnsitz ist seine Festung. In diesen gut organisierten Luxus, der hier herrscht, können Sie nur schwer eindringen.

Wassermann/Hahn-Eltern lieben ihre Kinder leidenschaftlich. Aber sie sind nicht besonders begeistert davon, die winkende Mutti zu spielen oder den Taxifahrer zur Schule. Dieser Mensch ist nicht der Typ Mutter oder Vater, der in der Babysprache mit seinen Kindern spricht. Statt dessen ist er am Wachstum und an der Entwicklung seiner Sprößlinge interessiert und fungiert als neugieriger Zuschauer, der begeistert ist von der Aussicht, Klein-Lisa oder Matthias könnten Filmstar oder Radio-Diskjockey werden. Er steht seinen Kindern hilfreich zur Seite, aber er wäscht nicht besonders gerne ihre Windeln.

Das Wassermann/Hahn-Küken ist unfolgsam und macht seinen Eltern oft Schwierigkeiten. Dieses Kind braucht mehr, als nur liebevolle Zuwendung. Wenn man es vernachlässigt, gibt es Probleme. Dieses Kind ist intelligent und charmant, aber es ist schwer, mit ihm fertig zu werden. Sie können noch so viel Disziplin oder Strafen anwenden, das wird nicht das Problem lösen, daß es soviel zusätzliche Zuneigung und Zeit von seinen Eltern verlangt. Wenn Sie viele Kinder haben wollen, sollte kein Wassermann/Hahn-Kind dabei sein. Dieses Kind ist am besten dann zu haben, wenn es das einzige Kind ist oder allenfalls die eine Hälfte eines Gespanns.

Beruf

Der Wassermann/Hahn-Mensch kann leicht mit Worten umgehen. Und seine Erfolge sind garantiert. Er ist überzeugend, großzügig und umgänglich. Papierkram, Steuerrückzahlungen und Ähnliches machen ihn ein wenig verrückt. Man muß ihn ein wenig zur Arbeit antreiben, da er dazu neigt, mit sich selbst zu nachlässig zu sein, was er danach schrecklich bedauert. Diesen klugen und gewitzten Menschen stehen alle Karrieren offen. Sie können sicher sein, daß sie ihren Weg zum Erfolg gefunden haben, bevor sie sterben. Das Spiel eines Wassermann/Hahn-Geborenen heißt Erfolg.

Als Chef ist der Wassermann/Hahn sympathisch, wenn auch ein wenig fordernd. Dieser Mensch kann anderen sehr gut sagen, was sie zu tun haben, und besitzt eine bemerkenswerte Gabe, anderen vorzumachen, er tue ihnen gerne einen Gefallen. Wassermann/Hähne sind auch ein wenig unverfroren und demonstrieren ihre Macht, wenn man ihnen nicht Einhalt gebietet. Als Angestellter ist dieser Mensch nicht besonders gefällig. Er stellt Methoden in Frage und möchte seine eigenen anwenden. Aber dennoch ist seine Persönlichkeit hier ein Pluspunkt. Die Menschen mögen diesen gut gekleideten, väterlichen Charakter. Geben Sie ihm den kleinen Finger, und er wird die ganze Hand nehmen. Aber das macht nichts. Er ist ja so sympathisch. Und er leistet gute Arbeit.

Einige Karrieren, die sich für Wassermann/Hähne eignen, sind: Unternehmer, Werbefachmann, Rechtsanwalt, Politiker, Schriftsteller, Komponist.

Berühmte Wassermann/Hähne: Colette, Susan Sontag, Yoko Ono.

WASSERMANN/HUND

»Ich weiß«
Luft, Uranos, fix

»Ich sorge mich«
Metall positiv, Yin

ZUKUNFTSSICHT	TOLERANZ	BESTÄNDIGKEIT	PFLICHTGEFÜHL
ORIGINALITÄT	UNABHÄNGIGKEIT	HELDENMUT	INTELLIGENZ
NÄCHSTENLIEBE	INDIVIDUALITÄT	ACHTBARKEIT	ANSTAND
EXZENTRISCH	UNGEHORSAM	UNSICHERHEIT	ZYNISMUS
ISOLIERTHEIT	GEDANKENLOS	KRITIKSUCHT	UNSOZIAL
NEUROTISCH	GRAUSAMKEIT	SELBSTGERECHT	TAKTLOS

Der Wassermann/Hund hat etwas von einem herzerweichenden Bernhardiner an sich. Er ist sehr fürsorglich. Er gibt Hilfestellung und tröstet die Menschen, die weniger glücklich sind als er. Doch über all dieser menschenfreundlichen Hilfsbereitschaft und offensichtlich selbstlosen Liebe vergißt der Wassermann/Hund nicht, auch an sich selbst zu denken. Er kann herrschsüchtig und rachsüchtig sein, und überdies macht der Wassermann/Hund-Geborene keine besonderen Anstrengungen, seinen Ehrgeiz als Wohltätigkeit zu verkleiden. Es kann sein, daß er in einem Jahr eine Million Dollar verdient, aber da er das zu einem bestimmten Zweck tut oder um irgend jemandem etwas beizubringen oder eine Freude zu bereiten, warum sollte er nicht selbst in Luxus schwelgen?

Die Verbindung des klaren Wassermanns mit dem reizbaren Hund ist in der Tat recht merkwürdig. Die Zunge dieses Menschen ist immer spitzer als sein gütiges Herz, und sein Ehrgeiz nach persönlichem Erfolg immer stärker als die »goldene Sittenregel«. Mit dem Wassermann als Partner wird der achtenswerte Hundecharakter durch des Wassermanns Wunsch nach Alleinherrschaft seiner Individualität kompromittiert. Der Hund, der im Zeichen Wassermann geboren ist, kann gütig sein, fürsorglich und bereit, seinen Kopf für einen Freund hinzuhalten. Aber dabei verliert er niemals seinen eigenen Vorteil aus den Augen. Das Missionarische an diesem Menschen entspringt nicht aus einer echten mitmenschlichen Gesinnung.

Das größte Vergnügen haben Wassermann/Hunde, wenn sie in der schmutzigen Wäsche anderer Menschen herumwühlen können. Sie suchen die Gesellschaft Hilfsbedürftiger. Sie sind auf der Jagd nach chaotischen emotionalen Situationen, in denen sie ihre Einmischung und ihren guten Willen immer wieder unter Beweis stellen können. Sie geben gerne Ratschläge und bringen ihre Meinung zum Ausdruck. Wassermann/Hunde sind unverschämt und laut. Sie nehmen sich, was sie haben wollen, und scheuen sich nicht, ihren Vorteil aus einer Sache zu schlagen. Sie können unbesonnen und sogar grausam ein.

Der Hund neigt zum Zynismus. Er ist kritisch und dreist. Er ist beinahe selbstgerecht moralisch. Aber er ist immer in Sorgen. Sein zweiter Vorname heißt Angst. Nun kommt der Wassermann ins Spiel. Er möchte dem Hund helfen, ihm eine Pause gönnen, ihm zeigen, wie man gelassen bleibt und nicht knöcheltief in der Angst watet. »Löse dich von all diesen materiellen Ängsten, alter Knabe. Befreie deinen Geist durch Philosophie und entfalte deine Sensibilität. Bewege dich in Harmonie mit deiner Persönlichkeit und verstehe und akzeptiere dich selbst.« Der Hund strahlt. Vielleicht ist er wirklich so toll, wie ihn seine Wassermann-Seite Glauben machen will. Vielleicht braucht er sich gar nicht so viele Sorgen machen und kann die Dinge gelassen einfach ihren Lauf nehmen lassen. Also versucht er es. Er begibt sich hinaus in die Stratosphäre und beginnt, seiner Hellsichtigkeit und Intuition zu folgen. Dann peng! Sein Magen beginnt sich zu drehen. Hat er die Frau, die ihm im Supermarkt auf die Zehen getreten ist, wirklich angegriffen? Oh, mein Gott! Was wohl die Leute denken? Was habe ich bloß getan?

Nichts Neues. Du warst wieder nur einmal ganz einfach normal grob und ungehobelt und aufbrausend, kleiner Hund. Kein Grund zur Sorge. Aber du machst dir halt welche.

Der Wassermann/Hund bekämpft seine Nervosität mit Produktivität. Er kann unwahrscheinlich hart arbeiten. Er ist energiegeladen und ständig in Bewegung, obwohl er etwas zerstreut ist. Er ist im Grunde genommen labil und strebt danach, sich von den Zwängen zu befreien, in denen er sich gefangen fühlt. Er ist taktlos und übermäßig freimütig. Er ist ein Streber und möchte von seinen Mitmenschen anerkannt werden. Obwohl er oft jammert, weil das Leben so ungerecht ist, ist er der erste, der eine Situation zu seinem Vorteil nützt. Sein Humor ist sarkastisch und satirisch.

Liebe

Da dieser Mensch chaotische Situationen unterhaltsam findet und Probleme seiner Samariternatur gefallen, ist der Wassermann/Hund-Mensch gewöhnlich in Beziehungen verwickelt, die voller Komplikationen sind. Es kann sein, daß er eine Beziehung mit einem verheirateten Menschen eingeht und diesen überzeugt, wie schlecht er behandelt worden ist, ihn dazu drängt, sich scheiden zu lassen, und dann verkündet, daß er selber verheiratet ist. Oder er heiratet jemanden, um ihn vor dem Alkohol zu bewahren, versagt darin und zieht sich schließlich verbittert zurück. Diese Menschen suchen immer ihren eigenen Vorteil, tun dies aber auf sehr komplizierten Wegen. Sie sind von Natur aus treu, aber wenn Sie zufällig mit drei Menschen gleichzeitig verheiratet sind, na ja, dann können Sie keine Wunder erwarten!

Wenn Sie einen dieser verblüffenden Menschen lieben, wage ich zu behaupten, daß Sie selbst ein bißchen plemplem sein müssen. Ich gebe ja zu, daß Wassermann/Hunde sehr attraktiv sind. Aber sie suchen sich kaputte Typen. Wenn Sie so richtig normal sind, dann vergessen Sie ihn besser. Aber wenn Sie es schaffen, über Nacht drogenabhängig zu werden oder vorgeben, Stimmen zu hören, dann sind Sie für den Wassermann/Hund unwiderstehlich. Auf jeden Fall müssen Sie mit den eigenartigen Ansichten des Wassermann/Hund-Geborenen konform gehen, es sei denn, Sie genießen häuslichen Zwist und Unfrieden.

Passende Partner

Einen Volltreffer landen Sie mit Widder, Zwilling und Schütze/Tigern. Seien Sie nicht schüchtern. Diese Menschen mögen Sie wirklich. Auch Zwilling, Waage und Schütze/Pferde fühlen sich zu Ihnen hingezogen. Widder/Ratten brauchen Ihren tiefsinnigen Beistand. Die Gesellschaft von Waage und Schütze/Katzen ist Ihnen sehr angenehm. Werfen Sie sich nicht in die Arme von Stier, Löwe oder Skorpion/Drache. Sie würden sich dort nicht wohl fühlen. Auch Löwe/Ziegen und Hähne sind nichts für Sie.

Heim und Familie

Der durchschnittliche Wassermann/Hund-Mensch hat mindestens zwei Häuser. Diese Menschen lieben die Vielfalt und wählen sich einen Wohnort, der »in« ist. Sie haben einen ziemlich ausgefallenen und teuren Geschmack und glauben fest an den Wert flauschiger Badetücher von Jacuzzi und Blumenbouquets auf dem Flügel. Auch zentimeterdicke Teppiche finden sie nicht übel. Es ist komisch, aber die enthaltsame Mäßigkeit anderer Hunde-Charaktere färbt auf diesen überhaupt nicht ab. Der Wassermann/Hund möchte, daß ihm der Butler seine Pfeife und die Hausschuhe bringt. Für seinen Lebensstil gibt er viel Geld aus.

Wassermann/Hund-Eltern sind distanziert und doch sehr gefühlvoll zu ihren Kindern. Natürlich sind sie immer beschäftigt, auf Reisen oder eilen zur Szene, so daß sie nicht besonders viel Zeit für das Alltagsleben ihrer Kinder übrig haben. Aber die Vorstellung von erholsamen Picknicks und Feiertagsunternehmungen läßt dem Wassermann/Hund das Herz höher schlagen, und sein Schwanz beginnt vor Freude zu wedeln. Auch seine Ex-Frauen sind herzlich eingeladen und können ihre neuen Ehemänner und Kinder mitbringen. Nun, entweder man ist ein fürsorglicher Mensch oder nicht. Der Wassermann/Hund ist es wirklich.

Das Wassermann/Hund-Kind hat keinen Kontakt zur Masse. Es scheint die Last der Welt auf seinen Schultern zu tragen. Diese Kinder sind gewöhnlich zart gebaut und extrem sensibel. Sie weinen schnell und brauchen viel Aufmunterung, um ihre Schüchternheit zu überwinden. Sie lesen viel und machen sich viele Sorgen. Für dieses nervöse Kind ist Sicherheit von überaus großer Wichtigkeit. Bitte keine plötzlichen Überraschungen! Seien Sie einfach lieb und nett zu ihm. Sonst entwickelt sich ihr Wassermann/Hund-Kind unter der Hand zu einem neurotischen kleinen Rebellen!

Beruf

Wie die meisten Wassermann-Geborenen bevorzugt auch der Wassermann/Hund, alleine zu arbeiten. Er hat Angst, im Beruf die Zügel in die Hand zu nehmen. Er hat ein Interpretationstalent und blüht in der Sozialarbeit auf. Er hat moderne Ansichten und wünscht sich aufrichtig, die Welt wäre nicht so schlecht. Am erfolgreichsten ist er, wenn man ihn in Ruhe läßt, damit er sich seine eigene Disziplin auferlegen kann.

Dieser Mensch übernimmt nur zu gerne Autorität. Man muß damit rechnen, daß er bissig ist und seine Anordnungen brüllend gibt. Sein Büro ist eine Ein-Mann-Show. Kommentare oder Ratschläge sind überflüssig, herzlichen Dank. Leute, die sich in seine Angelegenheiten einmischen wollen, sollten sich zurückziehen. Der Wassermann/Hund kann auch im Angestelltenverhältnis arbeiten, aber er muß das Gefühl haben, daß er gebraucht wird und viel Freiheit erhält. Sonst wird er trotzig, schmollt und kündigt schließlich.

Einige Berufe, die sich für diesen Menschen eignen, sind: Fischer, Viehzüchter, Sozialarbeiter, Arzt, Schriftsteller, Redakteur, Verleger, Toningenieur, Psychiater oder Psychologe, Lehrer, Pfarrer.

Einige berühmte Wassermann/Hunde: Bertold Brecht, Norman Mailer, Zsa Zsa Gabor, Gustl Bayrhammer.

WASSERMANN/SCHWEIN

»Ich weiß«
Luft, Uranos, Fix

»Ich zivilisiere«
Wasser negativ, Yang

ZUKUNFTSSICHT	TOLERANZ	SKRUPEL	SINNLICHKEIT
ORIGINALITÄT	UNABHÄNGIGKEIT	GALANTERIE	KULTUR
NÄCHSTENLIEBE	INDIVIDUALITÄT	AUFRICHTIGKEIT	EHRLICHKEIT
EXZENTRISCH	UNGEHORSAM	LEICHTGLÄUBIG	MATERIALISTISCH
ISOLIERTHEIT	GEDANKENLOS	ZORN	FEINSCHMECKER
NEUROTISCH	GRAUSAMKEIT	ZÖGERN	DICKKÖPFIGKEIT

Aus der Verbindung von Wassermann und Schwein entspringt ein etwas schwerfälliger und plumper Mensch. Vielleicht imitiert das von Natur aus idyllische und ländliche Schwein die Offenheit des Wassermanns. Oder vielleicht übernimmt der Wassermann die übertriebene Aufrichtigkeit vom Schwein und wird zu direkt. Aber wie es auch zusammenhängen mag, das Wassermann/Schwein ist geradlinig und kühn.

Mehr als alle anderen Wassermann-Geborenen ist dieser Wassermann zu enormen Wutausbrüchen und Empörung fähig. Gewöhnlich ist der Wassermann tolerant und objektiv und hätte es am liebsten, daß jede Konfrontation an ihm vorübergeht, bevor er auf sie reagieren muß. Aber zusammen mit dem streitlustigen Schwein kann der Wassermann richtiggehend kämpferisch werden. Das Schwein verleiht ihm zusätzliche Kraft, seinen Ehrgeiz anzutreiben. Das Wassermann/Schwein ist ein zielstrebiger Typ, der es im Leben zu etwas bringen möchte und – was für Wassermänner typisch ist – Grenzen ignoriert. Wir haben es also hier mit einem dynamischen Kraftwerk mit klarem Verstand zu tun, das gleichzeitig galant und ungehobelt ist und dessen visionäre Fähigkeiten nur noch von seinem übertriebenen Selbstwertgefühl übertroffen werden.

Trotz seiner egoistischen Haltung hat der Wassermann, der im Schwein-Jahr geboren ist, viele Freunde. Er ist ein ziemlicher Halunke, und Menschen lachen gerne über seine bösen Witze und denken, daß sie in seine Witze und sein Gekicher mit einbezogen sind. Das Wassermann/Schwein ist ein Publikumsliebling, der Charme und Kraft zugleich besitzt. Da er sowohl dominant als auch sympathisch ist, kann man davon ausgehen, daß er es im Leben weit bringt. Dieser Mensch kann wirklich ein Gewinner sein. Aber Gott bewahre, wenn er nicht siegreich ist oder triumphiert – Wassermann/Schweine sind schlechte Verlierer.

Das gigantische Selbstbewußtsein des Wassermann/Schweins verleiht ihm etwas von einer Primadonna. Sogar sein Aussehen und seine Gesten sind offensichtliche Versuche, majestätisch zu erscheinen. »Schau mich an!« sagt das Wassermann/Schwein und macht dabei eine drohende Gebärde. »Jetzt komme ich!« Nicht wie ein Bulldozer – mehr wie ein aufgemotztes Schweinchen, das auf seinen Hinterbeinen zum Palast stolziert, wobei es purpurfarbene Satin-Shorts und eine Goldkrone trägt. Größe mit einem Hauch Gewöhnlichkeit. Nun, der Haken bei unserem Freund Wassermann/Schwein als Führer oder Herrscher ist, daß er nicht aufhören kann, den Massen zu predigen, obwohl er Ruhm und Beifall liebt, sich im Erfolg badet und überall einschmeichelt. Aber schon bald sind diese Massen es müde, seinen Sermon anzuhören, und haben sein fröhliches Quieken satt. Sie sind es überdrüssig, den Saum seiner Satin-Shorts zu küssen, und wollen einen neuen König.

»Nie im Leben!« plustert sich der inzwischen selbstgefällige Monarch auf. »Ich werde euch alle niedermachen!« Und häufig tut er das auch.

Aber genug Märchen. Dieser Mensch wird vor den Exzessen des Schweins bewahrt, weil er den kühlen Kopf des Wassermanns besitzt. Er ist herrschsüchtig, aber umgänglich und fröhlich (wenn er nicht gerade verärgert ist). Er braucht Führung und nimmt gerne den Rat von Menschen an, die klüger sind als er. Wassermann/Schweine sind von Natur aus etwas wankelmütig und müssen durch äußere Einflüsse auf der rechten Bahn gehalten werden.

Wassermann/Schweine haben eine machtvolle Ausstrahlung. Sie wissen, wie man den Massen gefällt und sie in seinen Bann zieht. Sie sind dreist, aber nur um des Erfolges willen. Sie sind immer etwas reicher, als es scheint. Sie sind faszinierend und können Trends setzen, die weltweite Auswirkung haben.

Liebe

Das Wassermann/Schwein weiß, wie man fürsorglich erscheint. Es ist ein Schmeichler, das offen Zuneigung zeigt. Sie können erwarten, daß Ihnen dieser Mensch über den Kopf streichelt oder Ihnen einen Klaps auf die Schulter gibt. Aber erwarten Sie nicht, daß er Ihnen ein Leben lang treu ist oder sich fünfzig Jahre lang aufopfert. O nein! Das Wassermann/Schwein flüstert Ihnen schmeichelnde Worte ins Ohr und erzählt Ihnen, wie sinnlich es ist. Dann nehmen Sie es mit ins Bett, und es erzählt Ihnen über den letzten Coup, den es im Büro gelandet hat. Wassermann/Schweine schwingen große Reden.

Wenn sie einen Wassermann/Schwein-Menschen lieben, bereiten Sie sich darauf vor, daß Sie ihm wirklich hilfreich zur Seite stehen und das Mädchen für alles sind. Dieser Mensch hat keine Lust, sich unterzuordnen. Er verlangt eine Menge Zärtlichkeit und liebevolle Zuwendung, und daß Sie ihm zuhören. Wassermann/Schweine hören nicht besonders aufmerksam hin, wenn andere etwas sagen. Versuchen Sie, unter seinen purpurfarbenen Shorts Feuer zu machen.

Passende Partner

Sie sind der Typ, der sich Katze- und Ziege-Partner erwählt. Diese Menschen sind sexy, natürlich und vorsichtig und mischen sich nicht ein. Versuchen Sie es zuerst einmal mit Katzen und Ziegen, die in den Zeichen Widder, Zwilling, Waage und Schütze geboren sind. Wenn Sie unter diesen nicht Ihren Lebenspartner finden, versuchen Sie es mit einem Widder/Tiger. Sie haben sich sehr viel zu sagen. Schlangen, die in den Zeichen Stier, Löwe oder Skorpion geboren sind, sind das genaue Gegenteil von Ihnen (doch zugegeben, sie sind mächtig attraktiv). Auch Stier/Pferde heben Ihr Selbstbewußtsein nicht gerade.

Heim und Familie

Das Heim des Wassermann/Schweins wird luxeriös und großzügig sein – wie ein Palast, um den Ehrgeiz dieses pompösen Menschen zu befriedigen. Sein Haus hat bestimmt einen Raum, der einem Thronsaal gleicht (er nennt diesen Saal sein Büro) und viele Telefone für »wichtige« Verabredungen. Dieser Mensch möchte Komfort und Kultur in seiner Umgebung haben. Er hat viel Stilgefühl für die Einrichtung luxuriöser Wohnungen und wird doch immer eine angenehme und gemütliche

Atmosphäre schaffen. Das Wassermann/Schwein ist nicht gerade verrückt danach, in Großstädten zu leben. Aber Adel verpflichtet!

Der Wassermann/Schwein-Mensch ist autoritärer zu seinen Kindern, als ratsam wäre. Vergessen Sie nicht, daß dieser Mensch die meiste Zeit mit seinem eigenen Fortkommen beschäftigt ist. Die Erziehung der Kinder bleibt seinem Ehepartner überlassen. Wenn dann etwas schiefläuft, wird er um Rat gefragt. Aber die Wärme des Wassermann/Schweins reicht nicht für die Kinder und die Massen zugleich. Und gewöhnlich entscheidet er sich für die Massen.

Das Wassermann/Schwein-Kind hat Pläne, von denen Sie niemals träumen würden. Es weiß, wie man schwierige Aufgaben bewältigt, die vollste Konzentration und Intelligenz erfordern. Zweifellos ist dieses Kind athletisch. Es ist auch beliebt und eine Führernatur ersten Ranges – es wird jeden bei der Stange halten. Dieses Kind ist vielleicht bei seinen Eltern verschmust und kuschelt gerne, aber es denkt immer an seine Zukunft.

Beruf

Dumme Frage. Das Wassermann/Schwein ist für berufliches Fortkommen und Erfolg prädestiniert. Es möchte viel Geld haben und stellt alles auf den Kopf, um zu Wohlstand und zu Macht zu gelangen. Dieser Mensch glänzt am meisten, wenn er vor der Herausforderung steht, eine berufliche Entscheidung zu treffen hat, oder wenn ihm eine berufliche Beförderung bevorsteht. Seine visionären Fähigkeiten zeigen sich in diesem Bereich ganz besonders. Dieser Mensch weiß, was er will, und findet in kürzester Zeit heraus, wie er es auch bekommt.

Das Wassermann/Schwein ist immer Chef. Auch wenn es in einem Angestelltenverhältnis ist, hält sich das »Unterordnen« in Grenzen. Natürlich stürzt sich das Wassermann/Schwein in die Arbeit und wäscht sogar ganze Stapel schmutziges Geschirr schneller als jeder andere, weil er glaubt, daß ihn die Unterordnung und der Gehorsam weiterbringt. Dieser Mensch scheut sich nicht, für eine Weile den Demütigen zu spielen, wenn das für ihn von Nutzen ist. Aber der Traum der Wassermann/Schweine ist Starruhm und ein Spitzengehalt. Achten Sie einmal darauf, welchen Wirbel er dafür macht.

Einige Berufe, die zu Wassermann/Schweinen passen: Papst, König, Champion, Filmstar, Präsident, Diva, Premierminister, alle Führungspositionen und hochbezahlte Karriereberufe.

Berühmte Wassermann/Schweine: Ronald Reagan, John McEnroe.

FISCHE/RATTE

»Ich glaube«
Wasser, Neptun, Veränderlich

»Ich regiere«
Wasser positiv, Yin

VERSTÄNDNIS	ANPASSUNGSFÄHIG	ANZIEHUNGS-	SOZIAL
BEWUSSTSEIN	PHANTASIE	KRAFT	INTELLEKTUELLE
KREATIVITÄT	SPIRITUALITÄT	EINFLUSS	BEGABUNG
BLASIERTHEIT	ÄNGSTLICHKEIT	SPARSAMKEIT	CHARISMA
WILLENS-	SUCHT	NERVOSITÄT	MACHTHUNGER
SCHWÄCHE	MANGELNDES	WORTSCHWALL	LIST
UNENTSCHLOSSEN	SELBSTVERTRAUEN	GEWINNSUCHT	EINMISCHUNG

Diese prägnante Persönlichkeit, ein Zauberer der Kombination von Empfänglichkeit und Angriff, eignet sich am besten als Hälfte eines Teams. Wenn jemand immer alles im Griff hat und fast immer gewinnt aus der Energie der Partnerschaft heraus, dann ist es die Fische/Ratte. Weder Fische- noch Ratte-Geborene sind Einsiedler. Wenn sich der übersensible und wässrige Fisch mit der machthungrigen Ratte verbindet, gewinnt er einen großen Einblick in die Endlichkeit, die ihm eine außergewöhnliche Fähigkeit verleiht, kluge Entscheidungen zu treffen. Die Ratte verhilft dem im Grunde genommen unentschlossenen Fisch, sich Ziele zu setzen und der Realität anzupassen.

Fische/Ratten sind abhängig. Sie können nicht alleine sein. Die meiste Zeit bilden sie die eine Hälfte eines Pärchens, worin sie die Rolle der »besseren Hälfte« oder der »guten Seele« oder des »Sprechers« oder des »Antreibers« spielen. Fische/Ratte-Menschen wollen nicht alles für sich alleine haben. Sie wollen auch nicht die ganze Verantwortung für ein Unternehmen tragen. Fische/Ratte sind die geborenen Kumpel. Sie werden ihren Partner liebevoll umsorgen. Sie werden den Idealen ihrer besseren Hälfte treu ergeben sein und ihn niemals offen zum Gespött machen. Nach außen hin mag es so scheinen, als ob der Fische/Ratte-Mensch dem Partner die Führung überläßt, aber tatsächlich ist er insgeheim selber der Führer. In seinem Privatleben vertraut er seine Zweifel und Warnungen seinem engsten Verbündeten an und dient als weiser Berater. Aber in der Öffentlichkeit steht er zurück und überläßt seinem Führer die Bühne.

Fische/Ratten haben eine spitze Zunge. Sie verteidigen sich nie, sondern greifen lieber an, bevor sie angegriffen werden. Diese Menschen scheinen etwas versnobt und dünkelhaft. Aber hinter ihrem übertriebenen Selbstbewußtsein und ihrer Überheblichkeit sind Fische/Ratten »Weichlinge«. Wenn Sie in ihre hintersten Schränke schauen würden, finden Sie womöglich alte Teddybären und kleine Gedichtbände mit Eselsohren. Die zu dünne Haut der Fische wird durch die Aggressivität der Ratte nicht aufgehoben, kann aber von Menschen dieser beiden Zeichen leicht versteckt werden.

Fische/Ratten sind eifersüchtig auf das Glück der Menschen, die wagemutiger und draufgängerischer sind als sie. Sie versuchen ihren Neid damit zu rechtfertigen, daß sie deren Talente und Moral in Frage stellen. Fische/Ratten sind ein bißchen selbstgerecht und geben sich leicht heiliger als andere, um den Enthusiasmus eines Menschen zu bremsen, der eine potentielle Bedrohung für sie darstellt. Natürlich bräuchten sie für solchen Unsinn keine Zeit vergeuden, da sie selbst außerordentlich talentiert sind und oft in der Kunst und Literatur, im Musikgeschäft oder in der Geschäftswelt sehr erfolgreich sind, wenn sie Gelegenheit dazu haben.

Die Hauptbegabung dieses attraktiven und schneidigen Menschen ist seine Fähigkeit, sich an die Bedürfnisse jeder menschlichen Situation anzupassen, die sich ihm stellt. Fische/Ratten jagen von einer Angelegenheit zur nächsten, ohne mit der Wimper zu zucken. Sie sind geschickt und engagiert, sparsam und bewußt. Ihre Wahrnehmungsfähigkeit macht sie für Menschen, die sturer und draufgängerischer, doch weniger sensibel sind, unersetzlich. Fische/Ratten wollen Macht für die Gruppe, Erfolg für die Gemeinschaft, Vorwärtskommen für das Team.

Liebe

Wenn Fische/Ratten besonders viel Glück haben, kann es so weit kommen, daß sie sich in ihren Partner oder Teamkameraden verlieben, ihn heiraten und glücklich bis an ihr Lebensende an seiner Seite leben. Aber oft geschieht das nicht, und Fische/Ratten müssen ihren Führer platonisch erschaffen. Die Liebe wird dann zu einem gemütlichen Zuhause, zu dem man von seiner wirklichen Beziehung heimkehren kann, die dort ist, wo sich der Fische/Ratte-Mensch mit Rat und Tat nützlich machen kann. Da diese Menschen unter Überempfindlichkeit und Nervosität leiden, bevorzugen sie ruhige und ausgeglichene Partner.

Sollten Sie nach einem dieser überaus sensitiven Menschen verrückt sein, vermute ich, daß Sie ihn für sehr vorteilhaft und unersetzlich für ihr eigenes Fortkommen halten. Überhäufen Sie ihn mit Ihrem gesunden Menschenverstand. Verführen Sie ihn, in dem Sie ihn in ihr Vertrauen ziehen und Ihre Verletzbarkeit zeigen. Fische/Ratten fallen bei einem starken Menschen, der eine sentimentale Seite hat, glatt in Ohnmacht. Scheuen Sie sich nicht, dick aufzutragen. Fische/Ratten lieben das Drama.

Passende Partner

Für Ochse- und Drache-Geborene sind Sie Feuer und Flamme. Aber Sie sollten versuchen, ihren Ochse- oder Drache-Partner unter den Zeichen Stier, Krebs, Skorpion und Steinbock zu finden. Großartige Augenblicke werden Sie auch mit Skorpion und Steinbock/Affen erleben. Nichts (wenn nicht noch weniger) können Sie hingegen von Zwilling, Jungfrau oder Schütze/Pferden erwarten.

Heim und Familie

Der Haushalt eines Fische/Ratte-Menschen dreht sich um das Paar, das da lebt. Der Fische/Ratte-Mensch wird sich nach dem Geschmack seines Partners richten und damit zufrieden sein, ein einziges Zimmer oder Büro in dem Stil einzurichten, der ihm gefällt. Wenn das betreffende Team nicht im gemeinsamen Haushalt lebt, kann man damit rechnen, daß die Fische/Ratte alleine in einer behaglichen, aber ziemlich ausgefallenen Wohnung lebt. Die Gemeinsamkeit steht in der Beziehung der Fische/Ratte immer im Vordergrund. Wenn ein neuer Teppich gebraucht wird, dann besorgen wir uns eben einen neuen Teppich, und so weiter.

Als Eltern sind diese Menschen sehr kompetent. Fische/Ratten sind sehr verantwortungsbewußt und zuverlässig. Sie haben viel Humor, spielen gerne mit ihren Kindern und bringen sie zum Lachen. Aber dieser Mensch hat außer seinem Kind auch noch viele andere Interessen und ist oft gezwungen, die tägliche Versorgung des Kindes jemand anderem zu übertragen, der sich besser abschuften kann als er. Denn, wenn Sancho Pansa dabei ist, das Baby ein Bäuerchen machen zu lassen, wer kümmert sich dann überhaupt um Don Quichote?

Das Fische/Ratte-Kind wird zweifellos mit seinen reifen Ansichten und seinem schneidenden Witz überraschen, mit dem es immer den Nagel auf den Kopf trifft. Möglicherweise braucht es lange, bis es herausfindet, was es später im Leben einmal machen will. Es möchte so lange wie möglich Kind bleiben, da es leichter ist, abhängig zu sein als auf eigenen Füßen zu stehen. Natürlich sind alle Fische-Kinder künstlerisch begabt und wollen unterrichtet werden, wofür sie begabt sind. Haben Sie Geduld mit diesem sensiblen Kind, und werfen Sie es nicht zu früh aus dem warmen Nest.

Beruf

Fische, die in Ratte-Jahren geboren sind, vertrauen anderen nicht sehr leicht. Sie sind kritisch und nicht ohne List. Sie sind selbstgefällig und genießen das Gefühl, zu einer Gruppe zu gehören, die andere ausschließt. Sie sind extrem sicherheitsbewußt, und obwohl sie sehr aufopfernd sind und sich für Gruppen sehr engagieren, wollen sie ihren fairen Anteil an allem, was die Gruppe erwirbt. Sie haben Gemeinschaftssinn, aber aus eigenen Motiven heraus.

Der Fische/Ratte-Mensch ist niemals offensichtlich der Chef. Dieser Mensch bleibt immer im Hintergrund und wird in seinem Leben vielleicht nur ein oder zweimal an die Öffentlichkeit treten. Er bleibt lieber hinter den Kulissen und leitet die Show von dort aus. Er ist machthungrig, aber er möchte keine allbekannte Persönlichkeit werden. Diese Menschen möchten sich selbst verwirklichen, aber nicht um des Ruhms willen. Sie mißbrauchen ihre Autorität nur sehr selten, können aber sehr aufbrausend sein. Diese Menschen geben fabelhaft ergebene Angestellte ab. Als Künstler können sie gut in Gruppen arbeiten.

Einige Berufe, die sich für diesen Menschen eignen, sind: Produzent, Künstler, Schauspieler, Verleger, Journalist, Schriftsteller, Krankenschwester, Krankengymnastin, Polizeidetektiv, Berater, Einkäufer, Importeur, Exporteur, Reisebürokaufmann.

Berühmte Fische/Ratten: Lawrence Durrell, Luis Buñel, Patricia Nixon, Gloria Vanderbilt.

FISCHE/OCHSE

»*Ich glaube*«	»*Ich bewahre*«
Wasser, Jupiter, Veränderlich	*Wasser negativ, Yin*

VERSTÄNDNIS	ANPASSUNGSFÄHIG	INTEGRITÄT	PIONIERGEIST
BEWUSSTHEIT	PHANTASIE	ZIELSTREBIG-	FLEISS
KREATIVITÄT	SPIRITUALITÄT	KEIT	BEREDSAMKEIT
BLASIERTHEIT	ÄNGSTLICHKEIT	STABILITÄT	RESERVIERT-
WILLENS-	SUCHT	STARRSINN	HEIT
SCHWÄCHE	MANGELNDES	FANATISMUS	BEFANGENHEIT
UNENTSCHLOSSEN	SELBSTVERTRAUEN	SCHUFTEREI	RACHSUCHT

Der Fische/Ochse besitzt eine starke Persönlichkeit. Gerade, wenn Sie glauben, daß er nur ein »Schaumschläger« ist, peng! Dann macht er Sie mit einer Bemerkung nieder, die eine ganze Stadt wegfegen könnte. Die Kluft zwischen der plumpen Ochse-Natur und dem feinen Charakter der Fische täuscht. Vergessen Sie niemals, daß Sie ein Buch auch nicht nach seinem Umschlag beurteilen können. Nach außen hin erscheint der Fische/Ochse wie ein Künstler und Träumer, aber warten Sie ab! Der Fische/Ochse-Mensch ist mehr Methodiker als Poet. Die Feindschaft dieses Menschen hat eine Wucht, die man um jeden Preis vermeiden sollte.

Der Fische/Ochse kann sehr sarkastisch sein, aber er zieht eine viel wirkungsvollere Waffe vor. Zu Schlägereien und Einschüchterungen läßt er sich nicht herab. Für so vulgäre Mittel ist er zu sensibel. Wenn Fische/Ochsen ein Hindernis überwinden oder eine Festung erobern wollen, dann warten sie ab. Sie überlegen scharf, aber unternehmen nichts. Sie beschäftigen sich mit Bügeln oder Kreuzworträtseln und lassen die Zeit vergehen.

Wie Sie sehen, ergibt die Sensitivität des Zeichens Fische und die Stärke des Ochsen eine unschlagbare Verbindung. Wenn man mit dieser Zeichenkombination richtig umgeht, garantiert sie Erfolg. Ich sage Erfolg und nicht Glück, da der Fische/Ochse immer noch ein Lebewesen des Wassers ist, gleich wie viele Hufe er auf der Erde hat. Er ist vielleicht niemals wirklich zufrieden. Doch dank seiner übersensiblen Antenne für Menschen kann es der Fische/Ochse so weit bringen, daß er sich in der Beurteilung anderer nie mehr irrt. Er fühlt, wo die größte Schwäche seiner Feinde liegt. Daher denkt er sich Strategien aus. Dann lehnt er sich, ohne großes Aufsehen zu machen, zurück und sieht kichernd zu, wie sich sein Feind in eine Ecke manövriert.

Fische/Ochsen haben feste Ansichten. Die Menschen fühlen sich zu ihnen hingezogen, weil sie so mitfühlend und verständnisvoll sind. Der Fische/Ochse lebt fast nie allein, sondern ist immer von einer Familie und einer Schar bevorzugter Freunde umgeben, denen er treu ergeben ist und umgekehrt. Fische/Ochsen werden geliebt und respektiert, und die Leute schauen zu ihnen auf. Mit Verlierern wollen sie nichts zu tun haben und tolerieren kein aufsässiges Verhalten. Sie sind wählerisch und eifersüchtig. Aber da sie ihr Letztes geben, damit ihre Familie und die Tradition fortbesteht, haben sie absolut kein Verständnis für Betrug. Gegenseitiger Respekt ist von größter Bedeutung für diesen braven Bürger.

Der Fische-Mensch, der in einem Ochse-Jahr geboren ist, möchte, daß man ihm zuhört. Er erzählt tolle Geschichten. Ohne ihre Fähigkeit, schwierige Details zu erfassen, wären Fische/Ochsen ziemlich schüchtern. Beredsamkeit ist der Schlüssel zu ihrem sozialen Erfolg. Finanziellen Erfolg erlangt dieser beständige und erfinderische Mensch mühelos. Er hat alle Qualitäten, die notwendig sind, um reich zu werden: Zielstrebigkeit, Ehrgeiz, Know-How und vor allem Liebe zu Komfort und Sicherheit.

Liebe

Dieser Mensch hat ein reges Liebesleben. Das Zeichen Fische steigert das Lustgefühl des normalerweise etwas laschen Ochsen. Da sich viele seiner Aktivitäten im Verborgenen abspielen, sind heimliche Affären und verwickelte Gefühlsbindungen von großer Bedeutung in seinem Leben. Die Ehe ist natürlich auch sehr wichtig für ihn. Ohne Familie kann er nicht leben. Aber merkwürdigerweise passen seine Seitensprünge nicht immer in den familiären Rahmen, den er sich wünscht. Dies kann ihm große Probleme verursachen und ihn sehr unglücklich machen.

Wenn Sie einen Fische/Ochsen lieben, seien Sie großartig. Der Fische-Mensch, der in einem Ochse-Jahr geboren ist, sehnt sich nach einem Partner, der ihm geistig ebenbürtig ist. Da er oft das Gefühl hat, daß seine eigenen Moralvorstellungen starr und altmodisch sind, fühlt er sich zu einem Partner hingezogen, der exzentrisch und sogar etwas unkonventionell ist. Wenn Sie etwas sonderbar und eigenbrötlerisch sind, kann es sein, daß Sie einem Fische/Ochse-Menschen in die Fänge geraten.

Passende Partner

Ratten sind Ihre Favoriten. Versuchen Sie, Ihren Ratte-Partner unter den Zeichen Stier, Krebs, Skorpion oder Steinbock zu suchen, wenn Sie ein harmonisches Leben führen wollen. Außer mit Ratten können Sie Ihr Glück mit Schlangen und Hähnen der oben genannten Zeichen versuchen. Auch Skorpion/Drache wird Ihnen gefallen. Abraten möchte ich Ihnen von Zwilling und Jungfrau/Drachen. Lassen Sie sich nicht mit Schütze/Ziegen und Affen ein. Sie brauchen Ruhe, und dies können Ihnen diese Zeichen nicht bieten.

Heim und Familie

Des Fische/Ochsen Heim ist sein Schloß. Für sein Zuhause und den symbolischen Wert, den es für ihn besitzt, würde dieser Mensch sogar töten. Es sollte Sie nicht überraschen, wenn Sie tiefe klassische Sofas und Teppiche, Marmor und Stilmöbel bei diesem luxusliebenden Menschen finden. Symmetrische Formen und sanfte Farben sind vorherrschend. Die Kunstgegenstände sind repräsentativ. Mit abstrakter Kunst kann der Fische/Ochse-Mensch nicht viel anfangen. Er besitzt viel Feingefühl für konkrete materielle Schönheit.

Als Eltern sind Fische/Ochsen anspruchsvoll und unnachgiebig. Sie lieben ihre Kinder heiß und innig und wollen sie für immer und ewig bei sich behalten. Die Familie ist für das innere Gleichgewicht dieses Menschen von zentraler Bedeutung. Er kann sich gut vorstellen, sich sein ganzes Leben lang mit seinen Kindern zu beschäftigen. Er kann sich jedoch nicht vorstellen, daß seine Kinder irgendwann einmal unabhängig werden oder ihr Elternhaus verlassen, wenn sie selbst verheiratet sind. Eine Familie bleibt eine Familie, und der Fische/Ochse-Mensch ist ein pflichtbewußter und großzügiger Monarch.

Die Sensitivität des Fische/Ochse-Kindes zeigt sich schon von klein auf. Alles, was hübsch und feminin ist, gefällt ihm. Sanftheit ist garantiert. Alle Aufgaben, die Disziplin und Ausdauer erfordern, sind für dieses Kind wie geschaffen. Wahrscheinlich ist es sprachbegabt und kann auf allen literarischen und künstlerischen Gebieten gefördert werden. Lassen Sie sich bloß nicht scheiden! Dieses Kind zieht eine streitende Familie gar keiner Familie vor.

Beruf

Der stabile, beständige und mutige Fische/Ochse kann viel leisten und sehr, sehr reich werden. Erstens ist er kreativ und erfinderisch. Zweitens hat er viel Kraft und Engagement. Er liebt den Luxus und weiß, wie man sich diesen durch Geduld und Bedacht schaffen kann. Wenn er all seine Talente in die Arbeit einbringt, muß er einfach erfolgreich sein. Es kann jedoch sein, daß er von skrupellosen und gedankenlosen Eltern in eine Karriere hineingezwungen wird, die ihm nicht wirklich entspricht. Aber er ist seiner Familie und der Tradition so treu ergeben, daß er diesem Wunsch nachgibt.

Die Anständigkeit des Fische/Ochse-Geborenen ist so offensichtlich, daß er als Chef respektiert wird. Er möchte, daß die Arbeit gut gemacht wird – alles muß sauber sein, und die Kopien müssen deutlich zu lesen sein. Es ist nicht gerade leicht, für diesen Vorgesetzten zu arbeiten, aber dafür nicht fade. Dieser Mensch ist ein zuverlässiger, wenn auch ein wenig langsamer Angestellter. Er muß die Firma nicht unbedingt besitzen. Er kann sich damit zufriedengeben, soviel zu verdienen wie der Firmeninhaber, will aber nicht unbedingt im Licht der Öffentlichkeit stehen. Er hat wenig Bedürfnis nach Ruhm. Wenn er ihn erlangt, gut. Wenn nicht, genügt ihm sein anonymer Wohlstand.

Einige Berufe, die diesem Menschen gefallen könnten, sind: Rechtsanwalt, Künstler (aller Art), Kameramann, Geschäftsführer, Schriftsteller, Verwaltungsangestellter, Börsenmakler, Bankier, Bürovorsteher, graue Eminenz.

Berühmte Fische/Ochsen: Georg Friedrich Händel, Pierre-Auguste Renoir.

FISCHE/TIGER

»Ich glaube« *Wasser, Neptun, Veränderlich*		*»Ich beobachte«* *Holz positiv, Yang*	
VERSTÄNDNIS	ANPASSUNGSFÄHIG	LEIDENSCHAFT	GLÜCK
BEWUSSTHEIT	PHANTASIE	MUT	WOHLWOLLEN
KREATIVITÄT	SPIRITUALITÄT	ANZIEHUNGSKRAFT	AUTORITÄT
BLASIERTHEIT	ÄNGSTLICHKEIT	HEFTIGKEIT	PRAHLEREI
WILLENSSCHWÄCHE	SUCHT	HITZKÖPFIGKEIT	ZÜGELLOSIGKEIT
UNENTSCHLOSSEN	MANGELNDES SELBSTVERTRAUEN	UNGEHORSAM	WANDERVOGEL

Dieser schneidige Fische-Geborene verwendet einen Großteil seiner Zeit und Energie darauf, mehr in Harmonie zu kommen. Fische-Menschen, die in Tiger-Jahren geboren sind, fühlen sich oft von ihrer draufgängerischen Tiger-Natur bedroht und wünschen sich oft, den Tiger abschütteln zu können. Fische wollen durch unbegrenzte Zeit und unbegrenzten Raum schwimmen. Für Einschränkungen haben sie nichts übrig. Sie sehnen sich danach, frei und ungebunden dahinleben zu können. Ihr Ziel ist die spirituelle Erleuchtung. Das Zeichen Fische allein schenkt dem Lärm der Masse kein Gehör.

Der Tiger andererseits begeistert sich für alles Dramatische. Tiger trinken zum Frühstück Adrenalin. Sie sind attraktiv und eitel, hektisch, brüsk und extrovertiert. Einengungen mögen sie ebensowenig wie Fische oder jeder andere Mensch. Aber Tiger wollen Land gewinnen. Sie sind Grenzsoldaten mit geschulterten Musketen. Sie sind wahre Pioniere der guten alten Postkutschenzeit, die die Gefahr so sehr lieben, daß sie sich lieber von Indianern verfolgen lassen, als sich an einem netten und ruhigen Plätzchen niederzulassen.

Daher wird dieser Fisch nur seinen inneren Frieden finden, wenn er den fürchterlichen Tiger draußen im Regen stehen läßt. Unter relativ ruhigen Lebensumständen kann der im Tiger-Jahr geborene Fische-Mensch nach Selbsterkenntnis streben.

Der Fische/Tiger ist ein freigiebiger Mensch. Es macht ihm Freude, mit anderen Menschen zu teilen. Es macht ihm Spaß, Leute, die er mag, zum Essen einzuladen. Er geht Nachbarn oder Bekannten gerne zur Hand. Er ist aufrichtig am Wohle seiner Mitmenschen interessiert und fragt immer danach, wie es einem geht.

Aufgrund seiner Bereitwilligkeit, sein Herz zu öffnen, ist dieser Mensch sehr verletzlich. Ein falsches Wort, eine grobe Bemerkung oder harte Kritik kann den sensiblen Fische/Tiger-Menschen völlig fertigmachen. Er stößt sich nicht nur an Sarkasmus, sondern reagiert so aggressiv darauf, daß man völlig verblüfft ist.

Mit anderen Worten, sehen Fische/Tiger viel sanftmütiger aus, als sie in Wirklichkeit sind. Hinter ihrem fröhlichen »Guten Morgen« liegt schon eine bissige Bemerkung auf der Lauer, die jedem an den Kopf geknallt wird, der es wagt, ihn zu provozieren. Fische/Tiger greifen nur selten an. Aber sie sind immer auf der Hut und bereit, einen Angreifer ins nächste Wochenende zu katapultieren. Dieser Mensch kann sich achselzuckend mit einer schiefgegangenen Liebesbeziehung oder einem mißratenen Karottenkuchen abfinden und über seine eigenen Fehler lachen, aber Sie können nicht damit rechnen, daß er Nachsicht übt, wenn er provoziert wird.

Stolz und manchmal ein Komiker, ist dieser Mensch eine Art weinender Clown. Seine Sensibilität liegt direkt unter der Oberfläche. Er setzt oft ein schwaches und rührendes Lächeln auf, das soviel sagen will, wie »Vorsicht! Zerbrechlich!« Im wesentlichen sind Fische/Tiger schüchtern, wollen aber nicht für ängstlich gehalten werden. Ihre Gefühle sind sehr tief. Sie sind für Vorschläge offen, wollen aber nicht den Anschein erwecken, als könne man sie beeinflussen. Sie wollen gefallen, lassen sich aber nicht zum Narren halten, nur um einen Vorteil zu erringen. In der Tat ist dieser anmutige Mensch mit seiner sozialen Gesinnung ein bißchen verrückt, köstlich unberechenbar und umwerfend attraktiv.

LIEBE

Dieser wässerige Tiger ist sehr zärtlich. Aber die ausgeflippte Seite seiner zarten Sinnlichkeit ist in Bitterschokolade gehüllt. Fische-Menschen, die in Tiger-Jahren geboren sind, können Enttäuschungen in Liebesbeziehungen auf elegante Weise wegstekken. Aber sie behalten von jeder Verletzung Narben zurück und verlieben sich schließlich nicht mehr so schnell.

Wenn Sie einen dieser amüsanten Giganten lieben, lassen Sie ihn ein wenig zappeln. Wenn Sie ihn um Liebe anflehen, werden sie nur halb so attraktiv für ihn sein. Tun Sie so, als könnte man Sie nicht leicht herumkriegen. Lernen Sie, über seine Witze zu lachen. Seien Sie nicht aggressiv, und wenden Sie Diplomatie statt Gewalt an, wenn Sie ihn von seiner Meinung abbringen wollen.

Passende Partner

Pferde-Geborene sind praktisch veranlagt. In einer Beziehung mit einem Stier, Krebs, Skorpion oder Steinbock/Pferd profitieren Sie von diesem Pragmatismus. Partnerschaften mit Krebs, Skorpion und Steinbock/Hunden verlaufen auch harmonisch. Hund-Geborene verleihen Ihnen Gefühl für das rechte Maß und helfen Ihnen, sich zu mäßigen. Auch ein gesunder Skorpion/Drache ist eine gute Partie für Sie. Zwilling, Jungfrau und Schütze/Schlangen und Ziegen arbeiten gegen Sie. Ebenso Jungfrau und Schütze/Ochsen. Jungfrau/Affen wollen ihre Seele stehlen, und Sie sind nicht scharf darauf, sie zu verlieren.

Heim und Familie

Dieser Typ ist fast überall zu Hause. Da er nicht nach materiellem Besitz strebt und sich eher bei seinen Freunden oder in der Kameradschaft einer Gruppe wohl fühlt, hängt seine häusliche Umgebung vielleicht etwas von dem Projekt ab, mit dem er gerade befaßt ist. Natürlich brauchen diese aktiven Menschen viel Raum, um sich zu entfalten. Sie fühlen sich nicht wohl, wenn sie eingeengt sind. Sie haben etwas von einem Bohemien an sich, und obwohl sie vielleicht hübsche Gegenstände und Möbel besitzen, macht es ihnen nicht besonders viel aus, was daraus wird.

Fische/Tiger-Eltern wünschen sich, daß ihr Kind ein Künstler, ein freier Geist und vor allem glücklich wird. Sie sind zwar nachsichtig, geben ihren Kindern aber gefühlsmäßig wunderbaren Halt. Aufsässigkeit und Widerspenstigkeit dulden sie jedoch nicht. Tiger, sogar wenn sie im Fischgewand stecken, sind rigoros, wenn es darum geht, Vorschriften zu erteilen und darauf zu achten, daß sie auch befolgt werden. Zweifellos bieten Mama und Papa Fisch/Tiger Klein Evelin und Klein Oliver unzählige Möglichkeiten, sich geistig zu entwickeln und ihre Talente zu entfalten.

Das Fisch/Tiger-Kind ist übersensibel. Sie sollten es mit zwei Paar

Samthandschuhen übereinander anfassen. Es kann nämlich sein, daß Sie einen großen Künstler oder Musiker, Sänger oder Tänzer in Ihren Händen halten. Versuchen Sie nicht, diesem Kind Ihren Willen aufzuzwingen, sondern geben Sie ihm die Chance, all die Talente zu entfalten, die ihm später zu frühem beruflichen Erfolg verhelfen können. Dieses Kind braucht viel Sicherheit und blüht bei großzügigen und liebevollen Eltern auf.

Beruf

Die Sensibilität des Fische/Tiger-Geborenen hindert ihn nicht daran, im Berufsleben kämpferisch zu sein. Der Tiger verleiht dem Fische-Geborenen einen Arbeitseifer, der über das normale Pflichtgefühl hinausgeht, und daraus gewinnt dieser Mensch viel zusätzliche Energie. Mit den Fischen im Schlepptau ist der Tiger weniger hitzköpfig und ungestüm. Der Fische/Tiger ist umgänglich und kann sich in einer öffentlichen wie auch persönlichen Karriere gleichermaßen bewähren, ohne seine Ziele aus den Augen zu verlieren.

Der Fische/Tiger ist zu schüchtern, um herumzukommandieren. Die Rolle der Autoritätsperson liegt ihm nicht besonders. Fische/Tiger können die Früchte ihrer Arbeit am besten genießen, wenn sie selbständig arbeiten und ihre künstlerischen Talente gewinnbringend einsetzen. Natürlich können sie auch für andere arbeiten und passen sich ohne Schwierigkeiten an. Diese Menschen sind anpassungsfähig und erkennen den Wert der Disziplin. »Früh übt sich« ist die Grundlage für die spätere Diskretion des Fische-Geborenen.

Einige Berufsmöglichkeiten für Fische/Tiger sind: Künstler (Schauspieler, Maler, Schriftsteller usw.), Kunsthandwerker (Weber, Goldschmied, Töpfer usw.), Musiker (Instrumentalist oder Komponist), Tänzer oder Choreograph, Filmemacher, Klavierstimmer, Kunsterzieher, Kostümbildner.

Berühmte Fische/Tiger: Stéphane Mallarmé, John Steinbeck, Jerry Louis, Rudolf Nurejew.

FISCHE/KATZE

»Ich glaube«
Wasser, Neptun, Veränderlich

»Ich ziehe mich zurück«
Holz negativ, Yin

VERSTÄNDNIS	ANPASSUNGSFÄHIG	TAKT	VORSICHT
BEWUSSTHEIT	PHANTASIE	ELEGANZ	LANGES LEBEN
KREATIVITÄT	SPIRITUALITÄT	TUGEND	EHRGEIZ
BLASIERTHEIT	ÄNGSTLICHKEIT	HEIMLICHTUEREI	DILETTANTISMUS
WILLENS-SCHWÄCHE	SUCHT	ÜBEREMPFIND-LICHKEIT	HYPOCHONDRIE
UNENTSCHLOSSEN	MANGELNDES SELBSTVERTRAUEN	PEDANTERIE	KOMPLIZIERT-HEIT

Frißt die Katze den Fisch? Nein. Dieses hübsche Pärchen hat einen glücklichen Start und ebenso ein Happy-End. Die Sensibilität des Zeichens Fische findet eine fließende Verbindung mit der Häuslichkeit, Vorsicht und Bescheidenheit der Katze. Der Fisch, der in einem Katze-Jahr geboren ist, genießt wahrscheinlich ein langes und produktives Leben als Hüter der Schönheit und Eleganz. Man kann sicher sein, daß er fast immer künstlerische Begabung besitzt und darüber hinaus weiß, wie man diese Talente praktisch und gewinnbringend nutzt.

Dieser Katze-Geborene besitzt etwas sehr Edles. Es gibt nur wenig, was dem enormen Wahrnehmungsvermögen des Fische-Geborenen entgeht, und da ihn die sensible Katze wenigstens teilweise ins Trockendock steckt, kann er in seinem Leben viel leisten. Beide Tierkreiszeichen sind bekannt für ihre Fähigkeit, Konflikte zu vermeiden und Auseinandersetzungen aus dem Weg zu gehen. Beide Zeichen verabscheuen Rachegefühle oder Bösartigkeit. Das Vorwärtskommen dieses Menschen wird durch kein unnatürliches Hindernis behindert. Die Fische/Katze gelangt genau dorthin, wo sie hin will, ohne gegen die Verkehrsregeln zu verstoßen.

Die meiste Zeit in seinem Leben ist dieser Mensch sehr umsichtig. Fische/Katzen verhalten sich erst einmal ruhig, bis sie ihr Publikum besser kennen. Erst wenn sie sich sicher fühlen, beginnen sie zu sprechen. Sie sind nicht sehr gesellig und scheuen vor Moderichtungen und Trends zurück. Schlichtheit ist ihr Ziel, Kompliziertheit ihr Feind. Die Fische/Katze ist ordnungs- und vernunftliebend, und ihre persönlichen Ansichten geben ihr Sicherheit. Was einem wie Unsicherheit bei Fische/Katzen erscheint, entspringt ihrem Weigern, sich an irgend etwas zu beteiligen, das ihrer Denkweise nicht entspricht. Oft ist es direkt oder indirekt auf Fische/Katzen zurückzuführen, daß jemand, den sie für wertvoller halten als sich selbst, zu Ruhm gelangt. Für Fische/Katzen selbst kann Ruhm Einschränkung oder ein Handicap bedeuten. Dennoch gelangen viele Menschen, die unter diesem Zeichen geboren sind, zu Ruhm. Sie beobachten jeden Aspekt des menschlichen Lebens sehr genau und können das, was sie sehen, auf einzigartige Weise interpretieren. Sie können sehr witzig sein und zögern nicht, ihren Humor einzusetzen, um deutlich zu machen, was sie meinen.

Fische/Katzen sind niemals brüsk oder voreilig und gehen auf Zehenspitzen durchs Leben. »Katzenpfötchen« wäre hier das richtige Wort. Der Fisch, der in einem Katzen-Jahr geboren ist, ist vielleicht nicht besonders kreativ und stibitzt anderen schon mal die Ideen. Aber die Bewunderung und Ernsthaftigkeit, die er versprüht, machen verblüffende Erfindungen überflüssig. Der Ehrgeiz dieser Katze besteht darin, Dinge zu entdecken oder zu enthüllen. Er möchte Dinge klären, die ihm obskur erscheinen. Er hat Verständnis für Heimlichtuerei und weiß, wie man Verschwiegenheit zu seinem eigenen Vorteil einsetzt.

Im wörtlichen Sinne ist die Fische/Katze ein Einzelgänger. Er ist von seinem Zuhause abhängig und hängt an allem, was vertraut und sicher ist. Am besten kann er sich in der Gemeinschaft entfalten. Man könnte ihm vorwerfen, versnobt zu sein, da er ein bißchen selbstzufrieden und blasiert ist. Er haßt plötzliche Veränderungen und tut, als wären sie Erdbeben.

Liebe

Die Fische/Katze ist kein warmer, extrovertierter, herzhafter oder (Gott bewahre!) Aufreißer-Typ. Gewöhnlich verlassen sich diese Menschen bei ihrer Partnerwahl auf ihren Instinkt und können jahrelang alleine leben, bis sie ihren Prinz oder ihre Prinzessin gefunden haben. Fische/Katzen sind traditionsverbunden und darüber hinaus romantisch, und niemand ist so vollkommen, ihrem Ideal zu genügen.

Ist Ihr Partner ein Fische/Katze-Geborener? Sie Glücklicher! Sie sollten Fenster und Türen zunageln, damit Ihnen dieser sanftmütige, zähe Bursche nicht mehr davonläuft. Sie werden ihn mit Waggonladungen von Selbstbestätigung und Zärtlichkeit überhäufen müssen. Sie werden oft für diesen ängstlichen Menschen als Sprecher auftreten müssen. Aber hinter den Kulissen wird er wahrscheinlich der Mittelpunkt Ihres Lebens sein. Lassen Sie Ihren Fische/Katze-Partner Ihre liebevolle Gesellschaft niemals missen. Er wird Ihnen nie eine Szene machen oder einen Skandal heraufbeschwören, aber wenn Sie nach Hause kommen, ist er vielleicht nicht mehr da – auf und davon, für immer und ewig.

Passende Partner

Stier, Krebs und Skorpion/Schweine verhelfen Ihnen zu dem Seelenfrieden, nach dem Sie sich sehnen. Oder Sie versuchen es einmal mit einer Krebs oder Skorpion/Ziege, um kreative Ferien vom Alltag zu machen. Auch Skorpion und Steinbock/Hunde können Ihr Leben mit einer Menge neuer Ideale bereichern. Ein Krebs/Katze-Geborener ist Ihnen so ähnlich, daß sie wie ein Zwillingspärchen sind. Darüber hinaus bringen Krebs/Katzen herausfordernde Ziele und Häuslichkeit mit.

Heim und Familie

Fische/Katzen besitzen einen ausgeprägten Familiensinn. Sie möchten Kinder haben und großziehen. Um diesen Traum zu verwirklichen, haben sie natürlich ein Heim. Sie können damit rechnen, daß die Fische/Katze auf einem geschmackvoll eingerichteten, komfortablen und sicheren Haus in einer guten Gegend besteht. Diese Menschen sind ausgesprochen aufstrebend, und ihr Image hängt sehr davon ab, wo und wie sie wohnen. Sie wünschen sich eine friedliche Umgebung und ziehen das Landleben der Großstadt vor.

Fische/Katze-Eltern sind vor allem anderen am Wohlergehen ihrer Kinder interessiert. Sie verhätscheln ihre Kinder etwas, sind aber doch auf ruhige Weise streng. Sie mögen es nicht, wenn ihre Kinder respektlos sind. Fische/Katze-Eltern bestehen auf guten Manieren. Sie sind zärtlich und liebevoll. Wahrscheinlich fahren sie mit ihren Kindern nicht Achterbahn, aber sie sind glücklich, wenn sie ihnen eine Gute-Nacht-Geschichte vorlesen können.

Wenn Sie ein Fische/Katze-Kind haben, werden Sie schon sehr früh bemerken, daß es Lärm und Krawall nicht mag. Es gehört nicht zu der Sorte Babies, die Sie in die Luft werfen, damit sie zu jauchzen anfangen. Dieses Kind muß sanft behandelt werden und braucht eine komfortable Umgebung, um gesund und stark aufwachsen zu können. Es muß lernen, nicht anderen die Schuld für seine Fehler zu geben. Fische/Kätzchen brauchen auch viel Selbstbestätigung, damit sie nicht schüchtern und ängstlich werden. Zeigen Sie diesem Kind, wie entzückend es ist. Fische/Katzen lassen sich gerne bewundern.

Beruf

Diesen klugen und liebenswürdigen Menschen hält eine gewisse Zurückhaltung davon ab, Karriere zu machen. Der Fische/Katze-Mensch ist extrem nervös und macht sich große Sorgen über seinen gesellschaftlichen Status und sein Image. Arbeit kann ihn nicht einschüchtern. Aber wenn er sich eingeengt fühlt oder Konflikte drohen, schreckt ihn das allerdings ab. Da er immer dazu neigt, sich zurückzuziehen, wird er sich womöglich für einen gut bezahlten Routine-Job entscheiden müssen, statt für eine tolle Karriere mit Höhen und Tiefen.

Eine Fische/Katze als Chef ist ernst und ziemlich streng. Da dieser Mensch auf Streß und Probleme extrem verletzlich reagiert, kann es sein, daß er seine Sensibilität hinter einer kühlen Fassade verbirgt. Obwohl dieses distanzierte Verhalten vielleicht falsch ist, ist es der einzige Kontakt, den der Fische/Katze-Mensch zulassen kann. Unabhängige Arbeit paßt zu ihm. Er arbeitet in seinem ihm eigenen Tempo, ohne zu schuften. Als Angestellter ist dieser Mensch ruhig und reserviert, fleißig, aber nicht immer bereit, die Initiative zu ergreifen.

Berufe, die Fische/Katze-Menschen gefallen könnten, sind: Mathematiker, Computerspezialist, Kunstkurator, Übersetzer, Schriftsteller, Weinbauer, Landschaftsarchitekt.

Einige berühmte Fische/Katzen: Albert Einstein, Harry Belafonte, Peter Fonda, Anaïs Nin, Hubert Givenchy, Joachim Fuchsberger.

FISCHE/DRACHE

»Ich glaube«	*»Ich präsidiere«*
Wasser, Neptun, Veränderlich	*Holz positiv, Yang*

VERSTÄNDNIS	ANPASSUNGSFÄHIG	KRAFT	ENTHUSIASMUS
BEWUSSTHEIT	PHANTASIE	ERFOLG	MUT
KREATIVITÄT	SPIRITUALITÄT	GUTE GESUNDHEIT	SENTIMENTALITÄT
BLASIERTHEIT	ÄNGSTLICHKEIT	STARRHEIT	VERBLENDUNG
WILLENSSCHWÄCHE	SUCHT	MISSTRAUEN	AUFSCHNEIDEREI
UNENTSCHLOSSEN	MANGELNDES SELBSTVERTRAUEN	UNZUFRIEDENHEIT	REDSELIGKEIT

Der Fisch, der in einem Drache-Jahr geboren ist, ist außerordentlich an seinem eigenen Fortkommen interessiert. Dieser Mensch muß das Gefühl haben, daß er in seinem Leben vorwärts kommt. Stillstand macht ihn nervös und verstimmt ihn. Wenn es einmal kein Vorwärtskommen gibt, dann geht er auf Reisen. Eins ist sicher, der Fische/Drache-Mensch ist ein Wandervogel. Er hat einen starken Bewegungsdrang. Diesen lebt er aus, indem er läuft, oder spazieren geht, schwimmt oder Zug fährt, auf jeden Fall ist er immer in Bewegung.

Die Fische-Seite dieses Menschen verleiht ihm Perspektive. Für einen Drache-Geborenen, der besser als jeder andere weiß, wie man alle anderen überflügelt, sind die stillen Wasser der Fische ein Segen. Die Fische dämmen die übertriebenen Gelüste des Drachen ein und kühlen sein Feuer ab. In gewissen Fällen nimmt das Zeichen Fische dem Drachen zu viel, und aus dem grünen, glutäugigen Monster wird ein attraktiver, aber zielloser Jahrmarkts-Feuerspeier, ein Abglanz dieser Drache-Persönlichkeit. Letzteres kann für das Wohlergehen des Drachen-Fischs gefährlich sein, da die gedämpfte Drache-Energie wiederum die »Ist mir doch egal!«-Haltung des Zeichens Fische verstärken kann.

Was Fische/Drachen lernen sollten, ist Selbstdisziplin und Ausdauer. Beide Zeichen verstehen sich meisterhaft darauf, sich aus allem, was nach Arbeit riecht, herauszuhalten. Natürlich wird dieser Mensch eine Entschuldigung finden, warum er sich vor einer Arbeit drückt. Der Drache, der im Zeichen Fische geboren ist, ist der Meinung, daß er bereits genug weiß, und daß in kürzerer Zeit wesentlich mehr erreicht werden könnte, wenn andere ihn um Rat fragen würden. Warum sollte er also gelangweilt dabei herumhängen?

Aha! Hier liegt der Hase im Pfeffer. Fische/Drachen denken immer, daß sie alles am besten wissen. Sie preschen in fast jeder Situation, auf die sie stoßen, nach vorn und machen es genau, wie sie es gut finden. Vielleicht glauben sie, daß sie sich im Namen irgendeines Ideals in dieser Sache engagieren. Aber sie verschwenden keinen Gedanken daran, ob die anderen Menschen mit besagtem Ideal übereinstimmen oder nicht. In anderen Zeichenkombinationen kann man Drachen, die sich allzu sehr in den Vordergrund drängen, in ihre Grenzen weisen. »Verzieh Dich in Deine Höhle, Drache, und warte, bis Du gerufen wirst.« Aber das ist für einen Fische/Drachen sehr schwer. Er ist narzistisch und defensiv bis ins Extrem. Er ist sehr unsicher und kompensiert das damit, daß er emotionale Stürme aufbrausen läßt und Tränenbäche, mit denen selbst die Sonne gelöscht werden könnte.

Dieser Mensch spinnt ein Netz aus einem derart reizenden und überzeugenden Charme, daß er sogar selber daran glaubt. Er vertritt eine Idee oder einen Plan so überzeugend, daß Sie nicht den geringsten Zweifel an seiner Durchführbarkeit hegen würden. Fische/Drachen kennen keine halben Sachen. Sie wollen immer alles ganz machen. Eines Tages treffen Sie ihn dann auf der Straße: »Hey, alter Junge, was ist mit der Firma, die Du auf die Beine gestellt hast?«, oder »Was ist aus dem Wolkenkratzer in dem Hinterhof geworden?« Der Fische/Drache-Mensch streckt sich und blickt geringschätzig herab. »Welcher denn, Kamerad?« fragt er ganz erstaunt.

Was an diesem Menschen so erstaunlich ist, ist sein Charme und seine gute Gesundheit. Der Fische/Drache-Mensch kann zwar etwas aufgeblasen und ein wenig zu draufgängerisch sein, aber das wahre Fische-Selbst, das mit dem tiefen Augen und den langen Wimpern, dem Lachen und den Witzen und dem Kichern und dem Necken – o ja! das ist es, was den Fische/Drachen so sympathisch macht. Er hat immer eine Stichelei oder Schnurre für Sie. Er rast immer gerade zum Jogging und anschließend in den Fitneß-Club und danach ins vegetarische Restaurant. Fische/Drachen sind gottvolle Genossen (wenn sie nicht zu dick auftragen).

Aber sie sind keine Allerwelts-Kerle. Sie können glücklich und zufrieden im Hintergrund leben, wenn sie erst einmal erkannt haben, daß Wolkenkratzer in Hinterhöfen unpraktisch und aus der Mode sind. Sie können sich auf gute Ratgeber verlassen und davon leben, die Menschen anzulächeln, die ihre »dolce far niente«-Lebenseinstellung lieben. Fische-Menschen, die in Drache-Jahren geboren sind, sind reizbar und streitlustig, bis sie irgendwann aufhören, sich selbst beweisen zu wollen. Dann werden sie in dem Beruf, den sie gewählt haben, gute Arbeit leisten, verfallen in einen angenehmen Trott und ihre Tagträume kreisen nur noch darum, was sie zum Abendessen kochen sollen.

Liebe

In Liebesangelegenheiten ist der Fische/Drache nicht beständig. Diese Menschen sind oft umwerfend attraktiv. Es fällt ihnen nicht leicht, mit ihrer Schönheit umzugehen, da ihr Ego erst einmal ein wenig gebändigt werden muß. Die Schönheit stärkt das Ego und umgekehrt. Aber – und das ist das Riesen-Aber – Drachen, und ganz besonders Fische/Drachen, sind ausgesprochen gefühlsanfällig. Sie stürzen sich von einem sexuellen Abenteuer ins nächste und verheddern sich in den dramatischsten Gefühlsverwicklungen. Ihre Tagebücher strotzen nur so von Nervenzusammenbrüchen, Trennungen und Versöhnungen. Aber sie kehren immer wieder zum Ort ihrer emotionellen Untaten zurück. Wenn ein Fische/Drache jemanden einmal geliebt hat, liebt er ihn für immer – immer und ewig. Gefühl ist die stärkste Eigenschaft dieses Menschen. Deshalb verzeiht und entschuldigt und lebt er beständig – und vergißt niemals die schönen alten Zeiten.

Wenn Sie in einen Fische/Drachen vernarrt sind, kann ich Ihnen, glaube ich, einen guten Rat geben. Erstens, nörgeln Sie nie an ihm herum. Schmeicheln ist die beste Methode, die man im Falle des Fische/Drachen anwenden kann. Sie lieben es, wenn man ihnen schöntut. Seien Sie so gut gelaunt, wie Sie nur können, und lachen über ihre Witze und erzählen Sie ihnen, wie gottvoll sie sind, aber passen Sie auf, daß Sie nie völlig ihrem Zauber erliegen. Wenn Ihr Fische/Drache-Partner – hingerissen von seiner eigenen Großartigkeit – völlig abhebt, müssen Sie wenigstens derjenige sein, der mit beiden Beinen fest auf dem Boden der Realität steht. Der Trick dabei ist, es nicht merken zu lassen.

Passende Partner

Oh, ihr Drachen mit euren Anhängerscharen! Stier, Krebs, Skorpion und Steinbock/Affen lieben euch mit Affen-Liebe. Stier, Krebs, Waage und Skorpion/Tiger bewundern euch. Dann kommen natürlich die Stier und Skorpion/Schlangen, die geradezu verrückt nach euch sind. Nicht zu vergessen die Skorpion und Steinbock/Ratten, die euch vergöttern und anbeten. Weniger Beifall erhalten Sie von Zwilling und Jungfrau/Katzen, die Ihre Brüskheit fürchten. Auch bei Jungfrau und Schütze/Hunden sind Sie nicht so willkommen. Aber, o weh! Jungfrau/Schweine und Schütze/Ochsen halten Sie für schlichtweg unmöglich.

Heim und Familie

Der Fische/Drache ist kein häuslicher Typ. Er ist zufrieden, wenn er in einer bescheidenen, aber brauchbaren Umgebung lebt. Das Territorium, das ihn interessiert, befindet sich außerhalb seines Heims, draußen in der Welt. Fische/Drachen sind unverbesserliche Idealisten und können ihr ganzes Leben davon träumen, ihren eigenen Platz an der Sonne zu haben. Aber im Augenblick ist dieser Mensch gerade in Griechenland unterwegs mit einem Freund, der ein Haus auf einer Insel besitzt. Armer, alter Fische/Drache, manchmal wartet er so lange damit, mit der Verwirklichung seiner Träume zu beginnen, bis es zu spät ist. Aber macht nichts. Darum ging es ihm ja auch gar nicht in erster Linie.

Fische/Drache-Eltern haben es gerne lustig. Sie haben Freude an ihren Kindern, und ihre Streiche bereiten ihnen Vergnügen. Da sie gerne Führer einer Gruppe sind und im Erwachsenenleben nicht oft in diese Lage kommen, verleiht ihnen die Rolle des Vaters oder der Mutter Selbstbewußtsein. Sie müssen aufpassen, daß sie ihren Kindern gegenüber nicht zu nachlässig in der Erziehung sind. Aber ansonsten sind sie liebevolle und sehr zärtliche Eltern.

Das Fische/Drache-Kind ist nicht leicht zu haben. Es ist abwechselnd enthusiastisch und gleichgültig. Dieses Kind scheint zumindest verbal zu wissen, was es will. Es ist vehement und hat einen starken Willen. Aber das Schlimmste, was diesem süßen Kleinen passieren kann, ist, daß man ihn sich selbst überläßt. Statt dessen braucht er eine geduldige und sorgsame Erziehung. Lassen Sie dieses Kind nicht selbst entscheiden. Es schlägt nicht immer den richtigen Kurs ein. Wenn Sie es vernachlässigen, wird es Ihnen das niemals verzeihen.

Beruf

Möchte der Fische/Drache-Mensch wirklich einen Beruf? Das ist die Frage. Ich weiß, daß dies in einer Welt, die so auf Ehrgeiz und Erfolg ausgerichtet ist, komisch klingt, aber, wenn ich mich nicht täusche, wollen Fische/Drachen sich lieber bequem zurücklehnen und dem ganzen Theater aus der Ferne zusehen. Sie haben nichts gegen Aktivität und sind nicht faul. Aber sie haben etwas an sich, daß nicht von dieser Welt zu sein scheint. So, als hätten sie mit dieser Welt gar nichts zu tun. Ich nehme an, daß sie am besten beraten sind, wenn sie selbständig arbeiten, aber dann brauchen sie wieder jemanden, der sie beaufsichtigt und anleitet.

Es ist sinnlos, von diesen Menschen als Chef zu sprechen. Innerhalb einer Erbfolge oder durch einen glücklichen Zufall kann er zwar Chef werden, aber, obwohl er herumkommandieren kann, kann ich mir nicht vorstellen, daß er diesen Job wirklich ernsthaft ausführt. Er ist ein zu starkes Feuerwerk. Natürlich kann der Fische/Drache Angestellter sein. Aber er möchte einen Job, der ihm Raum zum Atmen läßt und will sich nicht allzu viel sagen lassen.

Berufe, die Fische/Drachen gefallen könnten, sind: Philosoph, Professor, Fotograf, Produzent, Kameramann, Schriftsteller, Linguist, Roadie, Handelsreisender, Zirkusartist.

FISCHE/SCHLANGE

»Ich glaube«
Wasser, Neptun, Veränderlich

»Ich empfinde«
Feuer negativ, Yang

VERSTÄNDNIS	ANPASSUNGSFÄHIG	INTUITION	KLUGHEIT
BEWUSSTHEIT	PHANTASIE	ATTRAKTIVITÄT	HELLSICHTIGKEIT
KREATIVITÄT	SPIRITUALITÄT	DISKRETION	MITGEFÜHL
BLASIERTHEIT	ÄNGSTLICHKEIT	HEUCHELEI	HABGIER
WILLENSSCHWÄCHE	SUCHT	EXTRAVAGANZ	ANMASSUNG
UNENTSCHLOSSEN	MANGELNDES SELBSTVERTRAUEN	FAULHEIT	AUSSCHLIESSLICHKEIT

Dieser tiefe Denker hat einen sprudelnden und anmutigen Charakter, aber nur an der Oberfläche. In seinem Inneren regen sich Philosophien und Weltanschauungen, die zu ungewöhnlich sind, um sie mit irgendeinem Menschen, der nicht erleuchtet ist, zu teilen. Fische/Schlangen haben tiefe Empfindungen und erfassen jede Situation so intuitiv, daß sie vor der Macht engeren menschlichen Kontakts zurückzuschrecken scheinen. Sensitivität gewinnt im Falle einer Fische/Schlange eine ganz neue Bedeutung. Die Intuition verdoppelt sich hier, das zweite Gesicht ist verstärkt und das Vorgefühl und die Vorausahnungen sind so mächtig, daß man sie fast als übernatürliche Begabung bezeichnen könnte. Fische/Schlangen sind eine Art Hexen im Schafspelz.

Das Problem besteht darin, daß die Welt kein geeigneter Platz ist für so eine gefühlvolle Seele. Es gibt heutzutage keine Jobs für Hexen. Oh, ich vermute, daß sich diese Menschen der Astrologie oder der Wahrsagerei aus Kristallkugeln zuwenden würden, wenn sie ihre Anhänger hätten. Aber Fische/Schlangen sind absolut keine Menschen, die großes Aufsehen erregen wollen. Sie wollen niemanden mit ihrer Wichtigkeit beeindrucken und müssen in dieser schlechten Welt keine eigennützigen Ziele verfolgen. Die Fische/Schlange ist zufrieden, wenn sie sich aus all dem heraushalten kann, wenn sie von einer Familie geschützt wird, für die sie zugleich Seele und Tröster ist. Fische/Schlangen sorgen, ob sie wollen oder nicht, für sich selbst.

Aber der Trost, den Fische/Schlangen spenden, wird nicht leichtfertig hergegeben. Der Fische/Schlange-Mensch ist ein tiefer Denker und ein ziemlicher Einzelgänger. Er behauptet, daß er am Gemeinschaftsleben teilnimmt, weil diese Gemeinschaft existiert und weil es notwendig ist. Aber die ganze Zeit beklagt er sich: »Ich tue dies und mache das. Ich bin der einzige hier, der... Warum nimmt niemand anders Notiz davon? Wie kann man so sorglos sein? Warum soll ich zu diesen Idioten und Undankbaren nett sein?« Fische/Schlange-Menschen schreien oder brüllen nicht, noch werfen sie mit Gegenständen. Oh, nein. Sie schimpfen und meckern und sind schlechter Laune, und gelegentlich erwischen sie den einen oder anderen mit ihrer Vipernzunge.

Aber zwei Minuten später, wenn man ihm den Rücken gekehrt hat, nimmt er den Gegenstand seines Unmuts in die Arme und entschuldigt sich. Fische/Schlangen sind honigsüß, kreativ und enorm attraktiv.

Fische/Schlangen sind der Realität nicht besonders zugetan. Sie wollen keine Verantwortung übernehmen, und vor allem wollen sie nicht aus eigener Kraft heraus zu Erfolg gelangen. Papierkram (außer es handelt sich um Dichtung oder Passagen aus der Metaphysik) ekelt sie an. Faulheit folgt ihnen auf Schritt und Tritt. Sie sind klug und besitzen eine ausgezeichnete Wahrnehmungskraft. Aber es ist ihnen ganz einfach nicht gegeben, aus ihrer Weisheit etwas zu machen. Sie finden sich damit ab, schneidend bissig zu sein, aber sie können nicht grausam sein. Unredlichkeit könnte sie faszinieren, aber sie können keine Verbrechen begehen. Manche Menschen halten sie für einen »Waschlappen«, ich nenne Fische/Schlangen einfach »nette Menschen«.

Die Fische/Schlange-Menschen sind leicht verletzt. Ihre Empfindlichkeit liegt so dicht unter der Oberfläche, daß sie ihr buchstäblich aus den Augen springt. Wenn man ihnen gegenüber eine grobe Bemerkung oder einen barschen Kommentar fallenläßt, nehmen sie ihn sich so zu Herzen und können innerlich direkt persönlichen Haß kultivieren. Viele Menschen werden eifersüchtig auf das sonnige Image, das Fische/Schlangen ausstrahlen. Da die Fische/Schlange aufgrund ihrer persönlichen Anziehungskraft immer der bestaussehendste und beliebteste Mensch unter den Anwesenden ist, werden sie von anmaßenden Leuten beneidet.

Wie kann jemand, der so eine schlichte Erscheinung hat, so anziehend sein? Es ist wie Zauberei.

Trotz all seiner Ausstrahlung mangelt es der Fische/Schlange an Selbstvertrauen. Sie ist sich ihrer niemals ganz sicher und fällt leicht auf Menschen herein, die sie nicht kennt. Sie interessiert sich für alles, was mit der Natur, Tieren und dem Übernatürlichen zu tun hat. Fische/Schlangen sind außerordentlich mitfühlend und verständnisvoll. Sie sind häufig launisch, können aber leicht wieder aus ihrer düsteren Stimmung herausgeholt werden.

Liebe

Für Fische/Schlangen kennt die wahre Liebe keine Grenzen. Wenn dieser Mensch heiratet, ist die Bindung für alle Ewigkeit. Das Band wird nie zerrissen. Fische/Schlangen bleiben gerne zu Hause und umgeben sich mit Freunden und Nachbarn. Aber sie sind nicht in dem »Komm, Schätzchen, gehen wir zum Essen aus«-Sinn gesellig. Fische/Schlangen brauchen lange Ruheperioden, um wieder aufzutanken, weil sie sehr viel Energie verbrauchen, wenn sie ihre aktiven Phasen haben. Es kann geschehen, daß ihnen ihr Partner untreu wird, da Fische/Schlangen Menschenmengen nicht mögen oder sich nicht nach Trends richten. Sie gehen nicht zum Tanzen, wenn sie keine Lust dazu haben – und sie haben praktisch nie Lust dazu.

Wenn Sie die Zuneigung eines dieser faszinierenden Magier gewinnen wollen, lernen Sie zuzuhören. Wenn Sie ihm ein oder zwei Stunden Gehör schenken, können Sie in emotioneller Hinsicht viel Land gewinnen. Fische/Schlangen sind schrecklich sensibel, aber ihre Sinnlichkeit ist nicht besonders ausgeprägt. Es passiert ihnen nur einmal im Leben, daß sie den Boden unter den Füßen verlieren. Wenn sie diese Lektion unter Schwierigkeiten gelernt haben, werden Fische/Schlangen extrem vorsichtig damit, wem sie ihr Herz anvertrauen. Wenn dieser Mensch beschlossen hat, Sie zu lieben, dann haben Sie einen Freund fürs Leben.

Passende Partner

Stier, Krebs und Steinbock/Hähne sind Ihre heimlichen Bewunderer. Mit ihnen können Sie ihr Glück finden. Krebs und Steinbock/Ochsen und Drachen bewundern ihre Schönheit und haben Vergnügen an ihrer witzigen Art. Zwilling, Jungfrau und Schütze/Tiger haben Sie jedoch nicht auf Ihrer Seite. Ein Zusammenleben mit Schweinen derselben drei Tierkreiszeichen sollten Sie auch nicht in

Betracht ziehen. Jungfrau/Affen drücken Sie fester, als Sie erwidern können – führen Sie sie nicht in Versuchung.

Heim und Familie

Die Fische/Schlange ist häuslich. Gleich, wie weit sie es im Leben bringt, ihre Familienbande zerreißen niemals. Dieser Mensch ist pflichtbewußt und liebevoll und sein Zuhause bedeutet ihm nichts, wenn darin nicht die Menschen leben, die er liebt. Seine Einrichtung ist gemütlich, aber sparsam. Der Fische/Schlange-Mensch geht sehr vorsichtig mit Geld um. Für seine Eltern, seinen Ehepartner oder seine Kinder ist ihm Luxus wichtig. Und was ist mit den Fische/Schlangen selbst? Diese Persönlichkeit kann in einem Zimmer mit einem Bett und einem großen Schrank leben. Fische/Schlangen sehen selten herausgeputzt aus, aber insgeheim lieben sie es, eine Menge Kleider zu besitzen.

Die Fische/Schlange hat etwas gegen den Kummer, der mit Kindern verbunden ist. Dieser Mensch ist übersensibel. Wenn sein Kind weint, hört sich das für sein Trommelfell an wie eine Boeing 707. Wenn es mit seinem Löffel auf sein Kinderstühlchen klopft, fällt der zerbrechliche Fische/Schlange-Mensch fast ins Koma. Wenn er Kinder hat, wäre es gut, wenn er viel Hilfe bekäme.

Das Fische/Schlange-Kind ist Mamas Liebling. Es ist so gefügig und geschmeidig, so klug für sein Alter und so liebenswert verschmust, daß das Herz jeder Mutter dahinschmelzen wird. Unter groben Bemerkungen in der Schule wird dieses Kind leiden, und es ist geknickt, wenn es von seinen Lehrern roh behandelt wird. Die beste Medizin für das hypernervöse und sensible Wesen der Fische/Schlange ist Bildung. Aneignen von Wissen hilft dem Fische/Schlange-Kind seine Philosophien zu kanalisieren und seine tiefen Einsichten der Realität anzupassen. Ohne eine solide Basis hängt dieser Charakter immer in der Luft. Und emotionelle Spielchen fordern es nicht genügend heraus, um es zu beschäftigen.

Beruf

Dieser sorgfältige und mitfühlende Mensch kann viele Berufe ergreifen. Aber zuerst muß er über die erste große Hürde seines Lebens springen, die darin besteht, daß er sein Elternhaus nicht verlassen möchte. Doch mit einer guten Ausbildung im Hintergrund ist er bereit, hinaus in die Welt zu ziehen, um sein Glück zu machen. Aber ohne diese fundierte Ausbildung wird er noch im Alter von dreißig Jahren an Mutters Rockzipfel hängen. Fische/

Schlangen können gut mit Menschen umgehen und sind stark und können gut physische Arbeit leisten. Als Chef ist dieser Mensch effektiv, wird aber nicht besonders gemocht. Da er zu gutmütig ist, neigen seine Angestellten dazu, ihn auszunutzen, und kritisieren ihn dann dafür, daß er nicht stark genug ist. Niemand liebt einen Wohltäter. Als Angestellter ist er sehr gefügig, solange er sich sicher und akzeptiert fühlt und nach Hause gehen kann, wenn seine Arbeit getan ist. Der Fische/Schlange-Mensch kann sehr gut selbständig arbeiten.

Berufe, die sich für Fische/Schlangen eignen: Gelehrter, Forscher, Historiker, Philosoph, Schriftsteller, Sozialarbeiter, Veterinär, Journalist, Astrologe, Theologe, Bauherr.

FISCHE/PFERD

»*Ich glaube*« *Wasser, Neptun, Veränderlich*		»*Ich fordere*« *Feuer positiv, Yang*	
VERSTÄNDNIS	ANPASSUNGSFÄHIG	ÜBERZEUGUNGSKRAFT	STIL
BEWUSSTHEIT	PHANTASIE	AUTONOMIE	GERADLINIGKEIT
KREATIVITÄT	SPIRITUALITÄT	POPULARITÄT	TALENTIERTHEIT
BLASIERTHEIT	ÄNGSTLICHKEIT	SELBSTSUCHT	HAST
WILLENSSCHWÄCHE	SUCHT	SKRUPELLOSIGKEIT	ÄNGSTLICHKEIT
UNENTSCHLOSSEN	MANGELNDES SELBSTVERTRAUEN	AUFLEHNUNG	PRAGMATISMUS

Der friedliche Anschein der Zeichenkombination ist nichts als eine zarte Hülle um sein spirituelles und zerbrechliches Wesen. Fische/Pferde-Menschen sind weitsichtig und sehr menschlich. Sie geben, ohne mehr dafür zu erwarten als daß man ihm den Kopf dafür streichelt. Bei dieser Zeichenkombination wird der normalerweise egoistische Drang nach Autonomie reduziert. Das Zeichen Fische mildert den Zorn des Pferdes und lehrt es, sich selbst ins Gesicht zu sehen, und zeigt ihm die Wunder der Hellsichtigkeit.

Das durchschnittliche Fische/Pferd ist viel zu nett. Viele der angenehmen Eigenschaften der Fische (Kreativität, Anpassungsfähigkeit und Verständnis) werden durch den flotten Stil des Pferds noch verstärkt. Fische/Pferde opfern manchmal zuviel von ihrer Zeit und vergessen, daß sie selbst Zeit für sich brauchen. Sie neigen dazu, zurückhaltend zu sein, und ziehen Beliebtheit der Ellbogen-Entschlossenheit vor. Wenn Fische/Pferd-Menschen von einem starken und wertvollen Menschen beschützt werden, der ihnen dabei helfen möchte, ihre Ziele zu erreichen, können Fische/Pferde es sehr weit bringen. Ihre Besonderheit und ihr seltenes Talent braucht nur in sichere Bahnen gelenkt werden, um aus dem Dunkel ans Licht geführt zu werden. Dann können diese Menschen zu großen Ehren in der Welt gelangen.

Dieser talentierte Fisch ist mit Aufrichtigkeit und Brillianz, den Charakterzügen des Pferdes, ausgestattet. Er kann überzeugend sein und ist sehr beliebt. Von seiner Pferde-Seite kann er sogar lernen, skrupellos und pragmatisch zu sein. Aber manchmal schreckt der Fisch vor diesen Wegen zum Erfolg zurück und zieht die Anonymität der Berühmtheit vor. Der Weg zum Ruhm oder auch zu persönlichem Erfolg in seinem Bereich erscheint dem ätherischen Fisch zu lang und unbequem. Für das Fische/Pferd ist es ein einziges Handicap, über den Augenblick hinaus in die Zukunft sehen zu können. Der jetzige Augenblick löst sich im Licht einer glänzenden Zukunft auf. Fische/Pferde können Schwierigkeiten vorhersagen und unerwartete Hindernisse voraussehen. Daher gibt er oft auf, bevor er überhaupt begonnen hat.

Das Leben und alles, was es an Erfahrungen mit sich bringt, erscheint dem Fische/Pferd ziemlich sinnlos. Am liebsten würde er über die Menschen und ihr kompliziertes Leben und ihre Probleme lachen und witzeln. Es amüsiert ihn, zu sehen, wie wichtig sich manche Menschen nehmen. Erstaunt fragt er sich: »Merken die Leute denn nicht, wie dumm sie wirken? Sind sie sich nicht bewußt, daß sie sich lächerlich machen? Warum nehmen sie alles so ernst? Es geht doch letzten Endes nur um das Leben.«

Für Pferd-Geborene ist es ganz natürlich, ein wenig eigensinnig zu sein. Wenn sie das Zeichen Fische, das sich immer windet, mit dem Zeichen Pferd, das jeden Augenblick durchgehen kann, verbindet, erhält man einen vergnügungssüchtigen Bohemien, der nichts anderes sucht, als einen Platz unter den Sternen, wo er die Nacht verbringen kann. Sollte diese gleichgültige Haltung in der Fische/Pferd-Persönlichkeit dominieren, kann dieser Mensch ihr Opfer werden, das resigniert, aber ohne zu klagen. Fische/Pferde sind nicht besonders streitsüchtig. Wenn sie jung sind, spielen sie ein wenig den Revolutionär und Draufgänger. Aber wenn sie erst einmal die Zwanzig überschritten haben, sind sie entweder dabei, ihre Fähigkeiten gewinnbringend einzusetzen, oder sie sind unterwegs, um in Kathmandu zu sich selbst zu finden. Das Fische/Pferd muß schon früh in seinem Leben eine Leidenschaft finden und ihr sein ganzes Leben lang folgen.

Liebe

Der Fische/Pferd-Mensch ist zu tiefer Liebe fähig. Er weiß, wie man anderen bedingungslos ergeben ist und macht sich ernsthafte Gedanken darüber, ob Sie dieses Aspirin gegen Ihre Kopfschmerzen nehmen sollten. Er ist ein bißchen schüchtern und vielleicht kein demonstrativer Liebhaber. Wenn er Sie erwählt hat, können Sie damit rechnen, daß Sie geliebt und bewundert werden.

Sollten Sie der Partner dieses demütigen Menschen sein, dürfen Sie seine Gutmütigkeit niemals ausnützen. Der Fische/Pferd-Mensch wird Sie idealisieren. Sie können sich darauf verlassen, daß er treu und fair ist. Ihre Aufgabe besteht darin, seine furchtsame Seele etwas aus der Reserve zu locken, indem sie ihm ein phantasievolles und ausgiebiges Vorspiel gönnen. Der Fische/Pferd-Mensch muß verführt werden und braucht bitte Mondlicht, Blumen und Kerzen auf dem Tisch. Einkaufen gehen wir morgen.

Passende Partner

Nach Krebs, Waage, Skorpion und Steinbock/Tigern sind Sie ganz verrückt. Solche Partien sind wohltuend gesund und liebevoll. Auch Stier, Skorpion und Steinbock/Hunde sind ganz vernarrt in Sie. Und auch mit Stier und Steinbock/Ziegen passen Sie sehr gut zusammen. Die Vorzüge der Ratten – besonders der Zwilling, Schütze oder Jungfrau/Ratten – entsprechen Ihnen nicht besonders. Auch Schütze oder Zwilling/Affen sind keine gute Partie für Sie. Lassen Sie die Finger davon.

Heim und Familie

Das liebste Zuhause eines Fische/Pferds ist wahrscheinlich das von jemand anderem. Dieser Mensch ist nicht besonders erwerbstüchtig und möchte auch nicht unbedingt Eindruck schinden. Er möchte nur nicht frieren oder naß werden und ißt lieber, als er hungert. Aber sein Wohlbefinden hängt nicht unbedingt davon ab, daß seine Möbel von einem phantasievollen Designer entworfen und daß seine Tapeten in Italien gedruckt worden sind. Sein natürlicher Lebensraum ist der ätherische Geist in seinem Kopf. Schon Dachrinnen zu säubern ist ihm zu »bodenständig«.

Fische/Pferd-Eltern sind sicherlich sehr engagiert. Die Spontaneität ihrer Kinder gefällt ihnen, und sie wollen ihre Kinder verstehen. Ich halte diesen Typ jedoch nicht für einen häuslichen Familienvater, der einen festen Kurs steuert. O nein! Der Haushalt eines Fische/Pferdes ist der Traum eines jeden Zigeuners. Sauberkeit und Ordnung sind für diesen Menschen nichts anderes als triviale Einschränkungen. Fische/Pferde wollen eine Umgebung ohne irgendwelche Grenzen, in der sie ihre Kinder aufziehen können. Keine Zäune, bitte.

Das Fische/Pferd-Kind gehorcht und paßt sich an, solange es sich wohl fühlt und gut versorgt wird. Nicht, daß es für immer in seinem Elternhaus bleiben wird – weit gefehlt. Aber bis es erwachsen ist, können Sie sich an einem friedlichen und gefügigen Kind erfreuen, das dem übernatürlichen mehr als aufgeschlossen gegenübersteht. Da dieses kleine Seepferdchen Hellsichtigkeit besitzt, könnte es zu Vorahnungen neigen, die es etwas aus dem Gleichgewicht bringen. Bringen Sie ihm bei, diese Hellseherei als Talent zu betrachten und als hilfreich zu akzeptieren. Keine Angst. Aber Fische/Pferde können manchmal wirklich die Zukunft vorhersagen, sind mit übernatürlichen Kräften in Kontakt.

Beruf

Im Berufsleben ist der Fische/Pferd-Mensch nicht besonders erfolgreich. Er scheut sich vor Geschäften und lacht nur bei dem Gedanken an vier Telefonhörer unter dem Kinn. Das Leben bedeutet für diesen übersinnlichen Menschen nicht streben nach Wohlstand oder Gewinn. Doch da Fische/Pferde immer künstlerisch und visionär veranlagt sind, haben sie oft in einer Künstlerlaufbahn Erfolg, trotz ihres Hangs, sich von allem distanzieren zu wollen. Wenn sie in eine hohe Position gelangen, gehen sie mit ihrem Ruhm sehr würdevoll um.

Was ist mit dem Fische/Pferd als Chef? Nun, meistens stellt dieser jemanden an, um seine Manuskripte zu tippen oder seine Kompositionen auf Notenpapier zu übertragen. Wahrscheinlich ist er nicht besonders anspruchsvoll. Aber als Angestellter kann er Routinearbeit gut bewältigen, ohne sich gegen das System aufzulehnen, solange ihn seine Arbeit herausfordert. Wird er mit einem Job unzufrieden, liegt das gewöhnlich daran, daß er die Bewunderung seines Chefs verloren hat oder daß seine Kreativität nicht gut genutzt worden ist. Fische/Pferde brauchen Ermutigung oder gar verhaltenen Applaus aus dem Hintergrund, um gut alleine arbeiten zu können.

Geeignete Berufe für diesen Menschen sind: Florist, Gärtner, Buchhändler, Astrologe, Psychologe, Psychiater, Hexe, Musiker, Schriftsteller, Filmregisseur, Künstler, Poet.

Einige berühmte Fische/Pferde: Frederic Chopin, Patty Hearst, John Irving.

FISCHE/ZIEGE

»Ich glaube«
Wasser, Neptun, Veränderlich

»Ich bin abhängig«
Feuer negativ, Yang

VERSTÄNDNIS	ANPASSUNGSFÄHIG	ERFINDUNGSGEIST	ORIGINELL
BEWUSSTHEIT	PHANTASIE	SENSITIVITÄT	GUTE MANIEREN
KREATIVITÄT	SPIRITUALITÄT	AUSDAUER	GESCHMACK
BLASIERTHEIT	ÄNGSTLICHKEIT	SCHMAROTZER	PESSIMISMUS
WILLENSSCHWÄCHE	SUCHT	MANGEL AN VORAUSSICHT	UNPÜNKTLICHKEIT
UNENTSCHLOSSEN	MANGELNDES SELBSTVERTRAUEN	UNPRAKTISCH	SORGENVOLL

Die Kombination der beiden sensibelsten und gefühlsbetontesten Tierkreiszeichen des östlichen und westlichen Zodiaks ergibt einen Menschen, den man als »Sensibilissimus« bezeichnen könnte. Die Sensibilität dieses Menschen steht an erster Stelle. Dann kommt lange nichts. Seine übrigen positiven Eigenschaften – seine Genialität, seine Fähigkeit, Talente zu verwirklichen, seine Liebesfähigkeit – kommen erst später. Ich habe mir immer vorgestellt, daß Menschen, die unter dieser Zeichenkombination geboren sind, sich als so übersensibel erweisen, daß sie für das reale Leben absolut nutzlos sind. Aber jetzt erkenne ich, daß mein Bild vollkommen falsch ist, nachdem ich einige Fische/Ziegen kennengelernt habe. Mein Eindruck von dem empfindlichen Poeten, der unter dem Geräusch seines eigenen Atems leidet, ist vollkommen verkehrt. Fische, die in Ziege-Jahren geboren sind, gehören zu den mächtigsten Fischen.

Worin liegt der Grund hierfür? Nun, wie Sie sehen, wird das Zeichen Fische oft in ein aggressiveres Tierkreiszeichen hineingeboren, zum Beispiel Fische/Tiger. Nehmen wir an, dieses Zeichen ist nicht nur mit dem Tiger, sondern auch noch mit einem Löwe oder Jungfrau-Aszendenten verbunden, so hat die Empfänglichkeit und Emotionalität des Zeichens Fische in dieser Konstellation überhaupt keine Chance. Wenn der Fisch hingegen die Ziege zum Partner hat, die unabhängig, zimperlich, sinnlich, geschmackvoll und überhaupt nicht draufgängerisch ist, kann er ungehindert in die Richtung seiner Wahl schwimmen. Kein überlegener Einfluß versucht, ihm unerwünschte Grenzen aufzuerlegen. Wenn der Fisch ganz einfach vor sich hin trällern möchte, stimmt die Ziege fröhlich in sein Lied ein.

Das Zeichen Fische/Ziege ist daher eine sehr positive Verbindung zweier gefühlsbetonter Zeichen. Was können die beiden nur mit ihren reichlichen Gefühlen anfangen? Wie können sie ihre Grenzenlosigkeit in eine realistische Form bringen? Das ist ganz einfach. Sie versuchen es erst gar nicht. Fische wollen in keine Form gezwängt werden. Ziegen auch nicht. Als Team lassen sie sich erst recht nicht darauf ein. Sie schwimmen so durchs Leben, klettern mal hinauf, mal hinab, gehen bald vorwärts, bald zurück oder hinein und hinaus, wie es ihnen gerade paßt – aber niemals vergebens. Fische/Ziegen sind eine lebende Radarstation. Sie können alles aufnehmen, was sie sehen und hören. Sie behalten alle Einzelheiten über Farbe und Stoffe im Gedächtnis. Sie erinnern sich an Orte, Beschaffenheit, Umfang und Form. Fische/Ziegen, mein lieber Freund, sind Künstler ersten Ranges. Sie verschlingen jedes Gefühl, verwerten es und bringen es wieder zum Ausdruck.

Wie läßt sich das mit dem Alltag vereinbaren? Überhaupt nicht. Vergessen Sie den Alltag. Der Fische/Ziege-Mensch ist ein Weltenbummler. Für Routine und wiederholte Erfahrungen hat er nichts übrig. Sein vorrangiges Ziel besteht darin, einfach so dahinzuleben, bis ihn die nächste Erfahrung einholt. Ihre Mahlzeiten können Hamburger oder Hummer sein, Knäckebrot oder Kaviar. Ihr Haar ist mal »vom Winde verweht«, mal perfekt frisiert. Ihre Kleidung ist entweder schlampig oder exclusiv. Aber wie auch immer, für die Fische/Ziege ist das alles eins. Sie hat keine Zeit, sich über etwas aufzuregen. Sie verabscheut Kritik und Einmischung in fremde Angelegenheiten. Diese Menschen leben so, wie sie es gerade für passend halten. Und wenn es Ihnen nicht paßt, dann können Sie ja ihre eigene Musik machen.

Verstehen Sie mich nicht falsch! Fische/Ziegen sind alles andere als ungehorsam. Um ungehorsam zu sein, muß es zuerst einmal Gehorsam gegeben haben. Nicht so bei den Fische/Ziegen. Sie haben niemals dumme Sitten übernommen, sondern sind ebenso mit der Menge geschwommen. Sie sind schon deswegen nicht rebellisch, weil es für sie nie Regeln gegeben hat. Der Fische/Ziege-Mensch ist ein geborener Außenseiter.

Und was ist mit der Ziege? An wen kann sich die Ziege hier anlehnen? Warum, an den Fisch natürlich. In den Gewässern der Fische ist die Ziege kein Schmarotzer mehr, sondern ein willkommener Gast. Hier haben wir eine Symbiose in Reinkultur.

Liebe

Ja, also . . . Die Liebe und die Fische/Ziege . . . Man könnte es so ausdrücken: Wenn sich Fische/Ziegen verlieben, fällt es ihnen extrem schwer, sich wieder zu »entlieben«. Da der Fische/Ziege-Mensch aufgrund seiner psychischen Ferne von seinen Mitmenschen etwas abgesondert ist, lassen sich längerfristige Beziehungen meist vermeiden. Doch um den Fortbestand dieser seiner Rasse zu sichern, möchte er sich irgendwann fortpflanzen. Seine Wahl fällt wahrscheinlich auf einen zähen Menschen, der das Leben der Fische/Ziege in die Hand nimmt, für das Essen sorgt und so weiter. Der Fische/Ziege-Mensch ist leidenschaftlich, über seine stürmische Art zu lieben könnte man Romane schreiben. Aber er wird nicht einmal versuchen, treu zu sein. »Was ist Treue?« fragt er ganz unschuldig. Oh, geben Sie sich keine Mühe!

Sollten Sie der Auserwählte dieser Fische/Ziege sein, schlage ich Ihnen vor, daß Sie die Sache in die Hand nehmen. Sogar der strengste aller Tyrannen hat Schwierigkeiten, eine Fische/Ziege zu zähmen. Zeitpläne versteht er nicht. Er kennt keine Routine, außer seine eigene. Zeit bedeutet ihm nichts, oder wenigstens nicht das, was wir darunter verstehen. Wenn Sie sich zu diesem wundervollen Verrückten hingezogen fühlen, versuchen Sie nicht, ihn einzuschränken. Verwöhnen Sie ihn. Denn wer weiß? Sie könnten auf einem Michelangelo sitzen.

Passende Partner

Sie sind ein wahrer Katzen-Liebhaber! Nehmen Sie Ihre Chance bei Katzen wahr, die zu Ihnen passen, wie zum Beispiel Stier, Krebs, Skorpion oder Steinbock/Katze. Diese erwidern Ihren Charme mit ihrer liebevollen und beschützenden Art. Unter denselben Tierkreiszeichen finden Sie auch gute Pferd-Partner. Auch ein Stier, Skorpion oder Steinbock/Schwein könnte Sie glücklich machen. Und der Spaß, den Sie mit einer sensiblen Skorpion/Ziege haben können, läßt sich nicht mit Worten beschreiben. Darf ich Ihnen vorschlagen, Widder, Zwilling und Jungfrau/Ochsen zu meiden? Es ist nur zu Ihrem besten, glauben Sie mir. Auch Jungfrau/Hunde könnten überhaupt nicht mit Ihnen umgehen.

Heim und Familie

Falls die Fische/Ziege überhaupt jemals so weit kommt, daß sie sich tatsächlich niederläßt und eine Familie und einen Haushalt gründet, wird sie im Luxus und in einer wunderschönen Umgebung schwelgen. Diese Menschen können oft auch gut mit Werkzeug umgehen, tolle Lichteffekte erfinden und interessante Raumgestaltungen ausarbeiten. Die Kunstfertigkeit, für die Fische/Ziegen so berühmt sind, ermöglicht es ihnen, ihr Talent überall anzuwenden. Ihre Möbel sind wahrscheinlich nicht übermäßig praktisch. Sie brauchen organisatorische Unterstützung von einem mehr diesseitig eingestellten Partner oder Lebensgefährten. Und die Fische/Ziege begeistert sich für Unmengen toller und ausgefallener Klamotten.

Diese Persönlichkeit wird ihre Kinder heiß und innig lieben. Doch die kindlichen Einfälle und mangelnder gesunder Menschenverstand wird sie leicht erschöpfen. Der Fische/Ziege-Mensch ist in dieser Beziehung genauso wie jeder andere. Er sieht seine eigenen Fehler zuerst bei anderen. Aber dieser extrem künstlerisch veranlagte Mensch kann Lärm und Störungen wirklich nicht ertragen. Fische/Ziegen sollten vor ihren Sprößlingen in Schutz genommen werden. Und umgekehrt!

Wenn Sie beabsichtigen, sich ein Fisch/Ziege-Kind zuzulegen, bereiten Sie sich darauf vor, ein überaus undiszipliniertes – aber nicht unbedingt turbulentes oder aggressives – Kind zu begrüßen. Dieses Kind fasziniert Sie mit seiner Begeisterung für kreative Dinge und seiner Liebe für die Natur. Sie werden aus dem Staunen nicht herauskommen. Es braucht viel Platz, um es bequem zu haben und um herumzuschwimmen. An Ihrer Stelle würde ich aufs Land ziehen und ein großes Haus kaufen, in dem dieses künstlerische Wunderkind ein eigenes Zimmer hat. Dann überlassen Sie es sich selbst mit einem Malkasten oder einer Bibliothek voller Gedichtbände. Sie werden es nicht bereuen.

Beruf

Die besten Berufe für diesen Menschen sind die, bei denen er reisen und kreativ sein kann. Dieser Mensch muß sich frei bewegen können. Er will auch Routine vermeiden und würde lieber nicht zur Putzkolonne gehören. Es ist nicht gerade eine leichte Aufgabe, für diesen kunstliebenden Menschen den richtigen Beruf zu finden. Meistens löst sich das Problem von selbst, wenn sein künstlerisches Talent schon früh gefördert und anerkannt wurde. Dieser Mensch möchte sein künstlerisches Talent wirklich entfalten. Er ist wirklich ein Künstler von ganzem Herzen, und wenn er seinem Hang zum Pessimismus nicht nachgibt, wird alles gutgehen.

Der Fische/Ziege-Chef ist ein Hellseher. Da er immer irgendwo auf einer Wolke schwebt, sind seine Vorahnungen sowohl zutreffend als auch leicht überheblich. Fische/Ziegen können Positionen bekleiden, die Autorität verlangen. Sie können gut mit Menschen umgehen. Doch in einem Büro oder in einer Fabrik stellt er keinen besonders soliden und arbeitswütigen Angestellten dar. Am besten untergebracht ist er in einem Beruf, in dem er viel Kontakt mit Menschen hat, aber meistens viel Bewegungsfreiheit hat, im wörtlichen und im übertragenen Sinn.

Einige Berufsmöglichkeiten: Künstler (aller Art), Musiker (aller Art), Kunsthandwerker (aller Art), Kostümbildner, Maskenbildner, Bühnenbildner, Friseur, Schneiderin, Schriftsteller (aller Art).

Berühmte Fische/Ziegen: Michelangelo, W. H. Auden, George Washington.

FISCHE/AFFE

»Ich glaube«		*»Ich plane«*	
Wasser, Neptun, Veränderlich		*Metall positiv, Yin*	
VERSTÄNDNIS	ANPASSUNGSFÄHIG	SCHLAUHEIT	INTELLIGENZ
BEWUSSTHEIT	PHANTASIE	STABILITÄT	EIFER
KREATIVITÄT	SPIRITUALITÄT	IMPROVISATIONS-TALENT	FÜHRUNGSNATUR
BLASIERTHEIT	ÄNGSTLICHKEIT	TÄUSCHUNG	SELBSTBEZOGEN-HEIT
WILLENS-SCHWÄCHE	SUCHT	TRICKREICH	ALBERNHEIT
UNENTSCHLOSSEN	MANGELNDES SELBSTVERTRAUEN	GESCHWÄTZIG	OPPORTUNISMUS

Unter dem Einfluß des zwanglosen Zeichens Fische bekommt der glückliche Affe ein neues und eleganteres Image. Der Affe ist normalerweise vernünftig. Seine Aufgabe im chinesischen Tierkreis sind Problemlösungen, kleine wie große. Affen werden mit einem gesunden Menschenverstand geboren. Sie sind Führungsnaturen, aber nicht machthungrig. Sie besitzen List und Festigkeit. Eine seltene Kombination. Das Zeichen Fische verleiht dem geistreichen und gewandten Affen spirituelle Anmut und Schönheit. Das Ergebnis ist ein sympathischer Mensch, dem der Ruf, überaus charmant zu sein, überall vorauseilt.

Dieser Mensch liebt all die schönen Dinge und weiß, wo sie zu finden sind. Was der Fische/Affe will, bekommt er gewöhnlich auch. Er hat Stil und Klasse. Man schenkt Fische/Affen elegante Garderobe, erlesenen Schmuck, Schlösser zum Wohnen, und sie verleihen ihnen Ruhm und Ehre, auf die sie stolz sein können. Die Verbindung kreativer Wahrnehmungsfähigkeit mit List und Opportunismus ergibt einen Kosmopoliten. Der Fische/Affe ist kultiviert, ohne ein Snob zu sein. Er ist sehr gut angezogen, ohne gleich auf die Liste der zehn Bestgekleideten zu wollen. Der Fische/Affe erinnert etwas an den Säbelrassler oder Prahlhans der romantischen Märchen – er ist dreist und besitzt Klasse.

Nun, diese »Klasse« ist vielleicht nur oberflächlich. Der Fische/Affe hat etwas Parvenuhaftes, leicht Hochstaplerisches an sich und ist der große Möchtegern aller Zeiten. Aber dennoch ist sein Image Realität. Und diese Menschen haben aus diesem Nobel-Image eine Wissenschaft gemacht.

Der Fische/Affe bahnt sich seinen Weg mit Charme und Berechnung. Er hängt sein Fähnchen nach dem Wind, wechselt seine Anschauungen und Investitionen, seine Freunde und Feinde, um sich immer den Bedürfnissen des Augenblicks anzupassen. Er weiß genau, wie man aus jeder Bekanntschaft Kapital schlagen kann. Dieser Fisch ist ein Geschäftemacher, der sich scheinbar in Sekundenschnelle zu seinem gewünschten Ziel katapultiert. Wie Sie wissen, sind Affen allein schon etwas schlauer als die meisten von uns. Affen haben ihr Leben meistens gut im Griff. Aber wenn sie unter dem Einfluß des Zeichens Fische stehen, werden sie gerade dieses kleine Bißchen noch unbeständiger und ganz leicht mißtrauisch. Die Schüchternheit der Fische – dieser bescheidene Augenaufschlag – gibt immer den Ausschlag, den Handel zu besiegeln!

Der Fische/Affe ist ausschweifend. Er hat eine Tendenz zu übertreiben und kann Probleme mit seiner Gesundheit bekommen, weil er zuviel ißt oder trinkt. Doch sie sind nicht selbstzerstörerisch. Sie wissen genau, wann sie sich zusammenreißen müssen. Sie gewinnen ihre verlorene Stabilität immer wieder zurück.

Fische/Affen sind sehr gefühlsselig. Sie wissen, wie man die Zuneigung eines anderen Menschen gewinnt und sie festhält. An Freundschaft und Liebe kleben Fische/Affen wie Honig.

Der wäßrige Blick der Fische in Verbindung mit der schneidenden Art des Affen führt zu einem feuchten, aber funkelnden Glanz in den Augen. Die Lebenseinstellung des Fische/Affen lautet: »Ich liebe die Menschheit, aber wenn sie versucht, mich zu verletzen, sehe ich mich gezwungen, sie aufzufressen.« Fische/Affen sind niemals absichtlich plump. Ihre Verführungskünste hüten sie eifersüchtig. Aber oft sind sie zu faul, um andere Menschen beherrschen zu wollen, und ziehen das Auf und Ab komplizierter Beziehungen den oberflächlichen Schmeicheleien der Öffentlichkeit vor.

Liebe

Die Liebesgeschichten der Fische/Affen sind langatmig in ihrer epischen Breite. Diese Menschen sind in leidenschaftliche Beziehungen von dramatischer Größenordnung und biblischem Umfang verwickelt. Fische/Affen sind mehr als attraktiv. Sie sind betörend und geheimnisvoll. Die Menschen verlieben sich Hals über Kopf in sie. Sie sind ein bißchen eitel, und es gefällt ihnen, der Gegenstand der Zuneigung eines anderen zu sein. Aber da dieser Mensch ein Fische-Geborener ist und manchmal etwas passiv erscheint, kann es vorkommen, daß seine Partner versuchen, seine Gutmütigkeit auszunützen. Dann fliegen aber die Fetzen. Der Mißbrauch der Gefühle eines Fische/Affen ist absolut tabu.

Wenn Sie in einen dieser verkommenen Aristokraten verliebt sind, empfehle ich Ihnen, sich eine Menge Geld zu verschaffen, denn Fische/Affen lieben Geld. Sie wissen, wie man zu Geld kommt, und es behält. Sie müssen das Ihre teilen, aber sein eigenes gehört ihm ganz alleine. Eins für dich und zwei für mich ... Mit diesem Globetrotter und Schlitzohr werden Sie kein langweiliges Leben haben. Sie sprechen gut auf Zärtlichkeit an, aber sie flippen aus, wenn man sie zum Narren hält. Schreiten Sie leichtfüßig durchs Leben.

Passende Partner

Eine gute Partie für Sie sind Stier, Krebs, Skorpion und Steinbock/Drachen. Ihre geliebte Ratte können Sie unter Stier-, Krebs- und Steinbock-Geborenen finden. Auch mit einem Stier/Affen passen Sie gut zusammen. Fragen Sie mich nicht warum, aber meine Listen sagen mir, daß Sie Jungfrau und Schütze/Tiger, Zwillinge und Schütze/Schlangen und Jungfrau/Pferde und Schweine meiden sollten.

Heim und Familie

Luxus ist bei Fische/Affen die übliche Ausstattung. Fische/Affen bevorzugen eine Einrichtung, in der Rüschen, Satin, Spitzen, Samt und reine Seide vorherrschen, falls Sie nichts dagegen haben. Sie bevorzugen konventionelle Möbel und große Räume mit Marmorkaminen. Sie haben einen Schloß-Tick. Fische/Affen sind Hedonisten und leben genauso gerne in Luxushotels wie in ihrem prunkvollen Heim.

Fische/Affe-Eltern werden mit dem Alter besser. Solange sie jung sind, werden sie von ihren Elternpflichten durch ihr gutes Aussehen und ihren Erfolg beim anderen Geschlecht abgelenkt. Doch wenn sie älter werden, übernehmen sie zunehmend Verantwortung für das Wohl ihrer Kinder. Sie sind aufgeschlossen für die Meinung ihrer Kinder und vertragen deren Kritik. Sie ermöglichen ihren Kindern ein gutes Leben. Gute Schulen und alles, was dazugehört. Aber um mit ihrem kranken Kind den ganzen Nachmittag Dame zu spielen, sind sie viel zu beschäftigt.

Das Fische/Affe-Kind ist ein sprühender kleiner Teufel von einem Teddybär. Mit diesem kleinen Kerlchen wollen Sie entweder schmusen oder ihn kitzeln. Dieses Kind ist ein rechter Lausbub und kasperlt in der Schule viel herum. Es ist sehr sozial eingestellt. Achten Sie auf Anzeichen kommenden Ruhms und Glücks. Und lassen Sie sich nicht von ihm beschwatzen. Dieses Kind kann Sie bereits im Alter von drei Jahren davon überzeugen, daß seine Schlafenszeit auf Mitternacht verschoben werden sollte.

Beruf

Nur wenige Berufe sind dem Fische/Affen verschlossen. Er ist extrem flexibel und kann Anordnungen mit Schwung und Begeisterung ausführen. Er ist körperlich fit, obwohl er häufig Unfälle erleidet, was seinem bewegten Lebensstil zuzuschreiben ist. Auch seine geistigen Fähigkeiten sind sehr ausgeprägt, und er ist immer auf dem Laufenden, was in der Welt vorgeht. Er ist darüber hinaus sehr willensstark und besitzt Kreativität und Interpretationstalent.

Der Fische/Affe ist als Chef bei seinen Angestellten und Untergebenen sehr beliebt. Er strahlt weniger Autorität aus als Charme. Hilfe wird er niemals gering schätzen. Diese Menschen sind sehr menschlich und herrschen mit Vernunft und gesundem Menschenverstand, obwohl sie wahrscheinlich sehr wohl auch Vorschriften machen können. Der Fische/Affe als Angestellter ist ernsthaft und willig zu ackern. Anonyme Jobs liegen ihm nicht. Der Fische/Affe muß gesehen werden, um Dankbarkeit zu bekommen.

Einige Berufe für Fische/Affen sind: Politiker, Versicherungsvertreter, Admiral, Schauspieler, Schauspielerin, Künstler, Fernsehstar.

Berühmte Fische/Affen: Jonny Cash, Rex Harrison, Ted Kennedy, Liz Taylor, John Updike, Michele Morgan, Carl Dall.

FISCHE/HAHN

»*Ich glaube*«	»*Ich besiege*«
Wasser, Neptun, Veränderlich	*Metall negativ, Yang*

VERSTÄNDNIS	ANPASSUNGSFÄHIG	BIEGSAM	KONSERVATIV
BEWUSSTHEIT	PHANTASIE	ENTHUSIASMUS	CHIC
KREATIVITÄT	SPIRITUALITÄT	OFFENHEIT	HUMOR
BLASIERTHEIT	ÄNGSTLICHKEIT	KECKHEIT	PEDANTERIE
WILLENS-SCHWÄCHE	SUCHT	ÜBERHEBLICHKEIT	DIKTATORISCH
UNENTSCHLOSSEN	MANGELNDES SELBSTVERTRAUEN	BLINDES VERTRAUEN	VERSCHWENDUNG

Die stärkste Qualität der Zeichenkombination Fische/Hahn ist ihre Anpassungsfähigkeit. Dieser ernsthafte und selbständige Mensch fühlt sich immer sofort dort wohl, wo er zufällig gerade sitzt. Er liebt die Veränderung und kann sich schnell umstellen und akklimatisieren. Hähne sind abenteuerlich. Fische sind reiselustig. Ausgedehnte Reisen gefallen diesen enthusiastischen Menschen, Zwietracht schlägt sie in die Flucht. Unerwiderte Liebe bringt sie zum Weinen.

Fische, die in Hahn-Jahren geboren sind, bezweifeln insgeheim, ob sie anderen Menschen gefallen. Sie sind sich ihres Charmes niemals sicher und sorgen sich unnötigerweise über ihre äußere Erscheinung. Nach außen hin zeigen sie diese Angst nicht gerne. Oberflächlich betrachtet wirkt der Fische/Hahn frech und überzeugt. Er prahlt nur mit seiner besten Seite und scheut sich nicht, Ihnen zu erzählen, wie vollkommen er ist. Daher ist seine Arroganz sein größter Fehler. Der schmerzhafteste Irrtum, der ihm je unterläuft, ist auf diese Heuchelei zurückzuführen. Sie müssen gar nicht besonders tief schürfen, um zu entdecken, daß sein bescheidenes inneres Selbst mit seiner Überheblichkeit nicht einverstanden ist.

Der Hahn ist ein bodenständiger Abenteurer, der keinen Unfug duldet. Fische sind das genaue Gegenteil. Was sich daraus ergibt, ist eine Type, die sich mal unmöglich benimmt, indem sie großspurig sagt: »Ich bin die Geliebte von Mr. Slade«, wenn sie besser ihren Mund halten sollte, und dann wieder sitzt sie ruhig in einer Ecke und wünschte, der Sturm wäre vorüber und es gäbe gar keinen Mr. Slade. Der Fische/Hahn ist unausgeglichen und etwas neurotisch. Auf der einen Seite sehnt er sich nach Frieden und erholsamen Spaziergängen. Auf der anderen Seite hackt er bis um drei Uhr morgens Holz, damit er weiterkommt.

Der Fische/Hahn ist ein rechter Blödmann. Er behauptet, daß er keinen Spaß haben möchte. Aber insgeheim sehnt er sich danach, einmal so richtig auf die Pauke hauen zu können. Das Leben eines Hahn-Geborenen ist ein einziges Auf und Ab. Fische leiden unter seelischen Hochs und Tiefs. Die Hochstimmung läuft nicht mit dem Hoch der Fische parallel. Merken Sie die Anzeichen des inneren Konflikts? Nägel beißen und Daumen lutschen gehören dazu.

Der Fische/Hahn ist klug. Den größten Treffer landet er, wenn er versucht, Kapital aus seiner ernsthaften Seite zu schlagen, indem er seine verrückte, komische Seite zeigt. Damit meine ich, daß sich Fische/Hähne mit der Welt in Einklang fühlen, wenn sie ihr bewußt zeigen, wer sie wirklich sind. Sie sind dreist und einfallsreich. Aber sie sind auch kreativ und spirituell. Es ist ganz einfach. Sie sollten einen Bestseller schreiben oder einen lustigen Film drehen oder einem Motorrad-Club beitreten oder für Geld Fallschirmspringen.

»Aber so bin ich gar nicht!« sagt der Fische/Hahn. »Ich bin ein fleißiger Arbeiter, der alleine sein will und mit seinen Hunden in den Bergen wandern möchte.« Vielleicht. Aber ich glaube, lieber Fische/Hahn, wenn du aufhören würdest, dir selbst leid zu tun, und den Unterschied zwischen dir und der restlichen Welt zu betonen, könntest du aus deinem selbstgemauerten Gefängnis herauskommen und eine angenehme Zeit verbringen. Du bist begabt und produktiv. Jeder bestätigt dir das. Du bist attraktiv und anpassungsfähig. Warum bist du also so knauserig mit dir selbst? Warum entspannst du dich nicht und gönnst dir ein bißchen Ruhe? Verlaß dich nicht auf andere, daß sie für dein Vergnügen sorgen. Übernimm die Verantwortung für dein Leben selbst!

Liebe

Nach außen hin leidet der Fische/Hahn unter zu wenig Liebe. Er behauptet, daß sich niemand wirklich um ihn kümmert, daß es die wahre Liebe nicht gibt und daß das alles Schwindel sei. O je, o je!

Hören Sie sich das an! Aber in seinem Inneren ist dieser Mensch (wieder einmal!) ein Romantiker, ein Idealist, der wirklich an die ewige Liebe glaubt. Aber in den besten Partnerschaften gibt es Streit. Der Fische/Hahn ist leicht zu entmutigen. Es fällt ihm schwer, an einer Beziehung festzuhalten. Denken Sie daran, der einzige Fehler eines Fische/Hahn-Geborenen besteht darin, daß er glaubt, er wäre vollkommen. Daher kann er nicht akzeptieren, daß er grob oder aufbrausend oder untreu gewesen sein soll. Da der Fische/Hahn immer Werbung macht für seine Unvollkommenheit, fühlt er sich infolgedessen minderwertig. Was dieser Mensch braucht, ist eine Herausforderung.

Wenn Sie einen Fische/Hahn-Menschen lieben und ihn für eine Weile behalten wollen, lassen Sie nicht zu, daß er sich ständig beklagt. Lassen Sie ihn nicht in Selbstmitleid verfallen, fordern Sie aber auch kein fehlerfreies Benehmen von ihm, ebensowenig wie von sich selbst. Fische/Hähne sind herrschsüchtig und launenhaft. Decken Sie ihren Bluff auf, statt sich hinzusetzen und zu weinen. Das fördert nur die schlechteste Seite des Fische/Hahn zu Tage. Schluchzen erinnert ihn zu sehr an sich selbst. Er haßt es.

Passende Partner

Rundherum wohl fühlen Sie sich mit Stier, Krebs, Skorpion und Steinbock/Ochsen. Auch Krebs, Skorpion und Steinbock/Schlangen gefallen Ihnen. Stier und Steinbock/Drachen bewundern Ihre Direktheit. Nicht zu ihnen passende Zeichen sind Zwilling, Jungfrau und Schütze/Katze. Zwilling/Hähne gehen Ihnen auf die Nerven, und Zwilling/Schweine sind Ihr Untergang.

Heim und Familie

Der Fische/Hahn ist gewöhnlich ziemlich pingelig und ordentlich. Seine Zimmer sind geschmackvoll und in warmen hellen Farben eingerichtet. Er will Dinge besitzen, mit denen er Eindruck schinden kann. Er bevorzugt Sachen, die nach etwas aussehen. Als Fische lieben diese Menschen alles, was natürlich und sicher ist. Wahrscheinlich haben sie lieber ein großes, verschachteltes Landhaus als ein luxuriöses Appartement in der Großstadt. Und sie ziehen sich gerne gut an – geschmackvolle, konservative Kleidung.

Der Fische/Hahn-Mensch ist sich nie ganz sicher, ob er Kinder haben will. Diese Menschen haben schon genug Schwierigkeiten, mit sich selbst zurechtzukommen, ohne sich noch zusätzlich mit der Verantwortung für einen anderen Menschen zu belasten. Der

Fische/Hahn ist nicht dafür gemacht, andere zu ernähren. Sollte er Kinder haben, überläßt er deren Erziehung wahrscheinlich seinem Partner. Die Geduld eines Fische/Hahn ist nicht besonders groß.

Das Fische/Hahn-Kind ist sehr sensibel und talentiert. Gleichgültig, wie es aufwächst, es wird sich schwer tun, den Forderungen seiner Eltern gerecht zu werden. Es ist gehorsam und idealisiert seine Eltern. Als Erwachsener, wenn es dann herausfindet, daß seine Eltern auch nur Menschen sind, ist es sehr enttäuscht. Die beste Erziehung für dieses Kind ist viel Selbstbestätigung und Zärtlichkeit und Ermutigung. Selbstzweifel sind sein Feind, Selbstvertrauen sein Ziel. Erniedrigen Sie dieses stolze Kind nie.

Beruf

Der vielseitige und abenteuerlustige Fische/Hahn stellt in bezug auf seine Karriere große Anforderungen an sich selbst. Berufe, die die Ausarbeitung schwieriger Pläne erfordern, sind ihm eine willkommene Herausforderung. Er arbeitet mit guten Ergebnissen. Er möchte alles richtig machen. Für Geschäftsabschlüsse eignen sich Fische/Hähne nicht. Sie sind eher diese ausführenden Organe. Sie setzen die Kreationen anderer Menschen in die Tat um. Kreativität an sich interessiert diese Menschen nicht. Sie möchten ihre künstlerischen Talente auf ein konkretes Projekt verwenden.

Der Fische/Hahn ist als Chef sehr anspruchsvoll. Er ist ein Perfektionist und ziemlich stolz. Er kann jedoch die Probleme anderer Leute verstehen und geht bereitwillig auf die Methoden anderer ein. Da diese Menschen keine Kämpfernaturen sind, können sie sich gut in vorgegebene Arbeitsbedingungen einpassen. Ansonsten können sie sehr gut alleine arbeiten und brauchen niemanden, der sie zur Arbeit antreibt. Der Fische/Hahn ist ehrgeizig.

Einige Berufe, die zu Fische/Hähnen passen könnten, sind: Fischer, Schriftsteller, Elektriker, Ingenieur, Photograph, Programmierer, Klavierstimmer, Toningenieur, Apotheker, Sporttaucher, Rennfahrer.

FISCHE/HUND

»Ich glaube«
Wasser, Neptun, Veränderlich

»Ich sorge mich«
Metall positiv, Yang

VERSTÄNDNIS	ANPASSUNGSFÄHIG	BESTÄNDIG-KEIT	PFLICHTBE-WUSSTSEIN
BEWUSSTHEIT	PHANTASIE	HELDENMUT	INTELLIGENZ
KREATIVITÄT	SPIRITUALITÄT	ACHTBARKEIT	ANSTAND
BLASIERTHEIT	ÄNGSTLICHKEIT	UNSICHERHEIT	ZYNISMUS
WILLENS-SCHWÄCHE	SUCHT	KRITIKSUCHT	UNSOZIAL
UNENTSCHLOSSEN	MANGELNDES SELBSTVERTRAUEN	SELBSTGERECHT	TAKTLOS

Der Fisch, der in einem Hund-Jahr geboren ist, hat, wie alle Fische, eine zarte Seite, die liebevoll umsorgt und mit Samthandschuhen angefaßt werden muß. Der Unterschied zwischen Fische/Hunden und anderen Hunden besteht darin, daß ihre Übersensibilität die Form nervöser Rührseligkeit annimmt. Diese Menschen wollen nicht, daß man sie in Frage stellt oder ihnen widerspricht. Sie sind willensstark und können doch auch schwach sein.

Nehmen Sie beispielsweise die Fische-Seite dieses Menschen. Fische sind überaus empfänglich und durchlässig. Sie leben für Erkenntnis, Bewußtwerdung und Wahrnehmung. Sie erstreben keine festgefahrenen Vorstellungen. Sie sind spirituell, verständnisvoll, verletzlich und manchmal etwas verbittert. Oft mangelt es ihnen an Entscheidungsfähigkeit.

Hunde sind für ihre Beständigkeit bekannt. Sie sind hingebungsvoll, treu und vertrauenswürdig. Sie sind pflichtbewußt und respektabel. Sie sind sogar heldenhaft. Aber auch sie können, ähnlich den Fischen, unsicher, zynisch und selbstgerecht sein. Wenn sich diese beiden Tierkreiszeichen verbinden, bringt dies einen streitsüchtigen und sarkastischen, kritischen und sorgenvollen Charakter hervor. Der Fische-Hund ist immer in der Defensive. Er schließt nicht leicht Freundschaft. Neue Bekanntschaften verwirren ihn. Es kann sein, daß er jeden gesellschaftlichen Kontakt ignorieren will, nur um um jeden Preis seinen inneren Frieden zu wahren.

Dieser Mensch ist sehr talentiert. Er hat ungeheuer viel Begabung. Vorausgesetzt, er bekam eine solide Erziehung, auf die er aufbauen kann, kann er es in seinem Beruf sehr weit bringen. Aber die Sicherheit steht bei ihm an erster Stelle. Diese Menschen haben für das Unbekannte nichts übrig. Sie bemühen sich sehr um Überlegenheit in ihrem Interessensbereich. Aber ihr wahres Lebensziel besteht immer darin, Sicherheit und einen Zufluchtsort zu haben und frei von Angst zu sein.

Fische, die in Hunde-Jahren geboren sind, können sehr amüsant sein. Sie können sich sehr gut auf menschliche Verhaltensweisen und Fehler einstellen und haben einen Hang zur Satire und zur Imitation. Sie haben einen ziemlich trockenen Humor, der unter die dickste Haut geht.

Das Verantwortungsgefühl, das dem Fische/Hund in die Wiege gelegt wurde, kann so schwer wie ein Mühlstein auf seinen Schultern lasten. Pflicht bedeutet für diesen gutherzigen und zuverlässigen Menschen alles. Manchmal überfordert er sich mit seiner Pflichterfüllung. Seine Nerven halten dem ständigen Druck und Streß nicht stand. Fische/Hunde müssen auf Anzeichen von Depression und Verzweiflung achten, die daher rührt, daß sie überarbeitet, erschöpft und überbesorgt sind.

Dieser Mensch ist ein zerbrechlicher Riese. Bei seinem robusten Äußeren kämen Sie nie auf den Gedanken, daß er so empfindliche Gefühle hat und sich nachts vor lauter Sorgen in den Schlaf weint. Aber weil diese Menschen im Grunde ihres Wesens so bescheiden sind und ihre Gefühle nicht offen zeigen, werden sie oft von anderen falsch eingeschätzt.

Fische/Hunde knurren oder kläffen nie, wenn sie statt dessen lächeln könnten. Sie bellen nur bei Gefahr. Aber andererseits sehen sie Gefahr, wo gar keine ist. Der Fische/Hund ist ein ungekünstelter Mensch, der sich nichts beweisen muß, sich aber eine Unmenge Sorgen macht.

Liebe

Der Fische/Hund ist gewöhnlich verheiratet. Die Ehe gibt ihm Sicherheit, und davon braucht er eine Menge. Er ist ziemlich treu und hat hohe Ansprüche an einen Partner. Er braucht viel Bestätigung und Ermutigung. Er braucht Komfort und Zärtlichkeit in rauhen Mengen, da er aufgrund seiner Sensibilität und seines zarten Nervenkostüms unter mangelndem Selbstvertrauen leidet. Für diesen etwas zimperlichen Menschen geht nichts über eine liebevolle Unterhaltung.

Wenn Sie sich für einen dieser feinbesaiteten Menschen begeistern, brauchen Sie viel Geduld und müssen Ihr eigenes Leben im Griff haben. Die Gefühle der Fische/Hunde sind zart und etwas spröde, ob es sich nun um Begeisterung oder Verzweiflung handelt. Sollten Sie diesen gefühlvollen und wertvollen Menschen enttäuschen, zerstören Sie ihn. Er ist kein Kämpfer. Er liebt seine Ruhe und braucht einen »Felsen von Gibraltar« als Partner. Wenn Sie nicht übervorsichtig sind, lassen Sie Ihre Finger von diesem unschuldigen Hündchen! Er hat besseres verdient!

Passende Partner

Stier, Waage und Steinbock/Tiger lieben Ihren Stil. Sie haben dieses Flair von Zärtlichkeit und Verletzlichkeit, das Sie für Skorpion und Steinbock/Katzen interessant macht. Skorpion/Pferde wollen Sie umsorgen und umgekehrt. Zwilling, Jungfrau und Schütze/Drachen, Ziegen und Hähne kommen nicht in Frage.

Heim und Familie

Der Fische/Hund kann fast überall leben. Sein Wohlbefinden hängt nicht von seiner häuslichen Umgebung ab. Natürlich hat er es gerne ordentlich und angenehm. Aber da diese Menschen nicht so aus sich herausgehen, doktern sie nicht ständig an der Wahl ihrer Couch oder der Lampen herum. Der Fische/Hund-Mensch ist diskret und geht mit dem Eigentum anderer pfleglich um. Aber er kann auch ohne Luxus leben und verschwendet sein Geld nicht damit, sich eine ausgefallene häusliche Umgebung zu schaffen.

Fische/Hund-Eltern sind überaus fürsorglich. Sie sind von Natur aus nicht gerade unbeschwert. Seien Sie nicht überrascht, wenn der Fische/Hund alle fünf Minuten zur Wiege rennt, um nachzusehen, ob Klein Isabell noch atmet. Der Fische/Hund möchte, daß sein Kind die Hausaufgaben macht, sich sportlich betätigt und ein Hobby hat. Wenn Sie unter dem Zeichen Fische/Hund geboren sind und Kinder haben, mildern Sie ab und zu Ihren Druck ein wenig. Schließlich sind es nur Kinder.

Fische/Hund-Kinder sind sehr nervös. Das Wichtigste ist, daß man ihnen das Gefühl von Sicherheit gibt. Behaglichkeit bedeutet diesem Kind sehr viel. Zwingen Sie es nicht, sich lächerlich zu fühlen, und bitten Sie es nicht, in der Öffentlichkeit etwas zum besten zu geben, außer es möchte wirklich. Diese Kinder sind nicht halb so schüchtern wie allergisch auf Indiskretion.

Beruf

Der Fische/Hund-Mensch hat große Fähigkeiten. Sein Talent verbindet sich mit scharfem Verstand und großem Zynismus. Dieser kluge Mensch kann über Nacht aus einem Einfall oder Plan heraus ein kompliziertes Projekt erarbeiten. Sein Pflichtgefühl und seine Sensibilität bringen einen Menschen hervor, der voller Einfälle ist und unermüdlich nach dem fehlenden Glied in der Kette sucht. Der Fische/Hund ist ein guter Arbeiter, der nicht so schnell aufgibt. Seine fatale Schwäche ist seine Überempfindlichkeit. Wenn man ihn verspottet oder verletzt, kann er daran zerbrechen. Er ist nicht besonders mutig.

Der Fische/Hund-Chef ist fair und gerecht und sogar komisch in seinen Methoden. Er möchte, daß unter seinen Angestellten keine Feindschaften aufkommen und hat immer ein ermutigendes Wort für sie. In manchen Fällen setzt er seinen beißenden Sarkasmus ein. Ignorieren Sie das. Hunde, die bellen, beißen nicht! Der Fische/Hund ist ein höflicher Mitarbeiter. Es kann vorkommen, daß er von einer scheinbar verrückten Idee besessen ist, aber keine Sorge, er kommt immer wieder zurück auf den Boden der Tatsachen. Der Fische/Hund ist ernsthaft und hat hohe Ideale. Er kann nicht gut alleine arbeiten, da er ab und zu eine Aufmunterung braucht und Zusammenarbeit bevorzugt.

Einige Berufe, die sich für Fische/Hunde eignen: Schriftsteller, Schauspieler/in, Cartoonist, Professor, Tänzer, Sänger, Kunstdirektor, Sekretär, Graphiker, Volksschullehrer.

Berühmte Fische/Hunde: Victor Hugo, David Niven, Liza Minelli.

FISCHE/SCHWEIN

»Ich glaube«
Wasser, Neptun, Veränderlich

»Ich zivilisiere«
Wasser negativ, Yin

VERSTÄNDNIS	ANPASSUNGSFÄHIG	SKRUPEL	SINNLICHKEIT
BEWUSSTHEIT	PHANTASIE	GALANTERIE	KULTUR
KREATIVITÄT	SPIRITUALITÄT	AUFRICHTIGKEIT	EHRLICHKEIT
BLASIERTHEIT	ÄNGSTLICHKEIT	LEICHTGLÄUBIGKEIT	MATERIALISTISCH
WILLENSSCHWÄCHE	SUCHT	ZORN	FEINSCHMECKER
UNENTSCHLOSSEN	MANGELNDES SELBSTVERTRAUEN	ZÖGERN	DICKKÖPFIGKEIT

Das Fische/Schwein hat mehr Gefühl, als jeder andere von uns. Fische/Schweine sind sanftmütige Seelen mit grenzenlosem Ehrgeiz. Sie sind sinnlich, lieben den Luxus und geben sehr viel auf Sitten und Traditionen. Ich würde, ohne zu zögern, behaupten, daß für diese Menschen die größten Stolpersteine im modernen Heutzutage liegen. Sie sind altmodisch und fest in alten Traditionen verwurzelt. Abkürzungen irritieren sie, Spitznamen gehen ihnen auf die Nerven, und Technik langweilt sie.

Aufgrund dieses »Handicaps« muß der Fische/Schwein-Mensch härter arbeiten als andere, obwohl er genauso erwerbswillig und ehrgeizig ist wie andere. Er lädt sich zusätzliche Arbeit auf. Seine Ideen sind so unveränderlich wie seine Gefühle, und beide sind intensiv und feinfühlig. Er wird keinen Millimeter von seiner Meinung abweichen, wenn er glaubt, daß er recht hat. Aber selbst wenn er nicht recht hat, bleibt er bei seiner Meinung. Er beschwichtigt, entschuldigt sich oder findet einen eleganten Ausweg, aber sein Stolz bleibt unangetastet.

Was einem so sturen und überempfindlichen Menschen natürlich passieren kann, ist, daß er ausgenutzt wird. Dies spitzt die Situation nur noch zu und macht ihn wütend. Aber er zeigt seine

Wut nicht. Sie schwelt in seinem Inneren. Keine Szenen und Skandale, nur Dampf, der aus seinen Ohren raucht!

Der Fisch, der in einem Schwein-Jahr geboren ist, ist gutherzig, weshalb er nie lange schmollt. Er hegt aufrichtige und tiefe Zuneigung zu den Menschen, die ihm nahestehen, und er ist sehr gewissenhaft darin, vor ihrer Treue Achtung zu haben. Er ist ein Friedensstifter und Diplomat und kann mit »schwierigen« und streitsüchtigen Menschen gut umgehen. Er ist klug und doch so blasiert! Es ist fast so, als ob Fische/Schweine immer alles besser wüßten und alle anderen mit ihren kindischen Launen gerade so ertragen könnten. »Was soll's?« denkt das Fische/Schwein.

Was dieses Schwein am meisten interessiert, ist Kultur und Konvention. Die Geschichte fasziniert diesen Menschen. Geschichten seiner Großeltern, Märchen und Legenden fesseln diesen vorbildlichen Charakter. Auch wenn er erwachsen ist, bleibt er in der Nähe des Elternhauses und heiratet einen Partner, der in dieser Beziehung ähnlich ist. Er macht nicht viel Wirbel und stürzt sich nicht in die Brandung, wenn er dabei riskiert, von einer Welle überspült zu werden. Dieser Mensch ist nicht ängstlich. O nein! Er ist auch nicht zimperlich. Aber er ist zartbesaitet und geht lieber den geteerten Weg nach Hause, um sicher zu sein, daß ihm weder Schlaglöcher noch Abgründe, Fallen oder Schlingen unterwegs begegnen. Dieser Mensch hat Vorteile davon, daß er im östlichen wie westlichen Zodiak jeweils im letzten Tierkreiszeichen geboren ist. Sowohl Fisch als auch Schwein rollen alte Traditionen wieder auf. Infolgedessen besitzt dieser Mensch die Perspektive eines sehr alten Weisen, und er hat das Pech, alles Strandgut eines Zwölfjahres- und Zwölfmonatezyklus in sich zu tragen. Mit anderen Worten, in diesem reichen und komfortliebenden Menschen geht sehr viel vor. Aber einiges davon ist nicht besonders heilsam. Das Fische/Schwein widmet sein Leben dem Suchen im Schrott, um herauszufinden, was für ihn von Vorteil ist.

Die Welt ist manchmal zuviel für diesen Menschen. Sein Herz ist häufig schwer vor lauter Erkenntnis. Er ist sentimental und hat sich mit seinem Schicksal abgefunden. Seine Eltern sind eine Enttäuschung für ihn, dennoch bewundert er sie. Seine Partner sind absolut nicht vollkommen, dennoch umsorgt er sie liebevoll. Seine Kinder verlassen das Elternhaus. Das ist eine schmerzliche Erfahrung. Was bleibt übrig? Geld, Luxus, Gemälde, Skulpturen, das Schloß, der Rolls, die Bibliothek, die Tausende von musikalischen Phrasen in seinem Gedächtnis. »Vielleicht werde ich ein Sonntagsmaler«, sagt dieser alte Ästhet.

Liebe

Die Menschen werfen dem Fische/Schwein-Geborenen vor, daß er anhänglich wie eine Klette sei. Es ist wahr, daß Fische/Schweine Sicherheit brauchen und das Gefühl haben, daß ihre Erdverbundenheit zum Großteil ihrem Partner zu verdanken ist. Ohne Zärtlichkeit und Zuneigung rund um die Uhr fühlt sich dieser Mensch wie ein Schiffbrüchiger, so einsam und verloren. Er ist sehr sinnlich und lustbetont und opfert viel, um seine Liebe zu halten. Man könnte sagen, daß er in Liebesangelegenheiten ein »Nehmender« ist. Das bedeutet, daß Sie als bessere Hälfte dieses Menschen jede noch so dumme Bemerkung machen können, und er wird sie mit einem Lächeln wegstecken. Fische/Schweine erkennen die Bedürfnisse, Gefühle und Wünsche anderer Menschen. Sie wollen für andere sorgen und machen ihnen gerne Geschenke und sorgen sich um ihr Wohlbefinden. Sollten Sie in Versuchung geraten, die Gutmütigkeit dieses Menschen auszunutzen, überlegen Sie sich das gut! Fische/Schweine haben dafür nichts übrig. Sie werden entweder spirituell abheben oder Sie mit ihrer Enttäuschung verrückt machen. Oh, und Sie müssen Sex mögen! Fische/Schweine schwelgen in Sex, Essen und Trinken!

Passende Partner

Katzen und Ziegen gehören zu Ihren Favoriten. Sie mögen Ihre Lebensweise und sind sehr scharf darauf, Ihnen zu gefallen. Sie werden sie ebenfalls bewundern. Wählen Sie ihren Ziege- oder Katze-Partner unter den Zeichen Stier, Krebs, Skorpion oder Steinbock. Für Aufregung – aber weniger Stabilität – sorgt der Krebs/Tiger. Er ist zwar launisch, aber faszinierend. Was die nicht zu Ihnen passenden Zeichen angeht, sollten Sie Beziehungen mit Jungfrau oder Schütze/Schlangen vermeiden. (Wenn Sie können, vergessen Sie alle Schlange-Geborenen!) Jagen Sie auch keinem Schütze/Pferd oder Schütze/Affen nach. Sie würden nur Ihre wertvolle Zeit verschwenden, die Sie mit einer netten Katze oder Ziege verbringen könnten!

Heim und Familie

Das domestizierte Fische/Schwein ist ein eingefleischter Nestbauer. Er kauft Antiquitäten, Teppiche und Dimmerschalter, bis alles bis ins kleinste Detail stimmt. Er ist handwerklich sehr geschickt. Seine Einrichtung zeugt von einem kultivierten und vornehmen Lebensstil. Kein Fische/Schwein lebt in einem alten heruntergekommenen Bauernhof, es sei denn besagter Bauernhof wird von Grund auf renoviert. Dieser Mensch ist ständig damit beschäftigt, seine Umgebung zu verschönern. Und sein Heim ist immer perfekt.

Fische/Schwein-Eltern sind übertrieben fürsorglich und um das Wohl ihrer Kinder besorgt. Wenn ich mir eine »kinderliebe Person« suchen müßte, würde ich eine Annonce aufgeben und eine Fische/Schwein-Frau suchen – oder einen Fische/Schwein-Mann. Dieser Mensch ist wie geschaffen dafür, fürsorglich zu sein. Die Kinder bekommen ihr Essen pünktlich, und die Socken werden gestopft. Für die Familie hätte ich gerne ein Fische/Schwein.

Das Fische/Schwein-Kind erscheint auf den ersten Blick etwas zu empfindlich für Kritik. Wahrscheinlich ist es nicht widerborstig, aber es ist gut möglich, daß es überheblich und zu selbstgefällig wird. Es mag einen guten Witz und ist immer für eine Überraschung gut. Es gehört zu den Kindern, die bei Ihnen bleiben, bis Sie alt sind. Wie übersensibel es auch ist, wenn es klein ist, es wird Sie mit seiner treuen Ergebenheit in späteren Jahren dafür entschädigen. Schmusen Sie mit diesem Kind! Ohne die Zuneigung seiner Eltern ist es ratlos!

Beruf

Dieser angepaßte, brave Bürger eignet sich für fast jeden Beruf. Er muß schon früh eine berufliche Laufbahn einschlagen, bei der er dann bleibt. Da er viele Talente hat, könnte er in Versuchung kommen, häufig den Beruf zu wechseln. Das wäre nicht gut. Ein Fische/Schwein braucht Sicherheit. Wenn er von Kindheit an auf die richtige Bahn gebracht wird, kann er es im Leben weit bringen. Fische/Schweine geben ausgezeichnete Angestellte ab und sind in Geschäftsbeziehungen sehr gewissenhaft. Sie sind gute Vermittler, die beide Seiten eines Problems erkennen und verschiedene Standpunkte verstehen. Natürlich sind sie überaus künstlerisch begabt. Schließlich sind sie Fische und Schweine!

Das Fische/Schwein ist ein liebevoller, engagierter und sozialer Chef und ein guter Assistent oder Geschäftspartner. Er ist nicht unbedingt auf eine Führungsposition aus. Es ist ihm fast lieber, wenn er die zweite Geige spielt, weil er sich dann ein bißchen mehr Vergnügen gönnen kann. Dieser Mensch ist ein zuverlässiger und auch einfallsreicher Angestellter, besonders, wenn er gut bezahlt wird.

Die Liste der Berufsmöglichkeiten für Fische/Schweine ist endlos. Daher möchte ich hier nur ein paar davon aufführen: Restaurator von Gemälden und Antiquitäten, Museumsdirektor, persönlicher Assistent, Maler, Bildhauer, Galerist, Modeschöpfer, Friseur, Stylist, Architekt, Baumeister.

Ein berühmtes Fische/Schwein ist André Courrèges.